教會紛爭關係法

[改正增補版]

Laws on Church Disputes

白 鉉 己

法 文 社

개정증보판 머리말

교회의 분쟁의 예방과 해결을 위한 교회분쟁관계법이 출판된 지 벌써 4년이 지났다. 출판 후 보니 예상하지 못한 오자, 탈자가 있어 이를 수정할 필요가 있었고, 그 후 헌법 또는 장정이 수정된 교단도 있었으며, 교회분쟁과 관련한 판례가 나오기도 하여 이러한 부분을 반영할 필요성이 있었다.

그리고 지교회와 총회는 각자 독립한 단체이기 때문에 각자 당사자능력과 종교의 자유가 있는 한편, 지교회는 총회의 하부단체로서의 성질이 있어 일정한 부분 지시 감독을 받기 때문에 양자의 관계는 상호협력관계에 있으면서 동시에 대립·충돌관계에 있다. 여기서 지교회와 총회와의 관계를 어떻게 설정하느냐의 문제는 교회분쟁의 예방과 해결에 매우 중요한 부분이 아닐 수 없다. 이러한 관점에서 이번 개정증보판에서는 지교회의 정관과 총회의 헌법의 관계를 보다 상세히 정리하였다. 여기에 개교회의 정관의 필요성이 강조되고 있지만 어떻게 정관을 제정할 줄 모르는 교회들을 위하여 장로교단과 감리교단, 그리고 교단에 소속되지 않은 독립교회로 구분하여 예시정관을 만들어 부록에 게재하였다. 또한 교단의 산하에는 여러 독립기관이 있는데 이 양자의 사이에 자주 충돌이 일어나고 있으므로 이를 해결할 준거법이 필요하여 이에 대한 설명을 추가하였다.

나아가 필자는 교회분쟁의 효과적인 해결을 위해 민법의 임시이사 선임제도와 소수사원의 임시총회 소집허가청구 제도를 잘 활용할 필요성이 있음을 깨닫고 이에 대한 설명을 보충하였다. 그 밖에도 교회분쟁의 내부적 해결절차 등 필요한 여러 곳에서 설명을 추가하였다. 아무쪼록 본서가 코로나 19 팬데믹으로 인하여 고통당하는 한국교회가 안정적으로 성장하는데 도움이 되기를 기도한다.

2021. 8.

법무법인(유) 로고스 교회법센터 연구실에서

저자 백현기 씀

머 리 말

사람들이 모인 곳에는 항상 분쟁이 있기 마련이므로 교회가 비록 신앙단체라고 하더라도 예외일 수는 없다. 그러나 문제는 교회가 일반단체보다 분쟁이 더 많고, 그 해결 또한 쉽지 않다는 점에 있다. 저자는 기독변호사로서 교회분쟁에 관한 소송을 접하면서 분쟁과 분열로 점철된 한국교회에 대한 안타까운 마음을 가지게 되었다. 비신앙적이고 반가치적인 교회분쟁을 예방하고 이를 해결하는 방법이 없을까 하는 간절한 마음이 적지 않은 나이와 바쁜 업무라는 어려운 여건 가운데서도 「교회분쟁에 관한 민사법적 연구」라는 제목으로 박사학위 논문을 쓰게 된 계기가 되었다. 그 후 주위의 여러분들로부터 한국교회에 교회분쟁에 관한 체계적인 기본서가 없으니 위 학위논문을 토대로 책을 출판하라는 권유를 받았다. 그러나 책을 집필하는 것 또한 학위논문을 쓰는 것 못지않게 쉽지 않았다.

그 이유는 첫째, 교회분쟁의 해결기준에 대한 법률의 규정이 없고, 그에 대한 일관된 법리가 확립되어 있지 않기 때문이다. 판례도 여러 쟁점에 대하여 일관된 원칙이 있다고 보기 어려운 경우가 많다. 둘째, 교회는 다양한 교파가 있고, 각 교파마다 다른 헌법과 정체를 가지고 있는데, 이 모든 교파의 헌법을 모두 설명하기 어렵고, 모든 교파를 아우르는 통일적인 기준을 제시하기도 어렵기 때문이다. 셋째, 독자를 법률전문가를 대상으로 할 것인가, 아니면 목회자 등 비법률가를 대상으로 할 것인가에 따라 책의 내용과 난이도가 달라질 수밖에 없는데 이를 확정하기가 어려웠기 때문이다. 넷째, 무엇보다도 저자의 게으름과 능력부족 때문에 감히 책을 집필할 엄두가 나지 않았기 때문이다. 아무튼 늦었지만 종교개혁 500주년에 맞추어 이 책이 세상에 빛을 보게 되어 감사하다. 그럼에도 불구하고 이 책이 과연 교회분쟁의 예방과 해결에 얼마나 도움이 될 수 있을까 두렵고 떨리는 마음뿐이다.

이 책은 제1장 교회일반론, 제2장 교회와 교단, 제3장 교회의 구성과 조직, 제4장 교회의 재산과 재정, 제5장 교회의 분열과 재산권의 귀속, 제6장 교회분쟁의 해결절차, 제7절 설립중의 교회와 청산중의 교회로 구성되어 있다. 교회가 분열된 경우 재산권의 귀속에 관한 이론은 2006년 대법원 전원합의체 판결로 실무상으로는 견해가 정리되었다고 할 수 있어 학설의 설명을 줄일까도 생각하였으나 위 대법원 판례에 대한 비판적인 견해가 여전히 강하게 나타나고 있고, 대법원 판례를 보완할 필요가 있다고 판단되어 비교적 자세히 설명하였다. 또한 제6장에서는 교회분쟁의 해결절차에 대하여 비교적 많은 분량을 할애하였는바, 그 중 제2절 교회분쟁의 내부적 해결절차에 대하여는 법무법인(유) 로고스의 조영욱 변호사, 제3절의 Ⅱ. 교회분쟁과 관련한 보전소송에 대하여는 같은 법인의 배준식 변호사의 도움이 컸는바, 감사의 마음을 전한다.

교회의 분쟁은 발생 후 해결하는 것보다 미리 예방하는 것이 가장 바람직하다. 그러므로 교회분쟁의 원인을 잘 알고 미리 대비하는 것이 필요하다. 저자는 교회분쟁이 많은 이유는 한마디로 교회가 신앙단체이면서 동시에 사회단체라는 이중적인 성격 때문이라는 결론에 이르게 되었다. 교회의 신앙단체성을 강조하면 교회는 신권이 우선인 반면 교회의 사회단체성을 강조하면 비법인사단의 회원인 교인의 인권이 우선이 되어 상호 모순된다. 교회의 신앙단체성 때문에 위임목사는 교회의 대표자이면서 노회의 구성원이 되어 그 신분과 권한이 막강한 한편, 이로 인하여 교회운영이 자칫 비민주적이고 독선적이 되기 쉽다. 여기서 교회의 구성원, 특히 담임목사나 장로들에게 율법과 은혜, 공의와 사랑 사이의 균형감각이 필요하다. 율법은 공의를 실천하는 데 필요하지만 율법주의는 사람의 생명을 살리기보다 죽이는 기능을 하게 된다. 이렇듯 교회분쟁의 예방과 해결의 첩경은 교회 구성원들이 좌나 우로 치우치지 않은 올바른 신앙인격을 확립하고 이를 실천하는 것이다. 다만 이 책은 이러한 인격의 기초 위에서 교회분쟁의 예방과 해결을 위한 참고자료에 불과하다.

이 책을 쓰는데 항상 격려와 뒷바라지를 해 준 아내 홍연식 권사에게 감사하고, 교정을 맡아 준 법문사의 배은영 씨와 출판을 도와준 법문사의 김성주 씨 등 관계자 여러분에게 감사드린다. 무엇보다도 이 책이 한국교회의 화해와 평화에 이바지하여 하나님께 영광 돌릴 수 있기를 기도한다.

2017. 9.

법무법인(유) 로고스 교회법센터 연구실에서

저자 백 현 기 씀

차　　례

제 1 장

교회일반론

제 1 장
교회일반론

제 1 절 서 론

통계청의 발표자료에 의하면, 2005. 11. 1. 현재 우리나라 인구 47,041,000명 중 가톨릭교[1] 교인은 5,146,000명으로 10.9%이고, 개신교 교인은 8,616,000명으로서 18.3%이며, 2015년 기준 개신교 인구는 9,676,000명으로 19.7%에 이르렀다고 한다.[2] 우리나라에 기독교가 선교된 지 가톨릭교회로서는 230여년, 개신교로서는 130여년이라는[3] 서구 기독교역사에 비교하면 매우 짧은 기간임에도 불구하고 위와 같이 기독교는 오늘날 신구교를 합하여 신도수 1,400만에 이르는 대종교로 성장하였다. 기독교는 초기에는 민족의 개화와 교육에 앞장서 수많은 인재와 민족지도자를 양성하였고, 의료선교 · 구제봉사 등 많은 사회활동을 통하여 국가사회에 기여해 왔으며, 일제의 침략과 통치하에서는 민족의 해방과 독립, 의식개혁에 앞장섰고, 해방 후에는 근대화와 민주화에 크게 기여하였다.

---

1) 로마가톨릭교 또는 천주교라고도 부르나 이하에서는 특별한 경우 외에는 '가톨릭교'로 통일하여 사용한다.

2) 1995년 인구센서스를 기준으로 할 때 개신교 인구가 8,760,000,000여명으로 19.7%에 달하였던 점에 비추어 1.4% 감소하였으나(문화체육관광부, 「2008 한국의 종교현황」, 통계 발표), 2015년에는 다시 19.7%에 이르러 2005년에 비하여 증가된 것으로 발표되었다(통계청발표 2015년 인구주택총조사 결과).

3) 가톨릭교의 최초의 전래는 1785년이며, 개신교의 최초의 전래는 1884년으로 본다. 한국 최초의 개신교 선교사로는 미국의 북장로교 선교사 알렌으로 1884년 9월 20일 제물포에 입항했으며, 같은 달 22일에 서울에 입경했다{박용규, 「한국 장로교사상사」, 총신대학 출판부(1994), 50면}.

그러나 짧은 선교역사 속에서 급속한 성장을 하다 보니 여러 가지 문제점들이 드러나고 있다. 그 중에 특히 개신교[4]에 있어서 가장 심각한 문제점[5]으로 지적되는 것 중의 하나가 교회 내에서 일어나는 교인과 교인, 교회와 교회,[6] 교회와 교인, 교회와 교단, 교단과 교단 사이에 빈번하게 일어나는 분쟁의 문제이다. 교회분쟁은 광의로는 교회와 국가 간의 관계에서 발생하는 분쟁을 포함하지만 협의로는 교회 내에서 발생하는 분쟁만을 의미하고, 본서에서는 후자의 의미로 사용한다. 따라서 민사상 분쟁이 아닌 교회와 국가와의 관계에서 발생하는 분쟁인 종교의 자유와 관련된 문제,[7] 교회의 세금문제, 인허가문제, 형사상의 문제 등은 특별한 경우 외에는 논의의 범위에서 제외한다. 이러한 교회분쟁은 교회가 분열[8] 되지 않은 경우에도 많이 나타나지만, 교회가 분열되는 과정 및 분열의 결과로 인하여 더욱 심화되고, 결과적으로는 교회운영권, 교회재산권과 직간접으로 연결되어 있다. 분쟁이 순수한 교리나 신앙상의 문제로 발생하는 경우라고 해도 진행되는 추이에 따라서는 교회운영권 및 재산권에 관한 분쟁으로 비화하는 경우가 많고, 순수한 운영권 및 재산권에 관한 분쟁이 종교분쟁의 외형으로 나타나기도 한다. 무엇보다 개신교 최대의 교파라고 할 수 있는 장로교회의 분열상은 교회가

---

4) 가톨릭교의 경우는 단일교회로서 자체적으로 교회법에 따라 교회조직을 운영하고 교인을 규율하기 때문에, 교회(천주교) 내부의 문제로 법적 판단을 호소하는 경우는 거의 없으므로{정귀호, 「민법주해 [Ⅰ]」(집필대표 곽윤직, 박영사(1992), 이하 '민법주해'라고만 한다), 819면}, 본서에서 교회란 주로 개신교의 교회를 의미한다.

5) 그 밖에 근래 교회의 문제점으로 지적되는 것은 교회의 물량주의 · 세속주의, 목회자의 도덕성 · 윤리성문제, 담임목사의 세습문제 등이다.

6) 독립한 교회와 교회의 분쟁보다는 사실상 분열된 교회와 교회의 분쟁이 대부분이다.

7) 여호와증인의 병역거부와 국방의무와 관련하여 종래 헌법재판소와 대법원은 국방의 의무를 구체화한 병역법 제88조 제1항은 양심의 자유에 대한 본질적인 침해가 아니라는 이유로 합헌이라고 보았으나(헌법재판소 2004. 8. 26. 2002헌가1 결정; 대법원 2004. 7. 25. 선고 2004도2965 전원합의체 판결), 최근 헌법재판소는 위 조항과 병역법 제5조 제1항에 대하여 양심적 병역거부자에 대한 대체복무제를 규정하지 아니한 병역종류조항 및 양심적 병역거부자를 처벌하는 조항은 과잉금지원칙에 위배하여 양심적 병역거부자의 양심의 자유를 침해하여 헌법에 합치되지 아니한다. 위 조항들은 2019. 12. 31.을 시한으로 입법자가 개정할 때까지 계속 적용된다라는 결정을 하였다(헌법재판소 2018. 6. 28. 2011헌바379 결정). 그리고 대법원 2018. 11. 1. 선고 2016도10912 전원합의체 판결의 다수의견은, 양심에 따른 병역거부, 이른바 양심적 병역거부는 일정한 요건하에 병역법 제88조 제1항에서 정한 '정당한 사유'에 해당한다고 하여 위 판례들을 변경하였다.

8) 교회분열이라고 하면 교회분열의 개념을 당연히 인정하는 것을 전제로 한 것처럼 보이므로 이를 사용하지 않은 경우{최병덕, "교회분쟁시 재산관계에 관한 연구", 박사학위논문, 숭실대학교대학원(1999. 12), 1면}도 있지만 교회 분열을 법적으로 인정하든 인정하지 않든 사회적 현상으로서의 분열은 인정하지 않을 수 없기 때문에 분열이라는 용어를 사용한다.

분열할 수 있는 극한상황을 보여주고 있다.

그럼에도 불구하고 우리 나라에서는 교회분열을 인정할 것인지 부정할 것인지, 그리고 각 경우 재산권 및 교회운영권은 어떻게 할 것인지에 대한 법률의 규정이 없음은 물론 그 밖의 교회분쟁시에도 이러한 점을 규율하는 실체법상, 절차법상 규정이 없고, 그에 관한 법이론도 정립되어 있지 않다. 다만 교회분열시의 재산권의 귀속 문제 등에 관하여 여러 판결을 통하여 어느 정도 일관된 이론을 전개하여 왔고, 대법원 1993. 1. 19. 선고 91다1226 전원합의체 판결(이하, '93년 전원합의체 판결'이라고 한다)을 통해서 교회의 분열의 의미 및 재산귀속에 대한 법원의 입장을 더욱 분명히 하였다. 그러나 실제로 교회분쟁 사건에 있어서 위 대법원 판례의 입장만으로는 해결할 수 없는 사례가 속출하여 그 실효성이 문제되어 왔다. 그러던 중 대법원은 2006. 4. 20. 선고 2004다37775 전원합의체 판결(이하 '2006년 대법원 전원합의체 판결'이라고 한다)을 통하여 종래 논의되어 온 교회의 분열에 따른 재산귀속에 관한 견해를 바꾸어 상당히 명확한 견해를 밝힘으로써 그 해결점을 제시하고 있다. 그렇지만 위 판결로도 교회분열과 관련된 모든 문제에 대하여 명확하고 합리적인 해결책을 제시하였다고 볼 수 없으며, 구체적인 사건의 해결에 있어서 위 판결을 그대로 적용하기 어려운 경우도 많이 나타나고 있다. 또한 교회분열까지는 가지 않더라도 수시로 많은 교회분쟁이 나타나고 있고, 이를 해결하는 방법도 쉽지 않은 것이 현실이다. 그리고 정교분리의 원칙상 순수한 종교상의 문제에 관하여는 국가가 사법권의 개입을 자제하고 자율적 해결을 도모하는 것이 바람직한데, 자율적 해결의 가능성이 없어 부득이 법적분쟁으로 발전하는 경우에는 사법권이 개입하여야 하겠지만 이 경우에도 일반단체와 동일하게 취급하면 그것이 바람직하지 못하거나 분쟁해결에 도움이 되지 못하는 경우가 나타난다. 이에 관하여 대법원은 그동안 권징재판에 대한 사법권의 개입에 대하여는 비교적 개입을 자제하여 왔지만 그 기준이 명확하다고 볼 수 없고, 특히 다른 교회분쟁에 대하여는 더욱 그러하다.

교회의 분쟁과 그로 인한 재산귀속분쟁에 관한 일련의 판례가 형성되어 있는 나라는 우리나라를 제외하고는 미국이 거의 유일하다.[9] 역사적으로 미국은 식민

지시대 이래 수많은 교회분열과 그에 따른 교회재산분쟁 및 소송을 경험하여 왔으며 그 때문에 미국법상 교회재산분쟁법(law of church property disputes)이라고 할 만한 법분야가 판례이론을 중심으로 형성되어 있다. 한편, 한국개신교와 그 교단들의 대부분이 미국교회에서 파송한 미국인 선교사들에 의하여 설립되었고, 종교 내지 교회와 국가의 관계에 있어서 미국과 우리나라는 모두 국교불인정·정교분리원칙 등 종교다원주의를 채택하고 있는 점에서 동일하기 때문에 교회분열의 모습과 그에 따른 재산분쟁의 양상도 매우 유사하다. 따라서 교회분쟁을 연구함에는 미국의 판례이론을 정확히 이해하는 것이 필요하다. 그리고, 일본은 비록 교회분쟁에 관한 판례는 형성되어 있지 않으나 다른 종교단체에 대한 판례가 상당히 형성되어 있으므로 이를 각 참고하기로 한다.

그리하여 본서에서는 교인과 교인, 교회와 교회, 교회와 교인, 교회와 교단, 교단과 교단 사이에 일어나는 전반적인 법률문제를 살펴보고 그 해결방법 및 기준을 마련함으로써 교회 분쟁의 예방 및 해결책을 제시하고자 한다.

제 2 절 교회의 의의

교회가 무엇이며 그 본질과 속성이 어떤 것이냐에 관하여는 역사적으로 다양한 견해가 있어 왔으며 가톨릭교회와 개신교 사이에 견해의 일치를 보지 못하고 있음은 물론, 같은 개신교 내에서도 교회의 개념에 대하여 신학적으로는 다양한 의미로 사용되고 있다. 예컨대 교회당, 즉 교회의 건물의 의미로 사용되기도 하며, 신자들의 특별한 조직체를 의미하는 용어로도 사용되고 있으며, 교파를 언급하기 위해 사용되기도 한다.[10)]

9) 김진현, “교회분열시의 재산귀속문제에 관한 연구”, 서울대박사학위논문, 서울대학교 대학원(1988) (이하 ‘논문 1’이라 한다), 3면.
10) 밀라드 J. 에릭슨(이은수 역), 「교회론」, 기독교문서선교회(1995), 18면.

Ⅰ. 성경에 나타난 교회

구약에서 교회라는 단어의 원래 뜻은 두 가지의 개념으로 쓰인다. 즉 '카할'과 '에다'이다. 전자는 집회(assembly) 즉, 어떤 목적을 위하여 사람들이 함께 모이는 행위를 의미하고, 후자는 회중(congregation) 즉, 제의나 법을 중심으로 모인 이스라엘의 공동체,[11] 특히 종교적인 측면에서 하나님의 백성으로서의 공동체를 뜻한다.

교회로 번역되는 헬라어 원어는 '에클레시아'(εκκλησια)로서 이 말의 어원적 의미는 '밖으로 부르다'[εκ(out)+καλεω(call)] 즉 '불러내다'(to call out)라는 뜻이다. 이 어휘를 신약성경에서 처음 사용하신 분은 예수그리스도이시다. "주는 그리스도시요 살아 계신 하나님의 아들이시니이다."라고 신앙고백을 한 사도 베드로에게, "너는 베드로라 내가 이 반석 위에 내 교회(ecclesia)를 세우리니 음부의 권세가 이기지 못하리라"고 말씀하신 것이다.[12] 그 후에도 같은 어휘를 사용하신 적은 있으나 그 의미를 친히 정의하신 바는 없다. 물론 그리스도의 제자들인 사도들에 의하여 교회에 관한 가르침이 신약성경 서신서들에 자세히 기록되어 있다. 신약성경에서 '에클레시아'는 ① 가장 흔히 일정한 지역에 있는 기독교인들의 개개의 단체를 가리키는 지교회,[13] ② 어떤 개인의 가정에 모인 가정교회,[14] ③ 외면적으로 그리스도를 향한 신앙을 고백하고 임명된 직원(officer)들의 지도 아래 예배할 목적으로 조직된 지상의 모든 단체를 의미하는 개념의 유형적 보편교회,[15] ④ 가장 포괄적인 의미에서 천상에서나 지상에서나 그리스도와 영적으로 연합된 혹은 장차 연합될 모든 신자들을 구성원으로 하는 하나의 보편교회

---

11) 밀라드 J. 에릭슨, 앞의 책, 28-29면.

12) 신약성경 마태복음 16장 16-18절 참조. 이 귀절은 그 후 교회의 통치권을 둘러싸고 해석상 큰 견해차를 낳게 된다. 로마 가톨릭교회에서는 이 귀절에 근거하여 베드로의 후계자인 교황에게 온 교회에 미치는 최고 재치권이 있다고 보고 있으며, 개신교에서는 이러한 해석을 거부한다. The Broadman Bible Commentary, Vol.8(Nashville, Tennessee: Broadman Press, 1969), pp. 171-175.

13) 사도행전 5:11; 11:26; 로마서 16:4; 고린도전서 11:18; 14:19, 28, 35; 16:1; 갈라디아서 1:2; 데살로니가전서 2:14.

14) 로마서 16:5, 23; 고린도전서 16:19; 골로새서 4:15; 빌레몬서 1:2, 사도시대의 부자나 중요한 인사들은 흔히 자기집 방 하나를 집회의 장소로 제공하였다.

15) 고린도전서 10:32; 11:22.

를 의미하는 무형적 보편교회[16] 등 다양한 의미로 사용된다.[17]

그리고 어떤 경우에는 훨씬 더 광범위한 지역이 언급되기도 하고,[18] 과거와 미래의 모든 신자들을 포함하고 있기도 한다.[19] 이러한 포괄성의 관점에서 교회를 신학적으로 정의하면 '그리스도의 죽음을 통하여 구원받아 하나님과 화목하게 되고 새 생명을 부여받은 사람들의 전체'라고 말할 수 있다.[20] 또한 고린도전서 12장과 에베소서 4장에서는 교회를 그리스도를 머리로 하는 하나의 몸으로 서술하고 있는 바, 이는 교회란 그리스도를 교회의 머리로 하는 하나의 유기체 혹은 생명체로서 하나의 일치된 목적을 가지고 있음을 뜻하고 있는 것이다.[21]

한편 교회로 번역되는 영어의 church, 독일어의 Kirche는 모두 헬라어 '퀴리아케'에서 온 것인데 이는 '주의 것, 주께 속한 것'이라는 뜻으로 처음에는 교회가 집회한 처소를 가리켰으나, 결국 교회 자체(ecclesia)를 가리키는 말로 쓰였다. 이 어휘는 교회의 인적 요소뿐만 아니라 물적 요소까지도 가리키는 복합적 의미를 내포하게 되었다. 교회의 본질을 기본적으로는 인적 요소, 즉 교인 내지 그 단체에서 찾으면서도 예배장소 또는 예배용 건물을 교회로 부르는 태도는 여기에서 비롯된 것으로 생각된다.[22]

Ⅱ. 교 회 관

1. 로마가톨릭 교회

1962년 10월부터 1965년 12월까지 바티칸 베드로대성당에서 열렸던 제21차

---

16) 에베소서 1:22; 3:10, 21; 5:23, 24, 25, 27, 29, 32; 골로새서 1:18, 24.
17) 박형룡, 「교의신학」 제6권(교회론), 은성문화사(1975), 19면; 루이스 뻘콥 저, 신복윤 역, 「기독교 신학개론」, 은성문화사(1975), 260-261면.
18) "그리하여 온 유대와 갈리리와 사마리아 교회가 평안하여 든든히 서가고 주를 경외함과 성령의 위로로 진행하여 수가 더 많아지니라"고 언급하고 있다(사도행전 9장 31절).
19) 히브리서 기자는 이러한 포괄성을 '하늘에 기록한 장자들의 총회'라고 서술하고 있다(히브리서 12장 23절 참조).
20) 최병덕, 앞의 논문, 7면.
21) 이성희, 「교회행정학」, 한국장로교회출판사(1994), 43면.
22) 김진현, "교회의 법적 성질", 「민법학의 현대적 과제」(매석 고창현 박사 화갑기념), 박영사(1987. 10)(이하 '논문 2'라 한다), 64면; 박병칠, "교회의 분열과 재산권의 귀속", 「민사법연구」 제7집, 대한민사법학회(1999)(이하 '논문 1'이라 한다), 289면.

공의회인 제2차 바티칸 공의회는 4개의 헌장과 9개의 교령 그리고 3개의 선언을 결정하였는데, 그 헌장 가운데 하나가 '교회에 관한 교의헌장'[23]이다. 위 헌장은 교회(ecclesia)를 "유일한 중재자이신 그리스도께서는 믿음과 바람과 사랑의 공동체이신 당신의 교회를 이 땅 위에 볼 수 있게 조직하시고 끊임없이 지탱하시며, 이 교회를 통하여 모든 사람에게 진리와 은총을 널리 전해 주신다. 교계제도로 조직된 단체이며 동시에 그리스도의 신비체이고, 볼 수 있는 집단이며 동시에 영적공동체이고, 동시에 지상교회이며 동시에 천상 은혜로 충만한 이 교회는 두 개의 것으로 볼 것이 아니라, 인간적 요소와 신적 요소로 합성된 하나의 복잡한 실체를 구성한다고 보아야 한다. …… 우리 구세주께서 부활하신 후에 베드로에게 맡겨 사목(司牧)하게 하셨고 베드로와 다른 사도들에게 위임하여 전파하고 다스리게 하셨으며(요한복음 21장 17절), 영원히 '진리의 기둥과 기초'(디모데전서 3장 15절)로 삼으신 유일한 교회이다. 이 세상에 설립되고 조직된 사회단체로서의 이 교회는 베드로의 후계자와 그와 일치하는 주교들이 다스리고 있는 가톨릭교회 안에 존재한다."라고 설명하고 있다.[24]

위 헌장에서 알 수 있는 것은, 첫째로, 가톨릭교회의 교회관은 종래 개신교의 신학자 내지 교회법학자들이 교회를 가견적(可見的) 교회(ecclesia visibilis)와 불가견적(不可見的) 교회(ecclesia invisibilis)로 나누거나 또는 영적·본질적 교회와 법적 교회로 나누어, 우리가 사회학적 또는 법학적으로 접근가능한 교회의 범위를 축소·제한하려던 태도와는 달리, 이 모두를 통합한 즉 불가견적이면서도 동시에 가견적이고, 영적이면서도 동시에 사회적·법적인 것이 바로 유일한 교회인 가톨릭교회라는 것이다. 여기서 우리는 교회(聖)와 사회(俗), 종교와 법, 나아가서는 하늘나라와 지상의 나라를 동일한 시각으로 바라보려는 가톨릭교회의 일원론적 세계관을 엿볼 수 있다. 둘째로, 교계적 교회관이다. 그리스도께서 교회를 베드로를 수장으로 하는 사도단에 맡기셨기 때문에 베드로의 후계자인 교황을 으뜸으로

---

23) 아우구스트 프란츠 저, 최석우 역, 「교회사」, 분도출판사(1982), 433-442면 참조: 1983년 개정·공포된 「교회법대전」(Codex Iuris Canonci: 이하 '교회법' 또는 'CIC'라고 한다)에 의하면, 교황을 수장으로 하는 주교단은 온 가톨릭교회의 최고권력을 가지며, 그 권력은 공의회에서 장엄하게 행사되는 것으로 되어 있다. CIC can. 336, 37 §1.

24) 제2차 바티칸 공의회 문헌(헌장·교령·선언문), 한국천주교 중앙협의회(1983, 이하 '제2차 바티칸 공의회'라 한다), 61면, s.v. "그리스도의 신비와 교회의 신비"(교회에 관한 교의헌장 중).

하여 그와 사도들의 후계자인 주교들이 주교단을 이루어 다스리는 곳에 참 교회가 존재할 수 있다는 생각이다. 그리하여 독일의 가톨릭교회 법학자인 Morsdorf는 교회를 "하나님 나라를 섬기면서 교계적 질서 속에서 사는 새로운 하나님의 백성"이라고 하였다.[25] 교회를 이와 같이 교계적 질서로 파악할 때 평신도의 교회정치에의 참여는 교리상 원천적으로 거부되며, 뒤에서 설명하는 교회영조물설의 근거가 된다.[26]

2. 개신교 교회

종교개혁자이며 장로교회의 사상적 원조인 장 칼뱅(Jean Calvin)[27]은 유명한 그의 저서 「기독교강요」에서 교회를 대체로 다음과 같이 설명하였다. 즉 교회에는 불가견적 교회와 가견적 교회가 있는데, 전자는 모든 참 하나님의 자녀들로 구성된 것이며 하나님만이 그 구성원을 아실 수 있는데 반하여, 우리들에게는 인식불가능한 것이므로 결국 우리들은 후자 즉 가견적 교회를 존중하고 이에 연합되어야 한다고 하였고, 마틴 루터(Martin Luther)는 유형교회와 무형교회로 분류하였다. 그리고 그 가견적 교회의 표지는 하나님 말씀의 순수한 전파와 성례전의 정당한 집행이며, 양자가 있는 곳에 하나님의 교회는 존재한다고 주장하였다.[28] 독일복음주의교회 즉 독일개신교에서도 칼뱅과 동일하게 교회를 이해하고 있다.[29]

개신교의 교회관과 가톨릭교회의 교회관은 위에 언급한 이외에도 여러 가지 면에서 상이점이 많으나 가장 중요한 차이점은 성직자의 특별지위 및 그들의 교계적 조직의 유무에 있다. 가톨릭교회는 성직자와 평신도를 엄별(嚴別)하는 것을 하나님의 명령 즉 신법이라고 하고, 평신도는 '양떼'이며 성직자는 '목자'라는 것이다. 따라서 '양떼'들은 '목자'의 가르침과 다스림을 받을 뿐, 교회의 정치(통치)에는 참여할 수 없다는 것이다. 그리고 그 성직자들은 교황을 수장으로 하는 주

25) Evangelisches Staatslexikon, S. 1135.
26) Model/Creifelds, Staatsburger-Taschenbuch, 21. Aufl, München: Verlag C.H.Beck(1983), S. 766에서는 교회를 영조물(Anstalt)로 정의하고 있다.
27) 미국식 이름은 존 칼빈(John Calvin)이다.
28) Calvin, Institutes of the Christian Religion, ed. John T.McNeil, Vol. 2, Philadelphia: Westminster Press(1973), pp. 1021-1023 참조.
29) Model/Creifelds, a.a.O., S. 775.

교단의 지도하에 교계적 질서를 이룬다는 것이다. 이에 반하여 개신교의 대부분 교파에서는 이른바 '만인사제설에 따라 성직자와 평신도 사이의 사회법상의 신분의 차이를 인정하지 않는 것이 원칙이다.[30] 그리고 후술하는 감독정체를 택하는 교회의 경우를 제외하고는 성직자 사이의 교계는 인정되지 않으며 모두 평등한 것으로 본다.[31]

3. 우리나라 개신교 교단의 헌법

우리나라 개신교의 교단 중 가장 큰 교단인 다음 3개 교단의 헌법이 교회를 어떻게 규정하고 있는가를 살펴본다.

가. 대한예수교장로회총회(합동)

헌법[32] Ⅳ. 정치 제2장 교회 제1조는 "하나님이 만국 중에서 대중을 택하사 저희로 영원토록 무한하신 은혜와 지혜를 나타내게 하시나니 저희는 생존하신 하나님의 교회요, 예수의 몸이요, 성령의 전이라. 전과 지금과 이후에 만국의 성도니 그 명칭은 거룩한 공회라 한다."고 하고, 제2조는 "교회에 두 가지 구별이 있으니 유형한 교회와 무형한 교회라. 무형한 교회의 교인은 하나님만 아시고 유형한 교회는 온 세계에 흩어져 있는 교회니 그 교인은 그리스도인이라 칭하고 성부 성자 성령 삼위일체 되신 하나님을 공경하는 자이다."라고 하여 통합측의 보이는 교회를 유형교회, 보이지 않는 교회를 무형교회라 하고 있다. 또한 제4조는 "예수를 믿는다고 공언하는 자들과 그 자녀들이 일정한 장소에서 그 원대로

30) 만인사제설은 인간이 하나님께 나아갈 때는 사제의 도움이 필요 없으며, 신자는 모두가 하나님 앞에서 사제라는 설이다. 루터에 의하여 제창되었으며, 칼뱅도 이 용어를 사용하지는 않았으나 같은 생각을 그의 「기독교강요」에서 표현하고 있다. 특히 베드로전서 2장 9절에 잘 나타나 있다. Calvin, Institutes of the Christian Religion, ed. John T.McNeil, Vol. 1, Philadelphia: Westminster Press(1967), p. 502 n. 15; 「Model/Creifelds」, a.a.O., S. 776; 제2 스위스신앙고백 제18장{대한예수교장로회총회교육부 역간, 「미국연합장로교회헌법」, 제1부 신앙고백집(1967)(이하 '신앙고백집'이라 한다), 132-133면}.

31) 신앙고백집, 135면; 장로교회는 성직자인 목사와 교인의 대표인 장로의 동등성을 기본적인 정치원리로 삼고 있다. 박윤선, 「대한예수교장로회 헌법주석(정치 · 예배모범)」, 영음사(1983), 59면.

32) 대한예수교장로회총회(http://www.gapck.org), 「대한예수교장로회총회(합동)헌법」('합동'이라는 용어는 필자가 넣은 것임, 이하 "합동헌법"이라고 하고, 총회를 '합동총회'라고 줄여 쓴다), 대한예수교장로회출판국(2010.5).

합심하여 하나님을 경배하며 성결하게 생활하고, 예수의 나라를 확장하기 위하여 성경에 교훈한 모범대로 연합하여 교회 헌법에 복종하며, 시간을 정하여 공동 예배로 회집하면 이를 지교회라 한다(행 2:47)."고 정의하고, 지교회를 설립하기 위해서는 일정한 구역 안에 예배 장소를 준비하고 장년 신자 15인 이상이 합심하여 예수그리스도를 신봉하며 신설 교회 위치, 신설 연월일, 장년 신자수와 가정수, 유년 주일 학생수, 예배당 형편(기지 평수 건물과 소유자), 신설 교회의 명칭, 교회 유지 방법, 부근 교회와 그 거리, 구역 가호 수(도시는 제외) 등의 사항을 기록하여 그 구역 시찰회 경유로 노회에 청원하여 인가를 받는다. 만일 신자가 15인 미만이 되거나 예배 장소가 준비되지 못한 때에는 기도회 처소로 하여 부근 어느 교회의 도움을 받는다(Ⅴ. 헌법적규칙 제1조). 당회의 존재 여부와 관련하여 조직교회와 미조직교회로 나눈다. 당회는 지교회 목사와 치리 장로로 조직하되(행 14:23, 딛 1:5) 세례 교인 25인 이상을 요하고, 장로의 증원도 이에 준한다(Ⅳ. 정치 제9장 제1조). 합동헌법에 의하면 만 14세 이상이면 입교인이 될 수 있으며(Ⅴ. 헌법적규칙 제6조 3호), 입교인의 공동의회의 참석권에 대한 나이의 제한은 보이지 않는다.

나. 대한예수교장로회총회(통합)

헌법[33] 제2편 제2장 교회 제7조(교회의 정의)는 "하나님이 만민 중에서 자기 백성을 택하여 그들로 무한하신 은혜와 지혜를 나타내신다. 이 무리가 하나님의 집(디모데전서 3장 15절)이요, 그리스도의 몸(에베소서 1장 28절)이며, 성령의 전(고린도전서 3장 16절)이다. 이 무리는 과거, 현재, 미래에 있는 성도들인데 이를 가리켜 거룩한 공회 곧 교회라 한다."라고 교회를 정의하고 있는바, 하나님을 믿고 따르는 신앙인들로 구성되어 있는 단체를 교회라고 할 수 있다. 한편 동 헌법 제2편(정치) 제8조(교회의 구별)는 "교회는 두 가지 구별이 있으니, 보이는 교회와 보이지 않는 교회이다. 보이는 교회는 온 세계에 산재한 교회이고, 보이지 않는

---

33) 대한예수교장로회총회(http://www.pck.or.kr), 「대한예수교장로회총회(통합)헌법」('통합'이라는 용어는 필자가 넣은 것이며, 이하 '통합헌법'이라고 하고, 총회를 '통합총회'라고 줄여 쓴다), 한국장로교출판사(2019.3).

교회는 하나님만이 아시는 교회이다."라고 하여 공간적으로 존재하는 보이는 교회와 영적 세계에 존재하여 보이진 않는 교회로 나누어 현실과 영적 문제를 모두 포함하는 종교적 의미의 교회로 이해하고 있다. 또한 보이는 교회 중 개별 교회인 지교회에 대하여 제2편 제9조는 "예수를 믿는 무리와 그 자녀들이 저희의 원하는 대로 일정한 장소에서 성경의 교훈에 따라 하나님께 예배하고 성결하게 생활하며 그리스도의 나라를 확장하기 위하여 활동한다. 이를 지교회라 한다."라고 정의한 후 "당회가 있는 교회를 조직교회라 하고, 당회가 없는 교회를 미조직교회라 한다."라고 하고 있다. 즉 지교회는 총회에 소속되어 총회를 구성하는 단위 교회라고 할 수 있다.

지교회로 인정되기 위해서는 공통예배로 모이는 전도처 또는 기도처를 가지고 있는 세례교인(입교인) 15인 이상이 노회에 지교회의 설립을 청원하여 허락을 받아야 한다(제2편 제10조). 그런데 모든 세례교인(입교인)은 성찬 참예권이 있으나 공동의회의 회원권은 18세 이상의 세례교인(입교인)에게만 있다(제2편 제16조).

여기서 세례교인 또는 입교인이 15인 미만인 전도처 또는 기도처가 교회라는 명칭을 사용하며 독립된 공동예배를 드리고 교회의 실질적인 기능을 수행할 경우 이를 민법상의 비법인사단으로 인정할 수 있느냐 여부인데, 이러한 기도처 또는 전도처는 노회에서 인정하는 지교회는 아닐지라도 민법상 인정되는 비법인사단으로서의 실체를 갖추고 있는 한 비법인사단으로서의 교회로 인정되어야 할 것이다.[34]

또한 지교회는 당회의 존재 여부와 관련하여 조직교회와 미조직교회로 나뉜다. 당회는 지교회에서 시무하는 목사, 부목사, 장로 2인 이상으로 조직되는 지교회의 집행기관을 말하는데, 세례교인 또는 입교인 30인 이상이 있어야만 그 조직이 가능하며, 최초로 당회를 조직할 경우에는 장로 2인을 동시에 선택할 수 있다. 장로는 세례교인 또는 입교인 30인당 비례로 1인씩 증원할 수 있다(제2편 제64조). 이러한 당회는 조직된 후에도 시무장로가 1인도 없게 되면 폐당회가 되고, 장로 2인 미달 또는 세례교인(입교인) 수가 30인 미달인 채로 4년 이상 경과하면

34) 오시영, "비법인사단으로서의 교회의 실체에 대한 고찰", 「민사법학」 40호(2008. 3)(이하 '논문 1'이라 한다), 307면.

폐지된다(제2편 제65조).

다. 기독교대한감리회

교리와 장정[35]은 제1편 역사와 교리 제2장 교리 제1절 신앙과 교리의 유산 Ⅰ. 종교의 강령, 제13조에서 교회에 관하여 "유형한 그리스도 교회는 참 믿는 이들의 모인 공회니 그 가운데서 순전한 하나님의 말씀을 전파하며 또 그리스도의 명령하신 것을 따라 성례를 정당히 행한다. 이 모든 필요한 일이 교회를 요구하는 것이다."라고 하고, 제3편 조직과 행정법 제2장 제2조[36]는 "교회는 예수그리스도를 구주로 고백하고 구원을 얻은 이들이 모인 공회로, 하나님의 말씀을 전파하고, 그리스도의 명령에 따라 성례를 행하며, 세상과 사회 속에서 하나님의 뜻을 실현하는 신앙공동체이다."라고 하며, 담임할 사역자가 있고, 등록한 입교인이 12명 이상이며, 공동예배를 드릴 수 있는 안정된 예배처소가 있는 교회를 개체교회라고 정의하고 있다(제3편 조직과 행정법 제2장 교회 제1절 개체교회 제5조 제1항). 감리교에서는 당회를 "개체교회에 등록한 모든 입교인으로 구성되는 의회"라고 정의함으로써(제4편 의회법 제2장 당회 제7조) 장로교의 공동의회와 같은 개념으로 사용하고 있고, 등록된 입교인 12인 이상의 적을 보유하고 있어야 당회가 구성된다(제8조. 또 감리교에서의 교인은 ① 원입인(죄악에서 구원을 얻고자 회개한 후 예수를 구주로 믿기로 결심하고 교회에 출석하는 이 – 세례아동을 제외한 어린이 포함), ② 세례아동(유아세례 또는 아동세례를 받은 12세까지의 아동), ③ 세례인(세례아동으로 13세 이상된 이와 원입인이 1년 이상 교회에 출석하고 세례를 받은 이), ④ 입교인(세례인 중 18세 이상의 자가 예문을 거친 이 – 세례와 동시에 입교를 할 수도 있다)으로 구분된다(제3편 조직과 행정법, 제2장 교회, 제2절 교인 제8조).

Ⅲ. 교회의 형태

가톨릭교회와 개신교 모두가 교회의 형태를 보편교회(ecclesia universalis)와

35) 기독교대한감리회(https://kmc.or.kr), 「교리와 장정」, (재)기독교대한감리회 도서출판(2020.2)(이하, '교리와 장정'이라고 하고, 기독교대한감리회는 '감리회' 또는 '감리교회'라고 줄여 쓴다).

36) 2016년에 신설된 규정이다.

지역교회(ecclesia particularis)의 두 가지로 나누고 있다.

1. 보편교회

개신교의 입장에서 보편교회는 과거나 현재나 미래에 있어서 머리되시는 그리스도를 중심으로 모이는 모든 참 그리스도인만으로 구성되는 유일의 교회로 보기 때문에, 이 보편교회는 원칙적으로 무형적(無形的) 내지 불가견적(不可見的)일 수밖에 없다고 본다.[37] 즉 관념상으로만 존재하며 하나님만이 아신다는 것이다.

이에 반하여 가톨릭교회는 베드로의 후계자이요 그리스도의 대리자인 교황과[38] 사도들의 후계자들인 주교들에 의하여 지도되는 가톨릭교회 자체가 유일의 보편교회라고 한다.[39] '갈라진 형제들' 즉 동방정교회와 프로테스탄트교회에 대한 인정과 관심을 보임으로써 그 보편성을 강조하기도 한다.[40]

2. 지역교회

개신교에는 교리상 유형적 보편교회가 존재할 수 없고, 다만 교파별로 대체로 일개국가를 영역으로 하는 교단을 구성한다.[41] 교단은 통상 "개신교에 있어서 신앙의 내용과 형식을 같이하는 교회들의 단체"라고 하거나,[42] "신앙원칙 내지 신앙고백의 내용인 교리와 신앙적 행위 양식인 예배라는 본질적이고도 핵심적인 요소를 공통으로 하고 있는 여러 교회들이 대외적 선교와 대내적 교회행정을 공동으로 행할 목적으로 연합하여 조직한 상급종교단체"라고[43] 정의한다. 타국의 동일교파 교단과는 형제적 관계를 유지하고, 같은 교파이더라도 교단이 다를 경우는 서로 완전히 독립하여 존재하며 조직적 · 행정적 내지 법적인 유대는 없다.

---

37) 신앙고백집, 207면; 루이스 뻘콥 저, 신복윤 역, 앞의 책, 266면 참조.
38) 제2차 바티칸공의회, 75면.
39) 제2차 바티칸공의회, 61면.
40) 제2차 바티칸공의회, 311-333면.
41) 교단교회를 보편교회라고 하는 견해도 있으나{소재열, 「교회정관법 총칙」, 제281면, 한국교회법연구소(2013)}, 개신교의 교리상 보편교회는 유형교회의 형태로는 존재할 수 없으므로 교단교회도 넓은 지역교회의 일종일 뿐이다.
42) 황교안, 「종교활동과 분쟁의 법률지식」, 정림출판(1999), 133면.
43) 2006년 대법원 전원합의체 판결 중 대법관 손지열, 박재윤, 김용담, 김지형의 별개의견; 양형우, "교회의 분열에 따른 재산귀속", 「재산법연구」 24권 1호, 한국재산법학회(2007), 66면.

그러나 어떠한 교단도 스스로를 보편교회라고 생각하지 않는다. 교단은 대체로 대회·노회·연회·지방회 등의 이름(그 각 개념에 대하여는 후에 본다)을 가진 중간회의 지도를 받는 지교회로 나누어진다. 따라서 개신교의 지역교회는 교단과 지교회라 할 것이다.

가톨릭교회는 주교에 의하여 지도되는 교구를 지역교회로 본다.[44] 따라서 교구 내의 각 본당은 독립된 지역교회가 아니라 교구의 일부분일 뿐이다.

위 지역교회가 사회적·법적 현상으로서의 이른바 법적 교회라고 할 수 있다. 그러나 어느 범위까지를 법에 의하여 규율되는 법률상의 교회라고 할 것인가는 각국의 사정에 따라 다를 수 있으며, 이에 관하여는 항을 바꾸어 아래에서 보기로 한다.

Ⅳ. 법률상의 교회

이제까지 종교적·신학적 의미에 있어서의 교회에 관하여 살펴보았는바, 이제 법은 그 적용대상으로서의 교회를 어떻게 파악하고 있는가를 알아본다.

1. 독일법상의 교회

독일의 많은 개신교 법학자들은 이원론적인 교회관을 갖고 있었는데 이는 교회를 '영적·본질적 교회'와 '법적 교회'로 나누어, 전자는 그리스도를 머리로 하는 결합으로서 법 이전에 존재하고 항상 모든 법 위에 존재하는 순수한 종교적·사회학적 사실이라고 하고, 후자는 법과 질서 가운데 나타나는 역사적·사회적 현상으로서의 교회로서 인간적·사회적 결합에서 생기는 교회라고 보았다. 이에 반하여 가톨릭 법학자들은 일원론적인 입장에서 교회가 사회현상으로서는 종교적·세속적 양측면에서 고찰되어야 하고, 세속적 측면은 법을 떠나서는 생각할 수 없으므로 법적 의미의 교회와 교의적 교회는 동일한 것이라고 하며, 가톨릭교회도 같은 입장에서 종교적 사항뿐만 아니라 세속적 사항도 모두 동일하게

44) CIC can. 368.

교회법으로 규율하였는데 그 대표적 법원이 바로 '교회법대전(Codex Iuris Canonici, 약칭 CIC)'이다.

한편, 독일법은 교회를 일정한 요건만 갖추면 공법상 사단으로 인정하는데, 이는 국가의 허가와 감독하에 있는 고유의미의 공사단과는 달리, 국가로부터 독립하여 고유사무를 수행하는 특수한 공사단으로 본다. 즉 교회는 그 자율권에 근거하여 고유사무를 수행할 뿐만 아니라, 공사단으로서 교회세 부과고권 등 일정한 공권력을 가지며, 따라서 교회와 국가는 분리되는 것이 아니라 동위관계에 서는 이른바 정교결합형을 취하는 것이다. 독일법상 인정되는 교회는 일원론적인 것으로서, 보편교회와 본질상 다르지 아니한 지역교회로 보는 것이 일반적 견해이다.[45]

2. 미국법상의 교회

미국법상의 교회를 이해하려면 먼저 헌법적 단계를 거쳐야 하는데 이는 교회를 둘러싼 쟁송들이 많은 경우 헌법문제에 연관되어 있기 때문이다. 다음으로 연방법률과 주법률의 단계인데, 이들 법률들 중에는 교회에 특별한 혜택을 부여하고 있는 것들이 있어 그 경우의 교회의 정의 내지 표지(criteria)를 둘러싸고 역시 논란이 되고 있다.

가. 헌법상의 종교

미국헌법 수정 제1조는 종교에 관하여 두 가지 조항을 두고 있다. 첫째는 국교수립금지조항인데, 이는 대체로 연방과 주가 종교를 후원하여서는 아니 된다는 의미로 해석되고 있다.[46] 둘째는 종교행사자유의 조항으로, 연방이나 주가 종교의 실현을 보호하여야 한다는 뜻으로 해석된다.[47] 그리고 위의 양 조항은 많은 경우 대립관계에 서게 되는 것으로 이해된다.

수정 제1조에 관련된 종교의 정의 내지 표지에 대한 판례와 학설 중 중요한

45) Evangelisches Staatslexikon, s. 1125.
46) Nowak/Rotunda/Young, Constitutional Law, 2nd ed., Hornbook Series(St. Paul, Minn: West publishing Co., 1983), Ch. 19 § IIA p. 1030.
47) Ibid., Ch. 19 § IIIA p. 1053.

것만을 간추려 보면 다음과 같다.

(1) 판례의 변천

미국헌법이 기초된 이후 1940년대 이전까지 종교는 당연히 기독교적 사상에 입각한 유신론적인 것으로 받아들여졌다.

그런데 1943년의 United States v. Kauten 사건의 판결에서 종교를 종래의 유신론적 입장에서 탈피하여 하나의 세계관으로 파악하였고,48) 이어 연방대법원은 1944년의 United States v. Ballard 사건의 판결에서 종래의 입장을 바꾸어, 탈내용적 종교관념으로 전환하였다.49) 미국 연방대법원은 1961년의 Torcaso v. Watkins 사건의 판결에서 유신론적 신앙은 종교의 일종에 불과하며, 비유신론적 신앙, 예컨대 불교, 도교, 윤리문화, 세속적 휴머니즘 등도 이 나라의 종교"라고 판시하였다.50) 나아가 1965년의 United States v. Seeger 사건의 판결과 1970년의 Welsh v. United States 사건의 판결을 통해 등위론으로 방향을 굳히게 되는데, 전 판결은 신앙 내지 종교의 내용은 문제되지 아니하며, 그 신앙의 그 보유자에 대한 기능이 종교성을 결정하고, 그 기능이 궁극적 관심의 수준에 있을 때 이를 그 자에 있어서는 '종교'라고 한다는 것이고,51) 후 판결은 Seeger 사건의 판결을 더욱 확장하여, 순수히 윤리적·도덕적인 신념도 종교라고 판시하여 종교와 도덕의 구별을 한층 모호하게 하였다.52)

이상의 판례의 흐름을 요약하면, 유신론적 종교관에서 비유신론적 종교관으로, 다시 기능적 종교관으로 이행되었다고 할 수 있다.53)

(2) 학설의 대립

국교수립금지조항과 종교행사자유조항에 있어서의 종교의 개념을 별개로 이해하는 이원론과 통일적으로 파악하는 일원론이 있다.

---

48) 91 Harvard Law Review, p. 1061; 133 F.2d 703(2d Cir.1943).
49) Helen Yomtov Herman, "The history and Utility of the Supreme Court's Present Definition of Religion," Loyola Law Review, Vol. 26, pp. 91-93(1980); 322 U.S.78(1944).
50) Helen Yomtov Herman, op.cit., pp. 93-94; 367 U.S.488(1961).
51) Helen yomtov Herman, op.cit., pp. 98-99, 102.
52) 91 Harvard Law Review, p. 1065.
53) 김진현, 논문 1, 14면.

먼저 이원론은 양 조항에 있어서의 종교의 개념은 그 본질상 · 연혁상 대립관계에 있으므로, 필연적으로 달리 이해할 수밖에 없다는 입장이다. 종교행사의 자유에 있어서는 Seeger 사건의 판결을 따라 '궁극적 관심' 기준으로 종교를 이해하면 되나, 국교수립금지에 있어서는 그 개념을 보다 좁게 파악할 필요가 있다는 것이다.

이에 대하여 일원론의 입장에 서는 것으로는 중립원칙,[54] 개인적 선택원칙[55] 등이 있으며, 양 조항에서의 종교는 동일하나 '수립'과 '자유행사'의 용어 차이에서 법률효과의 차이가 생긴다고 보는 견해도 있다.[56]

나. 법령상의 교회

(1) 미국헌법 수정 제1조는 개인에게뿐만 아니라 종교단체에도 적용된다. 국교수립금지조항이 종교단체를 상정하고 있음은 입법취지에 비추어 당연하며, 종교행사자유조항도, 종교가 거의 언제나 순수한 개인현상이 아니라 단체현상이므로, 필연적으로 종교단체를 결성하고 운영할 자유를 수반한다.

그런데 미국 연방법률이나 주법률상 그 종교단체 가운데에서도 교회는 가장 종교적인 조직으로서 최대한의 보호와 혜택을 부여받고 있다. 면세를 포함한 각종 세제상 혜택, 도시계획에 있어서의 특별취급 등이 그것이다.

(2) 미국 세법 중 가장 중요한 법원의 하나인 내국세법전(Internal Revenue Code)은 교회를 여타의 종교단체와 구별하면서 교회에 월등히 많은 혜택을 부여하고 있다. 미국 내국세법전상 교회로 취급되는 것은, 지교회, 교단, 그리고 성사집전기능이 있는 종교단체이다.

(3) 다음으로 미국 판례상 교회는 교회건물, 집회장소, 일정한 종교적 조직체 등의 의미로도 해석되지만, 일반적으로는 일정지역의 교인들이 모여서 이룬 개개

---

54) Philip B. Kurland, "Of Church and State and the Supreme Court," The University of Chicago Law Review, Vol. 29, pp. 1-5(1961) 참조.

55) Gail Merel, "The Protection of Individual Choice: A consistent Understanding of Religion Under the First Amendment," The University of Chicago Law Review, Vol. 45, pp. 809-812(1978).

56) Sharon L.Worthing, "'Religion' and 'Religious Institutions' Under the First Amendment," Pepperdine Law Review, Vol. 7, p. 351(1980).

의 단체인 지교회를 의미하는 것으로 해석된다.[57] 그리고 같은 신앙과 교리를 가진 지교회들이 일정한 통치조직하에 결합한 조직인 교단도 법적 실체로서의 교회로 인정되지만,[58] 경우에 따라서는 관념상의 존재로만 인정되거나,[59] 권리능력이 제한되기도 한다.

3. 우리 법상의 교회

(1) 우리 실정법상의 교회 또는 이를 포괄하는 종교단체 내지 종교에 관한 규정은 여기저기 산재해 있다. 헌법 제20조가 종교의 자유와 국교부인 · 정교분리를 선언하고 있으며, 소득세법 · 상속세법 및 증여세법을 비롯한 거의 모든 세법[60]과 관세법, 기부금품모집금지법, 건축법시행령, 주택건설촉진법시행령 등에서 교회 내지 종교단체에게 각종의 면제, 규제완화 등의 혜택을 부여하고 있다. 그러면서도 교회에 대하여 어떤 적극적인 정의를 하고 있지는 않고, 사회 일반의 관념에 맡기고 있다.

기독교의 교회가 종교단체 중 대부분을 차지하고 있는 미국에서 교회의 관념에 타종교 단체 심지어 세계관 단체까지 포괄되어 있는 것과는 달리 우리법에서의 교회는 기독교의 교회만을 가리키는 것으로 보아야 할 것이다. 다른 종교의 단체까지를 포괄할 때는 종교단체[61]라는 통칭을 쓰고 있기 때문이다. 그리고 법

---

57) Words and Phrases, Peramanent ed.(St.Paul, Minn.: West Publishing Co. Kept to Date by Cumulative Annual Pocket Part 1985), 7: 194-197, s.v. "Church"(이하 7 Words & Phrases로 인용한다)에 나타난 수많은 판례 참조.

58) American Jurisprudence, 2nd ed.(Rochester, New York: The Lawyers Co-operative Publishing Co., 1973), 66: 759, s.v. "Religious Societies"(이하 66 Am Jur 2d로 인용한다).

59) 7 Words & Phrases, p. 198.

60) 예컨대, 법인세법 재24조, 제29조, 제62조, 제62조의 2, 조세특례제한법 제104조의 13, 부가가치세법 제12조, 상속세 및 증여세법 제16조, 제17조, 제48조, 지방세특례제한법(법률 제10220호 제정 2010. 3. 31.) 제50조 제1항.

61) 종교단체란 종교교의를 선포하고 의식을 행하며 신자를 교화육성하는 것을 주된 목적으로 일정한 시설을 갖춘 단체를 말한다(일본 종교법인법 제2조 참조). 종교단체는 종교활동을 하기 위한 인적인 요소와 물적인 요소를 갖추어야 하는 바, 구체적으로 ① 이념적 이데올로기적 요소로서의 교의, ② 관행적 행위양식적 요소로서의 의식이나 행사, ③ 인적 · 조직적 요소로서의 성직자와 신도, ④ 물적 · 도구적 요소로서의 종교시설의 네 가지 구성요소가 결합된 것이라고 볼 수 있다(小口偉一 · 堀一郎 감수, 「종교학사전」, 30면; 竹田盛之補, "宗教團體と宗教法人", 「民事月報」 44권 9호, 19頁, 法務省民事局, 平成元年(1989)). 그리고, 각 교회, 사찰 등을 단위종교단체라고 하고, 이들을 포함하는 교파, 종파, 교단 등을 포괄종교단체라고 한다(소성규, "종교단체를 둘러싼 분쟁과 법적

령상의 교회는 기독교의 모든 교파 내지 교단의 교회를 가리키는 것이므로, 비정통적인 이른바 이단종파의 교회도 자신을 기독교의 교회로 분류하고 있다면 역시 교회로 보아야 할 것이다.

그리고 우리 법령상의 교회 또는 종교단체의 의미가 개개의 지교회로 특별히 한정되어 있지는 않은 듯하다. 그러나 법문언상 대체로 교회라는 개념에는 지교회만 포섭되고, 교단은 교회개념보다는 종교단체라는 더 넓은 개념에 포섭된다.[62]

(2) 한편, 판례는 교회의 정의에 관하여 "교회라 함은 야소교의 교도들이 교리의 탐구, 예배 기타 신교상 공동목적을 달성하기 위하여 각기 자유의사로 구성된 단체"라고 한 적이 있었으나,[63] 그 후의 판례에서는 위와 같이 교회를 적극적으로 정의하지 않고 사회통념에 맡기고 있는 것으로 보인다. 2006년 대법원 전원합의체 판결도 교회가 법인격을 취득하지 않은 경우에도 기독교 교리를 신봉하는 다수인이 공동의 종교활동을 목적으로 집합체를 형성하고 규약 기타 규범을 제정하여 의사결정기관과 대표자 등 집행기관을 구성하고 예배를 드리는 등 신앙단체로서 활동함과 함께 교회 재산의 관리 등 독립된 단체로서 사회경제적 기능을 수행함에 따라 법인 아닌 사단의 일반적인 요건을 갖추었다고 인정되는 경우에는, 그 교회는 법인 아닌 사단으로서 성립·존속하게 된다고 하여 교회를 간접적으로 정의하고 있다.

제 3 절 교회의 정체

기독교의 교권은 교회의 머리이신 예수그리스도에게 있는 것은 자명하지만, 이는 신앙적 개념으로서 실제의 교권은 지상의 조직을 통하여 실현되고, 그 정체에 따라 달라진다. 교회의 권력은 가르치고 다스리는 권력이다.[64] 가르치는 권력

규율 방향", 「한양법학」 제12집, 한양법학회(2001. 12), 90-91면).

62) 예컨대, 개별소비세법 제18조 1항 제5호 등.

63) 대법원 1957. 12. 13. 선고 4289민상182 판결.

64) New Bible Dictionary, 2nd ed.(Leicester, England: Inter-Varsity Press, 185), p. 207, s.v. "church goverment."

은 교도권, 강도권을 포함하여 성사권(聖事權, potestas ordinis)이라고 하고, 다스리는 권력은 재치권(裁治權) 또는 치리권(potestas iurisdictionis)이라고 한다.[65] 전자는 대체로 신·구교 모두 전문성직자(clericus)가 가지는 것이 보통이다. 그러나 후자는 반드시 동일하지 아니하며, 그의 귀속주체 및 행사방법 여하에 따라 교회의 권력구조가 달라지게 되는바, 이에 따른 분류를 정체(polity)라고 한다. 교회의 정체에 따라 교회분쟁에 있어서 법적 판단이 달라지게 된다.

역사상 교회가 취한 정치체제는 다양하지만 크게 세 가지 전형적인 유형으로 분류하는 것이 보통이다. 감독정체(episcopal polity), 장로정체(presbyterial polity) 그리고 회중정체(congregational polity)가 그것이다.[66]

이하에서는 이들을 간략하게 설명하면서, 우리나라의 교파들 중 가톨릭교회·장로교회·감리교회·기독교대한성결교회(이하 '성결교회'라고 줄여 쓴다)·기독교한국침례회(이하 '침례교회' 또는 '침례회'라고 줄여 쓴다)·기독교대한하나님의성회(순복음교회로 통칭되는 바, 이하 '하나님의성회' 또는 '기하성'이라고 줄여 쓴다[67]) 등의 정체를 각 교단의 헌법과 연관지어 살펴본다.

Ⅰ. 감독정체

감독정체는 교회의 머리이신 그리스도께서 교회의 정치를 사도들에게 위임하셨으며, 그 권위는 사도들의 후계자인 감독(가톨릭교에서는 주교로 번역한다)들에게 감독직의 계대를 통하여 전승된다는 의미의 '사도적 계승'(apostolica successio)을 기초적 원리로 하는 정체이다. 이 정체에 있어서는 평신도들인 '교인들의 집단'(coetus fidelium)은 교회정치에 참여할 수 없다.[68]

감독정체는 다시 군주제형(monarchical type), 귀족제형(aristocratic type), 감독

---

65) Klaus Morsdorf, a.a.O., §2Ⅱ2b) SS. 11f.

66) 박형용, 앞의 책, 107면; Note, "Judicial Interventio in Disputes over the Use of Church Property," Harvard Law Review, Vol. 75, p. 1143(1962)(이하 75 Harvard Law Review로 인용함).

67) 기독교대한하나님의성회는 서대문측, 수호측, 여의도측 등으로 분열되어 있으나 가장 큰 교단인 여의도측을 중심으로 살펴본다.

68) 박형용, 앞의 책, 108면; 루이스 뻘콥 저, 신복윤 역, 앞의 책, 269-270면; Klaus Morsdorf, a.a.O., §33Ⅱ1 SS. 185-187.

제형(episcopal type)으로 나눌 수 있는데 군주제형에 가톨릭교회가, 귀족제형에 동방정교회가, 감독제형에 성공회(protestant Episcopal Church)가 각 해당한다.[69]

우리나라의 가톨릭교회가 감독정체를 취하고 있음은 물론이다. 그리스도의 대리인, 베드로의 후계자, 주교단의 으뜸인 교황은 보편교회 전반을 통할하는 최고의 재치권을 가지며,[70] 사도의 후계자인 주교들은 지역교회인 자신의 교구 내에서 입법 · 사법 · 행정의 재치권을 가진다.[71]

그리고 감리교회(Methodist Church)는 흔히 감독정체를 채택하는 교회로 분류되지만, 실제로는 감독정체와 후술하는 장로정체의 절충형이라는 편이 정확하다.[72] 감리교회의 조직구조의 근간은 당회 · 구역회 · 지방회 · 연회 · 총회 등의 의회제도와 감독제도에 있다고 할 수 있다. 교회의 치리권을 의회와 감독이 분점하고 있는 것이 특징인데, 의회의 구성을 보면 당회의 경우 지교회의 전교인(등록한 모든 입교인)으로 구성되며(교리와 장정 제4편 의회법 제7조), 구역회는 지교회의 교역자와 평신도위원으로 구성된다(의회법 제31조). 그리고 지방회의 경우는 그 지방에 속하는 주요 교역자와 주요 평신도 대표들로 구성되며(의회법 제44조), 연회와 총회는 각각 동수의 교역자와 평신도 대표들로 구성된다(의회법 제88조, 제121조). 결국 교역자와 동수의 평신도대표인 장로로 치리회를 구성하는 장로정체와 의회제도의 측면에서는 유사하다고 할 수 있다. 그러나 연회마다 감독을 두고(제3편 조직과 행정법 제5장 감독과 연회본부 참조), 총회에 감독회장을 두며(조직과 행정법 제8장 감독회장과 감리회본부 참조), 구역회 및 지방회에 감독에 준하는 지방감리사를 두어(제3편 조직과 행정법 제92조, 의회법 제32조, 제38조, 제45조, 제46조) 당해지역 교회를 일반적으로 통할하게 하며, 교역자의 임면 등 인사권을 비롯한 각종 재치권을 행사하게 한다는 면에서 감독정체의 일면을 가지고 있다.[73] 따라서 전술한 바와 같이 장로정체와 감독정체의 절충형이라는 편이 정확하다고 할 것이다. 다만 미국 연합감리교회의 경우 감독은 종신직이며 단지 72세 전에

69) 75 Harvard Law Review, p. 1144 n. 13. 참조.
70) CIC can. 331.
71) CIC can. 391.
72) 75 Harvard Law Review, p. 1144 n. 14.
73) 김진현, 논문 1, 23면.

은퇴해야 함에 반하여,[74] 우리나라 감리교회의 대표교단인 기독교대한감리회의 경우는 감독의 임기를 2년으로 하고(제3편 조직과 행정법 제105조) 재선될 수 없도록 함으로써 감독의 지위를 그만큼 약화시키는 점 등에 비추어 볼 때 전반적으로 보다 장로정체에 가깝다고 할 것이다.[75]

Ⅱ. 장로정체

장로정체는 대의를 특징으로 하는 정체로서, 평신도들이 평신도들 중에서 그들의 대표자로 치리장로(ruling elder, presbyter)들을 선택하여 그들로 하여금 교역자(목사, pastor)와 함께 치리회(judicatory)를 구성하여 치리권을 행사하게 하는 정체이다. 지교회의 대의정치기관이며 치리회인 당회(church session)는 목사와 치리장로들로 구성되는데 보통 장로는 목사보다 다수이다. 당회는 교회 권세의 기원인데, 당회의 권세를 보다 더 넓은 범위에서 행사하는 광대회의들이 있어 여러 교회에 공통한 사건들과 하회에서 해결할 수 없는 사건들을 처리한다. 광대회의로는 당회 위에 노회(presbytery)가 있고, 노회 위에 대회(synod)가 있으며, 대회 위에 최고치리회로서 총회(general assembly)가 있다. 광대회의들에서 회원인 목사와 장로의 수는 항상 동수여야 하는데, 이는 장로정체에서는 교역자와 평신도의 지위가 동등임을 나타내는 것이다. 치리권이 감독 1인에게 귀속되는 것이 감독정체이고, 회중일반(congregation)에게 분속되는 것이 회중정체임에 반하여, 그것이 교역자와 회중의 대표인 장로들의 합의체인 치리회에 귀속된다는 점에서 장로정체는 중간형이라고도 할 수 있다.[76]

우리나라의 경우 최대교파인 장로교회와 성결교회, 하나님의성회, 루터교회중

---

74) 은퇴후에도 계속 감독회(Council of Bishops)의 언권회원으로 남으며, 임시로 감독직을 다시 맡을 수도 있다. Jack M.Tuell, The Organization of the United Methodist Church(Nashville · New York: Abingdon Press, 1973), p. 103.

75) 김진현 교수는 우리나라 개신교에서 압도적으로 강한 장로교회의 영향을 받고 있는 것으로 짐작된다고 한다(김진현, 논문 1, 25면). 다만 감독회장은 임기를 4년으로 하고 교회를 담임할 수 없도록 하였다(조직과 행정법 제138조).

76) The Constitution of the Presbyterian Church in the United States of America(Philadelphia: Board of Christian Education of the Presbyterian Church in the U.S.A., 1788), Ⅳ(Form of Government), pp. 248, 252, 254; 75 Harvard Law Review, p. 1143; 박형용, 앞의 책, 110-111면 참조.

일부교단 등 여러 교단들이 이 정체를 선택하고 있다.

우리나라 장로교회 각 교단들의 근본 조직원리도 위에 기술한 일반적 장로정체와 동일하나 미국 장로교회가 사중적 치리회 제도를 두고 있는 반면, 우리 장로교회들은 대회(synod)를 두지 않아 삼중적 치리회 구조를 채택하고 있다(통합헌법 제2편 정치 제9장 치리회 제60조 내지 제63조, 기장헌법 Ⅳ. 정치 제8장 치리회 제41조 내지 43조). 다만 장로교회 내 양대 교단의 하나인 대한예수교장로회 합동측은 교단 헌법상 대회제도를 두고 있으나(합동헌법 Ⅳ. 정치 제8장 교회정치와 치리회 제1조, 제11장 대회 참조) 실제로는 그 제도를 시행하지 아니하고 있다.

성결교회도 지교회에 목사와 시무장로로 구성된 당회라는 치리회를 두며(헌법 제48조), 상회인 지방회와 총회도 각각 원칙적으로 동수의 목사와 교인대표인 장로로 구성된다는 점(헌법 제52조, 제67조)에서, 성직자와 평신도의 동등한 참여로 교회정치를 해나간다는 장로정체를 조직원리로 하고 있다.[77]

Ⅲ. 회중정체

회중정체는 지교회의 완전독립을 인정하며, 따라서 상회 또는 하급치리회라는 것이 존재하지 아니한다. 그리고 지교회의 치리권도 회중일반(congregation)에게 분속된다. 목사를 포함하여 모든 직원들은 단순한 지교회의 사역자일 뿐 교회의 회원으로서 가지는 것 이상의 정치권을 가지지 못한다. 회중교회도 연합활동을 위하여 지역적 혹은 전국적인 광대회의를 구성하는 수가 있으나 그 회의는 치리회가 아니라 그 지역 혹은 전국 교회의 협의회에 불과하며, 설사 어떤 결의를 하더라도 그 효력은 구속적인 것이 아니라, 권고적 혹은 선언적인 것에 불과하다.[78]

이 정체를 채택하고 있는 대표적 교파는 침례교회(Baptist Church)이고, 그 밖에 그리스도의 제자교회(Disciples of Christ), 퀘이커교도(Quakers), 그리스도의 교회(Churchs of Christ), 유대교(Jews), 루터교회 중 일부 교단들이다. 그리고 우리나라에는 교단에 가입하지 않은 교회들이 연합하여 한국독립교회 선교단체연합

77) 김진현, 논문 1, 25면.
78) 박형용, 앞의 책, 111-113면; 75 Harvard Law Review, p. 1143.

회(독립교단이라고 한다)를 설립하였으나 그 회의의 결의는 장로정체를 취하는 총회와 같이 치리회의 성질을 갖지 못하므로 그 결의의 효력이 개교회를 구속하지 못한다. 그러나 그러한 교회들도 지교회에 치리권을 갖는 당회를 두고 있는 경우가 많으므로 그러한 교회들을 일률적으로 회중정체를 취하고 있다고 할 수는 없을 것이다.

침례회의 규약에 의하면 우선 통일된 신조가 없다는 것이 특징이다. 대개의 경우 각 교단은 헌법의 모두에 신조, 신앙고백 등의 교리선언을 두어 교단의 신앙적 색채를 분명히 함으로써 그 신조를 구심점으로 하여 정신적·이념적 통일성 내지 연대성을 추구하고 있음에 반하여, 침례교회의 경우는 성경만을 '유일하고 권위있는 표준'으로 인정할 뿐 어떠한 공식적 신조 내지 교리도 가지고 있지 않다.[79] 미국의 경우도 마찬가지여서 개신교 최대의 교파이면서도 미국침례회(American Baptist Convention)나 남침례회(Southern Baptist Convention)는 여하한 공식적 교리선언도 채택한 바 없다고 한다.[80]

둘째로는 지교회의 완전독립이다. 복음전도사업을 위하여 협동할 뿐, 상호 완전히 독립한 교회이다.[81] 침례교회에 있어서 '교회'는 지교회뿐이며, 모든 지교회는 주관적이고, 교회권력은 지교회만이 가진다. 교단은 '교회의 모임'(churches)일 뿐, 또 하나의 교회는 아니다. 따라서 여하한 교회권력도 가질 수 없는 것이다.

셋째로는 직접민주정치이다. 모든 교인은 직접 지교회의 정치에 참여할 수 있다. 직원으로 목사와 집사가 있으나 이들은 교회를 '섬기는 이'들일 뿐 여하한 특권도 없다. 개신교 거의 모든 교단이 장로직을 두고 있음에 반하여, 침례교회에는 없다.[82] 장로는 교인의 대표자이므로 대의정치를 하는 정체에서는 필수직이나, 직접민주제를 택하는 침례교회에는 이론상 불필요하기 때문이다.[83]

---

79) 기침규약 중 침례교회의 이상과 주장 2. 교회의 교리와 생활에 대한 유일하고 권위있는 표준은 성경뿐이다.
80) Leo Rosten, Religions of America(New York: Simon and Schuster, 1975), p. 26.
81) 기침규약 중 침례교회의 이상과 주장 8. 모든 교회는 행정적으로 독립적이나 복음전도사업은 협조한다.
82) 기침규약 중 침례교회의 이상과 주장 4. 교회의 직분은 목사와 집사로서 이들은 교회를 섬기는 이들이다.
83) 다만 최근에는 침례교회 중에도 예우차원에서 장로를 두는 교회가 있으나 이는 호칭만 장로일 뿐 치리권이 있는 당회의 구성원이 아니다.

Ⅳ. 정체의 분류 필요성

감독정체는 교회의 재치권이 감독 1인에게 전속되며 하위성직자 및 평신도들에게는 순종의 의무만이 있을 뿐이라는 점에서, 그리고 장로정체는 치리회를 구성하는 목사나 장로들은 모두 신분상 평등하나 이들로 구성되는 치리회에는 전술한 바와 같이 위계가 있다는 점에서 양 정체는 교계정체(hierachical polity)라고 명명되며, 지교회자치와 교역자・평신도 평등을 중심적 조직원리로 하는 회중정체와 대비된다.[84] 여기서 유의할 것은 감독정체와 장로정체가 모두 교계정체라고 하지만 2정체는 최고의 권력이 교인에게 있느냐 아니면 감독에게 있느냐의 점에서 큰 차이가 있다. 감독정체인 가톨릭교회는 감독인 주교들에게 최고의 권력이 있지만 장로교회에서는 장로정체라고 하여 장로회(당회)에 최고의 권력이 있다고 보기는 어렵고 최고의 권력은 교인들에게 있는데 당회는 교인들의 위임을 받아 그 권력을 행사한다고 할 수 있다. 장로교 등 개신교 교회의 법적성질이 비법인사단이라는 점과 대표적인 장로교단인 대한예수교장로회(합동)의 헌법 Ⅳ. 정치총론에 장로회 정치를 "이 정치는 지교회 교인들이 장로를 선택하여 당회를 조직하고 그 당회로 치리권을 행사하게 하는 주권이 교인들에게 있는 민주적 정치이다."라고 정의하고, Ⅴ. 헌법적 규칙 제3조에 "교회의 주권과 모든 권리는 교인에게 있다."라는 규정에 비추어 위와 같이 해석할 수 있는 것이다.[85] 다만 당회에 치리권이 있는 등 실질적으로는 강한 권력을 가지고 있다.

교회분쟁이 생겼을 경우 어느 정체인가에 따라 해결기준이 달라지는 등 실제상 구별의 실익이 큰 분류방법이다. 미국 판례 중 상당수의 판결들이 교회재산분쟁을 양 정체의 대비하에 각각 다른 기준에 의하여 해결하고 있다.[86]

---

84) 75 Harvard Law Review, p. 1144.

85) 장우건, "교회정관과 법원의 재판", 제8차 기독교화해사역세미나(2014. 10. 30.), (사)한국기독교화해중재원, 11, 12면.

86) 예컨대, 유명한 Watson原則을 만들어낸 Watson v. Jones, 80 U.S.(13 Wall.) 679, 680(1971) 참조.

제4절 교회의 법적 성질

Ⅰ. 서 설

교회는 그 목적의 달성을 위하여 일정한 조직하에 운영되고 있다. 교회에는 영적 · 종교적 측면과 세속적 · 법적 측면이 있는바, 이러한 교회는 법률상 어떤 단체 내지 조직으로 분류될 수 있을까.

법률상 초개인적 조직으로서 독자적 존재성을 인정받고 있는 법적 실체는 사단(Verein)과 재단(Stiftung) 및 조합(Gesellschaft)이 있다. 그런데, 조합은 첫째, 단체로서의 단일성보다는 구성원의 개성이 강하게 표면에 나타나고, 둘째, 단체의 행위는 구성원 전원 또는 전원으로부터 대리권이 수여된 자에 의하여 행하여지며, 그 법률효과는 전원에게 귀속되고, 셋째, 단체의 자산은 전원이 공동으로 소유하고, 단체의 부채는 전원이 공동으로 부담한다는 특성들을 고려해볼 때,[87] 특수한 경우를 제외하고는 보통의 교회조직은 그 성질상 조합이라고 보기는 어렵다.[88]

교회조직에는 성직자 · 신도 등 인적요소와 교회건물 등 물적요소가 존재하므로 전자에 치중하여 파악하면 사단성을, 후자에 착안하면 재단성을 인정할 수 있게 되기 때문에 그 조직의 법적성질을 간단히 어느 쪽이라고 단정하기는 어렵다. 더구나 재단 가운데는 인적요소와 물적요소를 동시에 가지는 이른바 시설재단(Anstaltsstiftung)도 있기 때문에 더욱 그러하다.[89] 물론 사단과 재단은 조직체의 이념형(Idealtypus)에 불과하며, 사회에 실재하는 조직들 가운데에는 상당수가 양극단의 중간에 존재하여 양자의 성질을 모두 가지고 있고,[90] 또 사단성 · 재단성

87) 곽윤직, 「민법총칙(민법강의1)(제7판)」, 박영사(2009)(이하 '민법총칙'이라고 한다), 123-124면.

88) 김진현, 논문 1, 28면; 박상도, "교회분열시 재산귀속관계", 법학석사학위논문, 서울대학교대학원(2007. 2), 10면; 최병덕, 앞의 논문 16면.

89) Harry Ebersbach, Handbuch des deutschen Stiftungsrechts(Gottingen: Verlag Otto Schwartz & Co., 1972), S. 32.

90) 김용한, 「민법총칙론(전정판)」, 박영사(1986)(이하 '민법총칙론'이라 한다), 153면; 김증한 · 주재황, 「주석 민법총칙(上)」, 한국사법행정학회(1983){이하 '주석 민법총칙(上)'이라 한다}, 308면.

의 양립이 충분히 가능하다는 견해도 있다.[91)]

그러나 우리 민법은 법인격을 부여할 실체로서 사단과 재단의 모습만을 인정할 뿐 그 중간의 것은 인정하지 아니하고 있으며, 법적 규율의 면에서도 민법의 사단법과 재단법은 사단법인과 재단법인에만 각각 적용되며, 법인격 없는 조직의 경우에도 사단과 재단에만 그 법들이 해석상 각각 준용되는 것으로 되어 있을 뿐, 중간적 조직을 그 규율대상으로 하고 있지 아니하다. 따라서 교회조직도 사단 · 재단 중 어느 한 쪽으로 법적 성질을 결정할 필요가 있는 것이다. 그렇게 하기 위하여 이하에서는 학설과 판례가 말하는 사단과 재단의 정의 내지 표지와 교회의 본질 또는 조직적 특성들을 각각 상호 대비시켜 봄으로써, 종교적 · 사회적 실체인 교회조직의 단체법적 성질을 파악하고자 한다.

Ⅱ. 교회의 사단성

1. 사단성의 표지

우리 민법은 사단의 개념에 관한 어떠한 정의를 내린 바 없으나, 사단의 일정한 틀을 당연한 전제로 하여 법적 규율을 하고 있으므로, 그 개념의 규명은 학설 · 판례에 맡겨져 있다고 할 수 있다.

학설[92)]과 판례를 종합하면, 대체로 사단의 표지를 다음과 같이 정리할 수 있을 것이다. ① 일정한 목적[93)]이 있고, 그 목적은 지속성이 있어야 한다.[94)] ② 독립의 사회적 단위로서 독자적으로 사회활동을 하는 존재여야 한다.[95)] ③ 사단적

91) 大賀 祥充, "社團 · 財團 · 組合 管見," 「慶應義塾大學 法學硏究」 第46卷 第10號(1973), 67頁.

92) 곽윤직, 민법총칙, 124-125면; 김상용, 「민법총칙(전정판)」, 법문사(2003)(이하 '민법총칙'이라고 한다), 227-228면; 김증한 · 김학동, 「민법총칙」, 박영사(1995), 166-167면; 김형배, 「민법학강의(제3판)」, 법문사(2003), 61면; 백태승, 「민법총칙(제4판)」, 법문사(2009)(이하 '민법총칙'이라 한다), 212면; 이영준, 「한국민법론[총칙편]」, 박영사(2003)(이하 '한국민법론'이라고 한다), 778면; 이은영, 「민법총칙(제4판)」(이하 '민법총칙'이라고 한다), 박영사(2005), 245면; 지원림, 「민법강의(제6판)」, 홍문사(2008)(이하 '민법강의'라고 한다), 98면; 김재형, 민법주해[XVI], 8-9면.

93) 대법원 1967. 1. 31. 선고 66다2334 판결; 대법원 1969. 6. 10. 선고 69다254 판결; 대법원 1976. 7. 13. 선고 74다1585 판결; 대법원 1980. 1. 15. 선고 78다2364 판결; 대법원 1981. 9. 8. 선고 80다2810 판결.

94) 대법원 1957. 12. 5. 선고 4290민상244 판결; 대법원 1967. 1. 31. 선고 66다2334 판결; 대법원 1969. 6. 10. 선고 69다254 판결; 대법원 1976. 7. 13. 선고 74다1585 판결.

조직을 반드시 갖추고 있어야 한다. 사단적 조직이 있다고 하기 위하여는 적어도, 대내적으로 자율적 단체로서 구성원의 의사를 집결하여 단체의사를 결정할 수 있는 의사결정기관[96](총회)이 있어야 하고, 단체의 의무의 처리를 위한 업무집행기관[97]이 있어야 하며, 대외적으로 단체를 대표할 대표기관[98]이 있어야 하는 등 단체의 기관이 있어야 한다. ④ 사단적 조직을 포함하는 단체의 기본구조가 규약(정관)에 의하여 확정되어 있어야 한다.[99] 그러나 반드시 서면화한 성문의 규약이 있어야 하는 것은 아니다.[100] 많은 교회가 독자적인 규약을 가지고 있지 않지만 상급조직체인 교단의 헌법 또는 교리와 장정 등의 규범에 지교회에 관한 규정이 있고, 지교회가 이를 승인하여 교단에 가입하고 있다면 지교회는 교단의 규범을 자신의 자치법규로 삼을 수 있다.[101] ⑤ 구성원의 변동에도 불구하고 단체의 동일성이 유지되어야 한다. ⑥ 법적 거래에 있어서 단체의 고유명칭을 가지고 활동하여야 한다.

위의 표지들 모두가 전부 존재하여야 사단성을 인정할 수 있는 것은 물론 아니지만 이것들이 모두 존재할 때 그 단체의 사단성이 더욱 뚜렷해질 것이다.

판례가 사단성을 긍정한 사회조직 가운데에서 가장 예가 많은 것은 종중[102]과

---

95) 대법원 1960. 2. 25. 선고 4291민상467 판결; 대법원 1966. 9. 20. 선고 63다30 판결; 대법원 1976. 7. 13. 선고 74다1585 판결; 대법원 1977. 1. 25. 선고 76다2194 판결; 대법원 1981. 9. 8. 선고 80다2810 판결.

96) 대법원 1966. 9. 20. 선고 63다30 판결; 대법원 1967. 1. 31. 선고 66다2334 판결; 대법원 1976. 7. 13. 선고 74다1585 판결; 대법원 1980. 1. 15. 선고 78다2364 판결.

97) 대법원 1967. 1. 31. 선고 66다2334 판결; 대법원 1976. 7. 13. 선고 74다1585 판결; 대법원 1974. 8. 30. 선고 72다1439 판결.

98) 대법원 1957. 12. 5. 선고 4290민상244 판결; 대법원 1960. 2. 25. 선고 4291민상467 판결; 대법원 1967. 1. 31. 선고 66다2334 판결; 대법원 1980. 3. 25. 선고 80다156 판결; 대법원 1980. 7. 22. 선고 80다871 판결.

99) 대법원 1967. 1. 31. 선고 66다2334 판결; 대법원 1967. 10. 25. 선고 66다2333 판결; 대법원 1969. 6. 10. 선고 69다254 판결; 대법원 1976. 7. 13. 선고 74다1585 판결; 대법원 1977. 1. 25. 선고 76다2194 판결; 대법원 1982. 2. 23. 선고 81누42 판결.

100) 대법원 1966. 7. 26. 선고 66다881 판결; 대법원 1971. 12. 28. 선고 70다500 판결; 대법원 1977. 6. 28. 선고 77다15 판결; 대법원 1977. 7. 12. 선고 76다3004 판결; 대법원 1980. 1. 15. 선고 78다2364 판결; 대법원 1999. 1. 29. 선고 98다33512 판결; 대법원 2004. 1. 29. 선고 2001다1775 판결; 대법원 2007. 7. 26. 선고 2006다64573 판결; 대법원 2008. 1. 31. 선고 2005다60871 판결.

101) 김진현, 논문 1, 36면, 40면; 변동걸, "교회의 분열과 교회재산의 귀속", 「법과 정의」(경사 이회창 선생 화갑기념논문집)(1995), 478-479면; 이주흥, 민법주해 [Ⅰ], 508면.

102) 대법원 1991. 8. 27. 선고 91다16525 판결; 대법원 1983. 4. 12. 선고 83도195 판결 등, 자연발생적 단체로서의 종중의 의미에 대하여는 김재형, "단체로서의 종중", 「민사재판의 제문제」, 제14권

교회[103]이며, 그 밖에 동리, 자연부락,[104] 몇몇 사찰[105]을 포함한 불교단체, 노동조합, 협동조합, 아파트주민단체[106] 등에 대해서도 사단성을 인정하고 있다.

2. 정체에 따른 검토

가. 감독정체

(1) 로마가톨릭교회

감독정체를 취하고 있는 가장 대표적인 교회인 가톨릭교회의 경우 전술 한 바와 같이 교회의 입법, 사법, 행정의 모든 재치권은 베드로의 후계자인 교황에게 있으며, 교황은 보편교회에 대한 권력을 가질 뿐 아니라 모든 개별교회들과 그 연합에 대해서도 직권의 수위권을 가진다.[107] 이러한 점만 본다면 교황은 단체의 업무집행과 처리를 위한 업무집행기관이라고 할 여지가 있으며, 가톨릭교회를 대표하고 있으므로 대표기관으로 볼 수도 있다. 그러나 대내적으로 자율적 단체로서 구성원의 의사를 연결하여 단체의 의사를 도출하는 의사결정기관으로서의 사원총회는 존재하지 않는다. 물론 가톨릭교회에서도 의회와 유사한 기구로는 보편교회의 경우 보편공의회와 주교대의원회의가 있다. 전자는 주교단이 교회에 대한 권력을 행사하는 회의로서 세계에 산재하는 주교들의 일치된 행동에 의하여 행사하되, 그러한 행동이 교황에 의하여 지시되거나 자유로이 수락되어 진정한 합의체적 행동이 되어야 한다.[108] 교황은 보편공의회에서 공의회를 소집・주재・이전・중지・해산하고, 교령을 승인・결정하며, 진행규칙을 설정하는 8가지 권리를 행사한다.[109] 또한 보편공의회의 교령들은 교황에 의하여 승인되고, 교황에 의하여 추인되며, 그의 명령으로 공포되지 않는 한 구속력이 없다.[110] 이 외에도 보

한국사법행정학회(2005), 352면 이하 참조.

103) 대법원 1962. 7. 12. 선고 62다133 판결; 2006년 대법원 전원합의체 판결 등.

104) 대법원 2004. 1. 29. 선고 2001다1775 판결; 대법원 1993. 3. 9. 선고 92다39532 판결; 대법원 1990. 6. 26. 선고 90다카8692 판결 등.

105) 대법원 1997. 12. 9. 선고 94다41249 판결; 대법원 1992. 1. 23. 선고 91마581 결정 등.

106) 대법원 1991. 4. 23. 선고 91다4478 판결 등.

107) 교회법 제331조, 제333조.

108) 교회법 제336조, 제337조.

109) 교회법 제338조.

110) 교회법 제341조.

편공의회는 1962년에 개최된 제2차 바티칸 공의회를 포함하여 21회만 개최된 비상설적, 비정기적 회의[111]이므로 구성원의 의사를 집약하여 단체의사를 도출하는 의사결정기관으로 보기 어렵다고 하겠다.

다음으로 주교대의원회의는 교황과 주교들 사이에 밀접한 연합을 조장하고 신앙과 도덕의 옹호와 발전 및 교회의 규율의 준수와 강화를 위하여 교황을 자문으로 보필하며 아울러 세상교회의 행동에 관한 문제를 숙고하기 위하여 세계 여러 지방에서 선발되어 정하여진 시기에 함께 모이는 주교들의 회합[112]으로서 통상 5년에 한 번씩 개최된다 주교대의원회의는 예외적으로 교황이 정한 범위 내에서 교황의 허락을 얻어 의결기구의 기능을 수행할 수도 있으나 본래 순수한 자문기구의 성격을 가진다.[113]

지역교회의 경우 교구대의원회의[114]가 있다. 교구대의원회의는 교구공동체 전체의 선익을 위하여 교회법 규범에 따라 교구장 주교에게 도움을 제공하는 개별교회의 선발된 사제들과 기타 그리스도교 신자들의 회합[115]이다. 이 기구는 전통적으로 사제들의 회의였으며, 교회법 제463조(대의원회의의 구성)를 볼 때, 그 대다수가 사제라는 점에서 사제적 특성을 가진다.[116] 교구대의원회의의 소집과 주재권은 주교에게 있으며, 각 회의의 선언이나 교령의 서명, 공포권 또한 주교에게 있으므로 주교는 교구대의원회의에서 유일한 입법자이다.[117] 따라서 교구대의원회의 또한 자문기구로서의 성격을 가지며 구성원의 의사를 연결하여 단체의사를 표출하는 사원총회와는 거리가 멀다.

이렇게 볼 때, 가톨릭교회는 보편교회나 지역교회나 모두 철저한 주교중심의 군주정체를 채택하고 있으며, '밑으로부터의 권위'(Autoritat von unten her) 즉 국

---

111) 「제2차 바티칸 공의회 문헌(개정판)」, 한국천주교중앙협의회(2004), 701-702면.
112) 교회법 제342조.
113) 도밍고 안드레스 저, 한영만 역, 「교계제도 - 교회법 제330-572조에 관한 해설」, 가톨릭대학교 출판부(2003), 31면.
114) 우리나라의 가톨릭교는 15개 교구(북한의 2교구를 포함하면 17개 교구이고, 서울과 대구, 광주는 대교구이다)로 나뉘어 각 교구마다 교구별로 교구유지재단법인이 설립되어 있다(소성규, 앞의 논문, 5면, 9면, 10면).
115) 교회법 제450조.
116) 도밍고 안드레스, 앞의 책, 194면.
117) 교회법 제466조.

민주권을 전혀 인정하지 않는다. 가톨릭교회의 교계적 구조는 교회내의 민주정치 및 민주화노력과 양립할 수 없는 것이다. 결국 가톨릭교회는 사단적 조직의 근본인 구성원의 자율적 의사형성기관으로서의 사원총회를 법리상 가질 수 없으므로 사단성을 인정하기 어렵다.

판례도 단일 천주교회에 대해서 "신자의 단체라는 면에서 보더라도 내부적으로 단체의사를 결정할 수 있는 자율적 기관이 없고, 대표자의 정함이 있는 단체라고 볼 수 없고, 외부적으로 보더라도 그 단체를 구성하는 개개 신자의 개성을 초월하여 자기 재산을 가지고 독립한 사회적 활동제로 존재하는 단체라고는 볼 수 없으므로 본 조 규정의 법인 아닌 사단이나 재단에 해당하는 것이라고 할 수 없다."고 판시하여[118] 같은 입장을 취하고 있다. 또한 구세군 교회는 지역교회 중심의 일반교회와는 달리 강력한 중앙집권적 조직을 갖추어 산하 영문의 재산에 관하여 일체의 사권행사를 부인하고 있으므로 구세군 교회의 재산은 교인들의 총유에 속하는 것으로 볼 수 없다고 판시함으로써[119] 구세군 교회가 권리능력 없는 사단이 아님을 명확히 하였다.

평신도와 성직자를 준별하여, 평신도에게는 일체의 교회행정에의 참여가 배제되어 있고, 본당주임신부를 비롯한 사제들도 교구주교의 조력자에 불과한 천주교의 정치원리와 교구를 지교회(ecclesia particularis)로 규정하는 교회법에 비추어 보면,[120] 위 판결은 당연한 것이라 할 것이다.

(2) 감리교회

감리교회는 감독을 두고 있다는 점에서 감독정체로 분류되지만, 당회 · 구역회 · 지방회 · 연회 · 총회 등의 의회가 감독과 치리권을 분점하고 있다는 면에서 당회 · 노회 · 총회 등 각급 치리회가 치리권을 완전히 장악하고 있는 장로정체와, 주교 또는 감독 1인이 재치권을 오로지 하고 있는 감독정체와의 절충형이라고 하는 편이 보다 정확하다는 것은 기술한 바와 같다.

---

118) 대법원 1966. 9. 20. 선고 63다30 판결.
119) 대법원 1986. 7. 8. 선고 85다카2648 판결.
120) Canon Law Society of America, The Code of Canon Law: A Text and Commentary(New York · Mahwah: Paulist Press, 1985), p. 26(이하 'Canon Law Commentary'로 인용한다).

감리회교단의 경우 의사결정기관으로서 각 연회에서 선출한 목사와 평신도 대표로 조직되는 총회[121]를 두고 있으며, 업무집행기관으로서 감리회의 총괄적 행정을 담당하는 감리회본부 및 대표기관으로서 감독회장을 두고 있다.[122] 또한 감리회의 재산관리,[123] 대표의 운영, 총회의 운영 등 단체를 위한 기본구조가 교리와 장정에 의하여 확정되어 있으며 그 밖에 지속성 있는 공통의 목적,[124] 단체의 명칭[125]이 존재하며 대외적으로 독립적인 활동을 하고 있다. 따라서 교단교회의 경우 사단성은 충분히 긍정된다.[126]

지교회의 경우도 교단교회와 마찬가지로 의사결정기관으로서 모든 입교인으로 구성되는 총회인 당회[127]를 두고 있고, 그 의장으로서 담임교역자를 두고 있다.[128]

또한 당회의 실행부가 되는 임원회와 지교회를 원활하게 하기 위하여 기획위원회를 두고 있다.[129] 이외에 지교회의 최고기관으로서 목사, 전도사 등 성직자와 장로, 권사, 속장 등 평신도 대표, 그리고 각 집행부서 대표 및 평신도회 대표 등으로 구성되는 구역회[130]가 있는데, 이러한 구역회는 지교회의 신령상 정항을 조사하며, 재판 담당자를 선출하고 교회 부동산의 구입과 매매 및 임대차, 그리고

---

121) 교리와 장정 제4편 의회법 제9장 총회.

122) 교리와 장정 제2편 헌법 제4장 감독회장파 감독, 제5장 감리회본부.

123) 교리와 장정 제2편 헌법 제7장 재산관리.

124) 교리와 장정 제2편 헌법 제1장 총칙 제1조(목적) 이 헌법은 기독교 대한감리회의 신앙과 교리, 조직과 제도, 입법, 입법, 사법, 행정의 기본을 법으로 제정하여 감리회의 신앙과 전통을 보존하고 교회의 질서를 유지하고 교회가 부흥하고 성장하게 함을 목적으로 한다.

125) 교리와 장정 제2편 헌법 제1장 총칙 제2조(명칭) 우리 교회의 명칭은 기독교대한감리회라 한다.

126) 판례 중에는 기독교대한감리회 총리원은 기독교대한감리회총회의 중앙본부 노릇을 하면서도 한편 그 고유의 목적과 조직을 가지고 있고 그 활동이 일정한 규약에 의하여 규정을 받게 되어 있으며 원장인 감독이 피고를 대표 내지 관리하게끔 되어 있고 또한 이미 사회단체등록법규에 의하여 문교부에 등록까지 되어 있으므로 당사자능력있는 비법인단체에 상당하다고 하는 판례(대법원 1964. 4. 28. 선고 63다722 판결)가 있으나, 위 총리원은 현재의 교리와 장정에는 규정하고 있지 않고 교리와 장정 제3편 제8장에 감독회장과 감리회본부라고만 규정하고 있는바, 감리회본부는 감리회의 본부기관이지 감리회와 독립한 단체라고 보기는 어렵다고 할 것이다.

127) 당회는 모든 입교인과 연회와 지방회에서 해당 개체교회에 파송한 교역자로 구성된다(교리와 장정 제4편 제2장 제7조, 제9조). 그리고 당회의 직무는 당회 회원의 명부 조사 정리, 집사, 권사 선출, 감사, 교회학교장 등 선출, 선출된 남선교회 회장, 여선교회 회장, 청장년선교회 회장, 청년회 회장의 인준, 장로 후보자를 선출하여 지방회에 천거하는 등의 직무를 수행하고(교리와 장정 4편 의회법 제2장 당회 제19조), 임원회와 기획위원회를 둔다(제23조, 제26조). 그러나, 담임목사와 장로들의 모임인 장로교회에서의 당회의 개념과는 다르고 공동의회와 유사하다.

128) 교리와 장정, 제4편 의회법 제2장 당회 제12조.

129) 교리와 장정, 제4편 의회법 제2장 당회 제2절 임원회, 제3절 기획위원회.

130) 교리와 장정, 제4편 의회법 제3장 구역회.

유지재단편입에 대한 사무를 조사처리하며 기타 동산 및 예산을 담당하고, 구역인사위원회를 두어 인사를 담당한다.[131] 모든 입교인으로 구성되는 총회로서의 당회가 최고기관이 아니고 구역회가 최고치리회라는 점에서, 모든 구성원의 의사를 결집하여 단체의 근본결단을 내리는 자율적 조직으로서의 사단성을 의심할 수도 있으나, 구역회의 구성원 중 목사를 제외한 거의 대부분을 당회에서 선출하거나 인준한다는 사실에 비추어 볼 때 구역회 자체가 대의기관으로서 의사결정기관이라고 할 수 있을 것이다.[132] 의사결정기관이 존재하는 것 외에도 지교회 또한 감리교 교단에 가입함으로써 교단헌법인 교리와 장정을 자신의 규범으로 받아들이고 있으며, 교단헌법인 교리와 장정 또한 지교회에 대한 사항을 규정하고 있으므로 이 또한 지교회의 규약으로 볼 수 있다.

이와 같은 사실을 종합해 볼 때, 지교회 역시 사단성이 인정된다. 판례 또한 기독교대한감리회의 지교회가 사단의 실질을 구비한 이상 그 조직과 활동을 규율하는 규범이 상부단체인 기독교 대한감리회 제정의 교리와 장정이 있다하여 사단성을 상실하는 것이 아니고, 상부단체가 사단이라고 하여 구성원인 교회에 사단의 실질이 있음에도 불구하고 사단이 아니라고 할 수도 없는 것이며, 또 교회가 상부단체인 교단에서 이탈하였을지라도 사단의 실질을 유지하고 있는 이상 여전히 사단이라고 할 것이다라고 판시하여[133] 지교회의 사단성을 인정하고 있다.

나. 장로정체

(1) 장로교회

장로교회는 지교회의 치리회로서 당회를 두며, 일정한 지방 안에 있는 모든 목사와 지교회의 총대 장로로 치리회인 노회를 구성하여 당해 지방 내에 있는 모든 지교회와 당회 및 성직자 · 소속기관 · 단체를 총찰하게 하며, 전국교회 즉 교단의 치리회로서 총회를 둔다.[134] 즉, 장로교회의 치리권은 개인에게 있지 않고

---

131) 교리와 장정, 제4편 의회법 제3장 구역회, 제2절 구역인사위원회.

132) 김진현, 논문 1, 36면, 박상도, 앞의 논문, 16면.

133) 대법원 1960. 2. 25. 선고 4291민상467 판결; 황교안, 앞의 책, 42면.

134) 합동헌법 Ⅳ. 정치 제9장 내지 제12장; 통합헌법 제2편 정치 제9장 내지 제12장; 한국기독교장로회 헌법(이하 '기장헌법'이라 한다) Ⅳ. 정치 제9장 내지 제11장.

당회, 노회, 대회, 총회와 같은 치리회에 있으며,[135] 당회 이상의 상급치리회는 하급치리회에 소속된 지교회와 소속기관 및 목회자를 총찰하며, 하급치리회에서 제출된 청원, 상소, 소원, 고소, 문의 등을 접수처리하는 역할을 담당한다.[136]

그런데 노회는 지방교회의 기관이 아니라, 교단교회 내의 일정 지방에 대하여 관할권을 가지는 중간 상급치리회로서, 당해 지방 내에 있는 지교회들이 "서로 협의하며 도와 교회도리의 순전을 보전하며, 권징을 동일하게 하며, 신앙상 지식과 바른 도리를 합심하여 발휘하며, 배도함과 부도덕을 금지하기" 위하여 세운 기관이다.[137] 그러나 한편으로 대한예수교장로회 통합 교단은 노회를 지교회 부동산 소유권의 귀속주체로 규정하고 있는 등[138] 장로교단에서 노회는 일정한 조직과 회원이 있고, 이른바 '장로의 회'[139]로서 그 자체가 하나의 독립한 단체로서의 성질을 가진 것으로 파악된다.

최고치리회로서 총회는 유일 무이한 기관으로서 의사결정기관, 업무집행기관, 대표기관으로서의 성질을 겸유하면서[140] 입법, 사법, 행정의 전권을 행사하며 전국교회를 대표한다. 총회의 구성은 각 노회에서 파송한 목사와 장로로서 조직하되, 목사와 장로는 그 수가 서로 같아야 한다.[141] 그러나 총회는 매년 1회의 정례로 소집되고,[142] 통상 회기도 일주일 미만인 비상설기관이므로 의사결정기관으로서의 역할 외에는 사실상 다른 기능을 수행할 수 없게 된다. 그리하여 총회의 사법권은 헌법상 상설의 총회재판국을 두어 행사하게 하며,[143] 그 밖의 전국교회의 상무와 총회의 특별위임사무의 집행을 위하여 총회의 의결 또는 입법으로 각종 사업부와 위원회를 둔다. 총회의 폐회 중에는 총회의 의장인 총회장이 교단교

135) 합동헌법 Ⅳ. 정치 제8장 교회정치와 치리회 제1조 정치의 필요.
136) 합동헌법 Ⅳ. 정치 제10장 노회 제6조 노회의 직무, 제11장 대회 제4조 대회의 권한과 직무, 제12장 총회 제5조 총회의 권한 각 참조.
137) 합동헌법 Ⅳ. 정치 제10장 노회 제1조; 통합헌법 제2편 정치 제11장 노회 제1조.
138) 통합헌법 제2편 정치 제14장 재산 제94조, 제95조.
139) 디모데전서 4장 14절.
140) 김진현, 논문 1, 제38면.
141) 합동헌법 Ⅳ. 정치 제12장 총회 제2조 총회의 조직; 통합헌법 제2편 정치 제12장 총회 제84조.
142) 합동헌법 Ⅳ. 정치 제12장 총회 제6조 총회의 회집; 통합헌법 제2편 정치 제12장 총회 제88조 총회의 회집; 기장헌법 Ⅳ. 정치 제11장 총회 제63조 총회의 회집; J.A.Hodge 原著, 박병진 · 김정덕 역, 「교회정치문답조례」, 은성문화사(1968), 제429문, 171면.
143) 합동헌법 Ⅵ. 권징조례 제134조 이하; 통합헌법 제3편 권징 제2절 총회재판국; 기장헌법 Ⅴ. 권징조례 제2절 총회재판국 각 참조.

회를 대표하는 것이 관행이다.[144] 이와 같이 장로교회 교단에서는 대내적 자율적 단체로서 구성원의 의사를 연결하여 단체의 의사를 도출하는 의사결정기관으로서 총회가 존재하고, 단체의 업무처리를 위한 업무집행기관도 존재하며 또한 이러한 사단적 조직을 포함한 기본구조가 각 교단별로 헌법이라는 이름으로 확정되어 있다. 따라서 장로교회의 교단 교회의 사단성은 긍정된다고 하겠다. 그런데 여기서 유의할 점은 총회라는 개념은 1년에 1회 모이는 모임으로서의 총회와 상설적 조직으로서의 총회의 2가지 의미로 사용된다. 총회가 사단적 조직을 가지고 법률행위의 주체가 되는 것은 후자의 경우이고, 전자는 후자의 의사결정기관, 업무집행기관, 사법기관으로서의 성격을 가지고 있다고 하겠다.

다음으로 지교회의 경우, 담임목사와 시무장로로 구성되는 최고기관이며 입법·사법·행정의 교회능력을 장악하는 치리회로서 포괄적 권력기관인 당회[145]와 무흠 세례교인(입교인)[146]으로 구성되는 공동의회와 목사, 집사, 권사, 전도사, 서리집사들로 구성되는 제직회가 있다.[147] 당회는 지교회를 다스리는 치리회로서 교단헌법이 특히 공동의회와 제직회의 관할로 정하고 있지 않는 사항에 관하여 사실상 최고의 교회 권력기관으로서 당연히 그 사항에 관한 교회의 의사를 결정하며(의사결정기관), 이를 집행하고(업무집행기관), 대외적으로 당해 지교회를 대표하며(대표기관), 권징재판을 행한다(재판기관). 지교회의 토지 가옥 등 부동산은 당회가 관리하고, 대표권은 당회장인 담임목사가 행사한다.[148] 공동의회는 당회의 경과상황 및 제직회와 부속 각 회의 보고를 듣고, 교회경비결산과 예산서를 채용하며, 목사청빙의 투표 및 장로, 집사, 권사 등의 임명을 위한 선거, 당회 및 상회가 부의한 사항을 의결한다.[149] 이러한 공동의회도 지교회의 운영에 관한 중요

---

144) 김진현, 논문 1, 38면; 박상도, 앞의 논문, 17면.

145) 합동헌법 Ⅳ. 정치 제9장 당회; 통합헌법 제2편 정치 제10장.

146) 무흠 세례교인이라 함은 세례를 받은 자중에서 권징을 받지 않은 흠없는 교인을 말한다. 세례교인이란 14세 이상의 교인으로서 자유로운 결신에 의하여 세례를 받은 자이고, 입교인이란 유아세례를 받고 장성하여 14세 이상이 된 후 자의적으로 입교절차를 받은 자를 말한다(합동헌법 Ⅴ. 헌법적규칙 제6조). 통합헌법 제2편 정치 제3장 제14조에 의하면 15세 이상이다.

147) 합동헌법 Ⅳ. 정치 제21장 의회; 통합헌법 제2편 정치 제90조, 제91조; 기장헌법 Ⅳ. 정치 제64조, 제65조.

148) 대법원 1967. 12. 18. 선고 67다2202 판결 참조.

149) 합동헌법 Ⅳ. 정치 제21장 의회 제1조 제5호, 통합헌법 제2편 정치 제90조 제5호.

사항을 모두 행하고 있으므로 의사결정기관으로서 사원총회로 인정될 수 있다. 여기서 당회와 공동의회 중 어느 기관이 최고기관이냐는 논란이 제기된다. 당회라는 치리회가 교회를 다스리는 장로교회의 특성상[150] 당회가 최고 기관이라는 견해가 있으나, 치리적인 관점에서는 최고의 권력기관인 것은 사실이나, 장로를 선출하는 권한이 공동의회에 있고, 모든 결과를 공동의회에 보고한다는 점과 앞에서도 본 바와 같이 장로교 등 개신교 교회의 법적성질이 비법인사단이라는 점 및 합동 헌법 Ⅳ. 정치 총론에 장로회 정치를 "이 정치는 지교회 교인들이 장로를 선택하여 당회를 조직하고 그 당회로 치리권을 행사하게 하는 주권이 교인들에게 있는 민주적 정치이다."라고 정의하고, Ⅴ. 헌법적 규칙 제3조에 "교회의 주권과 모든 권리는 교인에게 있다."라는 규정에 비추어 공동의회를 최고기관으로 볼 수 있을 것이다. 제직회는 공동의회에서 결정한 예산을 집행하며, 일반 수입결산 및 익년도 예산을 편성하여 공동의회에 제출하며, 구제비 등 기타 금전의 출납을 담당한다.[151] 제직회는 지교회의 재무에 관한 집행기관이라고 할 수 있다.[152] 이외에도 장로교회의 각 지교회는 교단에 가입함으로써 교단의 헌법을 자신의 자치규범으로 받아들이고 있으며 또한 각 교단 헌법은 지교회에 대한 사항을 정하고 있고, 대표의 방법, 총회의 운영, 재산의 관리 등 단체를 위한 기본 구조가 헌법의 형식으로 확정되어 있다. 결국 장로교회의 지교회에 대해서도 사단성이 인정된다. 판례도 대한기독교 장로회의 소속 교회에 대하여 대한기독교 장로회 헌법의 규율을 받는 신도 50여명 정도와 제직 10명 정도를 가지고 있고 목사를 제직회장으로 하고 있으므로 이는 민사소송법 제48조에서 말하는 대표자 있는 법인 아닌 사단에 해당한다 할 것이다라고 하여[153] 장로교 지교회에 대하여 사단성을 인정하고 있다.

(2) 성결교회

장로정체를 취하고 있으며 장로교회와 극히 유사한 헌법을 가지고 있는 성결

---

150) 통합헌법 제2편 정치 제63조.
151) 합동헌법 Ⅳ. 정치 제21장 의회 제2조 제3호, 통합헌법 제2편 정치 제91조 제5호.
152) 김진현, 논문 1, 40면.
153) 대법원 1962. 7. 12. 선고 62다133 판결; 황교안, 앞의 책 40, 41면.

교회는 장로교회의 경우와 동일하게 교단교회와 지교회의 사단성을 인정할 수 있다고 본다.

전국교회 즉 교단교회의 경우 최고의결기관으로서 총회를 두고,[154] 집행기관으로서 총회장을 수반으로 하여 총회임원회 · 실행위원회 · 각종 위원회와 부서 그리고 총회본부를 두며,[155] 대표기관으로 총회장을 두어[156] 사단적 조직을 갖추고 있다. 그리고 이러한 사단적 조직을 포함한 교회의 기본구조는 교단헌법에 의하여 확정되어 있다.

다음으로 지교회의 경우를 보면, 지교회의 전 정교인(장로교회의 입교인과 동일함)으로 구성되는 사무총회가 최고결의기관으로서 장로교회 지교회의 공동의회와 거의 동일한 사항을 관장하고,[157] 교역자와 교직자로 조직되는 직원회가 장로교회의 제직회와 같이 재무에 관한 집행기관의 역할을 하며,[158] 그 밖의 모든 영적 · 세속적 사항에 대한 포괄적 치리권은 당회가 행사하며 교회재산을 관리한다.[159] 그리고 지교회의 대표권은 당회장인 담임목사에게 있는 것으로 해석된다.[160] 따라서 성결교회의 지교회는 사단적 조직을 갖추고 있다고 할 수 있다. 그리고 사단성의 또 하나의 표지인 정관에 의한 기본구조의 확정에 관하여도 감리교회 및 장로교회의 지교회의 경우와 동일하다고 할 수 있다.

다. 회중정체

기독교한국침례회 규약에서 밝히고 있는 "침례교회의 이상과 주장[161]"에 따라

154) 기독교성결교회헌법(www.kehc.org 참조, 이하 '기성헌법'이라 한다) 제66조.
155) 기성헌법 제70조, 제74조, 제79조 등.
156) 기성헌법 제71조 1항.
157) 기성헌법 제46조.
158) 기성헌법 제47조.
159) 기성헌법 제50조.
160) 기성헌법 제43조 4항 참조.
161) 기독교한국침례회 홈페이지(www.koreabaptist.or.kr).
1. 교회는 예수그리스도께서 창설하셨고, 친히 머리가 되시며 그 입법자이시다.
2. 교회의 교리와 생활에 대한 유일하고 권위있는 표준은 성경뿐이다.
3. 교회의 의식은 침례와 주의 만찬으로서 상정적 기념일뿐 구원의 조건은 아니다.
4. 교회의 직분은 목사와 집사로서 이들은 교회를 섬기는 이들이다.
5. 교회의 정체는 민주정치로서 행정만 할 뿐 입법은 하지 않는다.
6. 교회의 회원은 하나님의 말씀과 성령으로 거듭난 신자들의 모임으로 구성된다.
7. 교회 회원의 의무는 신앙고백으로 침례를 받고 신약성서의 모든 명령에 순종하는 것이다.

모든 지교회는 교단과 행정적으로 독립된다. 그러나, 지교회는 복음전도사업의 협동을 위하여[162] 기독교한국침례회라는 단체를 만들어 규약을 두고, 최고의결기관인 총회와 회를 대표하는 총회장과 집행부를 구성하며[163] 오랜 역사 동안 독자적으로 사회경제적인 기능을 수행하여 왔으므로 약하기는 하지만 사단성을 갖추고 있다고 본다. 다만, 회중정체를 취하는 침례교회의 정치원리에 비추어 회원인 가입교회를 구속하는 어떠한 결정을 하기 어렵고, 결의를 하더라도 이는 선언적·권고적 의미를 가진다.[164]

이에 반하여 지교회는 가장 자율적인 조직을 가지고 있다. 전권적 교회권력기구로서의 치리회가 상회의 형태로는 물론 교회 내 자체치리기구의 모습으로도 존재하지 않는다. 성직자와 평신도 전원이 동등한 자격으로 참여하는 신도총회가 궁극적인 최고기관이고 총회의 권위 하에 선출된 집행부가 업무집행을 담당하며, 마찬가지로 선출된 대표자가 지교회를 대표하게 된다. 그리고 교단의 헌법이라는 것이 없으며, 있더라도 이는 교단의 운영을 위한 규칙에 불과하고 지교회를 구속하지 않으므로[165] 각 지교회는 각자 독자적인 규약 내지 정관을 가지게 된다.[166]

---

8. 모든 교회는 행정적으로 독립적이나 복음 전도 사업은 협동한다.
9. 교회와 국가는 상호 분리되어 있다.
10. 신앙의 자유는 절대적이다.

162) 침례교회의 이상과 주장 제8 참조.

163) 기침규약 제9조 이하.

164) 이러한 이유로 교단 단체는 협의기구에 불과할 뿐 구성원을 자율적으로 규율하는 독립의 단체로서의 교단교회라고 하기는 어렵다고 보아 교단의 사단성을 부정하는 듯이 보이는 견해(김진현, 논문 1, 42면, 박상도, 앞의 논문, 18면)가 있지만 교단이 개교회를 구속하는 힘이 약하다고 하여 교단 자체의 사단성을 부인하는 근거는 되지 못한다고 판단된다. 특히 김진현 교수는 "기독교 교계나 일반사회에 있어서의 대외적 활동의 편리, 장로교·감리교·성결교 등의 거대교단의 영향, 그리고 한국교회에 있어서의 최근의 교단강화 경향 등에 따라, 타 교파들 보다는 덜 하지만, 침례교회의 경우도 최근 점차 교단의 대 지교회 독자성 및 영향력이 증대되어 가고 있는 것 같다고 하면서 침례교회의 경우도 교단규약으로 지교회재산의 교단귀속을 정하고 있고, 이를 위하여 교단 '유지재단법인'을 두고 있다. 그리고 지교회재산이 교단명의로 등기되어 있는 비율은 50%로서, 감리교회(76.4%), 성결교회(57.1%)보다는 뒤지지만, 장로교회(36.2%)보다는 오히려 앞서고 있다고 한다."고 주장하고 있는 바(김진현, 논문 1, 43면), 이러한 점에서 보더라도 기독교한국침례회의 사단성은 인정된다고 할 것이다.

165) 기침규약에는 지교회의 조직, 운영에 관한 사항에 관한 규정을 두고 있지 않다.

166) 그러나 실제로 침례교회의 경우도 자체 규약을 가지고 있지 않은 교회가 많은데, 교단규약 자체에 지교회의 조직·운영에 관한 사항이 규정되어 있는 것도 아니므로, 결국 독자적 정관·회칙을 가지고 있지 않은 침례교 지교회는 '침례교회의 이상과 주장'을 기본원리로 하는 부문의 지교회정관을 가지고 있는 것이라고 보아야 할 것이다(김진현, 논문 1, 43면). 사단에 반드시 서면화된 성문의 규약이 있어야 하는 것은 아니라는 것이 판례임은 앞에서 본 바와 같다.

따라서 침례교회의 지교회는 가장 독립성이 강하고 구성원의 자율성이 높으며 민주적 성격이 가장 뚜렷한 구조를 가지고 있다고 할 수 있으며, 이러한 점에서 가장 뚜렷한 사단적 조직을 갖추고 있다고 볼 수 있다.[167)]

Ⅲ. 재단성의 검토

1. 재단성의 표지

학설상 재단은 일정한 비영리적 목적을 위하여 출연되고, 어떤 관리조직을 갖춤으로써, 목적에 구속되는 재산으로 정의된다.[168)] 따라서 재단은 ① 목적재산의 분리・독립과 ② 재산관리기구의 확립이라는 일반적 성립요건이 필요하다고 말할 수 있다. 목적재산의 분리・독립이란 출연자나 관리자의 개인재산과 뒤섞이지 아니하는 것이고, 재단채권자에 대하여 재단의 재산만이 책임재산이 됨을 말하며, 재산관리기구의 확립이란 재단목적을 달성하기 위하여 목적재산을 관리하고 업무집행을 하는 관리인 내지 대표자가 있어 대외적 행위의 효과가 행위자인 그 자에게 귀속되지 아니하고 목적재산 즉 재단 자체에 귀속하는 체제가 갖추어져 있음을 말하는 것이다.[169)]

판례가 말하는 재단의 표지를 종합해보면,[170)] 첫째, 계속성 있는 목적이 있어야 하고, 둘째, 출연자로부터 분리・독립된 재단 자체의 재산이 있어야 하며, 셋째, 정관에 의한 관리인이 있어야 하고, 넷째, 사실상 사회생활상의 하나의 단위를 이루는 조직을 가져야 한다.

2. 교회영조물설

가톨릭적 견해에 의하면, "교회는 그 설립에 관하여 보면, 국가권력에 의하여 생출된 결합체(사단이나 Genossenschaft)도 아니고, 동일한 신앙적 관조와 필요에

167) 김진현, 논문 1, 43면; 박상도, 앞의 논문, 18면.
168) 곽윤직, 민법총칙, 128면; 김증한, 민법총칙, 177면.
169) 주석 민법총칙(上), 354면; 林良平 편, 注釋民法(2) 總則(2), 有斐閣(1982), 68면.
170) 대법원 1957. 12. 5. 선고 4290민상244 판결; 대법원 1964. 6. 2. 선고 63다856 판결; 대법원 1968. 4. 30. 선고 65다1651 판결; 대법원 1969. 3. 4. 선고 68다2387 판결.

이끌린 사람들에 의하여 형성된 사단이나 목적결합체도 아니며, 또 국가가 자치규칙을 인정한 자치체도 아니다. 그것은 초자연적인 목적에 의하여 설립된 재단(Stiftung)이고, 그 조직으로 보면 영조물(Heilsanstalt)이며, 그 재단적 · 영조물적 성격은 설립자의 신의(神意)에 의하여 생긴다."고 한다.[171] 요컨대 교회가 영조물인 근거는, 첫째로 교회가 신도들의 자발적 · 단체적인 의사의 합치에 의하여 설립된 것이 아니라 하나님에 의하여 설립되었다는 사실과, 둘째로 그 조직의 면에서 교회의 기관은 구성원의 선임에 의한 것이 아니라 하나님의 임명에 의하여 임직된 것이며, 그 권위와 권한은 구성원으로부터 나온 것이 아니라 하나님께서 주신 것이므로 구성원의 단체적 의사에 관계없이 교회를 대표하며 교회를 다스린다는 비사단적 조직성에서 찾을 수 있다고 보고 있는 것이다.

3. 정체에 따른 검토

이는 크게 가톨릭교회의 경우와 개신교의 경우로 나누어 생각해 볼 수 있다. 전자는 평신도의 교회정치참여를 교리상 인정하지 않으며, 후자는 이를 기본적으로 긍정하는 데서 출발하고 있기 때문이다.

가. 로마가톨릭교회

앞에서 이미 살핀 바와 같이 가톨릭교회의 조직구조의 근간은 성직자와 평신도의 준별과 성직자의 교계적 조직에 있다고 할 수 있다. 성직자와 평신도의 준별에 따라 평신도는 교회정치에서 완전히 배제되며 회원이라고 불리우기는 하나 단지 수동적 지위 내지 권리만을 가질 뿐이다. 그리고 성직자들 사이에서는 엄격한 교계질서가 있어, 보편교회의 경우 교황의 최고재치권 아래 모든 성직자가 교계에 따라 지배 · 복종의 관계에 놓이게 되며, 지역교회의 경우는 주교의 재치권 아래 소속 성직자들이 각자의 직위와 직책에 따라 배치된다. 그렇다면 가톨릭교회는 보편교회와 지역교회 모두를 각각 영조물이라고 할 수 있을 것이다.[172] 교회는 영조물이며, 교황과 주교를 각각 머리로 하는 보편교회와 지역교회의 성직

---

171) 和田昌衛, 「ドイツ福音主義教會法研究」, 明治學院大學 和田昌衛教授遺稿集刊行委員會(1977), 301頁.
172) Evangelisches Staatslexikon, S. 1169.

자교계조직은 영조물의 인적요소 내지 관리조직이라고 할 수 있는 것이다. 그리고 평신도들은 회원이라고는 하나 사실상 영조물의 이용자 내지 수익자의 지위에 머무른다고 볼 수 있다.

그러나 서구의 경우와 달리 교회의 공법적 지위를 인정하기 어려운 우리의 경우 교회를 영조물이라고 할 때의 그 영조물은 공법적 성격이 사상(捨象)된 그것을 말하는 것이고, 따라서 우리의 사법상의 재단에 해당된다고 할 수 있다. 그리고 영조물개념을 굳이 거치지 아니하더라도, 가톨릭교회는 비사단적으로 조직된 독자적 관리기구로서 성직자의 교계조직이 있고 기타 전술한 재단으로서의 모든 표지들을 충족시키고 있으므로 재단성을 강하게 지닌다고 본다.[173]

나. 개신교 교회

개신교 교회의 경우는 교회의 사단성 여부를 검토할 때 이미 보았듯이 어떤 정체를 취하든지 대체로 그 조직상 사단적 구조를 가지고 있다고 할 수 있으나, 그렇다고 비사단적요소가 전혀 없는 것이라고 할 수는 없다.

교회는 신자들의 공동체이며 동시에 신앙을 위한 영조물로서의 성격도 가지고 있다. 교회는 그리스도를 머리로 하는 종교적 단체로서 하나님이 세우신 신령적 단체이다. 교회의 설립자는 그리스도요 하나님이시다. 따라서 교회는 단순한 사람들의 자발적인 의사의 합치에 의하여 일정한 목적을 달성하기 위하여 설립된 일반 사회단체와는 근본적으로 달리 취급하여야 할 것이다. 이러한 점에서 교회는 일반사회 단체와는 달리 사단적인 성격도 갖고 있으나 재단적인 성격도 가지고 있다고 할 수 있다.

또한 교회의 기관의 구성도 형식상으로는 교인들의 선임에 의해 조직되나 실질적으로는 하나님의 선택에 의한 임직으로 보아야 할 것이다. 그러므로 교회의 직원의 모든 권한과 권위도 하나님으로부터 나오는 것이지 교인들로부터 나오는 것이 아닌 것이다. 또한 교회가 비사단적 구조를 취하고 있는 표지는 모든 교회에 치리회가 있어 이 치리회에서 교회를 다스리고 있다는 점이다.[174] 물론 공동

173) 김진현, 논문 1, 51, 52면.
174) 감리교회의 경우는 감독과 의회가 교회권력을 분점하고 있다. 교리와 장정 제2편 헌법, 제3편 조직

의회와 제직회 등을 통하여 교인들의 자율적인 결정을 교회의 운영에 반영하며, 치리회의 구성에 평신도 대표인 장로를 참여시키고 목사도 궁극적으로 교인들의 총의에 의한 청빙을 받아야 취임하게 된다는 면은 교회지도의 평신도 자치성을 말해 주는 것으로 볼 수 있다. 그러나 일단 취임한 성직자를 불신임하는 제도가 없고,[175] 평신도 대표인 장로의 소환도 불가능 하며,[176] 치리회는 평신도들의 수권에 의한 집행기관의 성격보다는 평신도들로부터 독립하여 하나님의 뜻에 따라 '다스린다'는 사자의 성향이 강하다. 즉 평신도에 의한 청빙이나 선임은 그들로부터의 수권을 의미하는 것이 아니라, 평신도에 의한 청빙 · 선임의 모습으로 나타나는 하나님의 임명 수권으로 보는 것이다. 따라서 교회가 교인들의 단체의사에 의하여 자율적으로 운영된다고 하기 보다는 치리회에 의하여 타율적으로 지도된다고 할 수 있다는 것이 되며, 이는 개신교 교회에 조직상 비사단적 일면이 있음을 보여주는 것이라고 할 수 있다.[177]

그러나 개신교 교회정치원리상 치리회가 교회에서 사실상 최고의 권력을 가지는 것은 교회의 영적 · 정신적 성격에서 나온 것으로, 개신교는 치리회 이외에 교인들의 총의를 집결하는 공동의회 등 교인총회를 두어 거기서 교회운영의 중요사항들을 토의 · 의결하게 하고 있고, 그 총회는 치리회의 지도 아래 있으나 그 치리회의 구성원의 선임 · 청빙은 또한 그 총회에서 한다는 것은 크게 보아 구성원의 총의에 의한 자치를 교회의 근본 조직원리로 하고 있음을 나타내는 것이라 할 것이다. 따라서 개신교의 경우는 치리회라는 교회권력기관이 있다는 점이 교회조직의 비사단성의 일면을 보이는 것이기는 하나 크게 보아 사단성이 보다 강하다고 본다. 그 밖에 그러한 치리회를 두지 아니하며 개교회독립을 기본 조직원리로 하는 회중정체의 교회는 그만큼 재단성이 희박하고 자율조직으로서의 사단성이 훨씬 강하다고 할 것이다.

과 행정법, 제4편 의회법 각 참조.

175) 목사가 지교회에 청빙받아 그 교회에서 위임을 받게 되면 거의 정년까지 신분이 보장되는 바, 특수한 경우가 아니면 위임목사를 해임할 수는 없다고 본다(합동헌법 Ⅳ 정치 제4장, 통합헌법 제2편 정치 제5장 참조).

176) 다만 교회에 따라 장로에 대하여 일정기간 후에 신임을 물어 시무정지제도를 두거나 시무장로의 임기를 단기로 제한하는 교회가 있다.

177) 김진현, 논문 1, 52면; 최병덕, 앞의 논문, 34면.

Ⅳ. 소　결

1. 교회의 사단성

교회의 사단성 또는 재단성을 판단함에 있어서 결정적인 것은 교회의 조직이 사단적 구조를 취하느냐 아니면 비사단적 구조를 취하느냐에 달려 있는 것이라고 할 수 있다. 기타의 사단성·재단성의 인정을 위한 표지들은 교회가 뚜렷한 종교목적을 가진 독자성 있는 항구적 조직체로서 인적·물적 요소를 모두 갖추고 있으며 그 상시성과 가동성의 측면에서 보아 가장 활발한 단체 중 하나라는 사실에 비추어 볼 때, 이들을 모두 충족하고 있다고 볼 수 있기 때문이다.

사단적 구조라 함은 구성원의 단체의사(총의)에 따른 자율적 운영을 가능케 하는 조직형태로서 이를 위하여 구성원의 의사를 집결하여 단체의사를 도출하기 위한 의사결정기관(총회)이 있어야 하며 또한 업무집행기관과 대표기관이 있어야 한다. 이에 반하여 비사단적 구조라 함은 조직체의 목적달성을 위하여 대외적으로 이를 대표할 기관은 있으나 그 기관들은 이미 주어진 의사(설립자의 의사)에 따를 뿐 그들을 포함한 조직체의 인적 요소들에게는 자율적 의사결정의 권능이 없는 조직형태를 말한다. 따라서 양 조직구조의 근본적 차이는 구성원의 자율권과 이의 제도적 보장을 위한 의사결정기관(총회)의 존부에 있다고 할 수 있다.

이런 관점에서 볼 때 가톨릭교회 및 구세군교회는 비사단적 조직형태를 취하는 것이 명백하므로 재단형조직체라고 보며, 개신교의 교회들은 교파의 다양성의 결과 약간씩 다르기는 하나 대체로 구성원의 자율성이 보장되는 사단적 조직형태를 취하므로 전반적으로 사단에 가깝다고 본다.[178] 다만, 개척교회와 같이 목사 또는 전도사 등 설립자의 개인자력으로 설립된 교회의 경우에는 초기의 설립자는 자기재산에 의한 설립이라는 강한 인식을 가지게 되고 교인의 숫자도 몇 명 되지 아니하여 교인들도 단순한 교회 참석자일 뿐 교회 운영과 재산에 대하여

178) 이에 대하여는 권리능력 없는 재단으로 취급하는 것이 적당하다는 설{최식, "교회가 분파된 경우의 재산귀속", 「사법행정」 15권 3호, 한국사법행정학회(74. 3), 56-57면}과 비법인사단과 비법인재단의 결합체라는 설{오석락, "교회가 분열된 경우의 법률관계", 「판례연구」 2집, 서울지방변호사회(1989), 56-57면; 최병덕, 앞의 논문, 40면}도 있다.

별다른 관심을 가지지 아니하므로 설립자의 재산이 교회에 출연되었다고 판단되고 교인들이 자율성과 의사결정기관을 가질 때까지 사단성이 부정될 수밖에 없고, 또 교단 또는 어느 특정 교회가 선교목적 등으로 새로운 교회를 설립하는 경우에는 그 지교회는 교단 또는 교회로부터 모든 면에서 지휘감독을 받게 되고 그 독립성이 제한되므로 이와 같은 교회는 독자적인 권리능력이 없거나 오히려 권리능력 없는 재단으로 보는 것이 타당한 경우도 있을 것이다.[179]

2. 법인격 없는 사단

가. 그런데 현실적으로 교회가 법인격을 취득하여 운영된다는 것은 사실상 거의 불가능에 가깝다. 왜냐하면 사단법인의 사원으로 보아야 할 교회의 교인은 헌법이 보장하는 종교의 자유에 의해 수시로 특정 교회에 대한 가입 및 탈퇴가 보장되어 있기 때문에 매주 변경되는 교인에 대하여 그 자격 득실에 관한 규정을 정관사항으로 규정하고 있는 민법(제40조)의 취지를 제대로 반영한다는 것이 법기술적으로 어렵기 때문이다. 사원의 변경 그 자체는 정관기재 사항이 아니라고 하더라도 사원총회 개최에 따른 회의록 작성 및 사원명부 비치 등 후속조치가 결코 용이하지 않아 교회 자체를 사단법인으로 등기하는 경우는 거의 없는 것이 현실이다.[180] 또한 사단법인으로 등기할 경우 일반법의 규제와 규율을 받기 때문에 그러한 간섭을 피하기 위하여 의도적으로 법인등기를 하려고 하지 않는 측면도 강하다. 특히 우리나라는 일본과 같이 종교법인법[181]과 같은 특별법이 없는

179) 김성만, "교회의 분쟁과 재산의 귀속문제(상)", 「판례월보」 제191호(1986. 8), 52면; 변동걸, 앞의 논문1, 478면; 오시영, "교회의 분열과 재산귀속에 관한 고찰", 「인권과 정의」(2006. 9.)(이하 '논문 2'라 한다), 188면.

180) 서울영락교회는 교회재산을 유지 · 관리하기 위해 유지재단을 설립 · 운영하고 있으나 교회 자체를 법인인화 하였다고 할 수는 없다. 또한 새사람교회는 사단법인 새사람선교회와 동일한 홈페이지(saesaram.org)로 하나로 운영되고 있는 듯이 보이나 내용을 보면 구성원이 반드시 일치하는지는 의문이며, 할레루야교회는 기본재산을 사단법인 할렐루야선교원 명의로 등기하고 있고, 구성원도 대부분 일치하고 있으나, 일반재산은 분리되어 있고, 재정도 분리되어 있으며, 구성원도 반드시 일치하지 않아 위 어느 교회도 교회 자체를 사단법인화 한 것으로 보기는 어렵다.

181) 일본과 달리 우리나라에는 종교법인법이 제정되어 있지 않은 바, 종교단체의 납세의무위반, 남녀차별, 종교분리의 원칙과 종교교육의 위반, 부동산실명제법의 위반, 종교단체의 불건전한 재정운영 등을 이유로 종교법인법제정시민연대 등 시민단체 등을 중심으로 종교법인법의 제정을 주장하고 있다. 그러나, 종교법인법을 제정한다고 하더라도 그 실효성에 의문이 가며, 종교의 자유를 침해할 소지가 높다는 등의 이유로 그 제정을 반대하는 견해도 기독교와 가톨릭 등 종교단체를 중심으로 강

관계로 교회가 법인격을 취득하려면 민법상 비영리법인으로서 주무관청인 문화체육부의 법인설립허가를 받아 설립등기를 하여야 하기 때문에 준칙주의를 취하고 있는 일본보다 그 설립등기가 용이하지 않다. 이와 같이 교회는 법인등기를 하지 않는 경우가 많아 사단 중에서 권리능력 없는 사단, 즉 비법인사단인 것이다.[182] 따라서 교회도 비법인사단으로서 대표자가 있으면 모두 당사자 능력이 있고(민사소송법 제52조), 등기능력도 있음(부동산등기법 제26조)은 당연하다. 비법인사단은 사단법인에 관한 규정 가운데 법인격을 전제로 하는 것(예컨대 민법 제60조[183])을 제외하고는 사단의 권리능력,[184] 행위능력 등 사단법인에 관한 모든 규정을 적용할 수 있으므로 교회 역시 사단법인이 할 수 있는 모든 법률행위를 할 수 있고,[185] 판례[186]도 교회의 당사자능력을 인정하고 있음은 물론이다.

판례는 나아가 종전 교회의 대부분의 교인들이 교회를 탈퇴하여 종전 교회가 소멸하였더라도 사실심 변론종결 당시 나머지 소수의 교인들을 중심으로 교회가 조직되고, 일정한 종교활동을 하고 있으며 그 대표자가 정하여져 있다면 비법인사단으로서 당사자능력이 있다고 보고 있다.[187] 그리하여 교회가 당사자로 된 소

력하게 나타나고 있다{이에 관한 자세한 내용은 윤철홍, "종교단체의 법인화", 「비교사법」 제15권 4호, 사단법인한국비교사법학회(2008. 12) 참조}. 필자는 종교법인법은 아니라도 뒤에서 보는 바와 같이 교회의 분쟁을 예방하기 위하여 종교단체법의 제정은 필요하다고 본다.

182) 곽윤직, 민법총칙, 126면; 대법원 2001. 6. 15. 선고 99두5566 판결; 대법원 1991. 11. 26. 선고 91다30675 판결; 대법원 1993. 1. 19. 선고 91다1226 전원합의체 판결; 대법원 1995. 9. 5. 선고 95다21303 판결; 대법원 1999. 9. 7. 선고 97누17261 판결 등 다수.

183) 대법원 2003. 7. 22. 선고 2002다64780 판결(비법인사단의 경우에는 대표자의 대표권 제한에 관하여 등기할 방법이 없어 민법 제60조의 규정을 준용할 수 없고, 비법인사단의 대표자가 정관에서 사원총회의 결의를 거쳐야 하도록 규정한 대외적 거래행위에 관하여 이를 거치지 아니한 경우라도, 이와 같은 사원총회 결의사항은 비법인사단의 내부적 의사결정에 불과하다 할 것이므로, 그 거래 상대방이 그와 같은 대표권 제한 사실을 알았거나 알 수 있었을 경우가 아니라면 그 거래행위는 유효하다고 봄이 상당하고, 이 경우 거래의 상대방이 대표권 제한 사실을 알았거나 알 수 있었음은 이를 주장하는 비법인사단측이 주장 · 입증하여야 한다).

184) 법인격없는 사단을 '권리능력 없는' 사단이라고도 하는데 실제로는 권리의무의 주체가 될 수 있는 권리능력을 인정하고 있으므로 명칭과 실제가 일치하지 않아 혼동을 줄 염려가 많다. 따라서 권리능력 없는 사단이라는 용어는 사용하지 않는 것이 바람직하다(같은 취지로는 김교창, "청산중인 비법인사단의 권리능력", 「법률신문」, 3672호, 2008. 8. 11.).

185) 곽윤직, 민법총칙, 127면; 김상용, 민법총칙, 277면; 이영준, 한국민법론, 778면; 이은영, 민법총칙, 245면.

186) 대법원 1964. 4. 28. 선고 63다722 판결; 대법원 1991. 11. 26. 선고 91다30675 판결; 대법원 1993. 1. 19. 선고 91다1226 판결 등.

187) 대법원 2003. 11. 14. 선고 2001다64127 판결.

송에서의 인락조서의 기판력은 교회에게만 미칠 뿐 소송당사자가 아닌 사단구성원인 교인에게 미치지 아니함은 당연하다.[188]

그리고 교단 역시 권리능력없는 사단으로서 당사자능력이 있다.

나. 2006년 대법원 전원합의체 판결도 "교회가 주무관청의 허가를 받아 설립등기를 마치면 민법상 비영리법인으로서 성립한다. 또한, 교회가 법인격을 취득하지 않은 경우에도 기독교 교리를 신봉하는 다수인이 공동의 종교활동을 목적으로 집합체를 형성하고 규약 기타 규범을 제정하여 의사결정기관과 대표자 등 집행기관을 구성하고 예배를 드리는 등 신앙단체로서 활동함과 함께 교회 재산의 관리 등 독립된 단체로서 사회경제적 기능을 수행함에 따라 법인 아닌 사단의 일반적인 요건을 갖추었다고 인정되는 경우에는, 그 교회는 법인 아닌 사단으로서 성립·존속하게 된다. 기독교 교리를 널리 전파하려는 의도에서 교회가 교인의 자격을 엄격히 심사하지 아니하고 예배에 참여를 허용하는 결과 교회의 가입·탈퇴가 자유롭고 특정 시점에서 교회 구성원이 정확히 파악되지 아니한다고 할지라도 법인 아닌 사단으로서의 실체를 인정함에는 아무런 지장이 없다. 한편 법인 아닌 사단으로서의 실체를 갖춘 개신교 교회가 특정 교단 소속 지교회로 편입되어 교단의 헌법에 따라 의사결정기구를 구성하고 교단이 파송하는 목사를 지교회의 대표자로 받아들이는 경우 교단의 정체에 따라 차이는 존재하지만 원칙적으로 지교회는 소속 교단과 독립된 법인 아닌 사단이고 교단은 종교적 내부관계에 있어서 지교회의 상급단체에 지나지 않는다. 다만, 지교회가 자체적으로 규약을 갖추지 아니한 경우나 규약을 갖춘 경우에도 교단이 정한 헌법을 교회 자신의 규약에 준하는 자치규범으로 받아들일 수 있지만, 지교회의 독립성이나 종교적 자유의 본질을 침해하지 않는 범위 내에서 교단 헌법에 구속된다. 종래 대법원 판례는 특정 교단에 소속된 지교회가 독립된 법인 아닌 사단이라고 판시하여 왔는바,[189] 이는 위 법리에 기초한 것으로서 앞으로도 교회를 둘러싼 법률관계를 해석하는 기본 원리로서 유지되어야 할 것이다."라고 판시하여[190] 교회의

188) 대법원 1978. 11. 1. 선고 78다1206 판결.
189) 대법원 1960. 2. 25. 선고 4291민상467 판결; 대법원 1967. 12. 18. 선고 67다2202 판결 등 참조.
190) 2006년 대법원 전원합의체 판결 이유 중 1. 교회의 법률적 성질 부분 참조.

성질을 비법인사단으로 보고, 개교회는 원칙적으로 교단과 독립된 관계임을 명시함으로써 기존의 판례의 입장을 유지하고 있다.

3. 교회의 법률관계

가. 사단법인에 관한 규정의 유추적용

우리 민법은 교회와 같은 법인 아닌 사단의 법률관계에 관하여 재산의 소유형태 및 관리 등을 정하는 제275조 내지 제277조를 두고 있을 뿐이므로, 사단의 실체 · 성립, 사원자격의 득실, 대표의 방법, 총회의 운영, 해산사유와 같은 그 밖의 법률관계에 관하여는 민법의 법인에 관한 규정 중 법인격을 전제로 하는 조항을 제외한 나머지 조항이 원칙적으로 유추적용됨은 위에서 본 바와 같다.

그런데 민법 제40조는 '목적, 명칭, 사무소의 소재지, 자산에 관한 규정, 이사의 임면에 관한 규정, 사원자격의 득실에 관한 규정, 존립시기나 해산사유를 정하는 때에는 그 시기 또는 사유'를 사단법인 정관의 필요적 기재사항으로 열거하고 있다. 교회는 스스로의 필요에 따라서 정관에 이외의 사항을 규정하는 것은 자유이고, 법적 효력은 필요적 기재사항과 다르지 않다. 민법의 사단법인 정관에 관한 규정은 비법인사단에도 유추적용되므로, 교회정관에도 민법 제40조의 사항들이 기재될 것이지만, 이러한 기재사항이 누락되어도 교회정관의 성립과 효력에는 지장이 없다. 필요적 기재사항은 사단법인 설립의 허가요건일 뿐이므로, 설립허가를 전제로 하지 않는 교회정관에는 적용이 없기 때문이다.

법인 아닌 사단은 사단으로서의 실체를 갖추었으나 설립등기를 하지 않은 것 뿐이므로 조직 · 구조에 있어서 구성원의 개인적인 활동으로부터 독립하여 독자적으로 존속하여 활동하고, 사단 구성원 지위의 취득과 상실은 그 사단의 규약에 정하여진 바에 따라 이루어지나(민법 제40조 제6호), 법인 아닌 사단은 구성원의 탈퇴나 가입에 의하여 동일성을 잃지 않고 그 실체를 유지하면서 존속한다. 그리고 위의 법리는 법인 아닌 사단의 구성원들이 적법한 절차없이 집단적으로 탈퇴하는 경우에도 동일하게 적용되므로, 위 탈퇴한 자들은 집단적으로 구성원의 지위를 상실하는 반면, 나머지 구성원들로 구성된 단체는 여전히 법인 아닌 사단으로서의 실체를 유지하며 존속한다.

나. 재산관계

교회와 같은 법인 아닌 사단의 재산은 그 구성원의 총유이며(민법 제275조 제1항), 법인 아닌 사단의 구성원은 사단 내부의 규약 등에 정하여진 바에 따라 사용·수익권을 가진다(민법 제276조 제2항). 이와 같이 법인 아닌 사단의 구성원으로서 사단의 총유인 재산의 관리처분에 관한 의결에 참가할 수 있는 지위나 사단의 재산에 대한 사용·수익권은 사단 구성원의 지위를 전제로 한 것이어서, 구성원은 법인 아닌 사단을 탈퇴하는 동시에 그 권리를 상실한다(민법 제277조).

한편, 법인 아닌 사단의 단체성으로 인하여 구성원은 사용·수익권을 가질 뿐 이를 넘어서서 사단 재산에 대한 지분권은 인정되지 아니하므로, 총유재산의 처분·관리는 물론 보존행위까지도 법인 아닌 사단의 명의로 하여야 하고,[191] 그 절차에 관하여 사단 규약에 특별한 정함이 있으면 그에 따르고 그러한 규정이 없으면 의사결정기구인 총회 결의를 거쳐야 한다(민법 제276조 제1항). 총회 결의는 다른 규정이 없는 이상 구성원 과반수의 출석과 출석 구성원의 결의권의 과반수로써 하지만(민법 제75조 제1항), 사단에 따라서 재산 내역이 규약에 특정되어 있거나 그렇지 않더라도 재산의 존재가 규약에 정하여진 사단의 목적수행 및 사단의 명칭·소재지와 직접 관련되어 있는 경우에는 그 재산의 처분은 규약의 변경을 수반하기 때문에 사단법인 정관변경에 관하여 특별한 규정이 없는 한 민법 제42조 제1항을 유추적용하여 총 구성원의 2/3 이상의 동의를 필요로 한다고 해석하여야 한다.[192]

다. 교회의 채무에 대한 교인의 책임

뿐만 아니라 비법인사단의 구성원은 유한책임만을 부담한다는 것이 통설이다.[193] 즉, 소유권 이외의 재산권에 관하여도 총유에 관한 규정이 준용되므로 비

191) 대법원 2005. 9. 15. 선고 2004다44971 전원합의체 판결 참조.
192) 이상 2006년 대법원 전원합의체 판결 이유 중 2. 법인 아닌 사단의 법률관계 가. 부분 참조. 법인 아닌 사단의 성립요건으로서 ① 사단의 규약, ② 의사결정기관, ③ 업무집행기관, ④ 독자적·사회적 활동을 들고 있다(민법주해 [I], 508면).

법인사단은 채무를 준총유하는 셈이 된다. 따라서 우리 법상 사단의 채무에 책임을 지는 것은 사단재산 뿐이며, 그 구성원은 그 고유재산에 의한 책임을 지지 않게 된다.[194]

라. 교회의 불법행위능력

민법 제35조는 법인은 이사 기타 대표자가 그 직무에 관하여 타인에게 가한 손해를 배상할 책임이 있다. 이사 기타 대표자는 이로 인하여 자기의 손해배상책임을 면하지 못한다고 규정함으로써 이사 등의 개인적인 불법행위에 대해 법인이 직접 책임을 지도록 규정하고 있다. 법인의 대표기관에 의한 일정한 행위는 법인 자신의 불법행위로 되며, 당연히 법인은 그에 대하여 책임을 진다. 그런데 비법인사단의 대표자가 그 직무를 행함에 있어 제3자에게 손해를 가한 경우에 그 대표자의 불법행위에 대하여 누가 책임을 지는가가 문제될 수 있다. 우리 민법의 해석론으로서 통설은 민법 제35조 제1항을 유추적용하여 법인의 경우와 마찬가지로 그 사단의 불법행위로 보고 사단 자체가 손해배상책임을 지며(사단의 불법행위능력 인정), 그 기관으로서의 행위자도 피해자를 두텁게 보호하기 위하여 법인과 아울러 개인적으로 책임을 진다고 해석하고 있다.[195] 이 경우 사단의 배상의무와 대표자의 배상의무는 부진정연대관계에 있다고 할 것이다. 이에 대하여 일본에서는 비법인사단의 대표자를 대표기관으로 보지 않고 대리인으로 보며 따라서 비법인사단의 대표자의 불법행위에 의한 책임을 이사 기타 대표자 등 타인의 행위에 기한 대리책임으로 이해하는 견해가 있고, 독일에서는 사단의 책임은 사용자책임으로서만 진다는 견해가 있다.[196] 판례는, "주택조합과 같은 비법인사단의 대표자가 직무에 관하여 타인에게 손해를 가한 경우 그 사단은 민법 제35조 제1항의 유추적용에 의하여 그 손해를 배상할 책임이 있으며, 비법인사단의 대표자의 행위가 대표자 개인의 사리를 도모하기 위한 것이었거나 혹은 법령의 규정에 위배된 것이었다 하더라도 외관상, 객관적으로 직무에 관한 행위라고 인

193) 황적인, 현대민법론 [I](1985), 104면; 이주흥, 민법주해 [I], 526면.
194) 곽윤직, 민법총칙, 128면; 이주흥, 민법주해 [I], 527면.
195) 곽윤직, 민법총칙, 144면; 이주흥, 민법주해 [I], 522, 523면; 지원림, 민법강의, 119면.
196) 이주흥, 민법주해 [I], 522면.

정할 수 있는 것이라면 민법 제35조 제1항의 직무에 관한 행위에 해당한다."고 판시하고,[197] 또 "비법인사단의 대표자가 직무에 관하여 타인에게 손해를 가한 경우 그 사단은 민법 제35조 제1항의 유추적용에 의하여 그 손해를 배상할 책임이 있고, 비법인사단의 대표자의 행위가 대표자 개인의 사리를 도모하기 위한 것이었거나 혹은 법령의 규정에 위배된 것이었다 하더라도 외관상, 객관적으로 직무에 관한 행위라고 인정할 수 있다면 민법 제35조 제1항의 직무에 관한 행위에 해당한다 할 것이나, 한편 그 대표자의 행위가 직무에 관한 행위에 해당하지 아니함을 피해자 자신이 알았거나 또는 중대한 과실로 인하여 알지 못한 경우에는 비법인사단에게 손해배상책임을 물을 수 없다. 여기서 중대한 과실이라 함은, 거래의 상대방이 조금만 주의를 기울였더라면 대표자의 행위가 그 직무권한 내에서 적법하게 행하여진 것이 아니라는 사정을 알 수 있었음에도 만연히 이를 직무권한 내의 행위라고 믿음으로써 일반인에게 요구되는 주의의무에 현저히 위반하는 것으로 거의 고의에 가까운 정도의 주의를 결여하고, 공평의 관점에서 상대방을 구태여 보호할 필요가 없다고 봄이 상당하다고 인정되는 상태를 말한다."고 판시하는 등[198] 비법인사단의 불법행위능력을 인정하고 있다.

교회도 비법인사단이므로 통설과 같이 민법 제35조 제1항을 유추적용하여 불법행위능력이 있다고 풀이하여야 할 것이다. 판례중에는 "재단법인 기독교 대한 개혁장노회총회의 대표기관 또는 그의 기관의 구성원인 목사 또는 전도사 등이 위 법인의 목적사업인 전도사업의 장소에서 교리에 전혀 없는 황당무계한 설교를 하여 신도들로부터 많은 금품을 편취했고 사전에 책임금액을 점수제로 할당하여 성적미달자에게는 신앙심이 부족하다는 이유로 '초달'이라는 명목으로 구타하여 금품을 갈취하는 등의 불법행위는 모두가 위 법인의 기관으로서 그 조직적 의사의 발현이었다고 볼 일면이 부정될 수는 없다."고 한 판례가 있는바,[199] 이 판례는 재단법인인 총회에 대하여 불법행위능력을 인정하여 법인설립허가 조건에 위배하였다는 이유를 들어서 민법 제38조의 규정에 의하여 법인 설립허가를

197) 대법원 2003. 7. 25. 선고 2002다27088 판결.
198) 대법원 2008. 1. 18. 선고 2005다34711 판결.
199) 대법원 1976. 7. 13. 선고 75누254 판결.

취소한 사건이긴 하지만 비법인사단인 교회에 대하여도 유추적용할 수 있을 것이다.

또한 교회가 주거전용지역에 교회를 건축하면서 건축법 소정의 수평거리를 확보하지 아니하여 인접가옥을 응달에 묻히게 하고 가옥 내실 등을 관망할 수 있게 한 경우, 일조권 및 생활환경권 침해를 이유로 손해배상책임을 인정한 사례가 있고,[200] 교회가 교회시설물관리자로서 공작물설치 및 보존의 하자로 인한 책임을 진다. 공작물의 설치 및 보존의 하자라 함은 공작물의 축조 및 보존에 불완전한 점이 있어 이 때문에 그 공작물이 그 용도에 따라 통상 갖추어야 할 안전성을 갖추지 못한 상태에 있음을 말하는 것이지 공작물의 설치 및 보존에 있어서 항상 완전무결한 상태를 유지할 정도의 고도의 안전성을 갖추지 아니하였다 하여 그 공작물의 설치보존에 하자가 있는 것이라고 할 수는 없고, 공작물의 설치보존자에게 부과되는 방호조치 의무의 정도는 그 공작물의 위험성에 비례하여 사회통념상 일반적으로 요구되는 정도의 것을 말한다.[201] 이러한 입장에서 위 판례는 교회건물 지하실로 통하는 계단 지붕에서 놀다가 다친 초등학생들에 대한 교회의 배상책임을 부인하였다. 공작물에서 발생한 사고라고 하더라도 그것이 공작물의 통상의 용법에 따르지 아니한 이례적인 행동의 결과 발생한 사고라면, 특별한 사정이 없는 한 공작물의 설지·보존자에게 그로 인한 사고에까지 대비하여야 할 방호조치의무가 있다고 할 수는 없다.[202] 그러나, 교회학교에서 어린 학생들이 싸우거나 놀다가 다친 경우에는 교회가 보호감독의무위반으로 손해배상책임을 질 수가 있다. 주일학교 학생들이 셔틀버스를 기다리다가 장난으로 다른 학생의 눈을 다치게 한 경우 이 사고는 예배가 끝난 직후 교회 담장으로부터 불과 22m떨어진 교회 바로 옆에서 발생하여 종교활동과 질적, 시간적으로 밀접불가분의 관계에 있는 생활관계 내에서 발생하였다는 이유로 교회에게 보호감독의무위반으로 인한 손해배상책임을 인정한 사례가 있다.[203]

---

200) 서울고등법원 1983. 11. 17. 선고 83나1174 판결.
201) 대법원 1987. 5. 12. 선고 86다카2773 판결.
202) 대법원 1998. 1. 23. 선고 97다25118 판결.
203) 대법원 2008. 4. 24. 선고 2006다80650 판결.

제5절 교회의 특성

이상에서 살펴본 바와 같이 통상 개신교 교회의 법률적 성질은 사원들의 집합체인 사단이고 법인으로서 인가를 밟지 않았으므로 비법인사단이다. 교회가 비법인사단이라는 점에서 사원들인 교인들에게 주권이 있는 민주주의의 원리가 적용되고, 비법인이라는 점에서 법적통제가 비교적 약하다고 할 수 있다. 한편, 교회는 하나님의 뜻과 성경에 최고의 권위를 부여하는 신앙단체이므로 주권이 하나님에게 있다고 할 수 있어 반드시 다수결에 의한 민주주의가 정의라고 할 수 없는 측면이 있다. 이것이 바로 교회의 신앙단체적 성질이다. 이와 같이 교회가 사회단체적 측면과 신앙단체적 측면을 겸유한다는 양면성으로 말미암아 교회분쟁이 일반사회단체보다 훨씬 복잡하고 해결하기 어려운 면을 가지고 있다. 교회의 분쟁을 해결함에 있어 교회의 사회단체적 측면만을 획일적으로 적용하여도 안되고, 그렇다고 하여 법치주의와 민주주의 원칙을 무시한 채 신앙단체적 측면만을 강조해도 안된다.

제 2 장

교회와 교단

제 2 장
교회와 교단

제1절 서 설

Ⅰ. 교단과 총회

교단은 통상 “개신교에 있어서 신앙의 내용과 형식을 같이하는 교회들의 단체”라고 하거나, “신앙원칙 내지 신앙고백의 내용인 교리와 신앙적 행위양식인 예배라는 본질적이고도 핵심적인 요소를 공통으로 하고 있는 여러 교회들이 대외적 선교와 대내적 교회행정을 공동으로 행할 목적으로 연합하여 조직한 상급 종교단체”라고 정의된다.[1] 교단에는 대한예수교장로회, 기독교대한감리회 등 170 여개가 있는 것으로 알려져 있다. 그런데 교단의 이름으로 부를 때는 대한예수교장로회라고 하지만 비법인사단으로서 법률행위 주체를 표현할 때는 대한예수교장로회총회라고도 한다.[2] 특히 산하단체라고 할 수 있는 노회 및 지교회와 구별할 때는 더욱 그렇게 부른다. 그리하여 헌법은 총회는 모든 지교회 및 치리회의 최고회라고 정의한다(합동헌법 Ⅳ. 정치 제12장 총회 제1조, 통합헌법 제2편 정치 제12장 총회 제83조).

대한예수교장로회총회는 위와 같이 상시적으로 활동하는 독립한 비법인사단을

---

1) 제1장 제2절 Ⅲ의 2 참조.
2) 따라서 이하에서는 예컨대, 대한예수교장로회 또는 대한예수교장로회총회 등을 일반명칭으로 사용할 때는 교단이라고 한다.

의미함과 동시에 대한예수교장로회의 각 노회에서 파송된 목사 장로로 매년 1회 개최되는 회의를 의미하기도 한다.

Ⅱ. 총회와 노회

교단에는 지교회의 상위 치리회로서 총회와 노회가 있으므로 지교회와의 관계를 이해하기 위해서 먼저 총회와 노회를 살펴본다.

1. 총 회

위에서 본 바와 같이 총회는 이중적인 의미를 가지고 있는바, 단체로서의 총회에는 의사결정기관인 회의로서의 총회가 있고, 업무집행기관으로서 총회장 및 사무국 등의 조직이 있으며, 총회장이 총회를 대표한다. 그러나 헌법에서도 총회의 개념을 단체로서의 총회와 회의로서의 총회를 명확히 구분하지 않고 혼용하여 사용하고 있다. 여기서 총회의 회원이 누구이냐가 문제될 수 있다. 회의체로서의 총회의 회원은 헌법에 규정된 총대만이 회원이 될 수 있다. 그러나 단체로서의 총회의 회원은 총회에 가입한 노회인지, 교회인지, 아니면 그 교회에 소속된 교인인지, 아니면 그 모두인지 명확하지 않다. 그러나 그 의사결정은 회의체로서의 총회에서 하고, 다음에 보는 바와 같이 그 총회의 조직은 헌법에 규정되어 있으므로 총회의 회원이 누구이냐가 법률적으로 문제되는 경우는 많지 않을 것이다.[3)]

가. 총회의 조직과 성수

총회는 각 노회에서 파송한 같은 수의 목사와 장로로서 조직하되, 파송기준과 숫자는 각 교단 헌법에 정해져 있다(합동헌법 Ⅳ. 정치 제12장 제2조, 통합헌법 제2편 정치 제12장 제84조). 합동총회의 총대는 원칙적으로 매 7당회에서 목사 1인, 장로 1인씩을, 통합총회는 각 노회 당 목사, 장로 각 4인씩을 기본수로 하고, 나

---

3) 헌법은 총회의 분리, 합병을 예상하고 있지 않으므로 이러한 결의에 총회의 일반정족수를 적용할 수는 없고, 뒤에서 보는 바와 같이 특별한 결의요건이 필요할 것이다.

머지는 무흠 입교인 비율에 따라 배정하되, 총수는 1,500명 이내로 한다. 또한 총회는 예정한 날짜에 노회의 과반수와 총대 목사 장로 각 과반수가 출석하면 개회할 수 있다(합동헌법 Ⅳ. 정치 제12장 제3조, 통합헌법 제2편 정치 제12장 제86조). 그러므로 총대 목사와 장로의 각 과반수가 되지 않으면 목사와 장로를 합한 수의 과반수가 되더라도 개회할 수 없다.

나. 회집 및 회원권

총회는 매년 1회 정례로 회집하되 예정한 날짜[4]에 회장이 출석하지 못할 때는 부회장 혹은 전 회장[5]이 개회하고 새회장이 선임될 때까지 시무하며, 각 총대는 서기가 총대명부를 접수하여 출석을 확인한 후부터 회원권이 있다[6](합동헌법 Ⅳ. 정치 제12장 제6조, 통합헌법 제2편 정치 제12장 제88조). 1년에 한 번 정기회만 할 수 있고, 임시회를 할 수 없다. 이 점에서 수시로 개회할 수 있는 대회, 노회나 당회와는 다르다(합동헌법 Ⅳ. 정치 제9장 제7조, 제10장 제9조, 제11장 제5조, 통합헌법 제2편 정치 제10장 제69조, 제11장 제78조). 즉, 총회는 1년에 1회 정기총회만 있고, 임시총회가 없다는 점에서 노회나 당회와 다르다. 총회가 질서문란 등으로 정상적인 회의를 진행하지 못하여 비상정회를 선포하고 폐회선언을 하지 못하고 파행으로 끝나는 경우가 있다. 이 경우에는 그 후에 계속되는 총회가 총회의 속회로서의 성격을 가지고 있다고 할 것이다.

다. 총회의 직무와 권한

총회는 ① 소속 각 치리회 및 지교회와 소속 기관 및 산하 단체를 총찰하고, ② 하급 치리회에서 합법적으로 제출한 문의, 헌의, 청원, 행정쟁송, 상고 등의 서류를 접수하여 처리하며, ③ 각 노회록을 검사하고, ④ 헌법을 해석할 전권이 있으며, ⑤ 노회를 설립, 분립, 합병, 폐지하며 노회의 구역을 정하며, ⑥ 목사

---

4) 통상 9월에 월요일부터 금요일까지 5일간 개회한다.
5) 회장이 출석하지 못할 때는 부회장 또는 직전회장이 개회하고, 직전 회장도 유고시는 증경회장(밑에서 위로)이, 증경회장이 모두 유고시에는 최선(最先) 장립 목사 총대가 의장이 되어 새 회장을 선택할 때까지 사회한다(합동총회 1918년 제7회 총회 결의).
6) 합동총회는 2007년 제92회 총회결의로 영주권자도 상비부장 및 총회 임원 입후보자격을 주기로 하였으므로 노회 정회원인 영주권자는 총대로 선출될 수 있다.

고시(통합총회의 경우) 또는 강도사 고시(합동총회의 경우)를 관장하며, 다른 교파 교회와 교류하며, 교회의 분열과 갈등을 관리하고, 성결의 덕을 세우기 위하여 힘쓰고, ⑦ 신학대학을 설립하고 경영, 관리하며, 교역자를 양성하며, ⑧ 선교사업, 교육사업, 사회사업을 계획 실천하고, ⑨ 노회 재산에 대한 분규가 있을 때 처리하며, ⑩ 임원을 선출하고, ⑪ 헌법의 개정, 제반 규정의 제정 및 개정에 관한 사항을 심의 의결한다(통합헌법 제2편 정치 제12장 제87조, 합동헌법 Ⅳ. 정치 제12장 제4조, 제5조 등 참조).

라. 교단의 분리, 합병

우리 민법이 사단법인의 분리, 합병을 인정하고 있지 않으므로 교단의 분리, 합병도 인정하고 있지 않다. 그러나 각 교단의 자율적인 합의에 의하여 교단의 분리, 합병을 막을 이유는 없다. 다만 그 결의에는 각 교단을 해산하고 새로운 교단을 설립하는 형태가 될 것이기 때문에 각 교단에 해산에 관한 특별한 규정이 없는 한 민법 제78조를 준용하여 각 교단에 가입한 교회의 4분의 3 이상의 동의가 있어야 할 것이고,[7] 개교회에서는 다시 가입할 교단이 종전의 교단과 동일성이 있는 교단이라고 보기 어려운 경우는 정관변경에 준하는 교인총회의의 결의가 필요할 것이다. 그리고 교단이 분리되기만 하고 재산권 귀속에 관하여 합의를 하지 않은 경우 종전 교단의 재산이 어느 교단의 재산이 될 것이냐의 문제가 있는바, 이 경우는 후에 자세히 볼 교회가 분열된 경우의 재산권귀속에 관한 법리가 준용될 것이다.[8]

---

7) 총회의 회원이 각 지교회이냐 아니면 총회에 의결권이 있는 대의원이냐 하는 점이 문제될 수 있는바, 각 교회는 대의원을 통하여 총회의 의결에 참여한다고 보아야 할 것이다, 그리고 서울고등법원은 대한예수교장로회(대신)총회와 대한예수교장로회(백석)총회의 교단통합에 대하여 이와 같은 의결정족수를 판단하지 않고 대신총회측의 총회에 참석한 대의원총수가 대의원의 과반수에 미달하여 총회의 개회요건이 미달한다고 보아 무효라고 판단하였다(서울고등법원 2018. 6. 15. 선고 2017나2038899 판결).

8) 후에 볼 2006년 전원합의체 판결이 나오기 전의 판례로 1개의 교단이 수개의 파로 분파된 경우 특별한 사유가 없는 한 분파 당시 교단구성원 전원의 총유에 속한다는 이유로 어느 일파가 분파되기 전의 교단재산에 속한 권리를 행사할 수 없다고 한 판결례가 있다(대구고등법원 1982. 7. 7. 선고 80나1096 판결).

2. 노 회

그리스도의 몸된 교회에 여러 지교회가 있으므로(행 6:1-6) 서로 협력하여 교리를 보전하고, 행정과 권징을 위하여 노회가 있다(합동헌법 Ⅳ. 정치 제10장 제1조, 통합헌법 제2편 정치 제11장 제72조). 노회는 지교회 간의 협력과 교리를 보전하고 교회행정과 권징을 행하는 기관으로서 지교회의 당회와 최상급치리회인 총회의 중간에 위치한다. 노회는 총회의 하위단체이지만 총회와 같이 비법인사단으로서의 노회와 의사결정기관으로서의 노회라는 이중적인 개념으로 사용하고 있다. 기독교대한감리회에는 노회에 대비되는 기관으로 연회가 있고, 성결교단은 지방회[9]가 있다.

가. 조직과 성수, 노회원의 자격

노회는 노회 소속 목사와 당회에서 파송한 총대 장로로 조직하는 바, 합동측은 21당회, 통합측은 30당회 이상이 되어야 노회를 조직할 수 있고, 총대 파송 장로의 수자는 헌법에 정해져 있다(합동헌법 Ⅳ. 정치 제10장 제2조,[10] 제5조, 통합헌법 제2편 정치 제11장 제73조[11]). 노회는 회원(시무 목사와 총대 장로) 각 과반수

---

9) 인천지방법원은 ① 지방회등으로 조직되는 총회는 기독교대한성결교회의 기관이나 기구에 불과할 뿐 법인 아닌 사단의 일반적인 요건을 구비하였다고 보기 어려운 점, ② 지방회는 그 임원들을 지방회에 소속된 지교회 목사와 장로 중에서 선출하는 등 지교회와 구분되는 별도의 인적 조직은 갖추지 아니한 것으로 보이고, 독자적인 규약도 존재하지 아니하는 점, ③ 지방회는 지교회에서 납부하는 상회비와 협찬받은 예산 등으로 지방회의 재정을 충당하여 수입, 지출에 대한 예산을 편성, 의결한 후 이를 집행할 뿐이고, 지방회의 회의도 별도로 마련된 공간이 아닌 지방회장으로 선출된 목사가 재직하는 지교회에서 개최하는 등 지방회가 소속 지교회와 구분되는 별도의 물적 설비를 갖추지 아니한 것으로 보이는 점, ④ 지방회는 정기 또는 임시로 소집되어 회의를 진행하는 일종의 회의체의 성격도 지니고 있는 점, ⑤ 지방회의 회무도 소속 지교회의 업무를 지원하고 총회에 보고하는 것을 주 업무로 하는 점 등에 비추어 볼 때, 지방회는 종교적 내부관계에 있어서 기독교대한성결교회 총회와 지교회 내지 당회 사이에 위치한 기관 내지 기구에 지나지 않는다 할 것이고, 비록 피고 지방회가 기독교대한성결교회나 그 지교회와 구분되는 조직을 가지고 예산을 편성, 집행하며 교단 내에서 고유한 업무를 담당하고 있다 하더라도 이는 어디까지나 위와 같은 기관이나 기구로서 하는 것일 뿐 법인 아닌 사단의 일반적인 요건을 구비하였다고 보기 어렵다고 하여 지방회의 당사자능력을 부정하였으나(인천지방법원 2013. 1. 16. 선고 2012가합16502 판결), 기성헌법 제7장 치리회 제2절에 치리회의 일종으로 지방회를 규정하고 있고, 지방회에 회원, 대표자, 임원 등의 집행기구와 의결기구가 있고, 예산을 확보하고 있는 등 비법인사단으로서의 조직을 갖추고 있다고 봄이 상당하다.

10) 세례교인 200명 미만은 1인, 200명 이상 500명 미만은 2인, 500명 이상 1,000명 미만은 3인, 1,000명 이상은 4인을 파송한다.

의 출석으로 개회한다(통합헌법 제2편 정치 제11장 제76조). 다만 합동헌법은 노회가 예정한 장소와 날짜에 정회원 목사와 총대 장로 각 3인 이상이면 개회성수가 된다(합동헌법 Ⅳ. 정치 제10장 제5조). 합동총회의 경우 지교회의 시무목사와 정년 이전의 원로목사와 총회나 노회가 파송한 기관 사무를 위임한 목사(합동헌법 Ⅳ. 정치 제10장 제3조), 통합총회의 경우 위임목사, 임시목사, 부목사, 전도목사, 기관목사, 선교목사, 선교동역자(통합헌법 제2편 정치 제11장 제74조 제1호)는 각 노회의 회원권이 있고, 총대장로는 서기가 총대명부를 접수 호명한 후부터 회원권이 성립한다(합동헌법 Ⅳ. 정치 제10장 제4조, 통합헌법 제2편 정치 제11장 제74조 제3호).

나. 회 집

정기노회는 예정한 날짜와 장소에 회집하고(정기회로서 통상 4월과 10월에 개최한다), 임시노회는 각각 시무처가 다른 목사, 장로 각 3인 이상의 청원에 의하여 노회(폐회 중에는 임원회)의 결의로 회장이 소집한다(통합헌법 제2편 정치 제11장 제78조, 합동헌법 Ⅳ. 정치 제10장 제9조). 노회장이 유고하여 참석하지 못한 때에는 부회장 또는 직전 회장(합동측은 서기)의 순으로 사회하여 개회하고 회무를 진행한다. 합동측은 소집에 대하여만 규정이 있으나 진행에도 준용된다고 할 것이다.

다. 노회의 분리, 합병, 폐지

이에 통합헌법[12]은 1) 노회가 분립코자 하면 재석 회원 목사, 장로 각 3분의 2 이상의 결의로 노회명, 기관 파송 이사, 노회재산, 노회에 속한 기관, 분할구역, 구역에 속한 교회 명단을 첨부하여 총회에 청원한다. 2) 노회가 합병코자 하면 목사, 장로 각 3분의 2 이상의 결의로 총회에 청원한다. 3) 노회가 성립된 후 설립기준 미달로 2년이 경과되면 노회가 폐지된다. 4) 노회가 분립, 합병 또는 특별한 이유로 노회구역을 재조정할 필요가 있을 때에 총회는 관계 노회의 의견을 참작하여 총회가 변경을 결정한다. 5) 노회의 분립과 합병에 대한 결의는 반드시

---

11) 세례교인 100인까지 1인, 세례교인 101인에서 200인까지 2인, 201인에서 400인까지 3인, 401인에서 700인까지 4인, 701인에서 1,000인까지 5인, 1,001인에서 2,000인까지 6인, 2,000인을 초과할 때는 1,000인당 1인을 파송할 수 있다.

12) 통합헌법 제2편 정치 제11장 노회 제82조.

정기노회에서 하여야 한다고 규정하고 있고, 합동헌법[13]은 총회는 노회, 대회를 설립, 분립, 합병하기도 하며, 폐지한다고 규정하고 있다. 그런데 통합헌법은 노회결의 및 그 정족수를 규정하고 있으나, 합동헌법은 노회결의 여부 및 정족수에 대한 규정이 없지만 노회의 결의는 반드시 필요하고, 그 결의는 노회의 해산에 준하여 노회 구성교회의 4분의 3 이상의 찬성을 필요로 한다고 할 것이다. 또한 노회에 가입한 개교회의 입장에서는 합병된 노회 또는 분리된 노회가 종전의 노회와 동일성이 없는 노회라면 노회의 변경은 정관의 변경사항이므로 개교회 교인총회에서 정관변경에 준하는 결의를 얻어야 할 것이다.

이와 관련하여 서울고등법원은 비법인사단인 노회의 해산 또는 그 구성원의 탈퇴는 인정할 수 있으나 이를 전제로 하지 않는 노회의 분립은 상정하기 어려우므로, 노회의 분립은 1) 분립 전 한서노회를 해산하고 분립 후 한서노회와 서한서노회를 새로이 설립하는 형태이거나, 2) 분립 전 한서노회에서 일부 지교회가 탈퇴하여 서한서노회를 새로 설립하고 나머지 지교회는 분립 후 한서노회에 그대로 잔존하는 형태 중 하나라고 볼 수 있는데, 이 사건 노회 분립 당시 분립 전 한서노회 또는 장로회 총회가 분립 전 한서노회의 해산 또는 폐지를 결의한 바 없으므로 총회에서 분립을 결의하였다고 하더라도 분립 후 서한서노회를 선택한 지교회들은 노회변경을 위한 내부적 결의를 거쳐 분립 전 한서노회를 탈퇴함과 아울러 새로 설립된 서한서노회에 소속하게 된 것으로 볼 수 있고, 새로운 서한서노회를 선택하지 않은 교회들은 분립전 한서노회와 동일성을 유지하는 잔존 노회에 그대로 소속되어 있다고 보아야 할 것이며, 지교회의 노회변경이나 탈퇴는 정관에 다른 규정이 없는 한 사단법인의 정관변경에 준하여 의결권을 가진 교인 2/3 이상의 찬성에 의한 결의를 필요로 한다고 할 것이므로 헌법에 총회가 노회를 설립, 합병, 분립, 폐지할 권한이 있다고 규정하고(합동헌법 Ⅳ. 정치 제12장 제5조) 있더라도 그러한 권한은 별개의 단체인 노회의 분립을 결정할 권한이 아니라 교단 차원에서 최종승인할 권한이 있다는 것에 불과하여 지교회가 분립 후 새로운 서한서노회에 가입하기 위하여 위와 같은 의결정족수를 갖추지 못하

13) 합동헌법 Ⅳ 정치 제12장 총회 제5조 제2호.

였다면 총회에서 서한서노회에 가입할 것을 결의하였다고 하더라도 이는 지교회에 대하여 효력이 없고, 교회는 여전히 분립 전 한서노회에 소속되어 있다고 판단하였는바,[14] 이는 타당한 판시라 할 것이다.

또한 대법원은 교단총회 헌법이 노회의 분리 내지 분립에 관하여 아무런 규정을 두고 있지 아니하여 기존의 서울노회(분립전의 서울노회)가 정기노회를 통해 노회 분립에 관한 결의를 하여 분립되어 나간 서울노회를 조직하였다고 하더라도[15] 그것이 노회 소속 목사들의 이합집산이라는 사실행위의 차원을 넘어 교회법상은 물론이고 실정법상으로도 어떠한 효력을 가진다고 보기 어렵고, 따라서 기존의 서울노회가 동일성이 있는 노회이고, 나아가 지교회가 기존의 서울노회에서 분립되어 나간 서울노회로 소속을 변경하기 위해서는 공동의회의 결의가 있어야 할 것인데 그러한 결의가 없었으므로 지교회의 소속 노회는 여전히 기존의 서울노회이고, 따라서 기존의 서울노회가 분립되어 나간 서울노회의 담임목사에 대하여 한 권징재판은 유효하다고 판단하였는바,[16] 판례는 노회의 분립에 관해 노회의 결의가 있었다고 하더라도 지교회가 새로운 노회에 가입하기 위해서는 지교회 공동의회에서 정관변경에 준하는 결의가 있어야 할 것을 요하고 있다.

라. 노회의 직무

노회는 ① 노회 구역 안에 있는 각 지교회와 소속 기관 및 단체를 총찰하고, ② 각 당회에서 제출한 헌의, 문의, 청원, 진정, 헌법과 헌법시행규정과 각 치리회의 규칙에 정한 것에 관한 사항을 접수 처리하며, ③ 각 당회에서 제출한 행정쟁송, 소송, 상소 및 위탁재판에 관한 사항을 처리하고, ④ 각 당회록을 검사하며 교회 권징에 대한 문의를 해석하여 답변하며, ⑤ 신학생 및 신학 졸업생을 관리하며, 목사의 임직, 위임, 해임, 전임, 이명, 권징에 관한 사항을 처리하고, ⑥ 지교회의 장로 선택, 임직을 허락하며 장로와 전도사의 자격 고시를 시행하며,[17]

---

14) 서울고등법원 2016. 5. 17. 선고 2015나5745 판결 손해배상(기)(제자교회 사건, 원심인 서울남부지방법원 2014. 11. 27. 선고 2013가합18555 판결도 동일한 결론이며, 대법원 2016. 9. 8. 선고 2016다25003 판결로 심리불속행기각되었다).

15) 분립전의 노회나 분립후의 노회가 모두 서울노회라는 명칭을 사용하므로 기존의 서울노회와 분립되어 나간 서울노회로 구분한다.

16) 대법원 2016. 3. 10. 선고 2015다67291 판결.

⑦ 지교회를 설립, 분립, 합병, 폐지하고 당회를 조직하며 목사 청빙, 전도, 교육, 재정 관리 등 일체 상황을 지도하고, ⑧ 총회에 제출하는 청원, 헌의, 문의, 진정, 상소에 관한 사건을 상정하고 노회 상황을 보고하며 총대를 선정 파송하여 총회의 지시를 실행하며, ⑨ 소속 지교회와 산하기관의 부동산을 관리하고 재산 문제로 사건이 발생하면 이를 처리한다(통합헌법 제2편 정치 제11장 제77조, 합동헌법 정치 제10장 제6조).

Ⅲ. 교단과 지교회의 관계

여기서 교단은 총회와 노회를 아우르는 개념이다. 개신교의 지교회[18]와 교단의 단체법적 성질이 모두 비법인사단으로서 당사자능력이 있고, 교계정체를 취하는 교단에서 지교회는 내부적으로는 교단의 하부단체로서의 성격이 있음과 동시에 대외적으로는 독립한 주체이므로 양자간의 관계가 문제된다. 지교회가 특정 교단에 반드시 가입하여야 하는 것은 아니지만 대부분의 지교회가 그 목표인 선교와 전도, 구제사업 등을 협동하고, 지교회의 재산관리나 행정관리의 편의를 도모하기 위하여 교단을 조직하거나 가입한다. 그러나, 지교회와 교단은 항상 협동관계에 있는 것이 아니고, 이해가 충돌하거나 대립하는 관계에 있는 경우도 있어 법적분쟁의 대상이 되기도 한다. 여기서 지교회와 교단의 관계를 명확히 설정할 필요가 있다.

이에 관하여 대법원은 "원고 교회가 독립성있는 비법인사단인 이상 그가 소속하는 전기 노회와의 내부적 관계에 있어서는 그 노회의 규약에 따라 교회의 운영 기타의 종교활동을 하여야 할 것이라 할지라도 그 노회 이외의 대외적 관계에 있어서는 소속교인들의 총의에 의하여 자율적으로 그의 대표자 기타의 임원을 선임하고 그들을 통한 종교적인 행사를 하며 교인들의 총유에 속하는 교회당을 처리할 수 있을 것은 물론 종교자유의 원칙에 따라 소속교인의 총의에 의하여

17) 합동총회의 경우 노회가 목사고시도 시행한다.

18) 교회에는 광의로는 교단과 지교회를 포함하지만, 협의로는 지교회만을 의미한다. 즉 지교회는 교단에 대하여 사용할 때 사용하고 일반적으로는 지교회를 교회라고 한다. 그러므로 교회는 지교회의 개념으로 사용하면서도 특별히 지교회라는 명칭을 사용하지 않지만, 교단과의 관계를 논하는 본절에서는 지교회라는 명칭을 사용하고, 그 밖에도 필요에 따라 지교회라는 명칭을 사용한다.

그가 소속할 노회도 선택할 수 있는 것이라고 할 것이다."라고 판시하여,[19] 대외적으로는 지교회가 독립적인 법적 주체이고, 지교회와 그가 소속된 교단이나 노회와의 관계는 내부관계에 불과하다고 한다.[20]

2006년 대법원 전원합의체 판결도 "법인 아닌 사단으로서의 실체를 갖춘 개신교 교회가 특정 교단 소속 지교회로 편입되어 교단의 헌법에 따라 의사결정기구를 구성하고 교단이 파송하는 목사를 지교회의 대표자로 받아들이는 경우 교단의 정체에 따라 차이는 존재하지만 원칙적으로 지교회는 소속 교단과 독립된 법인 아닌 사단이고 교단은 종교적 내부관계에 있어서 지교회의 상급단체에 지나지 않는다. 다만, 지교회가 자체적으로 규약을 갖추지 아니한 경우나 규약을 갖춘 경우에도 교단이 정한 헌법을 교회 자신의 규약에 준하는 자치규범으로 받아들일 수 있지만, 지교회의 독립성이나 종교적 자유의 본질을 침해하지 않는 범위 내에서 교단 헌법에 구속된다."고 하여 교단의 지교회와의 관계 및 그 구속의 한계의 원칙을 명시적으로 밝히고 있다.

교단과 지교회와의 관계에 있어서 교계정체를 취하는 교회의 경우에도 판례는 기본적으로 지교회의 재산에 관하여는 지교회의 자주성과 독립성을 중시하나, 지교회의 대표자 선출, 징계 등 지교회의 운영에 관하여는 교단이 지교회를 기속하는 것으로 판단하고 있다. 그러나, 후자의 경우에도 교단의 기속력에 일정한 한계가 있고, 지교회와 교단의 이해가 상반되는 경우에는 무조건 교단의 결정이 지교회를 기속하는 것으로 하는 것이 정의의 관념에 반하는 경우도 있다. 전자 즉 지교회의 재산에 대한 자세한 설명은 제4장 교회의 재산과 재정, 제5장 교회분열과 재산권의 귀속 부분에서 보고, 후자에 관하여는 제6장 교회분쟁의 해결절차에서 고찰하기로 하며, 다음 장인 제3장에서는 제4장 이하를 논의하기 위한 전제로서 개교회의 구성과 조직에 관하여 본다. 그러므로 본 장에서는 위와 같은 논의를 본격적으로 살피기에 앞서 우리나라 대표적인 교단의 지교회와 노회 및 총회와의 관계를 알 수 있는 헌법의 규정을 개괄적으로 살펴본 후 구체적으로 재산

19) 대법원 1967. 12. 18. 선고 67다2202 판결.

20) 김상용, "교회분열시의 재산귀속", 「민사판례평석」 1권, 법원사(1995)(이하 '논문 1'이라고 한다), 225면; 김준호, "교회의 분열에 따른 교회재산의 귀속", 「사법행정」 34권 4호, 한국사법행정학회(1993. 4), 75면; 이동명, 민법주해 [V], 652면.

에 관한 사항, 교단변경에 관한 사항, 교회운영에 관한 사항 등으로 나누어 살펴보고, 아울러 교회의 헌법과 지교회의 정관의 관계를 살펴보기로 한다.

제2절 각 교단의 헌법

Ⅰ. 개 요

현재 우리나라 기독교 교단의 대부분은 헌법(장로교단, 성결교단, 하나님의 성회의 경우), 교리와 장정(감리교단의 경우)[21] 또는 규약(침례교단의 경우) 등의 명칭으로 교단의 교리적, 행정적 기본틀을 정하는 명문의 규정들을 가지고 있다. 이하에서는 주요 교단들의 헌법, 장정, 규약이 지니고 있는 특징들을 간략히 살펴보기로 한다.

우리나라 기독교의 최대 교단이라고 할 수 있는 대한예수교장로회총회 합동헌법은 "Ⅰ. 신조, Ⅱ. 성경 소요리문답, Ⅲ. 성경 대요리문답, Ⅳ. 정치, Ⅴ. 헌법적 규칙, Ⅵ. 권징조례,[22] Ⅶ. 예배모범" 등을 내용으로 하고 있고, 부록으로 "웨스트민스터 신도개요"를 담고 있다. 이 헌법은 교리면에 비중을 두고 있다. 그리하여 정치, 권징조례 등에 대하여는 규정이 미비하거나 불명확하여 분쟁의 예방 및 해결에 매우 미흡하다는 평가를 받고 있다.

또 다른 대형 교단인 대한예수교장로회총회 통합헌법은 제1편에서는 '교리'라는 제하에 "사도신경, 신조, 요리문답, 웨스트민스터 신앙고백, 대한예수교장로회 신앙고백서, 21세기 대한예수교장로회 신앙고백서" 등을, 제2편에서는 '정치', 제3편에서는 '권징', 제4편에서는 '예배와 예식' 등을, 제3편과 제4편 사이에 헌법시행규정을 각 두고 있다. 이 헌법은 비교적 균형을 가지고 비교적 잘 정리한 것이

---

21) 이하 각 조문의 표시는 감리회의 경우는 교리와 장정, 그 밖의 교단의 경우는 헌법을 의미한다.
22) 권징은 예수그리스도께서 교회에 주신 권한과 법도를 시행한 것으로 각 치리회가 헌법과 헌법이 위임한 제규정 등을 위반하여 범죄한 교인과 직원 및 각 치리회를 권고하고 징계하는 것을 말하며(합동헌법 Ⅵ. 권징조례 제1조, 제2조, 통합헌법 제3편 권징 제1조 참조), 권징에 관한 절차 등을 규정한 헌법을 권징조례라 한다.

라고 생각된다.

대한예수교장로회 고신총회 헌법(이하 '고신헌법'이라 한다)은 제1부 '교리표준' 제하에 "신앙고백, 대교리문답, 소교리문답" 등을, 제2부 '관리표준' 제하에 "교회정치, 권징조례, 예배지침" 등을 각 규정하고, 부록으로 "헌법적 규칙, 12신조"를 포함하고 있다. 이 헌법은 비교적 "교회의 재산" 관련 규정이 잘 정비되어 있다.[23)]

한국기독교장로회 헌법(이하 '기장헌법'이라 한다)은 Ⅰ. 신조, Ⅱ. 신앙고백서, Ⅲ. 신앙요리문답, Ⅳ. 정치, Ⅴ. 권징조례, Ⅵ. 예배모범 등을 규정하고 있는데, 이는 현대적 용어와 표현으로 재정비된 것이다.

기독교대한감리회는 '교리와 장정'이라는 이름하에 "제1편 역사와 교리, 제2편 헌법, 제3편 조직과 행정법, 제4편 의회법, 제5편 교회경제법, 제6편 교역자은급법, 제7편 재판법, 제8편 감독 및 감독회장선거법, 제9편 연회 및 지방경계법, 제10편 과정법, 제11편 예문(예배서), 제12편 각종 정관 및 규정 규칙, 제13편 문서서식" 등의 제목하에 세부규정들을 두고 있는데, 이는 상당히 정치(精緻)하게 구성되어 있다.

기독교대한성결교회 헌법(이하 '기성헌법'이라 한다)은 01-헌법, 02-헌법시행규칙, 03-관련법 및 제규정으로 구성되어 있고, 헌법은 "서문, 성결교회의 기원과 연혁, 제1장 총강, 제2장 교리 및 성례전, 제3장 예배규범, 제4장 생활규범, 제5장 지교회, 제6장 지교회의 사무기관, 제7장 치리회, 제8장 재산관리, 제9장 총회본부, 제10장 선교사와 선교사업, 제11장 포상·징계·해벌·복권·사면, 제12장 헌법 및 제규정의 개정, 제13장 교역자연금관리, 부칙" 등을, 헌법시행세칙은 "제1장 총칙, 제2장 지교회, 제3장 지방회 및 총회, 부칙" 등을, 관련법 및 제규정은 "징계법, 이단사이비특별대책법, 포상규정, 의사규정, 재판위원회 운영규정, 선거관리위원회 운영규정, 해외선교위원회 회칙, 국내선교위원회 회칙, 교육위원회 운영규정, 교역자공제회 운영규정, 총회교육원 운영규정, 목회신학연구원 운영규정" 등을 각 두고 있다. 이 헌법은 전체적으로 기독교인의 생활지침으로서의 역할이 강조되고 있는데, 이는 종래의 헌법을 균형에 맞게 재정리한 것으로 분석된다.

---

23) 그러나 우리나라 교단의 각 헌법이 앞뒤가 모순되거나 중복되고, 또 명확하지 않으며, 용어가 어렵고 불명확하거나 통일되어 있지 않는 등 체계가 잘 갖추어져 있지 않다는 비판이 제기되고 있다.

기독교한국침례회[24]에는 헌법, 장정이 없고, 그 대신 간략한 규약집이 있다. 이는 주로 총회 및 각 산하단체의 운영규약들을 모아놓은 것으로서, 교리적인 규정은 거의 발견되지 않고, 주로 행정적인 지침들을 정리한 것이다. 이 헌법에 교리적 규정이 없는 것은 침례교회의 기본입장이 개교회주의인 점에 비추어 일부러 별도의 교단헌법을 만들지 아니한 데서 비롯된다.

기독교대한하나님의성회[25]의 헌법(이하 '기하성헌법'이라 한다)은 서문, 연혁에 이어 "제1편 총칙, 제2편 신조, 제3편 교회, 제4편 지방회, 제5편 지역총연합회, 제6편 총회, 제7편 재정, 제8편 포상 및 징계, 제9편 헌법, 제10편 부칙, 제11편 권징조례법으로 구성되어 있다.

이하에서는 각 교단의 헌법내용 중 법률적 분쟁의 소지가 많은 "치리, 교회의 재산관리, 지교회 관리, 교인, 교회직원 및 교회의 기구"에 관한 규정들을 요약하여 소개하고, 보다 자세한 내용은 해당 부분에서 살피기로 한다.

Ⅱ. 치리에 관한 규정

1. 대한예수교장로회총회(합동)

교회치리권은 개인에게 있지 않고 치리회[26] 즉 당회,[27] 노회,[28] 대회,[29] 총회에 있으며, 총회가 최상급 치리회이다(Ⅳ. 정치 제12장 제1조). 각 치리회는 교인들에게 교회법을 순종하도록 권면하되, 이에 불복하면 교인의 특권을 박탈하고

---

24) 이하 '침례회' 또는 '침례교'라고 줄여 쓴다.

25) 기독교대한하나님의성회는 1953. 4.경 설립되었으나 현재는 기독교대한하나님의성회(수호측), 기독교대한하나님의성회(서대문측), 기독교대한하나님의성회(여의도측), 예수교대한하나님의성회 등으로 나뉘어 있다. 위 교단들은 2007년부터 통합을 진행하였으나 아직 완전한 통합을 보지 못하고 있는 상황이다. 기독교대한하나님의성회의 역사적 전통은 서대문측이라고 할 수 있지만 현재 교세가 가장 큰 총회는 여의도측이므로 이하 기하성 헌법은 여의도측 헌법을 의미한다.

26) 치리회라 함은 교회의 평화와 질서를 유지하며 행정과 권징의 권한을 행사하기 위한 일종의 사법기관을 말한다.

27) 당회란 지교회의 담임목사와 치리장로로 구성되는 장로교 지교회의 치리기관이다(Ⅳ. 정치 제9장 참조).

28) 노회란 지교회와 총회의 중간 치리기관으로 일정한 지방 안에 있는 목사와 각 당회에서 대표로 파송한 장로로 구성된다(Ⅳ. 정치 제10장 참조).

29) 대회란 한 개의 지방 안에 있는 모든 노회(3개 이상의 노회가 있음을 요한다)를 관할하는 치리회를 말한다(Ⅳ. 정치 제11장 제1조). 그러나 우리나라에서는 대회가 실제 조직화되어 있지 않다.

벌을 주며(Ⅳ. 정치 제8장 제4조), 책벌의 종류로는 “권계(勸誡), 견책, 정직, 면직, 수찬정지, 제명, 출교”가 있다(Ⅵ. 권징조례 제35조).

최초의 권징재판은 당회에서 행하며, 이에 불복하는 사람은 노회에 상소할 수 있다(Ⅳ. 정치 제9장 제5조 제6호, 제10장 제6조 제2호). 노회의 재판에 대해서도 불복하는 경우에는 대회에 상고하는데, 대회에는 재판국을 두어 상고사건을 재판한다(Ⅳ. 정치 제11장 제4조 제7, 11호). 이에 대해서도 불복하는 경우에는 총회에 상고할 수 있고, 총회는 교리와 권징에 관한 쟁론을 최종 판단한다(Ⅳ. 정치 제12장 제5조 제1호). 치리를 위해서 노회 및 대회, 총회에 재판국을 설치한다(권징조례 제13장).

2. 대한예수교장로회총회(통합)

교회치리회는 당회, 노회, 총회로 구분한다(제2편 정치 제60조). 소송은 3심제로 하며, 제1심은 당회인 치리회에서, 제2심은 노회 상설재판국에서, 제3심은 총회 상설재판국에서 관장한다(제3편 권징 제4조 제2호).

교인에게 과하는 벌에는 “견책, 근신, 수찬정지, 출교” 등이 있고, 직원(항존 및 임시직원)에게 과하는 벌에는 견책, 근신, 수찬정지, 시무정지, 시무해임, 정직, 면직 등이 있으며, 치리회에 과하는 벌에는 “상회 총대파송 정지”가 있다(제3편 권징 제5조 제4호).

3. 대한예수교장로회 고신총회

교회치리회는 당회, 노회, 총회로 구분한다(교회정치 제97조). 노회는 각 당회에서 제출한 건의, 청원, 문의 및 진정의 접수 처리, 각 당회에서 제출한 소원, 상소 및 위탁판결의 접수 처리, 목사후보생의 고시, 교육, 이명 및 권징의 처리, 목사의 자격고시, 임직, 위임, 해임, 전임, 이명 및 권징의 관리와 처리(교회정치 제132조 제2호 내지 5호), 진리와 권징에 관한 해석(같은 조 제9호), 교회의 신성과 화평을 위한 개체교회 시찰(같은 조 제10호), 총회제출의 청원, 건의, 문의, 진정, 소원, 상소 및 위탁판결의 처리(같은 조 제15호) 등의 직무를 수행한다.

교인에 대한 시벌의 종류에는 "권계, 견책, 수찬정지, 출교" 등이 있고, 교회 직원에 대한 시벌에는 "권계, 견책, 정직, 면직, 수찬정지, 출교 등이 있으며, 치리회에 과하는 벌에는 "결정취소, 결의무효, 상회 총대파송 정지, 치리회 해산" 등이 있다(권징 제3조 내지 제5조).

4. 한국기독교장로회총회

교회의 치리회는 당회, 노회, 총회가 있다(Ⅳ. 정치 제41조). 당회는 교인 중 범죄자가 있을 때 권징조례에 의하여 권징하고 회개하는 자는 해벌한다(Ⅳ. 정치 제45조 제8호). 노회는 각 당회가 규정대로 제출하는 헌의, 청원, 진정, 문의 건 등을 접수 처리하고(Ⅳ. 정치 제54조 제2호), 지교회가 제출하는 소송, 상소, 소원, 위탁판결에 관한 일들을 처리하며 교회권징에 관한 문의에 대하여 답변한다(Ⅳ. 정치 제54조 제6호). 총회는 최고의 치리회로서(Ⅳ. 정치 제59조), 하회에서 합법적으로 제출하는 헌의, 청원, 상고, 소원, 문의, 위탁 판결 등의 각 안건들을 접수하여 처리하고, 상소, 위탁판결, 고소건을 재판 규례에 의하여 처리한다(Ⅳ. 정치 제61조 제2호, 제10호).

권징의 종류에는 신도에 대하여 "권계, 견책, 수찬정지, 출교"가 있고, 직원에 대하여 "시무정지, 시무해임, 정직, 면직"이 있다(Ⅴ. 권징조례 제8조).

5. 기독교대한감리회

감리회의 의회는 당회,[30] 구역회, 지방회, 연회, 총회로 조직하되, 이 모든 의회의 직무와 권한은 법으로 정한다(제2편 헌법 제19조, 제4편 의회법 제2조).

벌칙의 종류에는 "견책, 근신, 정직, 면직, 출교" 등이 있다(제7편 재판법 제5조). 감리회에 소속한 회원의 신앙과 도덕에 관한 사항 그리고 장정에 위배된 사항에 대한 고소·고발사건을 심사하기 위한 심사위원회와 심사위원회가 기소한 징계사건을 재판하기 위하여 재판위원회를 두고, 감리회 각 의회의 위법한 결의

30) 감리교의 당회는 예배처소가 있고, 동록된 입교인 12인 이상의 교적을 보유한 개체교회의 입교인으로 구성되며(제4편 의회법 제7조, 제8조), 장로교의 공동의회에 해당하는 조직이다.

나 각 의회 의장의 위법·부당한 결정이나 행정처리로 인하여 권리의 침해가 있거나 각 의회의 질서가 현저하게 문란하게 된 경우에 피해자나 의회구성원이 의회의 결의의 취소, 무효확인이나 의회의 장의 결정 및 행정 처리의 취소, 무효확인, 의무이행을 구하여 제소한 행정사건을 재판하기 위하여 행정재판위원회를 두며(제2편 헌법 제25조), 재판위원회는 구역회 재판위원회, 지방회 재판위원회, 연회 재판위원회, 총회 재판위원회와 총회 특별재판위원회를 둔다(제7편 재판법 제29조). 교인 또는 교회임원에 대한 1심 재판은 구역회 재판위원회, 2심 재판은 지방회 재판위원회에서, 장로와 서리담임자 및 전도사에 대한 1심 재판은 지방회 재판위원회, 2심 재판은 연회 재판위원회에서, 교역자(연회원과 감리사) 및 연회에 관련된 사항의 교역자와 장로에 대한 1심 재판은 연회 재판위원회, 2심 재판은 총회 재판위원회에서, 감독 및 감독회장과 총회에 관련된 사항의 교역자와 장로에 대한 1심 재판은 총회 재판위원회, 2심 재판은 총회 특별재판위원회에서, 감독·감독회장 선거법 위반자에 대한 재판은 총회특별재판위원회에서 각 관할한다(제7편 재판법 제33조).

6. 기독교대한성결교회

치리회의로서는 당회, 지방회, 감찰회, 총회를 두되(헌법 제48조 내지 76조), 감찰회는 지방회 폐회기간 중 지방회의 위임사항을 처리한다(헌법 제64조). 당회가 없는 교회의 사건은 감찰회에서 파송한 목사와 장로를 합하여 5인 재판위원회를 구성한다(헌법 시행세칙 제15조).

당회는 교인의 포상, 징계, 해벌에 관한 사항을 관장하고(헌법 제50조 제2호 다), 지방회는 재판위원회를 두어 각 지교회가 심판에 불복 상소하여 올라온 사건과 지방회에 제소하여 접수된 사건을 심판하되 평신도는 최종심으로 심판하며, 치리에 관련된 장로 및 교역자에 대하여는 1심으로 심판한다(헌법 제61조 제1호 가).

총회는 재판위원회를 두어 각 지방회의 심판에 불복 상소된 사건과 총회에 제소된 사건 및 임원과 대외에 파송된 이사 및 위원이 공무상 과오로 제소되어 불복 상소된 사건과 위원 제소사건을 최종판결한다(헌법 제75조 제1호 나).

징계의 종류에는 근신, 정직, 면직, 파직(칭호상실), 출교, 추징, 중벌의 7가지가 있다(징계법 제5조).

7. 기독교대한하나님의성회

치리회에는 담임목사와 장로 2인 이상으로 조직하는 당회(목회협력위원회, 헌법 제66조 제1호) 및 당회원 50명 이상이 되는 교회에서 당회장의 임명에 의하여 10명 이상으로 구성되는 운영위원회(제68조 제8호), 지방회 내의 교역자와 장로로 구성되는 지방회(제70조[31]), 각 지방회에서 파송된 목사와 장로로 구성되는 지역총연합회(헌법 제81조 제1호), 자동대의원과 각 지방회에서 선출한 목사와 장로로 구성되는 총회(헌법 제93조 제1호)가 있다(헌법 제64조). 재판은 각급 치리회에서 주관하되 장로 재판은 당회와 지방회재판위원회에서, 교역자의 재판은 지역총연합회에서 단심으로 재판한다(권징조례법 제4조 제4호). 기소위원회에서 기소된 사건은 치리회가 재판위원회를 열어 심리판결한다(권징조례법 제16조). 처벌의 종류는 "권계, 견책(근신), 성례정지, 정직(직분정지), 면직, 벌과금추징, 제명, 출교" 등으로 한다(권징조례법 제8조 제3호).

Ⅲ. 교회재산 관리에 관한 규정

1. 대한예수교장로회총회(합동)

당회는 교회에 속한 토지, 가옥에 관한 일도 장리(掌理)한다(Ⅳ. 정치 제9장 제6조). 지교회의 토지 또는 가옥 사건에 대하여 변론이 나면 노회가 처단할 권한을 갖는다(Ⅳ. 정치 제10장 제6조 제8호). 또, 총회는 어느 교회에서든지 교회재산에 대하여 쟁론이 있어 노회가 결정한 후 총회에 상고하면 이것을 접수하여 판결한다(Ⅳ. 정치 제12장 제5조 제4호).

각 지교회의 제직회는 교회에서 위임하는 금전을 처리하고, 부동산은 노회 소

---

31) 그 밖에 대형교회 단독지방회, 농아지방회, 선교지방회 및 해외지방회, 총회직속지방회, 육성지방회, 무지역기관사역지방회 등 특수지방회가 있다(헌법 제73조).

유로 하며, 구제와 경비에 관한 사건과 금전출납은 모두 제직회에서 처리하며, 회계는 회의 결의에 의하여 금전을 출납한다(Ⅳ. 정치 제21장 제2조 제3호).

2. 대한예수교장로회총회(통합)

당회는 지교회의 토지, 가옥 등 부동산을 관리하고(제2편 정치 제68조 제8호), 각종 헌금을 수집할 방안을 협의하여 실시케 하며 재정을 감독한다(제2편 정치 제68조 제5호). 노회는 소속 지교회와 산하 기관의 부동산을 관리하고 재산문제로 사건이 발생하면 처결한다(제2편 정치 제77조 제9호). 총회는 노회 재산에 대한 분규가 있을 때 처리한다(제2편 정치 제87조 제9호).

지교회가 노회에 증여한 재산은 그 교회가 노회를 이탈할 때는 재산권이 없어진다(제2편 정치 제94조[32]). 노회의 재산 중 지교회 부동산은 그 지교회의 당회로 관리케 하고 부동산을 매각하거나 매입할 때는 제직회의 결의를 거쳐야 하며[33] 동산은 제직회로 관리케 하되, 지교회의 운영에 사용케 한다. 단, 교회의 재산에 대해서는 신도들에게 지분권이 없다(제2편 정치 제96조 제2호). 대한예수교장로회 교리나 법규를 준행하지 않거나 이탈한 자는 재산의 사용권도 갖지 못한다(제2편 정치 제96조 제3호).

재단법인에 편입되지 아니한 지교회의 부동산은 지교회의 소유로써 교회 명의로 등기하여야 하며, 노회(폐회 중에는 임원회)의 허락을 받지 않고는 개인 명의로 등기하지 못하고,[34] 개인 명의로 등기한 지교회 소유의 부동산은 교회 명의로 변경하여야 한다(제2편 정치 제97조).

3. 대한예수교장로회 고신총회

개체교회, 노회 및 총회의 재산은 기본재산과 보통재산으로 구분하되, 기본재산은 "부동산 및 그 회의 결의에 따라 기본재산으로 정하는 재산"을 말하며, 그

---

32) 그러나 판례는 다음 제3절 Ⅰ.의 1.에서 보는 바와 같이 이러한 규정은 무효라고 한다.
33) 그러나 지교회의 정관에 이러한 규정이 없다면 헌법의 위 규정만으로는 공동의회의 결의 없이 제직회의 결의만으로 부동산을 매각하거나 매입할 수 없을 것이다.
34) 노회의 허락을 받더라도 개인명의로 등기하면 부동산실권리자명의등기에 관한 법률의 위반이 될 것이다.

밖의 교회재산을 보통재산으로 한다(교회정치 제164조).

개체교회, 노회 및 총회의 기본재산은 대한예수교장로회 고신총회 유지재단에 편입, 보존함을 원칙으로 하되(교회정치 제168조 제1호), 기본재산의 취득, 매도, 증여, 교환, 담보 또는 용도를 변경하고자 할 때(교회정치 제168조 제2호) 개체교회는 당회와 공동의회에서 결의하고, 노회와 총회는 정기회에서 결의하며(같은 조 제2호의 1), 총회유지재단[35]에 편입된 재산은 위 각 결의 후 재단의 승인을 얻어야 하며(같은 조 제2호의 2), 총회유지재단에 편입한 재산은 이사회가 선히 관리하여야 하며, 편입자의 청원없이는 어떠한 처분결의도 할 수 없다(같은 조 제2호의 3). 개체교회가 총회유지재단에 편입한 재산은 그 교회 당회로 하여금 관리하게 한다(같은 조 제2호의 4). 개체교회의 기본재산은 당회가 관리하고, 보통재산은 제직회가 관리하되, 부동산은 개체교회 명의로 등기한다(같은 조 제2호의 5). 개체교회의 재산은 교인에게 지분권이 없는 재산이므로 그 교회를 이탈하는 자는 그 재산에 대한 권리를 포기한 것으로 한다(같은 조 제2호의 6). 개체교회의 재산은 개체교회의 운영에 사용한다(교회정치 제165조).

개체교회와 산하기관의 재산문제로 사건이 발생하면 노회가 이를 처리한다(교회정치 제132조 제19호). 개체교회의 기본재산은 취득, 매도, 증여, 교환 또는 용도를 변경하고자 하는 결의는 당회에서 2/3 이상의 결의와 공동의회에서 2/3 이상의 결의가 있어야 한다(교회정치 제170조 제1호).

4. 한국기독교장로회총회

당회는 교회의 재정정책을 수립, 감독하여 교회의 모든 재산을 관리한다(정치 제45조 제9호). 노회는 지교회와 산하기관의 재산관리 사항을 지도하고 부동산문제로 사건이 발생하면 노회가 처결할 권한을 가진다(정치 제54조 제7호). 노회와 지교회의 재산은 노회 관리하에 보존하되, 총회유지재단에 편입하여 보호받을 수 있다(정치 제76조 제9호).

---

35) 유지재단이란 총회 또는 노회가 교회들의 결속력을 높이고 재산의 안정성을 기하기 위하여 교회의 재산을 보존·관리하기 위하여 총회 또는 노회가 설립하는 재단법인을 말한다. 총회가 설립하는 경우를 총회유지재단, 노회가 설립하는 경우를 노회유지재단이라고 한다. 그러나 개교회도 유지재단을 통하여 부동산을 소유 관리하는 경우가 있다.

5. 기독교대한감리회

감리회의 개체교회, 지방회, 연회, 감리회 본부 및 소속법인, 단체 등에서 소유하는 고정자산은 재단법인 기독교대한감리회 유지재단(이하 '유지재단'이라고 한다)에 편입 등기한 후 보전, 관리한다. 다만, 미주자치연회의 경우 교단등록을 위해 별도의 규정을 둔다(제2편 헌법 제28조, 제5편 교회경제법 제19조 1항), 재단법인 기독교대한감리회 교역자은급재단, 사회복지법인 기독교대한감리회 태화복지재단, 사회복지법인 기독교대한감리회 사회복지재단 소유의 토지, 건물 및 시설물은 해당 법인의 재단에 편입 보전한다(제2편 헌법 제28조, 제5편 교회경제법 제6장, 제7장 등). 유지재단 명의로 등기되어 있는 동산 및 부동산의 처분 임대, 담보제공 등의 행위는 유지재단이사회의 사전 승인을 받아야 한다(제2편 헌법 제28조 제3항). 구역회는 교회 부동산의 구입과 매매 및 임대차, 그리고 유지재단 편입에 대한 사무를 조사처리하며, 동산과 부동산을 처리하고, 예산을 담당한다(제4편 의회법 제3장 구역회 제34조 등). 감리회의 개체교회, 지방회, 연회, 감리회 본부, 그리고 감리회 산하의 모든 기관, 단체 등에서 취득한 고정자산의 취득, 관리, 처분 등은 「교리와 장정」과 각 규정이 정하는 절차와 규정에 따라 시행한다(제5편 교회 경제법 제18조), 유지재단 관리사무규정에 의하면 교회에 속한 모든 부동산의 소유권은 재단법인 기독교대한감리회 유지재단에 속하며, 유지재단은 교회로부터 교회에 속한 모든 부동산을 증여받아서 그 등기를 필하여야 한다. 교회재산이 재단에 편입 등기되지 아니한 모든 교회의 회원은 피선거권이 없고(유지재단관리사무규정 제2조 1항), 교회의 모든 부동산의 관리는 재단법인 기독교대한감리회 유지재단이 관계교회 관리부에 위탁하여 관리케 하며, 교회분규로 인하여 교회재산의 관리권 다툼이 발생할 때에는 교단을 이탈한 측에서는 일체의 권리를 주장할 수 없다(같은 사무규정 제2조 제2항).[36]

---

36) 판례에 의하면 이 규정 역시 그 이탈이 교인들의 적법한 결의를 거친 것이라면 무효이다.

6. 기독교대한성결교회

각 지교회의 부동산 중 종교목적으로 사용하는 재산과 총회, 지방회 또는 각 기관이 조성·관리하는 부동산은 재단법인 기독교대한성결교회 유지재단 명의로 등기하여 교회목적 기본 재산을 구성하고, 각 지교회의 부동산은 지교회에서 관리하며(헌법 제77조 1호, 2호), 지교회의 부동산 중 종교목적으로 사용하지 않는 기타 부동산은 각 지교회의 명의로 자체 소유관리한다(헌법 제77조 제4호). 지교회의 재산은 당회가 관리한다(헌법 제50조 제3호). 총회와 지교회의 재산은 신도에게 지분권이 없는 재산이므로, 기독교대한성결교회 교리나 규칙을 준수하지 않거나 또는 이탈하는 자는 그 재산의 사용, 처분 및 관리에 참여하지 못한다(헌법 제78조 제3호).

기본재산 중 본당과 중요재산을 처분시(매매, 담보제공, 교환) 직원회가 구성된 교회는 직원회를 거쳐 사무총회에서 정회원 2/3 이상의 찬성 결의로 재산 처분 절차를 시행하고, 당회가 있는 교회는 당회의 결의 후 위와 같은 사무총회 결의로 재산 처분 절차를 시행한다(헌법 제78조 제9호).

7. 기독교대한하나님의성회

개교회의 재산 중 부동산과 동산은 미조직교회는 제직회가 조직교회는 당회(목회협력위원회)가 관리한다(헌법 제112조 제3호 6).

Ⅳ. 지교회에 관한 규정

1. 대한예수교장로회총회(합동)

지교회를 설립하고자 하면 예배장소를 준비하고 장년 신자 15인 이상이 구역 사찰회를 경유하여 노회에 청원하여 인가를 받아 설립한다(Ⅴ. 헌법적 규칙 제1조).

노회는 지교회를 설립, 분립, 합병, 폐지 및 당회를 조직하는 것과 지교회와 미조직교회의 목사의 청빙과 전도와 학교와 재정 일체 사항의 처리방침을 지도,

방조한다(정치 제10장 제6조 제5호).

총회는 노회, 대회를 설립, 합병, 분립하기도 하고 폐지하는 것과 구역을 작정하며 전국교회를 통솔한다(Ⅳ. 정치 제12장 제5조 제2호). 또한 교회를 분열시키는 쟁단(爭端)을 진압한다(Ⅳ. 정치 제12장 제5조 제3호).

2. 대한예수교장로회총회(통합)

지교회를 설립하고자 하면 전도처 또는 기도처를 마련하여 입교인 15인 이상이 노회에 청원하여 허락을 받아 설립한다(제2편 정치 제14조). 지교회의 분립 및 합병은 그 지교회의 당회와 공동의회의 결의로 노회의 허락을 받아야 한다(제2편 정치 제11조).

노회는 지교회를 설립, 분립, 합병, 폐지하고 당회를 조직하며 목사청빙, 전도, 교육, 재정관리 등 일체상황을 지도한다(제2편 정치 제77조 제7호).

총회는 노회를 설립, 분립, 합병, 폐지하며 노회의 구역을 정한다(제2편 정치 제87조 제5호).

3. 대한예수교장로회 고신총회

일정한 교인들이 예배장소를 준비하고 회집하다가 개체교회를 설립하고자 하는 경우에는 노회에 청원하여 허락을 받아야 한다(교회정치 제14조 제1호). 개체교회 설립에 필요한 교인들의 수는 장년교인(원입, 학습, 세례) 20인 이상이어야 한다(같은 조 제2호).

한 개체교회가 분립하고자 할 때와 두 개 이상의 개체교회가 합병하고자 하는 경우에는 그 교회 당회와 공동의회의 결의로 노회의 허락을 받아야 한다(교회정치 제16조). 노회는 개체교회를 설립, 분립, 합병, 폐지하고 당회를 조직하며 개체교회와 미조직교회의 목사청빙, 전도 등 그 모든 처리방침을 지도한다(교회정치 제132조 제11 내지 13호).

4. 한국기독교장로회총회

공동으로 모이는 전용 예배처와 성인 10명 이상과 전담교역자가 있는 경우에는 노회에 청원하여 허락을 받아 지교회를 설립할 수 있다(Ⅳ. 정치 제11조 제3호).

5. 기독교대한감리회

개체교회는 예배처소가 있고, 동록된 입교인 12인 이상의 교적을 보유한 입교인이 있어야 구성되며, 기도처는 교회가 되지 못한다(제4편 의회법 제8조). 감리회의 교리와 장정은 지교회의 독자성을 매우 제한하고 중앙집권적 형태로 규정되어 있다.

6. 기독교대한성결교회

지교회는 목사와 2인 이상의 장로로 조직하되, 미조직교회(목사 또는 장로 없는 교회)는 지방회에서 치리 목사를 파송한다(헌법 제31조).

지교회를 설립코자 할 때에는 감찰회를 경유, 지방회의 승인을 받아야 한다(헌법 제32조).

노회는 지교회를 신설, 폐합하며 이를 지방회장이 총회에 보고한다(헌법 제63조 제3호).

7. 기독교대한하나님의성회

예수를 구주로 믿는 하나님의 자녀들이 시간을 정하여 일정한 장소에 모여 하나님을 예배하는 공동체의 모임을 교회라 하며, 당회가 구성된 교회를 조직교회, 당회가 구성되지 않은 교회를 미조직교회라 한다(헌법 제24조).

Ⅴ. 교인, 교회직원과 의회에 관한 규정

1. 대한예수교장로회총회(합동)

교인은 학습교인, 유아세례교인, 세례교인(입교인)으로 구분된다(Ⅴ. 헌법적 규칙 제5조, 제6조 참조). 교회의 직원은 항존직, 임시직원, 준직원으로 구분하되, 항존직은 목사(30세 이상[37] - Ⅳ. 정치 4장 제2조), 장로(35세 이상 남자 - 정치 5장 제3조), 집사(남자 - 정치 6장 제1조)로 하고, 임시직원은 전도사, 전도인, 권사(45세 이상 여자). 서리집사로 하며, 준직원은 강도사, 목사후보생으로 한다(Ⅳ. 정치 제3장 제2~4조). 또한 제직회원 외에도 권찰을 세워 교인심방하는 일을 맡길 수 있다(Ⅴ. 헌법적 규칙 제10조).

교회에는 공동의회, 제직회, 연합제직회 등을 둔다. 공동의회는 모든 입교인으로 구성되며(Ⅳ. 정치 제21장 제1조 제1호), 당회 및 제직회와 부속 각 회의 보고를 듣고 교회 재정의 결산과 예산서를 승인, 채용하며, 제출된 의안을 의결한다(Ⅳ. 정치 제21장 제1조 제5호 전단). 일반의결은 과반수로 하되, 목사청빙투표는 투표수의 2/3의 가(可) 및 입교인 과반수의 승낙을 요하며, 장로, 권사, 집사의 선거에는 투표수 2/3 이상의 가(可)로 선정한다(Ⅳ. 정치 제21장 제1조 제5호 후단).

제직회는 당회원과 집사와 권사들로 구성되며(Ⅳ. 정치 제21장 제2조 제1호), 교회의 재정처리를 주로 담당한다(Ⅳ. 정치 제21장 제2조 제3호). 그리고 연합제직회는 각 지방의 편의에 따라 조직할 수 있고(Ⅳ. 정치 제21장 제3조 제1호). 그 지방 내의 합동재정과 전도, 교육사업 등에 대해 의정(議定)할 수 있다(Ⅳ. 정치 제21장 제3조 제2호).

2. 대한예수교장로회총회(통합)

교인은 원입교인, 유아세례교인, 세례교인(입교인)으로 나눈다(제2편 정치 제14조). 교회의 직원은 항존직(제2편 정치 제22조)과 임시직(제2편 정치 제23조)으로 구

---

37) 헌법상 제한은 없으나 디모데전서 3장 2절의 해석을 근거로 남자에게만 목사 안수를 하고 있다.

분된다. 항존직은 목사(30세 이상 - 제2편 정치 제26조), 장로(40세 이상 - 제2편 정치 제40조), 집사(35세 이상 남자 - 제2편 정치 제51조), 권사(35세 이상 여자 - 제2편 정치 제53조)이며, 임시직은 전도사, 서리집사이다(제2편 정치 제23조).

교회에는 공동의회, 제직회, 연합제직회를 두며, 공동의회의 회원은 지교회의 모든 무흠 세례교인(입교인) 중 18세 이상인 자로 한다(제2편 정치 제90~92조). 공동의회의 결의사항은 "당회에서 제시한 사항, 예산 및 결산, 직원선거, 상회가 지시한 사항"으로 하고, 특히 달리 명시된 사항이 아닌 것은 재석과반수로 결의한다(제2편 정치 제90조 제5호, 6호).

3. 대한예수교장로회 고신총회

교인은 원입인, 학습인, 유아세례교인, 세례교인(입교인)으로 구분한다(교회정치 제22조). 교회의 항존직원은 목사(남자 - 교회정치 제40조) 및 교인의 대표자인 장로(40세 이상 65세 이하 남자 - 교회정치 제65조 제1호)와 집사(35세 이상 65세 이하 남자 - 교회정치 제76조 제1호), 권사(45세 이상 65세 이하 여자 - 교회정치 제85조 제1호)로 하고(교회정치 제31조), 준직원으로는 강도사와 목사후보생(신학대학원생)이 있으며, 임시직원으로는 남녀전도사(25세 이상 65세 이하 - 교회정치 제92조), 남녀 서리집사를 둔다(25세 이상 70세 미만, 교회정치 제95조 제1호).

교회의 회의로는 공동의회, 제직회, 연합제직회 등을 둔다(교회정치 제150조~157조). 공동의회는 개체교회의 무흠 세례교인(입교인)으로 구성하며(교회정치 제150조 제1호), "당회가 제시한 사항, 예산과 결산사항, 교회 기본재산의 취득과 처분에 관한 사항, 직원의 선거사항, 상회가 지시한 사항" 등을 의결한다(같은 조 제5호).

4. 한국기독교장로회총회

신도에는 입교인(세례교인), 아기세례교인, 원입교인이 있다(Ⅳ. 정치 제14조). 교회의 직분에는 목사, 준목, 전도사, 장로, 권사·집사가 있다(Ⅳ. 정치 제18~40조, 모두 남녀 및 나이에 제한이 없다). 교회의 회의에는 공동의회와 제직회, 연합제직회가 있다(Ⅳ. 정치 제65~74조). 공동의회는 교인의 총회로서 그 지교회의 무흠 입교인 전원으로 구성하며(Ⅳ. 정치 제65조), "당회가 부의한 사항, 교회재정의 예산 및 결산 채용, 직원선거, 제직회나 무흠 입교인 3분의 1 이상이 청원한 안건, 재산취득 및 처분의 건" 등(Ⅳ. 정치 제67조)을 취급한다.

5. 기독교대한감리회

교인은 원입인, 세례아동, 세례인, 입교인으로 구분한다(제2편 헌법 제10조). 감리회의 교인은 직분에 따라 평신도 임원, 사역자, 교역자로 구분하며(제2편 헌법 제11조), 평신도 임원은 집사(입교 후 2년 이상 70세 미만 - 제3편 조직과 행정법 제13조), 권사(35세 이상 70세 미만 - 제3편 조직과 행정법 제18조), 장로(40세 이상 67세 미만 - 제3편 조직과 행정법 제22조)로 구분하고(제2편 헌법 제13조, 남녀에 제한이 없다), 개체교회 사역자는 심방전도사와 교육사로 구분하며(제2편 헌법 제15조), 교역자는 연회 정회원, 준회원, 협동회원, 서리담임자 및 전도사로 구분한다(제2편 헌법 제17조). 교역자의 나이에는 제한이 없으나 수련목회자와 서리담임자는 25세 이상이어야 한다(제3편 조직과 행정법 제37조 제1항, 제40조 제1항). 감리회의 최고임원으로 감독회장을 두고 감독회장은 감리회를 대표하는 영적 지도자이며 감리회의 행정수반으로서 감리회의 정책과 본부의 행정을 총괄하고(제2편 헌법 제22조), 각 연회를 대표하는 영적 지도자인 감독을 둔다(제2편 헌법 제23조).

그리고 지교회에 등록된 모든 입교인과 연회와 지방회에서 해당 개체교회에 파송한 교역자로서 당회를 구성한다(제4편 의회법 제8조).

6. 기독교대한성결교회

교인은 예수그리스도를 구주로 믿고 본 교회에 등록한 모든 자로 신입교인, 세례교인, 유아세례교인, 유소년세례교인으로 나누며(헌법 제34조), 정회원은 원칙적으로 세례교인으로서 예문에 의하여 서약하고 입회한 19세 이상된 자를 말한다(헌법 제35조 제1호). 교회의 직원에는 집사(22세 이상 - 헌법 제38조[38]), 안수집사

---

38) 특이한 점은 집사의 자격으로 십일조 의무를 이행한 자를 규정하고 있다는 점이다.

(35세 이상[39] - 헌법 제39조), 권사(45세 이상 남녀 - 헌법 제40조), 장로(35세 이상 남녀 - 헌법 제41조)를 두고, 교역자로는 전도사와 목사(남녀 제한이 없음)가 있다(헌법 제42, 43조).

지교회의 사무기관으로서는 사무총회, 직원회를 둔다(헌법 제46, 47조). 사무총회는 지교회의 정회원으로 구성하되, 당회로부터 연간 인사보고와 사업 및 재산목록, 회계결산보고를 받고, 교역자와 장로의 인사에 관한 안건을 처리하며, 당회에서 선출한 권사, 집사, 일반직원을 임명, 공포하며, 당회나 치리목사가 제출한 예산안을 협찬한다(헌법 제46조).

7. 기독교대한하나님의성회

교인은 등록교인(원입교인)과 침례교인으로 구분하고(헌법 제28조), 교회직분으로 항존직에는 목사(30세 이상 기혼남자, 35세 이상 미혼남자, 35세 이상 기혼여자, 만 70세까지, 이혼사실이 없는 자 - 헌법 제37조), 장로(40세 이상 65세까지 - 헌법 제47조), 안수집사(남자에 한한다 - 헌법 제52조 제1호), 권사(40세 이상 65세 미만의 여자 - 헌법 제56조 제2호)가 있고, 임시직에는 서리집사가 있다(헌법 제35조 제2호). 특이한 점은 전도사가 항존직으로 규정되어 있는 것이다(헌법 제35조 제1호). 교회의 회의로서는 침례를 받은 만 19세 이상의 교인으로 구성되는 공동의회(헌법 제61조 제1호), 담임목사, 장로, 권사, 안수집사, 서리집사로 조직하는 제직회(헌법 제62조 제1호)가 있다.

Ⅵ. 각 교단의 차이

지금까지 살펴본 바를 토대로 각 교단별 차이점을 도표로 표시하면 다음과 같다.[40]

---

39) 헌법에는 제한이 없으나 통상 남자만 안수집사에 임명한다고 한다.
40) 기본틀은 황교안, 앞의 책 272면 내지 274면을 참고하였다.

내역 교단	치리회	징계의 종류	개교회재산의 소유와 관리
대한예수교 장로회총회 (합동)	당회 → 노회 → 대회 → 총회	권계, 견책, 정직, 면직, 수찬정지, 제명, 출교	부동산은 노회의 소유로 하되 개교회의 당회가 관리하고, 동산은 제직회가 관리
대한예수교 장로회총회 (통합)	당회 → 노회 → 총회	교인: 견책, 근신, 수찬정지, 출교 직원: 견책, 근신, 수찬정지, 직무정지, 시무정지, 시무해임, 정직, 면직 치리회: 상대총회파송정지	부동산은 개교회의 당회가 관리하되, 매각, 매입시 제직회의 결의를 거치고, 동산은 제직회가 관리하며, 모두 개교회의 운영에 사용
대한예수교 장로회 고신총회	당회 → 노회 → 총회	교인: 권계, 견책, 수찬정지, 출교 직원: 권계, 견책정직, 면직, 수찬정지, 출교 치리회: 결정취소, 결의무효, 총대파송정지, 치리회 해산	부동산 등 기본재산은 총회 유지재단에 편입함을 원칙으로 하되, 기본재산의 취득, 처분시는 개교회는 당회와 공동의회의 결의, 노회와 총회는 정기회의 결의를 거치고, 기타 보통재산은 제직회가 관리하며, 유지재단에 편입된 부동산은 이사회의 결의를 거침
한국기독교 장로회총회	당회 → 노회 → 총회	교인: 권계, 견책, 수찬정지, 출교 직원: 시무정지, 시무해임, 정직, 면직	개교회의 재산은 노회 관리하에 보존하되 총회 유지재단에 편입하여 보호(기본적으로는 개교회 소유라는 취지)
기독교대한 감리회	당회 → 구역회 → 지방회 → 연회 → 총회	견책, 근신, 정직, 면직, 출교	부동산은 총회 유지재단 소유로서 등기도 유지재단명의로 하고, 부동산·동산의 관리는 개교회에서 담당하며, 부동산의 처분시는 구역회와 재단이사회의 결의
기독교대한 성결교회	당회 → 지방회·감찰회 → 총회	근신, 정직, 면직, 수찬정지, 파직, 출교, 추징, 중벌	개교회의 종교목적 재산은 총회 유지재단의 소유로 하고(교단이탈시 권리상실), 부동산의 등기는 총회 유지재단 명의로 하며, 관리는 개교회의 당회에서 담당
기독교대한 하나님의성회	당회(운영위원회) → 지방회, 특수지방회 → 총회	권계, 견책(근신), 성례정지, 정직, 면직, 벌과금추징, 제명, 출교	개교회의 모든 재산은 개교회의 임의로 하되, 총회 재단법인에 관리보존할 수 있고, 당회나 제직회에서 관리

내역 / 교단	직분의 종류	목사의 자격	장로 · 권사의 자격
대한예수교 장로회총회 (합동)	항존직(목사, 장로, 집사), 임시직원(전도사, 전도인, 권사, 서리집사), 준직원(강도사, 목사후보생)	30세 이상의 남자	장로는 35세 이상된 남자, 집사는 남자, 권사는 45세 이상의 여자
대한예수교 장로회총회 (통합)	항존직(목사, 장로, 집사, 권사), 임시직(전도사, 서리집사)	30세 이상	장로는 40세 이상 남녀, 집사 35세 이상의 남자, 권사는 35세 이상의 여자
대한예수교 장로회 고신총회	항존직(목사, 장로, 집사, 권사), 준직원(강도사, 목사후보생), 임시직원(전도사, 서리집사)	목사는 나이제한 없고, 남자만, 전도사는 25세 이상 65세 이하	장로는 40세 이상 65세 이하 남자, 집사 35세 이상 65세 이하 남자, 권사는 45세 이상 65세 이하 여자
한국기독교 장로회총회	목사, 준목, 전도사, 장로, 권사, 집사	연령에 제한이 없고, 여자도 안수가능	장로, 권사, 집사 모두 남녀에 제한이 없음
기독교대한 감리회	목사(회원, 준회원, 협동회원), 전도사, 교육사, 장로, 권사, 집사	수련목회자 23세 이상, 서리담임자 25세 이상	장로, 권사 모두 남녀에 제한이 없고, 연령은 장로는 40세 이상 67세 미만, 권사는 35세 이상 70세 미만, 집사 70세 미만
기독교대한 성결교회	목사, 전도사, 장로, 권사, 집사, 안수집사	28세 이상의 남자	장로, 권사 모두 남녀에 제한이 없고, 연령은 장로는 35세, 권사는 45세, 안수집사는 35세 이상
기독교대한 하나님의성회	항존직(목사, 장로, 안수집사, 권사), 임시직(서리집사)	30세 이상 기혼남자, 33세 이상 미혼, 35세 이상 여자	장로는 40세 이상 65세 미만, 남녀의 제한이 없음. 안수집사 나이제한 없고 남자만, 권사는 45세 이상 65세 미만의 여자
기독교한국 침례회	목사, 집사	관행상 남자로 제한	원칙적으로 장로, 권사 직분이 없음

내역 / 교단	개교회 설립기준	개교회 기관	교인의 분류
대한예수교 장로회총회 (합동)	장년 15인 이상, 예배장소 준비, 노회의 인가	공동의회(모든 입교인(만 14세 이상), 제직회, 연합제직회	학습교인, 유아세례교인, 세례교인(입교인)
대한예수교 장로회총회 (통합)	입교인 15인 이상, 전도처 또는 기도처 준비, 노회의 허락	공동의회(18세 이상 무흠 입교인), 제직회, 연합제직회	원입교인, 학습교인, 유아세례교인, 세례교인(입교인)

대한예수교 장로회 고신총회	장년 20인 이상, 예배장소 준비, 노회의 허락	공동의회(무흠 입교인), 제직회, 연합제직회	원입교인, 학습인, 유아세례교인, 세례교인(입교인)
한국기독교 장로회총회	성인 10명 이상, 전용예배처 준비, 전담교역자, 노회의 허락	공동의회(무흠 입교인 전원), 제직회, 연합제직회	원입교인, 아기세례교인, 입교인(세례교인)
기독교대한 감리회	입교인 12인 이상, 예배처소	당회(18세 이상의 입교인 전부와 교역자)	원입인, 세례아동, 세례인, 입교인
기독교대한 성결교회	감찰회경유 지방회 승인	사무총회(지교회의 정회원 - 20세 이상의 입교인), 직원회	신입교인, 세례교인, 유아세례교인
기독교대한 하나님의성회		공동의회(만 18세 이상 침례교인), 제직회	등록교인, 침례교인

제 3 절 지교회와 교단의 구체적인 관계

Ⅰ. 교회재산에 대한 사항

1. 교단헌법의 구속력

위와 같이 교단헌법이 지교회에 대하여 일정한 통제권을 행사할 수 있도록 규정하고 있지만, 교단헌법의 규정이 어떻든 그것과는 상관없이 재산관계에 있어서는 지교회의 자주성과 독자성을 전제로 지교회의 재산은 지교회의 소유로 하고, 그 관리방법도 지교회의 자유이다. 또한 지교회에서 취득한 재산은 비록 교단명의로 되어 있다고 하더라도 원칙적으로 지교회의 소유라고 본다.

대법원도 “대한예수교장로회의 헌법에는 대한 예수교장로회경북노회 소속의 지교회에 속한 부동산은 노회의 소유로 하고 토지나 가옥에 관하여 분쟁이 생기면 노회가 이를 처단할 권한이 있음을 규정하고 있으나 물권인 부동산소유권의 귀속 등 국가의 강행법규를 적용하여야 할 법률적 분쟁에 있어서는 이와 저촉되는 교회헌법의 규정이 적용될 여지가 없다."라든가[41] "교회신도들이 교회를 건립하기 위하여 기부금을 모집하여 교회용의 대지를 매수하여, 그 위에 교회를 건립하였다면 특별한 사정이 없는 한 신도들은 그 소속 노회의 헌법규정이 어떻게 되었든 간에 그 토지(대지)와 교회건물은 그 소속 신도가 교회원으로서 그 총의에 의하여 교회로 영구히 사용할 권리를 보유할 의사였다고 할 것이다."라고[42] 판시하여 위와 같은 법리를 명백히 하고 있다. 또한 대법원은 '교회장정, 회칙, 정관 기타 일반적으로 승인된 규정이 있으면 그에 의거할 것이나 그것이 없으면 분열 전 교인들의 총의에 따른 결의방법에 의거하여야 한다'고 판시하면서도, 지교회의 재산 중 적어도 부동산은 노회 등 교단의 소유이며, 재산분쟁이 발생하면 소속노회에서 처결한다는 교단헌법규정이 엄존함에도 불구하고,[43] 이들 규정을 묵시적으로 지교회와는 무관한 것으로 다루어 그 지교회에 재산귀속문제에 관한 '정관 기타 규약'이 없는 경우로 보아 '소속교인들의 총의에 따른 의결방법으로' 재산분쟁을 해결하도록 하고 있는바,[44] 이는 결국 교단헌법이 지교회 재산관계에 아무런 구속력이 없음을 간접적으로 밝히는 의미를 갖는다고 할 수 있고, "소속교단에서 탈퇴하였다는 이유만으로 곧 그 교회의 총유재산에 대한 권리의무를 상실하였다고 볼 수 없다."고 한 판결[45]도 이를 뒷받침하는 것으로 보인다.

이와 같이 지교회 소유 부동산의 노회소유 규정은 노회의 지교회에 대한 지휘·감독을 강화하는 뜻에서 규정된 것일 뿐 노회가 지교회 교인들의 종교활동에 이용되는 부동산에 대하여 독자적·배타적으로 순수한 의미에 있어서의 소유권을 행사할 수 있는 것은 아니라고 할 것(노회가 지교회의 의사와 관계 없이 교회건물을 임의로 처분할 수는 없다)이므로 위와 같은 규정에 의하여 노회 소유의 형태로 된 재산은 명의신탁된 것으로 보아야 하고, 따라서 위와 같은 교단 헌법의

41) 대법원 1991. 12. 13. 선고 91다29446 판결.
42) 대법원 1973. 8. 21. 선고 73다442, 443 판결.
43) 예컨대 합동헌법 Ⅳ. 정치 제21장 의회 제2조 제직회 3호 ①; 합동헌법 Ⅳ. 정치 제10장 노회 제6조 8호; 통합헌법 제2편 정치 제77조 9호, 제95조 2호.
44) 대법원 1957. 12. 13. 선고 4289민상182 판결; 대법원 1970. 2. 24. 선고 68다615 판결; 대법원 1980. 12. 9. 선고 80다2045, 2046 판결; 대법원 1994. 10. 25. 선고 94다28437 판결; 대법원 2009. 2. 12. 선고 2006다23312 판결.
45) 대법원 1978. 1. 31. 선고 77다2303 판결; 대법원 1993. 1. 19. 선고 91다1226 전원합의체 판결.

구속성을 부정하는 견해가 다수설이다.[46] 한편, 지교회 소유 부동산의 노회소유를 규정한 교단헌법의 구속성을 긍정하는 견해로는 지교회의 일반적 관리·운영에 관한 헌법조항이 구속성 내지 규범성을 가지는 것과 마찬가지로 재산관계에 관한 헌법조항에 관하여서도 마찬가지로 동일한 구속성 내지 규범성을 인정하여야 하며 교단헌법을 무시 하고 교단자치를 부정하는 것은 부당하다는 견해[47]와 같은 취지에서 교회의 자치법규인 교단헌법을 무시하는 것은 바람직하지 못하다고 하면서 법률적 쟁송에 종교문제가 선결문제로 되어 있을 때에는 국가는 스스로 종교문제에 대한 판단을 자제하고 교회의 판단을 존중하여 종교의 자유, 교회의 자율권을 제한함이 필요한 경우에도 그 본질적 내용을 침해하여서는 안된다는 견해[48] 등이 있다. 생각건대, 우리나라의 개신교 교회는 많은 경우 교단에 소속되어 있기는 하나, 교단의 지배력이 약하고 개교회성이 강하며, 교회재산의 형성에 교단이 기여하는 경우는 거의 없고 대부분이 교회자체의 교인들의 헌금에 의하여 형성되며, 교인들이 교단에 대한 인식은 거의 없는데다 교단에 헌금한다는 의식보다는 개교회에 헌금한다는 의식이 강한 점 등에 비추어 볼 때 지교회의 재산이 노회 또는 교단 소유형태로 등기된 것은 원칙적으로 명의신탁된 것으로 볼 수밖에 없다고 할 것이다.

또한 교회 재산에 대한 부정이 있을 시에는 병과 추징할 수 있도록 되어 있는 교회헌법[49]이 있다 하더라도 이러한 추징은 일종의 재산권에 대한 처분을 포함하고 있으며, 추징은 형법 또는 개별법이 정한 국가형벌권의 일종이기 때문에 교인을 기속할 수 없고 별도로 사법심사의 대상이 될 수 있다.[50]

---

46) 이충상, "침례교회가 유지재단에게 교회건물을 명의신탁한 것인지 증여한 것인지", 「대법원판례해설」 제34호, 법원도서관(2000년 상반기, 2000. 11.), 67면, 68면; 변동걸, 앞의 논문, 490면; 장경학, "신도들이 기부한 교회재산은 신도들의 총유에 속한다", 「법률신문」 1060호, 8면 등.

47) 김진현, 논문 1, 138면 내지 144면; 박병진, 교회재산분규관계 대법원 판례의 문제점(성광문화사), 105면 이하; 오시영, "지교회와 유지재단의 재산관계에 대한 고찰", 「토지법학」 제24-1호, 사단법인 한국토지법학회(2008. 6. 30.)(이하 '논문 3'이라고 한다), 238면; 그리고 이를 따른 펜실베니아주 최고법원의 판결이 있다{김진현, "교회재산분쟁에 있어서의 소의 이익", 「민법학논총」(후암 곽윤직교수 화갑기념논문집)(이하 '논문 2'이라고 한다), 258면)}.

48) 박준서 편/김용직, 「주석민법 총칙 (2)」, 한국사법행정학회(2001)(이하 '주석민법 총칙 (2)'라 한다), 146면.

49) 기성헌법 중 징계법 제5조 6호.

50) 이영진, "사법권과 종교단체의 내부분쟁", 「사법논집」 33집, 대법원 법원행정처(2001. 12.)(이하 '논문 1'이라고 한다), 254면; 정귀호, 민법주해 [I], 829-830면; 황우여, "국가의 법과 교회의 재판", 「사

물론 예외적으로 구세군 광주문화영문사건판결에서는, "구세군 군령군율이 구세군의 모든 부동산은 '구세군 자체의 조직과 행정상 발생할지도 모르는 불리한 결과를 방지하기 위하여' 정당한 법적 절차를 밟아 완전한 구세군자산으로 하되, 이 구세군의 전 자산은 구세군대장만이 유일한 소유자이고 구세군대장은 구세군신탁회사라는 명칭을 가진 회사를 설립하여 그 재산을 관리하도록 규정하고 있다면, 구세군은 지역교회중심인 일반교회와 달리 강력한 중앙집권적인 조직을 갖추어 산하 영문의 재산에 관하여 일체의 사권행사를 부인하고 있다고 해석하여야 할 것이고……"라고 하여[51] 교단헌법(군령군률)이 지교회의 재산관계에 대하여도 구속력을 가짐을 인정하고 있다. 그러나 이는 어디까지나 그 판결의 표현대로 '중앙집권적 조직'을 갖추고 있는 구세군과 같은 교단에 국한되는 것으로서, 교회분쟁 사건의 대부분을 차지하고 있는 교파인 장로교회의 경우는 같은 교계정체를 취하고 있지만 교단헌법의 지교회재산관계에 대한 구속력을 부인하고 있는 것이다.

그런데 감독정체를 취하고 있지만 장로정체의 성질도 겸유하고 있는 감리회의 경우 교단의 지교회에 대한 통제력이 다른 개신교 교회보다 강하다는 점에서 유지재단 명의로 등기된 지교회의 부동산에 대하여 등기원인이 무엇이든 모두 지교회의 부동산으로 보아야 하는지는 다소 의문이 있다.

한편, 부동산이 교단명의로 등기되어 있는 경우 그 법적 성질 및 환원방법에 대하여는 제4장 제3절에서 후술하기로 한다.

2. 교단결정의 효력

지교회분열시의 그 재산의 귀속을 둘러싼 분쟁에 관하여 교단치리회가 어떤 결정을 내리더라도 지교회가 이를 받아들이지 않은 한 지교회에 대하여 효력이 없다.

종전 교회의 교리의 준봉여부가 재산귀속 여하에 소장을 끼칠 수 없다고 본 판례[52] 및 특정교단에의 소속여부가 재산귀속에 영향을 줄 수 없다는 취지의 종

법논집」 13집, 대법원 법원행정처(1982. 12.), 23면.

51) 대법원 1986. 7. 8. 선고 85다카2648 판결.

래 판례[53] 등의 취지에 비추어 볼 때, 설사 교단치리회가 지교회분열시 어느 파에의 일방적 귀속의 결정을 내리더라도 이는 지교회를 구속할 수 없다. 이에 관하여 한 교회에서 분열된 두 교회가 교회재산의 분배문제를 두고 분쟁을 계속하다가 양 교회의 감독기관인 소속노회를 거쳐 그 최상급기관인 총회에 상소한 결과 그 총회 재판국에서 어떤 결정이 내려졌다 하더라도, 종교적으로는 양 당사자가 이에 구속되어 따르는 것이 도리라 할 것이나, 법률상으로는 교회재판국의 판결이 어떤 법적인 권리의무를 발생케 하는 권원이 된다고는 볼 수 없으며 따라서 양 당사자는 이에 구속되지 않는다는 하급심 판결[54]이 있다.

따라서 지교회의 재산에 관하여 분쟁이 있을 때는 후술하는 바와 같이 사법권이 개입하게 된다.

Ⅱ. 교단변경에 관한 사항

모든 지교회는 종교의 자유의 원칙상 자신이 소속할 노회 및 교단을 선택할 수 있고, 노회 및 교단을 변경하거나 탈퇴할 권리를 가진다. 이는 교회가 법인 아닌 사단이라고 하는 독립된 주체로 인정되는 당연한 결과이다. 지교회의 교단탈퇴 또는 교단변경권은 비록 소속교단에서 이를 금지하고 있다고 하더라도 아무런 지장을 받지 않는다.

판례는 "원고 교회가 독립성 있는 비법인사단인 이상 그가 소속하는 전기 노회와의 내부적 관계에 있어서는 그 노회의 규약에 따라 교회의 운영, 기타의 종교활동을 하여야 할 것이라 할지라도 그 노회 이외의 대외적 관계에 있어서는 소속교인들의 총의에 의하여 자율적으로 그의 대표자 기타의 임원을 선임하고 그들을 통한 종교적인 행사를 하며 교인들의 총유에 속하는 교회당을 처리할 수 있을 것은 물론 종교자유의 원칙에 따라 소속교인의 총의에 의하여 그가 소속할 노회도 선택할 수 있는 것"[55]이라고 한다. 이러한 교단변경의 자유는 93년 전원

52) 대법원 1957. 12. 13. 선고 4289민상182 판결; 대법원 1970. 2. 24. 선고 68다615 판결(2006 대법원 전원합의체 판결로 변경).
53) 대법원 1967. 12. 18. 선고 67다2202 판결.
54) 대구고등법원 1970. 5. 7. 선고 69나514 판결.

합의체 판결의 다수의견에서 "교회와 소속 교단과의 관계는 교회의 기본적 독립성이 인정되는 범위에서 정립되어야 하고 종교자유의 원칙상 교회의 교인들이 소속교단을 탈퇴하거나 변경할 수 있다."고 하고, 2006년 대법원 전원합의체 판결에서도 "교단변경결의에는 지교회의 종교적 자유와 함께 지교회의 존립목적 유지라는 양 측면에서의 내재적 한계가 존재한다. 따라서 소속 교단의 헌법에서 교단 탈퇴의 허부 및 요건에 관하여 위와 달리 정한 경우에도(민법 제42조 제1항 단서 참조) 그 규정이 지교회의 독립성과 종교적 자유의 본질을 해하는 경우에는 지교회에 대한 구속력을 인정할 수 없다."고 명시적으로 재차 확인된 바 있다.

그런데, "모든 국민은 종교의 자유를 갖는다는 헌법의 의미는 어떤 교회의 다수교인이 다른 교파로 이속하기로 결의하였다 하더라도 소수교인이 이에 반대하여 그대로 남아있는 자유도 포함하는 것이므로 교인전원이 참석치 않은 공동의회에서 교회의 소속회로부터의 탈퇴나 타파에의 가입결의를 하여도 이는 교회의 총의라고 할 수 없어 교회의 교파를 변경할 수 없다."거나,[56] "소속교단의 규약에 가입과 징계에 관한 규정이 있을 뿐이고, 탈퇴에 관한 규정이 없더라도, 일반적으로 교회는 교인전원의 총의에 의하는 경우 소속교단의 변경이 가능하다."[57]고 판시하여 판례가 교인전원의 동의가 없는 한 교회 전체가 교단을 변경할 수는 없다는 입장을 취하였지만, 이는 일반적 사단법원리에 반한다는 비판이 있어 왔다.[58] 그러나, 후에 자세히 살펴보겠지만 위 판결들은 변경되어 2006년 전원합의체 판결에 의하여 의결권있는 교인의 2/3의 찬성에 의하여 교단을 변경할 수 있게 되었다.

Ⅲ. 교회운영에 관한 사항

지교회는 교단과의 관계가 아닌 대외적 관계에 있어서는 자유롭게 지교회의 결정에 의하여 유효한 법률행위를 할 수 있다. 따라서 행정당국에 대한 각종신

55) 대법원 1967. 12. 18. 선고 67다2202 판결.
56) 대법원 1978. 10. 10. 선고 78다716 판결.
57) 대법원 1991. 5. 28. 선고 90다8558 판결.
58) 박해성, "종교단체에 관한 법적규율", 「민사판례연구 [XIX]」, 박영사(1997), 612면.

고, 교회비품 구입, 교회사무원 채용 등 제반사무처리를 교단의 관여없이 교회 독자적으로 할 수 있다. 특히 재산문제에 관하여 지교회에 독자성과 독립성이 있음은 이미 본바와 같다. 그러면 교회운영에 관하여 교단은 아무런 권한이 없는가라는 의문이 제기된다. 교단이 지교회로 하여금 억지로 자기 교단에 가입하도록 강제할 수는 없지만, 지교회가 교단을 지지하여 교단에 가입하는 한 최소한의 신앙 및 조직의 질서를 위하여 교단에게 스스로 가입한 지교회에 대하여 그 운영에 관한 어느 정도의 통제권을 부여하는 것은 당연하다. 그리하여 재산문제와는 달리 지교회의 대표자 선출, 교인이나 교회 대표자의 징계 등 교회운영에 관한 문제에 대하여는 교단의 헌법, 규약, 장정 등이 강제적 효력을 가지게 되고 따라서 그 규정은 지교회를 기속한다.

예컨대 대법원은 "대한예수교장로회 경북 노회에 소속된 원고 교회가 설사 한 개의 교회로서 독자적으로 종교활동을 하고 있는 말단 종교단체라 하여도 그 관리운영에 관한 종헌인 대한예수교장로회의 헌법을 무시하고 그 교회를 멋대로 관리 운영할 수는 없다할 것이므로 대한예수교장로회 경북 노회가 위 헌법에 따라 그에 소속된 원고교회의 장로인 박윤동에 대하여 피고 주장과 같이 1965. 5. 4. 그 면직판결을 하고 그 판결이 본인에게 통고되었다고 한다면 그 판결이 당연무효사유가 있다든가, 또는 번복되었다는 등 어떤 특별한 사정이 없는 한 그 면직판결은 그 효력을 지속하고 그 종교단체의 구성분자는 누구든지 이에 따라야 할 것"이라고 판시하여[59] 교단의 징계의 효력을 인정하고, 또한 대법원은 "총회재판국 결의에 불복하고 총회로부터의 이탈을 선언하여 독자적인 운영체제를 구축하여 교회의 권위와 질서에서 벗어난 피고 1에게 목사직 상실을 결의하고 그로 인하여 원고 교회에 위임목사가 없게 되었으므로 원고 2의 파송결의를 하기에 이른 사정이 인정되고 위 결의는 노회의 고유의 권한에 속함이 대한예수교장로회 헌법에 명백한 바이니 그 효력이 긍인되어야 할 것"이라고 판시하여[60] 교단이 한 지교회의 담임목사에 대한 정직결의가 유효할 뿐만 아니라 담임목사를 지교회 교인들의 총의에 의한 청빙 없이 노회가 일방적으로 파송할 수 있음을 교

59) 대법원 1972. 11. 14. 선고 72다1330 판결.
60) 대법원 1981. 9. 22. 선고 81다276 판결.

단헌법에 의거하여 인정하고 있으며, 나아가 "원고 교회는 대한예수교장로회 경북 노회에 소속하고 있는 지교회로서 설사 2개의 파로 분파되어 있다 하더라도 원고 교회의 대표자는 어디까지나 위 경북 노회나 원고 교회의 운영방법을 규율하고 있는 종헌인 대한예수교장로회 헌법이 정하는 바에 따라 선임되어야 한다."고 판시하는 등,[61] 교단의 교인에 대한 징계와 대표자선임 등에 대하여 교단헌법의 구속력을 인정하고 있다.

그러나, 담임목사의 청빙권이 지교회 교인들의 가장 중요한 권리임에 비추어 교단의 담임목사 파송이 임시적, 일시적인 경우가 아닌 한 위 판례의 판시를 모든 경우에 그대로 원용할 수 없을 것이고, 더욱이 지교회의 총의와 교단이 대립되는 경우 이를 그대로 원용하는 것은 타당하지 않다고 할 것이다. 이와 관련하여 "교회를 독립된 비법인사단으로서의 당사자 능력을 갖춘 단체로 인정하는 이상 그 교회와 그 소속 노회와의 관계에 있어서는 교회의 당회장 취임에는 노회의 승인을 요하는 것이어서 교회에서 교인들의 총의에 의하여 선임한 당회장도 그 승인이 없는 한 노회에 대하여는 당회장으로서의 권리 의무를 주장할 수는 없다 할지라도 비법인사단의 성질상 교회가 소속 교인들의 총의에 의하여 그를 대표할 당회장으로 선임한 자는 노회 이외의 제3자에 대한 관계에 있어서는 그 교회를 대표할 자격이 있는 것이다."라고 판시하여[62] 노회의 승인이 없더라도 대외적인 당회장의 대표권을 인정하는 판결이 있는바, 교단과의 관계에서까지 그대로 대표권을 인정받기가 어렵겠지만 그렇다고 하여 위에서 본 바와 같이 모든 경우에 교단의 권한이 우선하는가에 대하여는 의문이 있다.

위와 같이, 판례는 교단의 권징결정은 당연히 그 산하 지교회의 직원인 목사·장로 등을 기속한다는 입장을 취하고 있지만 그러나 교단의 결정이 지교회 또는 권징 당사자의 의견과 다른 경우 반드시 이에 따르지 않고 사법부에 그 결정의 무효확인을 구하는 경우가 있는바, 이 경우 사법권이 어느 정도 개입할 수 있는가에 관하여는 제4장에서 자세히 보기로 한다.

---

61) 대법원 1975. 12. 9. 선고 73다1944 판결.
62) 대법원 1967. 12. 18. 선고 67다2202 판결.

제 4 절 교회정관과 교단헌법

Ⅰ. 교회정관의 필요성

교회의 단체법적 성질이 비법인사단이라고 하기 위해서는 필요적으로 교회가 실체에 있어서 사단법인과 같이 단체로서의 조직을 갖추어야 하고, 구성원의 개인적 활동으로부터 독립하여 단체 독자의 활동을 영위하며, 구성원의 가입과 탈퇴에 의하여 동일성을 잃지 아니하고, 대표의 방법 · 총회의 운영 · 재산의 관리 기타 사단으로서의 중요한 점에 관한 근본규칙(정관/규약/규칙)이 확정되어 있어야 한다는 점은 이미 본 바와 같다. 따라서 교회에 단체의 조직과 활동 등 단체법적 법률관계를 규율하는 근본 규칙인 정관이 필수적으로 필요한 것임은 두말할 나위가 없다.

그럼에도 불구하고 말씀과 은혜를 중시하는 한국의 대부분의 교회는 교회정관에 그다지 관심을 두지 않았고, 더구나 교단헌법이 있는데 구태여 지교회의 정관이 필요하느냐는 생각이 많았다. 그리하여 정관이 없는 교회도 많고[63] 또 있다고 하더라도 은행 융자나 부동산을 매수 · 매도할 때 제출하는 서류의 하나로 급조하여 제출하는 경우가 많아서 그 내용이 아주 간단하거나 부실한 경우가 대부분이다.

교회의 조직과 활동을 성경적, 민주적, 합리적으로 규율하는 교회정관이 제정되면, 원만한 교회운영에 도움이 될 뿐 아니라 교회분쟁의 예방과 해결에도 기여할 수 있게 될 것이다. 이러한 점에서 잘 정비된 정관은 매우 중요하다. 또한 교회정관에 규정이 없으면 헌법에 규정이 있는 등 특별한 사정이 없는 한 민법의 사단법인에 관한 규정이 준용되기 때문에 교회의 특성에 맞지 않은 결과가 나타나기 쉽다. 그러나 여기서 주의할 점은 교회의 신앙단체적인 특성을 무시한 채 인본주의적인 입장에서 정관에 무엇이든지 정하면 모든 문제가 해결되리라는 정

63) 서면화된 정관이 없더라도 사단성을 가지고 활동할 수 있을 정도의 관습법이 있어야 한다(제1장 주 100) 참조).

관만능주의 또한 경계해야 한다.[64)]

Ⅱ. 교회정관의 법적 성질

정관이 내부 구성원에 대하여 구속력을 가지는 근거, 즉 교회 정관의 법적 성질에 대하여는 교인 간의 계약으로 보는 계약설과 교회라는 단체의 자치법규라고 보는 자치법규설로 대립되지만 자치법규설이 다수설이다.

대법원은 사단법인 대한민국헌정회 사건에서 사단법인의 정관에 관하여, "사단법인의 정관은 이를 작성한 사원뿐만 아니라 그 후에 가입한 사원이나 사단법인의 기관 등도 구속하는 점에 비추어 보면, 그 법적 성질은 계약이 아니라 자치법규로 보는 것이 타당하다."고 판시하고 있어[65)] 자치법규설을 취하고 있다. 교회정관은 교회의 자치법규이므로 법원의 재판에 있어서 강행법규를 제외한 실정법에 우선하여 적용된다.

정관에 "본 교회의 정관은 이를 제정할 당시의 교인들에게만 적용되는 것이 아니라 이후에 교회에 등록한 교인들에게도 적용되어 법적 효력이 미친다."라고 규정한 경우가 있는데, 이는 정관작성에 참여한 자들뿐만 아니라 작성 이후 새로 가입한 자까지 당연히 구속한다는 점에서 그 법적 성질을 자치법으로 보는 다수설에 입각한 규정으로 당연한 내용을 규정한 것이라고 하겠다.

Ⅲ. 교회정관과 교단헌법의 관계

1. 상호 모순 · 충돌과 예방

그런데 총회, 노회 및 지교회는 모두 독립된 비법인사단이므로 각자 헌법, 노회규칙 및 정관을 가질 수 있고, 한편 지교회는 교단 및 노회의 하부기관이므로 개교회의 정관 외에 헌법의 적용을 받는다. 여기서 각 자치법규인 헌법, 노회규

64) 서헌제, "교회의 정관과 교회의 운영", 제8차 기독교 화해 사역 세미나, (사)기독교화재중재원(2014), 40면.
65) 대법원 2000. 11. 24. 선고 99다12437 판결.

칙 및 개교회의 정관과의 관계가 문제된다. 헌법, 노회규칙, 정관 사이에 상호모순되는 경우 어느 것을 우선하여 적용할 것인가의 문제이다. 교회가 교단과 독립된 단체임과 동시에 교단의 소속단체요 하위기관의 성질을 겸유하는 점에서 그렇다. 전자를 강조하면 개교회의 정관이 우선할 것이고, 후자를 강조하면 교단의 헌법이 우선할 것이다. 이러한 모순 충돌을 예방하기 위해서는 교회의 정관이 헌법에 배치되는 경우 교단이 교회의 설립 및 교회의 교단 가입을 승인하지 않도록 하면 될 것이지만 통상 그렇게 하지 않고 있다. 그러므로 총회의 헌법 내지 규칙이나 노회의 규칙에 이러한 규정을 두거나 표준정관을 만들어 이에 따르도록 하는 것이 헌법 및 노회규칙과 교회정관이 모순 충돌하는 것을 방지할 수 있을 것이다.

물론 총회의 헌법 및 노회의 규칙과 교회의 정관이 일치하거나 모순되지 않을 때, 또는 헌법에는 규정이 없으나 정관에는 있는 경우나 그 반대의 경우에는 각 존재하는 규정을 준용하면 될 것이다. 그러나 정관에 없는 사항이라고 하더라도 헌법 및 노회규칙이 모든 경우에 준용될 수 없고, 정관에 규정이 있다고 하여 이에 반하는 모든 헌법 및 노회규칙이 준용되지 않는다고 할 수도 없다. 이는 지교회가 총회, 노회의 하부기관이지만 동시에 독립한 단체라는 점에서 헌법, 노회규칙에 반하는 정관, 정관에 없는 헌법, 노회규칙의 적용범위와 기준이 문제된다.

2. 헌법 및 노회 규칙의 개교회에 대한 적용의 한계

법인 아닌 사단으로서의 실체를 갖춘 개신교 교회가 특정 교단 소속 지교회로 편입되어 교단의 헌법에 따라 의사결정기구를 구성하고 교단이 파송하는 목사를 지교회의 대표자로 받아들이는 경우 교단의 정체에 따라 차이는 존재하지만 원칙적으로 지교회는 소속 교단과 독립된 법인 아닌 사단이고 교단은 종교적 내부관계에서 지교회의 상급단체에 지나지 않는다. 다만 지교회가 자체적으로 규약을 갖추지 아니한 경우나 규약을 갖춘 경우에도 교단이 정한 헌법을 교회 자신의 규약에 준하는 자치규범으로 받아들일 수 있지만, 지교회의 독립성이나 종교적 자유의 본질을 침해하지 않는 범위 내에서 교단 헌법에 구속된다.[66] 한편 각 지교회가 소속된 특정 교단은 교리의 내용 등 해당 교단의 고유한 특성과 교단 내에서의 종교적 질서를 유지하는 것을 존립 목적으로 하게 된다. 교단은 존립 목적을 위하여 필요한 경우 교단 헌법을 제정·개정·해석하고, 행정쟁송 등 교단 내의 각종 분쟁을 처리하며, 목사 등 교역자의 자격 요건을 정하며, 소속 지교회를 지휘·감독하는 등의 기능을 수행한다. 종교단체의 자율권 보장의 필요성은 지교회뿐만 아니라 지교회의 상급단체인 교단에도 동일하게 적용되므로, 양 종교단체의 종교적 자율권은 모두 보장되어야 한다. 그런데 경우에 따라서는 지교회와 교단 사이에 종교적 자율권이 상호 충돌할 수 있는데, 이 경우 교단의 존립 목적에 비추어 지교회의 자율권은 일정한 제한을 받을 수밖에 없다.[67] 결국 교회는 교단과 독립된 단체이고, 교단은 내부관계에 있어서 교회의 상급단체에 지나지 않으므로, 교회는 교단의 헌법을 자신의 규약에 준하는 자치규범으로 받아들일 때는 지교회의 독립성이나 종교의 자유의 본질을 침해하지 않은 범위에서 교단의 헌법에 구속된다는 취지이다. 그러나 지교회의 독립성이나 종교의 자유의 본질을 침해하지 않은 범위가 어디까지냐에 대하여는 명확한 기준이 있다고 할 수 없다. 위 제3절에서 보는 바와 같이 일반적으로 교회재산에 관한 사항 및 교단변경 및 노회선택에 관한 사항은 지교회의 독립성과 종교의 자유의 원칙상 교단의 헌법 또는 노회의 규칙보다는 지교회의 정관 또는 지교회의 결의가 우선하지만, 그 밖의 교회의 조직·운영에 관한 사항은 교회가 교단에 가입한 이상 교단의 정체성을 유지할 필요가 있으므로 헌법과 노회의 규칙의 규정에 기속된다고 할 것이고, 따라서 원칙적으로는 헌법에 반하는 교회정관은 유효하지 않다고 할 것이다.[68]

---

66) 대법원 2006. 4. 20. 선고 2004다37775 전원합의체 판결.

67) 대법원 2014. 12. 11. 선고 2013다78990 판결.

68) 다만 대법원은 성균관과 향교와의 관계에서, 성◎관과 지방 향교는 유교사상에 관한 신앙단체로서의 성격 외에 독립된 비법인 사단으로서의 성격을 가지고 있으므로, 지방 향교에 관한 분쟁이라도 그 실질이 사단으로서의 특질에 관한 것일 때에는 단체에 관한 민법의 일반 법리가 적용되어야 한다. 지방 향교나 성◎관이 모두 유교를 전파하고 유교문화를 연구하는 일종의 종교단체 및 학문 연구 단체의 성격을 띠고 있고 성◎관이 실질적인 상급단체로서 지방 향교들과 함께 전국적인 조직을 이루어 유교 활동을 하고 있으며, 지방 향교들 내지는 유림 사이의 제한된 범위 내에서 발생한 분쟁은 성◎관과 해당 지역의 유림이 노력하여 자율적으로 해결하는 것이 바람직하다는 점을 참작한다고 하더라도, 지방 향교의 관할 구역 및 구성원의 자격과 같이 비법인 사단의 중요한 요소에 관한 사항이 분쟁의 실체를 이루고 있는 경우에는 종교단체로서의 특수성 내지 자율성만을 고려할

3. 교회의 조직 · 운영사항에 관한 구체적 적용 기준

위와 같이 교회가 교단에 가입한 이상 교단의 정체성을 유지할 필요가 있으므로 그 조직 · 운영에 관하여 정관에 규정이 없는 경우 헌법의 규정에 기속되는 것은 당연한 것이고, 또 교회가 헌법의 규정에 반하여 규정하더라도 이는 유효하지 않다고 보는 것이 타당할 것이다.

그러나, 지교회는 교단과 독립한 단체이고, 교단과 별개로 종교의 자유가 있다는 점에서 교단의 헌법과 다른 교회의 정관을 무조건 효력이 없다고 할 수는 없다. 이하에서는 교회의 독립성과 교단의 하위기관성 및 교단의 정체성을 조화하는 입장에서 현실적으로 문제되는 다음의 사항에 대하여 살펴보기로 한다.

가. 목사 등 직원의 자격과 위임절차

교단마다 교단산하 신학교가 있고, 그 신학은 교단의 정체성과 관련한 중요한 사항이며, 따라서 각 교단의 헌법은 목사의 자격에 관하여 일정한 학력 및 경력을 요하고, 담임목사에 대하여 일정한 요건 및 위임절차를 규정하고 있으며, 장로 등 임직자에 대하여도 일정한 요건 및 위임절차가 있다. 따라서 이러한 직원의 자격과 위임절차에 대하여는 교계정치의 신학원리 및 교단의 정체성과 통일성에 비추어 지교회의 정관이 노회나 총회의 관여를 금지하거나 임의로 정하는 것으로 규정하는 것은 원칙적으로 허용되지 않고, 이를 규정하여도 교단에 소속되는 한 그 효력이 부정될 것이다. 이러한 관점에서 대한예수교장로회 합동측 헌법은 여성에 대하여 목사와 장로의 안수를 허용하지 않고 있으므로 지교회의 정

것이 아니라, 단체법적인 일반 법리에 따라 절차상의 하자 유무를 가려야 한다. 법인이거나 비법인 사단인 어느 단체가 상급단체에 가입되어 있는 경우, 상급단체의 지위에서 가입단체에 대하여 업무상 지휘 · 감독할 수 있는 권한은 인정될 수 있지만 그 권한은 가입단체의 독립성을 침해하지 아니하는 범위 내로 제한되어야 하고, 같은 이치로 가입단체가 상급단체의 규칙이나 정관을 자신의 정관으로 받아들인다고 규정하고 있지 아니한 이상 가입단체의 조직과 운영에 관하여 상급단체가 제정한 규칙에 따라 규율된다고 볼 수 없다. 지방 향교의 관할 구역은 독립된 비법인 사단인 지방 향교의 설립 목적과 사원자격에 직결되어 있으므로, 비법인 사단에 유추적용되는 민법 제34조에 따라 기본적으로 지방 향교의 정관이나 규약 등에 의하여 결정되는 것으로 봄이 상당하다(대법원 2010. 5. 27. 선고 2006다72109 판결)고 판시하여 교회의 교단과의 관계보다는 향교가 성균관에 대하여 더 독립성을 인정하고 있는 것으로 보인다.

관으로 안수를 허용하는 것은 허용되지 않는다 할 것이다. 그러나 직원의 자격 및 위임절차를 헌법의 규정보다 약화시키는 것은 허용되지 않더라도 그 요건을 강화시키는 것은 지교회의 건전한 발전과 자율성을 추구한다는 점에서 교단의 정체성에 반하지 않는 한 허용된다고 봄이 상당할 것이다. 예컨대 지교회의 정관이 담임목사, 장로, 안수집사, 권사 등의 나이를 상향하여 규정한다거나 그 위임절차에 헌법 규정보다 강화시켜 공동의회의 결의 전에 청빙위원회나 제직회의 결의 등의 절차를 규정하는 것은 가능하다 할 것이다.

나. 목사 등 직원의 정년 내지 임기

장로교단 헌법은 직원을 항존직과 임시직으로 구분하고 항존직으로 목사,[69] 장로, 안수집사, 권사[70] 등을 규정하며, 항존직의 시무연한을 만 70세[71]로 하고 있다. 그럼에도 불구하고 교회정관 중에는 항존직의 정년을 70세 미만으로 하거나 임기제를 정하는 경우, 또는 일정한 기간마다 신임투표 또는 시무투표를 하여 위 헌법의 규정과 배치되는 규정을 두는 경우가 있다.[72] 한편, 헌법의 규정에 반하여 정년을 연장하는 경우도 있다. 이 경우도 위 가항에서 본바와 같은 원리에 비추어 직원의 정년을 헌법보다 연장하는 것은 허용되지 않지만 정년을 단축하거나 신임투표 등을 하는 규정은 지교회의 건전한 발전과 독립성, 자율성을 존중한다는 점에서 유효하다 할 것이다. 다만 종전의 규정에 의하여 이미 위임된 직원에 대하여는 본인의 동의가 없는 한 소급하여 단축할 수는 없다할 것이다.

이와 관련하여 서울중앙지방법원은 지교회가 정관이 아닌 목사, 장로 안식년 규정에 각 6년 시무후 1년의 안식년을 갖고 그 후 신임투표 후 재시무하도록 되어 있는데도 담임목사가 안식년을 갖지 않고 계속 시무한다는 이유로 직무집행 정지가처분신청을 구한 사안에서 총회헌법[73]에 위임목사는 항존직으로 정년이

69) 위임목사만 항존직 목사에 해당한다.
70) 다만 합동측은 권사를 항존직으로 규정하고 있지 않다(정치 제3장 제2조).
71) 합동헌법은 위 제2조 제3호에서 "항존직의 시무년한은 만 70세로 한다"라고 규정하고, 통합헌법은 정치 제4장 제22조에서 "항존직의 시무는 70세가 되는 해의 연말까지로 한다"라고 규정하고 있다. 다만 합동측은 총회결의로 만 70세를 70세가 끝나는 날까지로 해석하였다.
72) 통합헌법 시행규정 제26조 제7호는 '헌법 권징 제4조, 제6조 2항에 의거 목사, 장로, 집사, 권사를 신임투표로 사임시킬 수 없다'고 규정하여 권징에 의하여서만 사임시킬 수 있음을 명시하고 있다.
73) 해당교회는 서울교회로서 통합교단에 속하므로 여기서 헌법은 통합헌법을 말한다.

70세이고, 총회헌법 시행규정에 재신임투표로 위임목사를 사임시킬 수 없도록 하고 있으며, 정관은 안식년 제도에 관하여 특별한 규정을 두고 있지 않고, 정관에 없는 명시되지 않은 사항에 관하여 총회헌법을 준용하도록 되어 있다는 이유로 위임목사에 대한 안식년 규정은 무효라는 취지에서 직무집행정지를 기각한다고 결정하였으나,[74] 위 가처분 사건의 본안 사건에서 법원은 안식년규정은 정관과 구별되는 규정이긴 하지만 교회의 직원이자 정치조직으로서 당회의 구성원인 목사와 장로의 임기와 연임절차에 관한 규정으로 총회헌법 제2조[75]에서 교회에 자율권을 부여하고 있는 '직원의 자격, 교회의 정치조직'에 관한 사항에 해당하여 이에 관하여 정관에 다른 규정이 없으므로 위 안식년 규정은 교회의 조직과 운영에 관한 근본규정으로 정관에 해당하고, 헌법의 정년 규정은 그야말로 정년을 규정한 것이고, 항존직이라는 개념은 '항상 존재하여야 할 직분'을 의미하는 것으로 '종신직' 또는 '임기제 배제'를 의미하는 것이 아니므로 헌법에 반하는 것이 아니고, 헌법시행규정 제26조 제7항은 '권징을 목적으로 하는 신임투표'를 금지하는 규정이지 '재시무를 목적으로 하는 신임투표'를 금지하는 규정은 아니라고 판단하였다.[76] 결과적으로 위 판결은 정관이 헌법에 반하면 무효라는 전제에서 통합헌법의 해석상 임기제가 가능하고, 정관에 해당하는 안식년규정이 정한 시무투표제는 유효하다고 판단하였다. 그러나 위 통합헌법 제1장 제2조의 교회란 교단을 포함하는 개념이지 지교회만을 의미하는 것으로 볼 수 없고, 헌법에 규정된 항존직이라는 개념을 항상 존재하여야 할 직분이라는 의미보다는 한번 안수하면 정년까지 신분이 보장된다는 의미로 보이고, 미조직교회의 경우는 항존직이 없다는 점에서 항존직의 개념을 '항상 존재하여야 할 직분'이라고 해석하는 것은 타당하지 않고, 위 헌법시행규정의 의미를 위와 같이 제한적으로 해석할 근거는 없다고 할 것이다.[77] 그러므로 위 판결은 결론은 정당하다고 할 수 있으나 이유는 타당

---

74) 서울중앙지방법원 2016. 12. 29. 자 2016카합81487 직무집행정지가처분 결정(서울고등법원 2017. 4. 28. 자 2017라20026 결정).

75) 정치 제1장 제2조 교회의 자유
개인에게 양심의 자유가 있는 것 같이 어떤 교파 또는 어떤 교회든지 교인의 입회 규칙, 세례교인(입교인) 및 직원의 자격, 교회의 정치 조직을 예수 그리스도께서 정하신 대로 설정할 자유권이 있다.

76) 서울고등법원 2018. 12. 18. 선고 2018나2034726 판결, 서울중앙지방법원 2018. 6. 14. 선고 2017가합522735 판결. 현재 대법원 2019다201457 사건으로 계속중이다.

하다고 할 수 없는바, 비록 정관이 헌법의 규정과 배치된다고 하더라도 지교회의 독립성과 종교의 자유 및 지교회의 건전한 발전을 위한 것으로 교단의 정체성에 반한다고 볼 수 없으므로 유효하다고 판시함이 타당할 것이다.

또한 시무장로의 정년이 70세이고 항존직으로 되어 있는 총회 헌법의 규정과 달리 시무장로는 7년이 경과하면 사임하기로 하는 정관의 규정은 교회의 독립성 및 종교의 자유의 본질상 유효하다고 보는 판례[78]가 있는바, 이는 지교회의 건전할 발전과 독립성, 자율성을 존중한다는 의미에서 타당한 판시라고 할 것이다. 그러나 위에서 본 바와 같이 교단에 속해 있으면서 장로의 정년을 연장하는 것은 교회의 독립성을 인정하더라도 교계정치의 원리상 그 효력을 부정함이 타당할 것이다.

다. 목사 등 직원의 해임

각 교단의 헌법은 개교회가 위임목사를 청빙할 권한은 규정하고 있으나 위임목사를 해임할 권한을 규정하고 있지 않으므로[79] 오직 노회의 권징재판에 의해서만 해임할 수 있다고 할 것이다. 이렇게 규정하고 있는 이유는 위임목사의 위임에 있어서 개교회의 청빙만으로 이루어지지 않는다는 점과 하나님의 종인 위임목사를 사람이 해임하는 것은 신앙적으로 옳지 않다는 신학적 사고에 근거한 것으로 보인다. 또한 위임목사를 노회가 일방적으로 해임할 수 있는 규정도 없다.[80]

위임목사 지위의 취득원인의 법적 성질을 일종의 위임계약으로 본다면 위임계약 해지자유(민법 제689조)의 원칙상 헌법이나 정관에 규정이 없더라도 개교회나 노회가 일방적으로 해임할 수 있다고 할 수 있으나, 위임목사는 지교회와 노회의 양자의 위임에 의하여 자격을 취득할 뿐만 아니라 담임목사가 항존직이라는 점 등에 비추어 교회나 노회의 어느 일방은 물론 양자의 합의에 의하여도 특별한 사정이 없는 한 교회나 노회가 자유롭게 해지할 수는 없을 것이다.

---

77) 지영준, "노회 목사 위임과 지교회 신임투표제", 교회와 법 2020 제6권 제2호, (사)한국교회법학회 (2020. 2.), 61면,
78) 서울중앙지방법원 2016. 2. 16. 선고 2014가합55717 장로지위부존재확인 판결.
79) 다만 합동헌법과 권고사면, 통합헌법은 권고사임, 기장헌법은 해약청원을 규정하고 있다.
80) 다만 합동헌법과 기장헌법은 권고사직을 규정하고 있다.

이와 관련하여 대법원은 교단의 헌법과 헌법시행규정[81] 내용을 종합하여 목사에게 시무사임을 권고할 수 있는 권한은 노회에게 있고, 목사가 노회에 사임서를 제출하지 않는 경우 재판절차를 거쳐 교단 헌법이 정한 면직 등의 책벌을 할 수 있을 뿐이므로, 재판절차를 거치지 않은 피고 공동의회의 원고에 대한 목사해임 결의는 위 헌법 규정에 반하는 것일 뿐 아니라, 헌법시행규정 제26조 제7항이 금지하고 있는 신임 투표에 의한 사임에 해당하므로 무효라고 판단하면서 교인들에 의한 목사해임을 금지하는 헌법과 헌법시행규정은 지교회의 독립성이나 종교적 자유의 본질을 침해하는 것이므로 피고에 대한 구속력이 인정되어서는 안 된다는 주장에 대하여, 교단 헌법 제2편 정치 제35조 제2항은 교회가 시무사임의 권고를 노회에 건의하는 경우 노회가 시무사임을 권고하도록 정하고 있고, 교단 헌법 제3편은 고소, 고발에 따른 권징에 의하여 목사에 대해 시무정지, 시무해임, 정직, 면직 등의 책벌을 가할 수 있도록 함으로써 목사의 시무 계속 여부에 대해 교회에 일정한 권한을 인정하고 있는 점, 교단 헌법 제2편 정치 제28조, 제29조 등에 의하면 목사의 임직은 교회의 청빙과 노회의 청빙 승인으로 이루어지도록 하고 있는데, 목사의 해임 절차를 교인들의 의결이 아니라 교단 헌법에 따른 재판에 의하도록 제한하고 있는 것은 위와 같은 청빙과 그 승인 절차로 임직된 목사의 신분을 보장함으로써 교회 내 분쟁을 방지함과 동시에 교회의 자율권과 독립을 강화하려는 측면도 있다고 보이는 점, 특히 피고는 스스로의 의사에 따라 이 사건 교단 소속 지교회로 편입함에 따라 교단 헌법 및 헌법시행규정을 자치규범으로 받아들인 점이 인정되므로, 이 사건 교단의 헌법과 헌법시행규정이 재판절차에 따르지 않는 이상 교인들의 의결로 목사를 해임할 수 없도록 정하였다고 하여 교회의 독립성이나 종교적 자유의 본질을 침해하였다고 볼 수 없다[82]고 하였다.[83]

81) 통합헌법 제2편 정치 제35조 제2항은 교회는 시무사임의 권고를 노회에 건의하고 노회는 시무사임을 권고하여 당사자가 사임서를 제출하면 처리하도록 하고, 교단 헌법 제3편 권징 제4조 제1항, 제5조 제1항 제7호, 제6조 제2항은 모든 교인(직원)은 재판을 받아 자기를 방어할 권리를 가지고 재판을 받지 않고는 권징을 받지 않으며, 권징에 의한 책벌의 종류 중 하나로 직원의 신분을 박탈하는 면직을 정하고 있고, 헌법시행규정 제26조 제7항은 목사, 장로, 집사, 권사를 신임 투표로 사임시킬 수 없다고 규정하고 있다.

82) 대법원 2019. 5. 16. 선고 2018다237442 판결.

위 판례는 지교회의 정관에 교인들의 결의에 의하여 임기중에 위임목사를 불신임하거나 해임할 수 있다는 규정이 없는 경우의 판례이고, 정관에 이러한 규정이 있는 경우의 판례는 아니지만, 이러한 정관의 규정 역시 교단의 정체성에 반하고, 위임목사를 노회가 위임한다는 원리에도 반하여 유효하지 않다고 봄이 상당할 것이다. 다만 정관에 이러한 규정이 있다는 사실을 위임목사와 노회가 알고서도 청빙에 응하고 노회가 위임하였다면 신의칙상 그러한 정관의 규정을 무효라고 주장할 수 없다고 할 것이다.

위임목사를 제외한 장로 등 임직자도 동일하게 해석해야 할 것이다.

라. 목사 등 직원의 권징절차

대부분의 교단헌법은 교인 및 목회자의 권징에 관하여 그 차이는 있으나 비교적 상세히 규정하고 있다. 권징절차는 교단의 자율적 치리를 보장하기 위하여 둔 규정이므로 개교회의 정관은 교단의 헌법에 따르고, 개교회의 치리권이 있는 범위내에서 교단의 규정에 반하지 않거나 보완하는 범위내에서만 유효하다고 봄이 상당하다.

마. 위임목사의 세습

위임목사의 세습에 관하여 최근까지는 교단헌법이나 정관에 규정하지 않고, 신앙적인 문제로 남겨왔다. 그러나 대형교회를 중심으로 교회세습이 자주 발생하고 사회문제화 되며 이로 인하여 교회내에서 잡음이 많아지자 교단에 따라서 세습을 금지하는 헌법이나 결의를 하기에 이르렀다. 대표적으로 교리와 장정 제3편 제8절 [151]제42조는 "② 부모가 담임자로 있는 교회에 그의 자녀 또는 자녀의 배우자를 10년 동안 동일교회의 담임자로 파송할 수 없다. ③ 부모가 장로로 있는 교회에 그의 자녀 또는 배우자를 담임자로 파송할 수 없다"고 규정하고, 통합

83) 서울고등법원 2012나81823, 대법원 2013다61404 판결도 같은 취지이다. 그러나, 비법인사단인 교회는 공동의회의 결의로써 그 대표자인 위임목사를 해임할 수 있고, 교단 헌법에 교인들의 위임목사 불신임에 관한 규정이 없다고 하더라도 목사청빙을 결의한 교회의 공동의회는 목사청빙을 철회하는 불신임 결의를 할 수 있다고 한 하급심판례가 있다(수원지방법원 성남지원 2015. 9. 16. 선고 2015가합966 판결).

헌법 제2편 제5장 제28조는 “6. 위임목사 또는 담임목사 청빙에 있어, 아래 각호에 해당하는 이는 위임목사 또는 담임목사로 청빙할 수 없다. 단 자립대상교회에는 이를 적용하지 아니한다. ① 해당 교회에서 사임(사직) 또는 은퇴하는 위임(담임)목사의 배우자 및 직계비속과 그 직계비속의 배우자, ② 해당 교회 시무장로의 배우자 및 직계비속과 그 직계비속의 배우자”로 규정하고 있다.

그런데 개교회가 정관에 이에 반하는 규정을 두거나 그러한 규정을 두지 않고도 개교회의 결의로 담임목사나 장로의 배우자 또는 자녀를 담임목사로 청빙하고 노회가 이를 승인하여 위임할 때 그 휴력이 유효한가 하는 점이다. 이러한 정관과 결의가 유효하다는 입장의 가장 중요한 이유는 이를 무효로 할 경우 지교회의 독립성과 지교회 종교의 자유의 본질인 담임목사의 선택권을 침해한다는 것이다. 그러나, 교회세습의 근저에는 교회의 머리는 예수그리스도이고, 그 목사는 하나님이 정한다는 성경의 원리를 배반하고, 특정인에게 우상인 부와 권력을 세습하려는 인간의 탐욕이 개재되어 있으므로, 부와 권력의 세습을 방지하고, 그리스도의 십자가와 낮아짐의 정신을 구현하기 위한 세습금지 조항은 성경의 원리 및 교단의 정체성과 관련한 중대한 규정이라는 점에서 그러한 제한은 지교회의 독립성과 담임목사 선택권이라는 종교의 자유의 본질을 침해하는 것으로 볼 수는 없다 할 것이다.

그런데 통합총회의 재판국은 2018. 8. 7. 명성교회가 2년전 은퇴한 원로목사의 후임으로 아들을 위임목사로 청빙한 것은 목회직 세습(목회자 대물림)을 금지한 총회헌법 제28조 6항이 “해당교회에서 사임(사직) 또는 은퇴하는 위임(목사)의 배우자 및 직계비속과 그 직계비속의 배우자를 위임목사로 청빙할 수 없다”라고 규정하고 있는바, 여기에 ‘은퇴하는’이란 현재형 또는 미래형 동사로서 이미 오래전에 은퇴한 목사의 자녀 등에 대하여는 적용되지 아니한다고 보아 은퇴한 지 2년 후에 이루어진 것으로 교단헌법이 금지하는 이른바 목회세습(목회직 대물림)에는 해당하지 아니한다고 판결하였다. 그러나 위 판결에 대하여는 너무나 형식적인 판단으로서 사회통념상 합리성이 결여된 것이라는 비판이 많았는데 그후 재심에서 위 청빙은 무효라고 판결하였다.

Ⅳ. 교회정관의 제정과 개정(변경)[84)]

1. 제정과 개정(변경)의 주체

법인이 아닌 사단에 대하여는, 앞에서 본 바와 같이 민법의 사단법인에 관한 규정 중 법인격을 전제로 하는 규정을 제외하고는 이를 모두 유추적용하는 것이 타당하다는 것이 통설이다. 따라서 사단법인과 마찬가지로 비법인사단인 교회도 대표의 방법, 총회(공동의회)의 운영, 재산의 관리 기타 사단으로서의 주요한 점에 대하여 정관으로 정할 수 있다. 물론 서면으로 작성된 정관이 반드시 필요한 것은 아니나, 정관내용은 서면에 기록하는 것이 통상적이다. 요컨대, 교회정관은 교회의 근본규칙을 기재한 서면이고, 거기에 기재된 규범은 교회 내부의 규범으로서 교인을 기속한다.

정관의 제정 및 개정의 권한은 비법인사단의 최고 의사결정기관인 총회의 권한이다. 그런데 민법에는 정관의 제정에 관하여 특별한 규정이 없으므로 총회의 일반 결의방법을 규정한 민법 제75조 제1항에 따라서 과반수 회원의 출석과 출석회원 과반수의 결의에 의하여야 하고,[85)] 정관의 개정은 민법 제42조 제1항에 따라 정관에 정수에 관하여 다른 규정이 없는 한 총회원 2/3 이상의 동의가 있어야 한다.

가. 정관제정에 있어서의 문제점

오늘날 많은 교회가 정관의 제정이 없이 교단의 헌법만 적용하여, 아니 때로는 그러한 헌법의 적용도 없이 교회를 설립한 경우가 있는데, 이러한 경우에도 비법인사단으로서의 교회로 인정될 수 있는 경우가 있다. 비법인사단은 성문의 규정이 있든 없든 정관의 존재가 필수적이므로 이 경우 정관이 실제로 존재하지 않더라도 교단의 헌법에 의하거나 관습에 의하여 규율하게 된다. 그런데 이와 같

84) 정관의 개정에 대하여 민법 제42조는 (사단법인의 정관의 변경)이라고 규정하고 있으므로 개정과 변경을 혼용하여 사용하기로 한다.
85) 서헌제, 「한국교회와 목회자를 위한 법」제2판, (사)한국교회법학회(2018. 9), 67면.

이 성문의 정관이 없이 헌법이나 관습에 의하여 운영되다가 성문의 정관을 만드는 경우 이를 정관의 제정으로 보아야 할 것이냐 정관의 개정으로 보아야 할 것이냐가 문제된다. 개교회를 규율하는 헌법이나 관습도 개교회의 정관으로 볼 수 있고, 이를 정관으로 본다면 성문의 정관을 제정하는 것은 정관의 개정에 해당한다는 견해가 있다.[86] 그러나 정관의 제정시 정관의 내용에는 헌법이나 관습과 다른 내용도 포함될 수 있지만 동일한 내용을 성문화하거나 기존에 없는 내용을 보충하는 내용도 포함될 수 있는바, 이를 반드시 정관의 개정이라고 볼 수 없고, 구태여 나누는 것도 적절하지 않으며, 만약 위 견해에 따르면 교단에 소속된 개교회가 정관을 제정하는 경우는 모두 정관의 개정에 해당하는 불합리가 발생하고, 이는 개교회의 정관 제정권을 지나치게 제한시키는 것으로 개교회의 종교의 자유를 본질적으로 침해하는 것이 되므로 정관의 제정과 개정에 있어서 정관이란 성문의 정관을 의미하는 것으로 해석함이 상당하고, 다음에서 보는 바와 같이 의결정족수 상 정관의 제정도 쉽지 않은데 정관의 개정은 더 어렵다는 점에서 정관의 개정에 있어서 정관을 교단의 헌법까지도 포함하는 넓은 개념으로 보는 것은 바람직하지 않다. 따라서 위와 같이 성문의 정관이 없는 경우 정관의 제정은 정관의 개정이 아닌 정관의 제정으로 봄이 상당하다.

정관을 제정하려면 민법 제75조 제1항에 따라서 의결권 있는 교인 과반수의 출석과 출석교인 과반수의 결의가 필요하다. 그런데 오늘날 교회는 교인수가 수천 명, 많게는 수만 명, 심지어는 수십만 명이 있는 교회가 있다. 또 교회에 교인명부가 있다고 하지만 각 교인이 세례를 받았는지(다른 교회에서 세례를 받았다고 주장하는 경우), 등록교인인지 여부를 확인하기 어렵고, 또 급조된 등록교인이 나타날 수 있으며, 이를 일일이 확인하는 것은 불가능에 가깝다. 그리고 수만 명의 교인들이 한꺼번에 한 장소에서 결의를 하기 어렵고, 여러번 나누어 결의하면 일부가 이중 삼중으로 참여할 수도 있다. 또한 서면으로 하지 않는 한 찬반의사를 확인하기도 쉽지 않다. 그리하여 실제로 정관 제정에 어려움이 많다. 그러므로

86) 서울고등법원 2018. 2. 9. 선고 2017나2026438 판결(정관의 변경은 특정 교단에 속한 비법인사단인 교회가 교단 헌법을 자치규범으로 삼고 있을 뿐 자체적으로 성문화된 정관은 없는 상황에서 정관을 제정하는 경우도 포함한다고 할 것이다).

서면화된 정관의 제정은 대형교회가 되기 전에 미리 해두는 것이 바람직하다. 대형교회는 대부분 부동산이 있고, 부동산이 있다면 소유권이전등기를 할 것이며, 이를 위해서는 정관이 필요하므로 적어도 등기용 정관이라도 소지하고 있을 것이지만 이는 공동의회의 결의를 거치지 않은 경우가 많아 유효한 정관이라고 보기 어려울 것이므로[87] 반드시 정상적인 정관의 제정이 필요하다.

나. 정관개정에 있어서의 문제점

정관개정을 위해서는 민법 제42조 제1항에 따라 정수에 관하여 다른 규정이 없는 한 의결권 있는 교인의 2/3 이상 찬성을 얻어야 한다. 그런데 교회에서 의결권 있는 교인수의 확정 및 의결정족수를 채우는 것이 어려움은 위에서 본 바와 같다.

이러한 문제점을 해결하기 위해서는 교회 정관에 정관개정에 관하여 의결권 있는 교인 2/3의 찬성이 아닌 출석교인 2/3 또는 과반수의 의결로 할 수 있게 하거나 제직회나 장로회 등에게 결의권을 위임하고 그들로 하여금 결의를 하게 하는 방법을 생각할 수 있다. 민법 제42조 제1항 단서의 "정수에 관하여 정관에 다른 규정이 있는 때"란 정관변경권이 사원총회의 전권사항이기 때문에 다른 기관 즉 이사회 등에 위임할 수 없고, 다만 의사 및 의결정족수만을 달리 규정할 수 있을 뿐이라고 해석하는 것이 통상이지만[88] 의결권 있는 교인의 대표기관에게 위임하여 의결하도록 하는 정관의 규정은 유효하다고 보아야 할 것이다.[89] 실제로 사원이 많은 사단법인의 경우 대의원제도를 두어 그 대의원들의 결의에 의하여 정관을 개정하는 경우가 많다. 여기서 교회의 장로회(당회)를 교인의 대표기관

87) 대법원 2014. 7. 24. 선고 2014다19752 판결.

88) 홍일표, 민법주해 [I], 622면, 623면 참조.

89) 이와 관련하여 대구고등법원 2009. 11. 27. 선고 2009나3488 판결은 "창립총회에서 조합원 과반수의 의결을 거쳐 원시정관을 작성한 다음 주무관청으로부터 인가를 받았을 뿐만 아니라 그 후 정관을 변경할 때마다 주무관청의 인가를 받아온 점, 원시정관을 제정하면서 대규모 조합원총회의 개최가 곤란한 현실적인 여건을 고려해 가중된 의결정족수에 의한 대의원총회의 결의로 갈음할 수 있도록 규정한 점, 이 사건 개정을 포함해 이미 16회에 걸쳐 아무런 이의 없이 대의원총회 결의로 조합의 정관이 변경되어 온 점 등을 종합해 볼 때 대의원총회에 정관개정권을 행사할 수 있도록 한 것이 사단의 본질에 정면으로 위배된다고 단정하는 것은 형식논리에만 치우친 다소 성급한 판단으로 볼 여지가 있다."고 판시하여 조합원총회가 아닌 대의원총회 결의를 거쳐 정관을 개정했더라도 변경된 정관규정을 무효로 볼 수 없다고 하였다(법률신문, 2009. 12. 14. 제3801호, 10면).

으로 보아 장로회에 정관의 개정권을 위임할 수 있느냐가 문제될 수 있으나 당회는 치리권이 중심이고, 사단법인의 이사회에 준하는 기관이므로 입법권에 해당하는 정관개정을 위한 대의원총회로 보는 것은 타당하지 않다고 할 것이고, 따라서 당회의 결의로 정관을 개정할 수 있다는 규정은 민법 제42조 제1항에 반하는 것으로 효력이 없다.[90] 이러한 법리의 연장선상에서 어느 특정 교단에 가입하여 교단 헌법을 자신의 자치규범으로 받아들인 교회가 당회결의로 소속교단을 변경할 수 있다고 하는 정관의 규정도 동일하다.[91] 그러나 정관개정에의 과정에서 교인의 확정 및 의결정족수 등을 확인 함에 있어서 교회의 관행, 사회상규, 조리 등에 따라 보다 유연하게 교인들의 의사를 확인하는 방법이 강구되어야 할 것이다.

2. 교회정관 개정(변경)의 한계

교회정관 개정의 한계문제로, 정관개정 금지조항에 반하여 정관개정이 가능한지, 그 규정의 개정이 가능한지, 또 교회의 목적까지 개정할 수 있는지가 논의될 수 있다.

가. 정관에 정관의 개정은 일체 허용되지 않는다든지, 또는 특정조항에 대하여는 어떤 절차에 의하더라도 개정할 수 없다고 정할 경우, 그러한 조항의 효력은 어떠한가. 정관의 개정은 자주적인 결합체인 사단의 본질에 근본을 두고 있는 것이어서, 절대로 개정할 수 없다는 조항의 효력은 인정될 수 없다. 이 경우 정관규정의 취지는 정관의 내용을 통상의 방법으로 개정할 수 없게 하는 데 있다고 해석하고, 교인 전원의 동의에 의해서만 개정할 수 있다는 주장이 가능하나[92] 이 역시 다수결의 원리가 적용되는 사단법의 원리상 타당하지 않으므로 정관개정에 관하여 특별규정이 있는 경우에는 그에 따르고 그러한 특별규정이 없는 경우 민법 제42조의 사단법인의 정관변경에 관한 규정을 준용할 수밖에 없다고 할 것이다. 그리고 특정한 조항에 대하여 개정할 수 없다는 규정 역시 같은 논리에 따라 무효이고 위와 같은 정관개정절차에 따라 개정할 수 있다고 할 것이다.

---

90) 지영준, 앞의 논문, 56면.
91) 서울고등법원 2018. 2. 9. 선고 2017나2026438 판결.
92) 장우건, "교회정관과 법원의 재판", 제8차 기독교화해사역세미나, (사)기독교화해중재원(2014), 13면.

나. 교회정관이 정한 목적 내지 교단까지도 정관개정 대상이 될 수 있는가. 정관에 목적이 기재되어 있고 정관개정에 관한 규정이 있는 한 목적이나 교단도 정관의 내용이므로 그 개정도 정관개정의 대상이 됨은 당연하다. 전원합의체 판결도 교단변경에 관하여 "교회의 명칭이나 목적 등 정관에 포함된 사항의 변경까지 수반하기 때문에 사단법인의 정관변경에 준하는 것"이라는 판시를 통하여 간접적으로 교회정관에 정한 목적 및 교단은 정관개정의 대상이 될 뿐 아니라 통상의 정관개정절차에 의하여 가능하다는 취지이다.

그런데 교단의 정체가 다른 교단으로 정관을 개정하는 경우(예컨대 장로정체인 장로교, 회중정체인 침례교, 감독정체인 감리교 등 교단 상호간)에는 이견이 있을 수 있다. 이러한 경우는 종전의 교회와 동일성 조차 인정되기 어려워 단순한 정관개정이 아니라 교인 3/4 이상의 결의로 종전 교회를 해산하고 새로운 교회를 설립하는 것으로 볼 것이다.[93] 그러나 기독교가 아닌 다른 종교로 변경하는 것은 교회의 존립목적에 본질적으로 위배되는 것이므로 정관개정의 내제적 한계를 넘는 것으로 허용될 수 없다고 볼 것이다.[94]

Ⅴ. 교회정관의 내용

1. 정관제정의 원칙

가. 교회의 성격의 양면성

교회는 일반사회단체적 성격을 가짐과 동시에 신앙단체적 성격을 겸유하는 단체이다. 그럼에도 불구하고 교회를 일반사회단체와 같은 기준에서 지나치게 인본주의적 관점에서 정관의 내용을 규정하는 것은 위험하다. 기본적으로 비법인사단의 성격, 국가 및 교단 헌법의 원리와 구조, 교회의 성격 등을 제대로 반영하는 정관이 되어야 한다. 담임목사나 당회의 권한을 지나치게 확장하는 것도 문제이지만 정관만능주의의 사고에 사로잡혀 성경과 단체법의 원리를 무시하고 지나치

93) 홍기태, "교인의 탈퇴에 따른 교회재산의 귀속관계", 민사판례연구회(2006. 7. 24. 발표문), 644면.
94) 장우건, 앞의 논문, 14면.

게 교인의 권리를 강화하는 것 역시 교회분쟁의 또다른 불씨가 될 뿐이므로 경계해야 한다.

나. 구체성과 명확성

교회정관은 구체적이고 명확하여야 한다. 예컨대 공동의회 소집의 절차, 회원자격 및 증명, 의사정족수 및 의결정족수 등이 자세하고 명확하게 규정되어야 한다. 당회의 권한과 직무 및 책임, 재정에 관한 권한의 소재, 행사방법, 책임 등에 관하여도 그러하다. 또한 교회의 재산 소유형태인 총유에 관하여 민법 제276조, 277조 외에는 정관 기타 규약에 정하도록 하고 있으므로(민법 제275조 제2항), 교회정관은 특히 교회재산의 관리 및 처분, 사용, 수익에 관하여 명확한 규정을 둘 필요가 있다.

다. 회의록의 작성 등 자료의 구비

민법 제76조 제1항은 총회의 의사에 관하여는 의사록을 작성하여야 한다. 제2항은 의사록에는 의사의 경과, 요령 및 결과를 기재하고 의장 및 출석한 이사가 기명날인하여야 한다고 규정하고 있다. 정관의 제정 및 개정에 관하여는 총회의 회의록에 참석 교인수, 찬성 및 반대와 기권수 등을 명기하여야 한다. 교회의 대외적 주장과 입증에는 총회의 회의록이 가장 우선적인 자료가 되기 때문이다.[95]

2. 교회정관의 구성

가. 민법 제40조는 '목적, 명칭, 사무소의 소재지, 자산에 관한 규정, 이사의 임면에 관한 규정, 사원자격의 득실에 관한 규정, 존립시기나 해산사유를 정하는 때에는 그 시기 또는 사유'를 사단법인 정관의 필요적 기재사항으로 열거하고 있다. 민법의 사단법인 정관에 관한 규정은 비법인사단에도 유추적용되므로, 교회정관에도 민법 제40조의 사항들이 기재될 것이지만(필요적 기재사항), 이러한 기재사항이 누락되어도 교회정관의 성립과 효력에는 지장이 없다. 필요적 기재사항은 사단법인 설립의 허가요건일 뿐이므로, 설립허가를 전제로 하지 않는 교회정

---

95) 대법원 1984. 5. 15. 선고 83다카1565 판결; 대법원 2008. 9. 25. 선고 2008도3198 판결; 대법원 2010. 4. 29. 선고 2008두5568 판결 등.

관에는 적용이 없기 때문이다. 또한 교회가 스스로의 필요에 따라서 정관에 필요적 기재사항 외의 사항을 규정하는 것은 자유이고, 법적 효력도 필요적 기재사항과 다르지 않다.

나. 교회의 정관은 대부분 소속교단의 헌법에 근거하여 제정되기 때문에 교회헌법의 내용과 크게 다르지 않다. 따라서 교회정관은 대부분 당해 교회의 교리와 신조 및 구성 원칙을 선언하는 제1장 총칙, 교인의 자격과 권리 의무를 정하는 제2장 교인, 목사와 장로, 집사 및 권사 등 교회의 직분자들을 정하는 제3장 직원, 그리고 당회, 공동의회, 제직회등 각종 교회의 의사결정기구와 절차에 관한 제4장 기관, 교회의 재산, 재정과 회계 및 감사 절차를 정하는 제5장 재산 및 재정, 교인의 징계절차를 정하는 제6장 권징, 정관개정절차 등을 규정하는 보칙 등으로 구성된다. 이외에도 교회재정에 관해서는 정관과는 별도로 상세한 세칙을 두는 교회도 있다.

한때 교회개혁실천연대 등 개혁성향의 단체들이 모범정관을 제정하여 정관보급을 장려한 적이 있고 목사의 임기제 도입, 신임투표 등 혁신적인 내용을 담고 있으나 그다지 큰 호응을 받지 못한 것으로 보이고, 교회가 신앙단체라는 점과 교단의 통일성 내지 정체성에 반하는 경우가 많아 반드시 바람직하다고 볼 수도 없다.

본서의 부록에는 정관이 없는 교회의 정관 제정에 참고할 수 있도록 장로교단과 감리교단 및 독립교회의 각 정관의 예를 게시하였으므로 각 교회의 실정에 맞게 보정하여 사용할 수 있을 것이다.[96)]

제5절 교단 산하 독립기관

I. 서 언

교단의 내부 하급기관으로서는 위에서 본 바와 같이 노회와 지교회가 있으나,

96) 로고스 교회법센터의 세미나에서 발표한 자료를 토대로 한 것이다.

이러한 노회, 지교회 외에 종교단체의 교육, 선교, 복지 활동 및 재산의 관리를 위해 독립된 당사자능력이 있는 산하기관이 재단법인 또는 사단법인 형태로 다양하게 존재하고 있다. 대표적으로 종교교육(신학교육)을 시키기 위한 각종 학교법인, 교단의 재산을 유지관리하기 위한 유지재단, 회원의 연금사업 수행을 위한 연금재단, 복지사업을 위한 복지재단 등이다. 그런데 설립의 주체는 교단이지만 교단과는 독립한 정관에 의하여 조직 운영되기 때문에 교단과 충돌하는 경우가 있다. 교단은 교단의 효과적인 운영의 필요에 의하여 산하기관을 설립하였기 때문에 통제하려는 경향이 강한 한편, 산하기관은 독립한 단체로 독자적인 활동을 하고 있으므로 교단으로부터 독립하려는 경향이 강하다. 특히 교단은 비법인사단이지만 산하기관은 법인의 형태로 존재하는 경우가 많기 때문에 더욱 그러하다. 특히 교단과 교단산하 학교법인과의 분쟁이 많이 나타나고 있다.

Ⅱ. 독립기관의 종류

교단의 산하 독립기관으로는 대한예수교장로회(합동)에는 총회유지재단, 총회은급재단, 총회사회복지재단, 총회신학원 등이 있고, 대한예수교장로회(통합)에는 총회유지재단, 총회연금재단, 실로암시각장애인복지회, 한국장로교복지재단, 총회장학재단, 총회문화법인, 재단법인대구애락원과 학교법인 장로회신학대학교 등 각종 신학대학교가 있으며, 기독교대한감리회에는 재단법인 기독교대한감리회 유지재단, 사회복지법인 기독교대한감리회 태화복지재단, 사회복지법인 기독교대한감리회 사회복지재단, 재단법인 기독교대한감리회 장학재단 등 다양한 산하 독립기관이 있다. 또 다른 교단에도 산하 독립기관이 있음은 물론이다. 그 밖에도 종교단체에는 산하기관은 아니지만 한국기독교교회협의회, 한국교회총연합회, 한국장로회총연합회, 대한성서공회, 대한기독교서회, CBS기독교방송, CTS기독교TV, 재단법인 한국찬송가공회, 한국기독교연합회관운영이사회, 한국기독교사회봉사회, 사회복지법인기독교연합봉사회, 한국기독교연합회관운영이사회 등 연합기관이 있고, 그러한 기관에 이사를 파송하는 등 관련을 맺고 있는바, 각 단체간의 관계는 각 단체의 정관 등 각종 규정을 검토하여야 알 수 있다.

Ⅲ. 독립기관 운영의 준거법

독립기관 운영의 준거법은 설립근거가 된 관련 법령 및 정관이 될 것이다. 관련 법령에는 일반 법령과 교단의 헌법 등 규정이 있으나 각 기관의 정관이 종교단체의 특수성으로 인하여 일반 법령에 배치되는 경우와 총회의 헌법 등 규정에 배치되는 경우가 있다.

1. 독립기관의 정관이 일반 법령에 배치되는 경우

정관이 일반 법령에 배치되는 경우라고 하더라도 일반 법령이 임의 규정이라면 정관이 우선할 것이나 강행법규라면 일반 법령이 우선한다. 헌법재판소[97]는 '교육법 제85조 제1항 및 학원의설립·운영에관한법률 제6조가 종교교육을 담당하는 기관들에 대하여 예외적으로 인가 혹은 등록의무를 면제하여 주지 않았다고 하더라도, 헌법 제31조 제6항이 교육제도에 관한 기본사항을 법률로 입법자가 정하도록 한 취지, 종교교육기관이 자체 내부의 순수한 성직자 양성기관이 아니라 학교 혹은 학원의 형태로 운영될 경우 일반국민들이 받을 수 있는 부실한 교육의 피해의 방지, 현행 법률상 학교 내지 학원의 설립절차가 지나치게 엄격하다고 볼 수 없는 점 등을 고려할 때, 위 조항들이 청구인의 종교의 자유 등을 침해하였다고 볼 수 없고, 또한 위 조항들로 인하여 종교교단의 재정적 능력에 따라 학교 내지 학원의 설립상 차별을 초래한다고 해도 거기에는 위와 같은 합리적 이유가 있으므로 평등원칙에 위배된다고 할 수 없다'고 하고 있고, 대법원[98]은 헌법상의 종교의 자유에는 특정 종교단체가 그 종교의 성직자와 교리자를 자체적으로 교육시킬 수 있는 종교교육의 자유도 포함되지만, 그 종교교육이 종교단체 내부의 순수한 성직자 또는 교리자 교육과정으로 행하여지는 것이 아니라 구 교육법(1997. 1. 13. 법률 제5272호로 개정되기 전의 것)상의 학교나 학원의설립·운영에관한법률상의 학원의 형태를 취하는 경우에는 국민의 교육을 받을 권리를

97) 헌법재판소 2000. 3. 30. 99헌바14 전원합의부 결정.
98) 대법원 2001. 2. 23. 선고 99두6002 판결.

적극적으로 보호하기 위하여 교육기관의 설립에 일정한 설비 · 편제 기타 설립기준 등을 갖출 것을 요구하고 있는 구 교육법과 학원의설립 · 운영에관한법률의 규제를 받게 되고, 이러한 구 교육법과 학원의설립 · 운영에관한법률상의 규제를 들어 헌법상의 종교의 자유를 침해하거나 평등의 원칙 등에 위배된 것이라고 할 수가 없다고 판시하면서 '대한예수교 장로회 총회 신학연구원'이라는 명칭의 교육기관이 구 교육법 소정의 학교에 해당하므로 같은 법상 무인가를 이유로 그 폐쇄를 명한 처분이 적법하다고 한 사례가 있는 바, 이는 종교단체의 교육을 위한 것이라고 하더라도 교육법상의 학교나 학원의설립 · 운영에관한법률상의 학원의 형태를 취하는 경우는 각 법상의 규제를 받아야 한다고 하고 있다. 이는 무인가 신학교의 난립을 막고 신학교육의 내실을 기하기 위하여 타당한 판례라고 할 것이어서 설사 정관에 관련 법령의 기준보다 완화된 설립기준을 정하더라도 무효라 할 것이다.

2. 독립기관의 정관의 규정이 상급단체의 헌법 등 규정에 배치되는 경우

상급 교단의 헌법이나 규정은 명문의 준용규정이 없는 한 산하 독립기관에게 적용되지 아니함이 원칙이다. 특히 법인의 경우는 정관이 관할관청의 승인을 받으므로 독자적인 정관이 우선한다.

비법인 사단인 어느 단체가 상급단체에 가입되어 있는 경우, 상급단체의 지위에서 가입단체에 대하여 업무상 지휘 · 감독할 수 있는 권한은 인정될 수 있지만 그 권한은 가입단체의 독립성을 침해하지 아니하는 범위 내로 제한되어야 하고, 같은 이치로 가입단체가 상급단체의 규칙이나 정관을 자신의 정관으로 받아들인다고 규정하고 있지 아니한 이상 가입단체의 조직과 운영에 관하여 상급단체가 제정한 규칙에 따라 규율된다고 볼 수 없다.[99)]

따라서, 총회산하연금재단은 법률상 독립된 법인격을 가지고 있는 이상, 대한예수교장로회 총회의 헌법시행규정 제3조에 「1. 이 규정은 대한예수교장로회 총회와 총회에 속한 노회, 당회 및 산하기관, 유관기관, 단체 등에 적용한다. 2. 적

---

99) 대법원 2010. 5. 27. 선고 2006다72109 판결.

용순서는 총회헌법, 헌법시행규정, 총회규칙, 총회결의, 노회규칙(정관, 헌장, 규정 등 명칭을 불문한다)과 산하기관의 정관, 당회규칙(정관, 규정 등 명칭을 불문한다) 등의 순이며 상위법규에 위배되면 무효이므로 개정되어야 하며, 동급 법규 중에서는 신법 우선의 원칙을 적용한다」고 되어 있더라도 총회의 헌법시행규정이나 총회규칙이 총회연금재단에 대하여까지 곧바로 효력을 미친다고 할 수 없다.[100]

Ⅳ. 독립기관 임원의 선임, 해임, 임기와 총회의 관여

교단의 장이 독립기관의 이사장을 당연히 겸임하거나 교단의 임원이 독립기관의 이사를 당연히 겸임하는 경우, 또는 교단이 독립기관에 이사를 파송하는 경우가 있다.

가. 교단의 장이 독립기관의 이사장을 당연히 겸임하는 경우

통상 교단장이 유지재단이사장을 겸임하고 있고, 겸임한다는 규정은 없지만 교단장이 이사로 파견되어 이사회에서 교단장을 이사장으로 선임하는 것을 관례로 하는 경우가 있다. 그런데 교단의 규정에는 위와 같이 파송규정이 있더라도 독립기관의 정관에 이러한 규정이 없는 경우는 위에서 본 바와 같이 원칙적으로 총회의 규정이 준용될 수 없다. 그러나 교단의 규정 및 독립기관의 정관에 모두 위와 같이 규정된 경우는 특별히 문제될 것이 없지만 교단의 장이 어떠한 사유로 직무가 정지되거나 부존재할 경우 산하기관의 장도 존재하지 않은 경우가 있게 되어 운영에 어려움이 있는 경우가 있다. 교단의 장의 직무대행자가 독립기관의 장도 겸임할 수 있느냐가 문제된 경우가 있었으나[101] 교단과 독립기관은 엄연히 다른 단체이므로 직무대행자가 겸임할 수는 없을 것이다. 이 경우 전임 이사장이 후임이사장이 선임될 때가지 통상의 업무를 할 수 있을 것이다.

---

100) 문용호, "교단산하 독립기관의 운영에 관한 준거법" 「제4회 화해중재원포럼」, 사단법인 기독교회 화해중재원, 14면; 서울중앙지방법원 2016. 1. 15. 선고 2015가합562050 판결.

101) 기독교대한감리회 감독회장 직무대행자가 감독회장이 겸임하였던 재단이사장의 직무를 대행할 수 있느냐가 문제된 사례가 있었다.

나. 교단이 독립기관에 이사를 파송하거나 교단의 임원이 독립기관의 당연직이사로 파송되는 경우, 그리고 파송한 이사를 소환하는 경우

위와 같은 경우 교단의 파송과 소환에 응하여야 한다는 내용이 독립기관의 정관에 규정되어 있지 아니하는 한 독립기관을 기속할 수 없다. 특히 독립기관이 신학원일 경우 임원은 정관이 정하는 바에 의하여 이사회에서 선임한다는 사립학교법 제20조 제1항의 규정상 준용될 수 없다.

이러한 법리의 연장선상에서 서울중앙지방법원은 총회는 총회연금재단이사 중 8명을 추천할 수 있을 뿐이고 그 최종적인 선임 및 해임 권한은 별도의 법인격을 가진 총회연금재단이 보유하고 있다고 보아 총회연금재단이 정관 등으로 그 효력을 승인한 바 없는 총회헌법시행규정이나 총회규칙을 근거로 하여 총회가 총회연금재단이사를 해임할 권한이 있다고 볼 수 없다고 판시하였다.[102]

그런데 정관에는 이사의 임기가 일정한 기간으로 정하여져 있음에도 총회의 헌법 등 규정에 직분에 따라 당연직이사를 파송하되 임기를 직분종료시까지로 되어 있는 경우는 정관의 규정이 우선할 것이지만, 관례상 당연직 이사가 직분 종료시 이사 사임서를 제출하고 후임자를 선임한다.[103] 그런데 정관 제19조 제1항에는 이사의 임기를 4년으로 규정하고 있음에도 교리와 장정과 더불어 정관시행세칙에서 교단의 직분에 기한 당연직 이사의 임기를 재임기간으로 정한 경우에는 위 규정에 의하여 재임기간의 경과로 임기가 종료된 것으로 본 결정례가 있다.[104] 그러나, 임원은 정관이 정하는 바에 의하여 이사회에서 선임한다는 사립학교법 제20조 제1항의 규정에도 불구하고 정관의 규정과 배치되는 시행세칙에 따른 것이므로 시행세칙이 정관의 제정 또는 변경에 준하는 결의를 거친 것이 아닌한 타당하다고 볼 수 없다.

---

102) 서울중앙지방법원 2016. 1. 15. 선고 2015가합562050 판결.

103) 문용호, “교단산하 독립기관의 운영에 관한 준거법”, 「제4회 화해중재원포럼」, 사단법인 기독교회화해중재원, 15면.

104) 서울중앙지방법원 2017. 2. 17. 자 2017카합50055 결정.

제 3 장

교회의 구성과 조직

제 3 장
교회의 구성과 조직

단체의 기본 구성과 조직 등이 정관에 의하여 규정되듯이 교회의 구성과 조직도 정관 및 교회가 가입한 헌법에 의하여 규율되는 것이 원칙이다. 그러나 종래 우리나라의 교회는 정관을 가지고 있지 않은 경우가 많았고, 가지고 있더라도 매우 미흡하며, 헌법 또한 미비한 경우가 많으며, 상호 모순되는 경우도 있다. 또한 정관 및 헌법에 의하여 규율된다고 하더라도 교단과 교회에 따라 구성과 조직이 다양한 것이 현실이다. 따라서 여기서는 대표적인 교단의 헌법에 따라 일반적인 내용만 살펴보기로 한다.

제1절 교　　인

교회는 교인들로 구성된 인적결합체이므로 교회가 성립하기 위해서는 필수적으로 교인이 필요하다. 교인은 교회재산에 대한 사용수익권을 가지며, 교인총회에 참석해서 의결권을 행사할 수 있는 지위를 가진다. 그러므로 누가 교인인가의 문제는 매우 중요함에도 불구하고 이를 확정하는 데는 현실적으로 많은 어려움이 있고 이에 관하여 많은 분쟁이 있다.

Ⅰ. 교인의 자격과 지위

교인의 자격과 지위에 관하여는 개교회의 정관 및 교회가 소속된 교단의 헌법에 의하여 규율하고 있다. 본서에서는 개교회의 정관을 일일이 고려하기 어려우므로 우리나라 중요한 교단의 헌법을 중심으로 살펴본다.

1. 교인지위의 취득과 종류

일반적으로 교인의 자격 또는 정의는 예수를 구주로 믿는 자로서 개교회의 교리를 받아들이고 소정의 절차를 거쳐 교인으로서 등록한 자를 말한다.[1] 소정의 절차는 통상 6개월 이상 교회에 출석하고 소정의 교육을 받는 것이다. 교회등록 절차는 교인카드를 제출하면 교회에서는 이들을 교인명부에 기재하고 교회에서 등록교인으로 선언하는 간단한 절차를 거치는 것이 보통이다. 그러나 등록교인과 비법인사단의 구성원으로서의 의결권 있는 교인과는 다른 개념인 경우가 많다. 후자는 사원총회에 해당하는 공동의회의 의결권이 있는 교인만을 의미하는 바, 세례를 받은 무흠 입교인으로 제한하는 경우가 대부분이고, 연령적 제한을 두는 경우도 있다.

교인의 종류는 아래에서 보는 바와 같이 다양하고, 그 권리에도 차이가 있다. 교인에 관한 각 교단의 헌법은 다음과 같다.

가. 대한예수교장로회총회(합동)는 교인의 정의를 규정하지 않고, 학습교인(만 14세 이상이 되고 믿은 지 6개월이 경과되어 신앙이 독실한 자로서 학습을 받은 자), 유아세례교인(부모 중 1명 이상이 세례교인으로서 만 2세까지 유아세례를 받은 자), 세례교인(입교인, 신앙이 독실하고 학습인으로 6개월간 근실히 교회에 출석하여 만 14세 이상이 되어 세례를 받았거나 유아세례를 받고 만 14세 이상이 되어 입교한 자)으로 구분한다(Ⅴ. 헌법적 규칙 제5조, 제6조 참조). 공동의회는 무흠입교인[2]으로 구성한다

---

1) 서헌제, 앞의 책, 332면.
2) 입교인이란 만 14세 이상이 되어 세례를 받은 교인과 유아세례를 받고 만 14세 이상이 되어 입교한 교인을 말한다.

(Ⅳ. 정치 제21장 제1조 제1호).

나. 대한예수교장로회총회(통합)는 교인은 성부, 성자, 성령 삼위일체이신 하나님을 믿는 자들인데 그리스도인이라 부른다(제2편 정치 제13조)고 정의하고, 교인을 원입교인(예수를 믿기로 결심하고 공동예배에 참석하는 자), 유아세례교인(세례교인의 자녀로서 만 2세 미만에 유아세례를 받은 자), 세례교인(입교인, 유아세례교인으로서 15세 이상이 되어 입교한 자 또는 원입교인로서 15세 이상이 되어 세례를 받은 자)으로 나눈다(제2편 정치 제14조). 세례교인은 성찬참여권이 있고, 공동의회의 회원은 지교회의 모든 무흠 세례교인(입교인) 중 18세 이상인 자로 한다(제2편 정치 제16조, 제90조 제1호).

다. 대한예수교장로회 고신총회는 교인을 원입인, 학습인, 유아세례교인, 입교인(세례교인)으로 구분하고(교회정치편 제20조), 공동의회는 개체교회의 무흠 입교인으로 구성한다(교회정치편 제105조).

라. 한국기독교장로회는 신도를 입교인(세례교인과 아기세례를 받은 후 입교한 자), 아기세례교인(부모 또는 양육자의 신앙에 따라 아기세례를 받은 자), 원입교인(믿기로 작성하고 교회예배에 참석하는 자)으로 구분한다(Ⅳ. 정치 제14조). 세례교인은 성찬례 참여권과 공동의회의 회원권을 가진다(Ⅳ. 정치 제14조 제1호). 공동의회는 교인의 총회로서 그 지교회의 무흠 입교인 전원으로 구성한다(Ⅳ. 정치 제65조).

마. 기독교대한감리회는 교인은 예수그리스도를 구주로 믿고, 감리회 회원이 되기를 결심하여, 감리회 소속 개체교회에 등록하여 신앙생활을 하는 이라고 정의하고(교리와 장정 제2편 헌법 제9조), 교인을 원입인(죄악에서 구원을 얻고자 하여 회개한 후 예수를 구주로 믿기로 결심하고 교회에 출석하는 이(세례아동을 제외한 어린이 포함)), 세례아동(5세까지 유아세례 또는 그 후 12세까지 아동세례를 받은 이), 세례인(세례아동으로 13세 이상된 이와 원입인이 1년 이상 교회에 충실하게 출석하고 성경과 교리를 공부하며 교회의 규칙을 지키고 진실한 믿음과 경건생활을 힘쓰고 예수그리스도를 구주로 고백하고 세례를 받은 이), 입교인(18세 이상된 세례인을 담임목사가 예문대로 입교시킨 이)으로 구분한다(제2편 헌법 제10조, 제3편 조직과 행정법 제8조).

바. 기독교대한성결교회는 교인은 예수그리스도를 구주로 믿고 본 교회에 등록한 모든 자로 신입교인(죄악에서 구원을 얻고자 하여 등록하고 주를 믿기로 결심하

고 공예배에 참석하는 자로서 신입교인명부에 기입된 자), 세례교인(교회에 출석하고 거듭난 증거가 확실한 자로 예문에 의하여 세례를 받은 자와 유소년세례교인 및 유아세례를 받은 15세 이상 된 자로 문답을 받고 세례교인 명부에 기입된 자), 유아세례교인(세례교인의 자녀로서 예문에 의하여 유아세례를 받은 자), 유소년세례교인(교회에 출석하고 거듭난 증거가 확실한 자로 예문에 의하여 세례를 받은 자)으로 나누며(헌법 제34조), 정회원은 원칙적으로 세례교인으로서 예문에 의하여 서약하고 입회한 20세 이상된 자를 말한다(헌법 제35조 제1호).

사. 기독교대한하나님의성회는 교인은 등록교인과 침례교인으로 구분하고(제3편 교회 제28조) 교회의 회의로서는 침례를 받은 만 18세 이상의 교인으로 공동의회(제3편 교회 제61조 1호)를 구성한다.

2. 교인지위의 상실

가. 원 인

교인의 지위를 상실하는 원인은 (1) 교인의 의사에 따라 탈퇴(개별적이든 집단적이든 구별하지 않는다. 집단적으로 교단탈퇴를 결의한 경우 이것이 교회의 탈퇴가 되는가 하는 점인데 후에 자세히 살펴보겠지만 교단탈퇴와 교회탈퇴는 구분하여야 한다[3])를 신고하는 경우, (2) 교인이 신고없이 교회를 떠나 의무를 행치 않고 6개월을 경과함으로써 회원권이 정지되고 1년이 경과되는 경우(실종교인, 통합헌법 제2편 정치 제19조, 합동헌법 V. 헌법적 규칙 제3조 제2호[4]), (3) 권징재판에 의하여 제명, 출교된 경우 등이 있다. 면직은 목사, 장로, 안수집사, 권사로서의 신분을 박탈하는 것이지 교인의 신분을 박탈하는 것이 아니므로 면직판결을 받더라도 출교판결과는 달리 교인의 지위가 상실되는 것은 아니다.[5]

장기간 불출석을 이유로 교인자격을 정지시키거나 상실시키기 위해서는 당회가 교인명부를 두고 교회출석 여부에 대한 명시적인 확인절차를 밟아야 할 것이

---

3) 대법원 2010. 5. 27. 선고 2009다67665, 67672 판결.

4) 합동헌법은 6개월 이상 교회 예배회에 계속 출석하지 아니한 교인은 선거권과 피선거권이 정지된다고 규정하고 있다.

5) 전주지방법원 2013. 12. 13. 선고 2013가합2046 판결. 광주고등법원(전주) 2015. 1. 21. 선고 2014나265 판결.

다. 그러나 이는 권징재판은 아니고 인사적 행정행위이다.

나. 교단탈퇴와 교회탈퇴

교인들이 교단탈퇴를 결의하였지만 교회를 탈퇴할 의사가 있는지에 관하여 대법원은 교인들이 교회를 탈퇴하였는지 여부를 판단할 때에는 다음과 같은 사정, 즉 교인들이 교회를 탈퇴한다는 취지의 의사표시를 하였는지, 종전 교회가 따르던 교리와 예배방법을 버리고 다른 교리와 예배방법을 추종하게 되었는지, 교회의 명칭 · 정관 · 예배장소 등을 변경하고 상대방 교인들을 배제한 채 다른 목사를 청빙하거나 장로, 집사 등을 새로 선출하여 독립한 조직을 구성하고 독자적으로 예배의식을 가지는 등 종전 교회와 별도의 신앙공동체를 형성하였다고 볼 수 있는지, 상대방 교인들로 구성된 교회와 다른 조직임을 전제로 하는 주장이나 행위 등을 하여 왔는지 등을 종합적으로 고려하여 판단하여야 한다고 판시함으로써,[6] 교단탈퇴를 결의하였다고 하여 바로 교회를 탈퇴하였다고 볼 수 없다는 취지로 판시하고 있다. 이와 같이 교인들이 명시적인 교회탈퇴 여부를 밝히지 않은 채 집단적으로 교단탈퇴 결의를 한 경우 교단탈퇴 결의가 적법한 경우는 물론 적법하지 않더라도 그것만으로 교회탈퇴가 되는 것은 아니다.[7] 다만 일부 교인들의 교단탈퇴 결의가 위법함에도 불구하고 교인들이 집단적으로 교단을 탈퇴하여 자신들만 따로 예배를 보면서 교회이름을 새롭게 정한 경우는 기존교회와는 별개인 새로운 교회를 설립하였으므로 기존교회의 교인 자격을 상실한다.[8]

다. 교회분쟁과 장기간 불출석

다음으로 교인의 지위 상실이 문제되는 경우로는 일부 교인들이 담임목사와의 분쟁으로 교회를 장기간 불출석한 경우이다. 이러한 경우도 새로운 목회자를 중심으로 따로 예배를 보거나 기존의 다른 교회에서 예배를 보거나 아예 교회에

---

6) 대법원 2010. 5. 27. 선고 2009다67658 판결, 대법원 2012. 10. 25. 선고 2012다9805 판결, 대법원 2015. 5. 29. 선고 2012다14340 판결 등.

7) 대법원 2010. 5. 27. 선고 2009다67665, 67672 판결. 보다 자세한 내용은 제5장 제5절 Ⅳ 교단의 탈퇴와 교회의 탈퇴의 구별 참조.

8) 대법원 2015다15627 판결(서헌제, 앞의 책, 제343면).

불출석하는 경우로 나눌 수 있다. 그 어느 경우나 이들은 기존 교회에 대하여 헌금 등 일체의 의무는 이행하지 않으면서 여전히 기존 교회에 대하여 소송 제기 등 교인으로서의 권리를 행사하곤 한다. 이탈교인들이 별도의 대표자를 두고 별도의 조직과 재정에 의하여 운영하는 등 별도의 신앙공동체를 형성하고 있는 경우는 물론 그렇지 않더라도 기존 교회와 동일한 신앙공동체를 형성하고 있다고 볼 수 없고, 그 기간이 1년 이상 계속되고 있다면 비록 그들이 기존교회의 교인이라고 주장한다고 하더라도 당회가 기존교회의 교인의 지위를 상실시킬 수 있다고 보는 것이 사단법 원리에도 부합하고 교회의 분쟁이 장기화되는 것을 막을 수 있을 것이다.

서울고등법원은 원고 교회의 일부 교인들이 원고 교회의 교인임을 전제로 다른 교인들을 상대로 예배당 출입등에 관한 방해금지 가처분 결정을 받고도 위 가처분 사건에 관한 본안 소송을 제기하지 않은 채 3년 정도 경과한 현재까지 원고 교회의 예배에 참석하지 않고 있고, 위 가처분 결정 이후로도 다른 교인들이 일부 교인들의 교회에의 출입을 방해하였다고 인정할 증거가 없는 (가처분결정 위반을 들어 간접강제결정을 신청한 바도 없다) 사안에서, 위와 같이 위 가처분 결정 무렵에는 원고 교회의 교인인지 여부를 두고 분쟁이 있었더라도 그 후 위와 같이 임의로 장기간 출석하지 않아 원고 교회를 중심으로 한 신앙생활을 하고 있는 것으로 볼 수 없는 사람을 원고 교회의 교인이라 보기 어렵다고 판단하였으나,[9] 그후 대법원[10]은 위 각주5)의 판례를 들면서 일부 교인들이 교회에 불출석한 이유는 교회출석을 방해받았기 때문으로 교회를 탈퇴하였다고 볼 뚜렷한 사정을 볼 수 없다고 판시하여 교인의 지위가 유지된다고 판단하였다. 대법원이 장기간 교회출석을 하지 않은 이유가 출석을 방해받았기 때문이라고 보아 교회탈퇴로 인정하지 않은 것이지 장기간 교회불출석을 교인지위 상실의 원인으로 보지 않은 것은 아니라고 보인다.

또한 대법원은 「교단변경을 위한 공동의회의 의결정족수를 산정함에 있어서 기초가 되는 교인이란 그 교회에 소속되어 교회를 중심으로 신앙생활을 하고 있

9) 서울고등법원 2020. 7. 23. 선고 2020나2011078 판결.
10) 대법원 2021. 3. 11. 선고 2020다257807 판결.

는 신도를 의미한다고 봄이 상당하다. 따라서 이미 타교회에서 신앙생활을 하고 있거나 이사 등의 사유로 피고 교회에 장기간 출석하지 아니하여 더 이상 피고 교회를 중심으로 신앙생활을 하고 있는 것으로 볼 수 없다면, 그러한 신도는 피고 교회의 웹교적부상 교인 등록이 남아 있다고 하더라도 더 이상 피고 교회의 교인으로 볼 수 없다」고 판단하였다.[11]

생각건대, 교회에 최소한 1년 이상 장기간 불출석하면서 교인으로서의 권리의무를 전혀 이행하지 않고 있는 자는 별도의 신앙공동체를 형성하고 있는지와는 별개로 기존 교회를 중심으로 신앙공동체를 형성하고 있다고 볼 수 없으므로 당회의 제적여부와 관계없이 교인의 지위를 상실하였다고 봄이 상당하다.

3. 교인의 자격심사

일반적으로 교회에서는 영혼구원을 중요하게 여기고, 교인증가를 교회의 부흥으로 생각하기 때문에 교인의 등록을 쉽게 받아들이는 경우가 많고, 오랫동안 교회에 출석하지 않은 경우에도 교인명부에 그대로 남겨 놓는 등 교인들의 등록 및 상실을 엄격히 관리하지 않은 경우가 많으며, 심지어는 교인명부를 갖추지 아니한 교회들도 있다. 그리하여 실제 분쟁이 발생하였을 경우에는 이해당사자의 편의에 따라 임의로 교인명부를 만드는 등으로 교인들을 확정하기가 어렵고, 이러한 이유로 교회분쟁의 해결이 어렵게 되는 경우가 많다. 이와 같이 교인이냐 아니냐 하는 문제는 교회분쟁에 있어서 당사자 적격이 있느냐, 공동의회의 의결권이 있느냐 등을 결정하는 매우 중요한 문제이므로 이를 명확히 할 필요가 있다.

많은 경우 당회의 직무로 교인의 입회와 퇴회를 규정하고 있고(합동헌법 Ⅳ. 정치 제9장 제5조 제2호), 교인의 이명절차를 관장하며(통합헌법 제2편 정치 제17조, 제68조 2호), 정지된 교인 및 실종교인을 복권할 수 있고(통합헌법 제2편 정치 제20조), 당회가 치리회로서 교인들에 대하여 권징재판[12]을 하는 권한이 있다는 점에서 당회에서 교인의 등록을 허락할 것인지, 교인의 지위가 있는지 여부를 심사할 수 있다고 할 것이고, 분쟁의 용이한 해결을 위해 교회가 미리 교인들을 확정할

---

11) 서울고등법원 2019. 11. 14. 선고 2018나2037244 판결.
12) 권징재판에 관하여는 후에 자세히 보기로 한다.

필요가 있다.

그러나 자격심사가 자기 파벌을 확대하고 반대파를 숙청하는 수단으로 사용되는 경우가 있을 수 있으므로 교인들의 확정을 보다 명확히 하기 위한 기준과 대책이 필요하다. 주식회사가 1년 중 일정시기에 주주로 등록된 자에 한하여 주주총회 참석권 및 주식배당권을 부여하듯이 교회도 일정시기에 교인으로 등록된 자에 한하여 1년 동안 교인으로 인정하도록 하는 제도를 도입할 필요가 있다.

4. 교인의 복권

통합교단은 회원권이 정지된 교인이 다시 본 교회로 돌아온 때에는 6개월이 경과된 후, 실종교인이 다시 본 교회로 돌아온 때에는 1년이 경과된 후 당회의 결의로 복권시킬 수 있고(통합헌법 제2편 정치 제20조 제1호, 제2호), 또 출교를 받은 교인이라고 하더라도 최종 판결을 한 재판국이 속한 치리회의 승인(폐회 중에는 재판국의 승인)을 받아 소속 치리회가 해벌함으로써(통합헌법 제3편 권징 제137조) 교인이 복권될 수 있다. 위 자격정지 및 복권은 각 1개월 이상 주보나 게시판에 공시함으로써 그 효력이 발생한다. 다만 게시판에만 게시할 경우는 1개월 이상 게시하여야 한다(통합헌법 시행규정 제14조). 합동헌법도 회개한 경우 해벌할 수 있고, 치리회가 해벌할 수 있음을 규정하고 있으나(합동헌법 Ⅵ권징조례 제35조 단서), 여기서 치리회가 권장재판을 한 재판국의 치리회를 의미하느냐 아니면 피권징자가 소속한 치리회를 의미하느냐가 문제될 수 있다. 통합헌법의 규정등을 고려할 때 복권이나 해벌규정이 없는 교단에서도 당회에서의 결의에 의하여 자격이 상실되었거나 권징재판에 의하여 출교된 경우에는 각 교회의 정관에 의하여 당회의 결의로 복권될 수 있을 것이고, 각 교회의 정관에 복권 및 해벌에 관한 규정이 없더라도 그 소속 치리회가 책벌을 한 치리회의 승인을 받아 해벌할 수 있다고 봄이 상당하다.

5. 교인의 이명과 복적

이명이란 교인이 소속교회 당회의 허락하에 다른 교회나 교단으로 옮기는 것을 말하고(통합헌법 제2편 정치 제17조, 헌법시행규정 제10조 제12조), 복적이란 원래의 교회로 돌아오는 것으로 당회의 결의가 있어야 한다(헌법시행규정 제13조). 그러나 오늘날 이명제도는 거의 유명무실한 것으로 파악된다.

Ⅱ. 교인의 권리와 의무

1. 교인의 권리

교인의 권리로는 ① 성찬참여권, ② 공동의회 회원권(출석권 및 의결권), ③ 각 기관의 선거권과 피선거권, ④ 교회재산의 사용수익권, ⑤ 재판을 받을 권리, ⑥ 청원권, ⑦ 공동의회 소집요구권, ⑧ 회계장부열람권 등이 있다(합동헌법 V. 헌법적 규칙 제3조, 통합헌법 제2편 정치 제16조 참조). 그러나 모든 교인에게 위와 같은 권리가 모두 부여되는 것은 아니다. 성찬참여권과 공동의회 회원권은 세례를 받아야 하고, 공동의회 회원권은 일정한 나이의 제한이 있는 경우도 있다. 다만 교회재산의 사용수익권, 재판을 받을 권리, 청원권 등은 모든 교인에게 있다고 할 것이다. 그리고 각 기관의 선거권과 피선거권은 각 기관의 성격에 따라 자격요건이 정해져 있으므로 선거권과 피선거권이 모든 교인에게 동일하게 있는 것은 아니다.

교회재산사용권 역시 무제한적인 것은 아니고 정관 기타 규약의 정한 바에 따라야 하며(민법 제275조 제2항) 이에 대한 규약이 없으면 교회의 공식적인 사용수익 및 타 교인들의 사용수익을 방해하지 않은 범위 내에서 사용할 수 있다고 할 것이고, 타 교인들의 사용수익과 충돌할 때는 그 사용신청의 선후, 사용의 목적과 사용교인의 수, 비용부담 등을 고려하여 당회의 결정에 따라야 할 것이다.

또한 공동의회 소집요구권은 교회의 정관에 일정한 요건이 정해져 있으면 이에 따르고 그러한 규정이 없으면 일반 사단법인에 관한 민법의 규정이 준용된다. 즉 의결권 있는 교인 5분의 1 이상이 회의의 목적사항을 제시하여 담임목사에게 청구하면 담임목사는 공동의회를 소집하여야 한다(민법 제70조 제2항). 그런데 정관에는 교인의 공동의회 소집요구권에 관한 규정이 없더라도 교단에 소속된 교회의 경우는 교단헌법을 준용하게 되므로 교단헌법에 규정이 있으면 이에 따라야 한다. 예컨대 합동헌법과 통합헌법에는 무흠세례교인(입교인) 3분의 1 이상의 청원이 있을 때 공동의회를 소집하게 되어 있으므로(합동헌법 Ⅳ 정치 제21장 제1조 제2호, 통합헌법 제2편 정치 제13장 제90조 제3호) 담임목사에게 공동회의 소집요구를 할 때는 교인 5분의 1 이상으로는 안되고 3분의 1 이상이 되어야 함에 유의하여야 한다.[13] 이와 같이 공동의회 소집을 요구하였음에도 불구하고 담임목사가 2주간 내에 공동의회를 소집하지 않은 때에는 청구한 교인들은 비송사건절차법에 따라 법원의 허가를 얻어 공동의회를 소집할 수 있다(민법 제70조 제2항). 공동의회소집허가신청은 서면으로 교회의 주된 사무소 소재지의 지방법원(비송사건절차법 제34조 제1항, 제80조 제2항)에 하고, 담임목사가 소집요구에 응하지 않은 사실을 소명하여야 하며(같은 법 제24조 제2항, 제80조), 법원은 이 신청에 대하여 이유를 붙인 결정으로써 재판을 하여야 하고, 그 신청을 인용한 결정에 대하여는 불복신청을 할 수 없다(같은 법 제34조 제2항, 제81조).[14] 그런데 통상 공동의회소집을 위해서는 당회의 결의를 거쳐야 하는바, 당회가 결의에 응하지 않을 경우에도 이러한 절차를 거치면 공동의회를 소집할 수 있다.

회계장부열람권은 근래 많이 문제가 되는바 이에 관하여는 후에 상술하기로 한다.

2. 교인의 의무

교인의 의무는 ① 정기예배와 기도회에 출석할 의무, ② 헌금할 의무, ③ 봉

---

13) 이와 관련하여 수원지방법원 2018. 5. 18. 자 2018비합1016 결정은 지교회가 특정 교단 소속을 유지하는 것은 해당 교단의 지휘·감독을 수용하겠다는 지교회 교인의 집합적 의사의 표현으로 볼 수 있으므로, 소속 교단에 의하여 지교회의 종교적 자율권이 제한되는 경우 지교회로서는 교단 내부의 관련 절차에 따라 문제를 해결하여야 하고, 관련 내부 절차가 없거나 그 절차에 의하여도 문제가 해결되지 않는 경우 지교회로서는 그 제한을 수인할 수밖에 없다(대법원 2014. 12. 11. 선고 2013다78990 판결 참조) 등의 이유로 담임목사에 대한 공동의회 소집요구가 세례교인 5분의 1 이상은 넘더라도 3분의 1에 미치지 못하는 경우 공동의회소집허가신청을 기각하였다. 아울러 위 결정은 민법 제70조 제3항에 따라 법원에 공동의회 소집허가를 구하는 경우 소집을 청구하였던 사람이 당사자가 되어야 하고, 민사소송법상 적극적 당사자 추가는 허용되지 않으므로 정족수를 채우기 위하여 신청인을 추가하는 것 역시 허용되지 않는다고 판시하고 있다.

14) 이에 대한 보다 자세한 내용은 제3절 Ⅲ. 2. 나. 참조.

사와 전도의 의무, ④ 치리에 복종할 의무 등이 있다(합동헌법 V. 헌법적 규칙 제2조, 통합헌법 제2편 정치 제15조 참조). 이러한 의무들은 교회의 구성원으로서 당연한 의무이다. 특히 예배출석의무와 헌금의무는 성경에 나타난 그리스도인으로서의 당연한 의무이다. 그런데 이러한 의무가 종교적인 신앙적인 의무인 것은 사실이지만 얼마나 강제성이 있는 법적 의무인가가 문제된다.

헌금을 약정한 경우 그 헌금의무의 성질이 무엇이냐에 대하여 자연채무로 보아 강제성이 없다고 보는 경우도 있고,[15] 증여계약으로 보고 서면에 의하지 않은 증여는 언제든지 해제할 수 있다고 보는 경우[16]도 있다. 그러나 약정헌금이라고 하여 서면으로 헌금을 약정하고서도 이를 이행하지 않는 경우 과연 교회가 증여계약에 따른 헌금의 이행을 법원에 청구하는 것이 법관념에 맞다고 할 수 있는지는 의문이다. 따라서 헌금의무는 자연채무라고 하는 것이 시회통념에 부합한다고 판단된다. 자연채무라고 하더라도 헌금의무를 이행하는 경우 특별한 사정이 없는 한 이는 비채변제로서 헌금자가 교회에 반환청구를 할 수 없을 것이므로 문제가 될 여지가 없을 것이다. 헌물이 부동산인 경우 그 의무의 이행은 소유권 이전등기일 것이므로 이 경우도 특별한 사정이 없는 한 소유권의 반환은 청구할 수 없게 된다. 다만 헌금자가 교주의 허황된 교리에 기망되어 금원을 편취당하였다면 재산상 손해 외에 위자료도 청구할 수 있을 것이다.[17]

3. 교인의 권리와 의무의 관계

권리와 의무는 항상 동전의 양면과 같다. 그런데 여느 단체와 마찬가지로 의무는 제대로 이행하지 않으면서 권리만 주장하는 경우가 가끔 있다. 이러한 불합

15) 서울민사지방법원 1993. 12. 9. 선고 93나8923 판결 약정금(헌금약정은 피고가 신에 대한 약정이므로 자연채무라고 주장하였다).
16) 서울고등법원 1981. 3. 31. 선고 80나4577 판결 소유권이전등기청구(피고의 서면에 의하지 아니한 증여계약에 의하여 이사건 건물이 원고 교회의 예배장소로 사용되어 왔다 하여도 그 소유권이전등기절차를 마쳐주지 않고 있던 중 피고가 위 증여계약을 해제한다는 의사표시를 하였다면 위 증여계약은 적법하게 해제된다), 대법원 2009. 9. 24. 선고 2009다37831 판결 지분이전등기등말소(민법 제555조의 서면에 의하지 않은 증여계약의 해제는 형성권의 제척기간의 적용을 받지 않은 특수한 철회로서 10년이 경과한 후에 이루어졌다 하더라도 적법하고, 권리남용에 해당한다고도 볼 수 없다).
17) 인천지방법원 부천지원 1999. 4. 23. 선고 97가합7980 판결 손해배상(영생교사건), 이 판결은 패해자인 신도에게 과실상계도 인정하지 않았다.

리를 예방하기 위하여 일정기간 교회에 출석하지 않은 경우 회원권을 정지하고, 일정한 경우 권징재판에 따라 권징을 할 수 있도록 하고 있다. 그런데 헌금 특히 십일조의무를 다하지 않은 경우 회원권에 제한을 줄 수 있느냐가 문제된다. 헌금에 대한 부정적인 인식으로 말미암아 교인이 헌금의무가 있다고 하더라도 그 의무에 십일조를 포함하는 것은 타당하지 않고, 더구나 이를 교인의 권리와 연계하는 것은 문제가 있다는 견해가 있다.[18] 그러나 어느 단체나 회비가 있고, 회비를 일정기간 납부하지 않으면 회원권을 정지하는 것이 일반적이라는 점에서 일반단체 보다 더 하나님에 대한 신앙과 이웃에 대한 사랑의 표현인 헌금의무를 가볍게 볼 수는 없다. 그리고 헌금 중에 가장 기본적이고 중요한 헌금이 십일조라는 점에서 헌금의무에 십일조를 제외시키는 것이 물질주의에서 벗어난 태도라는 견해에 찬성할 수 없다. 물론 십일조에 대한 신학적인 논쟁이 있지만 이는 개교회의 신학문제이므로 외부에서 이를 문제삼는 것은 적절하지 않다. 헌금을 강요하는 것은 옳지 않고 그것이 사회적인 문제가 된 경우가 있지만 그렇다고 하여 십일조 의무를 규정하는 자체가 신앙적이지 않다거나 물질주의의 표현이라고 하는 주장은 옳다고 할 수 없다. 그러므로 헌금의무를 이행하지 않았다고 하여 성찬참여권, 교회재산 사용수익권, 재판받을 권리, 청원권 등을 제한하는 것은 타당하다고 볼 수 없지만 그러한 의무를 다하지 않은 교인에게 공동의회, 제직회, 당회에의 참석 및 의결권과 각종 선거의 선거권 및 피선거권을 제한하는 것은 타당하다고 본다. 여기서 주의할 점은 성경에서도 과부의 동전 두냥을 귀하게 여겼듯이[19] 헌금의 다과는 문제 삼을 수 없고, 십일조를 온전히 드렸느냐 여부는 신앙적인 문제이므로 온전한 십일조를 하지 않았다는 이유로 헌금의무 자체를 이행하지 않은 것으로 볼 수는 없을 것이다.[20]

18) 서헌제, 앞의 책, 351면.
19) 마가복음 12장 42절, 43절.
20) 온전한 십일조를 하였느냐 여부를 조사한다는 것 자체가 현실적으로 어렵고 그것이 분쟁을 심화시킬 수도 있기 때문에 더욱 그렇다.

제2절 교회의 직원

Ⅰ. 의 의

교회의 직원이라는 개념은 협의와 광의로 사용한다. 협의로는 전문적인 신학교육을 받고 교회로부터 일정한 사례를 받는 교역자(사역자)를 의미하고, 광의로는 일반 성도로서 보수없이 일정한 직을 부여받은 임직자를 포함한다.[21] 또한 직원을 분류할 때 교회에 계속적으로 사역하는 항존직과 1년 단위로 임명하는 임시직으로 구분하기도 한다. 전자에는 담임목사와 장로, (안수)집사가 있고, 후자에는 부목사, 전도사 및 서리집사가 있다. 항존직은 통상 정년이 70세이나 교회에 따라서는 달리 정한 경우도 있다. 권사는 통합총회에서는 항존직으로 분류하고 있으나 합동총회에서는 임시직으로 분류하고 있다(통합헌법 제2편 정치 제4장 제22조, 합동헌법 Ⅳ. 정치 제3장 제3조).

감리회는 장로회의 교역자를 사역자(심방전도사와 교육사)와 교역자(연회 정회원, 준회원, 협동회원, 서리담임자, 전도사)로 분류하고 임직자를 평신도 임원이라고 하여 집사, 권사, 장로로 구분한다(교리와 장정 제2편 헌법 제 13조, 제15조, 제17조).

본절에는 설명의 편의상 장로회 헌법에 따라 직원의 개념을 광의로 보아 교역자와 임직자로 나누어 살펴보기로 한다.

Ⅱ. 교 역 자

1. 목 사

가. 의 의

합동헌법은 목사는 노회의 안수로 임직을 받아 그리스도의 복음을 전파하고

---

21) 교회의 직원에는 교회로부터 급여를 받고 교회사무를 담당하는 직원도 있으나 헌법과 정관에는 통상 이들에 대한 규정을 두고 있지 않고, 이들은 일반 근로자와 같은 지위에 있으므로 제외하기로 한다.

성례를 거행하며 교회를 치리하는 자(롬 11:13)라고 정의하고(합동헌법 Ⅳ. 정치 제4장 목사 제1조[22]), 통합헌법은 목사는 예수그리스도의 양인 교인을 양육하는 목자이며(렘 3:15, 벧전 5:2-4), 그리스도를 봉사하는 종 또는 사자이며(고후 5:20, 엡 6:20), 모든 교인의 모범이 되어 교회를 치리하는 장로이며(벧전 5:1-3), 그리스도의 말씀으로 교인들을 깨우치는 교사이며(딛 1:9, 딤후 1:11), 구원의 복된 소식을 전하는 전도인이며(딤후 4:5), 그리스도가 설립한 율례를 지키는 자이므로 하나님의 도를 맡은 청지기이다(눅 12:42, 고전 4:1-2)라고 정의한다(통합헌법 제2편 정치 제5장 목사 제24조).

나. 목사의 칭호

(1) 목사는 그 담임한 시무의 형편으로 인하여 위임목사,[23] 담임목사, 시무목사, 부목사, 전도목사, 선교목사(선교사), 기관목사, 종군목사, 교육목사, 유학목사, 원로목사, 공로목사, 은퇴목사, 무임목사 등으로 불리우는데 그 의미와 역할은 각 교단 헌법에서 따로 규정하고 있다(합동헌법 Ⅳ. 정치 제4장 목사 제4조, 통합헌법 제2편 정치 제5장 목사 제27조 참조). 위임목사와 담임목사, 부목사는 다음 항에서 자세히 보기로 하고, 여기서는 나머지 목사에 대하여 간단히 보기로 한다.

전도목사는 노회의 파송을 받아 국내외에서 연합기관과 개척지 또는 군대, 병원, 학원, 교도소, 사회복지시설, 산업기관, 국내 거주 외국인 등에 전도하는 목사다. 임기는 사무처와 노회의 정한 바에 의한다(통합헌법 제27조 제4호). 합동헌법은 노회의 언권은 있으나 결의권은 없다고 규정하고 있다(합동헌법 정치 제4장 제4조 제6호).

선교목사는 다른 민족 및 재외 동포에게 전도하기 위하여 외국에 파송한 목사다. 통합헌법은 선교목사의 파송은 총회가 한다고 규정(제27조 제6호)하고 있다.

기관목사는 노회의 허락을 받아 총회나 노회 및 관계 기관에서 교육, 문서 등 사업에 종사하는 목사이고, 종군(군종)목사는 군대에서 시무하는 목사를 말하며,

---

22) 그 밖에도 목자, 그리스도의 종, 그리스도의 사역자, 집사, 장로, 사자, 복음의 사신, 교사, 전도인, 도를 맡은 청지기라고도 한다.

23) 본 교회를 떠나 1년 이상 결근하게 되면 자동적으로 그 위임이 해제된다(합동헌법 제4조 제1호).

교육목사는 합동헌법은 노회의 허락을 받아 교육기관에서 성경과 기독교 교리를 교수하는 목사라고 정의하고(정치 제4장 제4조 제9호), 통합헌법은 위임목사를 교육분야에서 보좌하는 목사라고 정의하여(정치 제27조 제7호) 그 개념이 다르다.

원로목사는 동일한 교회에서 20년 이상 시무한 목사로서 공동의회에서 과반수로 결정한 후 노회에 청원하면 노회가 결정한다(합동헌법 정치 제4장 제4조 제4호, 통합헌법 정치 제27조 제8호). 합동헌법은 공동의회에서 생활비를 작정하게 되어 있고, 통합헌법은 지교회의 형편에 따라 예우한다. 은퇴목사는 원로목사 예우를 받지 못하고 시무를 그만둔 목사이다.

공로목사는 한 노회에서 20년 이상 시무하고 공로가 있는 자중 노회가 그 공로를 기리기 위하여 노회의 결의로 추대한 목사다(통합헌법 정치 제27조 제9호).

무임목사는 노회의 결의에 의한 사무처가 없는 목사다. 통합총회의 무임목사는 정당한 이유 없이 3년 이상 계속 무임으로 있으면 목사의 직이 자동해지되고(통합헌법 정치 제27조 제10호), 합동총회의 무임목사는 노회에서 언권은 있으나 가부권은 없다(합동헌법 정치 제4장 제4조 제5호).

(2) 감리회의 경우는 목사로 안수 받을 이는 준회원 2년 과정을 마치고 연회과정고시와 자격심사를 통과한 후 연회에서 재적회원 과반수의 출석과 출석회원 2/3 이상의 찬성을 받아야 한다(교리와 장정 제3편 조직과 행정법 제3장 교역자 제79조)고 규정한다. 감리회의 교역자는 연회회원 개념으로 정회원과 준회원, 협동회원으로 나뉜다. 연회 준회원은 소정의 교육과정을 거친 후[24] 연회과정고시에 합격하고 적격판정을 받은 후 연회에서 재적회원 과반수의 출석과 출석회원 2/3의 찬성을 얻어 준회원으로 허입한 교역자를 말하며 전도사로 칭하고(같은 장 제76조), 정회원은 연회 준회원 과정을 마치고 목사안수를 받은 이, 감독이 파송한 개체교회나 기관에서 목회를 하고 입법의회에서 제정한 과정고시에 합격한 이, 연회 자격심사위원회의 천거로 연회에서 재적회원 과반수의 출석과 출석회원 2/3 이상의 가표를 얻은 이, 직무수행에 방해될 정도의 채무가 없고 타인의 채무보증을 선 사실이 없는 이로 하며(같은 장 제80조). 협동회원의 자격에 관하여는 같은

24) 第76조 제1항 내지 제9항 참조.

장 제83조에 규정하고 있다.

사역개념으로 개체교회 담임자, 부담임자, 사역자(심방전도사, 교육사), 기관파송 전도사, 수련목회자, 개체교회 서리담임자가 있다(제2장 제7절 내지 제9절). 개체교회의 담임자의 자격은 정회원, 준회원, 협동회원, 서리담임자로 구분한다(제2장 제8절 제45조). 그리고 감리사, 감독, 감독회장도 사역을 위한 직위의 호칭이지 자격이 아니고 그 임기가 지나면 여전히 목사에 지나지 아니하므로 그러한 호칭을 계속 사용하는 것은 바람직하지 않다.

다. 목사의 자격과 지위의 이중성

(1) 목사의 자격은 각 교단에서 요구하는 성별, 학력, 나이, 경력, 시험합격 등 형식적 요건을 갖추어야 한다. 그 요건은 위 제2장 제2절 Ⅴ.에서 본 바와 같이 교단마다 약간씩 다르다.

합동총회의 경우 총신대학교 신학대학원 졸업[25]후 총회에서 시행하는 강도사 고시에 합격되어 1개년 이상 교역에 종사하고 노회의 목사고시에 합격된 후 청빙을 받은 만 30세 이상인 남자(합동헌법 정치 제15장 제1조, 정치 제4장 제2조[26]) 이어야 한다. 통합총회의 경우 무흠세례교인(입교인)으로서 7년을 경과한 자로서 총회 직영 신학대학원을 졸업한 후 2년 이상 교역 경험을 가지고 총회 목사고시에 합격한 30세 이상인 자이어야 한다(통합헌법 정치 제5장 제26조[27]). 합동총회는 노회가, 통합총회는 총회가 목사 고시를 주관하되, 합동총회는 노회의 목사고시 전에 총회의 강도사고시를 합격하여야 한다는 점이 다르다. 또한 통합총회는 무흠이라함은 권징에 의하여 일반교인은 수찬정지, 직원은 사무정지 이상의 채벌을 받은 사실이 없거나, 국법에 의하여 금고 이상의 처벌(양심범은 제외)을 받은 사실이 없는 것을 의미한다고 규정하고 있다(통합헌법 정치 제5장 제26조 제2호).

---

25) 합동총회는 총신대학교신학대학원을 졸업하여야 한다. 다만 2005년 제90회 총회시 결의한 합동원칙 합의서 제4항 "양 교단 총회 산하 각 노회 소속 목사는 공히 그 자격을 인정한다."는 규정에 따라 위 대학원을 졸업하지 않은 자도 목사자격이 있고, 2006년 제91회 총회 결의에 따라 "교단 산하 교회 및 기관에서 교역자 및 직원 청빙시 개혁신학원 및 광주신한원 졸업자도 총회신학대학원 졸업자와 동등한 자격이 있다."

26) 다만 군목과 선교사는 만 27세 이상이면 된다. 그리고 헌법상 남자에 한하는 규정은 없으나 디모데전서 3장 2절의 해석을 근거로 남자에게만 목사 안수를 하고 있다.

27) 다만 군목과 선교목사는 예외로 한다.

나아가 통합교단은 총회결의를 통해 외국시민권자는 총회산하 목사가 될 수 없다고 하고 있으나[28] 기독교장로회에서는 제96회 총회결의를 통해 외국시민권자도 교단산하 목사가 될 수 있다고 결의한 바 있다.

감리회의 목사안수는 위에서 본 바와 같이 준회원 2년 과정을 마쳐야 하고, 준회원으로 허입되기 위해서는 감리교산학대학교, 목원대학교, 협성대학교의 대학원 또는 신학대학원, 목회신학대학원 과정을 이수하고 신학석사학위를 취득하는 등 일정한 자격을 거쳐야 한다(교리와 장정 제3편 제76조 참조).

그러나 목사의 자격에서 이러한 형식적인 자격보다 더 중요한 것은 진실한 신앙과 깨끗한 행실[29] 및 소명(calling)이 있어야 함은 두말할 나위가 없다. 합동총회는 위의 형식적 요건 외에도 목사 될 자는 학식이 풍부하며 행실이 선량하고 신앙이 진실하며 교수에 능한 자여야 하며, 모든 행위가 복음에 적합하여 범사에 존절함과 성결함을 나타낼 것이며, 자기가정을 잘 다스리며 외인에게서도 칭찬을 받은 자이어야 한다고 규정하고 있다(정치 제4장 제2조). 그럼에도 불구하고 교회분쟁의 많은 원인은 이러한 목사의 실질적 자격의 결여로 인한 것이다.

(2) 목사는 지교회에서 위임목사 또는 부목사로서 사역을 감당하지만 교단헌법상으로는 노회 소속으로서 노회의 위임을 받아 지교회에 파송되는 형식을 취한다. 이러한 목사 지위의 이중성은 목사의 자격 부여와 심사, 목사의 선임 및 해임의 결정권이 노회에 있는가 지교회에 있는가의 문제와 연결된다.

2. 담임(위임)[30]목사

가. 담임목사의 의의

담임목사는 통상 개교회의 청빙으로 노회의 위임을 받고 개교회를 담임하는 목사이다. 그런데 담임목사는 협의로는 헌법상의 정년까지 시무하는 위임목사와 구별하여 일정한 기간 시무하는 목사를 의미하나, 광의로는 위임목사를 포함하는

28) 통합 제69회, 제87회 총회 및 총회헌법 해석 사례, 이에 대한 법원의 판결에 대하여는 제6장 제2절 Ⅰ.에서 자세히 보기로 한다.
29) 디모데전서 3장 1절-7절 참조.
30) 아래에서 보는 바와 같이 담임목사와 위임목사는 구별되어 사용되기도 하나 동일한 개념으로 사용되기도 한다.

개념으로 사용되기도 하고 위임목사와 동일한 개념으로 사용되기도 한다. 통합헌법상 담임목사는 임기가 3년이고(제2편 정치 제4장 목사 제27조 제2호), 연임에 제한이 없으나, 합동헌법상 시무목사[31]는 임기가 1년이고 1년간 더 할 수 있으나(합동헌법 정치 제4장 제4조 제2호), 그후에는 위임목사로 청빙받지 못하면 시무를 종료해야 한다. 통합총회의 담임목사의 청빙은 당회의 결의와 제직회 출석회원 과반수의 찬성을 얻어야 하고, 청빙서는 제직회 출석회원 과반수가 서명날인을 한 명단, 당회록 사본, 제직회 회의록 사본, 목사의 이력서를 첨부하여 노회에 제출하여(통합헌법 정치 제5장 제28조 제3호) 노회의 승인을 받아야 한다(같은 장 제27조 제2호). 합동총회의 시무목사는 공동의회에서 출석 교인 3분의 2 이상의 가결로 청빙을 하여 노회의 승인을 받는다(합동헌법 정치 제4장 제4조 제2호).

또한 담임목사는 위임목사와 동일하게 당회와 공동의회, 제직회의 의장이고, 교회의 대표자이며, 치리권과 말씀 선포권 및 성례 거행권 등 강도권을 독점하고 있어 막강한 권한을 가지고 있다. 그리하여 누가 담임목사인가에 따라 교회부흥 여부가 결정되기도 한다.

이상에서 본 바와 같이 협의의 담임목사는 임기가 정해져 있고, 청빙절차가 위임목사보다 덜 엄격하나, 권한상에는 차별이 없어 위임목사와 동일한 개념으로 사용하는 경우가 많으므로 이하에서는 원칙적으로 광의의 의미로 사용하되, 경우에 따라서는 구별하여 사용하기로 한다.

나. 담임목사 지위의 취득과 상실

(1) 담임목사 취득원인의 법적성질

교단에 소속된 교회에서의 담임목사의 지위의 취득 및 상실은 개교회와 노회의 어느 한 주체의 의사만으로 이루어질 수 없다. 이는 담임목사는 개교회의 대표자임과 동시에 노회 및 총회의 소속원이라는 이중적인 지위에 있는 당연한 결과이다. 여기서 담임목사 지위를 취득하는 원인이 무엇인가에 대하여 견해가 나뉜다. ① 근로자와 같이 고용 내지 근로계약이라는 견해(근로계약설), ② 법인의

31) 합동헌법은 종래 임시목사라고 칭하였으나 어감이 좋지 않아 시무목사로 개정하였다.

이사 또는 대표이사와 같이 위임계약이라는 견해(위임계약설)가 있다. 그리고 또 위임계약설도 그 위임의 주체가 누구인가에 따라 ① 교회위임설[32]과 ② 노회위임설, ③ 교회와 노회 위임설(교회의 청빙과 노회의 위임으로 이루어진다는 견해)이 있다. 담임목사는 개교회나 노회에 종속적인 관계에 있지 않고 근로의 대가로 급여를 받는 것이 아니기 때문에 근로계약이라고 할 수 없고, 담임목사의 지위가 교회나 노회의 어느 하나로부터 위임을 받아 이루어지는 것이 아니며, 또한 하나님의 부르심에 따라 하나님의 소명을 받아 일한다는 신학적 사상에 기초한 것이기 때문에 단순히 사람으로부터 위임받았다고 할 수도 없다. 그러나 사회단체로서의 교회의 대표인 딤임목사의 법적 지위는 교회의 청빙과 노회의 임직에 의하여 부여된다는 점에서 지교회와 노회로부터 위임받은 비전형계약이라고 할 수 있다.[33] 이러한 담임목사 지위의 취득의 법적 성질을 어떻게 파악하느냐에 따라 담임목사의 사임 및 해임절차가 달라진다. 담임목사의 지위의 취득원인을 통상 위임이라고 하기 때문에 이하에서는 위임이라는 용어를 사용하기로 한다.

(2) 담임목사의 지위 취득

(가) 개교회의 청빙결의와 노회의 승인(위임)결의

일반적으로 담임목사가 되기 위해서는 개교회의 청빙결의와 노회의 위임결의가 있어야 하고, 그 중 어느 하나라도 결여되면 담임목사가 될 수 없다.[34] 우리

---

32) 수원지방법원 성남지원 2015. 9. 16. 선고 2015가합966 판결은 교회와 담임목사 간의 법률관계는 민법상 위임에 준하는 관계라는 것을 전제로, 교단 헌법에 교인들의 위임목사 불신임에 관한 규정이 없다고 하더라도 목사청빙을 결의한 교회의 공동의회는 목사청빙을 철회하는 불신임결의를 할 수 있다고 판시하였으나 서울고등법원 2016. 6. 24. 선고 2015나2057452 판결은 불신임결의를 할 수 없다고 판시하였다.

33) 수원지방법원 성남지원 2012. 9. 11. 선고 2011가합8405 판결은 "갑교회의 자치교범이 되는 대한예수교장로회 헌법 제4장 제1조, 제4조에서는 '목사는 노회의 안수로 임직함을 받고, 담임목사의 교회에의 임직은 교회와 해당 담임목사 양자만의 합의뿐만 아니라 노회의 안수가 필요하다고 보인다. 나아가 교회는 담임목사와 사이의 합의서를 첨부하여 평양노회에 보고하고 그 승인을 구하였던 점에 비추어 보면, 교회와 담임목사 사이의 관계를 단순한 민법상 위임계약에 준하는 법률관계라고 보기 어렵고, 담임목사의 사임에 관하여도 목사와 교회의 합의만으로 그 효력이 발생하는 것으로 볼 수 없다."고 판시하여 같은 견해이다.

34) 합동총회는 "해 교회 시무하는 목사가 해 교회 임시 또는 위임목사로 청빙될 수 없고(1993년 제78회 총회 결의), 부목사는 동일 교회 담임목사로 청빙받을 수 없으며(2003년 제88회 총회 결의), 교육, 음악, 협동목사 등은 부목사와 같이 해 교회 담임목사 청빙이 불가하다(2008년 제93회 총회 결의)"는 결의를 한 바 있다.

나라 최대교단인 대한예수교장로회총회(합동, 통합)와 한국기독교장로회총회의 담임목사는 개교회 당회의 결의와 공동의회 출석교인의 3분의 2 이상의 찬성을 얻어야 하고, 청빙서에는 이러한 당회회의록과 공동의회회의록 및 이력서를 첨부하고 재적교인 과반수가 서명날인하여 노회에 제출하며, 노회에서 이를 승인하여 위임식을 거행함으로써 될 수 있다(합동헌법 Ⅳ. 정치, 제15장 제3조, 제5조, 통합헌법 제2편 정치 제5장 제28조, 제29조, 기장헌법 Ⅳ. 정치 제4장 제22조, 제23조).

노회는 청빙서를 접수하면 노회의 결의로 청빙을 승인하고 노회의 폐회 중에는 노회정치부의 결의를 거쳐 임원회가 청빙승인을 할 수 있다(통합헌법 정치 제5장 제29조).

위에서 본 바와 같이 담임목사는 비법인사단인 교회의 대표자이기는 하지만 위임의 주체를 개교회라고 할 수 없고, 그렇다고 노회가 일방적으로 위임할 수 없다는 점에서 노회라고 할 수도 없다. 그런데 위임에 하자가 있음을 이유로 위임 또는 청빙무효확인의 소가 제기되곤 하는데 그 형태에는 청빙결의의 하자를 원인으로 하는 경우와 노회위임의 하자를 원인으로 하는 경우가 있다.

(나) 청빙결의의 하자

청빙결의에 절차적으로 흠결 예컨대, 당회결의의 미결, 공동의회의 의결정족수의 미달 등이 있다면 당연히 청빙결의는 무효이다. 그런데 그러한 절차상의 하자는 없는데 그 내용 예를 들면 목사자격요건 등에 하자가 있는 경우에도 청빙결의를 무효로 할 것인가, 아니면 일정한 제한을 둘 수 있느냐가 문제될 수 있다.

이와 관련하여 담임목사에 대한 청빙결의에 이르기 전에 크게 서류심사와 면접심사를 먼저 하는데 이력서, 자기소개서 등 서류에 경력 내지 학력을 허위로 기재한 경우 청빙결의의 효력이 문제된 사안에서 서울고등법원은 이력서에 13년의 담임임목사 경력서 중 5년이 허위로 판단된다면 이러한 허위기재 부분은 청빙결과에 상당한 영향력을 끼쳤을 것으로 보이므로 허위기재를 바탕으로 한 위임목사 청빙결의는 그 내용에 중대한 하자가 있어 무효라고 봄이 상당하다고 판시한 사례가 있다.[35]

35) 서울고등법원 2015. 6. 4. 선고 2014나2029382 위임목사청빙결의무효확인 판결(효성교회사건), 원

(다) 노회의 승인(위임)의 기준

개교회가 청빙을 원하는 목사를 노회가 승인(위임)을 거절할 수 있는가. 거절할 수 있다고 한다면 그 기준은 무엇인가. 원칙적으로 교단이 인정하는 목사 자격을 갖추지 못하였다면 비록 개교회가 청빙을 하더라도 이를 거절할 수 있음은 교단의 정체성에 비추어 당연하다. 그러나 사소한 잘못을 이유로 거절하는 것은 타당하지 않다고 할 것이다. 실제로 노회와 개교회가 담임목사를 누구로 할 것인가로 다투는 경우가 가끔 있고, 이런 문제로 인하여 교회가 분쟁에 휩싸이게 된다. 노회로서는 개교회가 청빙한 담임목사가 교단헌법이 정하는 담임목사의 자격을 갖추지 않았거나 명백한 권징사유가 없는 한 거절할 수 없다고 봄이 상당하다.

(라) 노회승인(위임)이 없는 담임목사의 지위

그런데 노회의 승인이 없는 담임목사의 지위는 어떻게 되는가. 지교회가 노회에 소속되어 있는 한 원칙적으로 노회의 승인이 없다면 적법한 담임목사라고 할 수는 없을 것이다. 특히 노회나 총회와의 관계에서는 대표권이 부정될 수밖에 없고, 그러한 경우 개교회와 노회는 분쟁이 있게 되고 그에 따라 교인들간에도 분쟁이 생기게 마련이므로 가급적 그러한 일은 발생하지 않도록 하는 것이 바람직하다. 다만 담임목사가 노회의 승인이 없더라도 노회이외의 제3자에 대한 관계에서는 비법인사단의 성질상 대표권이 있어 교회재산의 처분행위가 유효하다는 판례가 있다.[36]

한편, 교회의 대표자는 교회의 청빙을 받고 교회가 소속한 노회에 속한 위임목사 또는 임시목사이어야 하는 경우, 교회가 소속한 노회의 당회장 해임 및 목사 정직 결정을 받고는 그 부당성을 다투지 않은 채 노회를 탈퇴한 담임목사는 교회의 대표자 자격을 상실한다는 하급심판결[37]이 있는바, 이 사안은 교회가 아닌 담임목사가 개인적으로 노회를 탈퇴한 것이므로 노회의 당회장 해임 및 목사

심인 서울중앙지방법원 2014. 7. 24. 선고 2013가합539797 판결도 같은 취지이다. 그런데 그 후 대법원은 해당교회가 담임목사에 대하여 다시 청빙결의를 함으로써 당초의 청빙결의무효확인은 과거의 법률관계의 확인으로 소의 이익이 없다는 이유로 소를 각하한다고 파기자판하였다(대법원 2016. 10. 13. 선고 2015다222746 판결).

36) 대법원 1967. 12. 18. 선고 67다2202 판결.

37) 춘천지방법원 원주지원 2006. 11. 18. 선고 2004가단4835 판결.

정직 결정의 효력 여부를 떠나 교회의 대표자 자격을 상실한 것이므로 당연한 판시라 할 것이다.

(마) 노회의 승인(위임)결의의 하자

개교회의 청빙결의와 노회의 승인(위임)결의가 있었으나 담임목사의 자격이나 절차 등에 하자가 있다는 이유로 후에 노회위임결의의 무효확인 소송을 제기하는 경우가 있는바, 그 위임결의가 무효가 되는 기준이 무엇인가가 문제이다.

이와 관련하여 서울중앙법원[38]은 "우리 헌법이 종교의 자유를 보장하고 종교와 국가기능을 엄격히 분리하고 있는 점에 비추어 종교단체의 조직과 운영은 그 자율성이 최대한 보장되어야 할 것이므로, 교회 안에서 개인이 누리는 지위에 영향을 미칠 각종 결의나 처분이 당연 무효라고 판단하려면, 그저 일반적인 종교단체 아닌 일반단체의 결의나 처분을 무효로 돌릴 정도의 절차상 하자가 있는 것으로는 부족하고, 그러한 하자가 매우 중대하여 이를 그대로 둘 경우 현저히 정의관념에 반하는 경우라야 한다(대법원 2006. 2. 10. 선고 2003다63104 판결). 특히 종교단체의 성직자 임명은 예배 및 종교활동을 주재하고 신도들을 이끌어 갈 종교적 지도자의 자격을 갖춘 사람을 그 내부의 종교적 기준에 따라 선택하는 행위로서, 그 성질상 종교단체 내부의 자율권에 관한 사항에 해당하고 종교적 신념이나 정체성과도 밀접하게 관련되어 있으므로, 종교단체는 성직자 임명에 관하여 폭넓은 재량권을 가진다. 이러한 재량권에는 그 성직자의 임명자격에 관한 내부기준을 설정하는 것은 물론이고 그 설정된 자격기준의 해석 및 충족 여부를 판단하는 권한이 포함되며, 이러한 종교단체의 자율권에 기초한 재량권의 행사는 국가 사법기관인 법원으로서도 존중하여야 한다. 따라서 법원이 종교단체의 대표자지위의 존부를 심사한다는 명목으로 성직자 임명행위의 옳고 그름을 처음부터 전면적으로 재심사한 후 그 임명자격 기준에 관한 해석 및 충족여부에 관한 판단이 법원의 일의적인 판단과 다르다는 사정만으로 그 임명행위의 효력을 부정하는 것은 타당하다고 볼 수 없고, 법원의 사법심사 결과 그 재량권의 행사가 현저히 합리성을 결여하거나 자의적이어서 그 재량권의 행사를 그대로 용인・방치

38) 서울중앙지방법원 2016. 2. 4. 선고 2015가합15042 판결(사랑의교회 사건).

할 경우 현저히 정의관념에 반하는 부당한 결과를 초래하는 등의 특별한 사정이 인정되는 경우에 한하여 그 성직자의 임명행위의 효력을 부정할 수 있다고 봄이 상당하다."고 판시하여 일응의 기준을 제시하면서, 위임목사가 교단헌법 제15장 제13조 후단의 '본 장로회 신학교에서 2년 이상 수업할 것'이라는 요건을 갖추지 못하여 노회의 위임목사결의는 위법하다는 주장에 대하여, 피고 노회가 해당 위임목사가 교단헙법 정치편 제15장 제13조 후단에 규정된 요건을 갖추었다고 판단하여 위임목사로 위임한 것은 (약간의 이견이 있을 수 있지만) 상당한 합리성이 있고, 이를 가리켜 그 재량권의 행사가 현저히 합리성을 결여하거나 자의적이어서 그 재량권의 행사를 그대로 용인 방치할 경우 현저히 정의관념에 반하는 부당한 결과를 초래하는 경우에 해당한다고 볼 수 없다고 판단하여 원고의 주장을 배척하였다. 위 판결은 항소되었으나 항소심인 서울고등법원[39]도 원심판결의 이유를 원용함과 동시에 추가적으로 "교단헌법에 따라 목사 안수를 받을 자격이 있는지 여부를 심사하는 것은 노회의 자율권에 해당하는 사항"이라고 판시하고, 나아가 총신대학교총장의 합격무효처분에도 불구하고 "교단의 신념이나 정체성에 따라 성경의 말씀을 전하면서 종교활동을 주재하고 신도를 이끌어가는 가장 중요한 역할을 수행하는 사람이 바로 목사이고, 그 목사의 임명여부, 그와 관련된 교단 헌법 해석은 종교단체인 교단 내부의 자율권에 관한 사항이자 대한민국 헌법 제20조 제1항에서 보장하는 종교의 자유의 핵심적인 영역에 해당한다."는 등의 이유로 원고의 항소를 기각하여 노회의 위임결의가 적법함을 인정하였다.

그러나, 위 판결의 상고심인 대법원[40]은 "이 사건 ○○대학원을 졸업하거나 이 사건 교단에서 목사안수를 받지 아니한 피고 B이 이 사건 교단의 목사가 되기 위해서는, 이 사건 교단 소속 노회로부터 목사후보생 추천서를 받아 목사후보생으로서 이 사건 ○○대학원에 일반편입하여 졸업한 후 강도사 고시 합격, 1년 이상 교역 종사, 목사 고시 합격을 거쳐 목사 안수를 받는 방법 또는 이미 미국 F 교단 G노회에서 목사안수를 받은 목사로서 그 목사안수증을 제출하고 이 사건 ○○대학원의 편목과정에 편입하여 졸업한 후 강도사 고시에 합격하는 방법 중

39) 서울고등법원 2017. 5. 11. 선고 2016나2013077 판결.
40) 대법원 2018. 4. 12. 선고 2017다232013 판결.

한 가지를 선택할 수 있다. 이 사건 ○○대학원의 어느 과정을 졸업하느냐에 따라 졸업 후 목사가 되기 위해 거쳐야 하는 절차가 다르므로, 피고 B이 이 사건 교단의 목사 자격이 있는지 여부를 판단하기 위해서는 먼저 일반편입을 한 것인지 편목편입을 한 것인지를 분명하게 밝히고, 해당 편입과정을 전제로 그 입학허가, 과정 이수, 졸업 등 절차의 하자 여부와 후속 과정을 제대로 거쳤는지를 살펴야 한다."라고 판시한 후, 피고 B는 미국 F 교단의 목사 자격으로 편목과정에 편입한 것이 아니라 이 사건 교단의 목사후보생 자격으로 일반편입을 한 것으로 보는 것이 합리적이므로 비록 위 연구과정을 졸업한 후 강도사 고시에 합격하고 강도사 인허를 받았다고 하더라도 아직 이 사건 교단 소속 노회의 목사 고시에 합격하여 목사 안수를 받지 아니하였으므로 위 교단 헌법 제15장 제1조에서 정한 목사 요건을 갖추었다고 볼 수 없다고 판시하여 원심을 파기하고, 사건을 서울고등법원에 환송하였다.[41] 하지만, 위 대법원 판결은 피고 B가 F신학대학원에 편목편입하였다는 원심의 사실인정을 뒤집어 일반편입하였다고 사실인정을 함으로써 법률심인 대법원이 사실인정에 관여한 점, 당사자들이 원심까지 피고 B의 편목편입 사실에 대하여 적극적으로 다투지 않았다는 점에서 변론주의에 반한 판시라고 할 것이다. 특히 목사의 자격은 국가가 법률에 의하여 정하는 것이 아니라 교단이 자율적으로 정하고, 담임목사를 위임하는 권한이 있는 노회가 해당 목사의 자격 등을 심사한 후 위임한 것이며, 이러한 성직자의 임명에 관하여 종교단체에 상당한 재량권이 있다고 할 것이므로 위 대법원 판결은 이러한 종교단체의 자율권을 침해하였다는 점에서도 타당하지 않다. 대법원은 피고 B가 편목과정에 편입한 것이 아니라 이 사건 교단의 목사후보생 자격으로 일반편입을 한 것으로 보는 것이 합리적이라고 하고 있으나, 일반편입 요건이 편목편입 요건보다 쉬운 것이 아니므로 이미 목사 안수를 받은 피고 B가 다시 목사안수를 받아야 하는 일반편입을 할 필요성이 없다는 점에서 위 대법원의 판시는 합리적이지 않다. 당시 피고 노회는 피고 B가 편목편입한 것이라고 보고 이 사건 교단의 목

---

41) 그후 서울고등법원은 위 대법원판결의 취지에 따라 이 사건 결의를 무효로 보고 피고의 B의 위임목사로서의 직무집행을 금지하였다(서울고등법원 2018. 12. 5. 선고 2018나2019253 판결). 그러나 그후 피고 B는 다시 교단으로부터 간단한 편목과정을 거쳐 위임목사의 자격을 취득하였다.

사자격을 취득한 것으로 판단하여 담임목사로 위임하는 이 사건 결의를 한 것인바, 편목편입하는 과정에서 목사안수증을 제출하지 아니하는 등 필요한 서류의 제출이 일부 누락되었다는 사실만으로 바로 일반편입이 된다고 할 수 없고, B가 목사안수를 받은 사실이 있다면 목사안수증 미제출만으로는 그 하자가 매우 중대하여 현저히 정의관념에 반하여 이 사건 결의를 무효로 할 정도라고는 할 수 없다고 할 것이다.

또한 인천지방법원 부천지원[42]은, 채무자가 목사안수 자격 연령 30세에 약 4개월이 부족하고, 강도사 인허 후 1년이 되지 아니하며, 청빙시 공동의회 출석교인의 2/3 이상의 동의는 얻었지만 교인과반수의 서명날인이 없고, 당해 교회에서 시무하던 강도사였으므로 담임목사로 위임할 수 없음에도 불구하고 자격 없는 서기가 참여한 상태에서 채무자에 대하여 목사안수, 청빙 및 위임목사직을 허락한 노회의 결의가 무효라는 주장에 대하여, 비록 목사안수를 받을 당시 목사 자격 요건을 갖추지 못한 하자가 있기는 하나, ① ○○교회가 원로목사의 유고에 대비하여 위와 같은 사정을 알면서도 채무자에 대한 목사 고시와 위임목사를 청원하였던 것으로 보이고, 청빙시 과반수 이상의 무흠 입교인의 날인이 누락되었다고 하더라도 청빙 결의 후 ○○교회에서 채무자에 대한 위임예배까지 마친 점에 비추어 이를 추인한 것으로 보이는 점, ② 교단 헌법에는 당해 교회에서 시무하던 강도사가 당해 교회의 위임목사로 청빙될 수 없다는 명문의 규정이 없는 점, ③ 중부노회는 당시 ○○교회의 특수한 상황을 고려하여 채무자에게 조기목사 안수를 허락한 것으로 보이고, 교단 헌법에 목사의 유고시 대행 또는 후임 임명 절차 등에 대한 규정이 달리 없는 것으로 보아 위와 같은 상황에 대하여는 중부노회에 목사 임명 등에 관한 재량권이 부여된 것으로 보이며, 당시 결의에 참석한 서기의 자격에 하자가 있다는 점을 소명할 자료가 없다는 점 등을 종합해 볼 때, 채권자가 주장하는 하자가 매우 중대하여 이 사건 결의를 무효로 돌릴 만한 정도라고 보기 어렵다고 판단하였다. 위 가처분사건의 본안판결[43]도 위 가

42) 인천지방법원 부천지원 2017. 3. 24. 자 2016카합308 결정 직무집행정지가처분.
43) 서울고등법원 2018. 8. 16. 선고 2018나2009607 판결, 인천지방법원 부천지원 2018. 1. 17. 선고 2017가합100580 판결.

처분과 비슷한 이유에 더하여 지교회가 교단의 총회, 노회와 별개의 비법인사단으로서의 단체성을 보유하고 있는 이상 총회 또는 노회에서 이루어진 목사 안수결의에 하자가 있다는 사유만으로 지교회의 대표자 지위가 당연히 상실된다고 볼 만한 근거가 부족하다고 판단하였다.

그리고, 총회에서 청빙무효판결을 받은 목사가 제기한 총회재판국판결무효확인판결에서 서울고등법원[44]은 "이 총회판결은 교단헌법의 규정에 의하더라도 권징재판과 구별되는 행정소송의 일종으로서 담임목사의 대표자 지위에 관한 총회판결의 당부를 판단할 필요가 있다. 또한 청빙승인결의 무효판결에는 교단헌법이 현행 실정법을 차용하여 마련한 교회 내의 기본적인 소송절차, 치리권 행사 및 그 시정의 주체를 엄격히 제한한 장로교의 본질이나 각 치리회 간의 자율성을 보장한 조직규범에 위배되는 중대한 절차상의 하자가 있을 뿐만 아니라 실체적으로도 재량권을 현저히 일탈남용한 하자가 있다고 할 것이므로, 현저히 정의관념에 반하는 중대명백한 하자가 있는 판결로서 무효이다."라고 판시하고 있는바, 이는 위임목사의 요건인 미국시민권자가 아닌 것과 목사안수 요건인 2년 이상의 전임전도사 요건의 결여는 청빙무효의 사유가 아니라는 취지의 판결이다.[45]

어떻든 노회의 담임목사의 승인(위임)결의는 그 성질상 종교단체 내부의 자율권에 관한 사항에 해당하고 종교적 신념이나 정체성과도 밀접하게 관련되어 있으므로, 종교단체는 성직자 임명에 관하여 폭넓은 재량권을 가진다고 보아 함부로 무효로 할 수 없고, 그 재량권의 행사가 현저히 합리성을 결여하거나 자의적이어서 그 재량권의 행사를 그대로 용인·방치할 경우 현저히 정의관념에 반하는 부당한 결과를 초래하는 등의 특별한 사정이 인정되는 경우에 한하여 그 성직자의 임명행위의 효력을 부정할 수 있다고 본다.

(바) 감독정체와 회중정체

감독정체를 취하고 있는 기독교대한감리회는 당회[46]의 결의가 아니라 구역인

---

44) 서울고등법원 2015. 12. 18. 선고 2015나2019610 판결(강북제일교회사건), 원심인 서울중앙지방법원 2015. 4. 7. 선고 2014가합592269 판결도 같은 견해이고, 이 사건은 현재 2016다200545로서 상고심에 계속중이다.

45) 이 판결이 대법원 2014. 12. 11. 선고 2013다78990 판결과는 상호모순되는 측면이 있음은 제6장 제2절 Ⅰ.에서 보기로 한다.

사위원회의 결의를 거쳐 감독과 감리사가 담임목사를 파송한다(교리와 장정 제3편 조직과 행정법 제2장 제8절 제44조). 그리고 교단에 소속되지 않은 교회 또는 회중정체[47]를 취하는 침례교 등은 개교회의 정관에 따라 위임절차가 진행된다. 교회가 비법인사단이라는 점에서 담임목사의 위임은 교인들의 결의가 필요하고, 결국 위임의 주체는 개교회가 되는 것이다.

(3) 담임목사 지위의 상실[48]

(가) 정년과 임기

위임목사는 통상 70세를 정년으로 한다. 합동총회는 위 70세를 만 70세가 끝나는 날, 즉 만 71세가 되는 전일까지라고 해석하였고,[49] 통합총회는 70세가 되는 해의 연말까지이다.[50] 그러나, 교회에 따라서는 임기를 정하는 경우도 있고,[51] 위임목사와 구별하여 임기 1년의 시무목사[52] 또는 3년의 담임목사[53]를 두는 경우도 있으며, 7년마다 재신임받는 경우도 있다. 이와 관련하여 담임목사의 임기 3년이 만료되었으나 그 임기만료 전에 연임청원을 하지 아니하여 승인결의를 받지 않은 채 6개월 경과 후에 개최된 노회의 총회에서 연임승인 결의를 받은 목사의 노회원의 지위는 지교회의 연임청원 결의 및 노회의 연임승인 결의가 추인결의에 해당하여 그 하자가 치유되었다고 보아 노회의 회원의 지위를 인정한 하급심 판결례가 있다.[54]

그런데 조직교회의 경우 담임목사 내지 시무목사의 경우도 위임목사와 동일하게 당회장권 등 상당한 권한이 있으므로 그 연임에 관한 분쟁이 있다. 예컨대 담

---

46) 장로교단에서의 공동의회를 의미한다.

47) 주지하다시피 교회의 정체는 대체로 감독정체, 장로정체, 회중정체로 나눌 수 있는데, 후자로 갈수록 교단의 단체성이 약화된다.

48) 이부분은 위임목사를 포함하는 목사 일반에 해당하는 부분이다. 다만 일부는 담임목사에만 적용된다.

49) 2008년 제93회 총회 결의.

50) 통합헌법 제2편 정치 제22조.

51) 기장은 위임, 임시목사의 구분을 없애고 담임목사로 통합하여 "임기는 재임기간이다"라고 함으로써 임기를 지교회가 정하는 바에 의한다(기장헌법 Ⅳ. 정치 제4장 목사 제21조 목사의 시무구분과 임기 제1항 담임목사).

52) 합동헌법 Ⅳ. 정치 제4장 목사 제4조 제2호.

53) 통합헌법 제2편 정치 제5장 목사 제27조 제2호.

54) 인천지방법원 부천지원 2015. 10. 14. 선고 2015가합1023 판결.

임목사가 연임되기 위해서는 당회의 결의와 제직회 출석회원 과반수의 찬성을 얻어야 하는데 당회를 개최하지 못해 후임 당회장을 선출하지 못한 경우 후임당회장이 선출될 때까지 전임당회장이 당회장의 지위를 유지할 수 있느냐가 통합헌법 제33조 제5항[55]의 해석과 관련하여 실제로 문제되는 경우가 있었는바, 이와 관련하여 임기가 만료된 비법인사단의 대표자가 후임 대표자가 선임될 때까지 종전의 직무를 계속 수행할 수 있는 권한에 관하여 급박한 사정을 해소하기 위하여 임기만료된 대표자로 하여금 업무를 수행하게 할 필요가 있는지를 개별적·구체적으로 가려서 인정할 수 있다는 법리(대법원 2003. 7. 8. 선고 2002다74817 판결 참조)에 비추어볼 때, 위 조항은 교회 내부의 분쟁이 존속하는 경우 치리회 임원의 임기가 당연히 연장됨을 밝힌 규정이라고 보기 어렵고, 치리회 중 당회의 사고 여부를 판단함에 있어서 교회 내부의 급박한 사정을 해소하기 위하여 임기가 만료된 담임목사로 하여금 종전업무를 계속 수행하게 할 필요가 있는지 개별적·구체적으로 살펴보아야 하는데 당회장 결원을 전제로 임시당회장을 파송한 점 등의 사정을 종합하여 보면 임기가 만료한 담임목사에게 담임목사로서의 종전 업무를 계속 수행하게 하는 것은 부적절하다고 보인다고 보아 담임목사의 직무집행정지가처분신청을 인용한 하급심 결정례가 있다.[56]

(나) 자의사임, 자의사직

목사가 어떤 잘못이 없음에도 스스로 판단하여 사임, 사직하는 경우가 있을 수 있다. 사임[57]은 개교회의 시무를 사임하는 것이고, 사직은 목사직을 사직하는 것을 의미하는 것으로 해석된다.

통합헌법은 목사가 부득이한 사유로 인하여 시무사임을 원할 때 노회에 사임서를 제출하는 자의사임(통합헌법 제2편 정치 제5장 목사 제35조 제1호)과 목사가 부득이한 사유로 인하여 목사직의 사직을 원할 때 노회에 사직서를 제출하는 자

---

55) 치리회의 사고여부는 치리회장의 임기 만료후에도 합법적으로 치리회장이 선출되지 못한 경우 또는 이에 준하는 경우를 기준으로 판단한다. 이 경우 치리회 임원의 임기는 적법한 임원개선시까지 자동연장된다.

56) 전주지방법원 2020. 8. 31. 자 2020카합1055 직무집행정지처분결정, 2020. 11. 10. 자 2020카합1085 가처분이의결정.

57) 합동헌법은 사면이라는 용어를 사용하고 있다.

의사직(같은 조 제3호)을 규정하고 있고, 합동헌법과 기장헌법도 이와 같은 취지의 자유사면과 자유사직을 규정하고 있다(합동헌법 Ⅳ. 정치 제17장 목사 사면 및 사직,[58] 기장헌법 Ⅳ. 정치 제4장 목사 제26조 제1호, 3호). 그 어느 경우에도 목사 임의대로 사임할 수 있는 것이 아니라 노회의 심사를 거쳐 허락을 받아야 한다.[59]

(다) 권고사임, 권고사직

1) 권고사임

합동헌법은 권고사임(권고사면)에 관하여 지교회가 목사를 환영하지 아니하여 해약하고자 할 때는 노회가 목사와 교회 대표자의 설명을 들은 후 처리한다(합동헌법 Ⅳ. 정치 제17장 제2조). 통합헌법은 교회에서 불미스러운 행위를 한 사실이 확인될 때에는 당회 및 공동의회의 결의에 의하여 교회는 시무 사임의 권고를 노회에 건의할 수 있으며, 노회는 권고사임의 건의내용을 상세히 조사하여 시무 사임을 권고할 수 있다(통합헌법 제2편 정치 제5장 목사 제35조 제2호)고 하고 있다. 만약 목사가 사임 권고를 받아들이지 않아도 원칙적으로는 사임을 강제할 수는 없다고 해석된다(권고적 효력). 다만 기성헌법은 목사가 성직에 합당한 자격을 상실하였을 때는 당회결의로 지방회가 권고사임하게 하고 총회에 보고하면 총회는 이를 처리한다고 하고 있어(기성헌법 제5장 지교회 제3절 교직자 제45조 제4호) 강제력이 있는 것으로 보인다.

그런데 합동교단에서 개교회가 노회에 해약(권고사면) 청원을 할 때 개교회의 당회 및 공동의회의 결의가 필요한지에 관하여 명확한 규정이 없어 이론이 있다. 장로 8인이 교인총회 결의를 거치지 않고 소속노회에 담임목사 해임청원을 한

---

58) 제17장 제1조 자유사면 - 목사가 본 교회에 대하여 어려운 사정이 있어 사면원을 노회에 제출하면 노회는 교회 대표를 청하여 그 목사의 사면 이유를 물을 것이니 그 교회 대표가 오지 아니하든지 혹 그 설명하는 이유가 충분하지 못하면 사면을 승낙하고 회록에 자세히 기록할 것이요 그 교회는 허위 교회가 된다.
제3조 자유사직 - 목사가 그 시무로 교회에 유익을 주지 못할 줄로 각오할 때는 사직원을 노회에 제출할 것이요, 노회는 이를 협의 결정한다.

59) 수원지방법원 성남지원 2012. 9. 11. 선고 2011가합8405 판결(서울고등법원 2012나81823 판결, 대법원 2013다61404 판결)은 대한예수교장로회 지교회의 목사가 소속 노회에 사면 또는 사직의 의사표시를 하였다고 하더라도 곧바로 사면 또는 사직의 효력이 생긴다고 볼 수 없고, 노회에서 자유사면 또는 자유사직을 받아들이는 결정을 하여야 비로소 그 효력이 발생한다고 할 것이고, 담임목사의 사임에 관하여 목사와 교회의 합의만으로도 효력이 발생한 것으로 볼 수 없다고 한다.

사안에서, 교회정치문답조례(저자 J. A. 하지)와 노회에게 인사권이 있다는 노회규칙에 근거하여 개교회의 결의가 없이 소수 교인들의 청원만 있는 경우라도 노회는 당사자들의 의견을 들은 다음 목사를 해임할 수 있다고 한 판결[60]이 있으나 노회가 권징재판도 없이 개교회의 의사를 듣지 않고 해임한 것은 타당하지 않다.[61] 해약청원의 주체는 지교회이고, 여기서 지교회란 지교회 전체의 의사를 의미하며, 지교회의 의사는 다른 규정이 없는 한 지교회의 공동의회의 결의를 의미한다고 봄이 상당하므로 당회의 결의는 물론 공동의회의 결의가 필요하다고 해석된다. 담임목사의 청빙에 지교회 공동의회 출석교인의 3분의 2 이상의 찬성과 재적교인 과반수의 동의가 필요하다는 점 및 합동헌법의 권고사면과 비슷한 통합헌법의 권고사임의 경우 당회와 공동의회의 결의가 필요하다고 되어 있는 점을 고려하면 더욱 그러하다.

2) 권고사직

한편, 합동헌법과 기장헌법은 목사가 성직에 상당한 자격과 성적이 없든지, 심신이 건강하고 또 사역할 곳이 있어도 일정한 기간[62] 무임으로 있으면 노회는 사직을 권고한다고 규정(합동헌법 Ⅳ. 정치 제17장 제4조, 기장헌법 Ⅳ. 정치 제4장 제26조 제3호)하고 있다. 권고사임은 개교회의 청원에 의하여 노회가 하는 것이나 권고사직은 노회가 개교회의 청원 없이 하는 것이라는 차이가 있다. 통합헌법과 기성헌법에는 권고사직에 대하여는 규정하고 있지 않다. 그런데 이 권고에 담임목사가 따르지 않으면 어떻게 할 것인지에 대하여는 명확하지 않으나 지교회의 결의가 필요한 권고사임에도 강제력이 없다는 점에서 지교회의 결의가 필요 없는 권고사직에는 더욱 강제력이 없다고 봄이 상당하다.

3) 담임목사가 노회의 사임, 사직 권고를 받아들이지 아니하는 경우

노회의 사임, 사직 권고가 위와 같은 요건이 갖추어졌다면 그 자체만으로는 강제력이 없다고 하더라도 담임목사를 기속한다고 보아야 한다. 기본적으로 담임

60) 창원지방법원 2015. 11. 11. 선고 2015가합32868 판결 및 부산고등법원(창원) 2016. 5. 19. 선고 2015나23737 판결과 대법원 2016. 9. 9. 선고 2016다226837 판결.

61) 백현기, “목사의 위임과 해임의 주체에 관한 고찰”, 제3회 화해중재원 포럼, 제57면, 사단법인 기독교화해중재원, 2016. 6. 20.

62) 합동헌법은 5년, 기장헌법은 3년이다.

목사의 인사권은 노회에 있고, 청빙을 한 개교회의 의사를 들어 권고를 한다는 점에서 그렇다. 따라서 담임목사가 노회의 권고 사임, 사직에 응하지 아니하면 권징재판 절차를 거쳐 면직시킬 수 있을 것이다.

(라) 해약청원

기장헌법은 개교회에서는 담임목사가 적절하지 아니하다고 판단할 때는 재적 무흠 입교인의 과반수가 서명 날인하여 노회에 해약을 청원할 수 있다(기장헌법 Ⅳ. 정치 제4장 목사 제26조, 노회규칙 제9장 교직원 제25조). 여기서 해약이라는 용어를 사용하고 있으나 실질적으로는 앞에서 본 권고사임과 같은 의미로 보인다. 권징재판에 의한 권징조례 제8조 소정의 시무해임과 다르고, 일종의 청빙 철회의 의사표시라고 할 수 있다. 해약을 청원하는 경우 기장헌법은 재적 무흠 입교인의 과반수가 서명 날인 또는 공동의회의 결의가 필요하다고 하고 있다.

해약청원과 관련하여 기독교장로회 대전노회 소속의 지교회의 담임목사가 공동의회를 개최하여 교회이전을 결의(입교인 47명 중 26명이 출석하여 24명이 찬성)하자 이에 반대하는 교인들이 담임목사의 해약청원(입교인 47명 중 23명의 서명날인을 받아)을 노회에 제출하여 노회수습전권위원회가 이를 수락하여 해임한 사례에 대하여 법원은 해약청원 정족수인 재적 무흠 입교인 과반수에 이르지 못한 하자는 정의관념상 도저히 묵과할 수 없을 정도의 중대한 하자로 보기 어렵다고 하여 해임을 유효로 보았다.[63] 이는 아마도 담임목사의 해임권이 기본적으로 노회에 있다는 전제에서 한 판결로 보이나 비록 노회라고 하더라도 권징재판에 의하지 아니한 해임은 위법하고, 무흠 입교인 47명 중 24명이 담임목사를 지지하고 23명이 담임목사에 반대하는 교회에서 소수자가 다수자를 이긴 경우라는 점에서 수긍하기 어려운 결론이다.[64]

위 해약결정에 담임목사가 반발하여 소송을 제기하자 다시 노회에서 멱직결정을 하자 담임목사가 노회를 상대로 해임무효확인의 소를 제기한 사안에서 해약결정과 면직판결은 종교상의 제재로서 사법심사의 대상이 아니라고 하고 있으

63) 대전지방법원 2015. 4. 8. 선고 2014가합2604 판결.
64) 담임목사의 해임청원 결의의 정족수 부족을 중대한 하자가 아니라는 판시는 이해하기 어렵다(서헌제, 앞의 책, 524면).

나[65] 의문이다.

(마) 자동해제

합동헌법 Ⅳ. 정치 제4장 목사 제4조 제1호에 의하면 위임목사는 특별한 이유가 없으면 그 담임한 교회를 70세까지 시무한다고 하면서도 위임목사가 본 교회를 떠나 1년 이상 결근하게 되면 자동적으로 그 위임이 해제된다고 규정하여 자동해제 규정을 두고 있다.

(바) 해임

각 교단의 헌법은 개교회가 담임목사를 청빙할 권한은 규정하고 있으나 담임목사를 해임할 권한을 두고 있지 않다. 이렇게 규정하고 있는 이유는 담임목사의 위임에 있어서 개교회의 청빙만으로 이루어지지 않는 것과 같은 원리이고, 하나님의 종인 담임목사를 사람이 해임하는 것은 신앙적으로 옳지 않다는 신학적 사고에 근거한 것으로 보인다. 또한 담임목사를 노회가 일방적으로 해임할 수 있는 규정도 없다.

이와 관련하여 담임목사 지위의 취득원인의 법적 성질을 일종의 위임계약으로 본다면 위임계약 해지자유(민법 제689조)의 원칙상 헌법이나 정관에 규정이 없더라도 개교회나 노회가 일방적으로 해임할 수 있다고 할 수 있으나, 위에서 본 바와 같이 담임목사는 지교회와 노회의 양자의 위임에 의하여 자격을 취득할 뿐만 아니라 담임목사가 항존직이라는 점 등에 비추어 교회나 노회의 어느 일방은 물론 양자의 합의에 의하여도 특별한 사정이 없는 한 교회나 노회가 자유롭게 해지할 수는 없을 것이다.[66] 그런데 법원의 허가를 받아 개최된 교인총회에서 담임

65) 대법원 2016다200781 판결, 2016다225612 판결.

66) 법인 이사가 신임을 상실하였다든지, 이사를 그대로 두는 경우 법인의 목적달성을 어렵게 할 염려가 있는 경우 등 이사를 해임하여야 할 사정이 없는데도 이사를 해임한 때에는 해임권의 남용으로서 허용될 수 없고 보아야 하고{「민법주해 [Ⅰ]」(1992), 663-664면 참조}, 상법 제385조 제1항은 "이사의 임기를 정한 경우에 정당한 이유없이 그 임기만료 전에 이를 해임한 때에는 그 이사는 회사에 대하여 해임으로 인한 손해의 배상을 청구할 수 있다."라고 규정하고 있는바, 대법원은 『상법 제385조 제1항에 규정된 '정당한 이유'란 주주와 이사 사이에 불화 등 단순히 주관적인 신뢰관계가 상실된 것만으로는 부족하고, 이사가 법령이나 정관에 위배된 행위를 하였거나 정신적·육체적으로 경영자로서의 직무를 감당하기 현저하게 곤란한 경우, 회사의 중요한 사업계획 수립이나 그 추진에 실패함으로써 경영능력에 대한 근본적인 신뢰관계가 상실된 경우 등과 같이 당해 이사가 경영자로

목사를 해임하고 그 후 교단의 탈퇴를 결의하자 담임목사가 해임결의 및 교단탈퇴결의의 무효확인청구소송을 제기한 사안에서, 비법인사단인 교회는 공동의회의 결의로써 그 대표자인 위임목사를 해임할 수 있고, 교단 헌법에 교인들의 위임목사 불신임에 관한 규정이 없다고 하더라도 목사청빙을 결의한 교회의 공동의회는 목사청빙을 철회하는 불신임 결의를 할 수 있다고 한 하급심판례가 있다.[67] 그러나, 통상 담임목사는 70세까지 임기가 보장된 항존직이며, 위에서 본 담임목사의 지위의 이중성에 비추어 위 판결은 타당하다고 볼 수 없다.[68] 위 판결은 지교회가 공동의회의 결의에 의하여 담임목사를 해임할 수 있고, 해임할 수 없더라도 청빙결의를 철회하는 의미의 불신임 결의로 볼 수 있다는 취지인 듯하나 지교회는 노회에 해약청원을 할 수 있을 뿐이며, 노회는 사임을 권고할 수 있을 뿐이다. 다만 위 사례는 지교회가 담임목사를 해임결의한 후 교단을 탈퇴하였기 때문에 더 이상 노회의 감독을 받지 않고 노회가 파송한 담임목사를 불신임한 경우이므로 결론에 있어서는 타당하다고 할 수 있다.

결국 담임목사는 개교회의 청빙만으로 그 지위를 취득할 수 없으므로 개교회의 의사만으로 해임할 수 없고, 담임목사가 개교회의 청빙에 의하여 위임되고 개교회에 담임목사 선택권을 부여해야 한다는 점에서 노회도 개교회의 담임목사를 일방적으로 해임할 수 없다고 보는 것이 타당하다.

그러나, 지교회가 교단에서 적법하게 탈퇴하여 독립교회가 되었다면 담임목사의 해임은 해당교회의 정관의 규정에 의하고 정관에 규정이 없다면 민법 제689조(위임의 상호해지의 자유) 및 민법 제75조(총회의 결의방법)에 의하여 해임권남용이 되지 않은 한 해임을 결의할 수 있다고 할 것이다.[69]

서 업무를 집행하는 데 장해가 될 객관적 상황이 발생한 경우에 비로소 임기 전에 해임할 수 있는 정당한 이유가 있다』고 판시하고 있다(대법원 2004. 10. 15. 선고 2004다25611 판결 참조).

67) 수원지방법원 성남지원 2015. 9. 16. 선고 2015가합966 판결.

68) 광주고등법원(전주) 2012. 3. 6. 자 2011라18 결정은 통합총회의 헌법에 따르면 지교회의 신임투표만으로 목사를 해임할 수는 없고 헌법에 따르는 재판절차를 거쳐야 함에도 그러한 절차를 거치지 아니한 목사의 면직은 무효라고 하였고, 이 결정은 재항고되었으나 대법원 2012. 5. 25. 자 2012마463 결정으로 기각되었다.

69) 서울서부지방법원 2008. 6. 27. 선고 2007가합5007 판결(피고 교회가 교단을 탈퇴한 이상 자체 규약 등의 정함이 없는 한 민법상 사단법인 총회결의 방법에 준하여 재적 과반수 출석과 출석 과반수 찬성으로 담임목사의 해임을 결의할 수 있다고 하고, 피고에게 원고가 해임될 때까지 지급하지 아니한 급여의 지급을 명하고 있다).

이와 관련하여 대법원은 갑 교회의 교인들이 임시공동의회를 개최하여 위임목사인 을을 해임하는 결의를 하자, 을이 갑 교회를 상대로 위 결의는 갑 교회가 속한 교단의 헌법과 헌법시행규정에 반하여 무효라며 해임결의무효확인을 구한 사안에서, 교단 헌법과 헌법시행규정[70]의 내용을 종합하면 목사에게 시무사임을 권고할 수 있는 권한은 노회에게 있고, 목사가 노회에 사임서를 제출하지 않는 경우 재판절차를 거쳐 교단 헌법이 정한 면직 등의 책벌을 할 수 있을 뿐이므로, 재판절차를 거치지 않은 위 목사해임 결의는 교단 헌법 규정에 반할 뿐 아니라 헌법시행규정이 금지하는 신임투표에 의한 사임에 해당하는 것이어서 무효라고 판단하면서, 교인들에 의한 목사해임을 금지하는 헌법과 헌법시행규정은 지교회의 독립성이나 종교적 자유의 본질을 침해하는 것이므로 피고에 대한 구속력이 인정되어서는 안 된다는 주장에 대하여, 교단 헌법 제2편 정치 제35조 제2항은 교회가 시무사임의 권고를 노회에 건의하는 경우 노회가 시무사임을 권고하도록 정하고 있고, 교단 헌법 제3편은 고소, 고발에 따른 권징에 의하여 목사에 대해 시무정지, 시무해임, 정직, 면직 등의 책벌을 가할 수 있도록 함으로써 목사의 시무 계속 여부에 대해 교회에 일정한 권한을 인정하고 있는 점, 교단 헌법 제2편 정치 제28조, 제29조 등에 의하면 목사의 임직은 교회의 청빙과 노회의 청빙 승인으로 이루어지도록 하고 있는데, 목사의 해임 절차를 교인들의 의결이 아니라 교단 헌법에 따른 재판에 의하도록 제한하고 있는 것은 위와 같은 청빙과 그 승인 절차로 임직된 목사의 신분을 보장함으로써 교회 내 분쟁을 방지함과 동시에 교회의 자율권과 독립을 강화하려는 측면도 있다고 보이는 점, 특히 피고는 스스로의 의사에 따라 이 사건 교단 소속 지교회로 편입함에 따라 교단 헌법 및 헌법시행규정을 자치규범으로 받아들인 점이 인정되므로, 이 사건 교단의 헌법과 헌법시행규정이 재판절차에 따르지 않는 이상 교인들의 의결로 목사를 해임할 수 없도록 정하였다고 하여 교회의 독립성이나 종교적 자유의 본질을 침해하였

70) 헌법 제2편 정치 제35조 제2항은 교회는 시무사임의 권고를 노회에 건의하고 노회는 시무사임을 권고하여 당사자가 사임서를 제출하면 처리하도록 하고, 교단 헌법 제3편 권징 제4조 제1항, 제5조 제1항 제7호, 제6조 제2항은 모든 교인(직원)은 재판을 받아 자기를 방어할 권리를 가지고 재판을 받지 않고는 권징을 받지 않으며, 권징에 의한 책벌의 종류 중 하나로 직원의 신분을 박탈하는 면직을 정하고 있고, 헌법시행규정 제26조 제7항은 목사, 장로, 집사, 권사를 신임 투표로 사임시킬 수 없다고 규정하고 있다.

다고 볼 수 없다고 판시하였다.[71]

(사) 권징재판 – 면직, 해임

노회는 개교회의 요청이 없이도 권징재판에 의하여 담임목사를 시무해임, 면직, 제명, 출교함으로써 담임목사를 해임할 수 있다. 여기서 권징재판에 의한 해임과 위에서 본 해약청원, 권고사임, 권고사직에 의한 해임은 구별된다. 전자는 사법권(치리권)에 의한 것이고 후자는 인사권(행정권)에 기한 것이다. 징계의 종류로는 합동교단은 권계, 견책, 정직, 면직, 수찬정지, 제명, 출교(합동헌법 Ⅵ. 권징조례 제35조), 통합교단은 견책, 근신, 수찬정지, 시무정지, 시무해임, 정직, 면직, 출교(통합헌법 제3편 권징 제5조), 감리교는 견책, 근신, 정직, 면직, 출교(교리와 장정 제7편 재판법 제5조)가 있다.

(아) 소결

따라서 담임목사는 ① 개교회의 결의에 의한 해약청원 또는 사임권고 청원과 노회의 결의, ② 노회의 권고사직에 의한 사직 등 행정적인 절차와 노회의 권징재판이라는 사법적인 절차에 의하여 해임될 수 있다고 보아야 한다. 전자는 노회의 인사권의 일종이요, 후자는 노회의 치리권 내지 사법권의 일종인데 교단 실무에서는 이를 혼용하여 사용하는 경우가 많은 것 같다.

(자) 기타

1) 수습전권위원회의 결의

노회 또는 총회에서는 가끔 수습전권위원회를 조직하여 그 위원회가 교회나 노회 분쟁을 해결하고 재판권을 행사하여 정직, 면직 및 제명처분을 하는 경우가 있다. 통합헌법 시행규정 제33조는 수습전권위원회에 관한 규정을 두고 있으나 이러한 규정이 없는 경우에도 노회나 총회의 결의에 의하여 수습전권위원회를 구성하여 그 위원회에게 일정한 권한을 부여하고 있다. 그러나 개교회와 노회 및 총회가 독립한 비법인사단이라는 점에서 그 권한에는 한계가 있을 수 밖에 없다.

---

71) 대법원 2019. 5. 16. 선고 2018다237442 판결.

그러므로 수습전권위원회에게 포괄적으로 전권을 부여한다고 되어 있을 경우 이 권한에 조사권 외에 재판권까지 부여하는 것으로 보아야 할 것인가가 문제되는 바, 특별한 경우가 아닌한 재판권까지 부여된 것이라고는 할 수 없을 것이다. 이와 관련하여 서울중앙지방법원은, 기독교대한성결교회의 제106차 총회가 총회본부 특별조사 및 수습을 위한 전권위원회를 구성하여 그 위원회가 총회 내부의 재정 비리 · 불법 사찰 · 유언비어 유포 등에 대하여 조사하여 제105차 총회에서 총무로 선출된 신청인을 정직 2년에 처한다는 판결을 하고 이를 신청인에게 통지하였는바, 위 처분은 징계처분과 동일하거나 유사한 효력을 가지는 처분, 즉 사실상의 징계처분으로 이를 하기 위해서는 당연히 징계법에서 정하고 있는 징계절차를 거쳐야 하는 것인데 그러한 절차를 생략한 채 이루어진 것이므로 그 절차상 중대한 하자가 있다고 봄이 상당하다고 하여 그 처분의 효력을 정지하는 가처분을 인용하였다.[72)]

2) 노회와 총회의 공직 정직 및 공직 박탈 결의

노회와 총회는 권징재판절차를 거치지 아니하고 목사에 대하여 공직 정직 또는 공직 박탈 결의를 하곤 한다. 재판절차 없이 이러한 결의가 가능한지에 관하여 다툼이 있다. 노회에서의 공직 정직 또는 박탈 결의는 노회원으로서 노회에서의 공직을, 총회에서의 공직 정직 또는 공직 박탈 결의는 총회원으로서 총회에서의 공직을 각 정직 또는 박탈하는 것을 의미하는 것이지, 개교회에서의 담임목사의 지위를 정직 또는 박탈하는 효력이나 목사직 자체를 정직 또는 박탈하는 효력까지 있다고 볼 수 없으므로 이러한 결의는 권징재판에 따른 정직 또는 면직과 다르다고 할 것이어서 가능하다고 볼 여지가 있다. 그러나, 위에서 본 바와 같이 권징재판 절차를 거치지 않으면서 사실상 권징재판과 같은 효과를 나타내

72) 서울중앙지방법원 2013. 1. 21. 자 2012카합2559 결정 효력정지가처분(아울러 이 사건 처분에 따라 정직기간 동안 총회의 총무직만 정지되는 것이 아니라 시무직의 직무와 권한이 정지됨에 따라 교회의 담임자로서의 지위도 상실되고, 성찬참여권이 정지되며, 총무로서의 사례비도 감할 수 있는 점 등에 비추어 이 사건 처분은 단순히 종교적인 방법으로 징계 · 제재하는 종교단체 내부의 규제(권징재판)의 범위를 넘어서서 종교단체 내에서 개인이 누리는 지위에 영향을 미치는 단체법상의 행위에 해당하고, 이 사건 처분의 효력에 대하여 다투는 것은 단순한 종교상의 자격에 관한 시비에 불과한 것이 아니라 구체적인 권리 또는 법률관계에 관한 분쟁으로 보인다고 판시하여 사법심사의 대상이 되지 않는다는 피신청인의 본안전 항변을 배척하였다. 이 결정에 대하여 채무자가 이의하였으나 서울중앙지방법원 2013. 5. 13. 자 2013카합370 결정으로 원결정이 인가되었다).

는 결의는 위법하다고 할 것이다.

(4) 목사의 전임, 휴무, 복직

(가) 전임

목사는 노회의 허락을 받아 전임할 수 있다(통합헌법 제2편 정치 제34조, 합동헌법 Ⅳ. 정치 제16장).

(나) 휴무

통합총회는 시무중에 있는 목사가 3개월 이상 휴무를 원하는 경우 당회의 결의와 노회의 허락을 받아 3년의 범위 내에서 1년 단위로 휴무할 수 있고(통합헌법 제2편 정치 제36조), 합동총회는 시무목사가 2개월 이상 본교회를 떠나게 되는 경우에는 당회의 결의와 노회의 승낙을 요하고, 1년이 경과할 때는 자동적으로 위임이 해제된다(합동헌법 Ⅳ. 정치 제17장 제5조).

(다) 복직

자의사직을 한 자가 복직을 원하는 경우에는 그 노회 목사 2인의 추천서를 첨부하여 복직청원서를 제출하고 노회는 출석회원 3분의 2 이상의 결의로 복직을 허락할 수 있다(통합헌법 제2편 정치 제37조).

다. 담임목사의 권한

담임목사는 대내적으로 업무를 집행하고 대외적으로는 교회를 대표한다.

(1) 업무집행권

대부분의 교회정관이나 교단헌법에서 담임목사의 업무는 개교회를 담임하여 하나님의 말씀을 선포하고, 성례를 거행하고, 교인을 축복하며, 말씀으로 양육하며, 장로와 협력하여 치리권을 행사하도록 규정하고 있다. 따라서 담임목사의 권한은 전통적으로 강단권 내지 교도권(교훈, 성례, 축복)과 치리권 내지 재치권으로 집약할 수 있다. 후자는 장로들과 함께 가지고 있다. 이와 같이 담임목사의 권한은 포괄적이고 광대하며, 추상적으로 규정되어 있다. 또한 담임목사는 교회에서 당회장이며, 공동의회 의장이고, 제직회 회장을 겸직하도록 되어 있어 사실상 교회의 모든 운영에 영향력을 행사할 수 있다.

(2) 대표권

교회는 비법인사단이고 법인에 관한 규정이 준용되므로 담임목사는 교회의 대표자의 권한에 관한 규정, 즉 교회를 대표하여 재판상, 재판외의 모든 행위를 할 권한이 있다. 사단법인의 대표권의 제한에 대한 규정은 등기할 수 있으나 비법인사단인 교회의 담임목사의 대표권에 대한 제한은 등기할 수 없으므로 제3자에게 대항할 수 없다(민법 제60조). 그러나 총유재산의 처분은 사원총회의 결의를 받아야 하기 때문에 담임목사가 사원 총회의 결의 없이 한 처분행위는 무효이며, 비록 상대방이 선의의 경우에도 효력이 없으며, 표현대리에 관한 규정도 적용되지 않는다.[73] 여기서 민법 제275조, 제276조 제1항에서 말하는 총유물의 관리 및 처분이라 함은 총유물 그 자체에 관한 이용·개량행위나 법률적·사실적 처분행위를 의미하는 것이다. 이러한 이유로 대법원은 "비법인사단이 타인 간의 금전채무를 보증하는 행위는 총유물 그 자체의 관리·처분이 따르지 아니하는 단순한 채무부담행위에 불과하여 이를 총유물의 관리·처분행위라고 볼 수는 없다. 따라서 비법인사단인 재건축조합의 조합장이 채무보증계약을 체결하면서 조합규약에서 정한 조합 임원회의 결의를 거치지 아니하였다거나 조합원총회 결의를 거치지 않았다고 하더라도 그것만으로 바로 그 보증계약이 무효라고 할 수는 없다. 다만, 이와 같은 경우에 조합 임원회의의 결의 등을 거치도록 한 조합규약은 조합장의 대표권을 제한하는 규정에 해당하는 것이므로, 거래 상대방이 그와 같은 대표권 제한 및 그 위반 사실을 알았거나 과실로 인하여 이를 알지 못한 때에는 그 거래행위가 무효로 된다고 봄이 상당하며, 이 경우 그 거래 상대방이 대표권 제한 및 그 위반 사실을 알았거나 알지 못한 데에 과실이 있다는 사정은 그 거래의 무효를 주장하는 측이 이를 주장·입증하여야 한다."고 판시하고 있다.[74]

73) 대법원 2009. 2. 12. 선고 2006다23312 판결(교회의 대표자인 담임목사가 교인총회의 결의를 거치지 아니하고 당회결의만을 받아 교회 재산을 처분한 행위는 효력이 없고 민법 제126조의 표현대리에 관한 규정을 준용할 수 없다고 한 사안이다).

74) 대법원 2007. 4. 19. 선고 2004다60072 전원합의체 판결(다수견해).

그러나 교회는 대표권의 제한을 등기할 수 없으므로 그 입증이 쉽지 않다. 그리하여 교회를 담임하고 있는 목사가 정관에 따른 운영위원회의 결의를 거치지 않고 타인으로부터 금전을 차용한 사례에서, 상대방이 이를 알았거나 이를 알지 못한 데 대한 과실을 인정할 수 없다고 하여 교회측의 무효주장을 배척한 사례도 있다.[75]

라. 담임목사에 대한 사례

(1) 보수

교회에서는 목사의 영적 지도자로서의 지위를 존중하여 목사에게 지급되는 보수를 '월급', '급여' 또는 '연봉' 등으로 표현하지 않고 '사례비'로 명명하고 있다. 이는 목사를 근로자나 일반 회사의 이사와 다르다고 보기 때문이다. 이와 관련하여 목사의 보수에 대하여 근로소득세를 부과할 수 있는지가 문제되어 왔다. 그러나 2018년부터는 목사의 소득을 소득세법상 기타 소득에서 종교인 소득으로 보아 과세할 수 있다.[76]

담임목사는 사례비 이외에도 담임목사에게는 목회활동비, 도서비, 회의비, 자녀교육비, 자동차유지비 등 각종 명목의 금원이 지급되며, 재정이 넉넉한 교회에서는 관사도 제공하며 관사에 소요되는 관리비까지도 교회가 부담하고 있다. 이와 같이 담임목사에게 지급되는 보수는 그 공적인 부분과 사적인 부분이 명확히 구분되어 있지 않으나, 2018년부터는 종교인 소득에 대하여 과세를 하고 있으므로 목사의 개인적인 수입이 어디까지인지를 명확히 할 필요가 있다.

(2) 목회(활동)비

(가) 근래 일부 대형교회 담임목사의 목회(활동)비 유용이 사회적으로 문제로 되고 있어 목회활동의 범위는 어디까지이고 또 목회활동비를 목사가 어느 정도

---

75) 대법원 2014. 10. 27. 선고 2014다17107 판결.

76) 종래 종교인에 대한 근로소득세 과세에 대하여 찬반 양론이 극렬하게 대립되어 왔다. 그러나, 2018년부터 시행되는 소득세법에는 기타 소득에 종교인 소득이 신설되어 있으므로 현재로서는 강제적으로는 근로소득세를 과세할 수 없다고 보아야 한다. 그럼에도 불구하고 여전히 근로소득세를 과세할 수 있다는 견해도 있다. 현재는 종교인소득세와 근로소득세 중 종교인이 선택할 수 있다.

까지 재량으로 사용할 수 있는지에 대하여 관심이 쏠리고 있다. 보통 목회활동비는 목회자가 교회에서 받는 사례비와는 별도로 목회를 하는 데 필요한 경비로서 일반 교회에서는 그 범위를 특정하지 않고 목회자의 재량에 맡겨 목회에 필요한 곳이라면 다양한 범위 내에서 사용하도록 하여 왔다. 목회활동비와 관련해서 대한예수교장로회총회(통합) 제91차 총회 보고서는 "목사의 각종 선교활동을 위하여 포괄적으로 편성된 예산은 목사의 재량에 맡겨 처리해야 하고, 증명자료는 없어도 가하다."라고 결의한 해석이 있다. 이러한 일선 교회에서의 관행과 교단의 헌법해석에 의하면 목회활동비가 총액으로 책정되어 있으면 그 구체적인 사용에 대한 재량은 담임목사에 일임되어 있어 그 사용내역에 대한 영수증이나 사용처를 밝히지 않아도 된다는 식으로 이해할 수 있다. 판례[77]도 목회활동비와 유사한 성격을 가지는 사회단체장의 업무추진비 또는 판공비에 대해서 「지방자치단체 업무추진비 집행에 관한 규칙」이 정해지기 전에는 임직원에게 그 사용처나 규모, 업무와 관련된 것인지 여부 등에 대한 재량이 있다고 보고 있다. 따라서 판공비 등을 사용한 임직원이 그 행방이나 사용처를 제대로 설명하지 못하거나 사후적으로 그 사용에 관한 증빙자료를 제출하지 못하고 있다고 하여 함부로 이를 횡령으로 볼 수 없다고 한다.

그러나 목회활동비에 대해 광범위한 재량권이 부여되었다고는 하지만 이는 목회활동과 관련해서만 사용해야 하며 사적 용도로 사용하거나 목회와 관련되었다고 하더라도 과다하게 사용하여서는 안되고 그러할 경우 횡령이 될 수 있다. 다만 어느 정도를 사적 사용으로 볼 것인가는 목회자의 지위와 목회활동의 특수성에 비해 일반사회의 업무추진비와는 다른 기준을 적용해야 할 것이다. 즉, 사회단체장은 업무시간이 정해져 있고 업무의 범위가 정해져 있지만 목회활동은 훨씬 광범위하다. 즉 새벽부터 저녁 늦게까지 그리고 일반인들이 다 공휴일로 쉬는 일요일(주일)까지 전 인격적인 충성을 요하는 것이 목회자이다. 즉, 목회자에게는 공적 업무(목회활동)와 사적 생활이 거의 구분이 없다시피 한다. 이러한 목회활동의 특수성에 비추어 볼 때 목회활동비를 사적으로 사용하였느냐 여부는 업무추

77) 대법원 2010. 6. 24. 선고 2008도6755 판결; 대법원 2010. 6. 24. 선고 2008도6756 판결; 대법원 2010. 6. 24. 선고 2007도5899 판결.

진비보다는 제한적으로 판단해야 할 것이다. 그럼에도 불구하고 대형교회의 경우 목회활동비가 너무 과다하여 목회자 불신의 원인이 되기도 하고 교회가 물질주의에 흐른다는 비난을 받는 단초를 제공하기도 하여 왔다.

이러한 점에서 말썽의 소지를 없애고 하나님께 바쳐진 헌금이 남용되고 있다는 오해를 불식시키기 위해서는 「지방자치단체 업무추진비 집행에 관한 규칙」 등을 참고해서 각 교단이나 교회 정관에서 '목회활동비 사용지침'을 제정하여 그 지침에 따라 사용하는 것이 바람직할 것이다.[78] 특히 다음에서 보는 바와 같이 종교인 과세가 시행되고, 소득세법시행령에 비과세 대상으로 목회활동비가 규정된 이상 더욱 그러하다.

(나) 종래 종교인소득에 대하여 근로소득세를 과세하는 것이 타당한가에 대하여 논란이 되어 왔는데 2018년부터 소득세법 제21조(기타소득)의 제26호에 종교인소득(종교관련종사자가 종교의식을 집행하는 등 종교관련종사자로서의 활동과 관련하여 대통령령으로 정하는 종교단체로부터 받은 소득)을 삽입함으로써(소득세법 제21조 제1항 제26호) 종교인소득에 대하여도 과세할 근거를 마련하는 한편,[79] 비과세 항목으로 종교활동비를 규정하였는바(소득세법시행령 제12조 제18호), 목회활동비는 목회자가 재량으로 사용하기는 하나 교회를 위해 사용해야 하는 공금이라는 점에서 사례비와 구분되고, 따라서 목회활동비에 대하여는 과세할 수 없다. 그런데 위 시행령은 목회활동비를 "종교관련종사자가 소속 종교단체의 규약 또는 소속 종교단체의 의결기구의 의결·승인 등을 통하여 결정된 지급 기준에 따라 종교활동을 위하여 통상적으로 사용할 목적으로 지급받은 금액 및 물품"이라고 규정하고 있으므로 비록 목회자가 목회활동비 명목으로 지급받은 금액이라고 하더라도 규약 또는 소속 교회의 의결기구의 의결·승인 등을 통하여 결정된 것이 아니라면 비과세 대상이 될 수 없으므로 미리 이에 대한 규정이나 의결을 해두어야 할 것이다. 통상 목회활동비에는 목회자가 심방, 전도, 선교, 식사, 도서구입비 등을 포함시키고 있다.

---

78) 서헌제, 앞의 책, 542-543면.

79) 물론 위 법이 개정되기 전에도 종교인들이 자발적으로 근로소득세를 납세한 경우가 있었지만 정부가 나서서 적극적으로 과세하지는 않았다.

(3) 퇴직사례비

교회에서 위임목사가 퇴직한 경우 거액의 퇴직금을 지급하는 경우가 많다. 교단헌법이나 교회의 규칙에 퇴직금(퇴직사례비)지급규정이 있으면 그에 따르고, 그러한 규정이 없더라도 퇴직사례비 지급약정은 총유재산의 처분은 아니기 때문에 반드시 교인총회의 승인을 받아야 하는 사항은 아니지만 교회가 부담하기 어려운 정도의 거액의 채무부담은 재산처분에 준하여 교인총회의 결의를 받아야 효력이 있다. 이러한 관점에서 거액의 퇴직금지급약정은 공동의회의 결의를 거치지 않았다고 하여 무효라고 한 하급심 판결이 있다.[80] 그런데 퇴직급지급규정도 없고, 은퇴(원로)목사와 교회가 퇴직금을 지급하기로 하는 약정이 없는 경우에 과연 은퇴(원로)목사에게 퇴직금청구권이 있느냐 하는 점이 문제된다. 이에 관하여 목사는 근로기준법상 근로자가 아니므로 퇴직금약정이 없는 한 퇴직금청구권이 없고, 교회가 퇴직금을 지급하는 관행이 있다고도 할 수 없다는 이유로 퇴직금청구를 기각한 사례가 있다.[81] 그러나 교회가 자력이 있다면 최소한 근로기준법상의 퇴직금을 지급하는 것은 타당하고 그러한 관행이 존재한다고 보아야 할 것이다.

교회에서 원로목사로 추대하고 월 사례비를 지급하기로 약정하였으나 총회재판국에서 원로목사가 아니라고 한 사안에서, 원로목사 지위에 관한 결의는 행정재판이고, 사례비지급청구권이라는 구체적인 권리 또는 법률관계의 분쟁이 존재하므로 사법심사의 대상이 된다는 판례가 있다.[82]

그런데 교회에 막대한 영향력을 미쳐 왔던 원로목사가 퇴직함에 있어 교회마

---

80) 다른 교회와 합병하는 과정에서 목사직에서 사임하는 대가로 거액의 퇴직사례비를 받기로 약정한 사안에서, 이 약정은 단순한 채무부담행위가 아닌 총유물의 처분에 해당하여 공동의회의 승인을 얻지 않는 한 효력이 없다(대구지방법원 서부지원 2015. 9. 22. 선고 2014가단26778 판결); 교회를 아들에게 물려주고 은퇴한 목사가 1억원의 퇴직금과 월 4천만원의 생활비를 은퇴사례비로 청구한 사안에서 이러한 사례비 지급약정은 구역회 내지는 총회 결의를 받지 못해 무효이다{서울고등법원 2014. 7. 24. 선고 2013나71274(본소), 2013나71281(반소) 판결}. 또한 담임목사의 사망으로 유족인 사모에게 교회가 제직회 결의로 기존에 퇴직금으로 지급하였던 전세금 3억원 외에 추가로 1억원을 지급하되 위 금액을 지급할 때까지 월 100만원을 퇴직사례비로 지급하기로 한 약정은 그 후에 그 결과를 공동의회에 보고하였다는 이유로 제직회와 공동의회의 결의가 있는 것으로 판단했다(수원지방법원 안양지원 2015. 6. 11. 선고 2014가단11701 판결).

81) 의정부지방법원 2012. 9. 27. 선고 2011나14504 판결.

82) 대법원 2016다46253 판결(서헌제, 앞의 책, 550면).

다 거액의 퇴직금을 지급하면서도 세금을 전혀 납부하지 않은 경우가 많았고, 이에 대하여 교인들 중에 이의를 제기하는 사람이 생기면 과세관청은 근로기준법상 법정퇴직금에 대하여는 퇴직소득세를, 법정퇴직금을 초과하는 퇴직금의 지급에 대하여는 근로소득세를 부과하여 왔다. 그러나 소득세법 시행령 제42조의 2 제4항 4호에 의하면, 2018. 1. 1.부터는 종교관련종사자에 대하여 세금을 부과할 근거가 있지만 그 전에는 담임목사에 대하여 과세할 근거가 없다고 보아야 하기 때문에 근로소득세는 물론 근로소득세 부과를 전제로 하는 퇴직소득세 부과도 위법하다 할 것이다. 그러나 서울고등법원은 2016. 10. 13. 2015누62783 종합소득세등부과처분취소 사건에서 원로목사가 퇴직시 지급받은 소득은 법정퇴직금 범위 내는 물론 이를 초과하는 금액도 퇴직소득으로 보아 퇴직소득세를 부과하는 것으로 조정권고하고 당사자들이 이를 수용한 바 있다.[83]

3. 부교역자

(1) 부목사

(가) 지위

부목사는 목사와 동일한 자격을 구비하였지만 대부분의 교회에서 담임목사를 보좌하며 임기 1년의 임시직으로 당회의 결의에 의하여 임용된다. 부목사는 목사로서 자격을 가지고 교도권을 가지며 교회의 주요 업무인 심방, 기도, 교육 등을 담당하고 있다는 점에서 담임목사와 다를 바 없는 영적 지도자라고 할 수 있으나 임기 1년의 임시직이고, 보수도 극히 미흡하다는 점에서 그 지위가 불안하다. 여기서 교회와 부목사와의 법률관계가 위임인가 고용인가가 문제될 수 있다.

1) 부목사의 근로자성

목회자를 근로자라고 보느냐 여부에 따라 근로기준법상의 보호를 받느냐, 노동조합법에 따라 노동조합에 가입할 수 있느냐, 또 근로소득세를 납부할 의무가 있느냐 하는 점 등에 차이가 있다.

---

83) 수원지방법원도 2016. 12. 21. 2016구합65993 종합소득세부과처분취소 사건에서 같은 취지로 조정권고를 하고 당사자들이 이를 수용하였다.

근로기준법상의 근로자에 해당하는지 여부를 판단함에 있어서는 그 계약의 형식이 민법상의 고용계약인지 또는 도급계약인지에 관계없이 그 실질에 있어 근로자가 사업 또는 사업장에 임금을 목적으로 종속적인 관계에서 사용자에게 근로를 제공하였는지 여부에 따라 판단하여야 할 것이고, 위에서 말하는 종속적인 관계가 있는지 여부를 판단함에 있어서는, 업무의 내용이 사용자에 의하여 정하여지고 취업규칙 또는 복무(인사)규정 등의 적용을 받으며 업무수행과정에 있어서도 사용자로부터 구체적, 개별적인 지휘·감독을 받는지 여부, 사용자에 의하여 근무시간과 근무장소가 지정되고 이에 구속을 받는지 여부, 근로자 스스로가 제3자를 고용하여 업무를 대행케 하는 등 업무의 대체성 유무, 비품, 원자재나 작업도구 등의 소유관계, 보수의 성격이 근로 자체의 대상적 성격이 있는지 여부와 기본급이나 고정급이 정하여져 있는지 여부 및 근로소득세의 원천징수 여부 등 보수에 관한 사항, 근로제공관계의 계속성과 사용자에의 전속성의 유무와 정도, 사회보장제도에 관한 법령 등 다른 법령에 의하여 근로자로서의 지위를 인정받는지 여부, 양 당사자의 경제·사회적 조건 등을 종합적으로 고려하여 판단하여야 할 것이다.[84] 지방법원의 판례 중에는 교회에 소속된 부목사는 담임목사와 마찬가지로 목사자격을 보유하고 있어야 하고, 담임목사의 추천으로 구역인사위원회로부터 파견되며, 담임목사 유고시 직무를 대행할 권한을 가지고 있는 등 임면과 지위에 있어 담임목사와 직접적인 종속관계에 있다고 보기 어려운 점, 부목사에게 지급되는 금원도 근로기준법상 근로의 대가라기보다는 목회활동의 대가로 지급되는 것으로서 생활보조금의 성격이 강하다고 보아야 하는 점 등에 비추어 근로기준법상 근로자라고 볼 수 없다고 하고,[85] 규약에서 부목사의 가입을 허용하고 있는 교회노동조합은 근로자가 아닌 부목사의 참가를 허용한 단체라는 이유로 소송상 당사자 적격이 없다고 하여 근로자성을 부인한 판례[86]가 있다. 그러나 이러한 하급심의 판례가 사법부의 확립된 판례라고 보기는 어려울 것이다.

84) 대법원 1994. 12. 9. 선고 94다22859 판결; 대법원 2005. 5. 27. 선고 2005두524 판결; 대법원 2005. 11. 10. 선고 2005다50034 판결; 대법원 2006. 12. 7. 선고 2004다29736 판결; 대법원 2007. 11. 30. 선고 2006도7329 판결; 대법원 2011. 6. 9. 선고 2009두9062 판결 등.

85) 서울행정법원 2005. 12. 27. 선고 2005구합13605 판결.

86) 서울행정법원 2009. 2. 6. 선고 2008구합30625 판결.

1948년 정부수립 이후 우리나라에서는 특별한 사정이 없는 한 목회자에 대하여 근로소득세를 과세하지 않았다는 점, 목회자에 대하여 최저임금의 보장 등 근로기준법상의 보호를 하지 않은 것이 우리의 현실이라는 점, 목사의 활동이 육체노동 및 정신노동의 범주를 벗어난 영적인 활동인데다 임금을 목적으로 하는 것이 아니라는 점 등에서 근로자성을 부인하고 오히려 위임에 가깝다고 보는 것이 타당하고 본다. 그러나 이는 교단이나 개교회 및 국가의 입법정책의 문제이므로 교단이나 개교회의 규칙 및 국가의 입법을 통해 변화가 가능할 것이다. 최근 소득세법이 개정되어 2018년부터는 목회자에 대하여 근로소득이 아닌 기타 소득에 종교인소득을 넣어 소득세를 부과하고 있다는 점에서 목회자는 더더욱 근로기준법의 적용을 받는 근로자로 보기는 어렵다고 본다. 특히 한국교회의 사정상 근로기준법상 근로시간의 제한, 최저임금의 보장, 법정 휴가일수 준수 등의 규정을 적용할 수 없기 때문이다. 또한 목회자는 업무수행성과 업무기인성이 인정되면 산업재해보상보험상의 근로자에는 해당한다고 보아야 하지만[87] 교회의 신앙단체적 성격상 소속 교회와의 관계에서 노동조합 및 노동관계조합법상의 조합원이 될 수 있는 근로자는 아니라고 봄이 상당하다.[88]

2) 부목사의 필요성

부목사가 교회에 있어서 얼마나 필요한 존재이고, 부목사의 사택이 지방세법 제107조 제1호 소정의 목적 사업에 직접 사용하는 경우에 해당하는가가 문제된다. 판례는 부목사는 교회의 필요에 따라 당회장인 위임목사를 보좌하기 위하여 수시로 노회의 허락을 받아 임명되어 임의로 시무하는 목사라는 점에서 교회의 종교활동에 필요불가결한 중추적인 지위에 있다고는 할 수 없다고 보아 부목사의 사택은 제107조 제1호 소정의 (용도구분에 의한 비과세) 종교단체가 그 사업에 직접 사용하기 위하여 취득한 것에 해당하지 않는다고 하여 취득세 비과세에 해

87) 서울행정법원 2006. 3. 29. 선고 2006구합7249 판결. 성직자를 사회적 관점이나 법적 관점에서 산재보험법상 근로자로 평가하여 사회보험의 일환인 산재조험 등의 혜택을 받도록 할 것인지는 종교적 차원과는 다른 문제라는 전제하에, 교회업무 중 상해를 입은 전도사에게 유족보상을 명한 판결(서울고등법원(춘천) 2013누500 판결).

88) 서울행정법원 2009. 2. 6. 선고 2008구합30625 판결; 서울남부지방법원 2008. 2. 15. 선고 2007가합15685 판결.

당하지 않는다고 하였다.[89] 그러나 부목사가 위임목사를 보좌하기 위하여 임시직으로 노회의 허락을 받아 임명되는 것은 맞지만 그렇다고 하여 교회에서 필요불가결한 지위에 잇지 않다고 할 수는 없다. 교회의 크기에 따라 차이가 있을 수 있지만 부목사는 있어도 되고 없어도 되는 그런 존재가 아니라 교회에서 필요불가결한 존재이다. 이러한 점에서 위 판례의 판시는 타당하지 않다.

(나) 부목사의 청빙과 해임

담임목사와는 달리 부목사는 공동의회의 결의는 필요 없고, 당회의 결의와 노회승락을 거쳐 담임목사기 임명하면 된다(합동헌법 정치 제4장 제4조 제3호, 통합헌법시행규정 제16조의 3). 또 부목사는 1년 단위로 청빙을 하기 때문에 청빙을 하지 않으면 자연스럽게 부목사로서의 지위가 상실된다. 다만 통상 한 번 청빙을 받으면 사임이나 재청빙거부를 하지 않는 한 자동적으로 연임하는 형태를 취한다. 그리고 특별한 사정이 없는 한 1년의 임기 중간에는 해임할 수 없다고 할 것이다.

(2) 전도사

통상 전도사는 목사자격을 취득하기 전에 일정한 교회 등에 소속되어 목사를 보좌하여 종교 활동을 하는 직책으로 개교회마다 그 고용형태가 약간씩 다르나 부목사와 같이 매년 임명하는 임시직이다.[90] 전도사의 자격으로는 통상 신학교 또는 신학원 졸업자로서 노회의 전도사고시에 합격하여야 한다(합동헌법 Ⅳ. 정치 제3장 제3조 1호, 통합헌법 제2편 정치 제49조). 통합헌법은 이에 더하여 25세 이상된 자로서 무흠세례교인으로 5년을 경과한 자일 것을 요하고, 합동헌법은 다른 노회

---

89) 대법원 1986. 2. 25. 선고 85누824 판결; 대법원 1989. 9. 26. 선고 89누4598 판결; 대법원 1989. 11. 14. 선고 89누2608 판결; 대법원 1997. 12. 12. 선고 97누14644 판결; 대법원 2009. 5. 28. 선고 2009두4708 판결; 대법원 2015. 9. 15. 선고 2014두557 판결 등.
같은 취지에서 은퇴한 신부의 사택용으로 사용되는 아파트는 비과세대상이 아니다(대법원 2009. 6. 11. 선고 2007두20027 판결), 반면 담임목사의 사택(아파트)은 비록 교회 밖에 있더라도 담임목사는 교회가 종교·자산 등 목적사업을 수행함에 있어서 필요불가결한 중추적 존재라는 이유로 지방세법 제184조 제1항 제3호(현행 지방세특례제한법 제50조 2항)에 해당하여 비과세대상이라고 본다(대법원 1983. 11. 22. 선고 83누456 판결).

90) 통합헌법 정치 제49조는, 전도사의 자격으로 25세 이상된 자로서 신학교 또는 성서학원 졸업자, 무흠세례교인으로 5년을 경과한 자, 노회전도고시에 합격한 자로 규정하고 있고, 교리와 장정은 연회 준회원을 전도사라고 하고 있다.

에서 노회고시에 합격한 자와 총회신학교를 졸업한 자는 노회고시를 면제한다.

그러나 전도사는 통상 교육전도사와 전임전도사로 구분할 수 있는데, 전자는 신학대학원 학생의 신분을 가지고 있어서 그들이 교회에서 수행한 교리 학습지도는 신학대학원 수업의 일환으로 볼 수도 있고, 교회가 교육전도사들에게 지급한 금원도 명목적인 금액에 불과하며, 학교 수업과 병행하기 때문에 그 근무시간도 파트 타임인 점 등에 비추어 근로자라고 볼 수 없으나,[91] 후자는 위 전도사 자격을 취득하고 교회에 고용되어 담임목사의 지휘감독을 받으며, 일정한 급여를 받고 전임으로 사역한다는 점에서 근로자에 해당한다고 볼 수 있다. 그러나 앞에서 본 부목사와 같이 근로기준법상 근로자로서 보호를 받지 못하고, 전도사 스스로 근로자라는 의식이 없으며 임금을 목적으로 사역한다고 할 수 없어 근로자라고 보기에는 한계가 있다. 하지만 하급심 판례[92] 중에는 산재보험법 및 근로기준법상의 근로자에 해당하는지 여부는 그 계약이 민법상의 고용계약이든 또는 도급계약이든 그 형식에 관계없이 실질에 있어서 근로자가 사업 또는 사업장에 임금을 목적으로 종속적인 관계에서 사용자에게 근로를 제공하였는지 여부에 따라 판단하여야 하는 것이라는 전제하에 전도사에 대하여 산업재해보험상 근로자에 해당한다고 하여 유족보상을 인정하였는바, 임금을 목적으로 근로를 제공하였다는 판시에는 동의할 수 없지만 전도사도 산업재해보험의 대상이 된다는 결론에 있어서는 타당하다고 할 것이다.

(3) 강도사와 목사후보생

합동총회는 준직원으로 총회의 고시를 합격하고 목사로 안수받기 전의 단계로 강도사와 목사직을 희망하는 목사후보생이 있다. 강도사와 목사후보생은 개인으로는 당회 관리 아래 있고 직무상으로는 노회 관리 아래 있다(합동헌법 Ⅳ. 정치 제3장 교회직원 제4조). 강도사는 총회가 실시하는 고시에 합격하고 노회의 인허를 받아야 한다(합동헌법 Ⅳ. 정치 제14장 제1조, 제3조).

---

91) 서울행정법원 2005. 12. 27. 선고 2005구합13605 판결.
92) 춘천지방법원 2013. 4. 26. 선고 2012구합2090 판결.

Ⅲ. 임 직 자

임직자란 교역자가 아닌 평신도 중에서도 일정한 직책을 부여받는 자를 말하는데, 통상 장로, 안수집사, 권사 및 서리집사가 있다.

1. 장 로

가. 장로의 자격과 선임

(1) 장로의 자격

장로의 자격에 관하여는 교단 마다 약간씩 다른 바 위 제2장 제2절 Ⅴ.에서 본 바와 같으므로 여기서는 합동총회 및 통합총회와 감리회에 대하여만 본다.

합동총회는 35세 이상된 남자 중 입교인으로 흠없이 5년을 경과하고 상당한 식견과 통솔력이 있으며 디모데전서 3;1-7[93]에 해당한자(합동헌법 Ⅳ. 정치 제5장 제3조), 통합총회는 상당한 식견과 통솔력이 있는 자로 무흠 세례교인(입교인)으로 7년을 경과하고 40세 이상된 자(통합헌법 제2편 정치 제40조), 감리회는 감리회에서 권사로 5년 이상 연임하면서 신앙이 돈독하고 교인의 의무를 성실히 감당하며, 가족이 신앙생활을 하며, 전도할 능력과 열심히 있는 자로 40세 이상이 되고 65세 미만인 이(교리와 장정 제3편 조직과 행정법 제22조 제1항)로 한다고 각 규정하고 있다. 장로회에서 장로는 헌법상 제한은 없으나 통상 안수집사 중에서 선출된다.

(2) 장로의 선임

(가) 장로교단에서의 장로는 교회의 치리와 행정을 총괄하는 당회 구성원으로

93) 감독은 책망할 것이 없으며 한 아내의 남편이 되며 절제하며 신중하며 단정하며 나그네를 대접하며 가르치기를 잘하며, 술을 즐기지 아니하며 구타하지 아니하며 오직 관용하며 다투지 아니하며 돈을 사랑하지 아니하며, 자기 집을 잘 다스려 자녀들로 모든 공손함으로 복종하게 하는 자라야 할지며, (사람이 자기 집을 다스릴 줄 알지 못하면 어찌 하나님의 교회를 돌보리요.) 새로 입교한 자도 말지니 교만하여져서 마귀를 정죄하는 그 정죄에 빠질까 함이요. 또한 외인에게서도 선한 증거를 얻은 자라야 할지니 비방과 마귀의 올무에 빠질까 염려하라.

서 담임목사와 함께 교인들의 신령적 관계를 총찰하는 지위에 있다. 따라서 장로의 선임은 담임목사 청빙과 마찬가지로 당회의 추천, 노회의 허락과 지교회 교인총회의 출석교인 2/3 이상의 찬성을 얻어야 한다(합동헌법 Ⅳ. 정치 제13장 제1조, 통합헌법 제2편 정치 제41조). 장로로 피택된 후 일정기간[94] 교육을 받고 노회가 주관하는 고시에 합격한 후 당회가 임직한다(합동헌법 Ⅳ. 정치 제13장 제2조, 통합헌법 제2편 정치 제42조). 당회가 임직한다는 점에서 노회가 임직하는 담임목사와 다르다.

그런데 대형교회에서 교인총회 2/3 이상의 동의를 받는다는 것은 쉽지 않다. 그리하여 장로가 되기 위하여 선거운동을 해야 하는 경우가 있고, 이로 인하여 부작용이 발생하기도 한다. 이러한 폐단을 막기 위해 당회에서 꼭 필요한 장로 수를 추천하여 교인총회에서는 가부만을 묻는 방식으로 선거하기도 하나 이 경우는 당회장과 당회원 특히 당회장인 담임목사의 영향력이 너무 크다는 단점이 있다.

(나) 감리회는 장로들만으로 구성된 회가 없는 등 권한은 장로회보다 약하다고 볼 수 있으나 그 선임절차는 더 엄격하다. 먼저 기획위원회의 천거를 받아 당회에서 출석회원 3분의 2 이상의 찬성으로 신천장로로 결의되어 개체교회에서 신천장로로 추천 받아 신천장로 고시과정에 합격하고 지방회 자격심사위원회의 심사를 거쳐 지방회에서 재적회원 과반수의 출석과 출석회원 3분의 2 이상의 찬성으로 품행 통과를 받고 장로증서를 받은 후(교리와 장정 제3편 제22조 제2,3항), 2년의 장로진급과정을 5년 이내에 수료하여야 하여야 한다(제3편 제23조 제1항). 그후 감리사가 장로를 지방회내의 소속교회에 파송한다.

나. 장로의 지위 상실

(1) 임기

장로회의 장로는 항존직으로 치리장로의 임기는 만 70세까지이다. 그러나 합동총회의 장로는 7년에 한 번씩 시무투표할 수 있고, 이 경우 표결수의 과반을

94) 통합헌법은 4개월 이상 당회의 지도아래 교육을 받도록 규정하고 있다.

얻어야 한다(합동헌법 Ⅳ. 정치 제13장 제4조). 이 시무투표는 일종의 신임투표인데 이러한 신임투표는 거부되든 인정되든 그 자체가 분쟁의 씨앗이 되는 경우가 많다. 그리하여 대부분의 교회는 신임투표제도를 도입하지 않고 있다. 대법원은 이러한 시무투표는 권징재판은 아니지만 그 하자가 매우 중대하여 이를 그대로 둘 경우 현저히 정의관념에 반하는 경우가 아닌 한 무효로 할 수 없다고 하고 있다.[95)]

(2) 휴직과 사직

합동총회는 늙어서 정신이 없거나(노혼) 신병으로 시무할 수 없거나 교인의 다수가 시무를 원하지 않을 때 본인의 청원과 당회의 결의(자유휴직과 사직, 합동헌법 Ⅳ. 정치 제13장 제5조) 또는 당회의 결의에 의한 권유로 휴직 또는 사직(권고휴직과 권고사직, 합동헌법 Ⅳ. 정치 제13장 제6조)할 수 있다. 이와 유사한 제도로 통합총회는 장로가 부득이한 사유로 시무사임을 원하여 당회에 사임서를 제출한 경우 당회의 허락을 받아 사임하거나(자의사임) 장로가 교회에서 불미스러운 행위를 한 사실이 확인된 때에는 당회 및 공동의회의 결의에 의하여 시무사임을 권고(권고사임)케 할 수 있고, 장로가 부득이한 사유로 인하여 장로직의 사직을 위해 당회에 사직서를 제출하는 경우에 당회는 이를 심사하여 사직케 할 수 있으며(자의사직)(통합헌법 제2편 정치 제6장 제43조), 장로가 특별한 사정에 의하여 휴무코자 하면 당회의 결의로 할 수 있다(휴무)(같은 장 제46조).

다. 장로의 복직

자의사임한 장로가 복직을 원하는 경우에는 당회원 3분의 2 이상의 결의로 복직할 수 있고, 권고사임된 장로가 복직을 원하는 경우에는 그 권고사임 사유가 해소되어야 하며, 당회원 3분의 2 이상의 찬성으로 결의하고, 공동의회에서 출석회원 3분의 2 이상의 복직 결의를 받아야 하며, 임직 때와 같은 서약을 하여야 하며, 자의사직한 장로가 복직을 원하는 경우에는 당회원 3분의 2 이상의 결의로 공동의회에서 출석회원 3분의 2 이상의 복직 결의를 받아야 하며, 임직 때와 같

95) 대법원 2006. 2. 10. 선고 2003다63104 판결.

은 서약을 하여야 한다(통합헌법 제2편 정치 제6장 제47조). 다만 합동헌법에는 복직에 관하여 규정이 없지만 이러한 규정의 취지를 준용할 수 있을 것이다.

라. 장로의 직무

장로는 ① 교회의 택함을 받고 치리회의 회원이 되어 목사와 협력하여 행정과 권징을 관장하고, ② 교회의 신령상 관계를 살피며, ③ 교인들이 교리를 오해하거나 도덕적으로 부패하지 않도록 교인을 권면하고, ④ 권면하였으나 회개하지 않는 자가 있으면 당회에 보고하며, ⑤ 교인을 심방하여 위로, 교훈, 간호하고, 교인의 신앙을 살피고 위하여 기도한다(통합헌법 제2편 정치 제6장 제39조, 합동헌법 Ⅳ. 정치 제5장 제4조).

마. 원로장로, 은퇴장로, 협동장로

원로장로는 한 교회에서 20년 이상 장로로 시무하고 은퇴하는 경우에 교회가 그의 명예를 보존하기 위하여 추대한 장로이고, 공동의회의 출석회원 과반수의 결의로 추대한다(합동헌법 정치 제5장 제5조, 통합헌법 정치 제6장 제44조). 장로로 시무하다가 은퇴한 장로 중 원로장로가 되지 못한 장로는 은퇴장로이다(합동헌법 정치 제5장 제6조, 통합헌법 정치 제6장 제45조). 합동헌법은 원로장로만 당회의 언권회원이 되는데(합동헌법 정치 제5장 제5조), 통합헌법은 은퇴장로도 당회와 제직회의 언권회원이 된다(통합헌법 정치 제6장 제45조)고 규정한다.

또한 합동총회는 무임장로 중에서 당회 의결로 협동 장로로 선임하고 당회의 언권회원이 된다.

2. 집사, 권사

가. 집사, 권사의 자격과 선임

집사와 권사의 자격 역시 교단마다 약간씩 다르나 신앙적으로 집사는 디모데전서 3장 8절 내지 10절,[96] 12절,[97] 권사는 같은 장 11절[98]에 해당되어야 한다.

96) 이와 같이 집사들도 정중하고 일구이언을 하지 아니하고 술에 인박히지 아니하고 더러운 이를 탐

장로회에서 집사는 남자(합동헌법 Ⅳ. 정치 제6장 제1조, 통합헌법 제2편 정치 제8장 제51조), 권사는 여자이나(합동헌법 Ⅳ. 정치 제3장 제3조 제3호 2)의 제1항, 통합헌법 제2편 정치 제8장 제53조 제2호), 감리회에서는 집사, 권사 모두 남녀가 가능하다. 나이도 합동총회(합동헌법 Ⅳ. 정치 제5장 제3조 제3호 2)의 1항)와 감리회는 권사에 대하여만 35세 이상을 요구하고(교리와 장정 제3편 조직과 행정법 제18조 제1항) 집사는 제한이 없으나, 통합총회는 집사, 권사 모두 35세 이상이어야 한다(통합헌법 제2편 정치 제8장 제51조 제2호, 제53조 제2호).

집사, 권사의 선택은 당회의 결의로 공동의회에서 투표수의 과반수(통합헌법 제2편 정치 제8장 제54조) 또는 3분의 2 이상의 찬성(합동헌법 Ⅳ. 정치 제13장 제1조, 제3장 제3조 3호)으로 선출한다.

나. 집사, 권사의 직무

통합헌법에 집사는 교회의 택함을 받고 제직회의 회원이 되며, 교회를 봉사하고 헌금을 수납하며, 구제에 관한 일을 담당하고(통합헌법 제2편 정치 제8장 제50조), 권사는 교회의 택함을 받고 제직회의 회원이 되며 교역자를 도와 궁핍한 자와 환난당한 교우를 심방하고 위로하며 교회에 덕을 세우기 위해 힘쓴다(통합헌법 제2편 정치 제8장 제52조)고 되어 있고, 합동헌법에는 집사의 직무는 목사 장로와 협력하여 빈핍 곤궁한 자를 권고하며 환자와 갇힌 자와 과부와 고아와 모든 환난당한 자를 위문하되 당회 감독 아래서 행하며 교회에서 수금한 구제비와 일반 재정을 수납지출하고(사도행전 6장 1절부터 3절)(합동헌법 Ⅳ. 정치 제6장 제3조), 권사는 당회의 지도 아래 교인을 방문하되 병환자와 환난을 당하는 자와 특히 믿음이 연약한 교인들을 돌보아 권면하는 자로 제직회 회원이 된다(합동헌법 Ⅳ. 정치 제3장 제3조 제1호). 이와 같이 집사와 권사는 기본적으로 봉사직이다.

하지 아니하고, 깨끗한 양심에 믿음의 비밀을 가진 자라야 할지니, 이에 이 사람들을 먼저 시험하여 보고 그 후에 책망할 것이 없으면 집사의 직분을 맡게 할 것이요.

97) 집사들은 한 아내의 남편이 되어 자녀와 자기 집을 잘 다스리는 자일지니.

98) 여자들도 이와 같이 정숙하고 모함하지 아니하며 절제하며 모든 일에 충성된 자라야 할지니라.

다. 집사 및 권사의 사임과 사직

통합헌법에는 집사 및 권사가 부득이한 사유로 인하여 시무사임을 원할 때 사임서를 제출하면 당회의 결의로 사임케 할 수 있는 자의사임, 집사 및 권사가 교회에서 불미스러운 행위를 한 사실이 확인되어 당회의 결의에 의하여 시무사임을 권고하여 당사자가 사임서를 제출하게 하는 권고사임, 집사 및 권사가 부득이한 사유로 인하여 당회에 사직서를 제출하는 경우에 당회의 결의로 사직케 하는 자의사직을 규정하고 있다(통합헌법 제2편 정치 제8장 제56조). 이는 장로의 경우와 같다.

합동헌법에는 집사 및 권사에 대하여 이러한 규정이 없으나 장로의 경우와 같이 자유 휴직과 사직, 권고휴직과 사직이 있다고 해석하는 것이 상당하다.

라. 집사, 권사의 휴무 및 복직

통합헌법에는 집사, 권사가 특별한 사정에 의하여 휴무코자 휴무서를 제출하는 경우에는 당회의 결의로 휴무케 할 수 있다. 그리고 자의사임한 집사, 권사가 복직을 원하는 경우에는 당회원 3분의 2 이상의 결의로 복직할 수 있고, 권고사임된 집사, 권사가 복직을 원하는 경우에는 그 권고사임 사유가 해소되어야 하고, 당회원 3분의 2 이상의 결의로 공동의회에서 과반수의 득표로 복직 결의를 받아야 하며 임직 때와 같은 서약을 하여야 하며, 자의사직한 집사, 권사가 복직을 원하는 경우에는 당회결의로 공동의회에서 과반수의 득표로 복직 결의를 받아야 하며, 임직 때와 같은 서약을 하여야 한다(통합헌법 제2편 정치 제8장 제58조).

3. 서리집사

통합총회에서 서리집사는 25세 이상 된 진실한 무흠 세례교인(입교인)으로서 1년을 경과하고 교회에 등록한 후 1년 이상 교인의 의무를 성실하게 이행한 자 중에서 당회의 결의를 거쳐 당회장(임시, 대리당회장 포함)이 임명한다(통합헌법 제2편 정치 제8장 제59조)고 규정되어 있고, 합동총회에서는 교회 혹은 목사나 당회가 1년 단위로 신실한 남녀로 선정하여 집사직무를 하게 한다(합동헌법 Ⅳ. 정치

제3장 제3조 제4호)고 규정하고 있다.

제3절 교회의 기관

Ⅰ. 교회의 기관과 헌법 및 정관

각 교단의 헌법 및 개교회의 정관에는 당회, 공동의회, 제직회 등 회의체 기관을 두고 각 기관에 일정한 권한을 부여함으로써 교회를 운영하고 있다. 대부분 교회에서 당회는 교회의 주요 임무인 예배와 치리에 관한 사항을 관장하며, 공동의회는 교회의 중요한 사항에 대한 최종적인 의사결정(담임목사의 청빙, 정관의 개정, 예산과 결산 승인)을 담당하며, 제직회는 교회의 재정에 관한 사항을 관장하도록 그 업무와 역할을 분담시키고 있다.

교회 운영에서 당회와 공동의회간의 관계가 중요하다. 이론적으로는 회중정체를 취하는 교회는 공동의회가 교회의 가장 중심이 되는 기관인 반면 감독정체나 장로정체에서는 오히려 당회 등 소수자가 중요한 의사결정기관으로서 역할을 하게 된다. 그러나 운영의 편의상 회중정체를 취하는 교회도 운영위원회 등을 조직하여 의사를 결정하는 경우가 많다. 특히 교인수가 수천명에서 수만명에 이르는 대형교회에서는 공동의회는 개최하기도 힘들고 회의 절차가 복잡하기 때문에 교회의 모든 사항을 공동의회에서 결정하기 어렵다. 그리하여 우리나라에서는 정체와 관계없이 대부분의 권한이 당회 또는 운영위원회와 당회장 또는 담임목사에게 집중되는 경우가 많다. 이와 같이 일반 교인들이 교회의 의사결정에 참여할 수 있는 공동의회가 사실상 형식화됨에 따라 교회의 주권은 교인에게 있다는 헌법이나 정관의 규정은 그 실효성을 발휘하지 못하고 있는 것이 현실이다.

Ⅱ. 당　　회

1. 구성과 운영

가. 당회의 구성과 역할

(1) 장로정체를 취하고 있는 우리나라 대부분의 교회들은 평신도 대표인 장로와 성직자 대표인 목사가 공동으로 당회를 구성하여 예배와 교회행정의 중요사항을 관장하도록 하고 있다. 통합총회의 당회는 지교회에서 시무하는 목사, 부목사, 장로 2인 이상으로 조직하되, 당회 조직은 세례교인(입교인) 30인 이상이 있어야 하고(통합헌법 제2편 정치 제10장 제64조 제1호), 30인당 1인씩 증원할 수 있다. 합동총회는 지교회의 담임목사와 치리장로로 조직하되 세례교인 25인 이상을 요하고(합동헌법 Ⅳ. 정치 제9장 제1조), 25인당 1인씩 증원할 수 있다. 통합총회는 당회를 시무목사와 최소한 장로 2인 이상으로 조직하게 함으로써 교인 30인이면 장로 2명을 둘 수 있으나, 합동총회는 당회를 목사와 장로 1인만으로도 조직하게 함으로써 목사와 장로가 의견이 일치하지 않을 경우 당회가 제역할을 하지 못하는 부작용이 있다. 이 경우 합동헌법은 장로 치리문제나 안건에 장로가 반대할 경우 노회에 보고하여 처리한다고 되어 있으나(합동헌법 Ⅳ. 정치 제9장 제2조) 이 역시 미흡한 해결책으로 보인다.

그런데 당회가 조직되지 못하거나 당회가 조직되었다가 당회원이 없게 되면 폐당회가 되고 담임목사가 있더라도 전도목사 내지 무임목사가 되어 당회장권을 행사할 수 없게 되므로 그 교회의 대표권도 행사할 수 없게 되어 그를 대표자로 하여 제기한 소는 당사자능력이 없는 자를 상대로 한 소로서 부적법하다.[99]

장로정체에 있어서 당회는 성직자인 담임목사와 교인의 대표인 장로가 견제와 균형을 이루는 것을 지향하고 있다. 그런데 대부분 교회의 당회는 항존직인 장로들과 담임목사 1인으로 구성되어 1인 1표에 의한 다수결에 의할 경우 장로들이 모든 결정권을 행사할 수밖에 없는 구조가 되어 불합리하다고 하여 당회장 목사

99) 대법원 2009. 12. 10. 선고 2009다22846 판결.

의 1표와 당회원 전체를 대등한 1표로 보아 의사를 결정해야 한다는 견해가 있으나[100] 이러한 견해는 장로들과 담임목사를 대립관계로 파악하는 오류가 있고, 실제로는 장로들의 견해가 담임목사의 견해와 같은 경우가 많으며, 민주적인 방법이라고도 할 수 없다는 점에서 받아들이기 어렵다. 또한 담임목사가 당회장으로서 당회소집권한을 가지고 있고 당회장이 출석해야 당회가 구성된다는 점에서 당회원들이 당회를 좌지우지하기도 어렵다. 그리고, 위에서 본 바와 같이 통합교단에서는 부목사들에게도 당회원 자격을 부여하여 당회에서의 목회자들의 역할을 강화함으로써 장로들과의 힘의 균형을 이루려 하고 있다.

한편 감독정체를 취하는 감리회에서는 장로들만으로 구성되는 회의는 없고 임원회와 기획위원회의 회원이 되며(교리와 장정 제4편 의회법 제2장 제23조, 제26조), 회중정체를 취하는 교단에서는 장로가 없고, 있다고 하더라도 호칭장로만 존재하기 때문에 장로만으로는 구성되는 공식적인 기구는 존재할 여지가 없다.

(2) 당회장은 개교회의 위임목사 또는 담임목사가 된다(통합헌법 제2편 정치 제67조 제1호). 임시당회장은 당회장이 결원되었을 때 당회원 과반수의 결의(합의 혹은 연명), 당회가 없을시 제직회의 과반수 결의(합의 혹은 연명)로 요청한 해 노회목사를 노회가 파송하고(같은 조 제2호, 헌법시행규정 제16조의 7 제1호), 대리당회장은 당회장이 유고할 때 또는 기타 사정이 있을 때 당회장이 위임한 자 또는 당회원이 합의하여 청한 자로 하며, 대리당회장은 결의권이 없으며(통합헌법 제2편 정치 제67조 제1내지 3호, 합동헌법 Ⅳ. 정치 제9장 제3조. 제4조), 당회장 결원시에도 임시당회장을 요청하지 않거나 대리당회장을 청빙하지 않을 때는 노회에서 임시당회장이나 대리당회장을 파송할 수 있다(통합헌법 시행규정 제16조의 7 제2호).

(3) 지교회의 당회는 교단과의 관계에 있어서 노회, 총회로 이어지는 치리회의 계층구조상 제1심을 담당하는 역할을 하고 있다. 다만 노회와 총회는 독립한 비법인사단으로서의 지위도 가지고 있지만 당회는 독립한 단체가 아니라 개교회의 기관에 지나지 아니한다는 점에서 차이가 있다.

100) 소재열, 앞의 책, 435면.

나. 당회의 운영

통합총회의 당회는 당회장이 소집하되 연 2차 이상을 회집하여야 하고, ① 당회장이 당회를 소집할 필요가 있을 때, ② 당회원 반수 이상이 당회 소집을 요구할 때, ③ 상회가 당회 소집을 지시할 때 소집한다(통합헌법 제2편 정치 제10장 제69조). 당회는 당회장을 포함한 당회원 과반수의 출석으로 개회한다. 단, 대리당회장은 성수에 포함되지 않으며(통합헌법 제2편 정치 제10장 제66조). 결의권도 없다(정치 제67조 제3호). 당회장은 그 교회 시무목사(위임목사, 담임목사)가 되고, 임시당회장은 당회장이 결원되었을 때 당회원 과반수의 결의(합의 혹은 연명)로 요청한 해노회 목사를 노회가 파송하며, 대리 당회장은 당회장이 유고할 때 또는 기타 사정이 있을 때 당회장이 위임한 자 또는 당회원이 합의하여 청한 자로 당회장직을 대리케 할 수 있고(대리 당회장은 은퇴목사에게도 맡길 수 있으며, 결의권이 없다), 미조직교회의 당회권은 당회장이 행사한다(통합헌법 제2편 정치 제10장 제67조).[101]

합동총회에서, 당회는 1년에 1회 이상 정기회로 회집하며, 담임목사가 필요한 때, 장로 반수 이상이 청구할 때 또는 상회가 회집을 명할 때에 회집하되, 목사가 없는 경우에는 장로 과반수가 소집할 수 있다(합동헌법 Ⅳ. 정치 제9장 제7조). 당회에 장로 2인이 있으면 장로 1인과 목사의 출석으로, 장로 3인 이상이 있으면 장로 과반수와 목사 1인이 출석하여야 성수가 된다(합동헌법 Ⅳ. 정치 제9장 제2조). 당회장은 지교회의 담임목사가 될 것이나 특별한 경우에는 당회의 결의로 본 교회 목사(목사가 신병이 있거나 출타한 때에는 당회의 결의로만)가 그 노회에 속한 목사 1인을 청하여 대리당회장이 되게 할 수 있고(합동헌법 Ⅳ. 정치 제9장 제3조). 교회에 담임목사가 없으면 목사를 청빙할 때까지 노회가 당회장을 파송하며, 노회가 당회장을 파송하지 않으면 그 당회가 회의할 때마다 임시 당회장을 청할 수 있다(합동헌법 Ⅳ. 정치 제9장 제4조).

대형교회의 경우 당회원이 수십, 수백명에 달하여 당회 자체의 소집과 운영마

---

101) 미조직 교회는 당회가 없어 당회권 및 당회장이 있을 수 없으므로 이 규정은 잘못된 규정으로 보인다.

저도 어려운 것이 현실이다. 또한 정기 당회는 교회에 따라서는 1년에 2회 내지 4회 정도로 밖에는 개최되지 않기 때문에 당회에서 교회의 실질적 운영에 관한 중요한 사항을 심도 있게 검토하고 결정을 내리는 데에는 무리가 있다. 자연히 당회의 권한은 당회장이나 당회장의 강한 영향력 아래에 있는 운영장로회 또는 운영위원회라는 별도의 기구에 집중되기 마련이다.

2. 지위와 권한

가. 대부분 교회에서 당회는 교인의 믿음생활을 책임지는 최고기관이고, 교회의 신령상 질서를 유지하기 위한 권징을 행하는 치리기관이며, 교회의 운영계획을 수립하고 교인총회의 의결사항을 사전에 검토하며 그 회부 여부를 결정하는 정책결정기관이며, 교회의 담임목사 및 각 기관과 재정을 감독하는 감독기관이며, 지교회의 부동산을 관리하고 노회에 대표자를 파송하는 기관이다.

나. 구체적으로 당회의 직무 내지 권한에 대하여 통합헌법은 ① 교인의 신앙과 행위를 통찰하며 세례, 입교할 자를 문답하며 세례식과 성찬식을 관장한다. ② 교인의 이명, 세례, 입교, 유아세례 증서를 교부하며 접수한다. 이명증서를 접수한 때는 즉시 발송한 당회에 접수 통지를 해야 한다. ③ 예배를 주관하고 소속기관과 단체를 감독하고 신령적 유익을 도모한다. ④ 장로, 집사, 권사를 임직한다. ⑤ 각종 헌금을 수집할 방안을 협의하여 실시케 하며 재정을 감독한다. ⑥ 노회에 파송할 총대장로를 선정하고 교회 상황을 보고하며 청원 건을 제출한다. ⑦ 범죄한 자를 소환 심문하고 증인의 증언을 청취하며 범죄한 증거가 명백할 때는 권징한다. ⑧ 지교회의 토지, 가옥 등 부동산을 관리한다. ⑨ 기타(제직회나 공동의회 직무와 상충되지 않는 범위 내에서) 필요한 사항이라고 규정하고 있고(통합헌법 제2편 정치 제10장 제68조), 합동헌법 Ⅳ. 정치 제9장 제5조와 제6조도 위와 비슷한 내용을 규정하고 있는바, 교회의 거의 모든 권한을 행사한다고 하여도 과언이 아니다. 따라서 당회가 어떻게 운영되느냐에 따라 교회의 민주성, 투명성이 결정된다고 할 것이다.

3. 임시대표자

가. 선임의 필요성 및 요건

위 1의 나.항에서 본 바와 같이 당회장이 결원되었을 때 교단에 소속된 교회의 경우는 노회에 임시당회장의 파송을 요청할 수 있고, 당회장이 유고할 때 대리당회장을 둘 수 있다. 그리고 교단에 소속되지 않은 독립교회의 경우에는 당회장 결원 또는 유고시를 대비하여 정관에 적절한 규정을 둘 필요가 있다. 그러나 위와 같은 규정이 미비하더라도 판례는 민법 제691조를 유추적용하여 임기가 만료된 당회장 또는 사임한 당회장으로 하여금 교회의 업무를 수행하게 함에 부적당하다고 할 특별한 사정이 없는 한 후임 당회장이 선임될 때까지 임기가 만료된 당회장이나 사임한 구 당회장에게 직무수행권을 인정하고 있다. 그럼에도 불구하고 교회 또는 교단 내부의 분쟁이 심하여 통상적인 방법으로는 대표자를 선출할 수 없는 경우가 있다. 이 경우에는 부득이 민법 제63조[102]를 준용하여 임시대표자를 선임할 수밖에 없다. 임시대표자는 대표자 자체가 결원된 경우 비송사건절차법에 의하여 선임된 자로서 대표자가 있으나 직무집행을 정지당함으로써 사실상 직무를 행할 수 없는 경우에 이해관계인의 신청에 의하여 법원이 가처분의 형식으로 이사직무를 대리하도록 선임한 직무대행자와는 다르다.

나. 선임절차

임시대표자의 선임절차는 비송사건절차법에서 규정하고 있다. 임시대표자선임은 법인의 주된 사무소 소재지의 지방법원합의부의 관할에 속한다(비송사건절차법 제33조 제1항). 다만 학교법인의 임시이사와 사회복지사업법상의 임시이사의 선임에 관하여는 특별한 규정이 있다.

사립학교법 제25조 제1항은 관할청은 이사의 결원을 보충하지 아니하여 학교법인의 정상적 운영이 어렵다고 판단되는 경우 등 일정한 경우 이해관계인의 청

---

102) 제63조(임시이사의 선임) 이사가 없거나 결원이 있는 경우에 이로 인하여 손해가 생길 염려 있는 때에는 법원은 이해관계인이나 검사의 청구에 의하여 임시이사를 선임하여야 한다.

구에 의하여 또는 직권으로 조정위원회의 심의를 거쳐 임시이사를 선임하여야 한다고 규정하고 있다. 그러나 판례는 이 경우 임시이사는 일반적인 학교법인의 운영에 관한 행위에 관한 행위에 한하여 정식이사와 동일한 권한을 가질 뿐이므로 정식이사를 선임할 권한은 없다고 하였다.[103] 그리하여 사립학교법 제25조의3의 제1항은 관할청은 학교법인에서의 임시이사 선임사유가 해소되었다고 인정할 때에는 조정위원회의 심의를 거쳐 지체없이 임시이사를 해임하고 이사를 선임하여야 한다고 규정하고 있다.

사회복지사업법 제22조의3 제1항은 법인의 정상적인 운영이 어렵다고 판단되는 경우 시·도지사는 지체없이 이해관계인의 청구 또는 직권으로 임시이사를 선임하여야 한다고 규정하고 있고, 판례는 사립학교법 제25조와 달리 사회복지사업법은 임시이사의 선임사유 및 절차에 관하여만 규정하고 있을 뿐 직무범위, 재임기간, 선임제한 등에 관하여는 아무런 규정을 두고 있지 아니하고 사회복지사업법에 규정된 것을 제외하고는 민법의 규정을 준용하도록 하고 있는 점 등의 사정을 종합하여 임시이사는 정식이사와 동일한 권한을 가지므로 임시이사들에게는 정식이사의 선임에 관한 결의권한도 있다고 판단하였다.

임시대표자 선임의 신청권자는 이해관계인 또는 검사이다. 이해관계인은 임시대표자가 선임되는 것에 관하여 법률상 이해관계를 갖는 다른 이사, 사원, 채권자 등이다. 선임신청은 서면 또는 구두로 하지만 신청시에 임시대표자의 후보자를 열거하는 것도 가능하나 법원이 직권으로 적당한 자를 선임할 수도 있다. 또한 정관상 대표자가 될 자격이 없는 자도 임시대표자에 선임될 수 있다. 따라서 교회의 임시대표자가 반드시 목사일 필요도 없다. 임시이사의 선임은 결정으로 하고(비송사건절차법 제17조), 그 결정은 고지함으로써 효력이 발생하나(비송사건절차법 제18조), 피선임자가 그 결정에 구속되는 것이 아니므로 사전에 피선임자의 승낙을 받아두는 것이 바람직하다.[104] 결정으로 인하여 권리를 침해당한 자는 항고할 수 있으나(비송사건절차법 제20조 제1항), 집행정지의 효력은 없다(비송사건절차법 제21조).

---

103) 대법원 2007. 5. 17. 선고 2006다19054 전원합의체 판결.
104) 법원실무제요 비송, 법원행정처(2014). 80면.

다. 임시대표자의 지위와 권한

임시대표자의 구체적인 권한의 범위나 직무내용을 제한할 수 있다. 그러한 결정에 제한을 하지 않은 이상 임시대표자의 지위는 일시적 기관인 점을 제외하고는 교회의 대표기관 및 업무집행기관이므로 통상적인 대표와 동일한 권리와 의무를 갖는다. 그러나 신앙단체인 교회의 특성상 임시대표자의 자격에 따라 권한에 일정한 제한을 두는 것이 바람직하다.

라. 종교단체의 임시대표자

이에 관하여 대법원[105]은 (1) 민법 제63조는 법인의 조직과 활동에 관한 것으로서 법인격을 전제로 하는 조항이 아니고, 법인 아닌 사단이나 재단의 경우에도 이사가 없거나 결원이 생길 수 있으며, 통상의 절차에 따른 새로운 이사의 선임이 극히 곤란하고 종전 이사의 긴급처리권도 인정되지 아니하는 경우에는 사단이나 재단 또는 타인에게 손해가 생길 염려가 있을 수 있으므로, 민법 제63조는 법인 아닌 사단이나 재단에도 유추 적용할 수 있다. (2) 임시이사의 선임을 신청할 수 있는 '이해관계인'이라 함은 임시이사가 선임되는 것에 관하여 법률상의 이해관계가 있는 자로서 그 법인의 다른 이사, 사원 및 채권자등을 포함한다. (3) 민법 제63조에서 임시이사 선임의 요건으로 정하고 있는 '이사가 없거나 결원이 있는 경우'라 함은 이사가 전혀 없거나 정관에서 정한 인원수에 부족이 있는 경우를 말하고,'이로 인하여 손해가 생길 염려가 있는 때'라 함은 통상의 이사선임 절차에 따라 이사가 선임되기를 기다릴 때에 법인이나 제3자에게 손해가 생길 우려가 있는 것을 의미한다고 판시하고 나아가 (4) 헌법 제20조는 종교의 자유를 보장하고 종교와 국가기능의 엄격한 분리를 선언하고 있으므로, 종교의 자유에 속하는 종교적 집회·결사의 자유는 그 성질상 일반적인 집회·결사의 자유보다 광범위한 보장을 받으며, 이에 따라 종교적 집회·결사의 자유를 실현하기 위하여 설립된 종교단체에 대하여는 그 조직과 운영에 관한 자율성이 최대한 보장되어야 한다. 따라서 법원이 종교단체에서 이사의 결원으로 발생하는 장해를

---

105) 대법원 2009. 11. 19. 자 2008마699 전원합의체 결정.

방지하기 위하여 임시이사의 형태로 그 조직과 운영에 관여하게 될 때에도 헌법상 종교단체에 보장되는 종교활동의 자유와 자율성이 침해되지 않도록 그 선임요건과 필요성을 인정함에 신중을 기하여야 하며, 특히 그 선임요건으로 '손해가 생길 염려가 있는 때'를 판단할 때에는, 이사의 결원에 이르게 된 경위와 종교단체가 자율적인 방법으로 그 결원을 해결할 수 있는지 여부를 살피고, 아울러 임시이사의 부재(不在)로 인하여 혼란이 초래되어 임시이사를 선임하지 아니하는 것이 현저히 정의관념에 반하고 오히려 자유로운 종교활동을 위한 종교단체의 관리·운영에 심각한 장해를 초래하는지 여부 등의 사정을 종합적으로 참작하여야 한다. (5) 종교단체에서 임시이사의 선임요건에 관한 심사 결과 당해 종교단체에 장래 발생이 염려되는 손해를 방지하기 위한 조치로서 임시이사의 선임이 불가피한 경우에도, 결원이 된 당해 이사가 지니는 지위, 권한 및 직무내용과 임시이사가 실제로 수행하여야 하는 업무나 역할 등 당해 종교단체에 관한 구체적 사정에 따라서는 종교단체의 종교적인 활동 및 그 자율성에 장해를 주지 않도록 선임자격이나 그 구체적 권한 내지 직무내용을 제한함이 상당하다. 특히, 교의의 통일 등을 위하여 단위 종교단체의 상위 단체로 조직한 포괄적인 종교단체인 종단의 대표자는 법률적으로 종단을 대표하는 권한을 가지고, 종단의 규약이 정한 임명권 등을 통하여 종단의 업무 조직을 구성하는 포괄적인 권한을 가지는 한편, 종교적 권능을 통하여 대내외적으로 당해 종단의 정체성을 표창하고 신도들의 신앙적 일체감을 지지(支持)·통합하는 구심점인 역할을 수행하는 지위에 있다. 이와 같이 종교적인 영역에서 차지하는 종단 대표자의 지위나 역할의 중요성을 감안하면 그 종단의 신도가 아니어서 신앙적 동일성이 인정되지 않는 외부의 제3자로 하여금 신앙공동체인 종단의 대표자 업무를 담당하도록 하는 것은 특별한 사정이 없는 한 종교단체의 자율성과 본질에 어긋나므로 원칙적으로 허용되지 않는다. 다만, 종단 내부의 총체적 분규와 전체적 대립 양상으로 인하여 당해 종단의 신도 중에서는 중립적인 지위에서 종단의 대표자 업무를 적정하게 수행할 수 있는 적임자를 도저히 찾을 수 없는 예외적 사정이 존재하는 경우에는 신도 아닌 사람도 임시이사로 선임할 수 있으나, 이 경우에도 그 직무범위나 권한을 비종교적(非宗敎的)영역 내에서 선임의 필요성에 상응한 최소한의 범위로 제한함으로써, 종단의 정체성을 보존하고 그 자율적 운영에 대한 제약도 최소화될 수 있도록 하여야 한다고 판시하여 교회 등 종교단체의 임시대표자의 선임에 관한 방향을 제시한 바 있다.

교단에 소속되지 않은 A교회는 서울중앙지방법원에 민사소송을 제기하였으나 그 교회의 정관에 의하면 담임목사가 대표자인데 담임목사는 당회운영위원회에서 선출하게 되어 있고, 정관대로 담임목사를 당회운영위원회에서 선출하였으나, 위 법원은 당회운영위원이 적법한 위원이라는 증거가 없다는 이유로(정관에 의하면 당회운영위원을 당회운영위원에서 선출하기로 되어 있으나 당회운영위원을 선출한 증거는 보존되어 있지 않다) 담임목사가 적법한 대표자라고 인정하기 어렵다고 보아 소각하 판결을 하였다. 이에 위 교회의 일부 교인들은 목사가 아닌 일반 교인을 담임목사를 선출할 운영위원을 선출하기 위한 교인총회를 소집하고 사회를 보는 권한으로 제한하여 임시대표자선임신청을 하였는데, 법원[106]은 위 대법원 전원합의체 판결을 원용하면서 사건본인에 대하여 다수의 법적 분쟁이 진행 중인 점, 이에 대응하기 위하여 빠른 시일내에 사건본인의 대표자를 선임할 필요성이 있는 점, 적법한 당회운영위원을 특정할 수 없는 현 상황에서는 사건본인이 자율적으로 대표자를 선출하는 것이 불가능하다고 보이는 점 등을 종합하면, 대표자의 결원으로 인하여 사건 본인에 손해가 생길 염려가 있다고 판단된다고 하여 임시대표자로 선임신청을 인용하였다.

이와 같이 교회대표자 결원 내지 선출로 인한 분쟁에 있어서 적법한 대표자를 선출하기 위한 방법으로 민법 제63조 및 비송사건절차법 제33조에 의한 임시이사선임신청을 활용할 수 있다.

Ⅲ. 교인총회

1. 의의와 지위

교인총회는 의결권이 있는 세례교인들의 모임을 의미한다. 때로는 신급의 구

106) 서울북부지방법원 2020. 5. 15. 자 2020비합1005 임시대표자선임신청, 서울북부지방법원 2021. 5. 4. 자 2021비합1001 임시대표자선임신청.

별이 없이 모든 교인들의 총회를 의미하기도 하나 이러한 경우는 법률적으로는 큰 의미가 없으므로 본서에서는 그러한 의미로는 사용하지 않는다. 교인총회를 장로교회에서는 공동의회, 감리회에서는 당회, 성결교단에서는 사무총회라고 한다. 교회가 비법인사단이라는 점에서 그 회원들의 의결기구인 교인총회는 최고의 의결기구이다. 교인들은 교인총회를 통하여 권리를 행사하는바, 의결권있는 교인이 되기 위해서는 일정한 자격과 기준이 있고, 교단에 따라 그 기준이 약간씩 다르나, 일반적으로 세례를 받은 무흠 입교인이 교인총회의 의결권있는 교인이다(통합헌법 제2편 정치 제13장 제90조 제1호, 합동헌법 Ⅳ. 정치 제21장 제1조 1호). 다만 통합총회는 18세 이상(통합헌법 제2편 정치 제90조 제1호), 성결교단은 20세 이상(기성헌법 제35조 제1호)만 회원의 자격이 있고, 감리회는 18세 이상된 입교인만 선거권과 피선거권이 있다(교리와 장정 제4편 의회법 제16조).

2. 소집과 결의

가. 교인총회의 소집

교인총회(공동의회)의 소집은 ① 당회가 소집할 필요가 있을 때, ② 제직회의 청원이 있을 때, ③ 무흠 세례교인(입교인) 3분의 1 이상의 청원이 있을 때, ④ 상회의 지시가 있을 때 당회의 결의로 당회장이 소집하되 일시, 장소, 안건을 한 주일 전에 교회에 광고한다(통합헌법 제2편 정치 제13장 제90조 제2호, 제3호, 합동헌법 Ⅳ. 정치 제21장 제1조 제2호). 그런데 위 ②, ③, ④의 경우는 당회가 소집하지 않을 때 소집할 수 있는 경우를 예상한 것인데 그 경우까지 당회의 결의를 요하는 것은 타당한 규정이라고는 보기 어렵다. 다만, 통합헌법은 상회의 지시가 있을 때에는 당회 결의 없이도 소집할 수 있다고 규정하고 있고, 합동헌법은 소집의 주체를 명시하지 않고 있으나 당회장이 소집하는 것으로 해석된다. 그런데 공동의회의 소집요건이 갖추어져 있음에도 당회가 소집결의를 하지 않는다든지 당회장이 소집하지 않을 경우 어떤 절차로 누가 소집할 것인가에 대하여 헌법에는 규정이 없으므로 정관에 그러한 규정을 둘 필요가 있다.

나. 소수교인의 임시교인총회 소집허가 청구권

(1) 요 건

그런데 민법은 헌법은 물론 정관에도 소집권자가 교인총회의 소집을 거부할 경우에 관한 규정이 없는 경우에는 민법 제70조 제3항을 준용하여 교인들이 법원에 비송사건으로 총회소집허가신청을 하여 총회를 개최할 수밖에 없다.[107] 실무례에서도 이러한 교인총회 소집허가신청이 많이 나타나고 있고, 심지어 담임목사 해임 및 후임 담임목사 선임을 안건으로 하는 공동의회소집허가신청도 인용되고 있다.[108]

교인 5분의 1 이상이 회의의 목적사항을 제시하여 소집권자인 당회장에게 임시교인총회소집을 청구하고, 당회장이 위 청구 후 2주 이내에 총회소집의 절차를 밟지 아니한 때에는 청구한 교인은 교회의 주된 사무소 소재지의 지방법원합의부에 교인총회 소집허가를 신청할 수 있다(민법 제70조 제3항, 비송사건절차법 제34조 제1항). 이 정수는 정관으로 증감할 수 있다. 그러나 정관에 소집청구권 자체를 박탈할 수는 없음은 물론 그 숫자를 총사원 과반수로 하는 것도 소수사원의 총회소집청구권을 무력하게 하는 것으로 허용되지 않는다고 봄이 상당하다.[109] 장로회 헌법에는 위 가.항에서 본 바와 같이 무흠 세례교인(입교인) 3분의 1 이상의 청원이 있을 때 교인총회를 소집할 수 있으므로 무흠 세례교인 3분의 1 이상이 요구하지 않으면 5분의 1 이상이 되더라도 소집허가신청을 할 수 없다.

임시교인총회의 소집을 청구할 수 있는 교원의 정수를 산정함에 있어서 의결권을 갖지 못하는 교인을 총교인의 수에 포함시킬 것인가 하는 점에 대하여 의결권이 없다고 하여 총회소집에 대한 이해관계도 없는 것으로 보는 것은 무리이므로 이들도 총사원에 포함시켜 총회 소집청구권이 있다고 보는 견해가 유력하

---

107) 이에 대하여 제1절 Ⅱ의 1 교인의 권리 참조.

108) 전주지방법원 2013. 3. 27. 자 2012비합5 결정은 교단헌법에 의하면 공동의회에서 담임목사를 해임할 권한이 없지만 교회가 노회에 시무사임권고를 할 수 있는 규정이 있다는 등의 이유로 담임목사 해임을 안건으로 하는 공동의회소집청구를 인용하였다. 동일한 취지로 서울중앙지방법원 2011. 9. 1. 자 2011비합50 결정이 있다.

109) 최기원, 민법주해 [1], 714면.

다.[110] 그러나 교회의 경우는 교인으로 등록되었더라도 의결권이 없는 학습교인, 유아세례교인 들이 많고, 그 나이가 대부분 미성년자이므로 이들까지 포함하면 교인 총수의 산정에 어려움이 많으며, 무엇보다 총회헌법에 의결권 있는 교인 3분의 1 이상에게 총회소집청구권을 인정하고 있으므로, 임시교인총회의 소집허가 청구권이 있는 교인은 의결권이 있는 교인에 한정하는 것이 타당하다.

이러한 소수사원의 정수는 소집권자에게 소집청구를 할 때부터 법원에 신청하여 법원의 재판시까지 갖추어야 한다. 따라서 소집권자에게 소집청구를 할 때는 소수사원의 요건을 갖추었으나 법원에 소집허가 청구를 할 때 또는 법원의 재판할 때는 못 갖추었거나 그 반대의 경우 모두 부적법한 신청이 된다. 그리고 그 정수를 후에 추가하여 병합할 수도 없다. 또한 선정당사자에 관한 민사소송법 제53조의 규정은 비송사건절차법이 적용되는 비송사건에는 준용되거나 유추적용되지 않으므로 선정당사자가 한 신청은 그가 단독으로 한 것에 불과하여 정수 미달로 부적법하다.[111]

(2) 재 판

총회소집 허가신청에 대하여 법원은 이유를 붙인 결정으로 재판한다(비송사건절차법 제34조 제2항, 제81조). 법원은 후견적 입장에서 임시교인총회의 필요성, 소집을 허가하였을 때와 허가하지 않았을 때 교회에 미치는 영향 기타 실질적 요건까지 심리하여 허가여부를 결정하여야 한다. 허가신청을 인용하는 재판을 할 때는 임시총회의 목적사항을 명백히 하여야 한다.[112] 법원이 신청을 각하・기각한 재판에 대하여는 항고로 불복할 수 있으나, 신청을 인용한 재판에 대하여는 불복신청을 할 수 없다(비송사건절차법 제34조 제2항, 제81조).

(3) 임시교인총회 소집절차 및 진행

임시교인총회 허가를 받은 신청인이 공동의회를 소집할 수 있으나 신청인이 여러 명일 경우 여러 명의 이름으로 공동의회를 소집하여야 하고, 의장은 소집후

---

110) 주기동, 주석 민법총칙(1) 4판, 716면: 최기원, 민법주해 [1] 714면.
111) 대법원 1990. 12. 7. 자 90마674, 90마카11 결정[총회소집허가].
112) 법원행정처(2014), 법원실무제요 88-89면.

교인총회에서 의장을 선임하는 것이 통상이다.[113] 그러나 그 의장을 뽑기까지의 사회를 누가 보는가도 불명확하고, 특히 소집청구권자가 여러 명일 경우 소집절차에도 혼선이 올 수 있다. 그러므로 임시교인총회 소집권과 회의의 사회를 보는 의장을 법원에서 정하는 것도 방법이 될 수 있을 것이다.[114] 그리고 이러한 소집허가에 의하여 담임목사를 해임하고, 후임목사를 청빙하였더라도 그것이 실제법상 유효한가의 문제는 별개이다. 이는 교단헌법과 지교회의 정관에 따를 수밖에 없다.

다. 교인총회의 의사정족수와 의결정족수

공동의회 개회는 회집된 회원으로 하되, 공동의회의 결의는 다른 규정에 명시된 사항이 아닌 것은 재석 과반수로 결의한다(통합헌법 제2편 정치 제13장 제90조 제4호, 제6호, 합동헌법 Ⅳ. 정치 제21장 제1조 제4호, 제5호). 성결교단의 사무총회는 위임장을 포함해서 과반수 이상의 출석으로 개회한다(기성헌법 제46조 제2호 가)는 점이 특이하다. 다만 합동헌법은 개회시 회원이 너무 적게 회집하면 회장은 다른 날에 다시 회집하며(합동헌법 Ⅳ. 정치 제21장제1조 제4호), 통합헌법은 인선은 무기명 비밀투표로 한다(통합헌법 제2편 정치 제13장 제90조 제6호)고 규정하고 있다. 공동의회의 의장과 서기는 당회장과 당회 서기가 한다(통합헌법 제2편 정치 제13장 제90조 제7호, 합동헌법 Ⅳ. 정치 제21장 제1조 제3호). 그러나 성결교단은 의장이 서기를 지명한다(기성헌법 제46조 제1호).

교인수가 수천 명, 수만 명에 이르는 대형교회에서는 교인총회 개최나 의결이 실제적으로는 대단히 어렵다. 그리하여 대부분의 교단 헌법은 공동의회의 개회는 회집된 회원으로 한다고 하고 있다. 그러나, 중요한 안건을 지나치게 적은 숫자가 참여한 교인총회에서 결의하는 경우 그 정당성이 문제될 수가 있고, 헌법이 예상하지 않은 중요한 안건을 심의하는 경우 위 개회정족수 규정을 준용할 수 있는지 의심되는 경우도 있다. 실제로 2006년 전원합의체 판결 등 대법원 판례

113) 최기원, 민법주해 [1] 717면.

114) 상법 제366조 제2항은 소수주주에 의한 주주총회소집청구에 있어서 "이 경우 주주총회의 의장은 법원이 이해관계인의 청구나 직권으로 선임할 수 있다."[개정 2011.4.14][시행일 2012.4.15.]라고 규정하고 있다.

도 교회의 교단탈퇴 결의는 교인총회의 일반의사 정족수에 기하지 않고 헌법이나 정관에 규정이 없는 경우로 보아 민법의 사단법인의 정관변경 규정에 필요한 정족수를 준용하고 있고, 결국 교인총회의 결의를 지나치게 어렵게 하는 부작용을 낳고 말았다. 이러한 상황에 대비해서 위임장에 의한 의결을 도입하거나 전자주주총회와 같은 제도의 도입을 고려해 볼 필요가 있다.[115] 또한 교인총회에서 의결권을 행사할 교인들의 확정을 위해서는 주주명부 폐쇄, 기준일제도와 유사한 교인명부의 확정 및 열람과 폐쇄 등의 제도를 도입할 여지도 있다고 본다.[116]

3. 공동의회의 결의사항

공동의회의 결의사항은 ① 당회가 제시한 사항, ② 예산 및 결산, ③ 직원 선거, ④ 상회가 지시한 사항 등이다(통합헌법 제2편 정치 제13장 제90조 제5호). 여기서 직원 선거에는 위임목사의 청빙, 장로와 집사, 권사의 선거가 포함된다. 그 밖에도 교회 정관 및 시행세칙의 제정과 개정을 할 수 있고, 교회소속 교단 및 노회 탈퇴, 노회소속 변경, 행정보류와 정관에 다른 규정이 없는 경우 교회재산의 처분 및 소송제기, 재정장부의 공개 및 열람 승인 등을 결의할 수 있다. 정관의 제정, 개정은 민법의 규정 및 사단법원리상 교인총회의 전속적 권한사항이고, 다만 의사 및 의결정족수만 달리 규정할 수 있다.[117] 그리고 교인들의 총유인 교회재산의 처분도 공동의회의 전속적 권한이라는 견해가 있으나,[118] 민법 제275조 제2항이 “총유에 관하여는 사단의 정관 기타 규약에 의하는 외에 다음 2조의 규정에 의한다.”라고 하고 있어 교회재산의 처분에 관한 사항을 정관에서 당회 등의 결의에 의한 것으로 정할 수 있을 것이다.

---

115) 서헌제, 앞의 책, 388면. 최근 기독교대한감리회 제31차 입법총회에서 전자투표제도를 도입하여 큰 성과를 거두었다고 한다.
116) 서헌제, “교회 정관의 제정 필요성과 문제점”, 화해중재원 제8차 기독교화해사역 세미나(2014), 56면.
117) 이에 관한 보다 자세한 내용은 제2장 제4절 Ⅳ. 1, 나 및 제5장 제5절 Ⅲ. 1. 참조.
118) 서헌제, 앞의 책, 390면.

Ⅳ. 제 직 회

제직회는 목사, 장로, 집사, 권사, 전도사, 서리집사로 구성하고, 회장이 ① 제직회 소집의 필요를 인정할 때, ② 교회 제직 3분의 1의 요청이 있을 때 소집하며, 1주일 전에 광고하여 소집하며, 개회성수는 출석수로 하고 결의는 과반수로 한다. 제직회 회장은 당회장이 되고 서기와 회계는 회에서 선정하며 필요에 따라 부서를 둘 수 있다(통합헌법 제2편 정치 제13장 제91조).

제직회는 ① 공동의회에서 결정한 예산 집행, ② 재정에 관한 일반수지 예산 및 결산, ③ 구제비의 수입, 지출 및 특별 헌금 취급, ④ 당회가 요청한 사항, ⑤ 부동산 매매 등을 결의할 수 있다(통합헌법 제2편 정치 제13장 제91조).

합동헌법도 지교회 당회원과 집사와 권사, 서리집사로 제직회를 조직한다(합동헌법 Ⅳ. 정치 제21장 제2조 제1호). 따라서 당회원이 아닌 목사나 전도사는 제직회원이 아니다. 다만 미조직교회에는 당회원이 아닌 목사나 전도사도 제직회원이 될 수 있다(합동헌법 Ⅳ. 정치 제21장 제2조 제2호). 제직회는 매월 1회 또는 1년에 4회 이상 정기회를 정할 것을 권장하고 있다(합동헌법 Ⅳ. 정치 제21장 제2조 제5호). 또한 합동총회는 각 지방내에 연합제직회를 조직할 수 있다(합동헌법 Ⅳ. 정치 제21장 제3조).

위와 같이 제직회는 주로 당회나 교인총회의 결정에 따라 교회의 재정집행을 담당하는 기관으로 운영하고 있다.

제 4 장

교회의 재산과 재정

제 4 장

교회의 재산과 재정

제 1 절 교회재산의 소유형태

Ⅰ. 서 설

재산이라는 용어는 민법과 상법의 조문이나 학설에서 대단히 많이 쓰이는 말이지만 그 의의나 내용은 경우에 따라서 다르다. 통상 재산이란 현금을 포함한 동산, 부동산 및 지적재산권 등 금전적 가치를 지니는 권리 및 의무의 총체 또는 경제적 가치가 있는 유형, 무형의 온갖 것이라고 정의할 수 있다. 그런데 지교회의 재산을 지교회 명의로 소유하는 것이 원칙이지만 지교회의 보유재산이 반드시 지교회의 소유로 공시되어 있는 것은 아니다. 또한 교회재산의 소유형태도 교회의 구조가 재단적 구조의 교회이냐 사단적 구조의 교회이냐에 따라 다르고, 사단적 구조의 교회의 경우도 법인격을 취득하였을 경우와 법인격을 취득하지 못하였을 경우에 따라 다르다. 판례는 개신교 지교회 보유재산의 소유형태를 지교회 교인 전체의 총유로 보고 있으며, 학설들도 이를 당연한 것으로 받아들이고 있다.[1] 이는 교회의 일반적인 조직구조가 비법인사단이라고 보는 데서 기인한

1) 곽윤직, 「물권법」(민법강의2)(제7판), 박영사(2008)(이하 '물권법'이라고 한다), 221면; 김용한, 「물권법론」, 341면; 황적인, 「현대민법론 Ⅱ 물권」, 박영사(1987), 251면; 김증한, "교회가 분열할 경우의 교회재산의 귀속", 「서울대 법학」 1권 1호, 서울대학교 법학연구소(1959), 217면; 다만 최식 교수는 교회재산을 '권리능력 없는 목적재산' 즉 '권리능력 없는 재단'으로 보는 것이 적당하다고 한다(최식, 앞의 논문, 68면).

것이다.

Ⅱ. 재단적 구조의 교회

가톨릭교회는 크게 보편교회(ecclesia universalis)와 지역교회(ecclesia particularis)로 나뉘고, 그 조직은 양자 모두 이른바 구영조물(救靈營造物, Heilsanstalt)로서 재단적 구조를 취하여 각각 교황과 교구장 주교의 전권적 통치하에 있다는 것은 기술한 바 있다. 우리나라 가톨릭교회는 뒤에서 보는 바와 같이 남한만 15개의 교구가 있고(이로써 1999년 현재 한국교회의 교구수는 대수도원장이 관할하는 덕원면 속구와 침묵의 교회인 함흥교구・평양교구를 합쳐 모두 18개에 이른다[2]) 각 교구마다 교구유지재단법인이 구성되어 있어 그 재단법인이 당해 교구재산의 소유권을 가지고 있다. 그리고 그 재산의 관리는 어느 경우든 교구장 주교의 전권하에 성직자들이 하며, 일반신자는 그 재산의 수익자일 뿐 이에 관여할 수 없다. 따라서 만일 가톨릭교회가 분열하더라도, 교구산하의 1개 본당이 탈퇴하는 경우는 말할 것도 없고, 교구 내의 성직자를 포함한 대부분의 신자들이 집단적으로 이탈하더라도 영조물적・재단적 구조를 취하는 교회의 본질상 인적 요소의 이반은 교회의 동일성에 영향을 줄 수 없고, 그 재산은 교구의 유지를 위하여 출연된 재산이므로 마찬가지로 그 귀속에 영향을 받지 않는다.

개신교 중 구세군의 경우도 이와 비슷하여, 교회재산은 전세계 구세군교회의 총수인 '대장'만이 유일한 소유자이며, 법적으로는 대한구세군유지재단법인이 한국 구세군교회 전체의 재산을 소유한다. 따라서 지교회라고 할 수 있는 '영문'의 교단이탈이나 분열은 재산귀속에 영향을 주지 않으며, 교단 자체의 인적 요소의 대이반(大離反)이 있더라도 마찬가지이다. 그리하여 대법원은 구세군교회가 강력한 중앙집권적 조직을 갖추고 있으며, 교단 군령군률에 의하여 재산의 소유권은 전세계구세군교회의 대장에게만 있도록 되어 있고, 현실적으로 문제된 영문의 재산이 대한구세군유지재단법인의 이름으로 등기되어 있으므로 그 재산은 그 법인의 소유로 추정된다고 판시하고 있다.[3]

2) 네이버 지식백과. 천주교교구[天主教教區](한국민족문화대백과, 한국학중앙연구원).

Ⅲ. 사단적 구조의 교회

1. 지교회의 소유

우리나라 개신교의 대표적 교파라고 할 수 있는 장로교회·감리교회·성결교회 등에 속하는 교단교회 및 지교회는 모두 교계정체교회로서 사단적 구조로 조직되어 있다는 것은 기술한 바이다. 따라서 그런 교회들에 있어서는 인적 요소는 법적 의미에 있어서의 교회의 본질을 이루고 있는 것이므로, 그 인적 요소의 집단적 변경(분열)은 종전 교회의 동일성에 영향을 줄 수 있고 당연히 재산관계의 재정립의 문제가 수반되게 된다. 그런데 우리나라 교계정체교회의 상당수 교단에서는 그 헌법에 지교회 보유재산은 모두 또는 적어도 부동산만은 교단 소유라고 명시하고 있어 그에 대한 평가가 문제되나, 법적으로는 그런 헌법규정이 있다는 사실만으로 지교회 보유재산이 당연히 교단소유가 되는 것이 아님은 이미 살펴본 바 있다. 따라서 비록 위와 같은 헌법규정이 있더라도 지교회의 부동산은 지교회의 소유이다.

또한 회중정체교회는 정체론에서 이미 기술한 바와 같이 지교회의 완전독립과 지교회 내의 직접민주정치를 교회조직의 기본적 특징으로 하는 교회이므로, 설사 교단이 있더라도 이는 지교회의 협의체에 불과하고, 그 결의 내지 결정은 구속적인 것이 아니라 권고적 혹은 선언적인 것에 불과하다. 우리나라의 회중정체교회로서 대표적인 교회인 침례교회의 경우에도 지교회 재산의 교단귀속을 위한 '유지재단법인'을 두고 있고, 그 교회 부동산의 소유명의를 그 재단법인에 이전하는 등 상당한 정도로 교단중심의 결속이 진행되어 있는 상태이지만, 전반적으로는 지교회의 독립과 지교회 내의 직접민주정치의 기조를 유지하고 있어, 교파 중 가장 지교회중심적이다.[4] 그러므로 회중정체교회의 경우의 교회의 재산은 더욱 지교회 자체의 소유라고 보아야 한다.

---

3) 대법원 1986. 7. 8. 선고 85다카2648 판결.
4) 김진현, 논문 1, 198면.

2. 지교회의 소유형태 – 총유

가. 교회재산이 교회의 소유라고 하더라도 위에서 본 바와 같이 개신교에 있어서 대부분의 교회는 권리능력 없는 사단으로 이해되고, 권리능력 없는 사단에 대하여 독일민법 제54조 전문[5] 및 스위스민법 제62조에서는 조합에 관한 규정을 적용한다고 명문으로 규정하고 있는 것[6]과는 달리 우리나라의 법에는 명문의 규정이 없으므로 어떠한 법규범을 적용할 것인가가 문제된다. 그런데 민법 제275조 제1항에서 법인이 아닌 사단의 사원이 집합체로서 물건을 소유할 때에는 총유로 한다고 규정하고 있는 한편, 조합체로서 물건을 소유할 경우 합유로 한다는 민법 제271조에 비추어 볼 때 권리능력 없는 사단이 조합과 다르다는 점을 간접적으로 밝히고 있다고 할 것이다.[7] 따라서 인격 없는 사단(권리능력 없는 사단)에 대하여는, 사단법인에 관한 규정 가운데 법인격을 전제로 하는 것을 제외하고는 모두 이를 유추적용하여야 하며, 조합에 관한 규정을 준용하여서는 안된다고 해석하고[8] 있으므로 법인 아닌 사단으로서의 교회재산에 대해서도 총유에 관한 규정을 적용하여야 한다. 대법원도 종래 교파변경결의의 효력에 관한 판례[9]와 교회분열에 관한 판례[10]는 물론 2006년 대법원 전원합의체 판결 등에서 지교회에 대하여 법인격 없는 사단임을 전제로 판시하고 있다. 이와 같이 법리적으로는 법인격 없는 사단인 교회 재산에 대하여 '총유'관계로 해석하는데[11] 거의 이론이 없다.[12]

---

5) Auf Verenine, die nicht rechtsfähig sind, finden die Vorschriften über die Gesellschaft anwendung(권리능력 없는 사단에 대하여는 조합에 관한 규정을 준용한다).

6) 김인섭, "권리능력없는 사단의 재산관계에 관한 연구", 박사학위논문, 한양대학교 대학원(1995. 12.), 89면.

7) 곽윤직, 민법총칙, 126면.

8) 곽윤직, 민법총칙, 126면; 이영준, 한국민법론, 801면 등.

9) 대법원 1978. 10. 10. 선고 78다716 판결; 대법원 1980. 2. 12. 선고 79다1664 판결.

10) 대법원 1971. 2. 9. 선고 70다2478 판결; 대법원 1973. 1. 16. 선고 72다2070 판결 등.

11) 곽윤직, 물권법, 221면; 정귀호, 민법주해 [I], 824면.

12) 총유에 관한 규정이 없는 일본에서는 공유설, 합유설, 신탁설, 단독소유설 등이 있지만, 총유설이 지배적인 견해이다(박병칠, "교회의 분열과 교회재산의 귀속", 광주지방법원 재판실무연구(1993)(이하 '논문 2'라 한다), 59면); 한편 입법론적으로는 권리능력 없는 사단의 재산관계를 합유로 하였더라면 좋았을 것이라는 견해(곽윤직, 「민법총칙(전정증보판)」, 박영사(1983), 211면)와 기독교적인 관점에서 교인들이 교회에 낸 헌금은 누구를 막론하고 일단 하나님께 바친 것이므로 그 후에 헌금을 낸 사람이 어떠한 권리를 갖는다고 하는 것은 타당하지 않다고 보아 교인들에게 지분이 인정되는 합유보다는 총유로 보는 것이 옳다는 견해(박병진, "교회재산분규관계 대법원 판례의 시비 소고",

그리하여 교회분열시의 재산귀속문제는 어렵고 복잡한 형태로 나타나고 있는 바, 이에 관하여는 다음 장에서 보기로 한다.

나. 그러나, 교회재산의 소유형태가 처음부터 당연히 총유라고 한 것은 아니다. 구민법에서는 공유제도에 대해서만 규정하였을 뿐 합유 및 총유에 대하여 규정하지 아니하였다. 그런데 판례는 "교회라 함은 야소교(耶蘇教)의 교도들이 교리의 탐구 예배 기타 신교상 공동목적을 달성하기 위하여 각기 자유의사로 구성된 단체로서 법률상 법인이 아니므로 그 구성원을 떠나 독자적인 권리 의무의 주체가 될 수 없고 교도들의 연보, 헌금 기타 교회의 수입으로 된 재산은 특별한 사유가 없는 한 당해 교회의 소속 교회신도들의 합유로서 각 교도들이 공동으로 권리를 가지고 의무를 부담하게 되는 것이나 그 권리가 지분권이 아니므로 이를 단독적으로 처분할 수 없고 그 재산처분에 있어서는 교회 장정, 회칙, 기타 일반적으로 승인된 규정이 있으면 그에 따라 유효히 할 수 있으되 그것이 없는 경우에는 본법의 원칙에 따라 교도 총회의 의결에 의하여야 할 것이다. 그리고 교도들이 각기 개인적으로 그 교회를 탈퇴하는 것이 아니고 교도들이 분열로 인하여 교파로 분리되고 수개의 교회로 분립되는 경우에 동 재산의 귀속 여하에 관하여서도 역시 위 장정 기타 규정이 있으면 이에 따르고 그것이 없으면 종전 교회의 교리를 준봉하는 교파의 단독소유로 귀속할 것이 아니고 종전 교회에 소속되었던 교도의 총의 즉 총회의 의결방법에 의하여 그 귀속을 정하여야 할 것이다."라고 판시하는[13] 등 교인들이 연보와 헌금으로 형성된 교회재산에 대하여 합유로 파악하였다.[14]

그 후 현행 민법시행 이후에도 교회가 분열된 경우에는 여전히 합유관계로 판시한 판결도 있으나,[15] 교회의 분열과 무관한 사건에서는 교회재산을 교인들의 총유관계로 판시한 판결이 나타나기 시작하다가,[16] 1970년대 이후 교회의 평상시

한문화사(1989), 10면 이하)가 있다.

13) 대법원 1957. 12. 13. 선고 4289민상182 판결.

14) 대법원 1958. 8. 14. 선고 4289민상569 판결; 대법원 1959. 8. 27. 선고 4289민상323 판결; 대법원 1959. 1. 11. 선고 4293민상395 판결.

15) 대법원 1970. 2. 10. 선고 67다2892, 2893 판결; 대법원 1970. 2. 24. 선고 68다615 판결; 대법원 1973. 1. 16. 선고 72다2070 판결 등.

16) 대법원 1960. 7. 14. 선고 4291민상547 판결; 대법원 1967. 12. 18. 선고 67다2202 판결 등.

의 재산소유관계는 물론 교회가 분열된 경우에도 그 교회재산을 교인들의 총유관계로 이해하면서 특별한 사정이 없는 한 "분열될 당시 교회신도들의 총유"관계에 속한다고 판시하게 되었다.[17] 그 후 전원합의체 판결로서 "하나의 교회가 2개의 교회로 분열된 경우 교회의 장정 기타 일반적으로 승인된 규정에서 교회가 분열될 경우를 대비하여 미리 재산의 귀속에 관하여 정하여진 바가 없으면 교회의 법률적 성질이 권리능력 없는 사단인 까닭으로 종전 교회의 재산은 분열 당시 교인들의 총유에 속하고, 교인들은 각 교회활동의 목적범위 내에서 총유권의 대상인 교회재산을 사용수익할 수 있다 할 것이므로 교회재산 총유권자의 일부인 잔류교인들로써 이루어진 교회가 다른 총유권자들로써 이루어진 교회에 대하여 교회 건물의 명도를 구할 수 없고, 교회 건물의 등기명의가 한쪽 교회의 명의로 되어 있다고 하더라도 이는 위와 같은 총유재산임을 공시하는 한에서 유효하다."라고 판시하여[18] 종래 대법원의 판례 경향을 형성하였으며,[19] 교회가 분열되지 않은 상태에서의 교회재산의 소유형태가 교인들의 총유라는 점은 현재도 그대로 유지되고 있다.[20] 따라서 교인들이 교회를 탈퇴한 경우에 대하여 판례는 "교회 교도들의 헌금 연보 기타 교회의 수입으로 이루어진 재산은 특별한 사유가 없는 한 그 교회 소속 교도들의 총유로서 교도로서의 지위를 상실함과 동시에 그 재산에 관한 권리의무도 상실된다."고 하는[21] 등 교회를 탈퇴하면 그 소유권을 상실한다는 입장을 취하고 있다.

---

17) 대법원 1971. 2. 9. 선고 70다2478 판결; 대법원 1976. 2. 24. 선고 75다466 판결.
18) 대법원 1993. 1. 19. 선고 91다1226 전원합의체 판결.
19) 대법원 1995. 2. 24. 선고 94다21733 판결; 대법원 1995. 6. 16. 선고 95다5912 판결 등.
20) 교회가 분열된 경우의 재산권의 귀속에 관하여는 제5장에서 보기로 한다.
21) 대법원 1968. 11. 19. 선고 67다2125 판결.

제2절 교회재산의 형성과 관리 · 처분

Ⅰ. 교회재산의 형성

1. 개척교회

개척교회란 교회가 설립된 지 얼마 되지 않아 교인수가 적고, 재정적인 자립도 이루어지지 않은 교회를 말한다. 당회 등 기관도 조직되지 않아 교회헌법상 미조직 교회인 경우가 많을 것이다. 개척교회는 목사 및 전도사 등 소수 설립자의 개인자력으로 설립되거나 교단 또는 모교회의 지원에 의하여 설립된다. 개인 또는 소수에 의하여 설립된 교회의 경우 일정한 교단에 반드시 소속되어야 할 의무가 있는 것은 아니므로 무소속 교회로 남는 경우도 있으나, 대체로 교단에 가입하게 된다. 이 경우 재산 제공자는 개척교회 설립 당시에 바로 재산이 교회에 출연된 것으로 생각하기 보다는 아직 자신의 소유로 남아 있다는 인식이 강하다. 차차 개척교회가 권리능력 없는 사단으로 볼 수 있을 정도로 성장하고 교인들의 숫자도 증가하여 교회로서의 실체를 갖추어 감에 따라 설립자의 재산이 출연된 것으로 판단할 수 있다. 그러나 그 시기는 재산의 종류, 당회의 구성 등 교회의 조직화의 정도, 교단가입의 시기, 교세의 확장 등 제반상황을 종합하여 판단하여야 할 것이다.[22)]

이와 관련하여 사찰에 대한 것이기는 하나 참고할만한 판례가 있다. 즉, "개인사찰로 관리 · 운영되어 오던 사찰이 종단 소속 사찰로 등록되어 종단으로부터 주지 임명을 받은 후 관할 관청에 종단 소속으로 사찰등록 및 주지등록을 하고 사찰 부지에 관하여 사찰 명의로 소유권이전등기를 경료한 경우, 명목상으로만 그 사찰을 종단에 소속시키고 구 불교재산관리법(1987. 11. 28. 법률 제3974호 전통사찰보존법에 의하여 폐지)에 의하여 관할 관청에 종단 소속 사찰로 사찰등록 및 주지등록을 한 것이라는 등의 특별한 사정이 없는 한, 그 사찰은 종단 소속 불교

22) 김성만, 앞의 논문, 52면.

단체 내지는 법인 아닌 사단 또는 재단으로서의 실체를 갖춘 독립된 사찰로 보아야 한다."고 하여[23] 비록 개인이 소유하여 오던 사찰이라고 하더라도 종단으로부터 주지 임명을 받은 후 관할 관청에 종단 소속으로 사찰등록 및 주지등록을 하고 그 부지에 관하여 사찰명의로 소유권이전등기를 하였다면 그 사찰은 개인의 소유가 아닌 사찰의 소유라고 하고 있는바, 교회의 경우에도 유추적용할 수 있을 것이다.

어떻든 개척교회의 경우 설립자가 개인의 재산을 당연히 교회에 헌금한 것으로 판단할 수 있는 것은 아니므로 무소속 개척교회의 경우 교회재산은 아직 설립자의 소유라고 보아야 할 경우가 많다. 그러나, 개척교회의 경우도 교단의 지원에 의하여 설립된 경우 교단이 그 재산의 소유권을 가지고 있는 경우가 많을 것이다.

2. 기성교회

기성교회라 함은 개척교회의 단계를 벗어나, 권리능력 없는 사단으로서의 특성이 현저히 드러나는 등 교회운영을 독자적으로 행하고 있는 교회이다. 교회헌법상 조직교회의 경우가 대부분일 것이다. 기성교회의 재산은 주로 교인들의 헌금[24]으로 형성된다. 이 경우 헌금을 하는 교인이 헌금을 통하여 교회에 대한 지분을 주장하려는 의사가 있는 것으로 보기 어렵고, 자신이 속한 교회의 발전을 위하여 사용될 것을 희망하는 것이 보통이다. 이는 권리능력 없는 사단의 구성원

---

23) 대법원 1999. 9. 3. 선고 98다13600 판결.

24) 교회신도들의 헌금에는 대체로 다음과 같은 종류가 있다{유영직, "교회분열시 재산귀속에 관한 연구", 안동대학교 행정경영대학원 석사학위논문(2002), 52-53면}.

1. 주일헌금: 교인들이 주일날 예배에 참석하여 교인들이 드리는 헌금을 말하며 모든 교인의 의무이다.
2. 감사헌금: 교인들이 감사한 일이 있을 때 드리는 헌금이다.
3. 정기헌금: 교인들이 주의 몸된 교회를 위하여 정기적으로 드리는 헌금을 말한다. 다시 말해 교회가 어려울 때에 교회의 운영과 관리를 위하여 교인들이 생활 형편에 따라 일정한 금액을 정하여 드리는 헌금을 말한다.
4. 절기헌금: 교회의 각종절기(부활절, 추수감사절, 성탄절)에 드리는 헌금을 말한다.
5. 십일조헌금: 성경의 가르침(구약성경 민수기 18:21-29 말라기 3:10)을 순종하는 마음으로 자기의 소득의 10분의 1을 선별하여 드리는 헌금이다. 교회재정 중 가장 큰 비중을 차지하고 있다.
6. 특별헌금: 교회의 각종 특별한 목적(건축, 선교, 장학금 등)을 위하여 교인들이 드리는 헌금이다.

이 재산을 사단에 출연하였다 하여 그의 지분이 발생하는 것은 법리상 인정될 수 없으며, 단지 총유형태로 사단 구성원 모두에게 귀속되는 점을 볼 때 더욱 분명해진다.

그리고, 설사 지교회가 소속되어 있는 노회의 다른 교회의 교인들이 그 지교회에 건축헌금을 하였다고 하더라도 이는 그 지교회를 돕기 위한 것이지 그 부동산을 자신들의 총유로 하기 위한 것이 아니므로 그 건물은 지교회 교인들의 총유라 할 것이다.[25]

Ⅱ. 교회재산의 관리·처분

1. 교회가 비법인사단이고, 교회재산이 교인들의 총유이므로 교회재산의 관리·처분은 민법의 총유에 관한 규정이 적용된다.[26] 따라서 재산의 관리·처분은 교인들의 의사에 따라 가입한 교단헌법 또는 교인들의 의사에 의하여 제정된 교회의 회칙 내지 정관의 규정에 의하고(민법 제275조 제2항), 그러한 규정이 없으면 총유재산의 관리·처분에 대한 민법 제276조에 따라 사원총회에 해당하는 공동의회의 결의에 의해야 할 것이다.[27] 토지나 건축물을 소유한 교회가 재개발조합의 설립 및 사업시행에 대하여 동의를 하는 경우에도 이를 처분행위로 보아 정관 기타 규약이 없으면 교인들 총회의 과반수 결의에 의하여야 한다.[28] 재산권에 대한 소송을 제기하는 경우에도 위와 같은 절차에 따라야 한다.[29] 나아가 그 소

25) 수원지방법원 1997. 12. 23. 선고 97노277 판결.

26) 자세한 내용은 제1장 제3절 Ⅳ.의 3 교회의 법률관계 참조.

27) 대법원 1986. 6. 10. 선고 86도777 판결; 대법원 1994. 10. 25. 선고 94다28437 판결; 대법원 2003. 7. 22. 선고 2002다64780 판결; 대법원 2009. 2. 12. 선고 2006다23312 판결 등.

28) 대법원 2001. 6. 15. 선고 99두5566 판결.

29) 그러나 교회재산이 교인들의 총유라고 할지라도 교회에 재산을 증여한 자가 사기에 인한 증여의 의사표시를 취소함으로써 그 원상회복을 구하는 경우에는 수증자는 교회이나 그 교인들의 처분행위를 별도로 필요로 하는 것이 아니라 할 것이므로 교인들의 결의 여부는 아무런 영향이 없다(대법원 1980. 4. 8. 선고 79다1814 판결).
한편, 예수교장로회 헌법에 의하면 당회는 예배모범에 의지하여 예배의식을 전관하되 모든 회집시간과 처소를 작성하고 교회에 속한 토지 가옥에 관한 일도 장리하도록 되어 있으므로 원고 교회가 속하는 대한예수교장노회 수도노회에 의하여 원고 교회의 당회장으로 임명 파송된 원고 교회의 대표자는 교회소속 전체 교인들의 총회결의에 의한 특별수권 없어도 위 헌법등의 규정에 따라 원고 교회의 당회장으로서 원고 교회를 대표하여 원고 교회의 소유 부동산에 관한 소송을 제기 수행할 수 있다는 판례(대법원 1985. 11. 26. 선고 85다카659 판결)가 있으나, 다른 판례와의 관계상 타당

송이 보존행위로서 이루어진 것이라 할지라도 교인 전체의 결의에 의하여야 한다. 즉 총유물의 보존에 관하여는 공유물의 보존에 관한 민법 제265조가 적용될 수 없고 특별한 사정이 없는 한 민법 제276조 제1항 소정의 총회의 결의를 거쳐야 한다.[30] 여기서 주의해야 할 것은 교회의 부동산이 총유라고 하더라도 교회의 정관에 당회나 제직회의 결의로 처분할 수 있다고 규정되어 있다면 그러한 결의만으로도 처분할 수 있는 것이다. 다만 교회재산처분권을 당회에 부여한 최초정관이 교인총회의 승인을 받지 않은 무효의 정관이므로 당회결의로 교회재산을 매매한 행위는 무효라는 판례가 있는바[31] 이는 당연하다. 그러나 정관에 담임목사가 임의로 처분할 수 있다고 규정되어 있다고 하더라도 민법의 규정 및 사단법원리와 장로회 정체에 비추어 이는 무효라고 봄이 상당하다.

따라서 비법인사단인 교회의 대표자는 총유물인 교회 재산의 처분에 관하여 정관에 특별한 규정이 없는 한 교인총회의 결의를 거치지 아니하고는 이를 대표하여 행할 권한이 없고, 이러한 경우는 선의의 제3자에 대하여도 대항할 수 있으며,[32] 교회의 대표자가 권한 없이 행한 교회 재산의 처분행위에 대하여는 민법 제126조의 표현대리에 관한 규정이 준용되지도 아니하고,[33] 교인들 총회의 결의가 없었음에도 있는 것 같이 관계서류를 위조하여 경료한 소유권이전등기는 원인무효의 등기이다.[34]

그런데 판례는 사찰에 대하여는 교회와 달리 “사찰 재산의 관리처분권은 그

한지는 의문이다.

30) 대법원 2014. 2. 13. 선고 2012다112299, 112305 판결, 대법원 2007. 12. 27. 선고 2007다17062 판결. 대법원 1994. 10. 25. 선고 94다28437 판결; 대법원 1986. 9. 23. 선고 84다카6 판결; 대법원 1980. 12. 9. 선고 80다2045, 2046 판결; 대법원 1994. 4. 26. 선고 93다51591 판결(뒤 2개의 판결은 2006년 대법원 전원합의체 판결에 의하여 변경됨), 그러나 보존행위에 대하여서까지 공동의회의 결의에 의하여야 한다는 것은 문제가 있다는 비판이 있고(서헌제, 앞의 책, 585면), 뒤에서 보는 바와 같이 채무부담행위에 대하여는 공동의회의 결의가 필요없다고 하면서 보존행위에 대하여 공동의회의 결의를 요한다고 하는 것은 타당하지 않다.

31) 대법원 2014. 7. 24. 선고 2014다19752 판결.

32) 대법원 1989. 3. 14. 선고 87다카1574 판결.

33) 대법원 2009. 2. 12. 선고 2006다23312 판결. 대법원 1989. 3. 14. 선고 87다카1574 판결(이 판결은 교인총회의 결의를 얻어 교회건축을 위한 토지를 구매한 사실을 주보를 통해 교회에 공지하였는데 그 후 교인총회의 결의 없이 다른 토지와 교환한 사안에서 토지교환은 교인총회의 결의를 거치지 않았다는 이유로 무효이고, 이는 선의의 제3자에게 대항할 수 없을 뿐만 아니라 표현대리도 준용될 수 없다고 한다).

34) 대법원 1986. 6. 10. 선고 86도777 판결; 대법원 1989. 3. 14. 선고 87다카1574 판결.

사찰을 대표하는 주지에게 일임되어 있는 것이므로 사찰의 주지가 소속 종단의 결의나 승인 등 내부적인 절차를 거치지 않았다고 하더라도 그 처분행위는 유효한 것이다."고 하고 있는 바,[35] 이는 전통사찰의 재산은 그 사찰에 소속된 신도들의 총유재산으로 보지 않은 데서 따라 오는 결과로 보인다.

위와 같이 민법 제275조, 제276조 제1항은 총유물의 관리 및 처분에 관하여는 정관이나 규약에 정한 바가 있으면 그에 의하되 정관이나 규약에서 정한 바가 없으면 사원총회의 결의에 의하도록 규정하고 있으므로, 이러한 절차를 거치지 아니한 총유물의 관리 · 처분행위는 무효라 할 것이고, 이 법리는 민법 제278조에 의하여 소유권 이외의 재산권에 대하여 준용되고 있다. 그런데 위 법조에서 말하는 총유물의 관리 및 처분이라 함은 총유물 그 자체에 관한 이용 · 개량행위나 법률적 · 사실적 처분행위를 의미하므로 총유물 그 자체의 관리 · 처분이 따르지 아니하는 채무부담행위는 이를 총유물의 관리 · 처분행위라고 볼 수 없다.[36] 따라서 비법인사단인 재건축조합의 조합장이 채무보증계약을 체결하면서 조합규약에서 정한 조합 임원회의 결의를 거치지 아니하였다거나 조합원총회 결의를 거치지 않았다고 하더라도 그것만으로 바로 그 보증계약이 무효라고 할 수는 없다. 다만, 이와 같은 경우에 조합 임원회의의 결의 등을 거치도록 한 조합규약은 조합장의 대표권을 제한하는 규정에 해당하는 것이므로, 거래 상대방이 그와 같은 대표권 제한 및 그 위반 사실을 알았거나 과실로 인하여 이를 알지 못한 때에는 그 거래행위가 무효로 된다고 봄이 상당하며, 이 경우 그 거래 상대방이 대표권 제한 및 그 위반 사실을 알았거나 알지 못한 데에 과실이 있다는 사정은 그 거래의 무효를 주장하는 측이 이를 주장 · 입증하여야 한다.[37]

2. 이미 살펴본 바와 같이 교단의 헌법에 따라서는 노회가 지교회의 재산을 처리할 권한이 있다고 규정하고 있는 경우[38]도 있지만, 판례는 교단헌법은 "현재 지교회의 독립성이나 종교적 자유의 본질을 침해하지 않는 범위 내에서만 구속

35) 대법원 1992. 2. 11. 선고 91다11049 판결; 대법원 1995. 7. 14. 선고 93다60038 판결; 대법원 2003. 9. 26. 선고 2003다22028 판결 등.
36) 대법원 2014. 2. 13. 선고 2012다112299, 112305 판결, 대법원 2012. 5. 10. 선고 2011다19522 판결, 대법원 2007. 4. 19. 선고 2004다60072, 60089 전원합의체 판결 다수의견.
37) 대법원 2007. 4. 19. 선고 2004다60072, 60089 전원합의체 판결 다수의견.
38) 합동헌법 Ⅳ. 정치 제10장 노회 제6조 노회의 직무.

력을 가진다."든가,[39] "물권인 부동산소유권의 귀속 등 국가의 강행법규를 적용하여야 할 법률적 분쟁에 있어서는 이와 저촉되는 교회헌법의 규정이 적용될 여지가 없다."고[40] 하고 있다. 이러한 맥락에서 지교회가 교단헌법에 따라 교단유지재단 앞으로 소유권이전등기를 경료하였더라도 이는 지교회 부동산의 처분행위에 해당하므로 지교회 공동의회의 결의가 없었다면 이는 무효이다.[41]

교회재산은 지교회의 존립의 기초를 이룬다는 점에서 그 관리·처분은 지교회의 독립성과 밀접한 관련을 가질 수밖에 없고, 따라서 교회재산을 관리·처분하는 주체는 치리회가 아니라 의결권 있는 교인들의 모임인 공동의회기 되어야 할 것이므로[42] 공동의회가 재산상의 분쟁해결방안을 사전에 정관, 규약 등으로 미리 규정하였다면 당연히 그에 따를 것이나, 그렇지 못한 경우에는 권리능력 없는 사단의 일반 법리에 따라야 할 것이다. 그리하여 판례는 지교회가 소속된 교단의 헌법상 지교회의 부동산을 특정 재단법인 앞으로 등기하도록 하는 규정이 있다고 하더라도, 지교회의 대표자가 총회의 결의 없이 지교회 교인들의 총유에 속하는 교회 부지 및 건물을 위 재단법인 앞으로 소유권이전등기를 마친 행위는 공정증서불실기재죄를 구성한다고 하고 있다.[43]

제 3 절 교회재산의 공시

Ⅰ. 서 설

지교회가 지교회재산[44]을 공시함에 있어 ① 지교회 자체의 명의로 등기하는

39) 대법원 2006. 4. 20. 선고 2004다37775 전원합의체 판결.
40) 대법원 1991. 12. 13. 선고 91다29446 판결.
41) 앞에서 든 대법원 1980. 12. 9. 선고 80다2045, 80다2046 판결.
42) 같은 취지에서 당회, 노회, 총회로 불리는 치리회는 마땅히 치리에 전념하여야 하고 교회의 행정, 재정은 교회 내의 의결기구에 맡겨야 한다는 견해(백종국, "한국대법원의 2006년 판결과 한국개신교회의 치리회", 교회개혁실천연대주최포럼자료(2006. 6. 12), 12면)도 있다.
43) 대법원 2008. 9. 25. 선고 2008도3198 판결.
44) 교회재산에서 공시가 문제되는 것은 특허권, 실용신안권 등 등록이 문제되는 경우도 있으므로 교회재산이라는 용어를 사용하나 주로 문제되는 경우는 부동산이므로 공시의 방법에는 편의상 등기라

경우, ② 목사나 일부 특정인 명의로 등기하는 경우, ③ 지교회가 독립적인 유지재단을 설립하여 그 유지재단에 편입하는 방법, ④ 교단 또는 노회 유지재단 명의로 등기하는 경우 등이 있다. 그러므로 이하에서는 각 경우를 나누어서 문제가 되는 경우를 살펴본 후 명의신탁된 부동산의 법률관계에 관하여 고찰하기로 한다.

Ⅱ. 교회재산의 공시형태

1. 지교회 자체의 명의로 등기하는 경우

부동산등기법 제30조에 의하면 교회도 등기능력이 있으므로 교회자체 명의로 부동산을 등기할 수 있음은 당연하고 이로 인하여 법률적인 분쟁이 발생할 여지는 없는 것으로 생각할 수 있다. 그런데 교회가 분쟁이 있어 사실상 분열되는 경우 일부 교인들만으로 교인총회를 하여 대표자를 변경하고 교회의 명칭을 변경하는 결의를 하여 부동산등기부상 대표자변경 및 명칭변경의 각 등기명의인표시변경등기를 함으로써[45] 사실상 부동산의 소유권을 침탈하는 외관이 나타난다. 이는 형식적 심사권만 있는 등기관이 교인총회의 적법성에 관한 심사를 할 수 없고 교인총회의 결의만 있으면 표시변경등기를 하여주는 허점을 이용하여 나타나는 현상이다. 그러나 등기명의인 표시변경등기는 등기명의인의 동일성이 유지되는 범위 내에서 등기부상의 표시를 실제와 합치시키기 위하여 행하여지는 것에 불과할 뿐 어떠한 권리변동을 가져오는 것은 아니다. 이러한 등기명의인표시변경등기는 동일한 단체임을 전제로 하는 것이다. 그러므로 별개의 단체임을 전제로 한 변경등기의 말소등기절차이행을 구할 수도 없다. 대법원도 등기명의인 표시변경등기가 등기명의인의 동일성을 해치는 방법으로 행하여져 등기가 타인을 표상하는 결과에 이르렀다면 그 경우 원래의 등기명의인은 새로운 등기명의인을 상대로 그 변경등기의 말소를 구할 수 있을 것이나, 그 표시변경이 등기명의인의 동일성이 유지되는 범위 내에서 행하여진 것에 불과한 경우에는 그것이 잘못되었더라도 다시 소정의 서면을 갖추어 경정등기를 하면 되므로 소로써 그 표시변

는 용어만 사용한다.

45) 명칭 변경은 하지 않고 대표자만 변경하는 경우도 있다.

경등기의 말소를 구하는 것은 소의 이익이 없어 허용되지 아니한다[46]고 하고 있다. 그런데 위와 같이 일부 교인들이 표시변경등기를 한 경우 다른 교인들이 위 판례의 취지와 같이 소정의 서면을 갖추어 경정등기신청을 하여도 소정의 서면이 법원의 판결이나 결정이 아닌 한 등기관이 위 소정의 서면의 정당성에 대하여 판단하기 쉽지 않을 것이고, 따라서 등기관이 스스로 한 등기처분에 반하기 때문에 이를 수리하지 않는 경우가 많다. 그러므로 이러한 경우 다른 교인들은 등기관처분에 대한 이의신청에 의하여 구제받을 수 있을 것이다.

대한예수교장로회 A교회(대표자 B)는 대한예수교장로회를 탈퇴하여 대한예수교장로회 개혁에 가입하고 이에 따라 부등산등기부상 소유자 명칭을 대한예수교장로회 A교회에서 대한예수교장로회 개혁A교회로 변경하자 A교회의 교인들 일부는 이에 반대하고 대표자 C를 선출한 후 부동산등기부상 대표자를 B에서 C로 변경하고, 명칭도 대한예수교장로회 A교회로 다시 변경하였다. 이에 대한예수교장로회 개혁A교회 대표자 B는 대한예수교장로회 A교회 대표자 C와 동일성이 없으므로 위 대표자 변경 및 명칭 변경 등기가 오류임이 명백하다는 이유로 법원에 등기관처분에 대하여 이의신청을 하였고, 법원은 위 이의신청이 타당하다고 보아 각 변경등기처분을 취소하고 원래의 대표자 및 명칭으로의 각 등기명의인 표시변경 등기의 회복등기를 실행하라는 결정을 하였다.[47]

2. 목사나 일부 특정인 명의로 등기한 경우

교회재산을 목사나 특정인(장로 등)의 단독 또는 공동명의로 등기하는 경우가 실제로 매우 빈번하게 얼어난다.[48] 이는 부동산 실권리자명의 등기에 관한 법률(이하 '부동산실명법'이라고 한다)이 금하는 명의산탁에 해당한다. 실무에서는 이러한 명의신탁으로 말미암아 많은 법률적인 분쟁이 나타나는 바, 이 경우 교회로서

---

46) 대법원 2012. 3. 15. 선고 2011다9136 판결, 대법원 2000. 5. 12. 선고 99다69983 판결, 대법원 1999. 6. 11. 선고 98다60903 판결 등 참조.

47) 인천지방법원 부천지원 2020. 3. 3. 자 2019비단3 등기관의 처분에 대한 이의.

48) 최병덕, 앞의 논문, 56면에 의하면 목사 등 특정인 명의로 등기된 경우가 80%, 교단의 유지재단 명의로 되어 있는 경우는 13%, 기타 지교회 자체의 명의로 등기되어 있는 경우가 7%라고 하나, 오늘날은 지교회 자체의 명의로 등기하는 경우가 늘고 있다고 생각된다.

는 명의신탁사실을 입증하여야 하는데 헌금증서나 명의신탁 약정서 등 처분문서가 없다면 이를 입증하기가 쉽지 않을 것이고, 또 설사 명의신탁 사실을 입증할 수 있다고 하더라도 이는 부동산실명법에서 금하고 있는 불법을 저지르는 것이므로 함부로 개인명의로 등기하지 않은 것이 바람직하다.

그러나 목사나 일부 특정인이 자신들의 재산만으로 교회를 설립하고 소유권은 유보한 채 단순히 개인소유의 재산을 교회당 등으로 사용하도록 허락한 것일 뿐인 경우는 교회재산이 아니므로 명의신탁은 아니다. 반대로 개인이 헌금할 의사가 없어 소유권을 포기할 의사가 없으면서도 세제상의 혜택을 보고자 교회의 명의로 등기하는 경우가 있는바, 이 역시 부동산실명법이 금하는 명의신탁으로서 바람직한 모습은 아니고 분쟁의 씨앗이 될 수 있다.

3. 지교회 유지재단 명의로 등기한 경우

지교회라고 하지만 실제 노회나 총회 규모로 큰 대형 교회의 경우 여러 곳에 지성전이 있고 부동산도 많이 보유하고 있다. 이러한 교회의 경우는 재산의 효율적인 관리의 필요를 위해 유지재단을 설립하여 그 재단에 편입시키고 있다.[49]

이 경우도 교회의 교인들의 의사와 유지재단의 이사들의 의사가 다를 경우에는 분쟁이 나타날 소지가 있다. 이와 유사한 사례로서 많이 나타나는 분쟁이 교단 산하 학교법인 신학원의 경우이다. 교단산하 학교법인 신학원은 교단이 교단의 목회자를 양성하기 위하여 교단이 출연하여 설립한 법인이지만 가끔 비법인사단인 교단의 의사와 학교법인 이사들의 의사가 대립되어 분쟁이 생기고 있다. 학교법인에 출연된 재산은 명의신탁으로 볼 수 없기 때문에 법적으로는 이사들의 의사가 우선이겠지만 실제로는 출연자인 교단이 법인을 지배하려고 하기 때문에 충돌이 일어난다.

49) 여의도순복음교회가 대표적이다.

4. 교단 또는 노회 유지재단명의로 등기한 경우

가. 유지재단의 법적 성격

한국의 주요 교단들은 교단의 결속력을 높이고 재단의 안정성을 기하기 위하여 단체의 재산을 보존·관리하기 위한 유지재단 또는 신탁회사를 설립하여 운영하고 있다. 이러한 유지재단 또는 신탁회사는 주무관청의 허가를 득한 후 설립된 법인이므로 유지재단이나 신탁회사가 민법상 재단법인 또는 신탁법상 신탁회사라는 점에는 의문이 없다.

나. 유지재단 명의등기의 원인 및 법적성질

(1) 각 교단 헌법의 규정 및 문제점

총회나 노회의 재산에 대하여 유지재단에 편입·보존하는 것이 일반적이지만 그 산하 개교회의 재산에 대하여도 유지재단에 편입·보존해야 하는가 하는 점에 대하여는 교회의 정체에 따라 교단마다 다르다. 감독정체를 취하는 가톨릭교회의 재산은 모두 가톨릭유지재단에 편입·보존하고 있고, 구세군의 재산도 구세군신탁회사에 편입·보존하여 모두 개교회의 소유권을 인정하지 않고 있다.[50] 그러나 우리나라 대부분의 개신교 교단의 유지재단에 편입된 개교회의 재산에 대하여는 판례가 그 정체와 관계없이[51] 개교회의 재산권을 인정하고 있어 일부 교단, 특히 감독정체를 취하고 있는 기독교대한감리회에서는 불만이 많다. 이에 관한 개신교교단의 헌법을 살펴보면 다음과 같다.

(가) 기독교대한감리회는 감리회 본부와 개체교회 및 감리회 산하 단체, 기관 등이 소유하고 있는 부동산은 재단법인 기독교대한감리회 유지재단 명의로 등기

---

50) 대법원 1986. 7. 8. 선고 85다카2648 판결(구세군 군령군율이 구세군의 전재산은 구세군 대장만이 유일한 소유자이고 구세군 대장은 구세군신탁회사라는 명칭을 가진 회사를 설립하여 그 재산을 관리하도록 규정하고 있다면 구세군은 지역 교회 중심인 일반교회와는 달리 강력한 중앙집권적 조직을 갖추어 산하 영문의 재산에 관하여 일체의 사권행사를 부인하고 있다고 해석하여야 할 것이다).

51) 기독교대한감리회는 중앙총회에 집중하는 중앙집중형을, 대한예수교장로회총회(통합)는 노회별로 조직하여 운영되는 지방분권형을, 기독교한국침례회는 행정과 재산을 분리하는 행정분리형을 취하고 있다(백종국, 앞의 논문, 10면)고 할 수 있다.

하여 관리하고, 감리회유지재단 명의로 등기되어 있는 동산 및 부동산의 처분, 임대, 담보제공 등의 행위는 유지재단 이사회의 사전승인을 받아야 한다(교리와 장정 제2편 헌법 제28조, 다만 단서에 의하여 일부 예외가 있다). 이를 위해 감리회 소속 지교회는 교회재산을 유지재단에 증여하도록 의무화하고, 교회재산이 재단에 편입등기되지 아니한 모든 교회 회원들에 대해서는 총회의 각종 피선거권을 부여하지 않음으로써 재단에의 편입을 강제하고 있다. 나아가 교회의 분규로 인하여 교회재산의 관리권 다툼이 발생하였을 때에 교단을 이탈한 측은 일체의 권리를 주장할 수 없도록 규정하고 있다(교리와 장정 제5편 교회경제법 2. 재단법인 기독교대한감리회 유지재단 관리사무 규정 제2조 등). 이에 따라 감리교단 소속 지교회의 대부분은 교회재산을 유지재단에 편입하고 있다.

(나) 대한예수교장로회통합총회는 산하에 65개 노회로 구성되는데 이를 노회가 권역별로 27개 노회유지재단을 설립하여 지교회로부터 재산을 위탁받아 연계해서 관리운영하고 있다. 총회의 재산은 재단법인 대한예수교장로회 총회 유지재단에 편입·보존하도록 하고 있고, 노회의 재산 중 지교회의 부동산은 그 노회가 가입한 유지재단에 편입·보존하도록 하고 있으나, 증여(기부)계약서를 쓰지 않고 유지재단에 가입한 경우는 증여로 볼 수 없고 명의신탁을 한 것이므로 유지재단에서 재산권을 행사할 수 없고 명의신탁을 한 교회, 노회, 단체에서 소유권 및 사용권, 수익권을 가지며(통합헌법 제2편 정치 제95조), 지교회가 노회에 증여한 재산은 그 교회가 노회를 이탈한 때에는 재산권이 없어진다(통합헌법 제2편 정치 제94조). 또한 지교회는 재단법인에 편입하지 않고 지교회의 명의로 등기한 경우는 지교회의 당회로 관리케 하고 부동산을 매각하거나 매입할 때는 제직회의 결의를 거쳐야 한다(통합헌법 제2편 정치 제97조). 이와 같이 통합총회 헌법은 개교회의 부동산의 유지재단에 편입여부 및 편입시 등기원인을 증여나 명의신탁 등 어느 것으로도 가능한 것으로 규정하고 있다.

(다) 그러나, 대한예수교장로회합동총회도 총회유지재단을 설립하여 운영하고는 있지만 교단헌법에 지교회 재산의 유지재단 강제편입 규정이 없어서 거의 유명무실하다. 이외에도 한국기독교장로회, 대한예수교장로회(고신), 기독교대한성결교회 등에서도 유지재단을 설립하여 운영하면서 지교회재산의 유지재단 편입

을 규정하고 있다.

위와 같이 지교회가 총회 또는 노회유지재단에 지교회의 부동산에 대한 소유권이전등기를 경료한 경우 그 등기원인 및 법률적 성질이 무엇이냐가 문제된다. 지교회가 지교회의 재산을 유지재단에 편입시키는 소유권이전등기를 할 경우 실무상 매매나 신탁을 등기원인으로 하는 경우는 거의 없고 대부분 증여 계약서를 작성하는 방법으로 하고 있다.[52] 그런데 지교회가 소속 교단을 바꾸지 아니할 경우에는 구태여 유지재단에 편입시킨 재산을 회수할 필요도 없고 회수하려고 하지도 않는다. 그러나 지교회가 종교상의 교리 문제 또는 기타 다른 이유로 소속 교단을 바꾸려고 할 경우 및 지교회가 다른 용도(예배당 신축이나 증축 등의 건설비용 마련 등)에 사용하기 위하여 그 재산을 처분할 필요성이 있을 경우에 유지재단에 대하여 편입시켜둔 재산의 환수를 요구하게 되는데, 이 경우 유지재단이 교회가 노회에 증여한 재산은 그 교회가 노회를 이탈한 때에는 재산권이 없어진다는 헌법 규정을 근거로 그 반환을 거절하게 되고, 이에 따라 지교회와 노회 사이에 재산권을 둘러싼 분쟁이 발생하게 된다.

(2) 판례의 태도

총회 또는 노회와 지교회 사이의 유지재단에 편입된 재산의 귀속관계에 대하여 판례는 "만일 원고 교회가 침례회(교단)로부터의 탈퇴가 유효한 것이고 침례회가 교리를 같이하는 가입교회를 구성원으로 하는 종교단체이나 가입교회와의 사이에 독립성을 보장하면서 별개의 단체로서 종교활동을 하고 있고, 가입교회는 주로 교회의 예배당건물과 그 부지를 피고(침례회)에게 이전등기를 하고 있는데 가입교회가 그 재산을 피고에게 이전등기를 하더라도 피고는 이를 재단의 기본재산에 편입하여 둘 뿐 이를 직접 사용·수익하지는 아니하여 가입교회가 그 재산에 대하여 종전과 같이 사용·수익함에는 아무런 제한이 없으며, 원고는 처음에는 침례회에 가입하지 아니하였으나 침례회 산하의 한미교회기금위원회로부터 대출받기 위하여 침례회에 가입하여야 할 필요가 있어 교회부지 중 일부를 예배당으로 사용되고 있던 이 사건 건물과 함께 피고 명의로 등기해 주고 침례회에

---

52) 오시영, 논문 3, 231면.

가입하여 대출 받은 후 그 원리금을 모두 변제하였고, 한편 피고는 원고로부터 이 사건 부동산에 관한 등기를 경료받은 뒤 이를 재단의 기본재산으로 편입하기는 하였으나 원고가 이를 사용・수익함에 대하여는 아무런 제한을 가하지 아니하여 원고 교회가 종전대로 이 사건 부동산을 사용하여 온 점 등을 비추어 볼 때 가입교회의 침례회에 대한 소속감을 강화하고 침례회의 결집성을 확보하기 위한 상징적 의미로서 또는 침례회의 가입회원으로서의 권리와 의무를 성실히 이행하고 침례회의 설립목적에 어긋나는 행위를 하지 아니하겠다고 다짐하는 취지의 신표(信標)로서 한 것으로서 일종의 명의신탁에 해당한다고 보아야 할 것이다. 따라서 침례회에 가입하면서 형식상 증여계약서를 작성하였다고 하여 달리 볼 것은 아니다."라고 하여[53] 가입교회(지교회)가 침례회(교단 또는 노회)에 증여의 형식으로 지교회 재산 소유권을 이전하여 주었다고 하더라도 이러한 증여는 진정한 의미의 증여가 아닌 일종의 명의신탁으로 보아야 한다[54]는 입장을 취하고 있다. 뿐만 아니라 판례는 "교회신도들이 교회를 건립하기 위하여 기부금을 모집하여 교회용의 대지를 매수하여 그 위에 교회를 건립하였다면 특별한 사정이 없는 한 신도들은 그 소속 노회의 헌법규정이 어떻게 되었든지 간에 그 토지와 교회 건물은 그 소속 신도가 교회원으로서 그 총의에 의하여 영구히 사용할 권리를 보유할 의사였다고 할 것이다."라고 하거나,[55] "대한예수교장로회의 헌법에는 대한예수교장로회 경북노회 소속의 지교회에 속한 부동산은 노회의 소유로 하고, 토지나 가옥에 관하여 분쟁이 생기면 노회가 이를 처단할 권한이 있음을 규정하

53) 대법원 1991. 5. 28. 선고 90다8558 판결.

54) 같은 취지의 대법원 2000. 6. 9. 선고 99다30466 판결(신도들은 그들의 헌금으로 같은 교회의 부지를 매입하고 교회건물을 신축하여 신도 대표 개인 명의로 등기하여 두었다가 신청인 앞으로 증여를 원인으로 한 소유권이전등기를 마쳐 주기는 하였지만, 신청인이 이를 직접 사용・수익하지는 아니하여 위 교회가 그 재산에 대하여 종전과 같이 사용 수익함에 아무런 제한이 없었던 사실, 침례회의 가입교회는 침례회로부터 탈퇴할 자유도 가지고 있는 사실을 알아 볼 수 있다. 위와 같은 사실에다 예배행위를 그 존립목적으로 하는 교회로서는 교회건물(예배당)은 필수불가결한 존재여서 교회건물이 없으면 교회의 존립 자체가 위태롭게 된다는 사실을 보태어 볼 때 위 교회가 그 교회건물과 그 부지인 이 사건 부동산을 신청인 명의로 등기한 것은 그 소유권을 신청인으로 하여금 종국적으로 취득하게 하겠다는 데에 있었다고 보기보다는 가입교회의 침례회에 대한 소속감을 강화하고 침례회의 결집성을 확보하기 위한 상징적 의미로서, 또는 침례회의 가입회원으로서의 권리와 의무를 성실히 이행하고 침례회의 설립목적에 어긋나는 행위를 하지 아니하겠다고 다짐하는 취지의 신표로서 한 것으로서 일종의 명의신탁에 해당한다고 보아야 할 여지가 충분히 있다 할 것이다).

55) 대법원 1973. 8. 21. 선고 73다442 판결.

고 있으나, 물권인 부동산소유권의 귀속 등 국가의 강행법규를 적용하여야 할 법률적 분쟁에 있어서는 이와 저촉되는 교회 헌법상의 규정이 적용될 여지가 없다."고 하여[56] 물권법의 강행법규성 및 지교회 교인들의 의사를 고려할 때 노회재단의 재산권에 관한 헌법 규정은 지교회를 구속하는 힘이 없음을 명백히 하고 있다. 즉 교단 헌법이 유지재단에 편입(증여)한 재산의 소유권이 지교회가 교단(노회) 이탈시 교단(노회)에 귀속한다는 취지로 규정하고 있고, 지교회가 형식적으로 유지재단(노회나 총회)에 증여하는 형식을 취하였다고 하더라도 이러한 증여는 소유권 의사를 포기하는 진정한 증여의사라기보다는 명의신탁의 의사로 보아야 하며,[57] 총회 헌법이 총회 또는 노회 탈퇴시 지교회의 재산권이 소멸한다는 규정도 지교회를 구속하는 힘이 없다는 입장을 취하고 있다.[58] 한편 서울특별시가 기독교대한감리회유지재단 명의로 소유권이전등기 및 보존등기가 된 기독교대한감리회 동대문교회의 부지 및 건물을 수용하면서 그 소유자를 알 수 없다는 이유로 공탁한 손실보상금에 대하여 동대문교회가 감리회유지재단을 상대로 제기한 공탁금출급청구권확인 소송에서 법원은 그 부지는 동대문제일교회가 매수하였다거나 증여받았다고 보기에 부족하다고 하여 위 부지가 명의신탁되었다고 보지 않으면서도 건물에 대하여는 동대문교회의 교인들의 헌금 등으로 건축되어 동대문교회가 유지재단에 명의신탁한 것이라고 판단하였다.[59]

(3) 소 결

그러나 이러한 판례의 입장은 교단의 정체성이나 교단헌법 규정의 차이점을 무시하고 그 등기원인 여하에 불구하고 모두 명의신탁으로 보고 있는데 그러한 판례의 태도는 지양되어야 한다고 본다. 무엇보다도 명의신탁등기가 합법화되어 명의신탁을 원인으로 충분히 등기할 수 있고 교단도 굳이 증여를 원인으로 소유권

---

56) 대법원 1991. 12. 13. 선고 91다29446 판결.
57) 대법원 1990. 12. 21. 선고 90다카22056 판결(교인들의 헌금과 미국인 선교사들의 출연금으로 조성된 교회 건물을 원고 재단법인 기독교대한감리회 유지재단에 소유권이전등기하였다면 이는 명의신탁된 것으로 보아야 한다).
58) 이에 대한 자세한 의견대립은 제2장 3절 Ⅰ. 1. 참조.
59) 서울중앙지방법원 2013. 1. 31. 선고 2011가합129714 판결, 서울고등법원 2014. 8. 28. 선고 2013나20368 판결; 대법원 2014. 12. 29. 선고 2014다67782 판결.

이전등기를 하기를 원하지 않음에도 불구하고 자발적인 의사에 기하여 증여를 원인으로 등기한 경우에까지 지교회의 소유권을 인정하는 것은 타당하지 않다고 할 것이다. 그러나 교단의 요구나 편의에 의하여 증여를 원인으로 유지재단에 소유권 이전등기를 경료하였다면 그 등기원인이 무엇이냐에 관계없이 명의신탁으로 보아야 할 것이다. 통합헌법 제2편 정치 제96조 제2호는 노회(에 편입된) 재산 중 지교회의 부동산은 지교회의 당회로 관리케 하고, 부동산을 매각하거나 매입할 때는 제직회의 결의를 거쳐야 한다고 규정하고 있는바, 이는 유지재단에 등기한 원인이 증여든 신탁이든 결국은 명의신탁으로 보고 있음을 나타낸 것이라고 할 것이다.

Ⅲ. 명의신탁된 교회부동산의 법률관계

위와 같이 교회재산을 목사나 일부 특정인 명의로 등기하는 경우이든, 개교회 유지재단 또는 총회(노회)유지재단 명의로 등기하는 경우이든 이는 통상 명의신탁에 해당하는 것이므로 명의신탁된 교회부동산의 법률관계를 검토하기로 한다.

1. 명의신탁의 효력

가. 원 칙

부동산실권리자명의등기에 관한 법률(이하 '부동산실명법'이라고 한다) 제4조 제1항은 '명의신탁약정은 무효로 한다'라고 규정하고, 제2항은 '명의신탁약정에 따라 행하여진 등기에 의한 부동산 물권변동은 무효로 한다. 다만 명의수탁자가 계약의 일방 당사자가 되고 그 타방 당사자는 명의신탁약정이 있다는 사실을 알지 못하는 경우에는 그러하지 아니하다'고 규정하여, 명의신탁약정을 금지하는 데 그치지 않고 명의신탁약정의 효력과 이에 근거한 등기의 효력까지 무효화함으로써 명의신탁 금지의 실효성을 확보하고자 하였다. 이는 종전의 부동산등기특별조치법(법률 제4244호) 제7조가 명의신탁을 금지하고 있었지만 이를 단속규정으로 해석하고 명의신탁약정의 효력자체는 부인하지 않던 판례의 태도[60]를 바꾸어 효

60) 대법원 1993. 8. 13. 선고 92다42651 판결(부동산등기특별조치법 제7조 제1항, 제8조의 규정 자체에 의하더라도 등기신청의 원인행위인 같은 법 제7조 제1항 소정의 목적에 의한 계약명의의 신탁

력규정화한 것이다. 그러나, 위헌시비를 방지하고자 명의신탁자가 자신 소유의 부동산을 되찾을 수 있는 길을 완전히 봉쇄하지는 않음으로써 뒤에서 보는 바와 같이 여전히 복잡한 법률관계를 야기하고 있다.

또한 부동산실명법 제11조 제1항은 '이 법 시행전에 명의신탁약정에 의하여 부동산에 관한 물권을 명의수탁자의 명의로 등기하거나 하도록 한 명의신탁자(이하 "기존 명의신탁자"라 한다)는 이 법 시행일부터 1년의 기간(이하 "유예기간"이라 한다) 이내에 실명등기하여야 한다'고 규정하고, 제12조 제1항은 실명등기의무위반의 효력에 관하여 '제11조에 규정된 기간 이내에 실명등기 또는 매각처분 등을 하지 아니한 경우 그 기간이 경과한 날 이후의 명의신탁약정등의 효력에 관하여는 제4조의 규정을 적용한다'고 규정하여 그 명의신탁약정 및 그 등기를 무효로 함으로써 실명등기를 하도록 유도하였다.

나. 교회부동산의 특칙

위와 같이 부동산실명법 4조는 명의신탁약정 및 그 약정에 기한 등기를 무효로 하는 한편 제8조(2013. 7. 12. 개정 후)는 종중, 배우자 및 종교단체에 대한 특례를 두어 (1) 종중이 보유한 부동산에 관한 물권을 종중(종중과 그 대표자를 같이 표시하여 등기한 경우를 포함한다) 외의 자의 명의로 등기한 경우, (2) 배우자 명의로 부동산에 관한 물권을 등기한 경우, (3) 종교단체의 명의로 그 산하 조직이 보유한 부동산에 관한 물권을 등기한 경우에는 조세 포탈, 강제집행의 면탈 또는 법령상 제한의 회피를 목적으로 하지 아니하는 한 명의신탁을 인정하는 예외를 두었다. 또한 제11조 제1항이 앞에서 본 바와 같이 기존 명의신탁자에 대하여 1년의 기간 안에 명의신탁부동산의 실명등기의무를 규정하는 한편 제11조 제1항 단서는 '다만, 공용징수 · 판결 · 경매 기타 법률의 규정에 의하여 명의수탁자로부터 제3자에게 부동산에 관한 물권이 이전된 경우(상속에 의한 경우를 제외한다)와 종교단체, 향교등이 조세포탈, 강제집행의 면탈을 目的으로 하지 아니하고 명의신탁한 부동산으로서 대통령령이 정하는 부동산의 경우는 그러하지 아니하다'라

약정 자체가 금지된다고는 해석할 수 없으므로 그와 같은 명의신탁약정이 그 사법적 법률행위의 효력까지 부인되는 것은 아니다).

고 규정하고, 대통령령 제5조는 ①항에서 '법 제11조 제1항 단서에서 종교단체, 향교 등이라 함은 (1) 법인 또는 부동산등기법 제41조의 2 제1항 제3호의 규정에 의하여 등록번호를 부여받은 법인 아닌 사단 · 재단으로서 종교의 보급 기타 교화를 목적으로 설립된 종단 · 교단 · 유지재단 또는 이와 유사한 연합종교단체(이하 이 조에서 "종단"이라 한다) 및 개별단체, (2) 종단에 소속된 법인 또는 단체로서 종교의 보급 기타 교화를 목적으로 설립된 것(이하 이 조에서 "소속종교단체"라 한다), (3) 향교재산법에 의한 향교재단법인 및 개별 향교와 문화재보호법에 의하여 문화재로 지정된 서원'을 의미한다고 하고, ②항에서 '법 제11조 제1항 단서에서 대통령령이 정하는 부동산이라 함은 (1) 제1항 제1호의 종단과 제1항 제2호의 소속종교단체 간에 명의신탁한 부동산, (2) 제1항의 종교단체 및 향교등이 그 고유목적을 위하여 사용하는 농지법에 의한 농지(농지에 정착된 건축물을 포함한다)'를 의미한다고 규정하여 실명등기의무의 예외를 두었다. 그런데 종교단체, 향교 등이 명의신탁한 부동산의 경우 중 상위 종교단체에 대한 명의신탁은 위 개정시 특례를 두어 전면적으로 허용하게 되었고, 부칙에 의하여 소급적으로 효력이 있게 되어 위 단서규정이 적용될 여지가 없으므로 법 제11조 제1항 단서중 종단과 소속종교단체 간의 명의신탁부동산에 대하여는 실명등기의무의 예외 조항을 삭제하였어야 하는데 미처 삭제하지 못함으로써 불필요한 규정이 그대로 남게 되었다. 그러나 법 제11조 제1항 단서 중 종교단체 및 향교등이 그 고유목적을 위하여 사용하는 농지법에 의한 농지(농지에 정착된 건축물을 포함한다)에 대하여는 현재도 제3자는 물론 상위종교단체에게도 명의신탁등기를 할 수 없으므로 의미있는 규정이 될 것이다.

2013. 7. 12. 부동산실명법 제8조가 개정되기 이전에는 1995. 7. 1. 부동산실명법 시행 이후에 지교회가 교단유지재단 명의로 부동산을 소유권이전등기하는 경우 교회는 명의신탁에 따른 과징금, 이행강제금, 형사처벌 등 부동산실명법에 따른 제재를 감수하여야 하게 되었고, 이는 많은 교회를 불법을 행하는 단체로 만드는 결과가 되었다. 이에 기독교계에서는 현실적으로 교회부동산에 대하여 명의신탁을 인정할 필요성이 많으며, 종교단체가 종중보다 공익성이 떨어진다고 할 수 없는데 차별을 두는 것은 형평의 원칙상 위헌의 소지가 있다는 주장을 하였

고,[61] 이러한 주장이 받아들여져 결국 부동산실명법 제8조의 특례에 교회가 상부종교단체명의로 등기한 경우를 삽입하고, 부칙에 기왕의 명의신탁에도 이 규정을 소급하여 적용하게 되었다.[62]

그리하여 지교회가 상위종교단체에 대하여 명의신탁한 경우는 뒤에서 보는 바와 같이 언제나 명의신탁해지를 원인으로 한 소유권이전등기를 구함으로써 명의신탁부동산을 환원할 수 있다. 그러나, 교회도 상위 종교단체가 아닌 다른 자에게 명의신탁한 경우는 부동산실명법의 규율을 받게 되어 뒤 '2. 명의신탁 교회부동산의 일반적인 환원방법'에서 보는 바와 같은 법리가 그대로 적용된다.

다. 소유와 공시의 불일치

명의신탁은 소유와 공시가 일치되지 않은 경우로서 마땅히 소유와 공시가 일치되어야 한다. 이를 일치시키기 위한 방법은 명의신탁의 유형에 따라 다르다. 명의신탁은 등기명의신탁과 계약명의신탁의 유형으로 나눌 수 있고, 등기명의신탁은 다시 양자간 등기명의신탁과 3자간 등기명의신탁으로 구분될 수 있다,[63] 그런데 교회부동산은 상위종교단체(총회 또는 노회유지재단)에 명의신탁한 경우와 그 외의 자에게 명의신탁한 경우가 있는바, 먼저 후자 즉, 상위종교단체 외의 자에게 명의신탁된 교회부동산에 대한 일반적인 환원방법에 관하여 본 후, 전자 즉, 상위종교단체의 유지재단명의로 명의신탁된 교회부동산의 환원방법에 관하여 살펴보기로 한다.

---

61) 오시영, 논문 3, 249면, 윤철홍 앞의 논문, 152면 주)46.

62) 이 법률개정시 필자가 기독교계의 입장에서 국회에 개정의 필요성에 대한 의견을 개진하여 개정에 기여한 바 있다.

63) 명의신탁의 유형에 대하여 이러한 세 가지 외에 상호명의신탁 역시 명의신탁의 한 유형으로 설명하는 경우도 있다. 즉 수인이 공동으로 부동산을 취득한 후, 그 부동산의 등기를 공유로 하여두고 구체적으로 분할하여 이용할 때, 그들 공유자 상호간의 관계는 상호간에 지분만큼 명의신탁관계에 있다고 할 수 있는데, 이를 상호명의신탁이라고 한다. 이러한 현상은 공유물을 분할하지 않는 한 공유관계에서 지분만을 등기할 길이 있을 뿐 구체적으로 분할·이용하는 관계를 등기할 수는 없기 때문에 일어나는 현상이다.

2. 명의신탁 교회부동산의 일반적인 환원방법[64)]

가. 양자간 등기명의신탁의 경우

(1) 의 의

양자간 등기명의신탁이란 부동산의 소유자 기타 물권자(신탁자)가 그 등기명의를 타인에게 신탁하기로 하는 명의신탁약정을 맺고 그 등기를 타인(수탁자)에게 이전하는 형식의 명의신탁을 말한다. 이 때의 소유자는 부동산의 등기명의자는 물론, 건물의 신축자와 같은 원시취득자와 민법 제187조에 의하여 소유권을 취득한 자를 포함한다.

(2) 신탁자와 수탁자의 관계

신탁자와 수탁자의 명의신탁은 부동산실명법 제4조 제1항에 의하여 무효가 되므로 양자 사이에는 계약관계가 존재하지 않고, 신탁자가 수탁자에게 명의신탁 해지를 원인으로 하는 원상회복청구도 할 수 없다. 이러한 소유권이전등기 또는 말소등기신청은 신청취지 자체에 의하여 법률상 허용될 수 없음이 명백하므로, 신청을 받은 등기공무원은 부동산등기법 제55조 제2호에 해당한다는 이유로 신청을 각하해야 한다.[65)]

명의신탁약정이 무효가 됨으로써 그에 따라 수탁자 명의의 소유권이전등기가 원인무효의 등기가 되고 신탁자는 소유권을 회복하므로 신탁자는 소유권에 기한 방해배제청구로서 수탁자에 대하여 그 명의의 소유권이전등기의 말소를 구할 수

---

64) 이에 관한 자세한 법률관계는 졸고, "부동산실명법상의 명의신탁에 관한 고찰", 한양대학교 대학원(2005. 2.), 53-73면.

65) 대법원 1997. 5. 1. 선고 97마384 판결(부동산실권리자명의등기에관한법률 제11조 제1항 본문, 제12조 제1항, 제4조의 각 규정에 따르면, 부동산실권리자명의등기에관한법률 시행 전에 명의신탁 약정에 의하여 부동산에 관한 물권을 명의수탁자 명의로 등기한 명의신탁자는 유예기간 이내에 실명등기 등을 하여야 하고, 유예기간 이내에 실명등기 등을 하지 아니한 경우에는 유예기간이 경과한 날 이후부터 명의신탁 약정은 무효가 되고, 명의신탁 약정에 따라 행하여진 등기에 의한 부동산에 관한 물권변동도 무효가 되므로, 유예기간이 경과한 후 명의신탁 약정의 해지를 원인으로 한 명의신탁자의 소유권이전등기 신청은 그 신청취지 자체에 의하여 법률상 허용될 수 없음이 명백한 경우로서 부동산등기법 제55조 제2호의 '사건이 등기할 것이 아닌 때'에 해당하여 등기공무원은 이를 각하하여야 한다).

있다. 또한 이 경우 신탁자는 소유권자로 표상되어 있었으므로 진정한 등기명의의 회복청구로서 소유권이전등기를 구할 수도 있을 것이다.[66] 다만 신탁자는 이 경우에 등기를 회복하기 위하여 부동산실명법이 정한 과징금·이행강제금 및 형사처벌의 제재를 받아야 한다.

이와 관련하여 수탁자명의의 소유권이전등기와 같이 원인 없는 등기명의도 법률상 원인없는 이익으로 보아 신탁자가 부당이득반환으로서 수탁자에게 그 등기명의의 말소를 구할 수 있는 지가 문제되는데 실제상의 필요에 의하여 그것도 하나의 재산적 이익으로 보아 부당이득반환의 대상이 된다고 보고 신탁자는 수탁자를 상대로 등기의 말소나 이전등기를 구할 수 있을 것이다.[67] 강행법규에 위반하여 재산을 급여하거나 노무를 제공하였다고 하여도 그것이 선량한 풍속 기타 사회질서에 어긋나는 반윤리적인 것이 아닌 한 불법원인급여에 해당하지 아니하며 그 반환을 구할 수 있다.[68]

(3) 명의신탁자의 비용반환의무와 명의수탁자의 소유권이전등기의무의 관계

명의신탁자가 명의수탁자에게 명의수탁의 대가로 일정한 보수를 지급하기로 하였으면서도 이를 지급하지 않고서 수탁부동산에 대한 소유권이전등기를 구하더라도 명의신탁은 무효이므로 수탁보수지급청구권이 발생할 수 없어 위 소유권이전등기의무와 수탁보수지급청구권은 동시이행관계에 있다고 할 수 없다. 그러

66) 대법원 1990. 11. 27. 선고 89다카12398 전원합의체 판결. 대법원 2002. 9. 6. 선고 2002다35157 판결, 대법원 2014. 2. 13. 선고 2012다97864 판결.

67) 이에 대하여는 원인없는 등기명의가 부당이득이 된다 하더라고 그 반환청구로서 등기의 말소를 구함은 몰라도 이전등기를 구할 수는 없다는 견해가 있다. 목영준, "부동산실권리자명의등기에 관한 법률상 명의신탁약정의 효력", 「민사판례연구(21)」, 박영사(1999), 108면.

68) 같은 견해로는 곽윤직, 「채권각론」, 박영사(2003), 363-369면 참조; 양창수 "부동산실명법 제4조에 의한 명의신탁의 효력 - 소위 등기명의신탁을 중심으로 -", 「법학」 38권 1호(1997)(이하 '논문 1'이라 한다), 82면. 2003. 11. 27. 선고 2003다41722 판결, 판례에 의하면 강제집행을 면할 목적으로 부동산 소유자명의를 신탁하는 경우 불법원인급여가 아니라고 하고(대법원 1994. 4. 15. 선고 93다61307 판결), 부동산의 명의수탁자가 부동산을 매도한 것이 반사회적 법률행위로 무효가 된 경우 매도인인 명의수탁자의 불법성이 매수인의 불법성보다 크므로 공평과 신의성실의 원칙에 따라 매수인의 매매대금지급은 불법원인급여에 해당하지 않아 그 반환청구가 가능하다고 한다(대법원 1993. 12. 10. 선고 93다12947 판결, 2019. 6. 20. 선고 2013다218156 전원합의체 판결은 나아가 농지법에 따른 제한을 회피하고자 명의신탁을 한 경우에도 불법원인급여에 해당하지 않는다고 한다). 한편 불법원인급여에 해당한다는 견해로는 위 전원합의체 판결의 소수의견, 김상용, 「채권각론」, 법문사(2003), 576면.

나 수탁자가 명의신탁관계의 유지과정에서 명의신탁 목적물과 관련하여 발생한 비용은 명의신탁관계를 청산하는 마당에 명의수탁자가 명의신탁자에 대하여 부담하게 되는 소유권이전등기절차 이행의무와 이행의 견련성이 있다고 봄이 공평의 관념에 부합하므로 명의신탁자의 비용반환의무와 명의수탁자의 소유권이전등기의무는 서로 동시이행관계에 있다고 할 것이다.[69]

나. 3자간 등기명의신탁(중간생략명의신탁)의 경우

(1) 의 의

3자간 등기명의신탁이란 중간생략등기와 명의신탁이 결합한 것으로, 신탁자가 수탁자와 명의신탁약정을 맺고 신탁자가 매매계약의 당사자가 되어 매도인과 매매계약을 체결하되, 다만 등기를 매도인으로부터 수탁자 앞으로 직접 이전하는 유형의 명의신탁이다.

(2) 매도인과 수탁자의 관계

3자간 등기명의신탁에 있어 수탁자 명의로 경료된 등기는 명의신탁의 약정에 따라 이루어졌기 때문에 부동산실명법 제4조 제1항, 제2항 본문에 따라 무효가 되고, 따라서 매도인은 그 소유권에 기한 물권적 청구권, 즉 방해배제청구권에 기하여 수탁자에게 그 명의 소유권이전등기의 말소를 청구할 수 있고, 진정등기

69) 대법원 1999. 10. 12. 선고 98다6176 판결(명의수탁 재산이 상속재산에 포함됨으로써 명의수탁자의 상속인이 추가로 부담한 상속세 상당액에 대하여 명의신탁자가 상환의무를 부담하는 경우, 원래 동시이행의 항변권은 공평의 관념과 신의칙에 입각하여 각 당사자가 부담하는 채무가 서로 대가적 의미를 가지고 관련되어 있을 때 그 이행에 있어서 견련관계를 인정하여 당사자 일방은 상대방이 채무를 이행하거나 이행의 제공을 하지 아니한 채 당사자 일방의 채무의 이행을 청구할 때에는 자기의 채무이행을 거절할 수 있도록 하는 제도인바, 이러한 제도의 취지에서 볼 때 당사자가 부담하는 각 채무가 쌍무계약에 있어 고유의 대가관계에 있는 채무가 아니라고 하더라도 구체적인 계약관계에서 각 당사자가 부담하는 채무에 관한 약정 내용에 따라 그것이 대가적 의미가 있어 이행상의 견련관계를 인정하여야 할 사정이 있는 경우에는 동시이행의 항변권을 인정할 수 있는바, 비록 명의수탁자의 상속인의 명의신탁자에 대한 명의수탁 부동산에 관한 소유권이전등기의무와 명의신탁자의 명의수탁자의 상속인에 대한 위 상속세 추가분 상당액의 상환의무는 쌍무계약에 있어서 고유의 대가관계에 있는 채무는 아니라고 하더라도, 명의수탁자의 상속인이 납부한 위 상속세 추가분은 명의신탁관계의 유지 과정에서 명의신탁 목적물과 관련하여 발생한 비용으로서 명의신탁관계를 청산하는 마당에 명의수탁자의 상속인이 명의신탁자에 대하여 부담하게 되는 소유권이전등기절차 이행의무와 이행의 견련성이 있다고 봄이 공평의 관념에 부합하므로 두 의무는 서로 동시이행관계에 있다).

명의회복청구권에 기하여 수탁자에게 소유권이전등기를 구할 수도 있다.

그런데, 이러한 청구는 매매계약의 해제 또는 무효로 인한 원상회복청구가 아니므로 수탁자는 매도인이 매매대금을 신탁자에게 반환할 때까지 말소 또는 이전등기 이행을 거부한다는 동시이행항변을 할 수 없다고 할 것이다.[70]

(3) 신탁자와 수탁자의 관계

신탁자는 수탁자에게 명의신탁 해지를 원인으로 하는 소유권이전등기를 청구할 수 없다.[71] 다만 매도인을 대위하여 수탁자에 대하여 명의신탁이 원인무효임을 이유로 하여 말소등기 내지 소유권이전등기절차를 구할 수 있을 뿐이다.

(4) 신탁자와 매도인의 관계

매도인과 신탁자사이에 이루어진 매매계약의 효력은 부동산실명법이 신탁자와 수탁자 사이의 명의신탁약정을 무효로 하고 있을 뿐 신탁자가 체결한 매매계약의 효력에 관하여는 별다른 규정을 두고 있지 아니하므로 유효하다고 보아야 할 것이다. 따라서 신탁자는 매도인을 상대로 매매대금의 반환을 요구할 수 없으며, 목적부동산을 자기 이름으로 등기하기 위해서는 매도인을 대위하여 수탁자를 상대로 무효인 수탁자 명의의 등기의 말소를 구하고,[72] 매도인을 상대로 매매계약에 기한 소유권이전등기청구를 하여야 할 것이다. 다만 이 경우 신탁자는 부동산실명법상 과징금(동법 제5조), 이행강제금(동법 제6조), 형사처벌(동법 제7조)의 대상이 된다.

다. 계약명의신탁의 경우

(1) 의 의

계약명의신탁이란 명의신탁자와 명의수탁자 간에 당사자의 지위에 관한 명의신탁을 약정하고 명의수탁자가 매수인의 지위에서 매도인과 매매계약을 체결한 후, 명의수탁자 명의로 소유권이전등기를 함으로써 명의신탁등기가 이루어지는

70) 양창수, 논문 1, 67-76면.
71) 대법원 1998. 12. 11. 선고 98다43250 판결.
72) 대법원 1999. 9. 17. 선고 99다21738 판결.

경우이다. 부동산실명법은 명의신탁에 따라 이루어진 물권변동의 효력에 관하여는 무효로 하되(부동산실명법 제4조 제2항 본문) 상대방 당사자가 명의신탁약정이 있었다는 사실을 알지 못한 경우에는 유효로 하고 있는데(같은 법 제4조 제2항 단서), 이는 제3자를 보호하고 거래의 혼란을 피하기 위한 규정이다. 따라서 계약명의신탁의 경우에는 물권변동의 효력이 매도인의 선악의 여부에 의하여 결정된다.

(2) 매도인이 선의인 경우

(가) 매도인과 수탁자의 관계

원인행위인 매매계약의 당사자는 매도인과 수탁자라고 할 것이고,[73] 매도인이 명의신탁사실을 몰랐으므로 소유권이전등기도 유효하다(부동산실명법 제4조 제2항 단서).

(나) 신탁자와 매도인의 관계

신탁자는 수탁자와 매도인 간의 매매계약과 등기이전과정에 드러나지 않으므로 매도인과는 아무런 법률관계가 없다. 따라서 신탁자는 매도인에 대하여 채권자로서의 권리를 행사할 수 없을 뿐만 아니라 매매대금의 지급의무와 등기협력의무도 부담하지 아니한다.[74]

(다) 신탁자와 수탁자의 관계

신탁자와 수탁자 사이의 명의신탁약정은 부동산실명법 제4조 제1항에 의하여 무효이다. 수탁자가 가령 부동산매수의 위탁을 받았어도 이를 실행할 의무는 처음부터 발생하지 않은 것이 되고 이에 더 나아가 소유권이전등기를 마친 경우에도 그 소유권을 신탁자에게 다시 양도할 의무가 없으며, 명의신탁약정 또는 위임등이 무효이므로 그 해지란 있을 수 없고, 보수의 약정이 있더라도 수탁자는 신

73) 김상용, "부동산실명법규정의 제모순점", 「고시계」, 국가고시학회(1997)(이하 '논문 2'라 한다), 82면; 양창수, "부동산실명법의 사법적 규정에 의한 명의신탁의 규율 - 소위 계약명의신탁을 중심으로 -", 「성곡논총」 28집 3, 성곡학술문화재단(1997)(이하 '논문 2'라 한다), 377면 이하; 이은영, 「물권법」, 박영사(2000), 277면.

74) 박동진, "부동산실명법 제4조에 의한 부동산명의신탁의 효력", 「저스티스」 32권 3호, 한국법학원(1999), 80면.

탁자에게 이를 청구할 수 없다.[75] 그런데, 명의신탁약정이 무효이므로 이 약정에 의해 수탁자에게 이미 지급된 매매대금은 부당이득으로 반환되어야 하고[76] 수탁자가 신탁자에게서 이미 지급받은 보수가 있다면 다시 이를 신탁자에게 반환하여야 한다. 다만, 부동산실명법 시행 전에 명의신탁약정에 기해 물권변동이 이루어진 경우 신탁자는 부동산실명법 제11조에서 정한 유예기간 내에는 언제라도 명의신탁약정을 해지하고 당해 부동산에 관한 소유권을 취득할 수 있었던 것인데 위 유예기간을 경과함으로써 명의수탁자가 당해 부동산에 관한 완전한 소유권을 취득하였다면 명의수탁자는 명의신탁자에게 자신이 취득한 당해 부동산을 부당이득으로 반환할 의무가 있다.[77] 그리고 이러한 부당이득반환채권은 특단의 사정이 없는 한 발생일로부터 10년이 경과함으로서 시효로 소멸한다. 이와 관련하여 교회가 토지를 매수하면서 담임목사에게 매수인 명의를 신탁하였고 매도인은 이를 알지 못하였는데, 교회가 실명등기를 하지 않고 부동산 실권리자명의 등기에 관한 법률에서 정한 유예기간을 경과한 후 담임목사를 상대로 토지의 부당이득반환을 구하자 담임목사가 소멸시효 항변을 한 사안에서, "채무자의 소멸시효에 관한 항변권의 행사도 우리 민법의 대원칙인 신의성실의 원칙과 권리남용금지 원칙의 지배를 받는 것이어서, 채무자가 시효완성 전에 채권자의 권리행사나 시효중단을 불가능 또는 현저히 곤란하게 하였거나, 그러한 조치가 불필요하다고 믿게 하는 행동을 하였거나, 객관적으로 채권자가 권리를 행사할 수 없는 장애사유가 있었거나, 또는 일단 시효완성 후에 채무자가 시효를 원용하지 아니할 것 같은 태도를 보여 채권자로 하여금 그와 같이 신뢰하게 하였고, 채권자가 그러한 장애가 해소된 때부터 권리행사를 기대할 수 있는 상당한 기간 내에 자신의 권리를 행사하였다면, 이러한 경우에도 채무자가 소멸시효 완성을 주장하는

75) 양창수, 논문 2, 365면 이하.
76) 대법원 2005. 1. 28. 선고 2002다66922 판결; 대법원 2009. 3. 26. 선고 2008다34828 판결; 대법원 2014. 8. 20. 선고 2014다30483 판결 등, 그런데 수탁자가 신탁자로부터 수령한 매매대금을 이미 매도인에게 지급하고 목적부동산의 소유권을 취득하였으므로 신탁자는 매매대금 대신에 그 부동산을 현물 또는 대위물로서 수탁자를 상대로 반환을 청구할 수 있는가가 문제되고 이에 대하여는 긍정설과 부정설이 대립되나 판례는 위에서 본 바와 같이 부정설의 입장이다. 이에 대한 자세한 내용은 졸고, 앞의 논문, 62 내지 69면 참조.
77) 대법원 2002. 12. 26. 선고 2000다21123 판결.

것은 신의성실의 원칙에 반하는 권리남용으로 허용될 수 없다. 다만 위와 같이 신의성실의 원칙을 들어 시효 완성의 효력을 부정하는 것은 법적 안정성의 달성, 입증곤란의 구제, 권리행사의 태만에 대한 제재를 그 이념으로 삼고 있는 소멸시효제도에 대한 대단히 예외적인 제한에 그쳐야 할 것이므로, 위 권리행사의 '상당한 기간'은 특별한 사정이 없는 한 민법상 시효정지의 경우에 준하여 단기간으로 제한되어야 한다(대법원 2013. 5. 16. 선고 2012다202819 전원합의체 판결 등 참조)"고 하면서, 교회가 권리를 행사할 수 없는 장애사유가 소멸된 때(담임목사직에서 은퇴한 때)로부터 민법상 시효정지기간(6개월)이 지나 담임목사에게 부당이득반환을 구하는 소를 제기하였으므로, 특별한 사정이 없는 한 교회가 상당한 기간 내에 권리행사를 하였다고 볼 수 없고, 이러한 경우 담임목사의 소멸시효 항변은 신의성실의 원칙에 반하는 권리남용에 해당한다고 볼 수 없다고 판단하여 담임목사의 항변을 받아들였다.[78] 이 판례를 반대해석하면 교회의 담임목사에 대한 신탁토지의 반환청구권은 10년의 소멸시효기간이 경과하였더라도 담임목사 은퇴 후 6개월 내에 행사하였다면 소멸시효 항변은 받아들여질 수 없다고 할 것이다.

(라) 명의수탁부동산과 세금 및 보관자의 지위

담임목사가 교회자금으로 교회부동산을 자신의 명의로 취득한 경우 매도인이 선의인 한 그 취득세는 수탁자인 담임목사가 부담할 것이지 교회가 부담할 것은 아니다.[79]

계약명의신탁에 따라서 수탁자가 당사자가 되어 그 명의신탁약정이 있다는 사실을 알지 못하는 소유자와 사이에서 부동산에 관한 매매계약을 체결한 후 그 매매계약에 기하여 당해 부동산의 소유권이전등기를 수탁자 명의로 한 경우 당해 부동산에 관한 물권변동은 유효하지만 신탁자와 수탁자 사이의 명의신탁 약정은 무효이므로 수탁자는 전 소유자인 매도인뿐만 아니라 신탁자에 대한 관계에서도 유효하게 당해 부동산의 소유권을 취득한 것으로 보아야 할 것이고, 따라서 그 수탁자는 타인의 재물을 보관하는 자에 해당한다고 할 수 없어[80] 횡령죄가

---

78) 대법원 2013. 12. 26. 선고 2011다90194 판결.

79) 서울동부지방법원 2011. 8. 26. 선고 2011가합6203 판결(명의신탁자인 교회에 취득세를 부과한 처분은 그 하자가 중대명백하다는 이유로 취소한 사례).

되지 아니한다.

(2) 매도인이 악의인 경우

(가) 매도인과 수탁자의 관계

매도인이 명의신탁약정의 존재를 알고 있었던 경우 부동산실명법 제4조 본문에 따라 수탁자명의의 소유권이전등기는 무효가 된다. 따라서 위 매매계약은 원시적으로 물권변동이라는 목적을 달성할 수 없는 계약이 되어 무효가 된다.[81)]

따라서 매도인은 위 매매계약의 무효로 인한 원상회복으로서 소유권이전등기의 말소를 구하거나 그 소유권에 기하여 수탁자에게 소유권이전등기의 말소를 구할 수 있고, 진정등기명의회복청구권에 기하여 소유권이전등기를 청구할 수도 있을 것이다. 이에 대하여 수탁자는 매도인에게 같은 이유에서 이미 지급한 매매대금의 반환을 청구할 수 있고, 수탁자의 소유권이전등기의무와 매도인의 매매대금반환의무는 쌍무계약에 있어 대가적 의미가 있으므로 동시이행관계에 있다고 보아야 할 것이다. 이 경우 매도인은 부동산실명법 시행 후에는 악의의 수익자에 해당된다 할 것이다.

(나) 신탁자와 수탁자의 관계

명의신탁약정이 무효이므로 신탁자는 수탁자에게 소유권이전등기를 구할 수 없다. 그리고 매매대금지급의 원인이 되었던 명의신탁약정이 무효가 되었기 때문에 수탁자는 법률상 원인없이 신탁자로부터 일정한 금원을 수령한 것이 되고, 따라서 수탁자가 신탁자로부터 수령한 매매대금은 다시 신탁자에게 반환하여야 할 것이다. 이렇게 신탁자는 수탁자에게 금전부당이득반환청구권을 갖게 되므로 이를 보전하기 위하여 수탁자를 대위하여 수탁자의 매도인에 대한 매매대금 상당의 부당이득반환청구권을 행사할 수 있다고 본다. 다만 이 경우는 특정채권의 보전을 위한 것이 아니므로 신탁자가 수탁자의 무자력을 주장·입증하여야 할 것

80) 대법원 2000. 3. 24. 선고 98도4347 판결; 대법원 2006. 9. 8. 선고 2005도9733 판결; 대법원 2009. 9. 10. 선고 2009도4501 판결; 대법원 2010. 11. 11. 선고 2008도7451 판결.

81) 권오창, “부동산명의신탁의 법률관계에 관한 시론”, 「인권과 정의」, 대한변호사협회(1996), 71면; 대법원 2003. 9. 5. 선고 2001다32120 판결.

이다.[82)]

(다) 매도인과 신탁자의 관계

매도인과 신탁자 사이에는 비록 명의신탁약정이 있었음을 매도인이 알고 있었다고 하더라도 수탁자가 매수인의 지위를 가지게 되고, 신탁자는 매매계약상 아무런 권리도 가지지 못하게 되므로 직접적으로 아무런 법률관계가 존속하지 아니하고,[83)] 따라서 신탁자가 매도인을 상대로 소유권이전등기를 청구할 수 없음은 물론 직접 부당이득으로서의 매매대금의 반환을 청구할 수도 없다.[84)]

3. 유지재단 명의로 신탁된 교회부동산의 환원방법

가. 명의신탁해지를 원인으로 한 소유권이전등기

위와 같이 2013. 7. 13. 부동산실명법이 개정되어 교회 부동산을 상위종교단체, 즉 총회 또는 노회유지재단에 명의신탁하는 것이 허용됨으로써 유지재단명의로 등기된 것은 적법한 등기가 되므로 교회가 유지재단으로부터 부동산을 환원하기 위하여는 종래의 판례이론에 따라 명의신탁해지를 원인으로 한 소유권이전등기를 구하면 된다. 위 개정 전에는 교회부동산이 부동산실명법 시행[85)] 이전에 유지재단 명의로 명의신탁된 경우에는 유효하고, 실명등기의무도 면제됨으로 인하여 명의신탁해지를 원인으로 한 소유권이전등기를 구하면 되었으나, 시행 후에

---

82) 대법원 1993. 10. 8. 선고 93다28867 판결.

83) 이와 관련하여 주목할 만한 대법원 판례가 있어 소개한다. "어떤 사람이 타인을 통하여 부동산을 매수함에 있어 매수인 명의 및 소유권이전등기 명의를 타인 명의로 하기로 약정하였고 매도인도 그 사실을 알고 있어서 그 약정이 부동산실권리자명의등기에관한법률 제4조의 규정에 의하여 무효로 되고 이에 따라 매매계약도 무효로 되는 경우에, 매매계약상의 매수인의 지위가 당연히 명의신탁자에게 귀속되는 것은 아니지만, 그 무효사실이 밝혀진 후에 계약상대방인 매도인이 계약명의자인 명의수탁자 대신 명의신탁자가 그 계약의 매수인으로 되는 것에 대하여 동의 내지 승낙을 함으로써 부동산을 명의신탁자에게 양도할 의사를 표시하였다면, 명의신탁약정이 무효로 됨으로써 매수인의 지위를 상실한 명의수탁자의 의사에 관계없이 매도인과 명의신탁자 사이에는 종전의 매매계약과 같은 내용의 양도약정이 따로 체결된 것으로 봄이 상당하고, 따라서 이 경우 명의신탁자는 당초의 매수인이 아니라고 하더라도 매도인에 대하여 별도의 양도약정을 원인으로 하는 소유권이전등기청구를 할 수 있다."고 함으로써 명의신탁자를 보호하는 방향으로 사실인정을 하였다(대법원 2003. 9. 5. 선고 2001다32120 판결).

84) 목영준, 앞의 논문, 103면, 반대견해로는 권오창, 앞의 논문, 71면; 배병일, "부동산실명법상의 명의신탁과 부당이득", 「법률신문」, 2003. 4. 14. 67면.

85) 부칙 제1조에 "이 법은 1995. 7. 1.부터 시행한다."고 규정하고 있다.

유지재단 명의로 신탁된 경우는 무효가 됨으로써 위 2항에서 본 명의신탁부동산의 일반적인 환원방법으로 환원할 수밖에 없었다. 따라서 유지재단 명의로 이전등기가 경료되었더라도 그 등기는 명의신탁등기로서 무효이므로 말소등기청구를 하면 되었고, 이에 따라 다음 나, 다항에서 본 바와 같은 기본재산의 처분행위에 따른 정관변경 및 그 승인절차가 필요없게 되어 그 등기의 환원방법이 쉬운 면도 있었다.[86] 하지만 위 부동산실명법 개정 이후에는 명의신탁등기가 무효임을 전제로 하는 논의는 필요없게 되었다.

나. 유지재단의 정관변경

그런데 교회 부동산이 증여 등의 원인으로 유지재단명의로 소유권이전등기가 경료되고 그 부동산이 유지재단의 기본재산으로 편입되는 경우 이는 정관의 기재사항으로서, 기본재산의 변경은 정관의 변경을 초래하기 때문에 주무장관의 허가를 받아야 한다. 따라서 기존의 기본재산을 처분하는 행위는 물론 새로이 기본재산으로 편입하는 행위도 주무장관의 허가가 있어야 유효한 것이므로[87] 일단 주무장관의 허가를 얻어 기본재산에 편입하여 정관 기재사항의 일부가 된 이후에는 비록 그것이 명의신탁관계에 있었던 것이라 하더라도 이것을 처분(반환)하는 것은 기본재산변경에 해당되어 주무장관의 허가를 얻어 정관을 변경하여야 하고, 이러한 주무장관의 허가를 얻은 정관 변경 없이는 이를 이전등기할 수 없다[88]고 보아야 할 것이다.

이에 따르면 교단을 탈퇴한 지교회가 유지재단으로부터 재산을 환원받을 수 없는 부당한 결과가 발생하게 된다. 왜냐하면 해당 교단을 탈퇴하는 지교회는 이미 해당 교단과는 반목관계에 있게 되는데 해당 교단의 통제를 받고 있는 유지재단의 이사회가 탈퇴한 지교회의 재산을 반환하기 위하여 기본재산변경을 위한 정관 변경을 결의할 리가 없을 뿐만 아니라 주무관청(문화체육관광부가 주무관청인

86) 이충상, 앞의 논문, 70면.
87) 대법원 1978. 7. 25. 선고 78다783 판결; 대법원 1982. 9. 28. 선고 82다카499 판결 각 참조.
88) 대법원 1991. 5. 28. 선고 90다8558 판결; 대법원 1995. 5. 9. 선고 93다62478 판결; 한종원, "재단법인에 명의신탁하여 그 기본재산으로 편입된 재산에 관하여 주무장관의 허가 없이 신탁해지만으로 반환을 구할 수 있는지 여부", 「법원판례해설」 제15호(91년 상반기), 법원도서관(1992. 6), 315면.

데 현재는 각 시·군·구에 위임하여 업무처리를 하고 있다)에 기본재산 감소 허가 신청을 하지 않을 것이기 때문이다. 결국 유지재단의 이사회가 기본재산 변경을 위한 정관변경을 하지 않거나 주무관청에 허가(인가) 신청을 하지 않을 경우 지교회가 유지재단에 대하여 명의신탁 해지를 이유로 지교회가 편입시킨 재산의 반환을 요구하여 승소판결을 받는다 하더라도 재산을 반환받을 수 있는 방법이 없게 된다. 여기서 지교회의 부동산이 유지재단명의로 등기되었다고 하더라도 그 소유권이 지교회에 있다고 하면서도, 실제로 정관변경이 이루어지지 않고 주무관청의 허가가 없어 지교회 명의로 소유권을 환원할 수 없다고 한다면, 유지재단에 편입된 교회재산의 경우 명목상의 소유권과 실질적인 사용·수익권의 행사주체가 달라지게 되어 또 다른 교회분쟁을 야기할 우려가 있다. 그러나 교회재산이 유지재단 명의로 등기되어 있더라도 이를 명의신탁으로 볼 수 있는 한 지교회의 교회당 사용수익은 상실되지 않는다고 보아야 할 것이고, 비록 정관변경을 하지 못하여 지교회 명의로 신탁해지를 원인으로 한 소유권이전등기를 경료할 수 없다고 하더라도, 유지재단은 신의칙상 교회 예배당 등을 실제 사용하고 있는 지교회를 상대로 임료청구나 명도청구소송을 제기할 수 없다고 보아야 할 것이다.[89]

다. 유지재단이 정관변경을 거부하는 경우의 해결방법

그러나 위와 같은 경우 지교회로서는 유지재단명의로 등기되어 있다는 사실만으로 사용수익권만 있고, 소유권을 회복할 수 없다고 해야 하는 것인가. 이러한 현상이 바람직하고 통일적인 모습이 아님은 명백하다.

그 해결 방법으로 교단(노회) 또는 지교회가 설립한 유지재단은 지교회로부터 재산을 신탁받아 그 재산을 보존하는 신탁업무를 취급하기 위해 설립된 신탁회사 유사의 법인이고, 그 신탁은 신탁법 제65조 소정의 공익신탁의 법리를 적용하면 지교회 탈퇴시 기본재산 감소에 따른 정관변경 및 주무관청의 허가를 받지 못하는 데서 오는 지교회재산의 회수불가의 문제도 해결할 수 있을 것이라는 견해가 있다.[90] 그러나, 이러한 해결방법은 스스로 밝히고 있는 바와 같이 교단 또

89) 오시영, 논문 3, 236면.
90) 오시영, 논문 3, 247-249면.

는 유지재단이 신탁의 방법을 이용하지 않고 있는 현재의 상황에서 실효성이 있는 해결방법이 될 수는 없을 것이다.

지교회의 부동산이 명의신탁되어 유지재단에 편입된 부동산이라고 하더라도 그에 따라 정관이 변경되고 그 정관변경에 주무관청의 허가가 있었다는 점이 입증되지 않은 한[91] 명의신탁자는 정관변경절차 없이도 명의신탁해지를 원인으로 한 소유권이전등기를 구할 수 있을 것이다. 그러나 위에서 본 바와 같이 지교회 부동산이 유지재단에 편입되고 그에 따라 정관까지 변경되었다면 지교회는 정관변경 없이는 명의신탁해지를 원인으로 하는 소유권이전등기를 할 수 없는 바, 이 경우 그 부동산을 환원하는 방법이 없다면 이는 부당한 것이다.

유지재단에게 명의신탁해지를 원인으로 한 소유권이전등기의무가 있다면 유지재단은 정관을 변경할 의무가 있고, 주무관청에 그 정관변경허가신청을 할 의무까지 있다고 보아야 할 것이다. 유지재단에게 소유권이전등기의무는 있으되 정관을 변경하고 그 허가를 신청할 의무는 없다고 한다면 위 소유권이전등기의무는 형해화된 의무에 불과할 것이기 때문이다.

대법원은 "집합건물의 소유 및 관리에 관한 법률 제48조 제4항에 정한 매도청구권은 재건축사업의 원활한 진행을 위하여 같은 법이 재건축 불참자의 의사에 반하여 그 재산권을 박탈할 수 있도록 특별히 규정한 것으로서, 그 실질이 헌법 제23조 제3항의 공용수용과 같다고 볼 수 있는데, 재단법인의 기본재산에 대하여 집합건물의 소유 및 관리에 관한 법률에 의하여 매도청구를 하는 경우에도 위 기본재산을 취득하기 위해서는 재단법인의 정관변경이 별도로 필요하다고 보면, 재단법인이 스스로 그 기본재산을 처분하는 내용으로 정관변경을 하지 않는

91) 대법원 1982. 9. 28. 선고 82다카499 판결은 "재단법인의 기본재산에 관한 사항은 정관의 기재사항으로서 기본재산의 변경은 정관의 변경을 초래하기 때문에 주무부장관의 허가를 받아야 하고 따라서 기존의 기본재산을 처분하는 행위는 물론 새로이 기본재산으로 편입하는 행위도 주무부장관의 허가가 있어야만 유효하다 할 것이므로 재단법인 명의로 소유권이전등기가 경료된 부동산이 재단법인의 기본재산에 편입되었다고 인정하기 위해서는 그 편입에 관한 주무부장관의 허가가 있었음이 먼저 입증되어야 한다."고 판시하고 있는바, 그 사안은 재단에 편입된 부동산에 대하여 정관변경이 없으므로 명의신탁해지를 원인으로 한 소유권이전등기 청구를 기각한 사안이 아니라 오히려 재단에 명의신탁하였다고 하더라도 그 재산이 정관에 편입되고 그에 대하여 주무관청의 허가를 받았음이 입증되지 않은 한 주무관청의 허가가 없어도 소유권이전등기를 구할 수는 있다는 판결이다. 같은 취지로는 대법원 1969. 7. 22. 선고 67다568 판결; 대법원 1978. 7. 25. 선고 78다783 판결; 대법원 1978. 8. 22. 선고 78다1038, 1039 판결이 있다.

이상 매도청구를 한 사람이 재단법인의 기본재산을 취득할 수 없게 되어 매도청구 대상자의 의사에 반하여 그 재산권을 박탈하도록 한 매도청구권의 본질에 반하게 된다. 따라서 재단법인의 기본재산에 대하여 집합건물의 소유 및 관리에 관한 법률상의 매도청구가 있는 경우에는 그 기본재산에 대한 매매계약의 성립뿐만 아니라 기본재산의 변경을 내용으로 하는 재단법인의 정관의 변경까지 강제된다."고 판시하고[92] 있고, 나아가 "학교법인에게 명의신탁한 부동산에 대해서 관할청의 허가가 있으면 명의신탁자는 이를 반환받을 수 있으므로 명의신탁자가 명의신탁을 해지한 경우에는 명의수탁자인 학교법인으로서는 관할청에 대하여 명의신탁 부동산 반환에 관하여 관할청의 허가를 신청할 의무를 부담하고, 명의수탁자가 이러한 의무를 이행하지 않는 경우에는 명의신탁자로서는 민법 제389조 제2항에 의하여 허가신청의 의사표시에 갈음하는 재판을 청구할 수 있으며, 관할청이 반드시 허가를 하여야 하는 것은 아니라는 이유만으로 그와 같은 재판의 청구가 권리보호의 이익이 없는 것이라고 할 수 없다."라고 판시하면서, 명의신탁자가 관할청의 처분허가를 조건으로 하는 소유권이전등기절차이행의 소와 위 허가신청절차이행의 소를 병합하여 제기하거나 따로 따로 제기하는 것이 가능하다고 판시하고 있다.[93] 또한 "사립학교법 제28조 제1항에서 학교법인이 그 기본재산에 대한 처분행위를 하고자 할 때에는 관할청의 허가를 받아야 한다고 규정한 것은 사립학교의 설치경영을 위하여 설립된 학교법인이 그 기본재산을 부당하게 감소시키는 것을 방지함으로써 사립학교의 건전한 발달을 도모하고자 하는데 그 목적이 있으므로, 실질적인 소유자에게 그 명의를 돌려주는 것에 지나지 아니하여 학교법인의 실질적인 기본재산에는 아무런 영향이 없는 명의신탁해지의 경우에는 그 대상이 형식상으로는 명의수탁자인 학교법인의 기본재산이라고 할지라도, 교육에 직접 사용하는 교사 및 학교용지 등의 매도 또는 담보제공을 금지하는 같은 조 제2항 및 같은 법 시행령 제12조 제1항의 적용이 없음은 물론, 관할청으로서는 특별한 사정이 없는 한 그 처분행위를 허가하여야 한다. 명의신탁자가 학교법인의 기본재산에 관한 명의신탁관계를 해지하였음에도 명의

92) 대법원 2008. 7. 10. 선고 2008다12453 판결.
93) 대법원 1991. 5. 28. 선고 90다8558 판결; 대법원 1995. 5. 9. 선고 93다62478 판결 등.

를 수탁받은 학교법인이 관할청에 대한 그 기본재산처분에 관한 의사표시를 거부하여 신탁자가 그 의사표시에 갈음하는 확정판결을 받아 그 판결정본이나 등본을 관할청에 제출한 경우에는 민사소송법 제695조에 의하여 그 학교법인이 직접 처분허가신청을 한 것으로 의제되므로, 관할청으로서는 학교법인 내부의 적법한 의사형성 여부를 심사하기 위한 자료인 사립학교법 시행령 제11조 제1항 제3호 소정의 이사회회의록 사본이 제출되지 아니하였다는 이유로 그 허가를 거부할 수 없다."고 판시하고 있고,[94] 또한 교회의 부동산에 관하여서도 재단법인이 명의신탁을 받은 부동산이 주무관청의 허가를 얻어 재단법인의 정관에서 정한 기본재산에 편입되어 정관 기재사항의 일부가 된 경우라고 하더라도, 그 부동산을 기본재산에서 제외하는 정관변경에 관하여 주무관청의 허가를 받으면 명의신탁자는 그 부동산을 반환받을 수 있으므로, 명의신탁자가 명의신탁을 해지한 경우에 명의수탁자인 재단법인으로서는 명의신탁 부동산의 반환에 관하여 주무관청의 허가를 신청할 의무를 부담하고, 명의수탁자가 이러한 의무를 이행하지 않는 경우에는 명의신탁자로서는 명의수탁자를 상대로 민법 제389조 제2항에 의하여 허가신청의 의사표시에 갈음하는 재판을 청구하고, 이와 병합하여 주무관청의 처분허가를 조건으로 하는 소유권이전등기절차 이행청구소송을 제기할 수 있다. 그리고, 허가신청의 의사표시에 갈음하는 재판에 관한 확정판결을 받아 판결정본이나 등본을 주무관청에 제출한 경우에는 민사집행법 제263조에 따라 그 재단법인이 직접 처분허가신청을 한 것으로 의제되므로, 주무관청으로서는 재단법인 내부의 적법한 의사형성 여부를 심사하기 위한 자료인 이사회회의록 사본 등이 제출되지 아니하더라도 그 허가를 거부할 수 없다[95]고 판시하고 있으며, 서울중앙지방법원도 재단법인에게 명의신탁된 부동산에 관하여 명의신탁해지를 원인으로 한 소유권이전등기 청구 소송에서 "어떤 부동산이 재단법인에게 명의신탁된 것이라 하여도 그 부동산이 재단법인의 기본재산에 편입된 것이라면 명의신탁자는 주무관청의 허가 없이 이를 이전등기할 수는 없으나, 주무관청의 허가가 있으면 명의신탁자는 이를 반환받을 수 있는 것이므로, 명의신탁자가 명의신탁을 해지한

94) 대법원 1997. 12. 26. 선고 97누14538 판결.
95) 대법원 2012. 8. 30. 선고 2010다52072 판결.

경우에는 명의수탁자인 재단법인으로서는 주무관청에 대하여 위와 같은 명의신탁 부동산 반환에 관하여 주무관청의 허가를 신청할 의무를 부담하고, 명의수탁자가 이러한 의무를 이행하지 않은 경우에는 명의신탁자로서는 민법 제389조 제2항에 의하여 그러한 허가신청의 의사표시에 갈음하는 재판을 구할 수 있다."고 판시하면서 "피고는 원고에게 별지 목록 기재 각 부동산에 관하여 관할행정청(종로구청장)에 기본재산의 처분에 따른 재단법인 정관변경허가 신청절차를 이행하라."라는 주문의 판결을 선고하였다.[96]

결국, 지교회는 유지재단에 대하여 민법 제389조 제2항에 의하여 그 허가신청의 의사표시에 갈음하는 재판을 청구함으로써 재산권을 회복할 수 있을 것이다. 지교회는 정관변경 허가신청의 의사표시에 갈음하는 확정판결을 받아 그 판결 정본이나 등본을 첨부하여 주무관청에 기본재산처분에 따른 정관변경허가신청서를 제출한 경우, 민사집행법 제263조 제1항에 의하여 재단법인이 직접 주무관청에 정관변경 허가신청을 한 것으로 의제된다. 그리고, 주무관청은 그 판결을 제출하면 특별한 사정이 없는 한 그 정관변경을 허가하여야 할 것이고, 이를 허가하지 않으면 법원에 정관변경불허가처분에 대한 취소를 청구할 수 있을 것이다.

라. 명의신탁이 부정된 경우 지교회와 유지재단과의 법률관계

그런데 지교회가 유지재단명의로 소유권이전등기가 된 토지 위에 자신의 자금으로 교회건물을 건축하여 사용하거나 건물까지도 유지재단의 소유로 된 부동산을 무상으로 사용하는 경우가 있다. 이 경우 지교회가 유지재단을 상대로 명의신탁해지를 원인으로 한 소유권이전등기청구를 하였으나 명의신탁사실에 대한 입증부족으로 청구가 기각된 경우, 반대로 유지재단이 지교회를 상대로 소유권에 기한 명도소송이나 임대료 상당의 부당이득반환청구를 할 수 있을까. 이와 같이 지교회가 유지재단의 부동산을 무상으로 사용하는 법률관계는 사용대차로 볼 수 있을 것이다. 그런데 사용대차에 있어 차용물의 반환시기에 관하여 민법 제613조

96) 서울중앙지방법원 2009. 8. 18. 선고 2008가합89830 판결; 서울서부지방법원 2014. 12. 18. 선고 2014가합32977 판결; 서울중앙지방법원 2015. 1. 16. 선고 2013가합69311 판결, 서울고등법원 2016. 4. 22. 선고 2015나2008701 판결.

는 「차주는 약정시기에 차용물을 반환하되 시기의 약정이 없는 경우에는 차주는 계약 또는 목적물의 성질에 의한 사용, 수익이 종료한 때에 반환하여야 한다. 그러나 사용, 수익에 족한 기간이 경과한 때에는 대주는 언제든지 계약을 해지할 수 있다」라고 규정하고 있다. 이러한 법리에 의할 때 교회가 예배당으로 사용하고 있는 부동산은 교회가 존속하여 예배와 선교를 계속하는 한 목적물의 성질에 의한 사용·수익이 종료되었다고 할 수 없고, 사용, 수익에 족한 기간이 경과하였다고 할 수도 없다. 그러므로 유지재단은 지교회에 대하여 특단의 사정이 없는 한 명도 및 임료상당의 부당이득반환을 청구할 수 없다고 봄이 상당하다.[97]

제 4 절 교회의 재정

Ⅰ. 교회재정의 건전성과 투명성의 확보

이상에서는 교회재산 중 주로 부동산의 관리, 처분에 대한 문제를 중심으로 검토하였다. 그런데 교회의 재정은 부동산에 관한 부분만 관리하는 것이 아니다. 교회의 재정이란 교회가 재산을 취득하고 또한 이것을 관리하기 위한 일체의 작용을 말하는 것이다. 그런데 앞에서 본 바와 같이 교회 수입의 대부분은 교인들의 헌금(십일조 및 건축헌금 등 각종 목적헌금)이다. 이러한 헌금은 하나님에 대한 신앙을 기초로 한 것이므로 그 수입과 지출이 건전하고 투명해야 한다. 그럼에도 불구하고 교회의 재정이 담임목사를 비롯한 소수에 의하여 관리되고 운영되는 경우가 많다. 그리하여 교회재정의 불투명한 사용과 유용으로 말미암아 교회가

97) 이와 관련하여 서울서부지방법원은 지교회(피고)가 유지재단을 상대로 명의신탁해지를 원인으로 소유권이전등기를 구하고 목적물이 자신의 소유라고 주장하는 등 지교회가 배신행위를 하고 있으므로 유지재단(원고)이 사용대차계약을 해지하고 그 통지일 이후 지교회의 점유는 법률상 원인이 없는 점유라는 이유로 임대료 상당의 부당이득반환을 구한 사건에서, 배신행위로 인한 해지권 발생의 판단기준은 유지재단의 국내외선교사업의 지원이라는 설립목적에 부합하는 종교 예배 활동을 위하여 계속 사용하고 있는지 여부를 핵심적 기준으로 삼아야지 소를 제기하였는지 여부를 기준으로 할 것은 아니라는 이유 등으로 유지재단의 해지권을 인정하지 않고, 지교회의 사용은 적법한 사용이라고 판단하여 유지재단의 부당이득반환청구를 기각하였다(서울서부지방법원 2020. 12. 24. 선고 2020가합31173 판결. 항소없이 확정됨).

분쟁에 휩싸이게 된다. 즉, 교회와 교인 간 혹은 교인들 간의 분쟁의 진행양상을 보면 처음에는 아주 사소한 의견차이로 시작되지만 그 단계에서 마무리되지 않으면 그 다음은 예외 없이 헌금수입의 투명성과 목적사업에의 지출의 정당성 및 수입금액 및 지출금액의 정확성에 관한 다툼으로 이어진다. 분쟁이 여기까지 진행되는 경우에는 어느 한 편의 양보 없이는 다시 원위치로 돌아가지 못하게 되는 것이 대부분이다. 또한 교회 밖의 사람들에 의하여 제기되는 교회에 대한 불신과 부정적 시각의 출발점도 헌금수입과 지출이 투명하지 않고 공개되지 않음으로 인하여 일어난다. 종교인에 대한 과세가 시작되면 그 과세내용의 정확성을 확인하기 위하여 과세관청에서 종교단체의 수입 및 지출에 대하여 어떠한 형태로든 교회재정의 수지에 대하여 관리를 하게 될 여지가 크다. 이 경우 재정수지의 정당성을 판단하는 기준으로서의 역할을 하게 되는 것이 교회정관이고 그 정관에는 교회의 재정과 회계에 관한 규정들이 반드시 담겨야 함에도, 현재 교회의 실태를 보면 교회 정관이 없는 교회가 많고, 정관이 있더라도 이러한 재정에 대한 규정이 미비하며, 아직 그 필요성을 느끼지 못하는 교회도 있다.

따라서 교회는 재정 및 회계정보의 투명성 확보방안을 제도적으로 마련해야 한다. 재정운용 담당자의 선정 및 운용방법, 이에 대한 감사 등을 정관 등 규약으로 마련하고, 이를 실천하도록 해야 한다. 모든 재정은 원칙적으로 교회명의로 이루어져야 한다. 현금은 교회명의의 통장에 입금하고, 부동산도 교회 명의로 등기함으로써 금융실명거래 및 비밀보장에 관한 법률(이하 '금융실명법'이라고 한다) 위반의 문제,[98] 부동산실명법 위반의 문제가 나타나지 않도록 해야 하고, 담임목사를 비롯한 소수가 교회 재정을 횡령하거나 배임하는 위험에 노출되지 않도록 해야 한다.

법인이 아닌 교회가 교회명의의 계좌를 개설하기 위해서는 고유번호증(수익사업이 있는 경우에는 사업자등록증)이 필요하다. 법인으로 등록되지 않은 교회가 고유번호증을 발급받기 위해서는 교회의 소재지를 관할하는 세무서에 국세기본법

98) 금융실명제법상 탈법행위 등을 목적으로 타인의 실명에 의한 금융거래를 금지(제3조 제3항, 제4항)하고, 실명이 확인된 계좌에 보유하고 있는 금융자산은 명의자의 소유로 추정(제3조 제5항)하고, 불법차명거래자는 5년 이하의 징역 또는 5천만원 이하의 벌금에 처한다(제6조 제1항).

에 의한 “법인으로 보는 단체의 승인 신청”을 하여야 하고, 관할세무서는 승인요건을 갖춘 경우 법인으로 보는 단체의 승인[99]과 함께 “고유번호증”을 교부한다. 고유번호증은 교회명의의 계좌를 개설하고, 당해 교회가 원천징수의무자로서 원천징수의무를 이행하며, 매입 등의 거래 시 세금계산서(계산서 및 지출증빙 등 포함)를 교부받고, 교인이 낸 헌금에 대한 소득공제용 기부금영수증을 발급하는 데 있어서 반드시 필요한 것이다. 교회의 헌금을 담임목사 또는 재정장로 등 개인명의의 통장으로 입금하는 경우 금융실명제법 위반 외에 상속증여세법상 증여세[100]의 문제, 금융소득종합과세의 문제 등 실정법 위반의 문제가 발생될 여지도 있으므로 피해야 한다.

Ⅱ. 재정(회계)장부열람등사청구권

1. 법적 근거

오늘날 교회의 재정비리와 관련해서 교인들이 교회의 재정장부열람을 청구하는 소송이 증가하고 있다. 그런데 교단헌법이나 교회정관에 이에 관한 규정이 없는 경우가 대부분이고 민법에도 규정이 없어서 이를 인정할 수 있는가, 있다면 그 근거와 요건은 무엇인가가 문제된다. 회계장부열람청구권에 관하여 상법 제486조 제1항은 “발행주식의 총수의 100분의 3 이상에 해당하는 주식을 가진 주주는 이유를 붙인 서면으로 회계의 장부와 서류의 열람 또는 등사를 청구할 수 있다.”고 규정하고 있으나 이는 영리법인인 상법상의 회사에 적용되는 규정으로 교회의 교인들에게 곧바로 적용할 수 있는 근거는 될 수 없다. 그리하여 일반적으로 민법 제683조가 “수임인은 위임인의 청구가 있는 때에는 위임사무의 처리사항을 보고하고 위임이 종료한 때에는 지체없이 그 전말을 보고하여야 한다.”고

---

99) 법인으로 보는 단체의 승인요건은 주무관청의 허가 인가 등을 받아 설립된 단체로서 등기되지 아니한 것과 그 외 단체로서 ① 단체의 조직과 운영에 관한 규정을 가지고 대표자나 관리인을 선임하고 있고, ② 단체 자신의 계산과 명의로 수익과 재산을 독립적으로 소유 관리하며, ③ 단체의 수익을 구성원에게 분배하지 않는 경우에는 법인으로 보는 단체에 해당한다. 대부분의 교회는 이 요건을 충족한다.

100) 금융계좌에 자산이 입금되는 시점에 계좌의 명의자가 재산을 취득한 것으로 추정(제45조).

규정한 것에 근거한다고 설명하고 있다.[101] 또한 법원도 "권리능력 없는 사단과 그 대표자의 관계에 있어서 위임에 관한 민법 제683조가 준용되는 결과, 단체의 구성원은 단체의 재산상황을 파악하고 임원의 업무집행상황 등을 감시하기 위하여 필요한 경우 단체의 구성원의 당연한 권리로 단체를 상대로 회계장부 등의 열람·등사를 청구할 수 있다."고 판단하여 사원의 재정장부열람권을 인정하고 있어[102] 민법 제683조가 그 근거인 듯이 판시하고 있다.

그러나, 교회가 위임인이고 교회의 대표자가 교회의 수임인이라고 할 수는 있으나 교인이 위임인이고 교회 또는 교회의 대표자가 교인의 수임인이라고 할 수는 없다. 즉, 교인은 교회의 구성원일 뿐이고, 교인이 교회나 대표자에 대하여 위임인의 지위에 있다고 할 수 없다. 따라서 민법 제683조가 교인의 교회에 대한 회계장부열람청구권의 근거가 될 수는 없다 할 것이다.[103]

그러므로 교인의 재정장부열람청구권을 정관의 규정에 의하여 그 근거를 마련하는 것이 가장 바람직한 것이라 하겠으나, 그러한 규정이 없는 경우에도 교회의 최고의 의결기관인 공동의회가 재정 운영의 투명성과 적정성을 확보하기 위하여 예산 편성, 결산 및 감사보고서의 인준 등의 권한을 보유하고 있는 바, 교인은 공동의회의 구성원의 지위에서 공동의회에 부여된 위 예산 및 결산 승인권 등을 효율적으로 수행하기 위하여 필요한 범위 내에서 교회의 회계처리가 적정한지 여부를 판단할 수 있는 회계장부 등을 열람·등사할 수 있는 권한을 가진다고 할 것이다.[104]

---

101) 서헌제, 앞의 책, 656면.

102) 서울중앙지방법원 2009. 8. 18. 자 2009카합1662 결정; 서울남부지방법원 2010. 3. 18. 자 2010카합43 결정, 2010. 5. 18. 자 2010카합197 인가결정, 서울고등법원 2010. 11. 24. 자 2010라1087 항고기각결정, 대법원 2011. 4. 26. 자 2010마1087 재항고기각 결정(제자교회 사건, 같은 교회 사건으로 그밖에 2010. 12. 29. 자 2010카합826 결정, 2011. 2. 15. 자 2011카합5 인가결정이 있다); 수원지방법원 성남지원 2011. 7. 7. 자 2011카합153 결정(분당중앙교회사건); 서울서부지방법원 2010. 11. 18. 자 2010카합1529 결정(청파중앙교회사건).

103) 서울중앙지방법원 2012. 5. 17. 자 2011카합2871 결정(충현교회사건). 항고심인 서울고등법원 2012. 8. 29. 자 2012라884 결정도 같은 취지이다.

104) 대법원 2011. 4. 26. 자 2010마1981 결정; 서울중앙지방법원 2009. 8. 18. 자 2009카합1662 결정; 서울남부지방법원 2010. 12. 29. 자 2010카합826 결정; 서울중앙지방법원 2012. 5. 17. 자 2011카합2871 결정(충현교회사건).

2. 재정장부열람청구권의 요건

재정장부는 단체의 재산 및 재정상황과 운용에 관한 정보를 담고 있다는 점에서 외부에 공개되어서는 안될 기밀자료가 상당히 포함되어 있다. 그리하여 상법상 주식회사의 100분의 3 이상의 주주들에게 회계장부열람권이 있지만(상법 제466조 제1항) 그 이유를 제시해야 하고, 회사는 그 청구가 부당한 경우에는 열람청구를 거부할 수 있도록 규정하고 있다. 이러한 점에 비추어 보더라도 교인에게 재정장부열람을 청구할 근거가 있다고 하여 무제한적으로 그 권한을 인정할 수는 없다. 법원은 예산 및 결산승인권 등을 효율적으로 수행하기 위하여 필요한 범위에서 회계장부 등을 열람할 수 있으나, 그 남용의 위험방지 등을 위하여 교회 사무의 운영이나 회계처리에 불명료한 점이 있다는 상당한 근거가 있고, 다른 시정수단을 다 사용하였음에도 불구하고 별다른 효과가 없으며, 열람 외에 유효·적절한 수단이 없다는 등의 요건이 충족되어야 한다."[105]거나 "막연히 회사의 경영상태가 궁금하므로 이를 파악하기 위해서라든지, 대표이사가 자의적이고 방만하게 회사를 경영하고 있으므로 회사의 경영상태에 대한 감시의 필요가 있다는 등의 추상적인 이유만을 제시한 경우에는 주주의 열람 및 등사청구가 인정되지 아니한다."고 판단하였다.[106]

위와 같이 회계장부열람권을 인정하면서도 판례는 그 인정에 엄격한 조건을 부가하고 있는바, 이는 수긍할 수 있기는 하나 실제로는 그 기준이 모호한 측면이 있다. 특히 예산 및 결산승인권 등을 효율적으로 수행하기 위하여 필요한 범위에서 회계장부 등을 열람할 수 있다고 한다면 이미 공동의회를 통과한 회계장부에 대하여도 열람·등사청구를 할 수 있는지 등에 대하여 의문이 있고, 만약 할 수 없다고 한다면 당회 연도의 회계서류만 열람·등사청구를 할 수 있다는 점에서 그 효율성이 떨어진다고 할 것이다. 그러므로 민법의 사단법인에 관한 규정에서 상법과 같이 일정 비율 이상의 사원들에게 일정한 요건하에 회계장부열람권을 인정하는 규정을 두어 비법인사단인 교회 등에게 준용할 수 있도록 하는

105) 대법원 2011. 4. 26. 자 2010마1981 결정.
106) 서울지방법원 1998. 4. 1. 선고 97가합68970 판결.

것이 바람직할 것이다. 영리법인인 주식회사에서도 주주 3/100 이상을 가진 주주들이 이유를 붙인 서면에 의하여서만 열람을 청구할 수 있도록 하고 있는데 비영리법인인 교회에서 지분권도 없는 소수의 교인에게 너무 넓게 회계장부열람권을 부여하는 것은 반드시 적절하다고 할 수 없다. 그렇다고 하여 최근 일부 교회의 정관과 같이 재적교인 또는 출석교인 2/3 이상의 찬성이 있을 때만 가능하도록 하는 것 역시 재정장부열람권 자체를 형해화할 소지가 있어 그 효력이 문제될 수 있을 것이다.

제 5 장

교회의 분열과 재산권의 귀속

제 5 장

교회의 분열과 재산권의 귀속

제1절 서 설

Ⅰ. 교회분열의 의의

1. 교회분열의 개념

교회의 분열이란 하나의 교회가 두 개 이상의 교회로 나누어지는 것이라고 말할 수 있다. 이러한 분열은 다음 제2절의 분열의 원인과 유형에서 보듯이 다양한 원인으로 말미암아 다양한 형태로 이루어지고 있다. 이러한 분열을 법적으로 인정하든 인정하지 않든 사회적 역사적 현상으로서 엄연히 존재하는 분열 자체를 부정할 수는 없다. 그리하여 교회의 분열을 부정하는 설도 법적인 개념으로서의 분열을 부정하는 것이지 사회적 현상으로서의 분열을 부정하고 있지는 아니하다. 이와 같이 분열이라는 개념은 사용되는 문맥에 따라 다양하게 사용되고 있는 바, 본절 및 제2절에서의 분열은 사실상의 분열이라는 의미로 사용하는 것이고 제3절 및 제4절에서의 분열은 법적인 의미의 분열을 의미하는 것이다. 교회분열부정설은 이러한 법적인 의미의 분열을 인정하지 않고, 교회분열긍정설은 사실상 분열에 대하여 법적 효과를 부여하는 분열을 인정하고 있는 것이다. 다만 긍정설에 의하더라도 무한정한 분열을 인정하는 경우는 드물다.

2. 탈퇴와 이탈

분열을 인정하는 경우에도 탈퇴 또는 이탈과는 구별하여야 한다. 특히 교인들이 집단적으로 교회를 탈퇴하거나 이탈하는 경우가 문제되는데, 동시 또는 단기간 내에 다수의 구성원이 탈퇴하여 탈퇴한 사람들이 중심이 되어 새로운 별개의 사단인 교회를 조직하는 경우에는 이를 분열이라고 할 수 있으나[1] 교인들이 집단적으로 탈퇴하는데 그치고 새로운 교회를 조직하지 아니할 경우에는 분열이라고 할 수 없다. 교회의 분열이 있는 경우 어느 쪽 교회도 종전의 교회와 동일성을 유지하는 것은 아니나, 단순히 집단적으로 탈퇴하는 경우에는 남아 있는 잔류교인들로서 종전 교회가 유지되고 있다고 할 것이다. 다만 이 경우에도 집단적으로 탈퇴한 교인들이 절대다수이고 잔류교인들이 극히 소수에 그쳐 도저히 비법인사단으로서 유지될 수 없는 경우에는 해산의 절차를 밟아야 할 것이다.

3. 교회의 분립, 분리 또는 분할

다음으로 교회분열과 구별하여야 할 개념으로 교회의 분립, 분리 또는 분할이 있다. 이는 합법적인 절차에 따른 교회의 결의에 의한 것이므로 합법적인 절차를 거치지 않은 교회의 분열과는 구별된다. 그런데 합법적인 교회의 분리 또는 분할도 두 가지의 경우로 나눌 수 있는바, 첫째는 교회가 선교적 목적에 따라 다른 지역에 목회자를 파송하고 일부교인들을 보내어 그 교회가 자립할 때까지 인적 물적 시설을 도우는 경우로서 이러한 교회의 분리는 본교회를 중심으로 지역적인 특성을 고려하여 보다 효율적인 복음전도사역을 통해 성장을 목적으로 지교회[2]를 설립하는 것이다. 이러한 형태의 지교회는 본교회의 운영방침에 따라 담당교역자를 세워 운영하되, 독립 또는 직간접적인 관리의 형태로 운영되는 교회를 말한다. 여의도순복음교회나 온누리교회와 같은 초대형 교회에서는 같은 교회 명칭으로 각 지역에 지교회를 세워 교세를 확장하여 왔다. 지교회는 본교회와의 관

---

1) 이주흥, 민법주해 [I], 530면; 최병덕, 앞의 논문, 82면.
2) 지교회는 이미 살핀 바와 같이 통상 교단교회와 대립되는 지역교회라는 의미로 사용되나 이곳에서는 본교회가 개척하는 교회라는 의미로 사용된다.

계에서 수직형(순복음교회, 온누리교회, 광림교회), 분리형(1교회 2예배당 형태의 왕성교회, 지구촌교회, 한신교회), 분립개척형(향린교회, 남서울교회)이 있다.

다음으로 교회를 실질적으로 나누는 것으로 이러한 분할은 민법상 비법인사단의 분할이 허용되지 않기 때문에 교단헌법이나 교회의 정관에 교회의 분할에 관한 규정이 없다면 분할 자체는 허용되지 않는다. 다만 기존교회를 해산하고 2개의 교회를 신설하는 형식으로의 교회분할은 가능할 것이다.

통합총회와 고신총회는 지교회의 당회와 공동의회의 결의 및 노회의 허락을 받아 지교회를 분립·합병할 수 있다고 규정하고 있고(통합헌법 제2편 정치 제2장 제11조, 고신헌법 교회정치 제2장 제16조), 기장총회는 지교회의 분립, 합병, 이관은 지교회의 당회와 공동의회 3분의 2의 찬성으로 노회의 허락을 받아야 한다(기장헌법 Ⅳ. 정치 제2장 제11조 제5호)고 규정하고 있으며, 감리회도 개체교회가 분립 또는 통합하고자 할 경우 개체교회의 당회에서 재적회원 과반수의 출석과 출석회원 3분의 2의 찬성을 얻어야 하고, 지방회 실행부위원회를 거친 감리사의 승인 또는 연회 실행부위원회를 거친 감독의 승인을 받아야 한다(교리와 장정 제3편 조직과 행정법 제1절 제6조)고 규정하여 교회의 분할을 인정하고 있다.

4. 교회의 합병

교단에 따라 교회의 합병을 규정한 경우가 있음은 위 3항에서 본 바와 같다. 그러나 그러한 규정이 없는 교단의 경우는 현행 민법에 비법인사단의 분열이 허용되지 않듯이 비법인사단의 통합 또는 합병에 관한 규정이 없기 때문에 원칙적으로는 허용되지 않는다. 다만, 기존 각 교회가 해산되고 기존 각 구성원들이 새로운 통합교회를 결성하기로 하고, 각 교회의 해산 과정에서 각 교회의 재산을 신설되는 통합교회에 귀속하기로 하는 내용의 결의가 있는 경우와 같은 방법의 통합은 허용될 수 있을 것이다. 이러한 통합결의는 교회가 동일성을 잃고 해산되는 것을 전제로 하므로 특별한 규약이 없는 한 사단법인의 해산결의에 관한 민법 제78조를 유추적용하여 기존 각 교회의 구성원의 3/4 이상의 동의를 필요로 한다고 봄이 상당하다.[3)]

3) 서울중앙지방법원 2014. 11. 28. 자 2014카합1711 결정.

교단도 통합을 시도하고 있으나 이 또한 기존 각 교단의 해산이 없는 합병은 민법상 허용되지 않고 있으므로 통합을 위해서는 기존 각 교단 총구성원의 3/4 이상의 동의가 필요하다.[4] 그리고 각 교단 구성원인 지교회가 교단통합에 찬성하기 위해서는 지교회의 정관변경절차에 준하는 의결권있는 교인 2/3 이상의 동의가 필요할 것이다. 그러나 이러한 교단통합의 절차적 요건은 그 필요성에 비하여 현실적으로 매우 어렵다는 점에서 기존 각 교단의 헌법에 정하여진 총회결의의 방법에 의하여 통합을 결의할 수 있다는 견해가 있다. 그러나 이러한 경우의 총회결의도 각 교단의 헌법 개정에 준하는 정도의 요건을 충족하여야 한다는 점에서 여전히 통합결의는 어려울 수밖에 없다. 이러한 점에서 교회의 분열과 통합 등을 규율하는 종교단체법 등의 제정이 필요하다.

Ⅱ. 교회분열의 역사

어떻게 보면 교회의 역사는 분열의 역사라고 하여도 과언이 아니다. 그리고 그러한 분열이 기독교의 발전과 성장에 기여하였다는 견해마저 나타나고 있다. 교회 외의 다른 비법인사단도 분열이 있는 경우가 있지만 한국의 기독교, 특히 개신교만큼 분열이 방대하게 이루어진 단체는 없을 것이다.

기독교(가톨릭교)는 로마 황제 콘스탄티누스(Constantinus)가 313년 밀라노 칙

4) 서울고등법원 2010. 4. 7. 선고 2009나47236 판결(기하성 통합에 관한 판례; 우리 민법은 2개 이상의 사단법인이 1개의 법인으로 통합 또는 합병되고 종전사단법인들에 귀속되었던 재산을 통합 또는 합병된 사단법인이 소유하는 방식의 사단법인의 통합 또는 합병은 인정하지 않으므로 그 법리는 법인 아닌 사단에 대하여도 유추적용되며, 다음과 같은 결과, 즉 '2개 이상의 법인 아닌 사단의 구성원들이 각각 집단적 결의를 함으로써 1개의 법인 아닌 사단으로 통합 또는 합병되고 그에 따라 통합 또는 합병되기 전의 법인 아닌 사단의 재산이 통합 또는 합병된 법인 아닌 사단의 구성원들에게 총유적으로 귀속되는 결과'를 초래하는 형태의 법인 아닌 사단의 통합 또는 합병은 원칙적으로 인정되지 않는다. 그러나 위와 같은 결과를 추구하는 방법이 법인 아닌 사단으로서의 본질에 반하지 않는 한 금지된다고는 할 수 없는바, 법인 아닌 사단인 기존 각 교단의 경우 위와 같은 결과는 '기존 각 교단이 해산되고 기존 각 교단의 구성원들이 새로운 통합 교단을 결성하는 절차가 있고, 각 교단의 해산 과정에서는 각 교단의 재산을 신설되는 통합교단에 귀속하기로 하는 내용의 결의가 있는 경우'에 동일하게 얻을 수 있고, 이와 같은 절차와 결의는 법인 아닌 사단의 본질에 반한다고 단정할 수 없는 것으로서 허용될 수 있다. 그런데 위와 같은 절차와 결의는 사단법인의 정관에 준하는 성질을 가진 자치법규나 헌법의 규정, 또는 그 목적을 변경하는 데 그치는 것이 아니고 각 교단이 동일성을 잃고 해산되는 것을 전제로 하므로 사단법인의 해산결의에 관한 민법 제78조를 유추적용하여 기존 각 교단의 각 총 구성원의 3/4 이상의 동의를 필요로 한다).

령을 통해 포교를 허용한 후 325년 니케아 공의회에서 성부・성자・성령의 삼위일체설을 기독교 교리로 인정한 아타나시우스(Athanasius)파를 정통으로 인정하였고, 392년 테오도시우스(Theodosius) 황제에 의해 로마의 국교로 공인되었다.[5] 그 후 가톨릭은 양적 팽창을 거듭하여 서양 중세시대에 이르러 교황의 세속적 권력이 황제의 권력보다 강하게 됨으로써 교황 그레고리(Gregory) 7세가 황제 하인리히(Heinrich) 4세를 가톨릭에서 파문한, 소위 카노시아 굴욕사건 이후 교황권의 우위 현상을 보이기도 하였다.[6] 교황의 수위권(首位權)문제로 서기 1054년 콘스탄티노플 중심의 동방정교회가 분리되었으며, 그 후 16세기 초에 이르러 마르틴 루터(Martin Luther)와 장 칼뱅(Jean Calvin), 울리히 츠빙글리(Ulrich Zwingli) 등에 의한 종교개혁운동이 성공하여 프로테스탄트교회(개신교)가 가톨릭으로부터 분리되어 나왔고, 그 후에도 교회와 세속은 대립과 협력 속에서 지금까지 발전해 왔다고 할 수 있다.

1784년 이승훈을 필두로 조선에 전래된 로마 가톨릭교(天主教)는 4차에 걸친 모진 박해 속에서도 꾸준히 선교활동을 전개하여 1786년 한불조약을 계기로 외국인 성직자의 포교활동이 허용되기 시작하여 일제시대를 거치면서 교육사업, 민족독립운동, 반봉건운동을 통하여 우리나라에 정착되었다. 현재 우리나라 가톨릭교회는 뒤에서 보는 바와 같이 남한만 15개의 교구가 있고(이로써 1999년 현재 한국교회의 교구수는 대수도원장이 관할하는 덕원면속구와 침묵의 교회인 함흥교구・평양교구를 합쳐 모두 18개에 이르며, 그 가운데 한국인 성직자가 17개 교구를, 외국인 성직자가 1개 교구를 담당하고 있다.[7]) 남한의 15개 교구 중 서울, 대구, 광주교구는 대교구(Archdiocese)이다.[8] 2005년 기준 신자 수는 5,146,000명으로 전체 인구의 10.9%, 2015년 기준 신자 수는 3,890,000명으로 전체 인구의 8.9%라고 한다.[9]

5) 강정식, 「세계문화사」, 형설출판사(1994), 134면, 259면; 대구사학회 편, 「세계문화사」, 형설출판사(1999), 56면; 민석홍 외 2인, 「세계문화사」, 서울대학교출판부(1988), 83면, 84면.

6) 대구사학회 편, 앞의 책, 96면; 민석홍 외 2인, 앞의 책, 158면.

7) 네이버 지식백과. 천주교교구[天主教教區](한국민족문화대백과, 한국학중앙연구원).

8) 서울관구: [서울대교구(주교좌: 명동성당), 의정부교구(주교좌: 의정부성당), 춘천교구(주교좌: 죽림동성당), 원주교구(주교좌: 원동성당), 인천교구(주교좌: 답동성당), 수원교구(주교좌: 정자동성당), 대전교구(주교좌: 대흥동성당), 평양교구, 함흥교구], 대구관구: [대구대교구(주교좌: 계산성당), 청주교구(주교좌: 내덕동성당), 안동교구(주교좌: 목성동성당), 부산교구(주교좌: 남천성당), 마산교구(주교좌: 양덕성당)], 광주관구: [광주대교구(주교좌: 임동성당), 전주교구(주교좌: 중앙성당), 제주교구(주교좌: 중앙성당)].

개신교(Protestantism)도 초기에는 제너럴셔먼호 사건(1866년)과 같은 충돌 이후 외국 선교사들이 선교를 시도했지만 직접선교는 불가능했다. 그러나 1879년 이응찬, 서상륜 등이 만주에서 세례를 받고 신앙공동체를 형성하며 성경번역사업에 착수하여 1882년에 함경도 방언으로 된 성경의 일부를 출판하면서 우리나라에 개신교가 전파되기 시작하였다. 1884년에는 미국 북장로회 소속의 알렌이 입국하고, 1885년에는 미국 북장로회 소속의 언더우드와 미국 감리교 소속의 아펜젤러가 입국하면서 의료사업과 교육활동 등을 통한 선교활동을 통하여 근대화 과정에 크게 기여하면서 널리 확산되었다. 특히, 일제시대에는 서구 근대문물의 전파자로서 근대적 지식인 육성에 힘쓸 뿐 아니라 민족계몽운동과 독립운동에 적극 참여하면서 국민들에게 일본 제국주의 침략의 방패로 인식되기 시작하였다. 장로교는 1912년 7개의 노회로 조선예수교장로회를 창립하여 상류층보다는 서민층과 부녀자 전도와 여성교육에 주력한 결과, 개신교의 최대교파로 성장하였으나 일제의 극심한 탄압 속에서 1936년 천주교에서 신사참배를 찬성한 것을 계기로 개신교에서도 장로교총회가 1938년 신사참배를 결의한 이후 개신교의 주류가 일제에 협력하였던 반면에, 소수의 개신교의 지도자들은 신앙을 지키기 위해 신사참배를 거부하여 혹독한 탄압을 받아 주기철 목사 등 50여명이 순교하기에 이르렀다.

8.15광복 후 장로교는 대한예수교장로회로 재건되었으나 위 신사참배에 반대한 출옥(出獄)성도를 중심으로 주류교단의 친일활동을 비판하면서 1952년 고려신학교를 중심으로 하여 제1차로 대한예수교장로회 고신파로 분리되었다. 2차 분열은 1953년 자유주의 신학의 수용여부를 둘러싸고 이를 반대한 대한예수교장로회(예장)와 이를 수용한 한신대학교 중심의 한국기독교장로회(기장)로 분리되었다.[10] 3차 분열은 1959년 대한예수교장로회가 에큐메니칼 운동을 위한 세계기독교협의회(WCC)에 가입할지의 여부를 둘러싸고 이를 반대하는 총회신학대학을 중심으로 하는 합동측과, 이를 지지하는 장로교신학대학을 중심으로 하는 통합측으로 분리되었고, 이후에도 교권이나 교리와 관련하여 다양한 교파의 분리 독립이 이루어

9) 2005 및 2016 통계청 인구센서스 자료.
10) 민경배, 「한국기독교회사」, 대한기독교출판사(1985), 465-466면.

졌다.[11] 우리나라의 개신교 교회분열상은 매우 심각하여 2018년 현재 300여개 교단에 이른다. 그중에서도 장로교의 분열상은 극에 달하여 위와 같이 대한예수교장로회(고신), 한국기독교장로회, 대한예수교합동총회, 대한예수교통합총회로 분리된 이후에도 1979년에는 합동파와 합동보수파의 분열이, 1981년에는 합동파와 합동개혁파의 분열이 이루어지는 등 핵분열을 거듭하여 개신교의 300여개 교단 중 장로교 계열이 286개를 차지하고 있다.[12] 다음으로 기독교대한하나님의성회도 1953. 4. 경 성립된 이후 분열과 통합을 거듭하였으나 현재도 여전히 크게 4개 교단으로 나뉘어져 있다. 그리고 2005년 기준으로 장로교, 감리교, 침례교, 순복음교회 등 전체 개신교 교회수는 60,700여개, 신자는 8,616,000명으로 전체인구의 18.3%를 차지하고 있고,[13] 2015년 기준으로는 9,676,000명으로 19.7%를 차지하고 있다.[14]

제 2 절 교회분열의 원인 및 유형

분열의 인정여부에 대한 학설논의 이전에 종전에 판례상으로 문제되어 왔던 분열의 원인 및 유형에 대하여 살펴보기로 한다.[15] 판례는 종래 분열 개념을 탈

11) 김덕환, 「한국교회단형성사(상권)」, 정원문화사(1985), 16-18면. 에큐메니칼(Ecumenical)운동은 교회연합 또는 교회일치운동으로서 교회가 국가와 민족의 구별을 초월한 공동체를 지향하는 것으로서 성경에도 15회 정도 언급되는 용어이다. 주로 에큐메니칼 운동은 세계교회협의회(WCC)라는 단체의 신학이나 활동을 지칭하는 의미로 사용되며, ① 교회의 세계적 선교, ② 교회들 간의 관계와 일치, ③ 기독교의 의식일치 등을 추구하고 있다.

12) 1960년대 이후 우리나라 교회의 분열은 교리보다는 지역주의, 교권주위, 재산권다툼 등에 의한 것으로 많은 반성이 제기되어 재통합운동이 일어나고 있으나 그 성과가 미미한 상태이다. 위와 같이 장로교단의 분열이 가장 많음과 동시에 지교회 분열로 인한 다툼도 장로교가 가장 많다. 그 이유는 그 교단의 규모 및 조직의 방대함과 아울러 그 정체의 특성에 기인한 것으로 보인다. 장로교회는 교단에 속하여 있으면서도 지교회 중심주의로 운영되어 교단의 통제력이 약하고 그렇다고 회중정체와 같이 다수결의 원리에 의하여만 의사결정을 할 수 없는 구조이기 때문으로 생각된다(같은 취지, 박세용, "교회분열과 교회재산의 귀속에 관한 연구", 「조선대 법학논총」(2007), 152면 주14) 참조).

13) 문화관광부, 「2005문화정책백서」, 441면.

14) 통계청 '2015 인구주택총조사 표본집계결과'; 불교 761만9000명(15.5%), 천주교 389만명(7.9%)으로 그 뒤를 이었다.

15) 김진현, 논문 1, 174-177면에 의하면, 교회분열의 태양은 ① 종전 교회의 유지여부에 대한 분류(대등적 분열, 이탈적 분열), ② 교단가입여부에 대한 분류, ③ 지교회보유재산의 교단소유 여부에 대

퇴와 다르게 사용해 왔으므로 이곳에서는 일단 종전 판례상 문제된 분열의 유형만을 검토해본다.

Ⅰ. 소속교단의 분열과 관련하여 지교회가 분열된 경우

위에서 본 1951년의 예수교장로회에서의 고신파의 분열, 1953년 6월의 예수교장로회와 기독교장로회의 분열, 1959년의 예수교장로회의 통합파와 합동파의 분열, 1979년의 합동파와 합동보수파의 분열, 1981년의 합동파와 합동개혁파의 분열 등 교단 분열로 인하여 지교회가 분열된 경우이다. 이와 같은 교단의 변경과 관련하여 판례상 문제된 사건에 대하여 대법원은 교회의 탈퇴라고 인정한 경우[16]와 교회의 분열개념을 사용하여 재산 귀속관계를 판단하는 경우[17]로 나누고 있으나 그 기준이 반드시 명확하다고 할 수 없다. 소속교단이 분열된 원인이 초기에는 교리 등의 신학적인 문제가 많았으나 후에는 지역감정, 재산분쟁, 교권분쟁 등 다양한 문제에 기인하였다. 어떻든 교단이 분열되면서 교인들의 의견이 나뉘어 교회도 분열되는 경우이다.

Ⅱ. 지교회가 원래 소속해 있던 소속교단과의 갈등으로 교단을 변경함으로써 교회가 분열된 경우

이 경우로는 ① 전도사가 조속히 목사안수를 받을 수 있도록 해 달라는 청원을 소속교단에 하였음에도 소속교단이 이를 받아들이지 않자, 전도사를 중심으로 한 일부 신도들이 소속교단을 탈퇴하여 새로운 교단에 가입함으로써 분열된 경우,[18] ② 어떤 교단에 소속한 교인들이 소속교단을 두고 의견이 대립되어 일부는

한 분류로 나누고, 다시 ②항을 교회의 형태에 따라 검토하면서 1) 교단비분열, 지교회분열형, 2) 교단 비분열, 지교회비분열(타교단가입형), 3) 교단분열, 지교회분열형, 4) 교단분열, 지교회비분열형으로 나누고 있다.

16) 대법원 1967. 12. 18. 선고 67다2202 판결(애신교회사건); 대법원 1978. 10. 10. 선고 78다716 판결; 대법원 1980. 2. 12. 선고 79다1664 판결(풍기교회사건).

17) 대법원 1985. 9. 10. 선고 84다카1262 판결(구례중앙교회사건); 대법원 1988. 3. 22. 선고 86다카1197 판결.

18) 대법원 1985. 2. 8. 선고 84다카730 판결(성실교회사건).

종전 교단에 계속 남기로 하고 다른 일부는 그 교회의 소속교단을 변경하기로 결의하고 새로운 교단에 가입한 경우,[19] ③ 특정목사를 지지하는 신도들과 반대하는 신도들이 대립하여 목사를 지지하는 교인들이 교단을 탈퇴하고 다른 교단에 가입한 경우,[20] 담임목사에 대하여 소속노회가 출교처분을 내리자 목사를 지지하는 교인들이 교단을 탈퇴하면서 분열된 경우,[21] ④ 다수의 세례교인들이 소속 교단 및 노회를 탈퇴하여 독립 교회가 되기로 결의함으로써 2개의 교회 즉, 위 교단에 계속 소속되기를 바라는 교인들로 구성된 잔류 교회와 교단 탈퇴를 결의한 교인들에 의한 독립 교회로 분열된 경우[22] 등이 있다.

Ⅲ. 지교회가 원래 소속해 있던 소속노회와의 갈등으로 노회를 변경함으로써 교회가 분열된 경우

이 경우로는 ① 소속노회에서 파송한 목사의 품행과 신앙지도가 문제되어 교인들 사이에 분규가 생겨 교인들 다수가 다른 노회로 소속을 변경할 것을 결의함으로써 분열된 경우,[23] ② 부목사를 추종하는 교인들의 공동결의에 의하여 소속노회를 탈퇴하고 교회명칭도 변경함으로써 분열된 경우,[24] ③ 후임목사 초빙문제로 소속노회에서 파송한 목사에 반대하여 소속노회를 탈퇴하고 다른 노회에 가입한 경우,[25] ④ 소속노회의 행정에 대하여 승복하지 아니하고 노회를 변경한 경우[26] 등이 있다.

---

19) 대법원 1987. 6. 30. 자 86마478 결정(광문교회사건).
20) 대법원 1993. 1. 19. 선고 91다1226 전원합의체 판결(부산영락교회사건); 대법원 1995. 9. 5. 선고 95다21303 판결(신점교회사건).
21) 대법원 1981. 9. 22. 선고 81다276 판결(충정교회사건); 대법원 1990. 12. 21. 선고 90다카22056 판결(천안제일감리교회사건); 대법원 2010. 5. 27. 선고 2009다67658 판결(광성교회사건).
22) 대법원 2000. 11. 14. 선고 99다20667 판결; 대법원 2001. 6. 12. 선고 2000다32420 판결.
23) 대법원 1989. 2. 14. 선고 87다카3037 판결(옥교동교회사건); 대법원 1993. 1. 19. 선고 91다21733 판결.
24) 대법원 1990. 12. 7. 선고 90다카23561 판결(새한교회사건).
25) 대법원 1978. 10. 10. 선고 78다716 판결; 대법원 1985. 2. 8. 선고 84다카730 판결(이른바 성실교회사건); 대법원 1995. 2. 24. 선고 94다21733 판결(금란제일교회사건).
26) 대법원 1995. 3. 24. 선고 94다47923 판결.

Ⅳ. 소속교단과 관련없이 교회 자체적으로 분열된 경우

이 경우로는 소속교단과 관계없이 또는 독립교회의 경우 교회 자체의 내부문제로 예컨대, 목사파와 장로파로 분열되는 경우, 담임목사와 원로목사파로 분열되는 경우 등이 있다. 예컨대 목사와 장로가 소속교회로부터 권징절차에 의하여 면직을 당하자 사찰을 중심으로 하는 교인들이 목사와 장로를 불신임하면서 사찰을 지지하는 파와 목사와 장로를 지지하는 파로 나뉜 경우[27]이다.

그러나 지교회가 교단에 가입되어 있는 한 이러한 분쟁의 경우 교단과 노회가 개입하기 때문에 결국은 위 Ⅱ, Ⅲ의 유형으로 변하게 된다.

제3절 교회의 분열과 재산권귀속에 관한 견해

Ⅰ. 서 설

위와 같이 우리나라의 교회분열은 교단분열과 함께 그 정도가 매우 심각하여 왔고, 이에 따라 법원도 그 사회적 현상을 사실로 받아들여 교회분열을 인정하는 한편, 교회가 분열되는 경우의 재산권의 귀속에 대하여는 총유설에 입각하여 '분열당시 교인들의 총유'라고 판시하여 왔다. 이러한 총유설은 1950년대 이후 반세기 이상 교회분쟁에 대한 법리를 지배하여 오다가 2006년 대법원 전원합의체 판결로 교회분열을 부정하고 종래의 교회와 동일성 있는 교회에 재산권을 귀속시키는 새로운 법리가 나타나게 되었다. 그리하여 위 전원합의체 판결은 그 이론의 옳고 그름에 상관없이 교회분쟁을 규율하는 법률이 없는 우리의 사법현실에서 사실상 입법과 같은 중요한 역할을 하게 되고 이 판례는 당분간 쉽게 변경될 것 같지도 않다.[28] 그러므로 이하에서는 교회의 분열과 재산권의 귀속에 대한 판례

27) 대법원 1970. 2. 24. 선고 68다615 판결; 대법원 1971. 2. 9. 선고 70다2478 판결(중동교회사건).
28) 그 후 계속된 같은 취지의 대법원 판례로서는 대법원 2006. 6. 9. 자 2003마1321 결정; 대법원

와 학설을 소개하고, 그 이론의 타당성을 검토하여 새로운 법리를 도출하고, 새로운 법리에 대한 반대견해를 다시 살펴본 후 새로운 법리에 기한 2006년 대법원 전원합의체 판결의 의의와 그에 따른 분쟁해결의 기준을 제시하며, 위 판례의 문제점과 이를 보완하는 새로운 해석을 모색하고자 한다.

Ⅱ. 판 례

1. 종래의 판례

가. 분열의 허용여부

종전 판례는 교회분열의 개념을 인정하고 있으며 그 의미에 대해서는 "동일 교단에 소속되어 있던 교회의 일부 교인들이 종전의 소속 교단에 계속 남아 있기로 하는 데 반하여 나머지 교인들이 교회의 소속 교단을 변경하기로 결의하여 새로운 교단에 가입한 경우 종전 교회는 새로운 교단에 소속된 교회와 잔류 교인들로 이루어진 종전 교단에 소속된 2개의 교회로 분열되었다고 할 것이다."고 하고 있으며,[29] 그 동기나 행태 등에 대하여 특별한 제한을 두지 아니하고 광범위하게 인정하여 왔다. 그리하여 분열된 교회가 기존 교단을 탈퇴하여 새로운 교단에 가입하지 아니하는 경우에도 분열을 인정하는 듯한 입장이었다.[30] 그러나 개별교회의 당사자능력을 부정하는 천주교[31] 및 지교회의 독립성을 부정하는 구세군[32]은 지교회의 분열이 문제될 여지가 없을 것이나, 그외 교단의 교회는 지교

2006. 6. 30. 선고 2000다15944 판결; 대법원 2007. 6. 29. 자 2007마224 결정; 대법원 2007. 6. 29. 자 2003마1321 결정; 대법원 2007. 12. 27. 선고 2007다17062 판결; 대법원 2008. 1. 10. 선고 2006다39683 판결 등이 있다.

29) 대법원 1985. 2. 8. 선고 84다카730 판결; 대법원 1990. 12. 21. 선고 90다카22056 판결; 대법원 1993. 1. 19. 선고 91다1226 전원합의체 판결 등 다수.

30) 대법원 1990. 12. 21. 선고 90다카22056 판결.

31) 대법원 1966. 9. 20. 선고 63다30 판결(피고 신태인 천주교회는 신자의 단체라는 면에서 보더라도, 내부적으로 단체의사를 결정할 수 있는 자율적 기관이 없을 뿐 아니라, 대표자의 정함이 있는 단체라고는 볼 수 없고, 또 외부적으로 보더라도, 그 단체를 구성하는 개개의 신자의 개성을 초월하여 자기재산을 가지고 독립한 사회적 활동체로서 존재하는 단체라고는 볼 수 없으므로, 민사소송법 제48조 규정의 법인 아닌 사단이나, 재단에 해당하는 것이라고 할 수 없어 당사자능력을 인정할 수 없다).

32) 대법원 1986. 7. 8. 선고 85다카2648 판결(구세군은 천주교구세군군령군율이 구세군의 전 자산은

회에 대한 구속력의 정도에 따라 규율을 달리하는 것으로 보이지는 아니한다.

또한, 교단 자체의 분열도 인정하였으며 이 경우 그 재산은 분열 당시 교단의 소속 신도들의 총유에 해당한다고 보았다.[33)]

그러나 종래에도 분열의 개념에 대하여 제한적으로 인정하는 판례가 보였는데 그 예로 "한 교회가 2개의 교회로 분열되었다고 하려면 한 교회에 속한 교인들이 교리와 예배형식 등 신앙노선을 달리하는 2개의 집단으로 나뉘어 그 신앙공동체로서의 기초가 상실되는 정도에 이르렀거나, 다른 사유에 기한 분쟁이라도 최소한 일부교인들이 집단을 이루어 소속 교단을 변경하기로 하는 결의를 하고 다른 교단에 가입한 데 반하여 다른 교인들은 종전 교단에 그대로 남아 있기로 하는 정도에 이르른 경우라야 한다."고 하여[34)] 신앙공동체로서의 기초상실이라는 개념요소를 설시하거나 교단변경을 요구하여 그 요건을 구체화하려는 입장을 보인 것이 있고, "어떤 지교회의 다수 교인(세례교인 45명 중 37명)이 다른 교파 내지 지교회로 이속하기로 결의하였다 할지라도 소수 교인이 이에 반대 내지 찬동하지 아니하여 종전 교파 내지 지교회에 그대로 남아 있는 것도 자유라 할 것이니 구성교인 전원의 총의에 의하지 아니하고 다수교인이 그 지교회를 소속교파로부터 탈퇴하여 타교파에 가입하기로 결의하였다면 그 결의는 그에 찬동한 교인 개개인의 탈퇴 내지는 타파가입으로서의 효력이 있다 할지라도 이 결의에 가담하지 아니한 교인에까지 효력이 있다 할 수 없고 이런 결의에 불구하고 그 지교회는 여전히 종전의 교파에 속하고 있다 할 것이다."고 한 판결[35)] 등이 있었다.

구세군대장만이 유일한 소유자이고 구세군대장은 구세군신탁회사라는 명칭을 가진 회사를 설립하여 그 재산을 관리하도록 규정하고 있다면 구세군은 지역교회 중심인 일반교회와는 달리 강력한 중앙집권적 조직을 갖추어 산하 영문의 재산에 관하여 일체의 사권행사를 부인하고 있다고 해석하여야 할 것이므로 구세군 영문회당의 대지를 구입하고 건물을 신축함에 있어서 그 비용 가운데 구세군 교인들의 헌금이 일부 들어갔다 하더라도 위 대지 및 건물이 교인들의 총유에 속하는 것으로 볼 수 없다).

33) 대법원 1995. 6. 16. 선고 95다5905 판결.

34) 대법원 1995. 3. 24. 선고 94다47193 판결(이 판결은 같은 취지에서 계속하여 "교회가 서로 예배를 달리 보는 2집단으로 나뉘어 있지만 의연한 교단에 속해 있으면서 신앙노선이 아닌 교회의 재산관리, 상회인 노회의 행정에 관한 승복 여부에 관한 다툼을 계속하여 온 정도에 불과한 경우 두개의 교회로 분열되었다고 볼 수 없다."고 판시하고 있다); 대법원 2002. 10. 25. 선고 2002다38644 판결도 같은 취지로 분열을 부정하였다.

35) 대법원 1978. 10. 10. 선고 78다716 판결(이 판결은 뒤에서 보는 바와 같이 2006년 대법원 전원합의체 판결로 변경되었다).

그리하여 종래의 판례가 교회의 분열과 탈퇴의 기준에 관하여 일관성에 문제가 있다는 지적이 있어 왔다.[36]

나. 재산권의 귀속형태

(1) 교회분열에 관한 최초 판결인 대법원 1957. 12. 13. 선고 4289민상182 판결; 대법원 1959. 1. 11. 선고 4293민상395 판결은 제정민법 시행 전의 판례인바, 위 대법원 판결들은 당시 해석에 의하여 총유설을 채택할 수 있었음에도 합유설을 채택하여 "교회가 분열된 경우에도 교회 재산은 구성원들이 합유한다."고 판시하였다. "교인들의 연보, 헌금 기타 교회의 수입으로 된 재산"이라는 표현에 비추어 볼 때 당시의 판례는 교회재산은 교인들의 출연에 의하여 형성되었다는 특수성으로 인하여 조합재산과 유사하게 파악한 것으로 추측된다.[37] 제정민법이 시행된 후에도 대법원은 여러 차례 교회재산을 교인들의 합유라고 판시하였다.[38]

교인들의 총유라고 인정한 최초의 대법원 판결[39]은 교회재산이 그 소속교단의 유지재단 명의로 등기되었다고 할지라도 그 재단 소유가 아니라 지교회 소속 교인들의 총유라는 취지로서 교회분열과는 무관하였다. 그 이후의 판결 역시 교회의 분열을 인정하지 않는 사안에서 종전 교회와 동일성을 유지하는 교회(잔류 교회) 교인들의 총유라고 보았다. 즉, 대법원 1967. 12. 18. 선고 67다2202 판결은 교회는 법인 아닌 사단이고 재산은 교인들의 총유라고 판시하면서 나아가 종전 교회의 일부가 이탈하였더라도 교회재산은 종전 교회의 잔류교인들의 총유이며 그 잔류교인들에 의한 원고 교회가 종전 교회와의 동일성이 인정된다고 판시하였다. 나아가 교인들의 총의에 따른 교단변경도 인정하였다.[40]

---

36) 박상도, 앞의 논문, 52면.

37) 민유숙, "교인들이 집단적으로 교회를 탈퇴한 경우 법률관계", 「대법원판례해설」 60호, 법원도서관(2006. 4. 20), 42면: 구 민법상 조합재산도 공유로 규정하되 조합원에 의한 권리행사를 제한하는 개별규정을 두고 있었다. 동일한 규정을 가진 일본에서도 조합재산을 합유로 해석하는 견해가 많다.

38) 대법원 1970. 2. 10. 선고 67다2892, 2893 판결; 대법원 1970. 2. 24. 선고 68다615 판결; 대법원 1973. 1. 16. 선고 72다2070 판결.

39) 대법원 1960. 7. 14. 선고 4291민상547 판결(교회의 목적, 성격과 우리 재산법의 근본이론으로 보아 교회신도들의 연보·헌금 기타 교회의 수입으로 된 재산은 특별한 사유가 없는 한 당해 교회 소속 신도들의 총유에 속한다고 해석하여야 한다).

40) 대법원 1967. 12. 18. 선고 67다2202 판결; 대법원 1978. 10. 10. 선고 78다716 판결(이 판결은 뒤에서 보는 바와 같이 2006년 대법원 전원합의체 판결로 변경되었다); 대법원 1991. 5. 28. 선고 90

(2) 그러다가 대법원 1971. 2. 9. 선고 70다2478 판결에서 비로소 단일 교회가 두 개 이상으로 분열된 경우에는 분열 당시 교회 교도들의 총유에 속하는 것이라고 판시하였으며 그 후에도 합유로 본 판례가 혼재하다가 대법원 1976. 2. 24. 선고 75다466 판결 및 그 이후에는 총유라는 판시가 확립되었다.

교회 분열에 관한 종래 대법원 판결의 입장은 대법원 1993. 1. 19. 선고 91다1226 전원합의체 판결에서 가장 잘 나타나 있다. 위 전원합의체 판결의 다수의견은 종래의 판례에 따라 교회분열을 긍정하고 종전 교회의 재산은 분열 당시 교인들의 총유에 속한다고 판시하였다. 이에 대하여 반대의견 1[41]은 교회의 분열은 인정하되 종전 교회에 속한 재산은 분열 후의 두 개의 총유단체인 각 교회의 공유로 되고 지분비율은 분열 당시 각 교회의 세례교인의 수에 의하여 결정하는 것이 가장 합리적이라고 하였다. 한편, 반대의견 2[42]는 교회의 분열을 부정하여 교인들의 집단탈퇴로 새로운 교회가 생긴 것에 불과한 경우에는 종전 교회의 교인들의 총유에 속하였던 모든 재산은 종전 교회와 동일성을 유지하는 종전 교회의 교인들의 총유로 귀속되는 것이며, 다만 사단법인의 해산결의에 관한 민법 제78조를 유추적용하여 재적회원 3/4 이상의 찬성으로 교단변경을 결의하면 종전 교회의 교인들의 총유에 속하였던 교회의 재산은 변경된 교회의 교인들의 총유로 귀속된다고 보았다.

(3) 위와 같이 초기 판례는 교회재산의 소유형태를 교인들의 합유로 보았기 때문에 교회가 분열되더라도 그 재산의 합유자인 교인들이 여전히 교회재산에 대하여 합유지분권을 갖는다고 본 결과 분열되어 나온 교인들에게까지 권리를 인정한 것으로 해석할 수 있다. 그러나, 제정민법 시행 후 대법원 판례는 합유와 그로 인한 교회분열시 합유지분권의 귀속에 관하여 별도로 고려하지 않고 신설된 민법조문에 맞추어 교회는 법인 아닌 사단이고 따라서 그 재산은 교인들의 총유라고 판시하였다. 교회 재산이 교인들의 총유라고 보는 한 교인들은 교회재산에 대하여 지분권을 가진다고 볼 수 없고 다만, 교회 구성원의 위치에서 사용

다8558 판결.

41) 대법관 이해창의 반대의견.

42) 대법관 윤관, 김상원의 반대의견.

수익권을 가질 뿐이며, 지분권자로서의 개성이 인정되지 않으므로 교회 구성원으로서의 지위를 상실하면 교회재산에 대한 사용수익권도 상실하여야 할 것이다. 그럼에도 불구하고 판례는 교회의 분쟁으로 교인들이 교회를 이탈하여 새로운 교회를 설립한 경우에도 합유설에 입각하였던 구민법 시대의 판시를 유지하면서 합유를 총유로 바꾸어 "분열 당시 합유지분권자인 교인"에게 교회재산을 귀속시킨 것을 "분열 당시 총유권자인 교인"에게 교회재산을 귀속시킨 결과 교회가 분열되어 동일성을 상실한 별개 교회로 나누어진다고 하면서도[43] 총유권자로서 구성된 종전 교회가 유지된다는 입론을 하여야만 하는 문제가 발생하게 되었다.

이와 같이 재산의 총유권자가 분열 당시의 교인으로 고정됨에 따라 그 귀결로서 분열 이후 새로 교인으로 들어온 사람들에게는 총유권자로서의 지위를 부정하여야 논리적이다. 그러나 대법원은 교회는 그 구성원이 계속적으로 변경하는 속성이 있으므로 분열 이후 각 교회에 새로이 입교한 교인들도 모두 교회재산의 사용수익권이 있다고 판시하였다.[44] 그 결과, 새로 입교한 교인은 교회재산의 관리·처분을 위한 결의를 할 총유권자가 아니면서 사용수익권은 갖는다는 결과에 이르게 되었다. 교회분열을 인정한 최초의 대법원 판결은 합유설에 입각하였기 때문에 위와 같은 문제점이 없었으나, 법규정상 총유를 피할 수 없는 제정민법에 이르러서는 법리적 모순을 피하기 어렵게 되었다.[45]

다. 다른 법인 아닌 사단에 대한 판례

(1) 사 찰

민법에 의하여 법인설립등기를 하지 않은 사찰의 법률적 성격에 관하여 대법원은 "일반적인 사찰은 사설사찰과는 달리 법인격 없는 사단 또는 재단이다."라고 판시하였으며[46] 대체로 전통사찰은 법인 아닌 재단으로 인정하고[47] 일반 사찰, 특히 새로 생겨 발전도상에 있는 사찰은 법인 아닌 사단으로 인정한다.[48] 참

---

43) 2006년 대법원 전원합의체 판결의 대법관 김영란의 보충의견.
44) 대법원 1988. 3. 22. 선고 86다카1197 판결; 대법원 1993. 1. 19. 선고 91다1226 전원합의체 판결.
45) 민유숙, 앞의 논문, 44면.
46) 대법원 1989. 10. 10. 선고 89다카2902 판결.
47) 대법원 1994. 12. 13. 선고 93다43545 판결.

고로 일본의 경우, 종교법인법에 의하여 교회와 사찰 그리고 신사를 동일하게 취급하고 있는데 이에 관하여 아무런 이견이 없는 것으로 보여 우리나라와는 전혀 다르다.[49)]

법인 아닌 재단에 대하여는 분열을 허용할 여지가 없고, 법인 아닌 사단에 대하여는 교회의 경우와 마찬가지로 분열 여부가 문제될 것이나 확립된 대법원 판례는 분열을 허용하지 않고 종단변경도 인정하지 않으며 종단변경을 원하는 일부 신도들의 이탈로 취급하고 있다.[50)]

(2) 종 중

종중은 관습상 당연히 성립하여 조직행위를 필요로 하지 않는다고 해석되며, 종중의 소멸은 이에 속하는 종원이 모두 사망하고 후사가 없는 때에만 상정할 수 있다. 따라서 종중은 성질상 종중원 일부의 이탈에 의한 분열을 인정할 여지가 없다고 할 것이다. 판례도 “고유의 의미의 종중의 경우에는 종중이 종중원의 자격을 박탈한다든지 종중원이 종중을 탈퇴할 수 없는 것이어서 공동선조의 후손들은 종중을 양분하는 것과 같은 종중분열을 할 수 없는 것이고, 따라서 한 개의 종중이 내분으로 인하여 사실상 2개로 분파된 상태에서 별도의 종중총회가 개최되어 종중대표자로 선임된 자는 그 분파의 대표자일 뿐 종중의 대표자로 볼 수는 없다.”고 하고 있다.[51)]

(3) 노동조합의 경우

우리나라에서는 이에 관한 판례가 없으나 일본에서는 노동조합의 분열에 관하

---

48) 대법원 1997. 12. 9. 선고 94다41249 판결.

49) 민유숙, 앞의 논문, 48면.

50) 대법원 2000. 5. 12. 선고 99다69983 판결은 “사찰이 소속 종단의 종헌에 따르지 아니하고 그 신도와 승려가 결합하여 그 소속 종단을 탈종하였다 하더라도 이는 그 신도와 승려 개인이 소속 종단에서 탈퇴하게 되는 데에 그치는 것일 뿐 그로써 이미 독립한 권리·의무의 귀속 주체로 성립한 사찰 자체의 종단 소속이 변경되게 되는 것은 아니고, 사찰이 일단 성립한 이상 사찰 그 자체의 분열도 인정되지 않는다.”고 판시하여 개인사찰의 창건주가 사찰 재산을 대한불교태고종 소속 사찰로 등록하고 주지로 임명받음으로써 독립된 사찰이 성립한 경우 주지가 종단과의 분규로 신도들을 이끌고 탈종하였더라도 그 효력이 인정되지 않기 때문에 사찰재산은 여전히 태고종 소속 사찰에 귀속된다고 보았다. 다만 학설은 분열긍정설과 부정설 등으로 나뉘어 있다.

51) 대법원 2008. 1. 31. 선고 2005다60871 판결.

여 논의가 되어 왔고 이러한 논의는 교회분열에 관한 우리 대법원 판례에도 상당한 영향을 미쳤다.[52)]

일본의 경우 교회의 분열이 문제가 되고 있는 예는 보이지 않고, 비법인사단 중 분열이 문제되는 경우는 노동조합의 분열만이 다루어지고 있다. 하급심 판결은 노동조합의 분열을 긍정하는 경우와 부정하는 경우로 나누어져 있었으나,[53)] 아래 2건의 최고재판소 판결은 노동조합의 분열을 부정하였다.

(가) 최고재판소 1974. 9. 30. 판결{나고야 다이하츠(名古屋 ダイハツ)노조 사건}[54)]

일본 최고재판소는 위 판결에서 "일반적으로 이러한 경우 구조합은 이른바 자기분해된 것으로서 구조합은 조직적 동일성을 상실하지 않은 채 잔존조합으로서 존속하고 신조합은 구조합과는 전혀 별개의 존재라고 봄이 통상적인 것이다. 다만, 구조합의 내부 대립에 의하여 그 통일적인 존속·활동이 극히 고도로 그리고 영속적으로 곤란하게 되고 그 결과 구 조합원의 집단적 이탈 및 이에 이은 신조

52) 민유숙, 앞의 논문, 51면.

53) 학설도 다음과 같이 분열부정설과 분열긍정설로 나뉘어져 있다. 분열부정설은 조합의 분열이라고 하는 현상은 일부 조합원들의 탈퇴와 신조합의 설립이라는 2단계의 법현상으로 파악할 뿐 분열이라는 법률개념을 인정하지 않고, 따라서 잔존 조합원으로 조직되어 있는 노동조합이 종전 노동조합과 동일성을 갖고 신 조합은 구 조합의 재산에 대하여 지분권이나 분할청구권 등 어떠한 권리도 가지지 않는다는 견해이다. 그 근거로 사회현상으로서의 조합의 분열은 단체법적 입장에서 볼 때 반가치적 성격을 가지고 있다는 점, 분열개념을 인정할 경우 조합원들의 집단적 탈퇴와의 구별이 불명확하여지고 재산귀속의 문제가 복잡하여 진다는 점을 들고 있다(石井照久, "勞動組合の分合と解散",「勞動法大系 Ⅰ」, 71-2면). 한편, 분열긍정설은 사회현상으로서의 조합의 분열을 그 자체 독립한 법현상으로 파악하여 신 조합에게 어떤 형태로든 구 조합의 재산에 대하여 권리를 인정하는 견해이다. 그 근거로 사회적 현상으로서의 분열현상을 법적으로 이를 수용하는 것이 형평의 원칙에 부합한다는 점, 이를 인용하지 아니할 경우 소수파가 고의로 조합의 운영을 저해하여 다수파를 탈퇴케 함으로써 그 재산을 독점하는 현상을 막을 수 없다는 점을 들고 있다(瀨元美和男, "勞動組合の分合と解散",「勞動法講座 Ⅱ」, 155, 158-9면). 이 견해는 노동조합의 분열이 일어나면 종래의 조합은 동일성이 상실되어 소멸한다고 해석한다. 그리하여 조합의 분열을 승인하는 경우에 그 요건에 관한 학설로는 첫째, 조합원의 내부 대립에 의하여 기능상실상태에 빠져 조합의 통일적 존속활동이 고도로 그리고 영속적으로 곤란하게 되고 그로 인하여 일부조합원이 집단적으로 탈퇴하여 신조합을 결성하는 것을 요건으로 한다는 기능상실설, 둘째, 위 첫째 설이 취하고 있는 요건 외에 사원총회에서 분열에 관한 과반수 결의가 있거나 이러한 과반수 결의가 불가능한 특별한 사유가 있어야 한다는 결정절차설, 셋째, 첫째 설이 취하고 있는 요건 외에 잔존 조합이 구 조합과 동일성이 없어야 한다는 동일성 상실설 등이 있다(森義之, "組合の 分裂",「裁判実務大系勞動訴訟法」, 225면 이하).

54) 判例時報 760号, 97頁.

합의 결성이라고 하는 사태가 생긴 경우에는 조합의 분열이라고 하는 특별한 법리의 도입의 가부에 대하여 검토할 여지가 생긴다."고 판시한 후 위 사건에서는 그와 같은 상태에 이르렀다고 할 수 없다고 하였다. 그리하여 법원은 다수 노조원의 탈퇴에도 불구하고 종전 노조의 동일성은 종전 연맹에 잔류하는 소수 노조원에게 유지된다고 판단한 것이다.

(나) 최고재판소 1974. 9. 30. 판결(國勞大分地本事件)[55]

제1심법원은 분열을 집단탈퇴와 구별하여 법적 개념으로 인정하여야 한다고 판단하였으나, 원심법원은 분열개념의 설정을 부정하였는데, 최고재판소도 "피고 노조가 그 상위단체인 국철노동조합의 규약의 적용을 받고 그 재산형성에서도 상위단체의 보조금을 받는 등 상위단체의 구속력이 강한 점 등에 비추어 국철노동조합의 하부 단체로부터의 이탈은 결국 위 상위 단체의 방침에 불복하는 조합원이 집단적으로 탈퇴한 것에 불과하므로 원고는 상위단체(본부)는 물론 하위단체인 피고의 재산에 대하여도 지분 내지 분할청구권을 갖지 않는다."고 판단하였다. 최고재판소는 1977. 12. 8. 선고한 북양상호은행종조사건에서도 같은 취지의 판시를 하였다.

결국, 최고재판소는 위 판결들을 통하여 원칙적으로 노동조합 분열의 개념을 부정하는 입장을 확립하였으며 그 이후에는 하급심에서도 분열을 인정한 재판례는 보이지 않는다고 한다.

(4) 그 외의 법인 아닌 사단

(가) 주택조합(재건축조합, 연합주택조합 포함)

주택건설촉진법에 의하여 설립된 주택조합[56] 및 재건축조합,[57] 연합주택조합,[58] 설립인가를 받지 못하였지만 사단으로서의 실체를 갖춘 지역주택조합[59] 등은 모두 법인 아닌 사단으로 취급된다.

---

55) 判例時報 754号, 26頁.
56) 대법원 1997. 1. 24. 선고 96다39721, 39738 판결.
57) 대법원 1996. 1. 26. 선고 95다40915 판결.
58) 대법원 2002. 9. 10. 선고 2000다96 판결.
59) 대법원 1998. 6. 26. 선고 97누2801 판결.

대법원은 재건축조합은 조합의 본질상 부득이한 사유가 없는 한 조합원의 임의 탈퇴를 허용하지 않는다고 판시하였는바,[60] 재건축조합에 있어서는 개별 조합원의 탈퇴 자체를 불허하는 마당에 조합원들의 집단 탈퇴로 인한 조합의 분열은 당해 재건축조합의 목적달성을 불가능하게 하는 행위로서 허용될 수 없다고 할 것이다.

주택조합의 경우에도 조합원들의 출자에 의하여 주택을 건설하는 한정된 목적을 위하여 설립되어 그 목적달성 후 해산하는 것을 전제로 하는 특질을 갖고 있는바, 주택조합의 조합원들이 일단 대지를 확보한 후 내부분쟁으로 집단 탈퇴하여 새로운 주택조합을 결성하거나 그 대지에 대한 권리를 주장하는 등의 행위는 당해 주택조합의 존립목적을 해하는 것으로 허용할 수 없다고 평가하여야 할 것이다.

(나) 자연부락 또는 지역주민들에 의하여 결성된 단체

자연부락은 그 부락주민을 구성원으로 하여 고유목적을 가지고 의사결정기관과 집행기관인 대표자를 두어 독자적인 활동을 하는 사회조직체로서 법인 아닌 사단으로서의 권리능력이 있다.[61] 자연부락은 개념상 '특정 부락 내의 주민'을 구성원으로 하고 '주민의 복리증진과 번영발전'을 목적으로 하며,[62] 자연부락의 재산은 대체로 그 부락 내의 토지로서 오랫동안 부락의 전체 주민들을 위한 용도에 사용되어 온 것이므로 이사 등으로 그 부락주민으로서의 지위를 상실하면 이와 수반하여 그 재산에 대한 사용·수익의 권리도 상실한다고 보아야 할 것이다.

판례는 자연부락도 비법인사단의 일반 이론에 의하여 그 구성원들의 집단적 탈퇴로써 법인 아닌 사단이 2개로 분열되고 분열되기 전의 법인 아닌 사단의 재산이 분열된 법인 아닌 사단들의 구성원들에게 각각 총유적으로 귀속되는 결과를 초래하는 형태의 법인 아닌 사단의 분열은 허용되지 않는다고 하면서, 다만

---

60) 대법원 1997. 5. 30. 선고 96다23887 판결.

61) 대법원 1990. 12. 7. 선고 90다카25895 판결; 대법원 1994. 2. 8. 선고 93다173 판결; 대법원 1995. 9. 29. 선고 95다32051 판결; 대법원 2007. 7. 26. 선고 2006다64573 판결; 대법원 2009. 1. 30. 선고 2008다71469 판결 등 참조.

62) 대법원 1981. 9. 8. 선고 80다2810 판결.

법인 아닌 사단의 구성원 중 일부가 탈퇴하여 새로운 법인 아닌 사단을 설립하는 경우에 종전의 법인 아닌 사단에 남아 있는 구성원들이 자신들이 총유의 형태로 소유하고 있는 재산을 새로이 설립된 법인 아닌 사단의 구성원들에게 양도하거나, 법인 아닌 사단이 해산한 후 그 구성원들이 나뉘어 여러 개의 법인 아닌 사단들을 설립하는 경우에 해산되기 전의 법인 아닌 사단의 구성원들이 자신들이 총유의 형태로 소유하고 있던 재산을 새로이 설립된 법인 아닌 사단들의 구성원들에게 양도하는 것은 허용된다고 하고 있다.[63]

이러한 자연부락의 분열을 부정한 일본의 하급심판례도 있다.[64]

(5) 소 결

이상에서 본 바와 같이 판례는 법인 아닌 사단 중 교회 외에는 분열을 인정하지 않으며 나아가 신앙단체인 사찰에 대하여도 분열을 인정하지 않고 있으며, 실무상 주로 문제되는 법인 아닌 사단들을 검토하여도 분열을 인정하는 판례는 없다.

라. 종래의 판례에 따른 분쟁의 해결

(1) 등기명의 관련 소송

(가) 말소등기청구

종전 교회 또는 교단 명의로 등기되어 있던 교회 재산에 대하여 분열된 이후 신설교회측이 신설교회 명의로 등기명의인 표시변경 등기를 마치고 이에 종전 교회(잔류 교회) 또는 교단이 위 등기의 말소를 구하는 경우이다.

판례는 원고의 청구를 모두 배척하였는바, 그 이유는 표시변경 등기는 총유를 표상하는 것으로 유효하거나 또는 총유재산임을 공시하는 한에 있어서는 실체관계에 부합하여 유효하다고 보는 경우[65]와 말소등기청구는 총유재산의 관리행위로서 분열 당시 교인들의 결의가 필요한데 이러한 결의가 없었다고 보는 경우[66]의

63) 대법원 2008. 1. 31. 선고 2005다60871 판결.
64) 東京高裁 平成 2. 5. 31. 判決{私法判例リマークス 1991(下), 6면}.
65) 대법원 1976. 2. 24. 선고 75다466 판결; 대법원 1985. 2. 8. 선고 84다카730 판결.
66) 대법원 1990. 12. 7. 선고 90다카23561 판결; 대법원 1995. 2. 24. 선고 94다21733 판결; 대법원

두 가지로 나누어져 있다.

(나) 명의신탁해지를 원인으로 하는 소유권이전등기청구

분열된 한 교회가 명의수탁자를 상대로 명의신탁해지를 원인으로 한 소유권이전등기청구를 한 사안으로서 위 유형의 청구는 총유재산의 관리행위로서 분열 당시 교인들의 결의가 필요한데 이러한 결의가 없었다는 이유로 기각한 경우[67]와 분열 당시 교인들의 총유로서 신설교회는 종전 교회와 동일성을 인정할 수 없어 소유자가 아니라는 이유로 청구를 기각한 원심을 수긍한 경우[68]가 있다.

(2) 사용 · 수익에 관한 소송

(가) 신설교회(교인 포함)를 상대로 하는 명도소송

종전 교회 또는 교단 명의로 등기된 교회재산을 분열되어 나온 교인들이 점거하자 종전 교회(잔류 교회) 또는 교단이 원고가 되어 명도청구를 하는 경우이다.

종전 교회의 재산은 교회분열 당시의 전체 교인들의 총유에 속하므로 분열된 각 교회는 각각 상대방의 종교활동이나 사용수익을 방해하지 않는 범위 내에서 종전 교회 재산을 사용수익할 수 있으므로(분열 당시 교인 및 그 이후 신설교회에 가입한 교인들 역시 사용수익권이 인정된다) 설령 종전 교회가 등기명의인(소유자)이라도 그 점유자들에게 명도를 청구할 수 없다고 보아 배척하였다.[69] 이러한 논리에 따라 분열 당시 교인 전원의 총의에 따라 그 귀속을 정함이 없이 교회에 대한 다른 교파 교인의 점유를 배제하고 자기 교파만의 지배하에 옮긴다는 인식 아래 이를 취거하였다면 이는 절도죄를 구성한다.[70]

1995. 7. 11. 선고 95다4100, 4117 판결; 대법원 1995. 9. 5. 선고 95다21303 판결(다만, 이 판결은 교회가 2개의 교회로 분열된 경우, 그 중 1개의 교회가 종전 교회의 토지를 분열 당시의 종전 교회의 교인들의 총유에 속한다고 주장하면서, 제1차 예비적 청구로 그 총유임을 공시하기 위하여 그 토지들에 관하여 분열 후의 2개 교회의 공동 명의로서 소유권이전등기 절차의 이행을 구하고, 제2차 예비적 청구로 그 토지가 분열 후의 2개 교회 교인들의 총유임의 확인을 구하고 있다면, 원고는 종전 교회 교인들이 아니라는 이유로 당사자적격을 갖추지 못한 부적법한 소라고 하였다).

67) 대법원 1995. 4. 21. 선고 94다42686 판결.

68) 대법원 1998. 2. 24. 선고 97다45327 판결.

69) 대법원 1993. 1. 19. 선고 91다1226 전원합의체 판결; 대법원 2000. 11. 14. 선고 99다20667 판결.

70) 대법원 1984. 8. 21. 선고 83도2981 판결.

(나) 예배 · 출입 · 직무집행금지 청구 또는 각 행위의 방해금지 청구

가처분사건이 대부분인바, 예배 · 출입 · 직무집행 금지 청구는 인정되지 않으나,[71] 방해금지 청구는 인정된다.[72] 이는 잔류 교회이건 신설 교회이건 각 교인들이 종전 교회 재산에 대한 사용수익권을 갖고 있으므로 어느 일방이 사용을 방해하였을 경우에 타방에 대하여 독점적 사용권을 주장하면서 타방의 사용금지를 구할 수는 없다는 논리에 터잡고 있다.

(3) 권징재판(목사 면직)

종전 교회 목사가 교단이탈 결의를 하여 소속 교단으로부터 면직된 경우뿐 아니라 비리를 저질러 면직재판을 받자 이에 불만을 품고 교단이탈 결의를 한 경우 그 면직재판의 효력은 미치지 않는다.[73]

(4) 종합적 검토

종래 판례의 사안들을 보면, 교회재산(부지 및 건물)이 종전 교회나 그 교회 소속 교단의 명의로 등기되어 있으며 그 교회에서 이탈한 측이 다수파인 경우 교회재산의 소유관계와 점유관계가 분리 귀속되어 분쟁이 심화되고 결국 소송에 이르게 되나, 종래 판례에 의하면 소유권자와 점유권자를 일치시킬 수 없게 된다.

그리하여 종래 판례의 법리에 따라 판결이 확정된 사례를 추적하면 이러한 분쟁이 그 이후에도 계속되며 결국은 실력행사를 통하여 교회재산을 점유하였던 측(대부분 다수파)의 독점적 사용의 상태가 굳어지는 것을 확인할 수 있었고[74] 유사 소송이 반복되는 경우도 있었다.[75]

---

71) 대법원 1990. 12. 21. 선고 90다카22056 판결.

72) 대법원 1988. 3. 22. 선고 86다카1197 판결; 대법원 1989. 2. 14. 선고 87다카3037 판결; 대법원 2001. 6. 12. 선고 2000다32420 판결. 다만, 방해금지가처분신청에서 신청인측이 절대적 소수인 경우 보전의 필요성을 부정한 경우로는 대법원 1987. 6. 30. 자 86마478 결정.

73) 대법원 1985. 9. 10. 선고 84다카1262 판결(권징재판의 집행은 교회내부의 자율에 맡겨지는 것이나, 이는 어디까지나 그 교회에 소속된 목사나 교인에 대한 관계에서 그러한 것이고 그 소속을 달리하는 목사나 교인에 대하여서까지 그 효력이 미친다고는 할 수 없으므로 면직처분의 효력이 그 당사자에게 미치지 않는다는 것이다).

74) 변동걸, 앞의 논문. 493면.

75) 민유숙, 앞의 논문, 48면.

따라서 종래 판례는 실제적으로 분쟁해결기능을 제대로 발휘하지 못하였다고 말할 수 있다. 그리하여 다음의 전원합의체 판결이 나오게 되었다.

2. 2006년 대법원 전원합의체 판결

가. 사실관계 및 경위

(1) 전원합의체 판결의 원심이 인용한 제1심판결[76]에 의하면, 「기독교대한성결교회 S교회」는 기독교대한성결교회 소속의 지교회이고 소외인은 그 담임목사로 재직해 오던 중 당회 구성원인 장로들과 갈등을 빚어 소속 교단의 징계재판을 받을 지경에 이르자 2001. 8. 26. 지지 교인들을 모아 소속 교단을 탈퇴하여 독립교회를 설립하되 명칭을 피고 교회인 「S교회」[77]로 하기로 결의하였으며(기독교대한성결교회 강서지방회는 2001. 10. 11. 소외인에 대하여 면직판결[78]을 하고 후임목사를 파송하였다) 피고 교회는 2001. 11. 21. 「기독교대한성결교회 S교회」명의로 등기되어 있던 판시 교회 건물 및 대지 등에 관하여, 실제로는 피고 교회가 이를 매수한 적이 없음에도 위 교회 당회의 결의서 등 관련서류를 임의로 작성하여 자신의 명의로 소유권이전등기를 마쳤다.

(2) 이러한 사실에 기초하여 교단이 파송한 목사가 대표인 잔류교회인 원고 교회는 「기독교대한성결교회 S교회」[79]라는 이름으로 소외인이 대표인 피고 교회인 「S교회」를 상대로 소유권이전등기의 말소등기를 구하였으나 원심과 제1심은 변경 전 판례에 기초하여 종전 교회가 소외인을 당회장으로 하는 피고 교회와 잔류 교인들로 구성된 원고 교회로 분열되었다고 판단하고 총유권자인 분열 당시 교인들의 총회 결의가 존재하지 않으므로 분열 후의 원고 교회가 종전 교회의 총회 재산에 대한 말소를 청구할 수 없다는 이유를 들어 위 등기의 효력에

---

76) 원심판결은 서울고등법원 2004. 6. 22. 선고 2003나48701 판결이고, 제1심판결은 서울지방법원 남부지원 2003. 6. 26. 선고 2002가합5195 판결이다.

77) 피고 교회 명칭은 종전 교회의 명칭인 「기독교대한성결교회 S교회」에서 교단 명칭인 「기독교대한성결교회」 부분만을 제외한 것이다.

78) 면직의 사유로는 교회재산의 유용, 교회재산의 임의 매각, 당회나 직원회를 거치지 않은 교회 운영, 교단탈퇴선언 등을 들고 있다.

79) 이 교회는 (1)의 기독교대한성결교회 S교회와는 이름은 같지만 피고 교회가 이탈한 후 남은 잔류교회로서 엄밀한 의미에서는 다른 교회이다.

관하여는 아무런 판단을 하지 아니한 채 이 사건 청구를 기각하였다.

(3) 이에 대하여 대법원은 “종전 교회는 기독교대한성결교회 교단에 소속된 지교회인데, 소외인이 지지 교인들 일부를 이끌고 소속 교단을 탈퇴하여 독립 교회를 설립하였다고 할지라도, 특별한 사정이 없는 한 이는 일부 교인들이 집단적으로 종전 교회를 이탈한 것에 불과 하고, 위 교단 소속으로 잔류하기를 원하는 교인들로 구성되고 교단이 파송한 목사가 재직하고 있는 원고 교회가 종전 교회로서의 동일성을 유지하면서 존속하는 교회라고 할 것”이라고 전제하고, “기록을 살펴보아도 교단 탈퇴를 결의한 2001. 8. 26. 자 교인총회가 총회소집통지 등 소집절차에 있어서 소속 교단 헌법 등에 정하여진 요건을 준수하였다거나 결의권자의 2/3 이상이 동의하였다고 인정할 자료가 부족하며”, 오히려 “원고를 종전 교회로 인정하고 소제기에 관한 적법한 총회결의를 거친 것”으로 보아 원심의 판단에는 교회 분열 개념의 허용 여부 및 교단변경의 요건, 등기의 효력에 관한 법리오해, 심리미진 등의 위법이 있다고 하여 원고의 상고를 받아들여 원심을 파기하였다.

나. 판결의 요지

(1) 다수의견[80)]

교회가 법인 아닌 사단으로서 존재하는 이상 그 법률관계를 둘러싼 분쟁을 소송적인 방법으로 해결함에 있어서는 법인 아닌 사단에 관한 민법의 일반 이론에 따라 교회의 실체를 파악하고 교회의 재산 귀속에 대하여 판단하여야 한다. 이에 따라 위에서 본 법인 아닌 사단의 재산관계와 그 재산에 대한 구성원의 권리 및 구성원 탈퇴, 특히 집단적인 탈퇴의 효과 등에 관한 법리는 교회에 대하여도 동일하게 적용되어야 한다.

따라서 교인들은 교회 재산을 총유의 형태로 소유하면서 사용·수익할 것인데, 일부 교인들이 교회를 탈퇴하여 그 교회 교인으로서의 지위를 상실하게 되면 탈퇴가 개별적인 것이든 집단적인 것이든 이와 더불어 종전 교회의 총유 재산의

80) 대법관 이용훈, 이규홍, 이강국, 고현철, 양승태, 김황식, 김영란, 손지열, 박재윤, 김용담, 김지형의 견해로서 교회분열 부정설의 입장이다.

관리처분에 관한 의결에 참가할 수 있는 지위나 그 재산에 대한 사용·수익권을 상실하고, 종전 교회는 잔존 교인들을 구성원으로 하여 실체의 동일성을 유지하면서 존속하며 종전 교회의 재산은 그 교회에 소속된 잔존 교인들의 총유로 귀속됨이 원칙이다.

그리고 교단에 소속되어 있던 지교회의 교인들의 일부가 소속 교단을 탈퇴하기로 결의한 다음 종전 교회를 나가 별도의 교회를 설립하여 별도의 대표자를 선정하고 나아가 다른 교단에 가입한 경우, 그 교회는 종전 교회에서 집단적으로 이탈한 교인들에 의하여 새로이 법인 아닌 사단의 요건을 갖추어 설립된 신설교회라 할 것이어서, 그 교회 소속 교인들은 더 이상 종전 교회의 재산에 대한 권리를 보유할 수 없게 된다.

(2) 별개의견[81]

우리 민법이 사단법인의 분열을 특별히 금지하지도 아니하였고 또 사단법인의 분열을 금지하여야 할 특별한 이유도 보이지 않으므로 사단법인의 분열은 우리 민법 하에서도 허용되는 것이라고 보아야 한다. 그리고 사단법인 구성원들의 자발적 결의에 의한 사단법인의 분열이 가능하다면, 구성원들의 자발적 의사에 기인하지는 않았으나 다른 어떠한 사정으로 인하여 사단법인이 사실상 분열된 상태가 초래되어 하나의 사단으로 회복될 가능성이 없어진 경우 사단법인이 분열된 것으로 보아 법률관계를 정리하는 것 또한 굳이 허용되지 않는 것이라고 할 것은 아니다.

이와 같이 교회의 분열을 허용하는 경우에도, 교회의 분열은 하나의 교회가 별개의 각 교회로 분열함으로써 종전 교회는 소멸하여 존재하지 않게 되는 것이라는 점에서, 종전 교회에 속한 권리의무는 분열된 각 교회에 공유적 형태로 분리하여 포괄승계되는 것으로 보아야 하고(채무는 분열된 각 교회가 부진정연대의 관계로 부담하는 것으로 보아야 할 것이다), 각 교회의 공유지분 비율은 분열 당시 분열된 각 교회의 등록된 세례교인의 수에 의하여 결정되는 것이 합리적이다.

81) 대법관 박시환의 견해로서 위에서 본 공유설의 입장이다.

(3) 반대의견[82]

교회가 본질적으로 같은 기독교 신앙을 기초로 하는 교인들의 모임인 신앙단체로서 교인들이 신앙노선의 차이에서 별도로 예배주관자를 두고 그의 인도 하에 종교활동을 하거나 소속 교단을 달리 하는 집단으로 나누어진 경우에는 더 이상 신앙단체로서의 본질적 기초를 같이 할 수 없으므로 분열되었다고 평가할 수밖에 없다는 점을 직시하고 나아가 교회 재산은 대체로 소속 교인들의 헌금을 기초로 형성되므로 설령 일부 교인들이 종전 교회를 탈퇴한다고 할지라도 탈퇴한 교인들이 종전 교회 재산 형성에 기여한 이상 그 재산에 대한 총유권자로서의 지위, 즉 사용·수익권을 보장해 주어야 한다는 점에서 종전 판례가 민법상 사단법인에 관한 규정 또는 법인 아닌 사단에 관한 법리와 모순된다고 볼 수 없으며 오히려 교회 운영의 실제를 반영하고 있다. 따라서 분열 후 종전 교회의 재산에 관한 권리관계 내지 법률관계를 합리적으로 규율할 수 있는 법리를 찾아내고 발전시켜 나가는 것이 바람직하다.

Ⅲ. 학　　설

1. 분열긍정설

사회현상으로서의 교회의 분열을 그 자체로서 하나의 독특한 법현상으로 파악하고, 교회분열이 있게 되면 종전 교회는 소멸하고 새로운 두 개 이상의 교회가 성립하였다고 보아, 분열된 신교회에 어떤 형태로든 종전 교회의 재산에 대한 권리를 인정할 수 있다고 하면서 법률적 개념으로서의 교회의 분열을 긍정하는 견해이다.[83]

---

82) 대법관 강신욱의 견해로서 총유설의 입장이다.

83) 1993년 전원합의체 판결의 다수의견 및 대법관 이해창의 반대의견; 2006년 대법원 전원합의체 판결의 별개의견 대법관 박시환, 반대의견 대법관 강신욱; 김상용, 논문 1, 227면; 김준호, 앞의 논문, 76면; 김진현, 논문 1, 130면 이하; 박병칠, 논문 2, 55-56면; 박세용, 앞의 논문, 162면; 박일환, "교회가 분열된 경우의 재산귀속관계", 「판례해설」 12호(1990), 131면 이하; 박해성, 앞의 논문, 619면 내지 620면; 소성규, 앞의 논문, 106면; 이준상, "교회의 분열과 교회재산귀속문제", 「재판실무연구」 제1권, 수원지방법원(1996), 68면; 이학수, "교회의 분열 및 그에 따른 교회재산의 귀속에

교회의 분열을 인정하는 견해에 의하면 교회의 분열을 교인들의 교회로부터의 탈퇴 내지 이탈과는 구별한다. 교인들의 탈퇴 또는 이탈의 경우에는 종전 교회는 계속 유지되므로 교회의 동일성 및 계속성에 아무런 문제가 없다. 장로정체(장로교회와 같이 교회 회원들 중 대표자가 세워지고 그들이 교회치리기구를 구성하여 그들에게 권위가 부여되는 형태로서 대표민주제 형태)와 회중정체(침례교회와 같이 교회 그 자체가 최종적인 권위를 가진다는 전제하에 회중을 그리스도의 몸으로 보고 교회의 각종 일들을 회중 전체가 참여하고 결정하는 직접 참여형태의 체제)에서만 교회분열이 문제되고, 감독정체(감독들을 12제자를 직접적으로 계승한 사람으로 보고 그들에게 교회치리의 최종적 권위를 부여하는 체제)에서는 문제될 여지가 없다.[84]

가. 논 거

(1) 교회의 신앙단체성

교회는 공동의 종교적 이념인 교리와 종교적 행위양식인 예배를 기초로 하는 교인들의 집결체로서 신앙단체이면서 한편으로는 대표기관과 구성원의 공동의사결정기구를 갖추고 재산을 관리하는 등 사회단체로서의 조직과 기능을 아울러 갖지만, 교회는 기본적으로 신앙단체이고 그 사단성은 사회단체적 측면을 법적으로 평가한 것에 지나지 않는다.

신앙단체로서의 교회의 기초는 공동의 교리와 예배이므로 교인 사이에 교리 및 예배에 관한 분쟁이 생겨 양분되고 이로써 그 공동성의 기초가 상실되어 각각 별개의 신앙단체를 형성하게 되었다면, 종전의 신앙단체는 소멸되어 존재하지 않고 각각 별개의 신앙단체로 분열되었고, 기본적인 신앙단체가 분열된 이상 그 사단적 구성도 이에 따라 분열된 것으로 평가할 수밖에 없다고 해석한다.[85] 신앙

관하여 현재의 대법원 판례가 취하는 태도에 대한 검토", 「판례연구」 제1집, 부산판례연구회(1991), 18면; 조용연, "교회의 분열과 재산의 귀속", 「민사판례연구」 제8집, 박영사(1986), 73면; 추신영, "교회분열시 재산분할방법", 「법학연구」 제11집, 경상대 법학연구소(2002), 134면 이하; 주석민법 총칙 (2), 132면; 이주흥, 민법주해 [Ⅰ], 533면 이하 등.

84) 김민규, "교회의 분열과 재산귀속에 관한 판례법리의 변천", 「재산법연구」 제23권 제3호(2007), 192면; 박병칠, 논문 2, 42면; 이완근 "교회분열의 법률관계", 「민사법의 실천적 과제(정환담교수 화갑기념논문집)」, 법문사(2000), 407면; 이동명, 민법주해 [Ⅴ], 658면; 정귀호, 민법주해 [Ⅰ], 826면.

85) 1993년 전원합의체 판결의 대법관 이회창의 반대의견: 박병칠, 논문 1, 317면.

의 자유에 속하는 문제로 본다.[86)]

(2) 법인 아닌 사단에 있어서 법인 규정의 유추적용의 한계

법인 아닌 사단에 대하여 원칙적으로는 사단법인에 관한 규정이 유추적용되지만 법인 아닌 사단은 조직과 형태가 다양하여 사단법인에 관한 규정이 획일적으로 적용될 수 없는 경우도 있을 것이므로 사단의 기초가 신앙단체인 교회의 경우에는 신앙단체의 특성에 따라 분열을 인정하더라도 반드시 사단의 본질에 반하는 것이라고 단정할 수도 없다고 해석한다.[87)]

두 개의 단체가 합하여져 하나의 단체로 되는 것을 법이 인정하고 있으므로 그 반대현상으로서의 1개의 단체가 2개의 단체로 나누어지는 것도 논리적으로 불가능한 것은 아니라고 해석하기도 한다.[88)]

(3) 사회적 현실의 직시

현실적으로 교인들이 나누어져 함께 신앙생활을 할 수 없는 파탄상태에 빠졌다면 분파된 교인들이 각각 별도의 교회를 이루어 신앙생활을 할 수밖에 없을 것인바, 이러한 측면에서 볼 때 현실적으로 발생한 사회현상으로서의 교회의 분열이 반가치적이라고 볼 수는 없는 것이므로 법적으로 직시하여 이를 수용하는 것이 형평의 원칙에 부합한다고 본다.[89)]

(4) 소수파의 보호

교회 분열을 인정하지 않을 경우 소수파가 고의로 교회의 운영을 저해하여 다수파를 탈퇴케 함으로써 그 재산을 독점하는 현상을 막을 수 없다는 것이다.[90)] 사단에서 적용되는 다수결의 원리에도 한계가 있고, 교회분열에 있어서는 다수결 원리에 따르지 않는다 하더라도 이에 대한 비난가능성이 없다고 해석한다.

86) 김상용, 논문 1, 227면.
87) 박병칠, 논문 2, 56면; 박해성, 앞의 논문, 620면.
88) 이학수, 앞의 논문, 18면.
89) 조용연, 앞의 논문, 73면.
90) 박해성, 앞의 논문, 617면; 이학수, 앞의 논문, 18면; 조용연, 앞의 논문, 73면.

(5) 개별 신도들의 교회재산에 대한 권리 확보

교회재산은 대부분 개별 교인들의 헌금으로 이루어지는바, 분열시 재산귀속의 문제에 있어서도 신앙적인 문제로 부득이 나누어지게 된 개별 교인들이 자신들의 기여로 이룩한 교회재산에 대하여 전혀 재산적 권리를 가지지 못한다는 것은 형평의 원칙에 어긋나 타당하지 못한 결과가 될 것이다.[91] 따라서 총유의 형태로나마 그 재산에 대한 권리를 가질 수 있게 해 주어야 한다는 것이다.

나. 분열긍정의 경우 교회재산의 귀속

교회분열을 부정하는 견해에 따르면 분열된 교회에 재산권을 귀속시킬 수 없는 것이고 따라서 교회분열의 부정의 경우 재산권의 귀속에 관한 논의 자체가 문제될 여지가 없다. 따라서 이에 대한 논의가 있는 것은 교회분열을 인정하는 견해에서만 나타난다. 그 귀속의 형태에 관하여 다음과 같은 견해들이 주장되고 있다.

(1) 총유설

종전 교회 재산은 분열 당시 교인들의 총유에 속한다는 견해이다.[92] 따라서 분열된 각 교회는 독자적인 소유권을 가질 수 없고 분열 전 교회라는 실제하지 않은 교회의 소유권만이 인정된다.

교회재산인 부동산에 관하여 등기가 분열된 어느 교회의 일방 명의로 되어 있다고 하더라도 이는 그 총유재산임을 공시하는 한에 있어서 실체관계에 부합하는 등기라고 할 것이므로 분열된 각 교회는 분열 당시 교인들의 결의가 없는 이상 소유권등기명의를 가지고 있는 교회에 대하여 그 말소 또는 변경을 구하거나

---

91) 이학수, 앞의 논문, 22-23면.

92) 종전의 대법원의 판례 및 2006년 대법원 전원합의체 판결의 대법관 강신욱의 반대의견; 학설로는 이를 지지하는 견해를 찾아보기 힘들지만(송호영, 논문 2, 209면), 김주수 교수는 대법원 1993. 1. 19. 선고 91다1226 전원합의체 판결을 평석함에 있어서 총유설에 입각하여 분열된 교회의 재산의 사용·수익권이 분열당시 교인들에 한해서만 있는 것이 아니라고 한 판단이 타당하다고 함으로써 총유설을 지지하는 듯이 보인다{김주수, “교회의 분열과 재산귀속관계”, 「(논점) 민법판례연습: 물권법」, 삼영사(99. 1), 149면}.

건물의 명도를 청구할 수 없고, 또 등기명의를 가지고 있는 교회라고 하더라도 교회를 점유하고 있는 다른 교회에 대하여 분열될 당시의 교인들의 결의가 없이는 명도를 청구할 수 없다. 이는 어느 일방의 교회가 보존행위로 구하더라도 마찬가지이다.[93] 다만 분열된 각 교회는 별개의 독립된 교회로서 각각 상대방 교회의 사용·수익을 방해하지 않는 범위 내에서 총유권자로서 교회당 건물 등 종전 교회의 재산을 사용·수익할 수 있을 뿐이다.

(2) 공유설

교회의 분열을 인정하는 전제에서 총유설의 문제점을 시정하기 위하여 등장한 견해로서, 김증한 교수가 대법원 1957. 12. 13. 선고 4289민상182 판결에 대한 평석[94]에서 총유설에 대한 대안으로서 주장하였다. 분열긍정설의 해석론은 대부분 공유설[95]을 취하고 있다.

종전 교회의 재산은 그 종전 교회 구성원의 총유이지만, 교회가 분열된 경우 교회재산은 분열된 두 개의 교회의 공유에 속하고 그 공유지분은 각 교회의 교인 전체에 총유적으로 귀속된다고 해석한다. 각 교회는 법원에 공유물분할을 청구함으로써 그 상태를 해소시킬 수 있게 된다.

공유지분의 비율은 분열 당시의 세례교인들의 수의 비율에 의하자는 견해가 다수설이나,[96] 그 외에도 교인의 수에 관계없이 분열된 두 개의 단체가 2분의 1씩 공유하는 것으로 보자는 견해,[97] 상호간의 협의에 의하여 지분을 결정하도록

93) 대법원 2005. 9. 15. 선고 2004다44971 전원합의체 판결에 의하면 총유재산에 관한 소송은 법인 아닌 사단이 그 명의로 사원총회의 결의를 거쳐 하거나 또는 그 구성원 전원이 당사자가 되어 필수적 공동소송의 형태로 할 수 있을 뿐 그 사단의 구성원은 설령 그가 사단의 대표자라거나 사원총회의 결의를 거쳤다 하더라도 그 소송의 당사자가 될 수 없다고 하여 총유물의 보존을 위한 소도 사단의 구성원은 제기할 수 없다고 하였다.

94) 김증한, 앞의 논문, 218면.

95) 1993 전원합의체 판결의 대법관 이회창의 반대의견; 2006년 대법원 전원합의체 판결의 대법관 박시환의 별개의견; 김준호, 앞의 논문, 76-77면; 박병칠, 논문 2, 65-66면; 박일환, 앞의 논문, 133면; 박해성, 앞의 논문, 620면; 변동걸, 앞의 논문, 537면; 소성규, 앞의 논문, 106면; 이준상, 앞의 논문, 68면; 이학수, 앞의 논문, 40면; 조용연, 앞의 논문, 76면; 최창렬, "교회분열시 교회재산에 대한 연구", 「성신법학 제2호」, 성신여자대학교법학연구소(2002. 12), 159면; 추신영, 앞의 논문, 140-141면; 이동명, 민법주해 [V], 661-662면.

96) 위 대법원 1993. 1. 19. 선고 91다1226 전원합의체 판결 중 이회창 전 대법관의 견해; 박병칠, 논문 2, 66면; 박해성, 앞의 논문, 621면, 추신영, 앞의 논문, 142면; 서헌제, 앞의 책, 622면 등.

97) 이주흥, 민법주해 [I], 661-662면.

하자는 견해,[98] 교인의 수와 교회재산의 형성과정 및 그 기여 정도 등 제반사정을 감안하여 법원이 합목적적으로 정함이 상당하다는 견해[99] 등이 주장된다.

종전 교회가 동일성이 없는 별개의 교회로 분열됨으로써 종전 교회에 속한 권리·의무가 분열된 각 교회에 분리하여 포괄적으로 승계되고 종전 교회는 청산절차 없이 곧 소멸한다고 해석한다. 포괄승계에 의하여 소유권의 변동이 생기고 등기 없이 제3자에게 대항할 수 있게 된다.

2. 분열부정설

법인 아닌 사단의 법리상 사실상 2개의 법인이 존재하는 경우라도 법인의 분열결의가 없는 한 법적으로는 1개의 법인이 존속할 뿐이라고 하여 법적 의미의 교회분열은 허용될 수 없다는 견해[100]이다. 이 견해에 의하면 법인이 분열하려면 공동의회의 결의에 의하여야 하고,[101] 그에 따라 분열된 교회의 재산처분에 관해서도 민법 제276조에 따라 공동의회의 결의가 있어야 하며, 그러한 절차 없이 분열되어 나간 교회는 종전 교회에 대하여 어떠한 권리도 갖지 못한다.

가. 논 거

(1) 법적근거의 흠결

우리 민법은 사단법인의 구성원의 탈퇴나 사단법인의 해산은 인정하지만 사단법인의 구성원들이 2개의 법인으로 나뉘어 각각 독립한 법인으로 존속한다고 하는 식의 사단법인의 분열은 인정하지 아니하며, 사단법인이 분열되는 경우에 종

98) 박일환, 앞의 논문, 132면.
99) 이학수, 앞의 논문, 40면.
100) 위 대법원 1993. 1. 19. 선고 91다1226 전원합의체 판결 중 대법관 윤관, 김상원의 견해; 2006년 대법원 전원합의체 판결의 다수견해; 남세진, "교회분열의 인정여부 및 재산귀속결정기준에 대한 검토", 서울동부지방법원(2006), 19면; 변동걸, 앞의 논문, 482면 이하; 양형우, "교회의 분열에 따른 재산귀속", 「재산법연구」 24권 1호, 한국재산법학회(2007), 72-76면; 이덕승, "교회의 분열시 그 재산의 귀속관계", 「안동대 사회과학논총」 제5집, 안동대사회과학연구소(1993. 5), 131-134면; 이완근, 앞의 논문, 423면; 최식, 앞의 논문, 68면; 최병덕, 앞의 논문, 81면, 166-118면; 홍광식 "불교회의 분열과 재산귀속", 「판례연구」 제1집, 부산판례연구회(1991), 56면; 홍기태, "교인의 탈퇴에 따른 교회재산의 귀속관계", 민사판례연구회(2006. 7. 24. 발표문), 13면 등.
101) 공동의회의 결의도 정관의 규정에 따라야 하고, 정관에 규정이 없다면 제1절 Ⅰ. 3에서 본 바와 같이 사단법인의 해산에 필요한 의결권 있는 교인 3/4 이상의 동의가 있어야 한다.

전 법인의 재산의 귀속에 관하여도 규정하는 바가 없다.

그러므로 사단법인과 유사한 실질을 가지는 법인 아닌 사단에 대하여도 사실상의 분열은 몰라도 법적 의미에 있어서의 분열은 인정할 여지가 없는 것이며, 가령 분열을 인정한다고 하더라도 그 경우의 재산귀속관계 기타의 법률관계에 관하여 직접 적용할 법규는 물론 유추적용할 법규도 실정법상 찾아볼 수 없다.

사회생활의 현실에서 교회의 구성원들이 둘로 나뉘어 별개의 교회를 구성하는 사실상의 분열현상은 흔히 일어나는 일이고 그 경우에 어떤 방식으로든 법적 해결책을 강구하여야 할 필요가 있는 것이지만, 그 법적 해결책이라는 것은 실정법규의 해석 또는 유추적용 등을 통하여 마련하여야 하는 것이지 실정법이 전혀 상정하지도 아니하는 법률관계를 임의로 창출할 수 없다는 것이다.

(2) 분열의 반가치성

권리능력없는 단체인 종중, 동민단체는 물론이며 특히 교회는 그 구성원들이 설립당시부터 그 단체가 계속적으로 유지될 것이라고 기대하는 것이 일반적인 사회현상이므로 사회현상으로서의 교회분열은 오히려 단체법적인 입장에서 볼 때 반가치적 성격을 띠고 있고, 종교적 입장에서 볼 때도 바람직한 것이 되지 못한다.[102)]

(3) 법률적 해결의 어려움

법적 의미의 분열을 인정하게 되면, 제3자에 대한 대외적 관계에서도 종전 교회가 관리, 운영하여 온 대외업무는 어떻게 정리할 것인지, 제3자와의 법률관계는 어떻게 규율되어야 하는지 커다란 혼란을 가져오게 되고, 분열시 교회재산귀속의 문제를 해결함에 있어서도 많은 어려움에 봉착하게 된다.[103)]

(4) 법적인 보호가치가 없음

판례상 주로 문제되는 교회분열의 원인으로는, 상급치리회의 분열이 문제되는 경우는 드물고 오히려 대부분은 교회 내의 일부 교인들이 교회의 운영이나 인사상의 문제로 집단이탈하면서 종전의 교회가 소속되어 있는 교단, 노회를 탈퇴하

102) 이덕승, 앞의 논문, 132면; 최창열, 앞의 논문, 131-134면.
103) 변동걸, 앞의 논문, 489면.

고 타교단 또는 노회에 가입하는 경우이므로, 이와 같은 파벌싸움의 경우 법이 보호를 해주어야 하는지 의문이다.104)

(5) 이탈과 분열의 구별의 어려움

교회의 분열과 일부교인들의 집단적 탈퇴를 구별하는 기준이 모호하여 또 다른 분쟁을 야기할 우려가 있다.105)

(6) 다른 단체와의 형평성

민법에 의하여 설립된 사단법인이나 여타의 법인 아닌 사단이 사실상 분열되는 경우가 없지 않을 것인데 지금까지 교회 이외의 단체에 대하여는 법적 의미의 분열이 학설, 판례상 거론된 일조차 없는데 교회의 경우만 분열을 인정하는 것은 형평에 맞지 않다.106)

나. 분열부정의 경우 재산권의 귀속

교회의 분열을 긍정하지 않으면 일부 교인들의 탈퇴로 인하여 교회가 사실상 분열되더라도 앞에서 본 바와 같이 법률적으로는 재산귀속에 관한 논의가 문제될 여지가 없이 종전 교회와 동일성을 유지하는 교회의 교인들에게 재산이 총유로 귀속된다. 따라서 사용수익권도 동일성을 유지하는 교회의 교인들이 가지게 되고 이탈한 측은 사용수익권도 상실하게 된다. 교단변경 등 동일성의 판단기준과 효과 등에 대하여는 뒤에 다시 검토하기로 한다.

3. 기 타

가. 제한적 긍정설

제한적 긍정설은 대법원 판례가 교회분규에 관하여 특별한 요건을 요구하지도

---

104) 변동걸, 앞의 논문, 484면; 정귀호, 민법주해 [I], 826면; "성경의 가르침 및 성경의 역사에 비추어 새로운 子敎會의 설립과 운영을 지원하는 형태를 제외하고는 분열을 인정할 수 없다. 그리스도를 머리로 하는 공동체인 교회는 분열될 수 없기 때문이다."라는 견해로는 최병덕, 앞의 논문, 81면.

105) 변동걸, 앞의 논문, 483면.

106) 변동걸, 앞의 논문, 488면.

아니한 채 무조건 교회의 분열을 인정하는 것을 비판하고, 일정한 요건이 있을 경우에만 교회의 분열을 인정하는 견해[107]로서 다음과 같은 일정한 요건을 갖추어야 한다고 하고 있다.[108]

첫째, 기존교회의 운영방침·지도방침 기타 교회 내부의 문제에 관한 기존교회의 치리태도에 대하여 불복하는 교인들의 수가 과반수는 넘지 않는다 하더라도 기존교회의 사무집행을 실력적으로 저지할 수 있을 정도가 되어야 하며 또한 불복하는 교인들이 일정한 조직하에 결합되어 통일적으로 활동할 수 있는 또 하나의 별개의 교회를 구성한 것으로 평가될 수 있어야 한다.

둘째, 분열하게 된 원인에 있어서 법질서로부터 긍정적 평가를 받을 수 있어야 한다. 즉, 기존교회의 목사, 장로 등이 부도덕 또는 범법행위를 저지르거나 교회규정 등을 준수하지 아니한 채 독선적으로 교회를 운영함으로 인하여 교회가 재산상의 손실을 입거나 명예를 훼손당할 위험이 있고 이에 대하여 당해 교회의 지도부 또는 상급노회 등에 그 시정을 요구하였으나 그것이 받아들여지지 않음으로써 기존교회로부터의 이탈이 불가피한 것으로 인정되어야 한다.

셋째, 분열하여 나간 교인들 집단에게 종전 교회 소유의 재산에 관하여 지분권을 인정하여 주는 것이 형평의 원칙으로 보아 상당한 경우라야 한다. 교회당 건물을 비롯한 교회재산이 교인들의 연보, 헌금 등에 의하여 형성되어진 것이 아니라 어느 일개인의 전액 출연에 의하여 형성되었다든지, 분열 교인들이 기존 교

---

107) 긍정설의 범위로 포함시켜 설명하기도 한다{송호영, "교회의 교인들이 종전 교단으로부터 집단적으로 이탈하여 별도의 교회를 설립한 경우의 법률관계", 「민사법학」 제35호 한국민사법학회(2007. 3.) (이하 '논문 2'라고 한다), 203면}.

108) 정귀호, 민법주해 [Ⅰ], 826면; 이학수, 앞의 논문, 21-23면; 최창열, 앞의 논문, 148, 149면; 박병칠, 논문 2, 57면(다만, 이러한 요건들과 함께 신앙공동체로서의 교회의 특성 등 그 제반사항을 고려하여 교회의 분열을 제한적으로 인정하되, 그 요건 중에서도 특히 분열의 원인이 종교적인 문제에 기인한 것인지 아니면 단순히 세속적인 문제에 불과한 것인지와 분열해 나간 측에 대하여 재산권을 인정해 주는 것이 형평의 원칙에 부합하는지를 특히 중시하여야 할 것이라고 한다); 송호영 교수는 교회가 분립된 경우 탈퇴에 해당하는지, 아니면 분열에 해당하는지를 판단하는 기준으로 분열된 교회가 사단적 실체를 갖추었는지, 그러한 교회가 종전 교회와 확연히 구별되는 별개의 공동체를 형성하고 있는지, 총회결의를 따르지 않은 것에 대한 비난가능성은 없는지 그리고 분열을 정당화할 사유가 존재하는지 등을 종합적으로 고려하여 판단하여야 한다고 하고(송호영, 논문 2, 226면), 오시영 교수는 교회가 분열되었다고 하기 위해서는 사단법인의 해산결의 정족수(3/4)를 막을 수 있는 정도의 결집세력(1/4)이 있어야 한다는 이유로 교회분열을 인정할 수 있는 교인의 최저비율로 교인수 4분의 1 이상이 되어야 한다고 하고(오시영, 논문 2, 189면 내지 195면, 202면 내지 203면) 있는 바, 이러한 견해들은 제한적 긍정설의 범주에 포함되는 것으로 보인다.

회재산의 형성에 기여한 바 없다거나 극히 미미한 경우에는 분열교인들에게 교회재산의 지분권을 인정하여 주는 것은 부당하므로 그와 같은 경우에는 분열에 해당하지 아니한다고 한다.

나. 이원설

이원설은 교회의 분열을 일률적으로 인정하는 것이 아니라, 분열사유를 따져서 교회의 분열을 인정할 것인지를 결정하여야 한다는 견해이다. 분열을 인정하는 기준과 관련하여 다음 3가지 견해로 나누어 볼 수 있다.

(1) 신앙단체적 분쟁과 사단적 분쟁을 구별하는 견해

이 견해는 교회의 단체적 성격을 신앙단체적 성격과 사단적 성격으로 이원화하고, 교회 내의 분쟁도 신앙단체적 분쟁과 사단적 분쟁으로 구별하면서, 공동의 교리와 예배에 대한 분쟁이 생겨 양분됨으로써 공동성의 기초가 상실되어 각각 별개의 신앙단체를 형성하게 되는 신앙단체적 분쟁의 경우 종전의 신앙 단체는 소멸되어 존재하지 않고 각각 별개의 신앙단체로 분열된 것으로 보아야 하고, 사단적 분쟁의 경우는 교회의 재산, 운영, 또는 인사 등의 사단의 유지 존속에 관련된 분쟁으로서 사단법인의 일반법리에 따라 다수결의 원리와 해산 및 청산의 방식에 의하여 처리해야 한다는 견해이다. 다만 교단의 변경에 대한 분쟁은 비록 교리 및 예배와 무관한 세속적 사유에 비롯되었다 하더라도 일단 소속 교단의 변경형태를 취한 이상 이를 교리와 예배에 관한 신앙적 분쟁과 마찬가지로 처리해야 한다고 한다.[109]

(2) 내부사정으로 인한 분열과 교단자체의 분열을 구별하는 견해

이 견해는 교회의 분열을 지교회가 그 지교회 내부의 사정으로 인하여 2개의 교회로 분열하는 경우와 지교회가 속한 교단자체가 2개로 분열하기 때문에 지교회가 2개의 지교회로 분열하는 경우가 있는 바, 전자의 경우에는 교회의 분규에

---

109) 93년 전원합의체 판결의 대법관 이회창의 반대의견; 연기영, "교회분열과 재산귀속 대법원 1993. 1. 19. 선고 91다1226 판결", 「Jurist」 409호(2006. 2), 청림인터렉티브(2006), 203면.

대하여 교회헌법에 따른 상급치리회의 결정과 이에 불복하는 교인들의 단순한 이탈만을 인정할 것이고 교회의 분열이라는 개념을 인정해서는 안 될 것이며, 후자의 경우에는 지교회의 분규를 처리하여 줄 상급치리회가 없으므로 교회의 분열을 인정하되 교회재산의 처리는 교인총회의 결의에 의하고, 교인총회가 사실상 불가능한 경우에는 비영리법인의 목적달성이 불가능하게 된 경우에 해당한다고 보고, 민법 제77조 제1항을 유추적용하여 청산절차를 취하여 재산에 대한 종국적 처리를 하자는 견해이다.[110]

(3) 대등적 분열과 이탈적 분열을 구별하는 견해

이 견해는 분열의 결과 생긴 각 교회의 어느 교회도 종전의 교회와 동일성을 인정하기 곤란한 분열을 대등적 분열이라고 하고, 분파교회들을 이탈파와 잔류파로 나누어 어떤 방법으로든 또는 어떤 기준으로든 종전 교회의 계속적 실체를 인정할 수 있고 따라서 종전 교회는 유지되며, 이와 별도의 새로운 교회가 이탈파에 의하여 만들어졌다고 볼 수 있는 분열을 이탈적 분열로 본다.[111] 그리하여 이탈적 분열의 경우에는 종천교회와 동일성이 유지되는 잔류파가 재산의 전부를 차지하게 하고, 대등적 분열의 경우에는 어느 분파도 종전 교회와 동일하다고 볼 수 없어 종전 교회는 소멸된다고 보면서 종전 교회를 둘러싼 법률관계에 대한 청산이 필요하다고 한다. 이러한 청산은 비법인사단의 평상시 총유물의 관리 처분에 대한 민법 제276조 제1항, 제275조 제2항을 유추적용하여 교단헌법, 지교회정관 등 교회자치규범으로 분열시 재산분쟁에 대한 해결방법이 있으면 그에 따라 처리하고, 그런 규정이 없거나 교단과 지교회의 관계가 명목적인 것에 불과한 경우 그리고 회중정체교회 및 독립교회의 경우는 교인총회의 결의에 의하여야 하고, 다만 교인총회에 대하여는 제직회 내지 직원회로 갈음할 수 있다는 견해이다.[112]

다. 총유적 귀속설

교회의 분열을 인정하면서도 종전 교회와 동일성이 유지되는 교회가 교회재산

---

110) 정귀호, 민법주해 [I], 828면; 홍광식, 앞의 논문, 55면.
111) 김진현, 논문 1, 174면.
112) 김진현, 논문 1, 195-196, 203면.

을 총유적으로 소유하고, 동일성의 판단에 있어서는 정교분리의 원칙상 교리에 의하여 판단할 수는 없고, 분열원인, 분열과정, 소유물의 등기관계, 교인들의 수 및 교회의 자치법규에의 충실성의 정도 등을 고려하여 판단하여야 한다는 견해이다.[113]

Ⅳ. 검 토

1. 분열긍정설에 대한 비판

가. 분열긍정의 논거에 대한 비판

교회분열을 허용하는 종래 대법원 판례와 학설의 가장 큰 특징은 종전 교회와 별도의 인격을 가진 교회가 생겨났다고 하면서도 종전 교회의 재산에 대하여 분열되어 나온 교회(및 그 구성원들)가 권리를 가진다고 구성하는 데에 있다. 이하에서는 긍정설의 논거를 하나 하나 살펴봄으로써 그 부당성을 검토하고자 한다.

(1) 교회의 신앙단체성에 관하여

각종의 법인 아닌 사단 중 오직 교회에 대하여만 분열이 논의되는 것은 그 신앙단체적 성격 때문으로 보이고 교회가 그와 같은 특수성을 갖고 있다는 점 자체는 수긍할 수밖에 없다. 그러나 신앙단체가 분쟁을 교회 내에서 해결하지 못하고 일반법정으로 들고 나오는 한 하나의 사회단체로 평가될 수밖에 없으며, 순수한 신앙문제가 아니라면 종교단체 내의 문제라 하더라도 역시 일반법체계의 적용에서 벗어날 수 없는 것이며, 종전 대법원 판례가 순수한 신앙문제를 넘어선 분쟁을 이유로 한 교회분열까지 모두 수긍하고 있다는 점에서 신앙단체성을 이유로 교회의 재산 귀속에 관하여 다른 비법인사단과 달리 취급할 근거는 빈약하다.

서구 사회에서는 중세까지의 종교우위의 원칙이 근세국가 성립 이후 정교분리 내지는 상호불가침의 과정을 거쳐 현대에 이르러서는 오히려 종교에 대하여 국

113) 김상용, 논문 1, 230면; 김인섭, 앞의 논문, 149면; 박세용, 앞의 논문, 163면(이러한 견해에 대하여 주장자들은 총유적 귀속설이라는 용어를 사용하지 않았으나, 박상도, 앞의 논문, 67면에서 총유적 귀속설이라는 이름으로 설명하고 있어 편의상 이를 원용한다).

법질서가 우위에 있는 것으로 보이며, 우리나라의 경우는 전통적으로 종교가 국가권력에 복속하여 왔다고 할 수 있다.[114] 이와 같이 역사적 관점으로 볼 때 법이 들어가지 못하는 제단의 범위는 축소되어 가고 있음이 세계적인 추세이다. 결국 현대사회에서 종교의 기능과 역할, 수없이 많은 각종 사회단체와의 비교 등을 통하여 볼 때 신앙단체 역시 그들이 스스로의 일을 교회 내에서 해결하지 못하고 일반 법정으로 들고 나오는 한 하나의 사회단체로 평가될 수밖에 없다. 이와 같이 역사적인 관점으로부터 보더라도 교회가 국가의 일반 법률규정으로부터 자유롭다고 보기 어려울 것이다.

교회의 권징재판은 교인으로서 비위가 있는 자에게 종교적인 방법으로 징계제재하는 종교단체 내부의 규제이므로 그 효력과 집행은 원칙적으로 교회 내부의 자율에 맡겨져야 한다는 것이 확립된 판례인바, 권징재판에 의하여 징계, 출교 등의 규제를 받은 사람이 오히려 이에 불복하여 자파를 형성하고 종전의 교회에서 벗어나 타교단에 가입하는 경우에 이를 분열이라고 하여 보호하는 것은 위 판례와 법리적으로 상충되는 것은 아니라고 할지라도 일관성은 결여된 것이다.[115]

(2) 법인 규정의 유추적용과 관련하여

법인 아닌 사단에 대하여는 민법의 법인에 관한 규정 중 법인격을 전제로 하는 조항을 제외한 나머지 조항이 원칙적으로 유추적용된다는 것이 확립된 판례의 입장이고 통설이다.

인격의 주체로서 사람이 출생 후 둘로 분열될 수 없듯이 법인 역시 설립등기를 하여 성립한 후 분열 등기는 허용되지도 않을뿐더러 사원들이 집단적으로 법인을 이탈하였다고 하여 법인이 분열되는 것도 아니니다. 사람이 사망하여 수인이 공동상속하면 인격의 주체가 수인으로 승계된 것 같은 양상을 띠지만 이는 상속에 관한 별도규정을 두었기 때문이고, 법인은 해산만 허용되기 때문에 하나의 법인이 수개의 법인에게 승계되는 양상은 발생하지 않는다. 결국 "인격의 주체가 분열한다."는 개념은 적어도 민법상 인격의 주체인 사람이나 법인의 해석론으로

114) 민유숙, 앞의 논문, 59면.
115) 변동걸, 앞의 논문, 485면.

서는 도출될 수 없는 것으로 생각된다. 상법상 회사 분할과의 관계가 문제될 수 있지만, 회사법에서 분할은 합병의 반대면을 이루는 제도로서 어느 한 회사(분할회사)의 적극 및 소극재산의 전부 또는 일부가 분리되어 적어도 하나 이상이 신설되거나 존속중인 회사(분할합병의 상대방 회사)에 포괄승계되고 그 대가로 신설회사 또는 분할합병의 상대방 회사의 주식이 원칙적으로 분할회사의 주주에게 부여되는 회사법상의 제도로서 "회사의 신설"이되 당사자의 합의에 의한 일부 재산이전이 보태어지는 것이다. 교회에 대하여도 종전 교회의 구성원들이 의사합치로 새로운 교회를 설립하고 종전 교회의 재산 일부를 신설교회로 이전하는 것을 막을 이유가 없고 이는 구성원의 의사의 합치가 있다는 점에서 그러한 의사의 합치가 없는 종래 판례가 인정한 "교회 분열"과는 다른 개념이다.[116] 또한 분열을 인정하게 되면 교회의 재산에 대한 총유 또는 공유 형태의 공동귀속을 인정하여야 하는데, 이러한 형태의 공동귀속은 특별한 법률규정이나 법률행위 없이 물권변동이나 채권양도를 가져오는 것이므로 타당하지 않다.[117]

분열긍정설은 우리 민법 중 사단법인에 관한 규정은 사단법인을 규율하기 위하여 필요한 최소한의 내용만을 규정해 둔 것이고, 그 나머지 부분은 사적 자치에 맡겨 사단법인의 본질에 반하거나 제3자의 이해관계를 해치지 않는 한 사단법인의 구성원들과 당사자 사이에서 임의적으로 결정할 수 있도록 허용하고 있는 것이라고 해석하여야 할 것이므로, 사단법인의 분열에 관한 규정이 없다고 하여 우리 민법이 사단법인의 분열을 금지하고 있는 취지라고 단정할 것은 아니고, 또 사단법인의 분열을 금지하여야 할 특별한 이유도 보이지 않으므로 사단법인의 분열은 우리 민법 하에서도 허용되는 것이라고 보아야 한다고 한다. 이와 같이 사단법인 구성원들의 자발적 결의에 의한 사단법인의 분열이 가능하다면, 구성원들의 자발적 의사에 기인하지는 않았으나 다른 어떠한 사정으로 인하여 사단법인이 사실상 분열된 상태가 초래되어 하나의 사단으로 회복될 가능성이 없어진 경우 그 상태를 그대로 기정사실로 인정하여 사단법인이 분열된 것으로 보

116) 민유숙, 앞의 논문, 60면 주60).
117) 상법 제530조의 2~530조의 12에서는 주식회사의 경우 회사분열을 인정하는 규정을 두고 있으나 민법에서는 그러한 규정이 없다.

아 법률관계를 정리하는 것 또한 굳이 허용되지 않는 것이라고 할 것은 아니다고 한다.[118]

물론 법인 아닌 사단의 구성원들이 별도의 결의 또는 합의를 통하여 종전 사단을 분할하는 행위 및 종전 사단의 구성원들이 집단적으로 탈퇴하여 새로운 교회를 설립하는 행위가 사적 자치의 원칙상 허용됨은 당연한 법리이며 부정설도 이를 전제로 하고 있다. 부정설이 부정하는 분열은 그러한 분립이 아니라 교회의 자치규범이나 민주적 절차를 거치지 않고 법률효과가 발생하는 분열인 것이다. 그러나 법률의 규정이나 법률행위가 없이 법률효과가 발생하는 행위는 불법행위나 채무불이행이 아닌 한 존재할 수 없다.

(3) 다른 법인 아닌 사단과의 비교

Ⅱ.의 1.의 다.항에서 본 바와 같이 대법원은 다양한 법인 아닌 사단 중 유독 교회에 대하여만 분열 개념을 긍정하고, 유사한 종교단체인 사찰에 대하여 명시적으로 분열 개념을 부정하고 있다. 그리고 다른 법인 아닌 사단에 대하여도 사단의 본질, 당해 단체의 특성 등에 비추어 분열 개념을 긍정하여야 할 경우는 발견되지 않는다. 교회에 대하여만 분열을 인정한다면 형평성에도 문제가 될 수 있다.

한편, 분열긍정설의 논거는 상당 부분 일본에서 제기된 노동조합의 분열에 관한 이론에 기초하고 있는 것으로 보이나, 일본에서도 그 이론은 판례의 지지를 얻지 못하였을 뿐 아니라, 설령 그 이론 자체는 받아들일 수 있다고 하더라도 교회와 노동조합은 그 자체의 성격이 판이하여 단체로서의 목적, 재산의 형성과정, 단체에 대한 소속구성원의 의식, 일반법원이 관여 심판할 수 있는 범위 등에 있어서 많은 차이가 있기 때문에, 노동조합의 분열에 대한 이론을 교회의 분열에 그대로 적용하기는 어려운 것이다.[119]

---

118) 2006년 대법원 전원합의체 판결의 대법관 박시환의 별개의견 참조.

119) 변동걸, 앞의 논문, 484면; 홍기태, 앞의 논문, 636면.

(4) 사회적 현실과 관련하여

다수인의 인적 결합체인 사단에 있어서 항상 내부 분쟁이 있게 마련인데 어느 정도의 분쟁이 있는 경우에 이를 사회현상으로서의 분열이라고 할 수 있는지 분명치 않다. 일본의 최고재판소 판례는 이를 '내부대립에 의하여 그 통일적인 존속이 극히 고도로, 그리고 영속적으로 곤란하게 될 경우'라고 하고 있으나, 그 판단 역시 불명확하기는 마찬가지일 뿐만 아니라 실제로 그와 같은 현상에 해당한다고 인정한 상급심판례는 일본에서도 찾아볼 수 없다.[120] 또한 사회적인 현실로서 분열상태가 벌어졌고 그것이 논리적으로 불가능한 것이 아니며 현실을 현실로 인정해야 실질에 맞는다고 하지만 논리적으로 가능하다는 것이 이론적인 근거가 될 수 없으며, 현실적으로 분열이 이루어졌다고 하여 법률적으로도 과연 분열이 가능한가 하는 것은 별개의 문제이다.

(5) 소수파의 보호와 관련하여

긍정설은 교단변경결의가 이루어진 경우 그 결의에 반대하였던 교인들 또는 2/3 이상 찬성을 얻지 못하여 교단변경결의에 실패한 경우 그 결의에 찬성하였던 교인들은 자신의 선택에 의하여 잔류 또는 탈퇴를 할 수 있다고 하더라도 잔류의 의미는 신앙이나 교리, 교회 지도자나 운영 주도권에 관한 주장을 포기하고 자신의 신념에 반하는 다른 신앙생활을 따를 것을 강요받는 것에 다름 아니어서 종교의 자유가 침해받고 실질적으로는 종전 교회에서 탈퇴를 강요받고 제명당하는 결과가 되며, 반대로 자신의 신앙을 올바르게 수행하기 위해서는 진의와 무관하게 종전 교회로부터의 탈퇴를 선택할 수밖에 없으므로 결국 종전 교회 소유재산에 대한 총유재산권을 박탈당하고, 신앙공동체 및 신앙생활 근거지에서 축출되는 불합리한 결과가 생기는 것으로서 이는 결국 다수자에 의한 소수자의 재산권 박탈로서 다수결로 결정할 수 있는 한계를 넘어가는 것이고, 더구나 종전 교회와 대립되는 교인 집단의 숫자가 전체의 반수를 넘어가지만 2/3에까지는 이르지 못하는 경우에는 소수의 교인들로 존속하게 되는 종전 교회가 반수를 넘는

---

120) 변동걸, 앞의 논문, 482-483면.

다수 교인들의 재산권을 박탈하고 교회로부터 축출하는 결과가 되어 그 불합리성이 너무 심하게 된다고 한다.[121]

그러나, 사단법인 의사결정의 기본원칙은 다수결로서 이는 구성원의 개성이 사단 속에 매몰되는 단체법의 기본원리이고, 이에 따른 소수파의 불이익은 다수결의 원리가 적용되는 모든 단체법관계에서 일어날 수 있는 문제인 이상 교회의 경우에만 명문의 규정도 없이 국가가 판결로 새로운 이론을 만들어 내어 보호할 일은 아니다.[122] 사단의 경우에 다수결은 그 존립의 기반이 되는 법리로서 정관에 다른 규정이 없는 한 어떠한 경우에도 이를 포기할 수 없는 것이다. 만일 이와 같이 보지 않는다면 사단의 목적 내지 근본규칙을 위반하여 단체의 질서를 파괴한 소수파의 행동을 정당한 것으로 승인하는 결과로 되며,[123] 더 나아가 소수파에 의한 분열을 조장하는 결과로까지 나아가게 될 것이다. 그리고 현실적으로는 다수파가 종전 교단으로부터 이탈을 주장하면서 종전 교인들을 실력으로 저지하여 교회를 분란에 빠뜨리는 경우도 많은데, 이 경우 소수의 정통파를 보호하려면 오히려 교회분열 개념을 부정하여야 할 것이다. 또한 교단변경의 정족수를 2/3로 함으로 인하여 교인 전체의 반수를 넘어가지만 2/3에까지 이르지 않은 교인들의 권리가 침해된다고 하지만 이는 정관을 변경하기 위한 결의요건을 준수하고자 하기 때문에 일어나는 현상으로서 의결정족수를 정하여 둔 당연한 결과이지 그것이 불합리하다고 할 수 없다.

일본에서도 노동조합의 분열이 논의되고 하급심에서나마 긍정설이 받아들여졌던 때는 민주적 법질서가 비교적 확립되지 아니하였을 때로 보여지고 근래에 와서는 긍정하는 판례가 보이지 않는다는 점도 이러한 측면에서 참고할 수 있을 것이다.[124]

또한 긍정설에 따르더라도 교회재산을 보존하기 위하여 소를 제기하려면 총회결의를 필요로 하고 총회결의는 결국 다수결에 의하게 될 것인데 총회결의는 다수파의 의사에 따를 수밖에 없어 어차피 소수파는 보호되기 어렵다.

---

121) 2006년 대법원 전원합의체 판결의 대법관 박시환의 별개의견 참조.
122) 2006년 대법원 전원합의체 판결의 대법관 김영란의 보충의견 참조.
123) 김상기, "교회분열과 분열된 교회재산에 관한 법리", 「법조」 35권 3호, 법조협회(1986), 115면.
124) 민유숙, 앞의 논문, 61면.

(6) 분쟁해결기능과 관련하여

긍정설은 교회 분쟁의 해결 방법으로 새로운 대표자(목사)의 선임이나 기존 대표자(목사)의 해임, 구성원(교인)의 제명 등의 방법을 실제로 취할 수가 있을 것인바, 그 경우 교회 규약 등에 대표자 선임 · 해임, 구성원 제명에 관한 의결정족수가 따로 정하여져 있으면 그에 의하여야 할 것이고, 따로 정족수의 정함이 없다면 구성원 과반수의 출석과 출석 구성원 과반수 찬성에 의하여 이를 의결할 수 있게 될 것인데, 이와 같은 경우 다수의견이 교회 분열의 해결방법으로 제시하는 2/3 정족수의 기준과 대표자의 선임 · 해임, 구성원의 제명 등에 관한 의결정족수가 다를 때에 어느 정족수가 기준이 되는지에 관하여 혼란과 충돌이 초래될 수 있다고 하나,[125] 교단의 헌법과 정관 그리고 일반 민법의 규정 및 그 합리적인 해석에 의하여 해당사항에 대한 정족수를 적용하면 될 것이므로 거기에 어떤 혼란과 충돌이 있을 수 없다할 것이다.

또한 긍정설은, 교회가 사실상 분열되어 교단변경결의가 이루어진 경우의 소수 반대 교인들 및 결의가 이루어지지 못한 경우의 찬성 교인들이 종전의 신앙공동체로부터 완전히 분리된 별도의 신앙공동체를 구성하거나 명시적으로 탈퇴의 의사표시를 하지 않는 이상 위 교인들의 탈퇴 여부를 판단하는 것은 매우 어렵고, 실제로 이들이 종전 교회의 구성원으로 남아 교회 재산과 교회 운영에 권한을 행사하겠다고 주장하는 경우 이를 강제로 배제시키는 것이 현실적으로 가능할 것인지 의문이고, 결국 교인들 간의 분쟁은 여전히 해결되지 않은 채 내재적으로 계속된다고 볼 수밖에 없을 것이라고 주장한다.[126]

그러나 교인들이 종전 교회를 탈퇴하였는지 여부의 판단은 그 소송사건을 심리하는 법원의 당연한 책무이고, 그 사실인정이나 강제집행의 어려움은 교회분열을 인정하든 부정하든 아무런 차이가 없다.[127] 또한 탈퇴를 하지 않고 단순히 분쟁상태에 있는 교인들을 억지로 탈퇴로 볼 이유가 없고 그들이 탈퇴하지 않은 상태에서 적법한 절차에 따른 교회 재산과 교회 운영에 관한 권한행사를 막을

125) 2006년 대법원 전원합의체 판결의 대법관 박시환의 별개의견 참조.
126) 2006년 대법원 전원합의체 판결의 대법관 박시환의 별개의견 참조.
127) 2006년 대법원 전원합의체 판결의 대법관 김영란의 보충의견.

이유도 없는 것이며, 만약 위법한 방법으로 분쟁을 야기한다면 권징 등의 방법으로 치리하여 질서를 유지할 수 있을 것이다.

뿐만 아니라 긍정설은, 부정설에 의하면 교단을 변경하려면 의결권있는 교인 2/3 이상 결의를 하는 방법으로 교회의 적법한 소집절차를 거친 총회에서의 결의를 요구하고 있으나 교회가 사실상 분열될 정도로 분쟁이 격심한 상황에서 교회 분열(교단의 변경)을 의결하기 위한 총회의 소집을 허용해 줄 소집권자는 아무도 없을 것이라고 주장하나,[128] 긍정설도 인정하듯이 법원에 총회 소집허가를 받아 총회를 소집하는 방법이 있을 것이고, 그러한 방법으로 개최된 총회가 전체 교인들의 총의를 제대로 반영하기 어렵다고 할 수도 없다.

오히려 다음 총유설과 공유설의 비판에서 살펴보듯이 교회분열을 전제로 하는 위 각 견해의 어느 견해에 의하더라도 분쟁해결을 실질적으로 기대하기는 어렵다는 점에서 부정설에 의할 때 효과적인 분쟁해결방법이 될 수 없다는 긍정설의 주장은 설득력이 있다고 볼 수 없을 것이다.

나. 총유설에 대한 비판

(1) 법리상의 문제점

법인 아닌 사단의 총유인 재산의 관리처분에 관한 의결에 참가할 수 있는 지위나 사단의 재산에 대한 사용·수익권은 법인 아닌 사단의 존재와 그 구성원 자격에 기초하여서만 인정된다.

종래 대법원 판례(총유설)의 분열관은 분열 후의 각 분파교회는 어느 쪽도 종전 교회와의 동일성을 유지하지 않는다는 것이다. 그렇다면 종전 교회는 이미 소멸되어 버린 과거의 존재로서 새로운 분열교회들로 대체되었다고 보거나, 아니면 새로운 분열교회들의 성립에도 불구하고 종전 교회는 여전히 존재하고 있다고 보아야 할 것이다.

(가) 그런데 종전 교회가 소멸한다는 전제에 서면 총유의 내용과 이론적 모순관계에 빠지게 된다. 교회가 분열로 소멸되면 교회의 교인들은 소속할 교회가 없

128) 2006년 대법원 전원합의체 판결의 대법관 박시환의 별개의견 참조.

게 되므로 그 교인의 지위를 상실하게 되고 동시에 민법 제277조에 의하여 총유물에 대한 권리·의무도 상실하게 되며, 총유개념은 단체의 존재를 전제로 하는 것인데 단체가 소멸된 마당에 총유관계만이 잔존할 수는 없는 것이다. 종전 교회가 소멸함으로써 그 교회 교인이었던 자들 사이에 있었던 인적 결합관계 역시 소멸하여 그들은 더 이상 단일체가 아니며 개인일 뿐이므로 총유에 부합하는 인적 결합관계가 존재하지 않기 때문이다.

따라서 분열로 소멸된 종전 교회의 재산을 그 분열 당시의 교인들이 주체가 되어 총유한다는 것은 논리적으로 불가능하다.[129] 설령 그 이론이 가능하다고 하더라도 살아 있는 사단은 그 사원의 교체를 통하여 영구히 동일성을 유지하여 존속하는 것이지만 분열 당시 교인들은 교체가 불가능하며 언젠가는 사망 등으로 꾸준히 감소되어 궁극적으로는 전부 존재치 않게 된다. 그러다 보면 그 교회 재산은 무주의 재산이 된다는 결론에 이르게 되는 것이다.

(나) 그렇다면 결국, 총유설은 교회가 분열되면 종전의 통합된 상태의 교회와 새롭게 구성된 단체인 각 분열교회가 이중적으로 존재하게 된다는 것을 전제로 하지 않을 수 없다. 분열된 새로운 교회의 존재가 있으므로 그 존재 자체를 부정할 수는 없기 때문이다. 즉, 종전 교회라는 단체는 분열로 인하여 그 기능이 사실상 상실된 것일 뿐 여전히 전 교인을 포용한 상태로 남아 있고 종전 교회의 구성원 중 일부씩으로 구성된 새로운 두 개의 단체가 각기 생겨났다고 보는 것이다. 그렇게 본다면 새로운 각 교회와 종전 교회는 그 구성원의 일부가 중복되었을 뿐 인격적으로는 전혀 별개이며 새로운 교회가 종전 교회에 어떤 권리를 가지거나 종전 교회의 운명을 좌우할 수는 없게 된다. 이렇게 새 교회들과 종전 교회가 전혀 별개라는 논리를 받아들인다면 새 교회들은 그 단체로서는 종전 교회의 총유재산에 대하여 아무런 권리를 가지고 있지 않고 따라서 새 교회의 자격으로는 종전 교회 재산의 명도를 구하거나 퇴거를 명할 수 없게 되며, 반면 새 교회의 교인들은 여전히 종전 교회의 교인으로서의 자격을 가지고 있기 때문에

129) 따라서 분열 당시 교인의 총유라는 것은 허구의 개념에 불과하다(김상기, 앞의 논문, 115면; 변동걸, 앞의 논문, 492면; 이학수, 앞의 논문, 38면; 조용연, 앞의 논문, 75면; 최창열, 앞의 논문, 155, 156면).

종래와 같이 사용하는 권리는 여전히 유지된다.

그러나 이렇게 종전의 통합된 상태의 교회와 분열교회가 이중적으로 존재한다는 논리가 지나친 의제일 뿐만 아니라 종전 교회의 재산은 교회 분열 당시의 교인의 총유라고 하면서도 사용수익권은 새로 가입된 교인들에게까지 주어진다[130]는 논리는 모순이 아닐 수 없다. 그리고 이 경우 사용수익권을 인정하는 근거는 무엇인지, 사용수익만 하고 의결권은 없는지, 없다면 사용수익권과 의결권의 분리가 가능한 것인지 문제되며, 새로운 교인들에게 사원권을 인정한다면 분열당시 교인들의 총유라는 전제와 모순되는 것이다.[131]

뿐만 아니라 다른 대법원 판결[132]은 "교회는 신앙공동체로서… 교회가 2개의 교회로 분열되었다고 하려면… 신앙공동체로서의 기초가 상실되는 정도에 이르렀거나"라고 판시하였는바, 신앙공동체로서 기초가 상실되었다면 이로써 그 공동체성을 전제로 하였던 종전 교회는 존립근거가 무너졌으므로 역시 소멸하였다고 보아야 하고, 결국 판례의 이러한 판시는 종전 교회가 소멸한다는 것을 전제로 하지 않는 한 설명하기 어렵기 때문에, 이러한 대법원의 판시와도 모순되는 부분이 생기는 것이다.

(다) 위와 같이 추상적으로나마 종전 교회가 남아 있다는 전제는 당사자 확정 등 재판실무에도 혼란을 초래한다.

우선 종전 교회를 구성하는(따라서 그 총회결의를 적법하게 하는) 교인은 '분열 당시 교인이었던 자'인바, 시간이 흘러 재판에 이르러 과거의 교인을 확정하는 부담을 안게 된다. 앞서 본 것처럼 교회재산에 관한 소송은 종전 교회의 명의로 제기하여야 하는데(종전 교회 교인들의 총회결의도 필요하다) 이는 결국 분열을 인

130) 대법원 1988. 3. 22. 선고 86다카1197 판결은 "교회의 구성원이 계속적으로 변경되어 가는 교회의 속성에 비추어 볼 때 분열된 각 교회는 새로운 교인들을 받아들일 수 있음은 물론, 예배행위를 주관할 목사를 청빙하여 총유재산인 교회당을 사용하여 예배행위를 할 수 있는 것이며 반드시 분열 당시의 교인들에 한하여서만 그 사용수익의 권리가 있는 것은 아니라고 할 것이다."라고 판시하고 있고, 대법원 1993. 1. 19. 선고 91다1226 전원합의체 판결은 "교회의 구성원이 계속적으로 변경되어 가는 교회의 속성에 비추어 볼 때 분열된 각 교회는 새로운 교인들을 받아들일 수 있는 것이어서 분열 이후에는 반드시 분열 당시의 교인들에 한하여서만 종전 교회의 재산에 대한 사용 수익의 권한이 있는 것은 아니다."라고 각 판시하고 있다.

131) 양형우, 앞의 논문, 80면.

132) 예컨대, 대법원 1995. 3. 24. 선고 94다47193 판결.

정하면서도 종전 교회의 존재, 그것도 '과거 분열 당시 존재하였던 교회'라는 화석화된 형태로서의 단체를 실제 소송에서 요구하는 결과에 이르게 된다. 또한 분열의 결과 현존하는 교회 중 하나는 종전 교회와 동일한 명칭을 사용하기 때문에 당사자의 확정, 대표자 적격의 판단 등이 어려워진다.

더구나 교회재산이 종전 교회 명의로 등기된 경우 당사자로서는 자신이 분열된 교회의 실체를 가지고 있더라도 종전 교회라고 주장하면서 소를 제기하게 될 것인데, 현재 판례가 표시설에 입각하여 '소장에 기재된 표시, 청구의 내용과 원인사실' 등을 기준으로 당사자를 확정하므로 사건의 실체와 전혀 다른 당사자를 종전 교회로 보고 재판을 하는 결과에 이를 수도 있다.

(2) 총회 결의를 둘러싼 문제점

분열에 대비하여 교회재산의 보존 및 처분방법을 정하여 놓은 교회는 없으므로, 결국 교인의 총의로 처분을 결정하여야 하며 이는 교인 과반수의 참석에 의한 회의에서의 과반수의 찬성에 의한 의결을 말한다고 할 것이다(민법 제276조 제1항).

한편, 법인 아닌 사단이 그 재산에 관한 소를 제기하는 행위는 총유재산의 관리에 관한 것이므로 특별한 사정이 없는 한 민법 제276조 제1항이 정하는 바에 따라 사원총회의 결의를 거쳐야 하고 따라서 교회재산에 관한 소를 제기하려면 교인총회의 결의가 필요하다.

(가) 소집권자의 확정

소집권자는 교회규약 등에 정하여진 자로서 통상 대표기관인 담임목사이다. 교단 소속 지교회의 목사는 소속 노회로부터 파송됨으로써 교회규약과 상급 노회, 총회 등의 교회헌법상 요건을 갖추어야 할 것이므로 종전 교회의 담임목사가 노회와의 분쟁으로 면직당하자 이에 반발하여 지지교인들을 이끌고 나감으로써 교회가 분열되는 전형적인 사례에서 위 담임목사는 소집권자가 될 수 없다.[133)]

133) 대법원 1980. 2. 12. 선고 79다1664 판결{교회의 교파변경결의를 한 공동회의가 그 교회가 속하고 있던 대한예수교장로회 합동파 규약에 따라 그 소집권자인 그 교회 당회장에 의하여 소집되지 아니하였으면(종전 교회 소속 노회와 분쟁이 발생하여 탈퇴하려는 목사를 지지하는 집사가 소집하였

그렇다면 나아가 누가 적법한 소집권자인지 문제되는바, 논리적 일관성을 살리려면 "분열 당시 교인들의 총유재산"의 관리를 위한 소제기이므로 분열 당시 교인들을 구성원으로 하는 교회의 분열 당시 목사라고 보아야 하겠지만 그 목사가 소집 당시 대표권이 없다면 과거의 대표권을 가지고 소집권을 부여할 수 있는지 다시 문제될 것이다.

(나) 소집대상자의 확정

교회재산은 분열 당시 교인들의 총유에 속하므로 그 재산을 처분하거나 그 재산에 관한 소송을 제기하려면 분열 당시 교인들 전원에게 총회결의를 위한 소집통지를 하여야 한다.

그런데 그 소집대상자는 분열된 후 시간이 흐를수록 실제 교인들과 불일치하게 되어 소집통지가 점점 어려워질 것이다. 분열 당시의 교인의 명단이 확보되는 경우가 오히려 드물 것이어서 소집통지가 적법하게 이루어졌는지 입증하기 어렵고, 이와 같이 교인의 범위가 확정되기 어려운 이상 적법한 통지절차를 밟을 수도 없으며, 과반수가 출석할 수도 없는 것이 현실이어서 설령 총회를 열어보았자 백이면 백 모두 효력이 없다고 판정될 수밖에 없게 된다. 결국, 기존 판례대로 하면 분열 후 먼저 적극적 소송을 제기하는 편은 어느 쪽도 종전 교회를 대표한다고 인정받지 못하여 패소하고 마는 불합리한 결과를 가져오게 된다.

예컨대, 대법원 1995. 9. 5. 선고 95다21303 판결은 대한예수교장로회 신점교회(종전 교회: 통합측)는 그 교회재산 일부는 재단법인 대한예수교장로회 서울노회유지재단(통합측) 명의로 등기하여 명의신탁하고 일부는 담임목사 甲에게 명의신탁하였는데, 그 후 甲이 노회와의 분쟁으로 제명당하자 지지교인을 이끌고 노회를 탈퇴하여 법통측으로 교단을 변경한 다음에도 종전 교회와 동일한 명칭을 사용하였고, 종전 교회는 위 신도들의 대거 이탈 후에도 여전히 통합측의 지교회로 남아 있으면서 종전 교회의 명칭을 사용하였다. 대한예수교장로회 신점교회(통합측에서 파송한 목사가 대표자)는 甲을 상대로 甲 명의로 등기된 교회재산에 대하여

다) 이는 적법한 소집절차가 결여된 회의이므로 그 교회의 공동회의라 할 수 없고 위 각 집회에 세례교인 45명 중 34명 내지 37명이 각 참석하여 결의한 경우 그 결의가 교인 전원의 총의에 의하였다고 볼 수 없으므로 그 결의는 효력이 없다}.

명의신탁해지로 인한 소유권이전등기(주위적 청구) 및 위 교회와 대한예수교장로회 신점교회(법통측인 甲이 대표자) 교인들의 총유의 확인을 구하는(예비적 청구) 소를 제기하였다. 대법원은 교회가 2개로 분열된 경우 교회 재산은 분열 당시 교인들의 총유에 속하며, 원고 교회가 피고에 대하여 이 사건 토지들에 대한 명의신탁을 해지하고 그로 인한 소유권이전등기를 구함에 있어서 종전 교회 교인들의 총회 결의가 없었으므로 원고 교회로서는 피고에 대하여 명의신탁해지로 인한 소유권이전등기를 청구할 수 없다고 판단하여 주위적 청구를 기각하고, 이러한 교회의 총유재산에 관한 소송은 교회 자체의 명의로 하여야 하는바, 종전 교회의 교인들 전원이 아닌 일부로만 구성된 원고 교회가 분열 당시의 종전 교회의 총유임을 주장하여 구하는 소는 당사자적격을 갖추지 못한 부적법한 소라고 판시하여 예비적 청구를 각하하였다.

그러나, 대법원 1998. 2. 24. 선고 97다45327 판결은 위 동일한 교회 사이에서 이번에는 甲을 대표자로 하는 대한예수교장로회 신점교회가 자신이 종전 교회와 동일성을 유지하는 교회라고 주장하면서 위 재단을 상대로 명의신탁해지를 원인으로 하는 소유권이전등기청구의 소를 제기하였다. 원심은 원고는 분열 후의 교회로서 종전 교회와 다른 당사자이고, 분열 후 교회 교인들의 총회결의만을 가지고 분열 전 교회의 재산에 대한 소송을 제기하는 것은 부적법하다고 판단하여 각하하였다. 대법원은 종전 교회와 원고의 동일성이 인정되지 않는다 하더라도 원고 교회가 그 교인들의 총회 결의를 거쳐 제소를 한 이상 부적법하다고 볼 것은 아니고, 단지 원고 교회가 그 주장하는 바와 같은 소유권이전등기청구권을 가지고 있다고 볼 수 없다고 판시하였다.

(3) 분쟁의 미해결

종래의 판례가 형성될 당시에는 교인들이 소속 교회나 교단의 분열이라는 현상을 예측조차 하지 못한 상태에서 연보·헌금을 통하여 교회 재산 형성에 기여하였는데 교단 분열로 신앙노선이 달라져서 도저히 하나의 신앙공동체를 유지할 수 없는 상황이 되었으니 교회의 분열을 허용하면서도 이들이 모두 종전 교회의 터전하에서 신앙생활을 할 수 있도록 배려하여야 할 필요성이 절실하였으며, 이에 더하여 당시의 인구나 사회·경제적 수준에 비추어 지교회들은 대부분 소규모로서 교회 재산의 시가 역시 높지 않았을 것이므로 분열된 양측 교회 구성원들에게 권리를 인정한다는 다소 추상적인 판결만으로도 당사자들 사이에서 자율적으로 분쟁이 해결될 여지를 기대할 수 있었다. 그러나 그 후 수많은 지교회와 교단의 분립과 지교회의 비대화, 교회 재산가치의 상승 및 다수인의 첨예한 이해관계 대립이 나타나 대법원이 종전과 같이 분열되어 나온 양측의 교인들에게 모두 권리를 인정한다는 취지의 종래 판시를 고수한다면, 분쟁해결기능을 상실하게 될 뿐 아니라, 오히려 종전 교회를 박차고 나온 사람들에게 재산적 권리를 인정함으로써 교단 상호간 및 교인 상호간의 분쟁을 더욱 조장하는 결과를 초래할 수 있다.[134)]

위와 같이 소송상 문제가 해결되지 않음으로 인하여 교인들은 그저 상대방 교회의 사용을 방해하지 않은 범위 내에서 교회재산을 사용수익할 뿐이므로 하나의 교회당 건물 내에 두 개의 교회가 존재하게 되고, 그것을 분할하기도 어려워 분쟁의 종국적 해결이 불가능해지는 문제점이 있다.[135)] 또한 교회재산 중 교회당 건물의 경우에는 시간을 달리하여 사용할 수는 있겠지만, 공동이용이 불가능한 목사의 사택 사용권 문제와 사용, 수익이 그 핵심이 아니라 처분이 핵심인 예금채권, 유가증권, 부채 등에 대한 귀속 주체의 판단 등에 많은 난제를 안고 있다.[136)]

다. 공유설에 대한 비판

(1) 이론적 근거의 흠결

공유설의 가장 큰 단점은 분열한 각파가 교회재산을 공유하게 되는 법적 근거 내지 이론적 근거가 없다는 점이다. 공유설은 종전 교회가 소멸하고 분열되어 나온 복수의 새로운 교회들만이 존재하는 것으로 입론(立論)하면서 1개의 교회재산

134) 2006년 대법원 전원합의체 판결의 다수의견 참조.

135) 이학수, 앞의 논문, 39면; 변동걸, 앞의 논문, 493면에 의하면 93년 전원합의체 판결의 당사자인 양 교회 또한 판결이 확정된 지 2년 반이 지난 시점까지도 종국적인 해결을 보지 못하고 교회의 점유는 다수파에서, 교회재산에 대한 소유명의는 소수파에서 각 보유하고 있으면서 외견상 소강상태를 보이고 있다고 한다.

136) 변동걸, 앞의 논문, 492, 493면; 이학수, 앞의 논문, 39면.

에 대하여 복수의 교회가 권리를 갖는다면 일물일권주의에 어긋나므로 이를 회피하기 위하여 복수의 교회가 공유한다고 구성하고 있다.

그런데 분열되어 나온 교회는 종전 교회와 동일성이 없는 새로운 인격체인데 어떻게 종전 교회의 소유권을 승계하는지 그 근거를 설명할 수 없다(소유권승계의 근거 흠결). 그리고 공유가 성립하려면 이를 성립시키려는 당사자의 법률행위나 법률의 규정이 있어야 하는데 이러한 근거가 존재하지 않는다(공유관계 성립의 근거 흠결). 또 공유설에 의하면, 종전 교회의 채무가 두 개의 교회에 인수되어 이들이 연대하여 책임을 부담하여야 한다. 그러나 민법상 채권자의 의사와 무관하게 채무인수를 할 수 없고, 나아가 구 채무자와 무관하게 신 채무자의 독립적인 행위로 채무인수가 일어날 수도 없다. 또한 공유설은 종전 교회는 소멸하고 2개의 새 교회가 생긴다고 전제하고 있으나, 우리 단체법상의 이론으로는 어떤 단체가 소멸하더라도 청산사무의 범위 내에서는 청산중의 단체로서 존속한다는 것이므로 종전의 단체가 소멸되었다고 볼 수도 없다.[137]

소유권의 귀속과 변동은 재산법 질서의 중요한 핵심으로서 법률의 규정이나 당사자의 법률행위에 근거하지 아니한 소유권의 변동을 인정할 수 없다. 그런데 우리 민법은 법인 아닌 사단의 법률관계 중 재산의 소유 형태 및 관리 등에 관하여 민법 제275조 내지 제277조에 특칙을 두어 법인 아닌 사단의 재산관계를 총유로 규정하는 입법을 채택하였고 총유에 있어서는 소유권이 관리 · 처분의 권능과 사용 · 수익의 권능으로 나누어져서 구성원들에게는 사용 · 수익의 권능이 배분되고 관리 · 처분의 권능은 통일적 의사를 요구하기 때문에 사단 총회의 결의에 따라서만 행사할 수 있도록 규정하였다. 따라서 사단이 분열된 사회적 현실을 받아들이더라도 분열된 각 사단에게 부여되는 법률 효과로서 재산관계에 관하여는 종전 사단의 정관 등으로 정하지 않은 이상 민법 제275조 내지 제277조가 적용되어, 종전 사단의 재산에 대한 권리는 그 구성원으로서의 지위에 수반하여 득실을 결정하지 않을 수 없다. 이는 우리 민법이 법인 아닌 사단의 재산형태로서 총유를 규정한 이상 부득이한 결과로서 이러한 법률효과를 배제하자는 논

137) 교회의 청산절차에 대한 대법원 2003. 11. 14. 선고 2001다32687 판결 참조.

의는 입법론이 아닌 현행법의 해석론으로는 받아들일 수 없다.

공유설의 논리구조는 "교회 분열이라는 사회적 현실을 받아들여야 한다.", "교회 분열을 허용하는 이상에는 권리의무의 포괄적 승계를 허용하는 것이 가장 자연스럽다.", "따라서 분열된 교회들이 종전 교회 재산을 포괄승계하여 이를 공유한다"라는 삼단논법으로 구성되어 있는바, 교회 분열이라는 사회적 현실을 인정하여야 한다는 필요성과 재산의 포괄승계가 자연스럽다는 이유만으로 법률적 근거를 사상한 채 종전 교회 교인들로 하여금 그 재산을 다른 주체에게 승계시키는 법률효과를 강제할 수 있는지 의문이다.[138]

종전 교회의 분열 결과 설립된 교회가 별개의 법인 아닌 사단으로서의 요건을 갖춘 경우에는 종전 교회와는 다른 권리의무의 주체가 되어 새로이 법률관계가 형성되는 것이지 종전의 교회에게 귀속되었던 권리・의무가 자동적으로 분열되어 나온 교회에게 포괄승계된다고 볼 근거는 전혀 없다. 우리 단체법이론에 의하면 단체의 합병에 의한 포괄승계는 인정되나 명문으로 인정된 상법상 회사 분할의 예를 제외하면 단체의 분리에 의한 포괄승계를 상정하고 있지 않으므로 이를 인정하려면 당사자들의 법률행위나 법률의 규정이 필요한 것이다.

결국, 공유설은 교회분열을 인정하기 위한 도구적인 개념으로서 교회의 분열을 인정하되 재산귀속을 종전 판례이론인 총유설에 의하여 해결할 수 없게 되자 공유라는 개념을 끌어들인 것이어서 법리적인 근거가 명쾌하지 않다.

(2) 분쟁해결기능의 결여

나아가 공유설을 채택할 때 분쟁의 해결에 확실히 긍정적으로 기능한 것도 아니다. 극심한 분쟁으로 갈라진 두 교회에 대하여 하나의 재산을 공유하도록 한다면 분쟁을 해결하였다고 할 수 없다. 대립되어 분열된 두 교회가 동일한 교회 재산을 공유하는 상태를 유지하기는 어렵고 결국 어느 쪽이 공유물분할의 소를 제기할 수밖에 없는데, 현행법의 테두리에서 가능한 공유물분할의 방법으로는 양측에게 만족스러운 권리를 보장할 수 없기 때문에 두 교회에게 종전 교회 재산을 공유케 하는 결과는 분쟁의 해결이 아니라 오히려 새로운 분쟁의 시작이라고 보

138) 2006년 대법원 전원합의체 판결의 대법관 김영란의 보충의견 참조.

아야 할 것이다. 그리고 분열된 한쪽 교회의 교인의 수가 얼마이든 언제든지 공유물분할의 소를 제기할 수 있게 함으로써 분열을 더욱 쉽게 조장할 것이라는 우려에서도 자유롭지 않다.

(가) 소유권귀속을 둘러싼 분쟁

공유는 결국 그 지분의 비율이나 분할방법을 둘러싸고 다툼이 발생하게 되는데, 특히 교회분열의 경우 종전의 전면적인 귀속분쟁에 있어서와 다름없는 치열한 다툼이 재연될 것이고 결국 법원에 공유물분할의 소가 제기되면 법원은 분할의 비율과 방법을 정하여야 할 것이다.[139)]

다수설에 따라 세례교인의 수에 상응하여 지분비율을 정한다고 하더라도 이미 총유설의 문제점에서 본 것처럼 교인의 범위 확정이 불분명하며 입증도 쉽지 않아 이를 둘러싸고 끝없이 분쟁이 이어질 가능성이 높다. 주요한 교회재산은 예배용 부동산으로서 민법상 공유물분할의 원칙적 방법인 현물분할은 사실상 불가능하고, 그 외 경매분할을 하더라도 교회재산의 처분이 전제되어야 하므로 동일한 문제가 발생한다. 가격배상에 의한 분할[140)]을 한다면 분할된 어느 한쪽의 교회로 하여금 종전 교회의 재산을 계속 소유하게 하느냐가 문제가 되므로 오히려 분쟁의 출발점으로 돌아가는 것이다.

결국, 신앙을 위한 재산적 기초인 교회재산을 분할한다는 것은 신앙 본래의 취지에 반하게 되므로 공유물분할에 의하여 당해 분쟁의 해결을 기대하기는 어려운 것이다.

(나) 사용수익권을 둘러싼 분쟁

공유설을 취하면 교회재산의 사용수익권을 놓고 분쟁이 끊이지 않는다. 공유

---

139) 박일환, 앞의 논문, 127면.

140) 대법원 2004. 10. 14. 선고 2004다30583 판결(공유관계의 발생원인과 공유지분의 비율 및 분할된 경우의 경제적 가치, 분할 방법에 관한 공유자의 희망 등의 사정을 종합적으로 고려하여 당해 공유물을 특정한 자에게 취득시키는 것이 상당하다고 인정되고, 다른 공유자에게는 그 지분의 가격을 취득시키는 것이 공유자 간의 실질적인 공평을 해치지 않는다고 인정되는 특별한 사정이 있는 때에는 공유물을 공유자 중의 1인의 단독소유 또는 수인의 공유로 하되 현물을 소유하게 되는 공유자로 하여금 다른 공유자에 대하여 그 지분의 적정하고도 합리적인 가격을 배상시키는 방법에 의한 분할도 현물분할의 하나로 허용된다).

자는 공유물 전부를 지분의 비율로 사용 · 수익할 수 있다(민법 제263조).

판례에 의하면, 토지의 공유자는 그 토지의 일부라고 하더라도 자의로 배타적인 사용을 할 수 없고 따라서 점유자가 공유물에 대하여 공유지분권을 가지고 있더라도 점유자의 배타적 사용이 공유지분의 과반수의 결의에 기한 것이 아닌 이상 부적법하므로 다른 공유자는 공유물을 배타적으로 점유하는 공유자에 대하여 그 공유물의 인도를 청구할 수 있고, 인도를 청구하는 지분권자나 상대방이 모두 과반수에 미달하는 지분만을 가진 경우에는 보존행위로서, 인도를 청구하는 공유자가 과반수지분권자인 때에는 과반수지분권자로서 공유물의 관리방법으로 각 인도를 청구할 수 있다.[141)]

그러나, 공유자 사이에 공유물을 사용 · 수익할 구체적인 방법을 정하는 것은 공유물의 관리에 관한 사항으로서 공유자의 지분의 과반수로써 결정하여야 할 것이므로(민법 제263조, 제265조), 과반수 지분의 공유자는 다른 공유자와 사이에 미리 공유물의 관리방법에 관한 협의가 없었다고 하더라도 공유물의 관리에 관한 사항을 단독으로 결정할 수 있고 과반수 지분의 공유자가 그 공유물의 특정 부분을 배타적으로 사용 · 수익하기로 정하는 것은 공유물의 관리방법으로서 적법하게 되는바,[142)] 따라서 분열된 두 교회가 각기 교회 건물을 배타적으로 점유하면서 상대방의 점유를 배제하고자 하는 경우 분열 당시 세례교인 중 한 사람이라도 많은 수를 확보한 교회가 과반수지분권자로서 배타적으로 사용 · 수익할 수 있고 소수지분권자로 전락한 다른 교회는 이에 대하여 점유배제를 구할 수 없게 되는 것이다.[143)] 결국 점유를 침탈당하는 소수자는 지분비율에 의한 부당이득반환청구[144)]로 만족할 수밖에 없게 되므로 공유설에 의하더라도 반드시 형평에

141) 대법원 1994. 3. 22. 선고 93다9392, 93다9408 전원합의체 판결; 대법원 1996. 12. 23. 선고 95다48308 판결; 대법원 2003. 11. 13. 선고 2002다57935 판결; 대법원 2007. 8. 24. 선고 2006다40980 판결.

142) 대법원 1991. 4. 12. 선고 90다20220 판결; 대법원 1991. 9. 24. 선고 88다카33855 판결; 대법원 1995. 9. 5. 선고 95다24586 판결; 대법원 2001. 11. 27. 선고 2000다33638, 33645 판결; 대법원 2002. 5. 14. 선고 2002다9738 판결 등 참조.

143) 2006년 대법원 전원합의체 판결의 대법관 김영란의 보충의견.

144) 대법원 2002. 10. 11. 선고 2000다17803 판결(토지의 공유자는 각자의 지분 비율에 따라 토지 전체를 사용 · 수익할 수 있지만, 그 구체적인 사용 · 수익 방법에 관하여 공유자들 사이에 지분 과반수의 합의가 없는 이상, 1인이 그 전부를 배타적으로 점유 · 사용할 수 없는 것이므로, 공유자 중의 일부가 그 전부를 배타적으로 점유 · 사용하고 있다면, 다른 공유자들 중 지분은 있으나 사용 · 수

맞다고 할 수 없다.

(3) 소 결

공유설은, 분열된 교회들에게 종전 교회 재산에 대한 권리를 보장하면서도 종전 판례의 문제점을 보완하려는 이론으로 선해되지만 그 이론적 흠과 실제적 문제점 때문에 종전 판례를 대체할 다른 이론으로 받아들이기 어렵다.

2. 기타 학설에 대한 비판

가. 제한적 긍정설에 대한 비판

제한적 긍정설은 긍정설에 기초 한 것이므로 긍정설에 대한 비판이 거의 그대로 원용될 수 있다. 특히 불복하는 교인들의 수가 기존 교회의 사무집행을 실력적으로 저지할 수 있을 정도는 되어야 한다고 하지만 실력적으로 저지한다는 말 자체가 불법적인 행위라는 인상을 주기 쉽고, 구체적으로 어느 정도의 숫자를 뜻하는 것인지가 명백하지 않아서 결국 분열과 이탈을 명백히 구별하기 어렵다는 비판을 면할 수 없게 된다. 그리고 법질서로부터 긍정적인 평가를 받을 수 있어야 한다고 하지만 다수결의 원리가 기능을 상실하는 상태 자체가 법질서에 어긋나는 것이다. 또한 제한적 긍정설은 그러한 제한을 판단하는 기준이 명확하지 않다는 비판을 피할 수 없다.[145)]

나. 이원설에 대한 비판

(1) 신앙단체적 분쟁과 사단적 분쟁을 구별하는 견해에 대한 비판

신앙단체적 분쟁과 사단적 분쟁으로 구별하는 견해는, 교회는 기본적으로 신앙단체이고, 그 사단성은 사회단체적 측면을 법적으로 평가한 것에 지나지 않으므로 기본적으로 신앙단체가 분열된 이상 그 사단적 구성도 이에 따라 분열된 것으로 평가할 수밖에 없다고 할 것이며, 그 분열의 원인이 신앙적인 문제이냐

익은 전혀 하지 않고 있는 자에 대하여는 그 자의 지분에 상응하는 부당이득을 하고 있다).
145) 변동걸, 앞의 논문, 483면.

사단적인 문제이냐에 따라 달리 평가할 근거가 박약하며,146) 또한 어느 정도의 신앙단체성이 인정되어야 신앙단체적 분쟁으로 인정될 수 있는지 그 기준이 분명치 않다.

(2) 내부사정으로 인한 분열과 교단자체의 분열을 구별하는 견해에 대한 비판

이 견해는 교단의 분열이 없는 내부사정으로 인한 분열을 인정하지 않은 것이나 이는 분열의 인정정도가 지나치게 축소되어 결국 판례상 문제되고 있는 거의 대부분의 경우를 단순한 이탈로 평가하게 되어 분열과 이탈의 구별실익이 없게 된다.147) 또한 상급교단 자체의 분열기준은 어떠한 기준에서 인정할 수 있는지 문제된다.148)

그리고 그 교회재산의 처리에 있어서도 교인총회가 분열된 양 교회의 교인총회라면 사실상 총회개최가 어렵고 해산에 준하여 처리하는 것도 법률상의 근거가 없다는 비판을 면하기 어렵다.

(3) 대등적 분열과 이탈적 분열을 구별하는 견해에 대한 비판

대등적 분열과 이탈적 분열을 구별하는 견해는 분열의 의미를 파벌대립에 따른 조직분립만 있으면 모두 분열이 되고 별도의 성립요건은 필요없다고 하여 분열개념을 넓게 파악하면서도 종전 교회와 동일성을 인정할 수 있는 대등적 분열과 동일성을 인정할 수 없는 이탈적 분열로 구분하고 있다. 그러나 대등적 분열, 이탈적 분열은 각각 판례에서 언급하고 있는 이탈과 분열을 치환한 것에 불과하다는 비판을 받고 있고, 결국 긍정설에 대한 비판이 이곳에도 적용될 수 있다.

이탈적 분열의 경우는 종전 교회와 잔류파의 동일성을 검토하여 동일성을 유지하는 파에 교회재산을 귀속하고, 대등적 분열의 경우에는 부득이 민법 제275조 제2항 및 제276조 제1항을 유추적용하고 있다. 이는 분열개념을 인정하면서도 부득이하게 민법 제275조 제2항 및 제276조 제1항을 유추함으로써 논리적으로 모순되는 결과를 초래하고, 사실상 분열된 두 개의 교회의 교인총회를 개최한다는 것

146) 변동걸, 앞의 논문, 487면.
147) 최창열, 앞의 논문, 147면.
148) 변동걸, 앞의 논문, 484면.

도 불가능하며, 제직회의로 총회결의를 갈음한다 하더라도 교인들의 고유권을 침해하는 결의를 할 수 없으므로 궁극적인 문제가 해결되지 않는다는 비판이 있다.[149)]

다. 총유적 귀속설에 대한 비판

동일성 있는 교회를 판단하는 기준으로 제시하는 분열원인, 분열과정, 소유물의 등기관계, 교인들의 수 및 교회의 자치법규에의 충실성의 정도라는 것이 매우 추상적이어서 그 자체의 기준을 마련하는 것이 어렵고, 교리의 문제에 관여하지 않는다고 하지만 동일성을 판단함에 있어 교리에 대한 사법적 판단이 개입될 위험이 농후하다는 비판을 피할 수 없다. 또한 분열개념을 인정하면서도 동일성이 인정되지 않는 교회는 종전 교회에 대한 아무런 권리를 얻을 수 없는 바, 과연 법적인 의미의 분열개념을 인정하는 실익이 무엇인지 의심스럽다.[150)]

3. 분열부정설에 대한 반론

이상에서 교회분열긍정설 및 이에 기한 총유설 및 공유설에 대한 비판을 통하여 분열부정설이 타당함을 밝혔다. 그러나, 교회분열부정설의 입장에서 제기한 위와 같은 비판 및 이에 기한 2006년 대법원 전원합의체 판결의 다수의견에 대하여 주로 공유설[151)]의 입장에서 다음과 같은 반론이 제시되고 있으므로 기존의 검토에서 다소 중복된 부분이 있지만 이에 관하여 다시 살펴보고자 한다.

가. 반론의 논거

(1) 영리법인인 회사에 있어서도 이미 회사의 설립당시에 하자가 있음에도 불구하고 일단 성립한 회사는 설립절차의 중대한 하자로 인한 회사설립의 무효 또는 취소판결이 확정되기까지는 유효하게 성립한 회사처럼 취급되는 이른바 사실상의 회사(faktische Gesellschaft) 내지 하자있는 회사(fehlerhafte Gesellschaft)의

149) 박일환, 앞의 논문, 38면; 양형우, 앞의 논문, 79면.
150) 박상도, 앞의 논문, 77면.
151) 김교창, “준사단법인인 교회의 분할”, 「저스티스」 통권 98호, 한국법학원(2007.6), 248면 이하; 김민규, 앞의 논문, 191면 이하; 송호영, 논문 2, 226면; 양형우, 앞의 논문, 72-76면; 오시영, 논문 2, 200-202면; 최인석, “교회분열의 인정여부 및 재산의 귀속”, 「판례연구」 19집, 부산판례연구회(2008), 80-81면(다만 최인석 판사는 총유설을 지지하는 것으로 보인다).

개념이 인정되는 것에 비추어 사실상의 분열을 통하여 성립된 교회도 사단으로서의 속성을 가지는 한 그 존재성을 인정할 수 있을 것이다.[152)]

(2) 법인소멸에는 청산단계를 거쳐서 소멸하는 단계적 소멸(Beendigung im-gestreckten Verfahren)과 청산단계를 거치지 않고 소멸하는 비단계적 소멸(Beending uno actu)이 있고, 우리 법에서 청산절차 없는 법인소멸의 경우인 상법상 회사의 합병제도(상법 제235조)나 회사의 분할제도(상법 제530조의 2)가 있다. 전자의 경우는 합병과 동시에 회사의 모든 권리·의무가 존속회사(흡수합병의 경우)나 신설회사(신설합병)에게 포괄적으로 승계됨으로써 청산을 거치지 않고 소멸하게 되고(상법 제234조, 상법 제235조), 후자의 경우에 있어 분할에 의하여 피분할회사가 소멸하는 경우인 완전분할(전부분할 또는 소멸분할)의 경우에는 피분할회사의 일체의 권리·의무는 신설회사에게 포괄승계 되어 청산절차를 거치지 않고 소멸한다(상법 제530조의 11 제1항, 제234조, 상법 제530조의 10). 따라서 모든 단체가 청산절차를 거쳐야만 소멸하는 것을 전제로 하는 주장은 타당하지 않다. 또한 이렇게 청산절차 없이 권리·의무가 포괄승계되는 경우가 인정된다는 점에서 민법상 사단법인에 대해서 합병이나 분할에 관하여 규정이 없다고 하여 법인재산의 포괄승계를 인정할 수 없다고 할 수 없다.[153)]

(3) 다수의견이 종래의 총유설을 배제하고 사단법인의 정족수라는 원리에 의거하여 2/3 이상의 교인을 확보한 교회에 종전 교회의 동일성을 인정하고 그 교회에 종전 교회에 재산 전부를 귀속시키는 법리를 채택한 것은 사법적극주의의 추세에 부합하는 것이기는 하나, 이는 외견상 사법적극주의의 실현일 뿐 실제로는 애써 그 분쟁의 실체에 접근하여 분쟁을 해결하고자 하는 노력을 방기하는 것과 다름 없다. 교회의 특수성을 배제하고 사단법원리에 충실하여 교회분열을 부정하고 정족수라는 도식적인 기준으로 교회분쟁을 매듭짓기 보다, 더욱 심도있게 실체관계를 분석하여 과연 교회 내의 분쟁으로 인한 단체의 대립이 탈퇴에 불과한 것인지 아니면 분열에 이른 것인지를 가려내고 그에 상응하는 재산권을 명확히 가려주는 것이 진정한 사법적극주의를 실현하는 것이다.[154)]

---

152) 송호영, 논문 2, 218-220면 참조.
153) 송호영, 논문 2, 220-223면; 양형우, 앞의 논문, 85, 88면.

(4) 비법인사단을 구성원의 가입과 탈퇴가 제한되는 단체(문중 또는 종중, 집합건물의 관리단, 동창회, 노동조합, 주택조합)와 구성원의 가입과 탈퇴가 자유로운 단체(교회나 사찰, 학회, 소비자단체)로 분류하여 후자에 있어서는 형성과 해제, 분열과 합병이 법인격 있는 단체보다 자유로워야 하고, 사단법인의 분열을 금지하는 규정이 없기 때문에 사단법인의 분열을 인정하여야 하며, 설사 분열을 인정하는 규정이 없기 때문에 사단법인의 분열을 인정할 수 없다는 견해가 맞는다고 하더라도 이러한 해석이 법인격 없는 사단에도 그대로 적용되어야 할 합리적인 이유가 없으며, 헌법상 종교의 자유와 결사의 자유 등에 비추어 교회의 분열을 허용하여야 한다.[155] 특히 상법상의 주식회사의 분할에 관한 규정이 비법인사단인 교회에 유추적용될 수 있다는 것은 너무나 당연한 해석이다.[156]

(5) 교회의 헌법에 지교회의 분립과 합병[157]에 관하여 별도의 의결정족수를 두고 있지 않는 한편, 공동의회의 일반 의결정족수는 출석한 교인의 과반수로 결의가 가능하고,[158] 민법 제276조 제1항이 "총유물의 관리 및 처분은 사원총회의 결의에 의한다."고 되어 있는 바, 이는 교단변경에 의결권 있는 교인 2/3 이상을 요한다는 것과 상치되므로 과반수 이상의 교인이 분열에 동의하면 분열을 인정하여야 한다.[159]

(6) 다수의견에 따르면 교단변경에 반대하는 1/3의 교인들, 교단변경에 찬성하더라도 2/3에 이르지 못하는 경우 그 교인들은 교회재산에 대하여 전혀 권리를 주장할 수 없게 되고, 결국 그 교인들은 사원의 지위에서 누릴 수 있는 고유의 권리인 사원권, 특히 해산의 경우 사원에게 인정되는 잔여재산분배청구권(민법 제80조)을 사실상 박탈당하는 결과가 되어 부당하다.[160] 그리고 그들이 유지되는 교회에 잔류하기를 희망한다면 자신의 선택에 의하여 신앙이나 교리, 교회 지도자나 운영 주도권에 관한 주장을 포기하고 자신의 신념에 반하는 다른 신앙생

154) 송호영, 논문 2, 224-225면.
155) 오시영, 논문 2, 189-195면, 199-200면 참조; 같은 취지로는 양형우, 앞의 논문, 76면; 김재완, "단체법리의 재조명: 종중재산의 법적성격", 「민사법학」 제31호, 한국민사법학회(2006), 119면.
156) 오시영, 논문 2, 197면.
157) 통합헌법 제2편 정치 제11조.
158) 통합헌법 제2편 정치 제90조 제6호.
159) 오시영, 논문 2, 194-195면.
160) 오시영, 논문 2, 195-196면.

활에 따를 것을 강요받는 것에 다름아니므로 이는 심각한 종교의 자유를 침해하는 것이라 하지 않을 수 없고, 종교의 자유, 양심의 자유를 지키기 위해서 유지되는 교회에서 이탈할 수밖에 없다면 이는 재산권을 포기할 수밖에 없어 종교의 자유와 재산권의 포기 중 양자택일을 강제하는 것이 되어 부당하다.[161]

(7) 또한 다수의견은 교단변경결의에 반대한 교인들도 유지교회에 동참하여 활동하다가 다른 교인들과 협의를 하는 등의 방법을 통하여 자신들의 의견에 동조하는 다수의 교인들을 확보하여 2/3 이상의 교단변경의 결의요건을 갖춘 경우에는 종전 교단으로 복귀할 수도 있다고 하면서 교단변경결의에 관한 새로운 법리가 적용되는 영역은 교회의 운영 내지 재산에 관한 법률관계에 한정된다고 하고 있으나, 신성해야 할 교회 내부에 자신의 종교적 양심을 접고 잠복하여 있으면서 계속하여 자신들의 견해를 지지하는 교인의 숫자가 세례교인 수의 2/3가 될 때까지 그들을 포섭하는 물밑작업을 하라는 것은 새로운 분쟁을 부추기는 무책임한 판시라는 것이다.[162] 뿐만 아니라 교단변경에 찬성하지만 2/3가 되지 못하여 교단변경을 하지 못한 교인들이 과반수의 결의로 반대 교인들의 교회재산의 사용수익을 금지하는 결의를 함으로써 반대교인들을 축출하거나, 교회재산을 자신들이 설립할 교회에 처분하는 결의를 할 수도 있어 갈등을 초래할 수 있다고 한다.[163]

(8) 다수의견은 지교회가 자치규범이 없는 경우 특정교단에 가입하는 것은 헌법을 자치규범으로 수용하는 것이고, 교단의 자치규범인 헌법의 변경을 초래하므로 교단변경을 위한 교인총회의 결의에 정관변경 규정을 적용하여야 한다는 것은 ① 교단헌법을 자치규범의 수준으로 끌어내리는 과도한 설정이고, 교단변경으로 적용받는 헌법규정이 달라지는 것을 자치규범의 변경에 해당한다고 하는 것은 무리한 의제이며, ② 또 자치규범이 있는 경우 교단의 변경으로 인하여 지교회의 명칭이나 목적 등 지교회의 규약에 포함된 사항의 변경까지 수반한다고 전제하는 데 특별한 사정이 없는 한 교회의 목적은 선교, 예배로 동일하므로 목적

161) 오시영, 논문 2, 197면; 같은 취지 양형우, 앞의 논문, 74면, 82면.
162) 오시영, 논문 2, 199면.
163) 양형우, 앞의 논문, 84면.

의 변경이 있을 리 없고, 교단이 바뀐다 하더라도 예컨대, 장로회 소속 교회의 경우 어느 교단에 속하든지 "대한예수교장로회 ○○교회"로 똑같이 사용하는 것이 일반적이므로 명칭이나 목적에서 정관의 변경이 있을 수 없으며, ③ 교회헌법은 대체로 가장 무거운 의결요건으로 담임목사 청빙에 대하여 출석인원 2/3 이상의 찬성으로 하되 세례교인의 과반수에 해당해야 한다고 규정하고 있는데 교단변경에 의결권자 2/3 이상 찬성으로 하는 것은 자치규범인 교회헌법을 무시하는 것으로 너무 엄격하다는 비판이 있다.[164] 아울러 교회분열의 해결방법으로 제시하는 2/3 정족수의 기준과 대표자의 선임·해임, 구성원의 제명 등에 관한 의결정족수가 다를 때에 어느 정족수가 기준이 되는지에 관하여 혼란과 충돌이 초래될 수 있다.[165]

(9) 교회재산을 형성하는 헌금 등의 증여행위는 당해 지교회의 종교적 요소(교의) 및 지속적인 신앙생활을 전제로 출연한 행위로서 교회의 분열은 단체에 매몰되었던 구성원의 개성(출연자의 기여도 등)이 부활하는 것으로 이해하는 것이 타당하므로 종전 교회에의 잔류교인뿐만 아니라 새로운 교회를 설립한 분열교회의 교인에게도 지속적인 신앙생활이 가능하도록 교회재산을 분할하여야 하며, 다수의견은 신앙단체로서의 특성을 무시한 채 사단의 요건으로서의 조직상의 단일성을 지나치게 강조함으로써 권리능력없는 사단의 다양한 유형에 사단법리를 획일적으로 적용하는 결과를 초래하여 현실적인 분열 불가피성을 무시하고 구체적 타당성을 결하게 되며, 사단결성의 자유를 침해받고 자율적 분쟁해결의 기회를 막는 결과가 된다고 한다.[166] 또한 교회재산은 교회의 물적 요소로서 교회의 본질적 요소는 아니지만 교인들의 종교활동 목적으로 사용되고 교회를 유지하기 위한 필수요소이므로 교회분열에 따른 분쟁은 교회의 재산에 대한 분할의 문제로 귀착되는 것이지 교회의 구성원의 문제는 아니다.[167]

---

164) 최인석, 앞의 논문, 제73-75면.
165) 2006년 전원합의체 판결의 대법관 박시환의 별개의견: 양형우, 앞의 논문, 83면.
166) 김민규, 앞의 논문, 216-225면 참조.
167) 양형우, 앞의 논문, 72면.

나. 반론에 대한 비판

위 반론은 크게 다음과 같이 요약할 수 있는바, 교회분열부정설의 논거 및 교회분열긍정설에 대한 비판은 이미 비교적 자세히 살펴보았으므로[168] 이를 보충하는 범위에서 위 반론에 대하여 비판하고 최종적으로 사견을 밝히고자 한다.

(1) 법리적 이유

위 반론들은 민법에 명문으로 교회의 분열(사단법인의 분열)을 금지하고 있지 않는 한 분열을 인정할 수 있고, 상법 제530조의 2에서 주식회사의 분할을 허용할 뿐만 아니라 청산절차 없이 법인이 소멸되는 경우도 있으며 이 경우 청산절차 없이 법인의 재산이 포괄승계되므로 교회가 분열된 경우도 종전 교회가 소멸하는 경우로서 그 재산이 신설교회에 포괄적으로 승계되는 것이 법해석 논리상 타당하다고 한다.

그러나, 입법론으로는 몰라도 현행 법의 해석론으로서는 민법 등 법률에 사단법인의 분할을 인정하는 규정이 없다는 점에서 교회의 분열을 부정하는 것이 사단법리에 더 부합하고, 재산권의 변동 역시 법률의 규정이나 법률행위가 있을 때만 가능하다는 점에서 위 첫째의 논거는 타당성이 없다고 할 것이다. 회사법에 회사의 분할과 합병의 규정이 있어 이를 준용하는 것이 가능하다고 하지만 그러한 분할과 합병은 회사법상 소정의 절차와 요건(상법 제530조의 2 이하 참조)을 거쳐서 이루어지는 것이지 법률상의 절차 없이 사실상 분할과 합병을 인정하는 것이 아닌 것이다.[169] 대법원 판례도 비법인사단인 교회에 해산사유가 발생하였다고 하더라도 곧바로 당사자능력이 소멸하는 것이 아니라 청산사무가 완료될 때까지 청산의 목적범위 내에서 권리·의무의 주체가 되고 이 경우 청산 중의 비법인사단은 해산 전의 비법인사단과 동일한 사단이고 교회를 청산절차 없이 소

---

168) 2006년 전원합의체 판결 이후 이를 지지하는 견해로는 남세진, 앞의 논문, 19면, 민유숙, 앞의 논문, 82면; 박상도, 앞의 논문, 77면 이하; 배성호, "교회분열과 재산귀속", 「한국부패학회보」 제12권 4호(2007), 47면 이하; 윤진수, 논문 1, 59면 이하; 윤진수, "2007년도 주요 민법 관련 판례 회고", 「서울대학교 법학」 제48권 1호(2007)(이하 '논문 2'라 한다), 375-376면; 홍기태, 앞의 논문 649-651면 등이 있다.

169) 윤진수, 논문 1, 59면 이하.

멸하는 것으로 보지 않고 있다.[170] 또 설사 청산절차 없이 법인이 소멸하는 경우가 있다고 하더라도 법률상의 절차가 필요한 것은 마찬가지일 것이다. 당사자의 합의나 결의 또는 법률의 규정에 의한 절차에 따라 회사를 분할하는 것과 그러한 합의나 적법한 절차 없이 교회를 분열하는 것은 구별되어야 한다. 우리 국민의식 가운데 준법의식이 없이 실력으로 밀어 붙이면 법이 인정한다는 인식이 있지 않나 하는 의구심을 지울 수 없는바, 이러한 의식을 법이 보호하여서는 안 될 것이다.

(2) 교회의 신앙단체적 성격 및 구체적 타당성

위 반론들에 의하면, 교회는 공동의 종교적 이념인 교리와 종교적 행위양식인 예배를 기초로 하는 교인들의 집결체로서 기본적으로 신앙단체이면서 한편으로는 대표기관과 구성원의 공동의사결정기구를 갖추고 재산을 관리하는 등 사회단체로서의 조직과 기능을 아울러 갖는바,[171] 교회는 기본적으로 신앙단체이고 그 사단성은 사회 단체적 측면을 법적으로 평가한 것에 지나지 않는다고 할 것이므로, 기본적인 신앙단체가 분열된 이상 그 사단적 구성도 그에 따라 분열된 것으로 평가할 수밖에 없을 것인데[172] 이를 부정하는 것은 사실상 존재하는 분열 교회를 부정함으로써 구체적인 타당성을 결여한다는 것이다.

그러나, 교회의 성질을 신앙단체적 측면과 사회단체적 측면으로 나누어 신앙단체적 측면에서는 분열을 인정하지 않을 수 없다고 하는바, 그러한 논리의 근거가 박약하다. 사실 교회가 분열되는 경우는 많은 경우 표면상으로는 종교상의 교리 문제지만 실제로는 재산이나 교회운영방식 등을 둘러싼 파벌싸움의 경우가 많은바 이를 신앙단체라는 이유만으로 일반 단체와 달리 분열을 인정할 수는 없을 것이다. 오히려 신앙단체라는 측면에서 본다면 반가치적인 분열을 부정해야 할 것이다. 교회란 그리스도를 머리로 하는 하나의 유기체 혹은 생명체라는 교회의 성경적인 정의[173]에서 알 수 있듯이 본질적으로 하나일 것을 전제로 하는 것

170) 대법원 2003. 11. 14. 선고 2001다32687 판결; 대법원 2007. 11. 16. 선고 2006다41297 판결 등.
171) 대법원 1993. 1. 19. 선고 91다1226 전원합의체 판결 중 대법관 이회창의 반대견해 참조.
172) 양형우, 앞의 논문, 75면.
173) 제1장 제2절 Ⅰ. 참조.

이며, 교회의 주인이신 그리스도의 가르침은 교회가 하나될 것을 강조하고 있고,[174] 여러 성경의 가르침[175]에 비추어 보아도 분열은 바람직한 모습이 아니다. 기독교인이 자신의 신앙적인 신념을 지키는 것도 중요하지만 본질적인 문제가 아니라면 의견을 달리하더라도 다수결의 원칙을 존중하고 그에 따르는 것이 성령의 인도하심에 따르는 것이요, 형제를 용납하고 포용하며 사랑하는 그리스도의 마음일 것이다. 오늘날 일반인으로부터 그리스도인이 양보와 타협을 모른다는 비난이 제기되고 있는바, 이러한 일반적인 관념을 불식시키도록 하는 그리스도인들의 노력이 있어야 할 것이다. 결국, 교회가 분열하는 상태를 법적으로 보호한다는 것은 기독교의 교리에 비추어도 타당하지 않다.

또한 구체적인 타당성이나 형평성이라는 것도 그 요건이 적법 정당하다는 평가를 받았음에도 불구하고 그에 따른 효과가 주어지지 않을 때의 문제이지 단순히 결과가 형평하지 못하다는 것만으로는 이를 논할 수 없는 것이고, 이러한 결과는 그 원인을 제공한 자가 부담해야 할 몫인 것이다.

(3) 종교의 자유의 침해와 사원권 내지 재산권의 침해

반론들은, 교회 분열을 인정하지 않으면 동일성있는 교회의 교인으로 평가받지 못하는 교인들은 교리, 교회지도자나 운영주도권에 관한 주장을 포기하고 자

174) 요한복음 17장 20-23절 "내가 비옵는 것은 이 사람들만 위함이 아니요 또 그들의 말로 말미암아 나를 믿는 사람들도 위함이니. 아버지여, 아버지께서 내 안에, 내가 아버지 안에 있는 것 같이 그들도 다 하나가 되어 우리 안에 있게 하사 세상으로 아버지께서 나를 보내신 것을 믿게 하옵소서. 내게 주신 영광을 내가 그들에게 주었사오니 이는 우리가 하나가 된 것 같이 그들도 하나가 되게 하려 함이니이다. 곧 내가 그들 안에 있고 아버지께서 내 안에 계시어 그들로 온전함을 이루어 하나가 되게 하려 함은 아버지께서 나를 보내신 것과 또 나를 사랑하심 같이 그들도 사랑하신 것을 세상으로 알게 하려 함이로소이다."

175) 시편 133편 1절 "형제가 연합하여 동거함이 어찌 그리 아름다운고"; 고린도전서 1장 12, 13절 "내가 이것을 말하거니와 너희가 각각 이르되 나는 바울에게, 나는 아볼로에게, 나는 게바에게, 나는 그리스도에게 속한 자라 한다는 것이니. 그리스도께서 어찌 나뉘었느냐…"; 에베소서 4장 2~13절 "모든 겸손과 온유로 하고 오래 참음으로 사랑 가운데서 서로 용납하고 평안의 매는 줄로 성령의 하나 되게 하신 것을 힘써 지키라. 몸이 하나이요 성령이 하나이니 이와 같이 너희가 부르심의 한 소망 안에서 부르심을 입었느니라. 주도 하나이요 믿음도 하나이요 세례도 하나이요 하나님도 하나이니 곧 만유의 아버지시라 만유 위에 계시고 만유를 통일하시고 만유 가운데 계시도다. … 우리가 다 하나님의 아들을 믿는 것과 아는 일에 하나가 되어 온전한 사람을 이루어 그리스도의 장성한 분량이 충만한데까지 이르리니"; 빌립보소 1장 27절 "오직 너희는 그리스도 복음에 합당하게 생활하라. 이는 내가 너희를 가보나 떠나 있으나 너희가 일심으로 서서 한 뜻으로 복음의 신앙을 위하여 협력하는 것과…" 등 관련 성경귀절이 많다.

신의 신념에 반하는 다른 신앙생활을 따를 것을 강요받는 것과 유사한 종교의 자유를 침해 당하거나 아니면 자신의 교회재산에 대한 권리 내지 사원으로서의 권리를 포기하여 재산권(또는 사원권)의 침해를 강요당하는 불합리한 결과가 되고, 특히 교회의 분열은 법인의 해산에 해당하는데 해산의 경우 사원에게 인정되는 잔여재산분배청구권을 침해하는 것이라고 주장한다.

그러나, 종교의 자유 내지 신앙을 지키기 위해 종전 교회와 동일성이 있는 교회에 합류하지 못하는 교인들이 재산권 및 사원권을 포기할 수밖에 없는 경우가 생기더라도 이는 다수결과 민주적인 법절차로 인하여 감내하여야 할 당연한 결과이고 종교의 자유 또는 재산권 및 사원권 중 양자를 비교형량하여 선택할 수밖에 없는 것이다. 또한 동일성 있는 교회에 참여하는 것이 교리나 신념에 크게 반하지 않는 한 자신의 견해를 양보하는 것이 바람직한 그리스도인의 자세요 민주시민의 태도일 것이고, 만약 동일성 있는 교회의 교리와 지도방침 등이 도저히 감내하기 어려운 정도라면 과감히 재산권을 포기하고 종교의 자유를 지켜야 할 것이다. 사실, 교회재산 형성의 기초가 되는 헌금이란 교리적으로 보면 하나님께 바친 것으로 헌금을 하는 순간 헌금자의 소유권을 벗어나는 것이고, 법리적으로 보더라도 증여 내지 출연으로서 역시 헌금자의 소유권을 벗어나는 것이며, 총유라는 속성이 소유지분을 인정하지 않고 있으므로 소유권을 잃게 되더라도 그렇게 부당하다고 할 수 없다. 교인들이 헌금을 할 때 신앙생활의 지속성을 전제로 소유권을 포기하고 증여하였다거나, 교회가 분열되었다고 헌금자의 헌금에 대한 소유권이 부활하였다고 볼 수도 없다. 기독교는 자기희생과 양보의 종교이다. 종교의 자유와 신념을 지키기 위해 사소한 재산상의 손해가 있더라도 이를 기꺼이 포기할 수 있어야 한다. 그것이 바로 신앙단체로서의 교회의 특질인 것이다.

또한 교회분열을 법인의 해산과 같게 볼 수 없을 뿐만 아니라 해산과 같이 보더라도 그 재산에 대하여 막바로 교인들에게 잔여재산분배청구권이 있다고 볼 수 없다. 법인이 해산될 경우 잔여재산이 분배되기 위해서는 청산절차를 거쳐야 하며,[176] 사원에게 잔여재산의 권리가 귀속되기 위해서는 정관에 권리귀속자로

176) 최기원, 민법주해 [I], 745, 749면.

사원이 정하여졌을 경우에 한하고, 정관에 권리귀속자가 정하여 지지 않거나 이를 지정하는 방법이 정하여지지 아니한 때는 이사 또는 청산인이 사원총회의 결의를 얻고 주무관청의 허가를 얻어 당해 법인의 목적에 유사한 목적을 위하여 처분할 수 있으며, 위와 같은 방법에 의하여 처분되지 아니한 재산은 국고에 귀속된다(민법 제80조 참조). 따라서 사원의 잔여재산분배청구권은 정관에 정하여 졌을 경우에만 발생하고 사원총회의 결의에 의하여도 발생하지 않는다.[177] 그러므로 교회분열을 부정하여 종전 교회와 동일성이 있는 교회에만 재산권을 귀속시키는 것이 종교의 자유를 침해한 것이라거나 사원권 또는 잔여재산분배청구권을 비롯한 재산권을 박탈하는 것이라는 견해는 받아들이기 어렵다.[178]

(4) 교회분쟁해결기능의 결여

반론에 의하면, 부정설이 교회분열을 인정하지 아니하여 어쩔 수 없이 의견이 다른 교인들이 한 지붕 아래서 서로 자기의 주장만 하여 분쟁이 계속되고, 다수자가 소수자의 교회사용수익권을 박탈하거나 교회재산을 임의로 처분하는 등 새로운 분쟁을 야기할 우려가 있다고 한다.

그러나, 토론과 논쟁은 자유민주주의 국가에서 당연히 있을 수 있는 것이어서 의사가 곧 합치되지 않는다는 사실이 반드시 반가치적이라고 할 수 없고, 또 그러한 사실만으로 분열이라고 볼 수 없으며, 또한 다수결이라 하더라도 소수의 교인이 교회재산을 사용수익하는 것 자체를 금지하는 결의를 하는 것은 소수 교인들의 총유물의 사용수익권을 침해하는 것으로 허용될 수 없는 것이고, 교회의 다수결로 교회재산을 다수파가 설립하는 교회에 처분하는 것 또한 예상하기 쉽지 않을 뿐만 아니라 그러한 결과가 일어나기도 쉽지 않을 것이다. 따라서 반론이 지적하는 의결정족수의 차이로 인한 잠재적인 분쟁의 가능성은 지나친 기우(杞憂)에 지나지 않는다 할 것으로 신앙과 다수결의 원리에 의한 민주적인 방법으로써 해결될 수 있을 것이다.

---

177) 최기원, 민법주해 [I], 747면.
178) 비슷한 견해로는 윤진수, 논문 1, 62면.

(5) 정족수의 문제

민법 제276조 제1항이 "총유물의 관리 및 처분은 사원총회의 결의에 의한다."고 되어 있는 한편, 교회의 헌법에 지교회의 분립과 합병[179]에 관하여 별도의 의결정족수를 두고 있지 않고, 공동의회의 일반 의결정족수가 출석한 교인의 과반수로 되어 있다고 하더라도, 교단변경을 총유물의 처분과 동시할 수 있는 것은 아니므로 이러한 규정들이 교단변경에 의결권있는 교인 2/3 이상을 요한다는 것과 상호 모순된다고 할 수 없다. 또한 교단이 변경되면 명칭, 목적 외에도 정관에 규정이 없는 모든 사항에 대하여 변경된 교단 헌법의 규정을 적용받게 되므로 정관의 변경에 해당하고, 그렇다고 하여 헌법을 자치규범의 수준으로 끌어내리는 것이라고 볼 수 없으며, 교단변경에 담임목사 청빙보다 무거운 의결정족수를 요한다고 하여 그것이 잘못되었다고 할 수 없다.

교회분열의 해결방법으로 제시하는 2/3 정족수의 기준과 대표자의 선임·해임, 구성원의 제명 등에 관한 의결정족수가 다를 때에 어느 정족수가 기준이 되는지에 관하여 혼란과 충돌이 초래될 수 있다고 하나, 교단헌법, 정관 등 자치규범과 민법의 해당 규정에 따라 정족수를 적용하면 될 터이므로 혼란과 충돌이 초래될 여지는 없을 것이다.

(6) 교단을 변경하지 않는 교회분쟁이나 아무 교단에도 소속되지 않은 독립교회의 분쟁

반론에 의하면, 전원합의체 판결로서는 이 경우에 동일성있는 교회를 확정하는 기준이 없어 분쟁해결의 효과적인 방법이 될 수 없다고 하나, 다음 제5절 Ⅰ. 에서 보는 바와 같은 기준으로 동일성있는 교회를 확정하여 분쟁을 해결할 수 있을 것이다.

4. 소결 – 교회분열의 부정

우리 민법이 사단법인에 있어서 구성원의 탈퇴나 해산은 인정하지만 사단법인

---

179) 통합헌법 제2편 정치 제11조.

의 구성원들이 2개의 법인으로 나뉘어 각각 독립한 법인으로 존속하면서 종전 사단법인에게 귀속되었던 재산을 소유하는 방식의 사단법인의 분열은 인정하지 아니하므로 법인 아닌 사단에 대하여도 그 법리는 동일하게 적용되고, 따라서 법인 아닌 사단의 구성원들의 집단적 탈퇴로써 사단이 2개로 분열되고 분열되기 전 사단의 재산이 분열된 각 사단들의 구성원들에게 각각 총유적으로 귀속되는 결과를 초래하는 형태의 법인 아닌 사단의 분열은 허용되지 않는다고 할 것이다.

교회분열에 대하여도 동일한 기본원리가 적용되어야 하며 따라서 교인들이 분열하여 집단적으로 탈퇴하더라도 기존교회가 동일성을 유지하면서 존속하는 데에는 아무런 영향도 미치지 아니하므로 교회 재산은 기존 교회의 잔류 교인들에게 총유적으로 귀속됨이 원칙이고, 또 정관 등의 규정에 의한 다수의 교인들의 결의에 의하여 동일성을 유지하는 한도 내에서 소속 교단 등을 변경하고 교회의 명칭을 바꾸는 것이 가능할 것이고, 그러한 변경이 적법하게 이루어졌다면 변경 후의 교회가 종전 교회와 동일성을 유지하면서 존속하고 있다고 보아야 할 것이며 교회 재산 역시 동일성을 유지하는 교회의 교인들에게 총유적으로 귀속된다고 보아야 할 것이다.

사회현상으로서의 교회의 분열이 나타나고 있는 것은 사실이지만 이를 실정법의 논리에 맞지 않게 법적 개념으로 그대로 들여와 분쟁해결을 시도하는 것은 기존 법질서에 맞지 않은 분쟁해결방법을 조장하는 것이므로 가능한 한 피하여야 할 것이다. 분열로 소멸된 종전 교회의 재산을 그 분열 당시의 교인들이 주체가 되어 총유한다는 것이나 분열된 교회가 공유한다는 것은 법리적으로 성립하기 어렵고, 또 법리상 가능하더라도 실제의 분쟁해결에 도움이 되기도 어렵다.

법원이 교단의 탈퇴 등 교인들 간의 갈등으로 말미암은 교회의 분쟁을 고유한 내부 분쟁이라고 치부해 버리지 않고 사법권의 심사대상이 되는 법률적 쟁송이라고 보고 개입하여 온 이상, 법인 아닌 사단에 적용될 법리를 충실하게 적용하여야 하고, 그 적용에 있어 다시 교인들의 종교의 자유나 신앙단체의 본질을 들어서 우리 법상 근거가 없는 분열의 개념을 상정하거나 법인 아닌 사단에 적용될 재산 관련 법규를 달리 해석하여 집단적으로 탈퇴한 구성원, 나아가 새로 세운 조직의 구성원들에게도 종전 조직에서 인정되던 구성원으로서의 권한을 부여하도록 허용되어서는 안될 것이다.

다수결의 원리가 적용되는 결과 소수파로 되는 교인들이라 하더라도 자신들이 신봉하는 교리를 좇아 스스로 교회를 선택하거나 선택하였던 교회에서 탈퇴하여 원하는 교회를 찾아감으로써 종교의 자유를 향유할 수 있는 이상 이를 넘어서서 개개 교인들의 종교의 자유를 내세워 이를 기준으로 교회 재산의 귀속을 결정하여야 한다는 것은 구성원의 개성이 매몰되는 단체법원리를 부인하는 것으로서 이미 당위성을 상실하였다 할 것이다.[180]

우리나라와 비슷한 교회 분열의 역사를 가지고 있는 미국의 판례 이론이 교회 분열을 인정하여 그 재산을 분점하는 예는 찾아보기 어렵다는 점[181]과 전원합의체 판결이 교회분열부정설에 입각하여 그동안 분쟁해결을 피하여 왔던 판례를 변경함으로써 위 판례를 알지 못하거나 이해하지 못하는 현재로서는 다소의 혼선이 있지만 점차 판례의 취지가 교회 운영에 적용됨으로써 이 판례로 인하여 앞으로는 교회분열이 감소할 것으로 기대되는 데다 또다시 전원합의체 판결을 변경한다면 더욱 혼란이 가중되리라는 점 등도 아울러 고려하면 전원합의체 판결을 변경할 필요성 내지 당위성을 찾아보기 어렵다고 할 것이다. 이와 같이 법리적으로나, 분쟁해결기능으로나, 기독교의 신앙단체적 성격으로 보나, 민주주의 기본원리로 보나 교회분열을 부정하고 교회재산은 종전의 교회와 동일성이 있는 교회의 교인들에게 총유적으로 귀속한다고 봄이 타당하다. 이것이 교회의 종교단체로서의 특성과 법인 아닌 사단으로서의 특성을 균형있게 고려하는 결과가 되고,[182] 다른 종교단체의 분열을 인정하지 않는 것과의 형평에도 맞는다.[183]

---

180) 2006년 대법원 전원합의체 판결 중 대법관 김영란의 보충의견 참조.
181) 제6장 제3절 I. 2. 가. (5) 참조.
182) 홍기태, 앞의 논문, 651면.
183) 이백규, "사찰의 실체와 종단의 변경", 「민사판례연구(19)」, 박영사(1997), 55면.

제 4 절 교회분열과 교단변경

Ⅰ. 2006년 대법원 전원합의체 판결의 의의

1. 앞에서 살펴본 바와 같이 교회의 분열인정여부 및 그에 대한 재산권의 귀속에 관한 종래의 판례에 대하여는 많은 비판이 있어 왔다. 그러던 중 위와 같은 사단법원리에 기초한 교회분열 부정의 법리에 입각하여 대법원 2006. 4. 20. 선고 2004다37775 전원합의체 판결이 선고되었고, 위 전원합의체 판결은 이에 대한 법률이 없는 우리의 사법현실에서 사실상 법률과 같은 중요한 역할을 하게 될 것이다. 전원합의체 판결은 지난 50여년 동안 다른 법인 아닌 사단과는 달리 유독 개신교 교회에 대해서만 교회의 분열을 허용하고 분열시의 재산관계는 분열 당시 교인들의 총유라는 입장을 유지해 오던 입장을 바꾸어 교회에 대하여 법인 아닌 사단에 관한 민법의 일반원리를 적용하여 교회의 분열을 인정하지 아니하고, 따라서 원칙적으로 탈퇴한 교인들은 교회재산에 대한 사용·수익권을 상실하고, 종전 교회는 잔류 교인들을 구성원으로 해 실체의 동일성을 유지하면서 존속하며 종전 교회 재산은 잔류 교인들의 총유로 귀속되되, 다만 사단법인의 정관변경에 준하여 의결권을 가진 교인 2/3 이상의 찬성에 의한 결의를 거쳐 소속 교단에서 탈퇴 내지 교단을 변경하는 경우에는 종전 교회의 재산은 탈퇴한 교회 소속 교인들의 총유로 귀속된다고 판시하였다.184)

184) 그리하여 전원합의체 판결은, 교회의 분열을 인정하고 종전 교회의 재산은 분열 당시 교인들의 총유(또는 합유)에 속한다고 판시한 대법원 1993. 1. 19. 선고 91다1226 전원합의체 판결과 같은 취지의 판결들, 그리고 교회의 소속 교단변경은 교인 전원의 의사에 의하여만 가능하다는 취지로 판시한 대법원 1978. 10. 10. 선고 78다716 판결과 같은 취지의 판결들은 이 판결의 견해에 배치되는 범위 내에서 변경 하였는바, 변경된 판결은 다음과 같다: [1] 대법원 1957. 12. 13. 선고 4289민상182 판결(변경); 대법원 1962. 1. 11. 선고 4293민상395 판결(변경); 대법원 1970. 2. 10. 선고 67다2892, 2893 판결(집18-1, 민58)(변경); 대법원 1970. 2. 24. 선고 68다615 판결(집18-1, 민101)(변경); 대법원 1971. 2. 9. 선고 70다2478 판결(변경); 대법원 1973. 1. 16. 선고 72다2070 판결(변경); 대법원 1976. 2. 24. 선고 75다466 판결(변경); 대법원 1985. 2. 8. 선고 84다카730 판결(공1985, 416)(변경); 대법원 1985. 9. 10. 선고 84다카1262 판결(공1985, 1323)(변경); 대법원 1987. 6. 30. 자 86마478 결정(공1987, 1512)(변경); 대법원 1988. 3. 22. 선고 86다카1197 판결(공1988, 669)(변경); 대법원 1989. 2. 14. 선고 87다카3037 판결(공1989, 412)(변경); 대법원 1990. 12. 7. 선고 90다카23561 판결(공1991, 436)(변경); 대법원 1990. 12. 21. 선고 90다카22056

2. 위 전원합의체 판결은 종래 논의되어 왔던 교회의 법률적 성질, 비법인사단의 법률관계, 교회 분열의 인정여부, 교단변경과 관련하여 분열된 교회의 재산귀속문제 등에 대하여 비교적 자세한 입장을 밝히고 있다.

첫째, 교회의 법률적 성질을 법인 아닌 사단으로 명확히 밝히고, 교단의 지교회에 대한 구속력의 한계를 밝히고 있다(이 점은 종전의 판례의 입장과 같다).

둘째, 사실상의 분열이나 교인들의 의사의 합치에 의한 분열은 인정하지만, 교인들의 의사의 일치가 없는 한 법적인 의미에서의 교회 분열을 인정하지 아니하고 있다. 이 점에 대하여 분열 긍정설이 타당하지 않음은 이미 밝힌 바 있다.

셋째, 교단변경은 교인 전체의 동의를 얻어야만 한다는 종래의 견해를 바꾸어 교인 2/3 이상의 동의를 얻어 교단변경을 할 수 있다고 하였고, 교회의 분열을 전제로 종래 논의되어 오던 교회재산의 귀속에 대하여 교회분열을 인정하지 아니함으로 인하여 교회의 재산은 원칙적으로 기존교회와 동일성이 있는 잔류 교회 교인들의 총유로 하되, 교인 2/3 이상의 동의를 얻어 교회를 탈퇴한 경우는 탈퇴한 교인들로 구성된 교회가 기존교회와 동일성이 있다고 보아 그 교회 교인들의 총유라고 하였다.

위 판결에 의하더라도 교단변경에 찬성하지 아니하는 1/3에 속하는 교인, 교단변경에 찬성하지만 2/3의 동의를 얻지 못하여 교단변경을 하지 못하는 교인의 교단선택의 자유가 침해당한다는 비판은 여전히 남지만, 앞에서도 본 바와 같이 위 교인들도 재산권을 포기하고 교회를 이탈하여 다수교인들과 달리 교단을 선택하는 것까지 막는 것은 아니므로 이를 비판할 수는 없다 할 것이다.

판결(공1991, 586)(변경); 대법원 1992. 10. 9. 선고 92다23087 판결(공1992, 3113); 대법원 1993. 1. 19. 선고 91다1226 전원합의체 판결(공1993상, 712)(변경); 대법원 1995. 3. 24. 선고 94다47193 판결(공1995상, 1729)(변경); 대법원 1995. 2. 24. 선고 94다21733 판결(공1995상, 1430)(변경); 대법원 1995. 4. 21. 선고 94다42686 판결(변경); 대법원 1995. 5. 12. 선고 94다54696 판결(변경); 대법원 1995. 6. 16. 선고 95다5905, 5912 판결(공1995하, 2506)(변경), 대법원 1995. 7. 11. 선고 95다4100, 4117 판결(변경); 대법원 1995. 9. 5. 선고 95다21303 판결(공1995하, 3356)(변경); 대법원 1998. 2. 24. 선고 97다45327 판결(공1998상, 847)(변경); 대법원 1998. 7. 10. 선고 98도126 판결(공1998하, 2174)(변경); 대법원 2000. 11. 14. 선고 99다20667 판결(변경); 대법원 2001. 6. 12. 선고 2000다32420 판결(변경); 대법원 2001. 6. 26. 선고 2000도2222 판결(변경); 대법원 2002. 12. 6. 선고 2002도5216 판결(변경); 대법원 2005. 10. 28. 선고 2005도3772 판결(공2005하, 1902)(변경) / [2] 대법원 1978. 10. 10. 선고 78다716 판결(공1979, 11549)(변경); 대법원 1980. 2. 12. 선고 79다1664 판결(공1980, 12648)(변경).

결국, 전원합의체 판결은 교회의 분열적 현상을 민법의 일반원리에 의하여 규율함으로써 사법질서의 통일성을 기할 수 있게 되고, 나아가 위 판결에서 명백히 한 교단변경결의 요건 등을 통하여 앞으로는 민주주의 원칙과 사단의 일반 법리에 따라 교회를 운영할 수 있게 되고 또한, 이로써 교회 분쟁에 대한 예방적 기능을 수행할 수 있게 될 것으로 기대된다는 점에서 의의가 있다고 할 수 있다.

Ⅱ. 교단변경

1. 문제의 제기

교회에 분쟁이 생기고 교회가 분열되면 이에 따라 종전 교단에 잔류하는 파와 교단을 변경하는 파로 나뉘는 것이 통상이다. 이러한 현상은 법적으로 교회의 분열을 긍정하느냐 부정하느냐와 상관없이 사실상 일어나는 현상이다. 따라서 법적으로 교회분열을 긍정하느냐 부정하느냐의 문제와 교단변경을 허용할 것인가 여부는 별개의 문제로서 종교의 자유의 원칙상 교인들의 교단변경을 허용하지 않을 수 없다. 교단헌법에 교단의 탈퇴를 금지하는 규정이 있다고 하더라도 마찬가지이다. 다만, 교회분열부정설에 따르면 교인들의 총의에 의하여 일정한 요건을 거쳐야 적법한 교단변경이 되고, 그렇게 교단변경을 한 교회가 종전 교회와 동일성이 있는 교회가 될 것이며, 긍정설에 따르면 변경된 교단에 가입한 교회와 종전 교회와 동일성을 요구하는 것이 아니므로 종전 교회 교인들의 상당수가 집단적으로 교회를 이탈하여 그들의 의사에 따라 다른 교단으로의 변경이 가능하고 그 변경에 반드시 엄격한 요건을 갖출 필요가 없게 된다.

2. 교단변경의 요건

위와 같이 교회분열부정설에 따르면 종교의 자유원칙상 교단의 변경을 허용하지 않을 수 없다고 하더라도 무조건 교단변경을 허용할 수 없고 일정한 요건을 갖춘 교단변경만이 적법한 교단변경이 되며, 그 교회가 종전 교회와 동일성이 있는 교회가 된다. 그런데 그 변경의 요건에 대하여는 다음과 같이 견해가 나뉜다.

가. 견해의 대립

(1) 교인 전원의 동의를 요한다고 해석하는 견해[185)]

종전에 대법원은 "지교회를 구성하는 교인 전원의 총의에 의하여 … 공동의회는 교인 전원의 의사라 할 수 없으며 타에 교인 전원의 총의로 위 판시와 같은 탈퇴나 타파에의 가입을 결의하였다고 볼 자료가 없다."라거나,[186)] "일반적으로 교회는 교인 전원의 총의에 의하는 경우 소속교단의 변경이 가능하다고 보아야 할 것이므로, 원고 교회가 침례회에 가입할 당시에는 침례회의 규약에 탈퇴에 관한 규정이 있었다가 새로운 규약을 제정하면서 탈퇴에 관한 규정을 두지 아니하였다고 하여도 다른 특별한 사정이 없는 한 이것만 가지고 원고 교회가 침례회로부터 탈퇴할 수 없다고 말할 수는 없을 것이다."라고[187)] 각 판시하여 교인 전원의 의사에 의하여만 교단변경이 가능하다고 하였다. 이 견해는 교인 일부의 동의를 얻어 교단을 변경하면 동의하지 않은 교인들의 종교의 자유를 침해하여 부당하다는 데 그 근거를 두고 있다.[188)]

(2) 교인 3분의 2 이상의 동의를 요한다고 해석하는 견해[189)]

특정 교단에 가입한 지교회가 교단이 정한 헌법을 지교회 자신의 자치규범으로 받아들였다고 인정되는 경우에는 소속 교단의 변경은 실질적으로 지교회 자신의 규약에 해당하는 자치규범을 변경하는 결과를 초래하고, 만약 지교회 자신

---

185) 제철웅, "단체와 법인", 「지금 우리 민법학은 어디에 서 있는가?」, 사단법인 한국민사법학회 창립 50주년 기념 학술대회 자료집(2006), 77-83면.

186) 대법원 1978. 10. 10. 선고 78다716 판결(이 판결은 전원합의체 판결로 변경되었다).

187) 대법원 1991. 5. 28. 선고 90다8558 판결.

188) 그 외 대법원은 "어떤 교단에 소속하는 교회의 교인들이 그 교회의 소속교단을 변경하는 데는 교인 전원의 총의에 의하여야 하는 것이지만 교회의 소속교단의 변경에 관하여 교인들의 의사가 대립되어 일부는 종전의 소속교단에 계속 남아 있기로 하는데 일부는 그 교회의 소속교단을 변경하기로 결의하고 새로운 교단에 가입한 경우에는 원래의 교회는 종전의 교단에 소속하는 교회와 교단변경을 결의 찬동하는 교인들에 의하여 새로운 교단에 가입한 교회의 2개로 분열된 것이라고 보아야 한다."라고 판시하였는바(대법원 1985. 2. 8. 선고 84다카730 판결), 위 판결은 교회분열을 인정하는 사안으로서 교회의 교단변경에 교인 전원의 동의가 아니면 교단변경이 불가능하다는 취지는 아니다.

189) 변동걸, 앞의 논문, 485면; 윤진수, 논문 2; 전원합의체 판결의 다수의견(대법관 이용훈, 이규홍, 이강국, 고현철, 양승태, 김황식, 김영란).

의 규약을 갖춘 경우에는 교단변경으로 인하여 지교회의 명칭이나 목적 등 지교회의 규약에 포함된 사항의 변경까지 수반하기 때문에, 소속 교단에서의 탈퇴 내지 소속 교단의 변경은 민법 제42조 제1항의 사단법인 정관변경에 준하여 의결권을 가진 교인 2/3 이상의 찬성에 의한 결의를 필요로 한다.

(3) 교인 4분의 3 이상의 동의를 요한다고 해석하는 견해[190)]

교회가 그 소속 교단을 변경하는 것은, 신앙공동체라는 관점에서 볼 때, 단순히 교회가 사단으로서의 활동목적이나 명칭을 변경하는 수준에 그치는 것이 아니라, 교회 존립의 핵심요소인 교리의 내용이나 신앙의 표현인 예배의 양식에 변경을 초래함은 물론 선교와 교회행정에 관한 공동노선과 활동체제에 근본적 변화를 일으키는 것으로서, 이는 신앙공동체인 교회의 정체성과 동일성에 중대한 영향을 미치는 것으로 평가하여야 하고, 법적인 관점에서 보더라도, 교회가 종전 교단에 소속해 있으면서 단지 사단법인의 정관에 준하는 성질을 가지는 자치규범이나 그 활동목적을 변경하는 정도에 그치는 것이 아니라, 종전 교단에 소속하였던 교회의 교인들이 그 교회를 해체하고 새로운 교단에 소속된 교회를 새롭게 조직하는 데 이르는 것으로 평가하여야 할 것이므로, 교회의 소속 교단의 변경에 관하여는 사단법인의 정관변경에 관한 민법 제42조 제1항을 유추적용할 것이 아니라 사단법인의 해산결의에 관한 민법 제78조를 유추적용함이 옳고, 따라서 교회는 교회의 규약 등에 정하여진 적법한 소집절차를 거친 총회에서 의결권을 가진 교인 3/4 이상의 동의를 얻은 경우에 한하여 적법하게 소속 교단을 탈퇴하거나 변경할 수 있다.

나. 결 어

(1) 살피건대, 법인 아닌 사단이 조합과 구별되는 중요한 특징은 조합의 합수성 원리(=전원일치)가 적용되지 않는다는 것으로서, 법령상의 근거가 존재하지 않는 한 특정 사안에 관하여 전원일치를 요건으로 하기 어려울 것인데, 사단법인

190) 남윤봉, "비법인교회재산의 귀속에 관하여", 「법학논총」 제23집 제2호(특별호), 한양대 법학연구소(2006), 379면; 이완근, 앞의 논문, 428면; 전원합의체 판결의 별개의견(대법관 손지열, 박재윤, 김용담, 김지형); 1993년 전원합의체 판결의 반대의견(대법관 윤관, 김상원).

에 관한 민법 조항은 과반수, 2/3 이상의 동의 또는 3/4 이상의 동의만을 규정할 뿐 전원일치를 필요로 하는 사항을 규정하지 않고 있다. 현실적으로도 찬성파와 반대파로 의견이 대립되어 분쟁이 생기는 것인데 전원일치를 요건으로 한다면 교단변경은 허용되지 않는다고 보는 것과 동일하다. 따라서 전원동의설은 채택하기 곤란하다. 결국 2/3 동의설과 3/4 동의설만이 현행법의 해석론으로 가능할 것이다.

그런데 민법상 법인의 해산결의 요건을 종전 교회와 동일성을 유지하면서 존속하는 교회를 확정하기 위한 결의요건으로 삼기에는 법리적으로 타당하지 않고, 교단변경은 통상 지교회의 목적, 명칭의 변경을 수반하게 될뿐더러 교단변경으로 지교회가 자치규범으로서 받아들이는 헌법 등이 변경되는 결과가 되므로, 법인의 정관변경 결의요건에 관한 규정을 유추적용하는 것이 보다 명쾌한 설명이 될 것이다.

(2) 교단변경에 교인 3/4 이상의 결의를 필요로 한다는 견해는, 교단변경이 신앙공동체인 지교회의 정체성과 동일성에 중대한 영향을 미치므로 종전 교회를 해체하고 새로운 교단에 소속된 교회를 새롭게 조직하는 것으로 평가하여야 한다는 전제하에 교단변경결의에 관하여 사단법인 해산에 관한 민법 제78조를 유추적용하여야 한다는 것으로서 교단변경의 요건을 보다 엄격히 함으로써 교회의 내분을 예방하는 효과를 거둘 수 있다는 목적론적 해석이라는 점에서 일면 수긍할 측면이 없지 않으나, 그 법리적 근거에 대하여는 수긍하기 어렵다.

만약 교단변경이 종전 교회로서 동일성 유지에 중대한 영향을 미친다면 교단변경결의는 해산결의와 동일한 법률적 의미를 갖는다는 해석에 다름 아니므로 법률적 효과에 관하여도 사단법인 해산에 관한 민법 제80조 이하를 유추적용하여 청산 절차에 들어가 교회 재산을 처분하고 종국적으로 종전 교회의 실체를 소멸시켜야 할 것이다.[191] 그러나 교단변경은 종전의 교회가 동일성을 유지하면서 존속하되 소속 교단만을 달리 한다는 점을 당연한 전제로 하며 따라서 교단변경에 있어서 법인 소멸을 위한 절차규정은 유추적용될 여지가 없다는 논리적

191) 교회의 청산절차에 대하여 민법 제82조 제1항을 유추적용한 대법원 2003. 11. 14. 선고 2001다32687 판결 참조.

귀결로 인하여 교단변경결의의 요건으로 사단법인 해산결의요건에 관한 민법 규정을 유추적용할 수는 없게 되는 것이다. 더구나 일반교인은 교단의 변경을 그렇게 중요하게 생각하지 않고 교단 간의 교리의 차이도 거의 미미한 상태인데 그러한 변경에 교인 3/4 이상의 동의를 얻도록 하는 것은 너무 과중한 요구라 할 것이다. 다만 실제 사례에서는 드물겠지만 기본적 교리와 조직이 상당히 다른 종파, 예컨대, 장로교에서 감리교로 변경하는 것과 같이 종파를 변경하는 정도라면 이는 종전 교회와 동일성 조차 인정되기 어려워 해산의 요건인 교인 3/4의 결의가 필요하다고 보아야 할 것이다.192)

3. 교단변경 요건의 성부에 따른 효과

가. 만약, 교단 탈퇴 및 변경에 관한 결의를 하였으나 이에 찬성한 교인이 의결권을 가진 교인의 2/3에 이르지 못한다면 종전 교회의 동일성은 여전히 종전 교단에 소속되어 있는 상태로서 유지되므로, 교단변경결의에 찬성하고 나아가 종전 교회를 집단적으로 탈퇴하거나 다른 교단에 가입한 교인들은 교인으로서의 지위와 더불어 종전 교회 재산에 대한 권리를 상실한다.

나. 위의 교단변경결의요건을 갖추어 소속 교단에서 탈퇴하거나 다른 교단으로 변경한 경우에 종전 교회의 실체는 교단을 탈퇴한 교회로서(독립교회이든 다른 교단에 가입하든) 존속하고 종전 교회 재산은 위 탈퇴한 교회 소속 교인들의 총유로 귀속된다.193)

4. 교단변경이 이루어 졌는데 교단변경에 반대한 교인들의 지위

교단변경결의가 이루어졌다고 하더라도 종전 교회의 동일성이 유지되고 있으므로, 교단변경결의에 반대한 교인들이라 하여도 특별한 사정이 없는 한 교인으로서의 지위는 여전히 유지되며, 그 교회 구성원인 교인으로서의 지위 상실은 그의 자유의사에 의하여 결정된다. 교단변경결의에 의하여 교단에서 탈퇴한 교회라

---

192) 홍기태, 앞의 논문, 644면.
193) 대법원 2006. 6. 30. 선고 2000다15944 판결.

고 하더라도 다시 교단변경결의를 거쳐 교단을 변경할 수 있다. 따라서 교단변경결의에 반대한 교인들로서는 그 교회 소속의 다른 교인들과 협의를 하는 등의 방법을 통하여 자신들의 의견에 동의하는 다수의 교인들을 확보하여 2/3 이상의 교단변경결의요건을 갖춘 경우에는 종전 교단으로 복귀할 수도 있다.

이와 같이, 교단변경결의에 관한 새로운 법리가 적용되는 영역은 교회의 운영 내지 재산에 관한 법률관계에 한정된다. 교인들은 자신이 신봉하는 교리를 좇아 자유로이 교회를 선택하거나 또는 선택하였던 교회를 탈퇴함으로써 종교적 자유를 향유할 수 있다. 뿐만 아니라, 만약 적법하게 교단변경결의가 이루어진 경우에 이에 반대하는 교인들로서도 자신이 원하는 교단 소속 교회를 찾아감으로써 자신의 종교적 신념을 유지할 수 있다.

5. 교단변경결의의 내재적 한계

다만, 교단변경결의에는 지교회의 종교적 자유와 함께 지교회의 존립목적 유지라는 양 측면에서의 내재적 한계가 존재한다. 따라서 소속 교단의 헌법에서 교단 탈퇴의 허부 및 요건에 관하여 위와 달리 정한 경우에도(예컨대 교단변경을 할 수 없다고 규정한 경우 등) 그 규정이 지교회의 독립성과 종교적 자유의 본질을 해하는 경우에는 민법 제42조 단서의 규정에 불구하고 지교회에 대한 구속력을 인정할 수 없다. 다른 한편 교단의 정체가 다른 교단으로 변경하는 경우(예컨대 장로정체인 장로교, 회중정체인 침례교, 감독정체인 감리교 등 교단 상호간)에는 종전의 교회와 동일성 조차 인정되기 어려워 단순한 정관개정이 아니라 교인 3/4 이상의 결의로 종전 교회를 해산하고 새로운 교회를 설립하는 것으로 보아야 하고,[194] 기독교가 아닌 다른 종교로 변경하는 것은 교회의 존립목적에 본질적으로 위배되는 것이므로 내재적 한계를 넘는 것으로 허용될 수 없다고 볼 것이다.[195]

194) 홍기태, "교인의 탈퇴에 따른 교회재산의 귀속관계", 민사판례연구회(2006. 7. 24. 발표문), 644면.
195) 장우건, 앞의 논문, 14면.

Ⅲ. 구체적인 해결

교단변경결의가 있는 경우 그 결의가 유효하든 유효하지 않든 이와 관련한 분쟁이 있을 수 있는바 그 구체적인 해결방법은 다음과 같다.

1. 적법한 교단변경결의를 하지 못한 경우

이상에서 본 바와 같이 2006년 대법원 전원합의체 판결에 의하면 정관에 달리 정함이 없는 한 의결권있는 교인의 2/3 이상의 찬성을 얻어야 교단변경이 적법한 바, 그렇지 못한 상태에서 이탈한 교인들은 원칙적으로(교단변경을 하였지만 교회탈퇴로 볼 수 없는 경우가 아닌 경우[196]) 교회재산에 대하여 권리가 없고, 종전 교회와 동일성이 있는 잔류 교회가 적법한 권리자이다.[197]

가. 교회재산이 지교회 명의로 등기된 경우

(1) 말소등기청구

이탈 교인들이 교회를 설립하여 그 신설 교회 명의로 표시변경등기를 하는 경우 신설교회는 종전 교회와 동일성이 없으므로 그 표시변경등기는 무효이다. 이때 위 표시변경등기를 말소하는 방법을 경정등기신청 또는 등기관처부에 대한 이의신청의 방법으로 할 것인지 또는 종전교회가 신설교회를 상대로 말소등기청구의 소를 제기하는 방법으로 할 것인지 문제가 된다. 후자의 경위에는 잔류 교회(종전 교회의 교인들 중 탈퇴하여 신설한 신설교회 교인들을 제외한 교인들만으로 구성된 교회를 말한다는 의미에서 잔류 교회라고 칭한다)가 교단의 헌법 또는 자치규범에서 정한 지교회 재산의 관리・처분에 관한 규정[198]에 따른 절차를 거쳐 말소등

196) 교단탈퇴와 교회탈퇴의 구별에 관하여는 제5절 Ⅳ.에서 본다.
197) 대법원 2006. 6. 30. 선고 2000다15944 판결 참조.
198) 대한예수교장로회의 합동헌법과 통합헌법에 의하면 지교회의 재산관리에 관하여는 담임목사와 시무장로로 구성된 당회의 권한으로 되어 있지만 처분에 대하여는 규정이 없다. 즉, 합동헌법 Ⅳ. 정치 제9장 장회 제6조에 당회의 권한으로 "교회에 속한 토지 가옥에 관한 일도 장리한다."라고 되어 있고, 통합헌법 제2편 정치 제68조 당회의 직무로 제8호에 "당회는 지교회의 토지, 가옥 등 부동산을 관리한다."로 되어 있으며, 기장헌법 Ⅳ. 정치 제45조 당회의 직무 제9호에 "교회의 재정 정책

기청구를 할 수 있고, 이러한 규정이 없는 경우에는 잔류 교회 교인총회의 결의를 거쳐서 할 수 있을 것이다.

대법원은 등기명의인 표시변경등기가 등기명의인의 동일성을 해치는 방법으로 행하여져 등기가 타인을 표상하는 결과에 이르렀다면 그 경우 원래의 등기명의인은 새로운 등기명의인을 상대로 그 변경등기의 말소를 구할 수 있을 것이나, 그 표시변경이 등기명의인의 동일성이 유지되는 범위 내에서 행하여진 것에 불과한 경우에는 그것이 잘못되었더라도 다시 소정의 서면을 갖추어 경정등기를 하면 되므로 소로써 그 표시변경등기의 말소를 구하는 것은 소의 이익이 없어 허용되지 아니한다[199]고 하고 있으므로, 종전교회와 신설교회가 동일한 교회이냐 아니면 별개의 교회이냐에 따라 그 회복방법이 다르다고 하겠다.

(2) 이탈 교인들 및 이들이 설립한 교회를 상대로 하는 명도소송

이탈 교인들이 종전 교회 건물을 배타적으로 점유하는 경우 잔류 교회는 이탈 교인 및 이들이 설립한 교회를 상대로 소유권에 기한 명도청구를 할 수 있을 것이다. 제소를 위한 결의 등 요건은 위와 동일하다.

(3) 예배·출입·직무집행 금지 청구 또는 각 행위의 방해 금지 청구

이탈 교인들 및 그들이 설립한 신설교회는 종전 교회 재산의 사용수익권을 상실하므로 이들이 교회건물에 출입하거나 예배를 하는 경우 및 그들이 임의로 선출한(또는 그들이 임의로 가입한 교단이 파송한) 목사가 예배를 인도하는 등의 직무를 집행하는 것은 모두 정당한 권원이 없다고 할 것이다. 따라서 잔류 교회는 이들의 예배·출입·직무집행의 금지를 청구할 수 있을 것이다. 다만 잔류 교인들은 아래 (4)에서 보는 바와 같이 전원이 공동으로 청구하지 않으면 금지를 청구할 수 없다.

잔류 교회 및 그 소속 교인들 각자는 자신들의 교회건물 출입·예배에 대한

을 수립 감독하여 교회의 모든 재산을 관리한다."라고 되어 있다. 그러나 이러한 헌법 규정에도 불구하고 실무상 개교회의 정관에 규정이 없는 이상 교인총회의 제소결의절차를 거치고 있다.

199) 대법원 2012. 3. 15. 선고 2011다9136 판결, 대법원 2000. 5. 12. 선고 99다69983 판결, 대법원 1999. 6. 11. 선고 98다60903 판결 등 참조.

방해 금지를 청구할 수 있다. 다만 잔류 교회의 경우는 상대방에 대한 예배 · 출입 · 직무집행 금지청구가 가능하므로 굳이 우회적인 방해금지청구를 활용할 필요성은 낮아질 것이다.

(4) 잔류 교회 소속 교인들 명의로 위 각 청구를 하는 경우

잔류 교회 소속 교인 개인 명의로 위의 각 청구를 하는 경우에는 주의를 요한다. 판례는 총유재산에 관한 소송은 법인 아닌 사단이 그 명의로 사원총회의 결의를 거쳐 하거나 또는 그 구성원 전원이 당사자가 되어 필수적 공동소송의 형태로 할 수 있을 뿐 그 사단의 구성원은 설령 그가 사단의 대표자라거나 사원총회의 결의를 거쳤다 하더라도 그 소송의 당사자가 될 수 없고, 이러한 법리는 총유재산의 보존행위로서 소를 제기하는 경우에도 마찬가지라고 판시하여[200] 총유재산에 관한 소의 원고 적격을 제한하였다. 따라서 금지청구는 위 전원합의체 판결의 취지에 따라 종전 교회 명의로 청구(신청)하여야 하고 교회의 구성원 개인은 원고(신청인)적격이 없고, 전원이 필수적 공동소송의 형태로만 가능하다고 보아야 할 것이다.[201] 이에 반하여 방해금지 청구는 제3자의 사용 · 수익으로 인하여 그 총유재산의 사용수익권자가 자신의 사용수익권을 방해당하였으므로 그 방해행위의 금지를 구하는 것으로서 종전 교회는 물론, 그 교인들 개인도 청구(신청)할 수 있다고 할 것이다.

(5) 권징재판(목사 면직 등)

(가) 제6장 제3절 Ⅰ. 3. 다. (1)항에서 본바와 같이 대법원 판례는 교단이 행한 권징재판의 효력은 특별한 사정이 없는 한 유효하다고 판단한다.

그러나, 이러한 원칙이 교회가 분열되어 교단에서 이탈한 교회의 목사나 장로에 대하여도 적용될 수 있는가가 문제된다. 종전 교회 목사가 분열을 주도하는

---

200) 대법원 2005. 9. 15. 선고 2004다44971 전원합의체 판결 등.

201) 대법원 2006. 6. 9. 자 2003마1566 결정은 종전 교회 교인이 교회를 탈퇴한 측에 대하여 교회 출입 및 설교행위의 금지를 구한 사안에서, 대법원 2005. 9. 15. 선고 2004다44971 전원합의체 판결을 원용하여, 교회재산에 대한 출입 · 사용의 금지만을 구하는 가처분신청에 있어서는 신청인(종전 교회 교인) 개인은 신청인 적격이 없고, 사용 · 수익을 방해하는 피신청인의 행위의 금지를 구하는 경우에는 신청인 적격이 있다는 취지로 판시하였다.

경우로는 자신이 비리를 저질러 면직재판을 받자 이에 불만을 품고 신도들을 이끌고 이탈한 경우와 목사가 비리를 저지르지는 않았지만 교단을 이탈하려고 하자 교단에서 면직판결을 한 경우로 나눌 수 있다. 종전 교회분열을 인정할 당시의 판례 중에는 교회의 권징재판은 사법심사의 대상 밖에 있으나 그 소속을 달리하는 목사나 교인에 대하여서까지 그 효력이 미치는 것이 아니라고 판시하여 분열되어 나간 교회의 목사에게는 효력이 미치지 아니한다는 판례[202]가 있었으나 이 판례는 2006년 대법원 전원합의체 판결로 변경되어 그대로 유효할 수는 없다. 따라서 위 전원합의체 판결의 취지에 따를 때 적법한 교단변경이 아닌 한 그 목사에 대한 면직재판은 유효하고 따라서 당사자는 종전 교회 목사의 지위를 상실한다고 해석될 수 있다.

(나) 그러나 목사의 개인적인 비리가 없이 다만 목사가 교단의 정책이나 방침에 반대하여 교단을 탈퇴하려는 움직임을 보이므로 교단에서 목사를 면직하고, 지교회의 교인들의 교단변경에 대한 적법한 절차를 거친 것은 아니지만[203] 교인들의 대부분이 목사와 의견을 같이하는 경우에도 반드시 위와 같은 원칙이 적용될 수 있는지는 의문이다. 이 경우는 교회와 교단이 대립되는 경우로서 다음 제5절 Ⅲ. 2. 나.항에서 보는 바와 같이 교회의 교단선택권 및 교인들의 담임목사 청빙권과의 관계에서 무조건 교단의 권징재판을 우선시할 수는 없을 것이고, 적어도 교단변경을 원하는 교회와의 관계에서는 목사에 대한 면직의 효력이 미치지 않는다고 봄이 합리적이다.

나. 교회재산이 교단 또는 개인 명의로 등기된 경우

종래의 판례는 지교회의 교인들이 총유하는 지교회의 재산을 소속 교단 명의로 등기하거나 또는 개인(주로 지교회의 목사) 명의로 등기하는 경우 모두 명의신탁의 법리로 해결하였다.

이에 관한 구체적인 해결방법은 제4장 제3절 Ⅲ. 2, 3.항에서 기술한 바와 같

---

202) 대법원 1985. 9. 10. 선고 84다카1262 판결 참조.

203) 즉, 목사에 대한 면직재판 이전에 적법한 교단변경이 있었다면 교단의 재판이 목사에게 효력을 미치지 못하여 목사에게 공동의회의 소집권이 있겠지만 법의 무지 등으로 공동의회의 결의 절차를 거치지 않았거나 하자가 있는 경우가 많다.

다. 그러나, 이 경우도 잔류 교회만이 이러한 소송을 제기할 수 있음은 물론이다.

2. 적법한 교단변경결의를 한 경우

종전 교회 교인들의 2/3 이상이 적법하게 교단변경결의를 하고 집단적으로 종전 교단을 탈퇴한 경우에는 종전 교회의 실체는 이와 같이 교단을 탈퇴한 교회로서 존속하게 된다.

가. 말소등기청구

탈퇴교인들이 교단을 변경하고 그 변경된 교단 소속 교회 명의로 등기명의인 표시변경 등기를 하는 경우 표시변경등기는 유효하고 따라서 교단변경에 반대하여 남은 잔류 교인들 및 그들로 구성된 교회는 표시변경등기의 말소를 구할 수 없다.

교단헌법에 "이탈자는 권리를 상실한다."고 규정되어 있더라도 적법하게 소속 교단을 변경한 이상 종전 교단 헌법의 규정은 적용되지 않는다고 해석하여야 한다.

나. 사용 · 수익에 관한 소송

변경된 교단 소속 교회 및 그 교인들이 소유권자로서 교회건물을 점유하여 이곳에서 예배를 드릴 수 있고 변경된 교단에 의하여 임명받은 목사가 예배를 주관할 수 있다. 따라서 종전 교단 소속 잔류 교회나 종전 교단은 설령 등기명의를 보유하고 있더라도 위 변경된 교단 소속 교회 및 그 교인들을 상대로 명도청구를 할 수 없고, 예배 · 출입 등 금지를 구할 수 없다고 할 것이다.

제 5 절 2006년 대법원 전원합의체 판결의 문제점 및 그 해결방안

위와 같이 교회분열부정설에 입각한 전원합의체 판결의 판시는 원칙적으로 타당하다 할 것이나 위와 같은 원칙을 현실의 법운영에 적용하다 보면 구체적인 사건에서 불합리하거나 해결이 어려운 문제점들이 노정되고 있는바, 아래에서는 이러한 문제점을 지적하고 그 해결방안을 모색하기로 한다.

Ⅰ. 교단 내부에서 분쟁이 있는 교회와 교단에 속하지 않은 교회의 분쟁

교회의 분열과 관련된 교회재산분쟁의 유형을 정리하여 보면, ① 기존의 교단을 탈퇴하여 새로운 교단으로 변경하는 경우, ② 기존의 교단을 탈퇴하여 독립교회로 남는 경우, ③ 독립교회가 새로운 교단에 가입하는 경우, ④ 기존 교단의 변경 없이 내부적으로 분쟁이 발생한 경우, ⑤ 독립교회 상태에서 내부적으로 분쟁이 발생한 경우로 나누어 볼 수 있다. 전원합의체 판결은 위 ①, ② 유형에 대한 기준을 마련한 것으로 볼 수 있다. 독립교회의 경우에도 위 ③의 유형의 경우에는 전원합의체 판결의 취지를 그대로 따르면 될 것이고, 이에 따르는 대법원 판결도 있다.[204]

문제는 위 ④, ⑤ 유형의 경우이다. 그리하여 별개의견 및 반대의견은 다수의견에 대하여 교단을 변경하지 않는 교회 분쟁이나 아무 교단에도 소속되지 않은 독립교회의 분쟁에 있어서는 어떤 기준에 의하여 종전 교회의 동일성을 유지하는 교회를 확정할 것인지에 대한 설명이 없어 그 경우 분쟁해결에 도움이 되지 못하고, 만일 교단에 소속된 지교회의 경우와 동일하게 2/3 이상 결의를 요구하는 것인지에 대하여 명확한 기준이 없다고 지적하고 있다. 그런데 이 점에 대하여 다수의견의 보충의견이 제시하는 바는 앞으로 판례의 방향을 추론해 볼 수

---

204) 대법원 2006. 6. 9. 자 2003마1321 결정은 독립교회의 분열이 문제된 경우에서, 전원합의체 판결에서 채택한 법리와 동일한 법리에 따라 교단변경의 요건을 정하였다. 즉, 교단에 소속되지 않은 독립 교회에 있어서도 교인들의 일부가 종전의 독립교회 상태를 벗어나 특정 교단에 가입하기로 결의한 경우에는 이로 인하여 그 교회의 명칭이나 목적 등 교회 규약으로 정하여졌거나 정하여져야 할 사항의 변경을 초래하게 되므로 위와 마찬가지로 사단법인 정관변경에 준하여 의결권을 가진 교인 2/3 이상이 찬성한 결의에 의하여 종전 교회의 실체는 특정 교단에 가입하여 소속된 지교회로서 존속하고 종전 교회 재산은 위 교단 소속 교회 교인들의 총유로 귀속될 것이나, 찬성자가 의결권을 가진 교인의 2/3에 이르지 못한다면 종전 교회는 여전히 독립 교회로서 유지되므로 교단 가입 결의에 찬성하고 나아가 종전 교회를 집단적으로 탈퇴한 교인들은 교인으로서의 지위와 더불어 종전 교회 재산에 대한 권리를 상실하였다고 볼 수밖에 없다고 판시하였다; 같은 취지의 판결로는 대법원 2008. 1. 10. 선고 2006다39683 판결.

있는 좋은 지표가 된다고 사료된다. 즉, 보충의견은 위와 같은 지적에 대하여 앞으로 그와 같은 분쟁에서 유효한 정족수를 충족시킨 결의에 따라 목적변경에 준하는 변경 등이 있었는지 여부를 구체적인 사건에서 판단하면 될 것이고, 어떤 의결정족수를 적용할 것인지 등은 단체법의 원칙을 충실하게 적용하여 문제를 해결해 나가야 할 필요가 있다고 하고 있다.

위 ④, ⑤ 유형의 경우 교리상의 문제로 인한 분쟁, 단순히 재산문제로 인한 분쟁, 담임목사의 도덕성 문제로 인한 분쟁, 운영권 확보를 위한 분쟁 등으로 교회가 분쟁상태에 있을 수 있다. 그 어느 경우이든 단순히 내부적으로 분쟁상태에 있는 경우나, 아니면 (사실상) 분열상태에 있는 경우가 있을 수 있다. 후자의 경우 2006년 전원합의체 판결에 의하면 법률상 분열을 허용하지 않기 때문에 이탈측이 교단을 변경하거나 탈퇴하지 않은 한 여전히 분쟁사태에 있고, 그 해결방법이 쉽지 않을 것임은 예측할 수 있다. 그러나 교회의 치리권의 적절한 행사나 일정한 경우 단순한 분쟁을 넘어 교회를 집단적으로 이탈 또는 탈퇴한 것으로 해석하여 질서를 유지할 수 있을 것이다. 분쟁과 집단적 탈퇴의 구별에 관하여는 다음 항에서 살펴보기로 한다.

Ⅱ. 교인의 집단적 탈퇴(사실상 분열)와 단순한 분쟁의 구별

대법원 전원합의체 판결이 분열을 부정함으로 인하여 종전 교회와 동일성이 있는 교회만 재산권을 보유하고 그러한 동일성이 없는 잔류교회나 분열되어 나온 교회에 대하여는 전혀 교회재산에 대하여 소유권은 물론 사용수익권도 인정되지 아니한다. 이러한 결론 때문에 교회분열을 부정하면 교회분쟁이 줄어들 것으로 예상하였다. 그러나 사실상 교회가 분열되어 종전 교회의 이름으로 예배를 따로 보는 등 분열된 상태에 있으면서도 종전 교회의 교인임을 주장하고 교회를 완전히 떠나지 않음으로써 여전히 교회 분쟁이 계속되는 경우가 많다. 여기서 단순한 분쟁상태에 있다고 보아야 하는지, 더 나아가 교회가 분열되어 이탈하였다고 보아야 하는지 등에 관한 기준이 필요하다. 기준은 주예배인 주일대예배를 함께 보고 재정, 행정 등이 분리되어 있지 않는 상태에서 집단적으로 반대의견만 개진하는 상태이면 아직은 분열상태에 이르렀다고 볼 수는 없고, 주일대예배를 따로 보면서 재정, 행정 등이 분리되어 있으면 분열(이탈) 상태에 있다고 할 수 있다. 물론 이 분열(이탈)상태가 어느 정도 계속되어 쉽게 합해질 가능성이 없는 경우라야 할 것이다. 분열된 교회 중 어느 파를 정통성이 있는 교회, 즉 종전교회와 동일성이 있는 교회라고 할 것이며 그 기준은 무엇인가가 문제된다. 어느 파가 종전 교회의 정관 등에 규정된 적법절차를 준수하고 있느냐를 기준으로 종전 교회와 동일성이 있는 교회를 확정할 수 있을 것이다. 그 경우 의결정족수는 각 해당사항에 관한 교회의 정관 및 그 교회가 소속된 교단의 헌법의 규정에 따르고 이러한 규정이 없으면 민법의 사단법인의 규정에 따르면 될 것이다. 예컨대, 기존의 담임목사를 지지하는 파와 이를 반대하고 새로운 담임목사를 청빙한 파로 나뉘어 예배를 따로 보고, 재정, 행정을 따로 운영할 경우, 기존의 담임목사가 현재도 헌법, 정관 등에 의하여 적법한 담임목사인지, 청빙한 목사가 적법절차에 따라 청빙된 것인지 등을 살펴서 기존 교회와의 동일성을 판단하여야 할 것이고, 그 경우 교회당의 사용수익권에 관한 분쟁은 위 제4절 Ⅲ.항에서 본 바와 같은 원칙에 따라 해결하면 될 것이다.[205)]

Ⅲ. 교단변경결의의 절차적 요건에 따른 문제점

교단변경의 결의에 의결권있는 교인 2/3 이상의 동의가 있어야 한다는 원론적인 입장에는 찬성하더라도 구체적으로 이러한 의결을 얻는 과정에는 현실적으로 다음과 같은 어려움이 있다.

1. 교인수 및 의결정족수의 확정문제[206)]

오늘날 교회는 교인수가 수천명, 많게는 수만명, 심지어는 수십만명이 있는

205) 교단을 변경하고 새로운 교회를 설립하는 정도에 이르지 않고 단지 교회의 운영이나 예배의 방식에 대하여 이견이 있어 분쟁이 생긴 정도에 지나지 않다면 교회는 분열되었다고 볼 수 없고, 이 경우는 반대파도 총유권자로서 교회당의 사용수익권을 가지고 있다고 보아야 할 것이다(홍기태, 앞의 논문, 645면, 646면).

206) 이 점은 교회분열을 인정하여 공유설을 취하는 경우에도 나타나는 문제이다. 특히 공유지분을 세례교인수의 비율로 할 때 그 확정문제는 매우 지난한 문제이다.

교회가 있다. 또 교회에 교인명부가 있다고 하지만 각 교인이 세례를 받았는지 (다른 교회에서 세례를 받았다고 주장하는 경우), 등록교인인지 여부를 확인하기 어렵고, 또 급조된 등록교인이 나타날 수 있으며, 특히 교단변경을 위한 결의 당시 이를 일일이 확인하는 것은 불가능에 가깝다. 그리고 수만명의 교인들이 한꺼번에 한 장소에서 결의를 하기 어렵고, 여러번 나누어 결의하면 일부가 이중 삼중으로 참여할 수도 있다. 또한 서면으로 하지 않는 한 찬반의사를 확인하기도 쉽지 않다.

이러한 문제점을 해결하기 위해서는 교회 정관에 교단변경에 관하여 의결권있는 교인 2/3의 찬성이 아닌 출석교인 2/3 또는 과반수의 의결로 할 수 있게 하거나[207] 제직회나 장로회 등에게 결의권을 위임하고 그들로 하여금 결의를 하게 하는 규정을 두는 방법을 생각할 수 있다. 민법 제42조 제1항 단서의 "정수에 관하여 정관에 다른 규정이 있는 때"란 정관변경권이 사원총회의 전권사항이기 때문에 다른 기관 즉 이사회 등에 위임할 수 없고, 다만 의결정족수만을 달리 규정할 수 있을 뿐이라고 해석되지만,[208] 의결권있는 교인의 대표기관에게 위임하여 의결하도록 하는 정관의 규정은 유효하다고 보아야 할 것이다. 실제로 사원이 많은 사단법인의 경우 대의원제도를 두어 그 대의원들의 결의에 의하여 정관을 변경하는 경우가 많다. 그러나 교회의 장로회(당회)나 제직회를 교인의 대표기관으로 보아 그러한 기관에 정관의 개정권을 위임할 수 있느냐가 문제될 수 있으나 당회는 치리권이 중심이고, 사단법인의 이사회에 준하는 기관이며, 제직회 역시 집행기관에 지나지 아니하므로 입법권에 해당하는 정관변경을 위한 대의원총회

207) 대법원 2020. 3. 27. 선고 2019다296998 판결(서울고등법원 2019. 11. 14. 선고 2018나2037244 판결 두레교회사건); 정관에 교단탈퇴 정족수를 출석 교인 2/3 이상 찬성으로 규정하여 정관에 의한 교단탈퇴의 적법성을 인정하였다.

208) 홍일표, 민법주해 [I], 622면, 623면 참조.
이에 반하여 대구고등법원 2009. 11. 27. 선고 2009나3488 판결은 "창립총회에서 조합원 과반수의 의결을 거쳐 원시정관을 작성한 다음 주무관청으로부터 인가를 받았을 뿐만 아니라 그 후 정관을 변경할 때마다 주무관청의 인가를 받아온 점, 원시정관을 제정하면서 대규모 조합원총회의 개최가 곤란한 현실적인 여건을 고려해 가중된 의결정족수에 의한 대의원총회의 결의로 갈음할 수 있도록 규정한 점, 이 사건 개정을 포함해 이미 16회에 걸쳐 아무런 이의 없이 대의원총회 결의로 조합의 정관이 변경돼온 점 등을 종합해 볼 때 대의원총회에 정관개정권을 행사할 수 있도록 한 것이 사단의 본질에 정면으로 위배된다고 단정하는 것은 형식논리에만 치우친 다소 성급한 판단으로 볼 여지가 있다."고 판시하여 조합원총회가 아닌 대의원총회 결의를 거쳐 정관을 개정했더라도 변경된 정관규정을 무효로 볼 수 없다고 하였다(법률신문, 2009. 12. 14. 제3801호, 10면).

로 보는 것은 타당하지 않다고 할 것이다. 여기서 교회의 교단탈퇴 내지 교단변경이 정관변경에 해당한다고 보아 정관에 다른 규정이 없으면 제적 교인 2/3 이상의 찬성이 있어야 가능하다고 할 경우 교단변경이 매우 어렵게 되므로 정관을 제정하여 정관에 출석교인 2/3 이상의 찬성이 있을 경우 교단변경이 가능하다고 규정하고,[209] 그 정관에 의하여 교단탈퇴를 결의할 수 있을 것이다. 그런데 문제는 개교회에 정관이 없었더라도 가입교단의 헌법을 정관으로 보면 새로운 정관의 제정은 제정이 아니라 정관의 개정에 해당하는 것이라는 해석이 가능하고[210] 이렇게 해석하는 한 정관의 제정에 재적 교인 2/3 이상의 찬성이 없는 한 위와 같은 정관의 규정은 무효가 되고 따라서 출석 교인 2/3 이상의 결의에 의한 교단탈퇴 역시 무효가 될 것이다. 그러나 교단의 헌법을 개교회의 정관으로 받아들이는 것으로 인정되는 것은 어디까지나 성문의 정관이 없는 경우이고, 정관을 제정하는 경우까지 정관변경으로 보는 것은 교단에 가입한 교회의 경우 모든 정관의 제정이 정관의 변경으로 보게 되는 불합리가 있고, 교단의 헌법에는 대부분 교단탈퇴에 관한 규정이 없으므로 정관을 제정하면서 그에 관한 의사 및 의결정족수를 규정한다고 하여 이를 정관의 변경으로 보는 것은 지나치게 개교회의 정관제정권을 제한하여 개교회의 종교의 자유를 본질적으로 침해하는 것으로 타당하지 않다고 할 것이다.

그리고 정관에 다른 규정이 없더라도 교인의 확정 및 의결정족수의 확인, 결의과정 등에 엄격한 사단변경의 결의절차를 요하는 것은 무리라 할 것이므로, 교회의 관행, 사회상규, 조리 등에 따라 교인들의 의사를 확인할 수 있을 정도면 유효한 결의가 존재하는 것으로 봄이 상당하다고 풀이하여야 할 것이다.

하급심판결이기는 하지만 "공동의회의 결의는 의결정족수에 영향을 미칠 우려가 있을 정도의 교인들의 참여기회가 원천적으로 배제된 채 서면합의가 이루어지거나 교인 2/3 이상의 자의에 의한 합의가 성립되었다고 인정할 수 없을 정도의 중대한 하자가 있는 등 특별한 사정이 없는 한 서면합의로 갈음할 수도 있을

209) 위 대법원 2020. 3. 27. 선고 2019다296998 판결(두레교회사건)의 사례에서 두레교회가 정관을 제정할 때 정관개정의 절차를 거쳤는지 판결문 상으로는 확인되지 아니한다.
210) 서울고등법원 2018. 2. 9. 선고 2017나2026438 판결.

것"이라고 하여 교단탈퇴의 요건을 완화한 가처분이의결정[211]과 적법한 절차에 따라 교인총회가 소집될 경우 의결권을 가진 교인 2/3 이상이 교단변경결의에 찬성할 개연성이 높다는 이유로 교단변경을 인정한 서울고등법원 결정[212]은 위 전원합의체 판결에도 불구하고 이러한 원칙을 반영한 결과로 보인다.

2. 소집권자의 문제

가. 다음으로 소집권자 역시 교회의 규약이나 소속 교단의 헌법에 정하여진 바에 따라야 할 것인바, 일반적으로는 교회의 대표자인 당회장 내지 담임목사가 소집권자가 될 것이다. 문제는 기존 목사가 교단과의 불화로 인하여 교단으로부터 제적·출교 처분을 받게 되자 이에 반발하여 교인총회를 소집하여 교단변경을 결의한 경우인바, 대법원 판례가 권징재판의 효력이 재판의 전제가 된 경우에는 권징재판의 유·무효를 가려보아야 하지만 특별한 사정이 없는 한 그 효력을 존중하고 있으므로 결국, 제적처분을 받은 목사는 총회소집권한이 없고 노회에서 파송된 목사만이 적법한 소집권한을 가지게 된다. 이 경우 제적처분을 받은 구 목사 또는 그를 지지하는 신도들로서는 소집권자인 피송된 목사에게 총회소집요구를 하고 이를 거부당하면 민법 제70조 제2항, 제3항, 비송사건절차법 제34조 제1항에 의하여 법원에 임시총회소집허가신청을 하여 법원의 결정에 의하여 총회를 소집할 수 있을 것이다.[213]

나. 그러나, 목사의 개인적인 비리가 없이 다만 목사가 교단의 정책이나 방침에 반대하여 교단을 탈퇴하려는 움직임을 보인다는 사정만로 교단에서 목사를

---

211) 대구지방법원 2007. 5. 22. 자 2006카합640 결정: 그리하여 이 결정은 "신청인 교회가 임시당회장이던 ○○○이 당회의 결의에 따라 공동의회를 소집함에 의하지 아니하고, 실질적 담임목사인 ○○○의 소집으로 2004. 11. 1. 자 운영위원회와 2004. 12. 19. 자 제직회에서 ○○○○회로부터 탈퇴하기로 결의하고, 2005. 7. 24. 자 운영위원회에서 위 교단탈퇴절차는 교인들로부터 탈퇴동의서를 받아 ○○○○회에 발송하는 방법으로 하기로 결의한 다음, 2005. 8. 12.경까지 실질적 교인들 전원으로부터 탈퇴동의서를 받아 ○○○○회에 이를 제출하는 방식으로 ○○○○회를 탈퇴한 것은 적법하다고 할 것이다."라고 판시하였다.

212) 서울고등법원 2007. 8. 10. 자 2005라226 결정.

213) 대법원 1999. 6. 25. 자 98마478 결정{김해김씨란종파종중의 종원은 민법 제70조 제2항, 제3항이 정하는 요건과 절차에 의하여 법원에 종중총회의 소집허가의 신청을 할 수 있다고 보아 그 소집허가를 한 원심을 수긍한 예(법인 아닌 사단의 경우에는 비송사건절차법의 위 규정이 적용되지 않는다는 주장을 배척)}.

면직한 경우, 그 면직처분 등이 유효하다고 보아 목사의 소집권을 갖추지 못한 것이라고 해야 할 것인가.

위와 같은 경우에는 면직처분의 내용이나 결과가 개인의 권리를 부당히 침해하거나 사회질서에 비추어 용인할 수 없는 경우(실체적으로 중대한 하자)에 해당한다고 보아 무효라고 봄이 상당하고, 적어도 교단변경을 위한 공동의회의 소집권은 가진다고 봄이 상당하다. 뿐만 아니라 일반적으로 모든 개교회는 종교의 자유의 원칙상 자신이 소속할 교단을 선택할 수 있고, 소속되어 있는 교단을 탈퇴·변경할 권리도 가지고 있으며, 설사 소속교단의 헌법에 교단의 탈퇴·변경을 금지하고 있거나 교단 탈퇴에 관한 규정이 없다고 하더라도 아무런 지장을 받지 않는다.[214] 지교회의 의사와 교단이 대립되는 경우 교회의 교단선택권 및 교인들의 담임목사 청빙권과의 관계에서 무조건 교단의 권징재판을 우선시할 수는 없을 것이며, 적어도 그 면직의 효력은 교단변경을 원하는 교회에 대하여는 미치지 않는다고 해석하여야 한다. 따라서 그 목사에 의하여 소집된 교회의 교단변경결의는 적법하다고 봄이 상당하다. 특히, 전원합의체 판결이 나오기 전은 물론 그 후에도 법률전문가가 아닌 일반인이 위 판결의 존재를 알지 못하고 종전 판례에 따라 교단을 변경한 경우가 많은데[215] 이를 모두 무효로 한다면 이로 인한 폐해가 큰 물론이다.

일본 종교법인법은, 종교법인이 포괄종교단체와의 포괄관계 폐지를 꾀하였다는 이유로 포괄종교단체는 위 포괄관계 통지 전 또는 통지 후 2년간은 해당 종교법인의 대표역원, 책임역원 등의 지위에 있는 자를 해임하고, 그들의 권한에 제한을 가하는 등 불이익 취급을 하여서는 안되며, 이를 위반해서 한 행위는 무효로 한다고 규정하고 있는바,[216] 이러한 규정의 취지에 비추어 보더라도 지교회

214) 양인평 외 2, 「가이사의 법과 한국교회」, 도서출판 새물결플러스(2009), 39-40면; 황교안, 앞의 책, 135면, 136면; 이영진, 논문 1, 251면; 대법원 1967. 12. 18. 선고 67다2202 판결; 대법원 1991. 5. 28. 선고 90다8558 판결; 대법원 1993. 1. 19. 선고 91다1226 전원합의체 판결 등 참조.

215) 실제로 많은 경우 일반 교인들은 자신이 다니는 교회의 교단에 대하여는 별 관심이 없고, 또 교단변경에 판례가 요구하는 절차를 거치는 경우는 드물다.

216) 일본종교법인 제78조(피포괄관계의 폐지에 관한 불이익처분의 금지법) ① 종교단체는 그 포괄하는 종교법인과 해당 종교단체와의 피포괄관계의 폐지를 방지하는 것을 목적으로 하여 또는 이것을 꾀한 것을 이유로 하여 제26조 제3항(36조에 있어서 준용하는 경우를 포함한다)의 규정에 따른 통지 전에 또는 그 통지 후 2년간에 있어서는 해당 종교법인이 대표역원, 책임역원 그 밖의 역원 또는

의 담임목사가 지교회의 탈퇴를 꾀한다는 이유로 교단은 지교회의 담임목사에 대하여 징계를 할 수 없고, 설사 그러한 징계를 하더라도 이는 무효라고 풀이함이 상당하다고 할 것이다. 특히 교인들의 대부분이 목사와 의견을 같이하는 경우에는 더욱 그러하다. 물론 적법한 교단탈퇴결의를 한 이후에는 담임목사를 면직하더라도 담임목사에 대하여 효력이 미치지 않음은 당연하다.

대법원도 甲교단이 乙교회 담임목사 丙을 교단에서 제명·출교한다는 내용의 처분을 하여, 丙이 乙 교회의 대표자로서 제기한 소송이 대표권이 없는 자에 의하여 제기된 것으로 부적법한지가 문제된 사안에서, 丙이 불법으로 교회를 분립하는 행동을 하였음을 사유로 하는 제명 등 처분은 적법한 면직사유에 의하지 아니한 것으로서 효력이 없고, 제명 등 처분에 불구하고 여전히 丙이 乙 교회의 적법한 대표자라고 한 판례가 있는바,[217] 위 법리에 비추어 볼 때 타당한 판시라 할 것이다.

다. 이와 관련하여 담임목사의 징계의 효력을 직접 다루지는 않았지만 다음과 같은 판결은 시사하는 바가 크다. 대구지방법원은 교단탈퇴를 위한 공동의회의 결의를 서면합의로 갈음할 수도 있다고 하고,[218] 서울고등법원은 비록 교단변경 당시 엄격한 요건을 갖추지 못하였더라도 그 후 다시 적법한 절차에 따라 교인총회가 소집될 경우 의결권을 가진 교인 2/3 이상이 교단변경결의에 찬성할 개연성이 높다는 이유로 직무집행정지 신청을 기각하는 결정을 함으로써 소집권자의 문제를 해결하였으며,[219] 목사의 지위에 있는 채무자에게는 공동의회 소집권한이 인정되지 않으므로 이 사건 탈퇴결의에는 소집절차상 하자가 존재한다고 할 것이나, 이 사건 탈퇴결의는 세례교인 49명 중 48명이 찬성하여 교인들 다수

규칙에 정한 그 밖의 기관의 지위에 있는 자를 해임하고, 이같은 자들의 권한에 제한을 가하고, 그 밖의 자들에 대해서 불이익의 취급을 해서는 안된다. ② 전항의 규정에 위반해서 한 행위는 무효로 한다.

제26조 제3항 종교법인은 피포괄관계의 설정 또는 폐지에 관한 규칙의 변경을 하고자 할 때는, 해당 관계를 설정하고자 하는 경우에는 제27조의 규정에 의한 인증신청 전에 해당관계를 설정하고자 하는 종교단체의 승인을 받고, 해당관계를 폐지하고자 하는 경우에는 전항의 규정에 따른 공고와 동시에 해당 관계를 폐지하고자 하는 종교단체에게 그 요지를 통지하지 않으면 안된다.

217) 대법원 2012. 8. 30. 선고 2010다52072 판결.

218) 대구지방법원 2007. 5. 22. 자 2006카합640 결정.

219) 서울고등법원 2007. 8. 10. 자 2005라226 결정.

의 뜻에 의하여 이루어진 것으로 위 소집절차상의 하자가 이 사건 탈퇴결의를 무효로 돌릴 정도의 중대한 것이라고 보기 어렵다고 하였다.[220] 또 서울남부지방법원[221]은 지교회의 담임목사인 피신청인이 무단으로 교단을 이탈하였다는 이유로 교단으로부터 제명출교 당하는 징계처분을 당하였으나 이에 대하여 이의를 제기하지 않고 그대로 교단을 이탈하여 담임목사로서의 직무를 집행하자, 교단으로부터 담임목사와 행정장로로 임명된 신청인들이 피신청인을 상대로 교단산하유지재단 명의로 소유권이전등기가 경료된 교회건물에의 출입금지, 목회활동 및 당회권, 치리권, 성례권 등의 행사금지와 신청인들의 예배방해행위 금지를 신청한 사안에서, 전자에 대하여는 위 교회건물은 지교회가 신탁한 부동산이라는 전제에서 이는 권리능력 없는 사단의 총유물의 관리 보존행위로서 권리능력 없는 사단의 명의로 하거나 구성원 전원이 필수적 공동소송으로 하여야 한다고 판시하여 당사자적격을 부정하였고, 후자에 대하여는 "구로순복음교회의 교인들 중 2/3가 넘는 교인들이 현재까지 피신청인을 담임목사로 재차 확인하고 있을 뿐만 아니라 통합된 교단(변경한 교단)에 소속할 의사를 밝히고 있고, 재단법인 기독교대한하나님의성회에 대하여 명의신탁해지를 원인으로 한 소유권환원요청을 하는 등 기하성(통합) 교단(종전 교단)으로부터의 탈퇴 움직임을 보이고 있는 점, 교인들의 신앙의 자유와 교회 내부의 자율성은 특별한 사정이 없는 한 이를 존중해야 하는 점 등을 고려하여" 신청인들의 피보전권리를 부정함으로써, 엄격한 교단변경절차를 거치지 아니하였더라도 교단변경을 인정하고 징계의 효력을 배제시켜 교회의 자치권을 존중하였으며, 수원지방법원 성남지원은 담임목사가 해임되어 부득이 장로가 대리당회장이 되어 광고기간 1주일이 남지 않은 상태에서 소집하여 그 공동의회에서 교단탈퇴를 한 사안에서 대부분 세례교인이 참석하여 찬성하였다면 소집절차상의 하자는 정의관념상 도저히 묵과할 수 없는 정도의 중대한 하자로 볼 수 없다고 하였다.[222] 그러나, 서울고등법원은 교단탈퇴결의는

220) 서울고등법원 2014. 11. 6. 자 2014라20273 결정. 목사직무집행정지 및 출입금지가처분(원심은 의정부지방법원 고양지원 2014. 6. 30. 자 2014카합5026 결정으로 같은 결론이며, 대법원 2015. 3. 13. 자 2014마4228 결정으로 심리불속행기각되었다).

221) 서울남부지방법원 2009. 6. 29. 자 2009카합491 결정. 이 결정은 서울고등법원 2009. 11. 19. 자 2009라1388 결정으로 항고기각되고, 대법원 2010. 4. 6. 자 2009마2069 결정으로 심리불속행기각되었다.

소집권한 없는 자에 의하여 소집된 것으로 그 하자가 매우 중대하여 무효라고 판단하였다.[223]

또한 대법원[224]은 "위 교회를 독립된 비법인사단으로서의 당사자능력을 갖춘 단체로 인정하는 이상(원고와 같은 지교회를 당사자 능력이 있는 비법인사단으로 보는 것이 당원 판례의 견해이다) 설사 그 교회와 전기 소속노회와의 관계에 있어서는 교회의 당회장 취임에는 노회의 승인을 요하는 것이어서(위 노회에 그와 같은 규약이 있고 원고 교회가 종전에 그 규약에 따라 위 노회의 승인하에 당회장을 선임하여 왔던 사실을 원판결이 인정하였다) 교회에서 선임한 당회장도 그 승인이 없는 한 노회에 대하여는 당회장으로서의 권리의무를 주장할 수는 없을 것이었다 할지라도 비법인사단의 성질상 위 교회가 소속교인들의 총의에 따라 그를 대표할 당회장으로 선임한 소외 2에게는 위 노회 이외의 제3자에 대한 관계에 있어서는 그 교회를 대표할 자격이 있는 것이라고 하지 않을 수 없다. 그러므로 위와 같은 견해로서 소외 2의 위 교회를 대표할 자격을 부인하는 피고의 본안전 항변을 배척한 원판결의 조치를 정당하였다고 할 것인바"라고 판시하고, 나아가 "원고 교회가 독립성있는 비법인사단인 이상 그가 소속하는 전기 노회와의 내부적 관계에 있어서는 그 노회의 규약에 따라 교회의 운영 기타의 종교활동을 하여야 할 것이라 할지라도 그 노회 이외의 대외적 관계에 있어서는 소속교인들의 총의에 의하여 자율적으로 그의 대표자 기타의 임원을 선임하고 그들을 통한 종교적인 행사를 하며 교인들의 총유에 속하는 교회당을 처리할 수 있을 것은 물론 종교자유의 원칙에 따라 소속교인의 총의에 의하여 그가 소속할 노회도 선택할 수 있는 것이라고 할 것이다."라고 판시하여 노회의 승인이 없지만 교인들의 총의에 의하여 선임된 당회장 목사는 노회와의 관계에서는 대표권이 없지만 노회 이외의 제3자와의 관계에서는 대표권이 있음을 밝히고 있는 점에 비추어, 비록 기존 교단에서 면직되었더라도 교회 교인들의 의사가 담임목사로서 인정하는 한 교회의 대표권이 있다고 보아야 할 것이다.

---

222) 수원지방법원 성남지원 2015. 9. 16. 선고 2015가합966 판결.
223) 서울고등법원 2016. 6. 24. 선고 2015나2057452 판결.
224) 대법원 1967. 12. 18. 선고 67다2202 판결.

라. 민법 제59조 제2항은 "법인의 대표에 관하여는 대리에 관한 규정을 준용한다고" 규정하고 있고, 민법 제130조는 "대리권 없는 자가 타인의 대리인으로서 한 계약은 본인이 이를 추인하지 아니하면 본인에 대하여 효력이 없다."고 규정하고 있으므로 법인의 대표자가 대표권 없이 한 법률행위도 법인이 추인하면 유효한 법률행위가 되고,[225] 추인은 명시적, 묵시적으로도 가능한 것이다. 그러므로 비록 교회의 대표자가 교단의 징계를 받아 면직됨으로써 그에 의하여 진행한 교단변경 결의 또는 그러한 결의도 없이 진행한 교단변경절차는 적법한 대표권이 없는 자에 의한 행위로서 무효라고 하더라도 교회 교인들 절대다수가 서면결의 등에 의하여 당초의 탈퇴 내지 변경을 추인하면 그 교단변경결의 또는 그 변경절차는 유효한 법률행위가 되었다고 할 것이다.

이와 관련하여 서울중앙지방법원은 "기하성(통합) 교단이 김용욱을 그 교단에서 제명, 출교하고 오성언을 치리목사로 파견한 사실은 앞에서 본 바와 같으나, … 원고는 2009. 6. 7. 임시당회를 개최하고, 그 안건으로 ① 기하성(통합) 탈퇴 확인결의 건, ② 기하성(통합) 소속 확인 건, ③ 원고 담임목사(김용욱) 재확인 건, ④ 피고로부터 이 사건 토지 및 건물의 반환 찬성 확인 건에 관하여 투표를 실시하여 2009. 6. 현재 원고의 교인 402명 중 2/3를 초과하는 288명이 위 안건

225) 대법원 2004. 3. 25. 선고 2003다63227 판결은 신용협동조합의 이사장이 이사회의 결의 없이 조합원에 대한 대출계약을 체결한 후 신용협동조합이 파산한 경우, 그 무권대표행위의 추인권을 행사할 수 있는지 여부에 관하여 "신용협동조합의 이사장은 조합의 사무를 통할하고 조합을 대표하는 권한을 가지며, 위 법이 신용협동조합의 조합원에 대한 대출에 관하여 이사회의 결의를 거치도록 규정한 것은, 비영리법인인 신용협동조합의 특수성을 고려하여 그 재산의 원활한 관리 및 유지 보호와 재정의 적정을 기함으로써 조합의 건전한 발달을 도모하고 조합으로 하여금 본래의 목적사업에 충실하도록 하기 위하여 그 대표자의 대표권을 제한한 취지라고 할 것인바, 이와 같이 신용협동조합의 대출에 관한 대표자의 대표권이 제한되는 경우 그 요건을 갖추지 못한 채 무권대표행위에 의하여 조합원에 대한 대출이 이루어졌다고 하더라도 나중에 그 요건이 갖추어진 뒤 신용협동조합이 대출계약을 추인하면 그 계약은 유효하게 되는 것이고(민법 제59조 제2항, 제130조, 제133조 참조), 신용협동조합이 파산한 경우 파산재단의 존속·귀속·내용에 관하여 변경을 야기하는 일체의 행위를 할 수 있는 관리·처분권은 파산관재인에게 전속하고(파산법 제7조), 반면 파산한 신용협동조합의 기관은 파산재단의 관리·처분권 자체를 상실하게 되므로, 위와 같은 무권대표행위의 추인권도 역시 특별한 사정이 없는 한 파산관재인만이 행사할 수 있다고 보아야 한다(대법원 2004. 1. 15. 선고 2003다56625 판결 참조)"라고 판시하여 무권대표행위에 대하여 추인을 인정하였다. 그러나 대법원은 교회의 대표자가 교인총회의 결의를 거치지 아니하고 교회 재산을 처분한 행위에 대하여 민법 제126조의 표현대리에 관한 규정을 준용하지 아니한다(대법원 2002. 2. 8. 선고 2001다57679 판결; 대법원 2003. 7. 11. 선고 2001다73626 판결; 대법원 2009. 2. 12. 선고 2006다23312 판결 등).

에 찬성한 사실을 인정할 수 있으므로, 김용욱이 원고의 대표자로서 한 이 사건 소제기에 어떠한 하자가 있다고 하더라도 원고가 종래 소속 교단인 기하성(통합)에서 탈퇴하고, 김용욱을 담임목사로 재확인하면서 그 동안의 소송행위를 추인함으로써 김용욱의 대표권 흠결 등 하자는 모두 치유되었다 할 것이니(대법원 2004. 11. 12. 선고 2004다36475 등)"라고 판시하여 대표권 흠결권자의 소송행위의 추인을 인정하고 있는 바,[226] 이러한 논리에 비추어 소송행위가 아닌 교단변경결의절차에서의 하자도 치유되었다고 풀이할 수 있을 것이다. 따라서 이러한 추인이론에 의해서 교단변경결의 요건을 완화하는 효과를 얻을 수 있을 것이다.

Ⅳ. 교단변경결의 무효의 효력 – 교단의 탈퇴와 교회의 탈퇴의 구별

지교회 교인들이 교단변경을 결의하고 교단을 탈퇴하여 독자적인 신설교회를 설립하였으나 교단변경결의의 요건이 엄격하여 교단변경결의가 무효가 된 경우, 그 교인들은 종전 교회로 복귀하고 종전 교단에 속하게 되는가, 아니면 종전 교회와 종전 교단에서 탈퇴한 것이 되어 종전 교회의 재산에 대한 권리를 상실하는가 하는 점이 문제된다.

종래 대법원 판례는 교단에서의 탈퇴가 곧 교회에서의 탈퇴를 의미하는 것은 아니라고 판시하여[227] 교단의 탈퇴와 교회의 탈퇴를 구별하여 왔다. 그리하여 교

226) 서울중앙지방법원 2009. 8. 18. 선고 2008가합89830 판결.

227) 대법원 1978. 1. 31. 선고 77다2303 판결; 대법원 1990. 12. 21. 선고 90다카22056 판결; 또한 대법원 1993. 1. 19. 선고 91다1226 전원합의체 판결의 다수의견도 대한예수교장로회총회(통합) 헌법 제2편 정치 제94조 단서(신도가 동산이나 부동산을 노회나 그 지교회에 헌납한 때는 헌납 즉시로 노회나 교회의 재산이 되는 동시에 지교회가 노회에 증여한 재산은 그 교회가 노회를 이탈할 때는 재산권이 없어진다) 및 동 헌법 제2편 정치 제96조 제3호(대한예수교장로회 교리나 법규를 준행하지 않거나 이탈한 자, 기관과 단체는 재산의 지분권 및 사용수익권도 가지지 못한다)의 해석과 관련하여, "원래의 위 지교회가 소속한 대한예수교장로회총회(통합) 헌법 제94조 제3항(개정된 현행 헌법 제96조 제3항에 해당)이 '대한예수교장로회 교리나 법규를 준행하지 않거나 이탈한 자는 재산의 사용권을 가지지 못한다'고 규정하고 있는 것은 위 교회분열의 경우 재산귀속에 관한 규정이므로 피고 교회에게는 이 사건 교회건물에 대한 사용수익권이 없다고 볼 것이 아니라, 교회와 그 소속교단과의 관계는 교회의 기본적 독립성이 인정되는 범위에서 정립되어야 하고 교회의 기본재산은 특별한 사정이 없는 한 그 교회의 교인들이 자기들을 위하여 소유·사용할 의사를 가진 것이라고 보아야 하며 종교자유의 원칙상 교회의 교인들이 그 소속교단을 탈퇴하거나 변경할 수 있으며 교회에서 탈퇴하지 않는 이상 교회구성원의 지위를 상실하는 것은 아닌 점 등에 비추어 보면 위 규

인들은 소속교회를 탈퇴함이 없이 교회가 소속하고 있는 교단이나 종파로부터 탈퇴할 수 있고, 교도들이 교단이나 종파에서 탈퇴하였다고 하여 교회로부터 탈퇴하지 않은 이상 교회의 구성원의 지위를 상실하지 아니하는 것이므로 총유물인 교회재산에 관한 사원으로서의 권리의무를 그대로 보유하게 되는 것이다.[228] 이와 같이 종전의 대법원 판례에 의할 때 교단의 탈퇴와 교회의 탈퇴는 구별하여 왔음을 알 수 있다. 그러나 교회분열을 부정하는 2006년 대법원 전원합의체 판결에 의할 때 교단을 탈퇴한 교인들이 교회탈퇴 의사가 없다는 사유만으로 항상 교회재산에 대하여 권리를 보유한다고 해석할 수는 없다. 교단을 탈퇴하였지만 교회를 탈퇴하지 않은 것으로 볼 수 있기 위하여는 교단탈퇴에 의결권있는 교인들의 2/3 이상의 동의가 있는 경우와 교단변경결의가 유효한 것으로 믿고 교단을 변경하고 별도로 예배를 보았지만 뒤늦게 교단변경결의가 무효라는 사실을 알고 종전 교회로 복귀하여 종전 교회의 예배에 참석하는 경우일 것이다. 이 경우 교인들의 의사는 교단을 탈퇴할 의사만 있었지 교회 재산에 대한 권리를 포기하고 교회의 교인으로서의 지위까지 상실하는 교회를 탈퇴할 의사는 없었을 것이기 때문이다. 일반적으로 교인들이 교단을 탈퇴하거나 변경하고자 하는 목적은 교단의 교리나 예배방법을 바꾸기 위한 것이라기 보다는 부당한 교단의 간섭을 배제하기 위한 수단으로 시도되는 것이고, 교회를 탈퇴하려면 바로 교회탈퇴를 시도할 것이지 교단변경을 시도할 필요가 없다는 점에서 특단의 사정이 없는 한 교단탈퇴 또는 변경을 시도하였다는 사실만으로 교회를 탈퇴하여 교인의 지위를 상실하고 교회재산에 대한 권리를 포기하고자 하는 의사가 있다고 보기는 어렵다 할 것이다.[229]

정이 종전 교회의 교인들이 그 교회 자체를 탈퇴하여 교회구성원의 지위를 상실하는 경우가 아니라 이 사건에 있어서와 같이 다수교인들이 그 소속교단을 탈퇴하고 새로운 교단에 가입하여 별개의 교회를 결성함으로써 종전 교회가 2개의 교회로 분열된 경우에까지 구속력을 가진다고는 할 수 없다."고 판시하여 교단의 탈퇴와 교회의 탈퇴를 구분하여 교단에서 탈퇴하더라도 교회를 탈퇴하지 않는 한 그 재산에 대하여 권리가 있다고 보고 있다.

228) 이보헌, "교인들의 교회가 소속하고 있는 교단으로부터의 탈퇴가 곧 교회로부터의 탈퇴로 볼 수 있는지 여부", 「사법행정」 20권 3호, 한국사법행정학회(1979. 3), 49면.

229) 서울서부지방법원 2008. 10. 2. 자 2008비합6 결정, 대구지방법원 2007. 6. 8. 자 2007카합108 결정, 서울동부지방법원 2009. 4. 2. 자 2009카합198 결정은 광성교회의 90%의 교인들이 교단탈퇴 결의를 하고 당분간 나뉘어서 예배를 보았지만 교단변경이 유효하지 않다고 하더라도 교회 명칭을 그대로 사용하는 등 사정을 보면 광성교회를 탈퇴할 의사까지 있었다고 보기 어렵다는 이유로 교

그러나 교단변경결의가 무효가 되었음에도 불구하고 여전히 종전 교회에 복귀하지 않고 종전 교회와 별도로 예배를 보는 경우 어느 경우를 교회의 집단적 탈퇴로 보고, 어느 경우를 단순히 교회분쟁으로 볼 것인가가 문제된다. 대법원[230]은 "교단변경에 찬성한 교인들이 종전 교회에서 탈퇴하였다고 평가할 수 있을지 여부는 ① 법률행위 일반의 해석 법리에 따라, 교회를 탈퇴한다는 취지의 의사표시를 하였는지 여부, ② 종전 교회가 따르던 교리와 예배방법을 버리고 다른 교리와 예배방법을 추종하게 되었는지 여부, ③ 종전 교회와 다른 명칭을 사용하거나 종전 교회의 교리 등을 따르기를 원하는 나머지 교인들을 의도적으로 배제한 채 독립한 조직을 구성하거나 종전 교리를 따르지 않는 새로운 목사를 추대하여 그를 중심으로 예배를 보는 등 종전 교회와 별도의 신앙공동체를 형성하였다고 볼 수 있는지 여부,[231] ④ 스스로 종전 교회와 다른 조직임을 전제로 하는 주장이나 행위 등을 하여 왔는지 여부, ⑤ 교단변경에 이르게 된 경위, 즉 단순히 종전 교회의 소속 교단만을 변경하는 데 그치겠다는 의사에서 결의에 나아간 것인지 아니면 만약 교단변경의 결의가 유효하게 이루어지지 아니하여 종전 교회의 소속 교단이 그대로 유지된다면 종전 교회에서 탈퇴하겠다는 의사를 갖고서 결의에

인의 지위를 인정하였다. 또한 대법원 2006. 11. 23. 선고 2006도4044 판결은 교단변경을 결의하고 예배를 따로 보았지만 교단변경결의가 무효라는 위 광성교회 사건에서, 교단변경을 반대한 파의 교인들이 교회를 불법 점거한 후 사무실과 목회자 집무실에 보관되어 있던 현금 1억 4천만원을 절취한 행위가 광성교회의 교인으로서 광성교회의 교인 아닌 자들에 대하여 행한 정당행위에 해당한다는 주장에 대하여 대법원은 "광성교회의 주도권을 둘러싸고 두 개의 파벌로 나뉘어 서로 다투고 있을 뿐 교회가 2개로 분열되어 각기 독립된 것으로 보기 어렵다."고 판시하여 정당행위 주장을 배척함으로써 교단변경결의가 무효라는 사실만으로 그 결의에 참여한 자들이 광성교회의 교인이 아니라고 볼 수 없다는 취지로 판시하였다. 서울고등법원 2007. 1. 23. 자 2005라989, 999(병합), 1000(병합) 결정도 "이 사건 탈퇴결의(광성교회 교단변경결의)의 무효에도 불구하고 피신청인들은 광성교회 교인으로서의 지위를 계속 유지하고 있다고 볼 여지가 있으므로, 즉 앞에서 본 바와 같이 이 사건 탈퇴결의가 무효라고 보이는 상황에서 피신청인들이 개별적으로 소속 교회를 탈퇴하였다고 쉽게 단정할 수 없으므로 피신청인을 상대로 한 광성교회 건물 출입금지 신청부분은 이유 없다." 고 판시하였다. 반면, 서울고등법원 2009. 8. 5. 선고 2008나76695 판결에서는 위 교단변경결의가 무효이고 교단변경결의에 참가한 측은 별도로 독립된 교회를 설립하여 종전의 광성교회를 탈퇴하였다는 전제에서 교단변경결의에 참여하지 않은 잔류교인들에게 재산권이 있다고 보아 탈퇴한 측을 상대로 한 명도청구를 인용하였지만 이 고등법원판결은 상고되어 다음에서 보는 대법원 2010. 5. 27. 선고 2009다67665 판결로 파기환송되어 교단탈퇴측에게 교인의 지위를 인정하였다.

230) 대법원 2010. 5. 27. 선고 2009다67665 판결(광성교회 사건).

231) 수원지방법원 평택지원 2014. 5. 1. 선고 2013가합3820 판결은 교회분쟁으로 일부 교인들이 교단을 탈퇴하고 자신들만 따로 예배를 보면서 교회 이름을 새롭게 정한 사례에서 기존교회와는 별개의 새로운 교회를 설립하였으므로 기존교회의 교인자격을 상실한다고 보았다.

나아간 것인지 여부, ⑥ 교단변경결의가 유효하게 이루어지지 아니하는 경우 교회재산의 사용수익권을 잃는 것을 감수하고서라도 새로운 교회를 설립할 것인지 아니면 사용수익권을 보유하면서 종전 교회에 남을 것인지 사이에서 교인들이 어떠한 선택을 하였다고 볼 것인지 여부 등 여러 사정을 종합적으로 고려하여 판단하여야 할 것이다."고 판시하여 여러 가지 기준을 제시하고 있으나, 일단 교단변경결의가 무효라는 판결이 선고되었다면 일시적, 임시적으로 별도의 예배를 보는 것은 몰라도 계속적, 상시적으로 종전 교회와 별도의 담임목사를 대표자로 하여 별도의 조직과 재정을 가지고 별도의 예배를 본다면 교회탈퇴로 보아야 할 것이다.[232] 더욱이 교단변경이 무효임에도 불구하고 여전히 변경된 교단 소속으로 교회를 유지하는 경우라면 이는 교회의 탈퇴로 보아야 할 것이다. 이러한 기준은 교단탈퇴와 교회탈퇴를 곧바로 연결하지 않고, 교회의 집단적 탈퇴와 단순한 교회분쟁과를 구별함으로써 문제를 명확하고 쉽게 해결할 수 있다. 그리고 이러한 견해에 따르면 교단변경과 교회탈퇴를 별개로 보더라도 교회분쟁이 장기화되는 것을 막을 수 있을 것이다.

Ⅴ. 교단의 정치화 및 부패화의 우려

2006년 대법원 전원합의체 판결에 의하면 지교회가 기존에 가입한 교단에서 탈퇴하거나 교단의 변경이 어렵게 되고, 이에 따라 지교회에 대한 교단의 지배력이 더 강화되기 마련이다. 그리하여 공유설을 취하는 위 판결의 별개의견도 이 점에 대하여 다수의견에 따를 때 교단의 지배력이 필요 이상으로 강화되는 부작용이 생긴다고 지적한다. 예컨대 담임목사가 도덕적, 윤리적으로 문제가 있음에

232) 위 대법원 판결도 "이 사건 교단변경결의가 무효라는 법원의 판결이 확정된 후에는 피고 교회를 제외한 나머지 피고들이나 그들을 따르는 교인들이 새로운 교단에서의 활동을 중단한 것으로 보이는데(갑 제68호증, 갑 제69호증의 각 기재만으로는 2007년 7월경 이후에도 새로운 교단에서 활동하였다고 인정하기에 부족하다. 새로운 교단 측에서도 피고 교회가 그 소속이 아니라고 확인하고 있다) 이는 교단변경결의가 무효라는 사실을 수용하고 종전 광성교회 교인으로서 지위를 그대로 유지하려는 의사를 적극적으로 나타낸 것으로 볼 수 있는 점 등을 알 수 있다."라고 판시하여 필자의 견해와 유사하다. 이러한 점에서 위 판결일로부터 상당한 시간이 경과한 현재까지 독자적인 신앙공동체로 활동하고 있다면 다시 명도소송을 제기할 경우 다른 결론이 나올 수 있을 것이다. 교단탈퇴를 교회탈퇴로 보는 사례로는 대법원 2009. 7. 23. 선고 2008다44085, 44092 판결(교단탈퇴와 동시에 별도의 교회를 설립하여 별도의 대표자를 선정한 경우).

도 불구하고 교단이 그를 보호하고 징계를 하지 않는 한 교인들이 담임목사를 해임하는 등의 방법이 없고,[233] 반대로 담임목사가 교회를 운영함에는 전혀 문제가 없는데 교단의 미움을 사 교단에서 담임목사를 정당한 이유가 없음에도 징계하는 경우에는 지교회가 이를 막을 방법이 없게 된다. 결국, 교회의 담임목사가 교인들의 목양보다는 교단의 교권을 가지려 하거나 교권을 가진 자들의 마음을 사는데 집중할 우려가 있고 이에 따라 교단이 정치화되고, 교단 및 교회가 부패할 우려가 있다. 그러므로 지교회 교인들의 2/3 이상의 절대다수의 의사와 교단의 의사가 다른 경우는 교인들의 의사에 따라야 하고 이 경우 교인들의 의사는 엄격한 사단법적인 결의절차를 거치지 않더라도 서면 결의 등 실질적인 의사를 확인할 수 있으면 이에 따라야 할 것이다.

그런데 위와 정반대로 담임목사가 부도덕, 위법한 행위를 한 것이 명백함에도 불구하고 다수의 교인들이 무조건 담임목사를 추종하는 경우도 있다. 이러한 현상은 교인들의 잘못된 목회자관과 한국적인 정(情)의 문화 때문이라고 생각한다. 이러한 불합리를 막기 위해서는 일정한 형 이상의 형사적인 처벌을 받은 목사에 대하여는 자동적으로 자격을 박탈하는 법규정을 신설할 필요가 있다. 일반 공무원도 일정한 형 이상을 처벌받으면 자격을 상실하는데 고도의 도덕성이 요구되는 목사의 경우는 더 필요하다 할 것이다.

233) 교단헌법이나 교회정관에 지교회가 담임목사를 청빙하는 규정은 있지만 직접 해임할 수 있는 규정은 거의 없다. 이러한 이유는 담임목사는 하나님이 임명한다는 신학적 사고의 발현으로 보인다.

제 6 장

교회분쟁의 해결절차

제 6 장

교회분쟁의 해결절차

제1절 서 설

Ⅰ. 교회분쟁의 의의와 원인

교회의 구성원이 비록 거룩함을 추구하는 그리스도인이라고 하더라도 그들도 인간이기 때문에 법률적인 분쟁이 없을 수 없다. 교회 내에서 교인과 교인, 교인과 교회, 교회와 교회, 교회와 노회 및 총회의 의견대립으로 인하여 갈등과 분쟁이 계속되고 있다. 처음에는 신앙적인 이유로 시작하는 경우가 많지만 나중에는 교회운영권 및 재산권의 분쟁으로 비화하고 결국에는 분열에 이르게 된다. 다른 종교보다 개신교에서 교회분쟁이 더 많은 것으로 보이는바 그 이유는 무엇인가. 또한 한 번 분쟁이 생기면 이를 해결하기 쉽지 않고 장기화되는 바 그 이유는 무엇일까.

첫째, 교회는 법인이 아니면서 법인으로 행세하는 비법인사단이라는 특성 때문이다. 법인이 아니기 때문에 법률적인 규제가 약할 수밖에 없어 교회 임의로 행동하려는 경향을 가지게 된다.

둘째, 교회는 사단이므로 본질적으로 사원인 교인에게 많은 권한을 부여하게 되고, 그 재산의 소유형태도 교인들의 총유이므로 교인들의 권리가 많은 반면, 가톨릭교는 모든 재산이 천주교유지재단에 귀속되고 교회의 치리에도 교인들이 전혀 관여할 수 있는 구조로 이루어져 있지 않으며, 불교 역시 재산권이 대부분 조계종에 귀속되고 주지의 선출 등 교권에 신도들이 전혀 관여하지 못하기 때문이다. 다시 말해서 기독교는 가장 민주적이라는 장점이 있는 반면 이로 인하여 분쟁 역시 많이 나타나게 된다는 한계가 있다.

셋째, 교회는 사회단체적 성격과 신앙단체적 성격을 겸유하기 때문이다. 가장 바람직한 사회단체는 구성원의 의견이 잘 반영되는 민주적인 단체이지만 가장 신앙적인 단체는 인간의 의견보다 하나님의 뜻이 지배하고 그 뜻에 순종하는 단체이다. 여기서 인권과 신권의 충돌이 일어나게 되는바, 이러한 이유도 분쟁의 원인이 될 수 있다.

넷째, 교회는 노회 및 총회의 산하기관임과 동시에 독립한 단체이다. 그리하여 교회분쟁에는 결국 교단이 관여하게 되고 이로 인하여 개교회의 의사와 노회 또는 총회의 의사가 충돌하게 되어 분쟁이 심화되고 그 해결이 어렵게 된다.

다섯째, 교회의 담임목사는 교회의 대표자임과 동시에 노회의 소속원이라는 이중의 지위에 있어 그 위임 및 해임과 관련하여 복잡한 문제가 발생하고 그 해결도 쉽지 않게 된다.

여섯째, 이러한 교회분쟁의 중심에는 거의 대부분 담임목사가 있는데, 담임목사는 통상 항존직으로서 정년이 정해져 있고, 교인들의 의사만으로는 해임할 수 없는 등 철저히 신분보장이 되어 있으며, 행정적인 분야는 물론 영적인 분야 등 교회의 모든 면에서 강한 권위와 권한이 부여되기 때문이다. 그리하여 담임목사를 중심으로 담임목사를 따르는 파와 그에 반대하는 파로 나뉘는 것이다.

일곱째, 교인들의 경우 교회생활이 삶에서 점유하는 비율이 높기 때문이다. 다시 말해서 이른바 신앙심이 깊다고 하는 사람들, 교회에 많이 헌신한다는 사람들은 거의 일생을 교회와 함께 하였기 때문에 교회가 삶의 중요한 터전이고 교회를 떠나서 생활한다는 것은 생각하기 어렵다. 그렇기에 양보하기 어렵고 한번 분쟁에 휩싸이면 오래 지속되고 때로는 수십년간 계속되는 경우가 많게 되는 것이다.

여덟째, 교회분쟁의 원인은 이러한 교회 자체의 특성에 기인한 것 외에 지연, 학연 등으로 인한 연고주의, 집단주의도 한 몫을 한 것으로 보인다. 특히 교단의 분쟁에는 이러한 점이 두드러지는 바, 예컨대 대한예수교장로회의 분열과정에서는 신학적인인 이유도 있었지만 목회자들의 지역주의가 상당히 크게 작용하였음을 알 수 있고, 기독교대한감리회의 감독회장을 둘러싼 분쟁은 학연이 크게 작용하였다는 점은 공공연한 사실이다.

이상에서 교회분쟁의 원인을 여러 측면에서 살펴보았는바, 무엇보다 가장 근본적인 원인은 신앙과 인격의 부족일 것이다. 그렇지만 이는 이상적인 측면이고 현실적으로는 이러한 여러 원인을 고려하여 미리부터 교회분쟁의 소지를 없애고, 일단 분쟁의 소지가 나타나면 조기에 뿌리를 뽑는 것이 매우 중요하다. 그동안 각 해당부분에서 교회분쟁의 예방과 해결방법을 모색하였는바, 본 장에서는 주로 교회분쟁 해결의 절차적인 측면을 고찰하기로 한다.

Ⅱ. 교회분쟁의 해결절차

위와 같은 교회분쟁에 대하여 기독교는 일반법정에 제소하여 해결하는 것을 바람직한 모습으로 보지 않고 교인들이 자율적으로 해결하는 것을 바람직한 모습으로 보고 있다. 이는 “네 형제가 죄를 범하거든 가서 너와 그 사람과만 상대하여 권고하라. 만일 들으면 네가 네 형제를 얻을 것이요. 만일 듣지 않거든 한두 사람을 데리고 가서 두세 증인의 입으로 말마다 확증하게 하라. 만일 그들의 말도 듣지 않거든 교회에 말하고 교회의 말도 듣지 않거든 이방인과 세리와 같이 여기라.”[1]는 성경 말씀과 “너희 중에 누가 다른 이와 더불어 다툼이 있는데 구태여 불의한 자들 앞에서 고발하고 성도 앞에서 하지 아니하느냐. 성도가 세상을 판단할 것을 너희가 알지 못하느냐. 세상도 너희에게 판단을 받겠거든 지극히 작은 일 판단하기를 감당하지 못하겠느냐. 우리가 천사를 판단할 것을 너희가 알지 못하느냐. 그러하거든 하물며 세상일이랴. 그런즉 너희가 세상 사건이 있을 때에 교회에서 경히 여김을 받는 자들을 세우느냐. 내가 너희를 부끄럽게 하려하여 이 말을 하노니 너희 가운데 그 형제 간의 일을 판단할 만한 지혜있는 자가 이같이 하나도 없느냐. 형제가 형제로 더불어 송사할뿐더러 믿지 아니하는 자

1) 마태복음 18장 15-17절.

들 앞에서 하느냐. 너희가 피차 고발함으로 너희 가운데 이미 뚜렷한 허물이 있나니 차라리 불의를 당하는 것이 낫지 아니하며 차라리 속는 것이 낫지 아니하냐."[2]라는 성경 말씀 등에 의하여 분명히 알 수 있다. 이러한 성경의 정신에 따라 각 교단헌법은 교회의 분쟁을 자체적으로 해결하고자 이에 관한 규정을 두고 있다. 그러나 당사자가 교단헌법에 따른 절차에 대하여 만족하지 못하거나 그러한 절차 자체를 거치지 않고 바로 일반법정에 소송을 제기하기도 하는바, 이 경우 교회 내부의 결정에 대하여 사법부가 얼마나 개입할 수 있는가가 문제된다.

그러므로 이하에서는 먼저 교단 내부의 분쟁해결절차를 대표적인 교단을 중심으로 살펴보고, 이에 대한 불복의 방법으로 또는 직접 일반법정에 소송을 제기하는 경우의 그 심사의 범위와 그 소송형태를 가처분소송을 중심으로 살펴보기로 한다.

제2절 교회분쟁의 내부적 해결절차

I. 교회재판

1. 역사적 배경

역사적으로 교회권력과 국가권력은 대립과 갈등을 빚어 왔고 교회와 국가는 각자 자기완결적 조직체를 형성하여 교회법과 국가법을 형성하고 각자 교회재판과 국가재판을 하여 왔다. 그리하여 중세 로마 가톨릭교회의 교회법은 단순히 종교적인 사항에 국한하지 않고 그와 연관이 있는 민사 및 형사문제까지도 다루었고, 심지어 일반 시민법에까지도 강력한 영향력을 미쳤으며, 비록 많은 부분에서 약화되긴 하였지만 현재까지도 가톨릭교회의 교회법이 시행되고 있다. 그러나 근세국가 성립 이후 등장한 개신교에서는 일체의 강제력에 의한 시민의 통치는 국가법의 관할로 넘기게 되었고, 국가는 종래 교회의 사법관할에 속하던 영역을 잠

2) 고린도전서 6장 1-7절.

식하여 국가사법독점의 원칙이 확립되기에 이르렀다. 그렇지만 개신교회에서도 가톨릭교회보다는 훨씬 미비한 형태이긴 하지만 여전히 교회 내부사항에 대하여 교회재판을 시행하고 자율적인 결정을 하여 오고 있다.

2. 의의와 종류

가. 우리나라 개신교회의 헌법들은 교회분쟁에 대한 재판에 관하여 교회법원을 설치하는 규정을 가지고 있다. 각 교단헌법의 권징조례(합동총회), 권징(통합총회), 징계(기하성, 기성),[3] 재판법(감리회) 등이 그것이다.

권징은 예수그리스도께서 교회에 주신 권리를 행사하며 그 법도를 시행하는 것으로써 각 치리회가 헌법과 헌법이 위임한 제규정 등을 위반하여 범죄한 교인과 직원 및 각 치리회를 권고하고 징계하는 것이다(통합헌법 제3편 권징 제1조). 권징은 하나님의 영광과 권위를 위하여 올바른 신앙생활을 하게 함을 그 목적으로 한다(통합헌법 제3편 권징 제2조).[4] 한국의 개신교 교회들은 권징을 말씀과 성례 다음으로 중요한 교회의 방어수단으로 보고 있으며, 교회의 권리와 의무로 이해한 칼뱅의 권징론에 근거를 두고 있다.[5] 교회재판의 목적이 범죄자의 처벌이나 징계에 있는 것이 아니라 교회의 신성과 질서를 유지하고 범죄자의 회계를 촉구하여 올바른 신앙생활을 하게 함에 목적이 있다는 점에서 일반 재판과 다르다. 이러한 점 때문에 교회재판에 대하여는 비교적 쉽게 해별할 수 있다.

나. 교회가 내부적으로 행하는 재판의 종류는 권징재판(책벌재판)과 행정재판이 있다. 권징재판[6]은 죄과를 저지른 교인이나 교회 직원을 책벌하기 위한 재판이고, 행정재판은 권징재판 외에 치리회에서 발생하는 여러 가지 권한(권리)에 관

---

3) 기하성 헙법은 제7편 포상 및 징계에서 징계에 대하여 간단히 규정하고, 제11편 권징조례법에서, 기성헌법은 제11장 제2절에 징계에 대하여 규정하고, 징계법에서 각 자세히 규정하고 있다.

4) 합동헌법 Ⅵ. 권징조례 제1장 총론 제1조와 제2조, 교리와 장정 제7편 일반재판법 제1조도 비슷한 규정을 두고 있다.

5) 윤은수, "개혁신학에 나타난 권징에 대한 역사적 고찰", 계명대학교 박사학위논문(2009. 6.), 6면.

6) 합동헌법 Ⅵ. 권징조례 제1장 총론 제1, 2조에 의하면, "권징은 예수그리스도께서 그 교회에 주신 권을 행사하며, 설립하신 법도를 시행하기 위하여 교회의 교인과·직원 및 각 치리회를 치리하며 권고하는 것으로서 그 목적은 진리를 보호하며 그리스도의 권병과 존영을 견고하게 하며 악행을 제거하고 교회를 정결하게 하며 덕을 세우고 범죄한 자의 신령적 유익을 도모하는 것"으로 규정하고 있다.

한 다툼을 해결하기 위한 재판이다. 그런데 장로교단의 경우 권징재판의 범위 내에 행정소송에 관한 규정을 둠으로써 권징재판이라는 개념이 넓은 의미로는 행정소송을 포함하는 교회재판 전체를 의미하는 개념으로 사용되기도 하는바, 본서에서는 일반적인 용례에 따라서 교회재판과 권징재판을 혼용하여 사용하기로 한다. 다시 말해서 권징재판을 좁은 의미뿐만 아니라 넓은 의미로도 사용한다. 권징재판은 모든 교단에서 규정을 두고 있으나 행정재판은 일부 교단에서만 규정을 두고 있고, 그 규정내용도 권징재판처럼 상세하지는 아니하다.

3. 치리회와 재판기관

치리회란 교인과 교회를 다스리고 바르게 세우기 위한 교회(교단)의 정치 조직을 의미하는 것으로서 ① 장로교의 경우 당회, 노회, 총회로,[7] ② 성결교의 경우 당회, 지방회, 총회로, ③ 하나님의성회의 경우 당회(목회협력위원회), 지방회, 지역총연합회, 총회로, ④ 감리회의 경우 구역회, 지방회, 연회, 총회로 각 구성되어 있다. 다만 감리회에서는 치리회라는 용어를 사용하지 않는다.

그런데 치리회는 치리권을 행사하기 위해서 당회, 노회 및 총회 산하에 재판기관을 두고 있다. 장로회는 재판국을, 감리회, 하나님의성회에서는 재판위원회를, 성결교에서는 심판위원회를 각 두고 있다. 여기서 치리회와 재판기관의 관계가 문제된다. 합동총회에서 노회 재판은 노회가 개회중에는 노회에 보고한 후 노회의 판결로 인정하고 노회가 재판국의 보고를 전부 채용 또는 취소할 수 있으며, 노회가 폐회중에는 노회를 대리한 재판국에서 공포한 때부터 노회의 판결로 인정한다(합동헌법 VI. 권징조례 제13장 제121조, 이하 본절에서는 조문만 표시하기로 한다). 또한 총회는 재판 사건을 직할 심리하거나 재판국에 위탁할 수 있고(제134조), 총회재판국의 판결도 총회가 채용할 때까지 당사자 쌍방을 구속할 뿐이며(제138조) 총회가 재판국의 판결을 검사하여 채용하거나 환부하거나 특별 재판국을 설치하여 다시 판결 보고하게 할 수 있다(제141조). 이와 같이 합동총회의 노회

---

7) 합동헌법은 '대회'를 규정하면서도(Ⅳ. 정치 제11장) 실제로는 존재하지 않는다는 점은 이미 본 바와 같다. 통합헌법은 재판은 3심제로 하며 제1심은 당회에서, 제2심은 노회 상설재판국에서, 제3심은 총회 상설재판국에서 관장한다(제3편 권징 제4조 제2호)고 규정하고 있다.

및 총회에서는 재판국의 판결만으로는 완전한 판결이라고 볼 수 없고,[8] 일종의 가처분적 성격만을 가지고 있으며, 치리회의 결의를 거쳐야 완전한 판결로 인정된다. 따라서 재판국은 치리회를 보조하는 성격에 지나지 않아 재판의 공정성 내지 독립성을 담보하기에 미흡하다. 그러나 통합총회나 감리회 등은 합동총회와 같은 규정을 두지 않아 재판기관의 독립성이 어느 정도 보장된 것으로 보인다.

4. 교단별 차이

교회재판은 각 교단의 헌법에 규정된 절차에 따라 진행되는데, 그 규정의 체계와 내용은 국가법원의 형사재판 또는 행정재판과 다소 유사한 면이 있으나 각 교단에 따라 규정의 구체성, 규정의 체계와 내용 등에 상당한 차이가 있고, 그 내용이 매우 미비한 경우도 많다. 이하에서는 형사소송 절차와 행정소송 절차를 기준으로 각 교단의 절차를 비교하며 살펴보기로 한다.[9]

Ⅱ. 권징재판(책벌재판)

1. 재판기관

가. 관 할

합동총회의 경우 목사에 관한 사건은 노회 직할에 속하고, 일반 신도에 관한 사건은 당회 직할에 속하나, 상회가 하회에 명령하여 처리하는 사건을 하회가 순종하지 않거나 부주의로 처결하지 아니하면 상회가 직접 처결권이 있어(제19조) 예외적으로 일반 신도에 대하여 노회나 총회에서 1심으로서 재판할 수 있다. 통합총회의 경우 목사에 관한 소송사건 및 장로의 노회원 또는 총회원으로서의 행위에 관련된 소송사건의 재판관할은 노회 재판국에 속하고, 일반교인 및 장로, 집사, 권사, 서리집사, 전도사에 관한 소송사건의 재판관할은 당회 재판국에 속하

8) 따라서 이를 예심판결이라고 부른다.

9) 특히 감리회의 경우 책벌재판과 행정재판 모두 감리회 재판법에 규정되지 아니한 사항은 사회 재판법 또는 사회 행정소송법에 준용한다는 규정을 두고 있다(교리와 장정 제7편 일반재판법 제8조, 행정재판법 제3조).

며, 치리회에 관한 소송사건의 재판관할은 차상급 치리회의 재판권에 속한다(통합헌법 제3편 권징 제7조, 이하 본절에서는 조문만 표시하기로 한다).

감리회의 경우 2심제가 원칙이며, ① 교회 임원, 교인에 대한 재판의 1심은 구역회 재판위원회, 2심은 지방회 재판위원회에서 관할하고, ② 장로와 서리담임자 및 전도사에 대한 재판의 1심은 지방회 재판위원회, 2심은 연회 재판위원회에서 관할하며, ③ 연회 회원인 교역자 및 연회에 관련된 사항의 장로에 대한 재판의 1심은 연회 재판위원회, 2심은 총회 재판위원회에서 관할하고, ④ 감독과 감독회장 및 총회에 관련된 사항의 교역자와 장로에 대한 재판의 1심은 총회 재판위원회, 2심은 총회 특별재판위원회에서 관할하며, ⑤ 감독·감독회장 선거법 위반자에 대한 재판은 총회 특별재판위원회에서 관할하되 단심으로 한다(교리와 장정 제7편 일반재판법 제7조, 이하 본절에서는 '교리와 장정 재판법'을 생략하고, 그 이하만 표기한다).

기독교대한성결교의 경우 교인에 관한 사건은 당회 또는 지방회에서, 장로 및 교역자의 사건은 지방회, 총회에서 각 재판하며, 상회관련자와 하회관련자가 다를 때에는 상회관련자의 재판기관에서 재판하며, 동일인이 상회와 하회에 공히 피소되었을 때에는 병합하여 상회에서 재판한다는 규정을 두고 있다(기성헌법 03. 관련법 및 제규정 징계법 제14조, 이하 본절에서는 조문만 표기한다). 하나님의성회의 경우 장로는 당회가 제소하여 지방회재판위원에서, 목회자는 지방재판위원회가 제소하여 지역총연합회의 재판위원회에서 각 단심으로 재판한다(기하성헌법 제11편 권징조례법 제4조, 이하 본절에서는 조문만 표기한다).

나. 재판기관의 구성

합동총회의 경우 ① 총회는 상설재판국을 두고 목사 8인, 장로 7인을 국원으로 선정하되 한 노회에 속한 자 2인을 초과하지 못하며, 임기는 3년으로 예상하여 매년 5인씩 개선하고[10] 임기만료된 국원은 1년간 재선되지 못하며(제134조), 회장과 서기를 매년 선거하고(제135조, 제136조), 총회 재판국원의 성수는 11인으

10) 총회 개회중에 재판국의 결원이 있으면 총회가 보결하고, 총회 폐회 후에 결원이 있으면 총회 회장이 임명한다(제134조 제1호).

로 정하되 그 중 6인이 목사이어야 한다(제136조). ② 노회는 목사와 장로중에서 7인 이상의 재판국 국원을 선출하되 그 중 과반수를 목사로 선택하며(제117조), ③ 당회의 경우 재판국을 따로 구성하지 않고 직접 재판하는 것을 전제로 규정을 두고 있다(제34조).

통합총회의 경우 ① 총회 재판국은 총회에서 선임된 재판국원 15인(목사 8인, 장로 7인)으로 구성하되 동일한 노회 파송총대중 1인에 한하며, 2인 이상은 법학을 전공한 법학사 학위를 가진 자 중에서 선임하여야 하고, 금고 1년 이상, 시무정지 1년 이상의 책벌을 받고 종료된지 5년이 경과되지 않은 자는 재판국원이 될 수 없으며(제10조), 임기는 3년으로 하되 매년 3분의 1을 개선하며, 결원이 생긴 때에는 총회임원회가 보선하고, 임기는 전임자의 잔여기간으로 한다(제11조). ② 노회 재판국은 노회에서 선임된 재판국원 9인(목사 5인, 장로 4인)으로 구성하되 동일한 교회 파송총대 중 1인에 한하며, 1인 이상은 가능한 법학사 학위를 가진 자 중에서 선임하여야 하며(제16조), 임기는 3년으로 하되, 보선은 노회 임원회가 하고 임기는 전임자의 잔여기간으로 한다(제17조, 제11조). ③ 당회 재판국은 당회에서 선임된 재판국원 2인 내지 5인(당회장 포함)으로 구성하되, 필요한 경우 당회 결의로 기소위원을 제외한 당회원 전원이 재판국원이 될 수 있다(제23조).

감리회의 경우 ① 구역회 재판위원회는 구역회원 5명으로 구성하고, ② 지방회 재판위원회는 지방 회원 10명(교역자 5명, 평신도 5명)으로 구성하며, ③ 연회 재판위원회는 연회 회원 10명(교역자 5명, 평신도 5명)과 감독이 지명하는 법전문인 2명으로 구성하고, ④ 총회 재판위원회는 감독회의에서 배정한 기준에 의거 각 연회에서 추천한 11명(교역자 5명, 평신도 5명, 호남특별연회 1명)과 감독회장이 지명하는 교역자 2명과 법조인 2명으로 구성하고, ⑤ 총회 특별재판위원회는 위 ④와 같이 연회가 추천 11명과 감독회장이 지명하는 교역자 1명과 법조인 3명으로 구성한다(일반재판법 제30조 제1항 내지 제5항). 위 재판국원 중 지방회는 5명, 연회는 6명, 총회는 7명의 재판위원으로 1반을 구성한다(일반재판법 제30조 제6항 내지 제8항).

성결교의 경우 ① 지방회 재판위원회 위원은 7인으로 하고, 판결위원으로 목사 2명, 장로 1인, 기소위원으로 목사 1인, 장로 1인, 변호위원으로 목사 1인, 장로 1인으로 구성하고 위원장 1인, 서기 1인은 판결위원 중에서 선출하며(헌법 제61조 1의 가 1)), ② 총회 재판위원회 구성은 지방회 재판위원회 구성과 동일하고 임기는 3년이며, 목사안수 후 20년 이상된 자로 교회 내외적으로 징계를 받은 사실이 없는 자로 한다(헌법 제75조 1의 나).

다. 재판기관의 제척, 기피, 회피

합동총회와 성결교에서는 제척, 기피, 회피에 관한 규정을 두고 있지 아니하나, 통합총회에서는 재판국원이 ① 피해자인 경우나 ② 피해자와 친족관계에 있거나 있었던 경우, ③ 당해 사건의 증인, 감정인이 된 경우, ④ 고소인(고발인) 또는 피고소인(피고발인)인 경우에 제척대상이 되고, 위와 같은 사유 및 재판국원이 이해관계 당사자가 되어 공정한 재판을 받기 어려운 경우 기소위원장과 피고인은 재판국에 기피를 신청할 수 있도록 규정하고 있으며, 이러한 경우 재판국은 기피사유가 정당하지 아니할 때에는 기각결정을 하고 재판을 진행하고, 기피사유가 정당할 때에는 당해 재판국원을 심리 · 판결에서 배제시키고 재판을 진행하도록 규정하고 있다(제8조).

감리회에서도 이와 유사한 규정을 두고 있다. 즉, 재판위원이 ① 고소 · 고발한 사건인 경우, ② 고소 · 고발인, 피고소 · 피고발인과 친족이나 가족관계에 있는 경우, ③ 고소 · 고발사건의 증인이 된 경우 각 제척되고, 피고소 · 고발인은 재판위원이 자기에게 불리하다고 생각될 때 1회에 한하여 기피를 신청할 수 있으며 이 경우 이유가 타당하지 않을 때에는 기각하고, 그 이유가 타당할 때에는 이를 받아들여 재판위원을 교체하도록 규정하고 있다(일반재판법 제32조, 제17조, 제18조).

하나님의성회에서도 비슷한 규정을 두고 있다. 즉, ① 재판위원이 피해자일 때나 사건에 연루되어 있을 때, ② 재판위원이 원고나 피고 또는 그 대리인과 친족관계에 있을 때, ③ 재판위원이 사건에 관하여 증인이나 대리인이 될 때, ④ 재판위원이 전심 재판에 관여했을 때 제척되도록 하는 규정을 두고 있고(제5조), 이러한 사유가 있거나 재판위원이 불공정한 재판을 할 우려가 있을 때 소송 당사자는 재판위원에 대한 기피를 신청할 수 있으며(제6조), 기피신청이 접수되었을 경우 재판위원회는 기피에 대한 결정이 있을 때까지 재판을 중지하고, 이유가 없다고 인정하면 기각결정을 하고, 이유가 있다고 인정하면 재판위원을 교체하는 결정을 하도록 규정하고 있다(제7조).

이처럼 각 교단은 대부분 형사소송절차상의 제척, 기피, 회피와 유사한 제도를 두고 있는데(그 사유도 유사하다), 그 엄격성에서는 형사소송절차에 비해 조금 완화되어 있다고 할 수 있으나 절차상의 공정성을 확보하려는 시도를 하고 있음을 알 수 있다.

2. 당 사 자

가. 원고(고소 · 고발인)

합동총회의 경우 별도 규정은 없으나 피해자가 아닌 자도 고소할 수 있는 것을 전제로 한 규정(제18조[11])을 두고 있고, 이 경우 고소 · 고발한 자가 원고가 된다. 또한 치리회가 직접 기소할 수도 있는데 이 경우 대한예수교장로회가 원고가 되며 치리회가 선임한 기소위원이 원고의 대표자가 된다(제11조).

통합총회의 경우 피해자는 고소할 수 있고, 피해자가 사망한 때에는 그 배우자, 직계친족, 형제자매가 고소할 수 있으며, 피해자가 아니더라도 고발을 할 수 있고, 치리회장과 임원도 고발할 수 있다(제48조, 제51조).

감리회의 경우도 피해자는 고소할 수 있고, 일정한 범행에 대하여는 장로 또는 교역자가 고발할 수 있으며, 의회의 행정책임자가 직무상 고소 · 고발할 수 있으며(일반재판법 제9조), 재판절차 내내 고소인, 고발인으로 칭하고 있다. 성결교의 경우 고소자라고 칭하고, 하나님의성회의 경우 각 치리회에 제소한 자를 원고, 고소인, 고발인이라고 한다(제9조).

---

11) 손해를 당한 사건에 피해자 측의 개인 혹 두 사람 이상이 직접 고소하고자 하면 그 소장과 진술서까지 제출할 것이다.

나. 피고(피의자, 피고인)

합동총회의 경우 재판을 받는 당사자를 피고로 칭하고 있으나 언제 피고가 되는지에 대한 규정은 별도로 두고 있지 않으나 통합총회의 경우 기소가 되기 전까지는 피의자로, 기소가 된 후에는 피고인으로 칭하고 있다. 감리회의 경우 재판절차 내내 피고소인, 피고발인으로 칭하고 있고, 성결교의 경우 피고소자로, 하나님의성회는 피고, 피고소인, 피고발인으로 칭하고 있다.

통합총회의 경우만 피고인이 유죄의 판결이 확정될 때까지는 무죄로 추정한다는 규정을 두고 있는바(제71조), 이러한 규정이 없더라도 일반적으로 재판은 확정되어야 효력이 발생할 것이다. 그러나 합동총회의 경우에는 하회의 결정에 대하여 상소를 제기할 경우 권징의 내용이 권계나 견책이면 그 효력을 정지하지만 그 밖의 시벌은 상회판결이 날 때까지 원결정대로 한다(제100조)고 규정하여 재판의 효력을 강화하고 있다.

다. 변호인

(1) 변호인의 선임과 자격

합동총회의 경우 원고와 피고는 변호인을 사용할 수 있으나 장로회 목사 또는 장로가 아닌 자를 변호인으로 선정하지 못하고, 치리회가 원고가 될 경우 기소위원과 상회에서 선정한 방조 위원이 치리회의 변호인이 된다(제27조[12]). 그런데 목사 또는 장로가 아니면 변호사도 변호인이 될 수 없는가 하는 의문이 있으나, 당사자는 변호인의 조력을 받을 권리가 있고, 변호사는 변호사법 제3조에 따라 당사자의 위임에 의하여 일체의 법률사무를 행할 수 있기 때문에 위 규정의 적용을 받지 않는다고 해석된다.

통합총회의 경우 피고인 또는 피의자도 변호인을 선임하여 변호를 받을 수 있고, 변호인은 법률 및 교회법에 관한 식견이 있는 본 교단의 직원 중에서 선임하여야 한다(제30조).

---

12) 치리회가 원고가 될 경우란 제11조의 규정과 관련하여 해석할 때 치리회가 기소할 때의 의미로 풀이된다.

감리회의 경우, 피고소인, 피고발인은 기소 사건의 내용을 잘 알고 교회헌법이나 규칙에 익숙한 이로 변호인을 선임할 수 있고, 변호인을 선임할 능력이 없을 때에는 재판위원장이 피고소인, 피고발인과 의논하여 교역자와 교인 중에서 변호인을 지명할 수 있으며, 선임된 변호인의 출석 없이는 재판을 개시할 수 없고, 총회 재판위원회와 총회 특별재판위원회에 관여하는 변호인은 변호사 자격을 갖추어야 한다(일반재판법 제35조).

성결교의 경우 피고소자는 사건변론을 위하여 당년 지방회, 총회대의원 중에서 1명의 변호위원을 재판위원회의 허락을 받아 선임할 수 있다(재판위원회 운영규정 제4조). 하나님의성회는 원고나 피고는 본 총회 목사로 만 15년 이상 제직 중인 1인을 변호인으로 선임할 수 있다(제26조).

(2) 변호인의 권한

(가) 변호인의 직무

합동총회의 경우 변호인은 구두 또는 서면으로 답변을 제출할 수 있다는 규정(제27조)만 두고 있어 변호인의 권한범위가 명확하지 아니하나 변호인이 할 수 있는 통상적인 권한을 모두 행사할 수 있다고 할 것이다. 통합총회의 경우 변호인은 변론, 재판기일의 지정 및 변경신청, 재판기일 전의 증거제출, 피고인 신문, 증인신문 등 증거신청, 상소 등 제반 소송행위를 할 수 있다(제29조, 제67조, 제70조, 제75조, 제82조, 제90조).

감리회의 경우 변호인은 재판참여, 변론 및 최후변론, 증거조사 의견제출 등을 할 수 있고(일반재판법 제38조, 제41조, 제44조), 성결교의 경우 변호인은 피고소자의 이익을 위하여 증거 조사를 청구할 수 있고, 이에 참여할 수 있으며, 의견을 진술할 수 있고, 사건의 정상을 규명하고 죄과에 대한 반증을 수집 조사하여 유리한 변호를 하여야 한다(재판위원회운영규정 제4조). 하나님의성회의 경우 변호인은 당사자 또는 증인을 심문하고 변론을 한다(제27조).

(나) 변호인의 보수

합동총회의 경우 누구든지 변호인 보수를 받지 못하도록 되어 있고(제27조),

통합총회의 경우 의뢰인은 변호인에게 실비의 여비 및 숙박료 등을 지급하도록 되어 있으며(제30조). 하나님의 성회도 변호인은 실비 계산의 여비 이외의 보수를 받지 못한다(제27조)고 하여 대부분의 교단은 변호인에게 보수를 지급하지 못하도록 되어 있다. 다만, 감리회의 경우 일반 변호인은 소정의 여비 외에 보수를 받을 수 없지만 변호사 자격이 있는 변호인은 보수를 받을 수 있다(일반재판법 제35조)고 규정하고 있다. 그러나 감리회 이외의 교단에서도 변호사 자격이 있는 변호인에게까지 보수를 받을 수 있는 권한을 제한할 수는 없다고 할 것이다.

3. 고소 · 고발과 기소절차

가. 고소 · 고발

(1) 고소 · 고발 방법

합동총회는 소장에 죄상을 밝히 기록하고, 죄증 설명서에 범죄의 증거를 상세히 기록하여 서면으로 고소 · 고발장을 접수해야 하고(제16조),[13] 통합총회는 고소(고발)인, 피고소(고발)인의 성명, 나이, 성별, 직분, 죄과 명, 죄과 내용, 증거명을 기재하여 서면으로 소속 치리회장에게 접수하여야 하며, 치리회를 고소(고발)할 때에는 차상급 치리회장에게 하여야 한다(제53조).

감리회는 피고소(고발)인의 주소, 성명, 범행일시, 범행장소, 범행상황을 기록한 고소(고발)장과 범행사실과 이를 뒷받침하는 증거물이나 증인의 인적사항을 기록한 범행설명서를 심사위원회에 제출하여야 하고(일반재판법 제9조, 제10조), 성결교는 피고소자의 주소, 성명, 생년월일, 범죄사실과 범행의 일시, 장소, 내용을 상세히 기록하여 재판위원회에에 접수하여야 하며(제12조, 제13조), 하나님의성회는 위와 같은 내용을 자세히 기록하고 죄증설명서를 첨부하여 범행자가 속한 치리회 기소위원회에 제출하여야 한다(제11조, 제12조).

---

13) 고소의 경우 마태복음 18장 15절 내지 17절에 기록된 대로 권면하였다는 진술서를 제출하여야 한다(제18조).

(2) 고소 · 고발 기간

합동총회, 성결교는 고소 · 고발기간에 관하여 별도의 규정을 두고 있지 아니하나, 통합총회는 죄과를 범한 자를 안 날로부터 2년이 경과하면 고소할 수 없고, 죄과를 범한 자를 안 날로부터 1년이 경과하거나 죄과가 있은 날로부터 2년을 경과하면 고발하지 못하나(제49조, 제52조), 총회 산하단체에 대한 재정 비리 및 부정행위에 상당한 죄과에 대한 감사위원회의 고발이나 기소의뢰 기간은 원인행위 일로부터 5년으로 한다(제49조). 감리회는 범행 발생 후 3년 이내에(부적절한 성관계와 교회재산에 관계된 경우 5년) 고소 · 고발을 하여야 한다고 규정하고 있으며(제11조), 하나님의성회는 범죄사실이 있은 후 3년(다만 지방회 선거법을 위반하였을 경우 1년, 총회 선거법을 위반하였을 경우 2년)이 경과한 때는 고소, 고발을 할 수 없으나, 이단에 연루된 범죄는 예외로 한다고 규정하고 있다(제13조).

(3) 고소의 취하

합동총회는 고소취하에 관하여 별도의 규정을 두고 있지 아니하나, 통합총회는 1심 판결 선고 전까지 고소를 취하할 수 있고, 고소를 취하한 자는 동일한 내용에 대하여 다시 고소하지 못한다고 규정하고 있다(제50조).[14]

성결교는 고소취하에 대한 별도의 규정을 두고 있지 아니하나, 감리회는 그 이유를 명기하여 고소(고발)취하장을 제출할 수 있도록 규정하면서 고소를 취하한 범과에 대해서는 다시 고소하지 못한다고 규정하고 있고(제12조), 하나님의성회는 고소, 고발은 취하할 수 있으나 기소된 후에는 치리회의 허가를 얻어야 하고, 심리중일 때는 상대의 동의를 얻어야 취소 또는 취하의 효력이 생긴다고 규정하고 있다(제14조).

나. 기소절차

(1) 합동총회, 하나님의성회의 경우

합동총회는 기소절차에 대하여 별도의 규정을 두고 있지 아니하고, 하나님의

---

14) 고발의 경우 고소취하 규정을 준용하고 있지는 않다.

성회의 경우 고소 또는 고발이 접수된 때에는 기소위원회는 기소여부를 결정하여야 한다(제15조 제1호). 그러나 치리회가 권징의 필요를 인정한 때에는 고소, 고발 없이도 기소위원회에서 기소할 수 있다(제15조 제2호). 기소가 되면 원고나 피고, 소원자나 피소원자 모두 그 사건의 재판 중에는 담임목사의 목회외에는 회원권이 정지된다(제15조 제4호).

(2) 통합총회와 감리회, 성결교의 경우

(가) 기소위원회(심사위원회)의 회부와 구성

통합총회의 경우 치리회장이 고소(고발)장을 받은 때에는 10일 이내에 기소위원회에 이첩하여야 하고, 치리회장이 위 기간내에 이첩하지 않거나 반려한 경우에는 고소(고발) 당사자가 부전지를 첨부하여 기소위원회에 직접 접수할 수 있으며(제54조의 1), 치리회장은 당회 또는 임원회의 결의에 따라 죄과가 있다고 인정되는 자에 대하여 직권으로 기소위원회에 기소를 의뢰할 수 있다(제54조의 2). 감리회의 경우 고소, 고발장이 접수되었을 경우에 해당 의회의 장은 14일 내에 심사위원회에 회부하여야 하며(제13조), 성결교의 경우 재판위원회 위원장은 고소장 접수일로부터 2주일 이내에 위원회를 소집하여야 한다(재판위원회 운영규정 제3조 제2호).

통합총회의 경우 당회 기소위원회는 당회에서 선임된 1인 내지 2인으로 구성하고(제55조), 노회 기소위원회는 노회에서 선임된 기소위원 4인(목사 2인, 장로 2인)으로 구성하며 노회 기소위원 4인 가운데 1인 이상은 가능한 법학사 학위를 가진 자 중에서 선임하여야 하며, 임기는 2년으로 한다(제56조). 감리회의 경우 구역회 심사위원회는 구역회원 3명으로 구성하고, 지방회 심사위원회는 지방 회원 10명(교역자 5명, 평신도 5명), 연회 심사위원회는 연회 회원 10명(교역자 5명, 평신도 5명), 총회 심사위원회는 각 연회에서 추천한 11명(교역자 5명, 평신도 5명, 호남특별연회 1명)으로 구성하되, 다만 특별심사위원회 평신도 위원은 가급적 법조인으로 하며, 연회 이상의 심사위원은 감리회 본부에서 시행하는 소정의 교육을 이수하여야 하고(일반재판법 제14조), 그 임기는 2년으로(단 구역회 심사위원은 사건 종결시까지) 하고 있다(일반재판법 제15조). 아울러 감리회의 경우 재판위원과 동일하게 심사위원의 제척, 기피에 관한 규정까지 두고 있다(제17조, 제18조).

성결교의 경우 별도의 기소위원회를 구성하지 않고 재판위원회의 위원 중에서 기소위원이 선출된다(제13조).

(나) 기소위원회(심사위원회)의 조사

통합총회는 기소위원장의 소환에 따라 기소위원회에서 피의자의 죄과와 정상에 관한 사항을 신문하는 방법으로 조사를 하고, 기소위원 2/3 이상의 출석과 출석인원 과반수의 찬성으로 기소여부를 의결(동수인 경우에는 기소된 것으로 의제)하며(제57조의 1, 2), 감리회는 심사위원회가 심사에 회부된 사건에 대하여 30일 이내에 심사에 회부된 이를 심문하고 심문조서를 작성한 후재적위원 과반수의 출석과 출석위원 과반수의 찬성으로 심사결정을 하여야 하며(일반재판법 제19조, 제20조), 성결교는 별다른 규정을 두고 있지 아니하다.

(다) 조사의 종결

1) 기소

통합총회는 기소위원회에서 기소장에 ① 피고인의 성명, 나이, 성별, 직분, 주소, ② 죄과명, ③ 기소사실, ④ 적용규정을 기재하여 관할 재판국에 제출하는 방법으로 기소하고(제59조), 기소시효는 원칙적으로 3년이며(당회, 노회, 총회 및 각 치리회의 산하단체 및 기관에 대한 재정 비리나 공금 횡령 및 유용과 파렴치한 행위는 6년, 제58조의 2), 제1심 판결의 선고 전까지 서면으로 기소를 취소할 수 있다(제60조).

감리회는 심사위원회에서 기소결정을 한 날로부터 14일 이내에 기소장과 함께 심사기록 및 증거물을 심사위원 임명권자를 거쳐 재판위원회에 송달하고 기소장 부본을 당사자에게 송달하며(제21조), 성결교는 기소위원은 죄과가 인정되면 5주일 이내에 피고소자의 성명, 연령, 직업, 소속교회, 교직, 죄과 등을 명시하여 기소장을 접수하고(재판위원회 운영규정 제3조 제3항, 제6항), 기소장이 접수되면 심판위원회는 7일 이내에 고소장 부본을 원고, 피고와 변호인에게 교부하여야 한다(제3조 제7항).

2) 불기소 및 처분결과의 통지

통합총회는 기소위원회가 고소인, 고발인에게 기소결정, 불기소결정, 기소취소를 한 때에는 그 조취한 날로부터 10일 이내에 서면으로 통지하여야 하고, 피의자에게 불기소결정을 한 때 즉시 그 취지를 통지하여야 하며(제63조), 감리회는 심사위원회가 혐의가 없다고 인정하면 불기소 이유를 기재한 불기소결정문을 심문조서와 함께 임명권자에게 제출하여야 하며(일반재판법 제22조), 처분 결과를 심사 종결한 날로부터 14일 이내에 고소인, 고발인과 피고소인, 피고발인에게 각각 통지하여야 하고(제23조), 성결교의 경우 기소위원이 심판위원회 동의를 얻어 불기소 결정을 할 수 있다(재판위원회 운영규정 제3조 제3항).

3) 불기소처분에 대한 불복

통합총회의 경우 기소위원회의 불기소처분에 불복이 있는 고소인 또는 고발인은 통지를 받은 날로부터 20일 이내에 당회 기소위원회를 거쳐 노회 재판국에 항고할 수 있고, 총회 재판국에 재항고 할 수 있다(제65조). 감리회의 경우 고소, 고발인은 불기소처분을 통지받은 날로부터 14일 이내에 이의신청할 수 있고(제24조), 심사위원 임면권자가 분명한 이유를 들어 불기소처분이 부당하다고 인정하거나 고소인, 고발인이 이유를 기재하여 서면으로 이의를 신청하면 1차에 한하여 재심사에 회부할 수 있고(일반재판법 제25조), 재심사 결정에 대해서도 불복이 있는 경우 14일 이내에 심사위원회를 거쳐 상소심 재판위원회에 그 당부에 관한 재판을 신청할 수 있다(일반재판법 제28조). 다른 교단은 불복절차에 대한 별도의 규정을 두고 있지 않다.

4. 재판절차

가. 기일 전 진행(소환절차)

(1) 피고인의 소환과 출석

합동총회는 치리회가 재판회[15]를 회집하면 회장이 먼저 고소장과 죄증설명서

15) 그 의미가 명확하지 않으나 재판국이 구성되어 모이는 첫 재판기일의 모임을 의미하는 것으로 해

를 낭독하되 원·피고가 당석에서 심문함을 원하지 않고 연기를 청원하면 고소장과 죄증설명서 1통을 피고에게 교부한 후 10일 이상으로 정하여 다음 회에 출석하라는 소환장을 교부하고, 피고는 소환장에 정한 기일대로 치리회에 출석하되 사고가 있으면 대리인으로 출석하게 할 수 있다(제20조, 제23조).

통합총회는 재판국장이 재판기일을 정하여 피고인을 소환하여야 하고, 기소위원장, 변호인에게도 이를 통지하여야 하며 재판국장은 직권 또는 기소위원장, 피고인이나 변호인의 신청에 의하여 재판기일을 변경할 수 있다(제68조).

감리회는 재판위원장이 재판일시를 정하여 고소인, 고발인, 피고소인, 피고발인, 증인들을 소환하되 1회 재판시에는 재판일 7일 전까지 서면으로 송달되도록 하고, 2회 재판시에는 구두로 고지할 수 있다(일반재판법 제38조).

성결교는 사건이 기소된 경우에 재판위원회가 징계법 제8조에 해당한 화해기간이 지나면 재판기일을 정하고 피고소자를 소환하여 개심하여야 하고(재판위원회 운영규정 제5조 제1호), 하나님의성회는 재판위원회가 원고, 피고 및 그 대리인과 증인을 재판개정 7일 전에 송달되도록 서면이나 전자메일 혹은 유무선전화로 소환하여야 한다(제17조).

(2) 불출석과 그 효과

합동총회는 피고가 소환장을 받고도 출석하지 아니하면, 치리회는 재차 소환장을 발송하되, 피고가 두 번 소환장을 받고 출석하지 아니하면 궐석한 대로 판결하되 치리회가 피고를 위하여 변호할 자를 선정한다(제22조).

통합총회는 소환통지를 받은 자가 출석하지 못할 때에는 의사의 진단서, 기타의 자료를 제출하여야 하고, 이러한 자료를 제출하지 않고 2회 이상 출석하지 아니한 때에는 당사자 출석 없이 바로 개정할 수 있고, 재판의 선고 또는 고지만을 할 경우에는 당사자의 출석 없이도 개정할 수 있다(제69조).

감리회는 제1회 재판기일에 피고소인, 피고발인이 이유를 서면으로 제출하여 출석하지 아니하였을 때는 1회에 한하여 재판을 연기할 수 있고, 피고소인, 피고발인이 연기된 재판에도 출석하지 아니한 때에는 궐석재판을 진행한다(일반재판법

석된다.

제40조).

성결교는 피고소자는 치리회의 요청에 의하여 심판에 응할 것이요, 만일 요청을 받고도 이유 없이 2차 심판에도 불응하면 치리회는 궐석재판을 할 수 있다(제17조, 재판위원회운영규정 제5조 제3호).

하나님의성회는 최초의 재판기일에 소송 관계인이 출석하지 않을 때는 재판기일을 변경하고, 재소환을 하여야 하고, 재소환 기일에도 소송 당사자나 대리인이 정당한 사유없이 불출석한 때에는 그대로 재판을 진행할 수 있다(제20조).

나. 기일 진행

(1) 모두 절차

합동총회는 모두 절차에 관한 별다른 규정을 두고 있지 아니하나, 통합총회는 재판국장은 피고인에 대한 인정신문을 하고(제73조), 기소위원장으로 하여금 기소장에 의하여 기소요의 요지를 진술하게 할 수 있으며(제74조), 피고인에게 이익되는 사실을 진술할 기회를 주어야 한다(제75조).

감리회는 재판의 절차에서 사실 심리 전에 재판위원장의 개회 선언, 심사위원장의 기소장 낭독과 기소이유 설명을 하도록 하고 있고(일반재판법 제41조), 성결교는 개심 후 재판위원회가 고소장과 죄증설명서 낭독 및 교부를 하고, 기소위원은 기소장을 낭독하도록 하고 있으며(재판위원회 운영규정 제5조 제2항), 하나님의성회도 이와 유사한 규정을 두고 있다(제21조).

(2) 사실심리절차

(가) 피고인 신문

합동총회는 증인의 말을 청취한 후에 원고 피고가 진술하고(제24조 제4항), 통합총회는 피고인의 진술권을 보장하고 있고, 피고인 신문의 방식에 대하여 기소위원과 변호인이 기소사실과 정상(情狀)에 관한 필요사항을 직접 신문할 수 있으며 재판국장 및 재판국원은 그 후에 신문할 수 있다(제75조, 제76조).

감리회는 심사위원장의 기소장 낭독과 기소이유 설명 후에 피고소인, 피고발인에 대한 신문과 고소인, 고발인의 진술을 하도록 규정하고 있고(일반재판법 제41조), 성결교는 피고인 신문에 관한 별도의 규정을 두고 있지는 않지만 재판위원회는 재판을 종결하기 전에 피고발자와 변호위원에게 충분한 변명과 변론의 기회를 주어야 한다(재판위원회 운영규정 제5조 제4항), 하나님의성회는 기소 이유 설명 후 원고 및 피고의 진술을 하도록 규정하고 있다(제21조).

(나) 증거조사

1) 증거조사의 방법과 방식

증거조사의 방법으로는 서증 외에도 증인, 감정, 검증 등이 있다. 이와 관련하여 합동총회는 증거조사 방법과 방식에 관한 별도의 규정을 두고 있지 아니하나 통합총회는 사실의 인정은 증거에 의하여야 한다(제79조)고 하면서 증거조사의 방식에 관한 규정을 두고 있다. 즉, 증거물이 서류인 경우 그 요지를 고지하고, 물건을 증거로 제출할 수 있으며 증인, 감정인 등의 신문을 신청할 수 있고, 이러한 신청에 대하여 결정을 하여야 하며 직권으로 증거조사를 할 수 있다(제82조).

감리회는 재판위원장은 증거물을 제시하고, 증거물이 서류인 때에는 그 요지를 고지하며 심사위원장, 고소인, 변호인 또는 피고소인에게 증거조사에 대한 의견을 묻고 증거조사를 신청할 수 있음을 고지하여야 한다(일반재판법 제44조), 성결교는 별도의 규정을 두고 있지 아니하며, 하나님의성회는 증거의 조사는 증인신문과 검증, 감정으로 하고 있다(제28조).

2) 증인신문

증거조사는 각 증거에 따라 그 조사방법이 다른데, 각 교단에서는 주로 증인신문에 관한 규정만 상세히 두고 있다(검증, 감정에 관한 규정을 두고 있는 교단헌법에서도 그 구체적 내용에 대해서는 별도의 규정을 두고 있지 않다).

합동총회는 증인 선서(제62조)와 증인신문 방식(제61조 치리회, 신청자, 상대방 순으로 신문하고, 신청자의 유도신문 금지 등), 증인 출석 의무와 강제 등(제68조), 증거 조사국(제66조)에 대하여 규정하고 있고, 통합총회는 증인의 선서(제45조)와 증인신문의 방식(제46조. 순서는 신청한 기소위원장, 피고인 또는 변호인, 재판국의 순으로 신문하고, 대질신문도 가능)에 대하여 구체적인 규정을 두고 있다(제46조).

감리회는 증인선서(일반재판법 제37조)와 증인신문의 방식(일반재판법 제45조, 서면답변가능, 증인 동석 금지, 대질신문), 증인의 여비(제46조, 신청자 부담원칙)에 관한 구체적인 규정을 두고 있고, 성결교는 별도의 규정을 두고 있지 아니하며, 하나님의성회는 증인의 자격(제29조), 증인선서(제32조), 증인의 여비(제38조), 증인신문순서(제33조), 증거조사위원(제34조), 증인신문에 관한 주의사항(제35조), 대질신문(제36조)에 관한 규정을 구체적으로 두고 있다.

3) 증인적격, 증언거부

통합총회는 치리회의 임원 또는 임원이었던 자가 그 직무에 관하여 알게 된 사실에 관하여 직무상 비밀에 속한 사항임을 신고한 때에는 치리회장의 승낙없이는 증인으로 신문하지 못하고(헌법시행규정 제51조), 교회의 항존직 또는 사회의 전문직에 종사하는 자 또는 종사하였던 자가 그 직무상 알게 된 사실로써 타인의 비밀에 관한 것은 본인의 승낙이 있거나 공익상 필요가 있는 때 외에는 증언을 거부할 수 있다(같은 규정 제52조)고 규정하고 있고, 감리회는 증인은 세례교인이고 선서에 대하여 책임질 능력이 있는 자라야 하고(행정재판법 제28조), 기하성은 증인은 원칙적으로 증인선서의 책임을 아는 교인이어야 하나 교인 중에 증인이 없는 경우에는 비교인도 가능하다(제29조)고 규정하고 있다.

(다) 최후변론

합동총회는 이에 관한 별도의 규정을 두고 있지 아니하고 증인의 말을 청취한 후에 원고 피고가 진술하고(제24조 제4항), 통합총회도 재판국장은 기소위원장의 의견을 들은 후 피고인과 변호인에게 최종의 의견을 진술할 기회를 주어야 한다(제83조).

감리회는 피고인신문과 증인신문 후 변호인이 최후변론을 하고 그 후 피고소인, 피고발인이 최후진술을 하도록 하고 있고(일반재판법 제41조), 기하성도 비슷한 규정을 두고 있으며(제21조), 성결교는 별도의 규정을 두고 있지 아니한다.

(3) 재판기관의 합의 절차

심리절차가 끝난 후에는 치리회는 판결선고를 위한 합의를 하게 된다. 합동총회는 본 치리회원만 합의한다고 규정하면서 재판할 때 처음부터 나중까지 출석하여 전부를 듣지 아니한 회원은 원고 피고와 재판회원이 동의하지 아니하면 재판에 대하여 투표권이 없다(제24조, 제29조). 통합총회 재판국에는 권징재판분과 행정재판분과 및 전원합의부가 있는데(제11조의 2) 각 분과의 판결 합의는 재적국원 4분의 3 이상의 찬성으로 의결하며, 국원들과의 견해차이로 합의에 이르지 못하는 경우에는 전원합의부에 배당하는데 전원합의부의 판결합의는 재적 국원 3분의 2 이상의 출석과 재적 국원 과반수의 찬성으로 의결한다(제13조, 제19조, 제25조), 감리회는 재판위원회 정수 3분의 2 이상의 출석과 재석위원 3분의 2 이상의 찬성으로 판결하며(일반재판법 제48조 제5항), 성결교는 재판위원회에서 유죄판결이나 무죄를 선고함에는 재판위원의 합의로 판결하고(재판위원회 운영규정 제5조 제7항), 하나님의성회는 판결은 재판에 관여한 재판위원 과반수의 의결로써 성립한다(제45조).

(4) 판결선고 절차

판결선고는 재판절차의 최종절차이다. 합동총회는 본 안건 전부에 대하여 결정하고 그 최후 결정은 회록에 기록한다(제24조).

통합총회는 재판국은 죄과의 증명이 있는 때에는 판결로써 책벌(유죄)을 선고하여야 하고, 판결이유에 죄과 될 사실, 증거의 요지와 헌법 또는 규정의 적용을 명시하여야 하며, 피고인에게 상소할 기간과 상소할 재판국을 고지하여야 하며(제85조, 제86조), 무죄의 판결, 공소기각의 판결 및 공소기각의 결정을 하여야 할 경우에 대하여도 상세히 규정하고 있다(제87조 내지 제89조). 또한 재판은 고소(고발)장이 재판국에 접수된 후 4개월 이내에 마쳐야 한다(제4조 제4호).

감리회는 재판위원회는 재판이 끝나는 대로 판결정본을 고소인, 고발인, 피고소인, 피고발인, 심사위원회 그리고 재판위원회가 소속한 행정책임자에게 통고하고(일반재판법 제49조), 판결 주문에 대하여 유형별로 상세히 규정하고 있다(일반재판법 제48조).

성결교는 판결문은 이유를 명시하고 총회장, 지방회장과 심판위원장 연서로 원고, 피고에게 송달하여야 하고(재판위원회 운영규정 제5조), 하나님의성회는 재판위원회는 판결 주문과 이유를 작성한 후 관여 재판위원 전원이 서명, 날인한 후 조속히 원고와 피고에게 서면으로 통고하고 판결원본을 치리회에 보관한다(제46조, 제47조).

5. 형의 종류와 권징사유

가. 형의 종류

형의 종류는 교단별로 조금씩 차이가 있다. 합동총회는 권계, 견책, 정직, 면직, 수찬정지, 제명, 출교(제35조)[16]를 규정하고 있고, 통합총회는 교인에 대하여(제5조 제2호) 견책(죄과를 꾸짖고 회개하게 한다), 근신(2개월 이상 6개월 이내의 기간 죄과에 대한 반성문을 1회 이상 소속치리회장에게 제출하고, 행동을 삼가게 한다), 수찬정지(6개월 이상 1년 이내의 기간 수찬을 정지한다), 출교(교인명부에서 제명하여 교회출석을 금지시킨다)를, 직원에 대하여는(제5조 제3호) 견책, 근신, 수찬정지 외에 시무정지(3개월 이상 1년 이내의 기간 치리권을 정지한다), 시무해임(3개월 이상 1년 이내의 기간 설교권을 포함하여 교회의 모든 시무를 정지한다), 정직(6개월 이상 2년 이내의 기간 직원의 신분은 보유하나 그 기간 모든 직무를 정지하며 동시에 수찬도 정지된다), 면직(직원의 신분을 박탈한다), 상회총대파송정지(교회 직원과 치리회는 1~3년 이내, 노회와 총회 직원은 2~3년 이내, 총회 산하단체·기관이사는 3~5년 이내의 기간 파송정지)를, 치리회에 대하여(제5조 제4호)는 상회총대파송정지를 각 규정하고 있다. 고신총회는 교인에 대하여 권계, 견책, 수찬정지, 출교를, 직원에 대하여 권계, 견책, 정직, 면직, 수찬정지, 출교를, 치리회에 대하여 결정취소, 결의무효, 총대파송정지, 치리회 해산을(제3조 내지 5조), 기장총회는 교인에 대하여 권계, 견책, 수찬정지, 출교(제8조 제2의 2)를, 직원에 대하여 위 형 외에 시무정지, 시무해임, 정직, 면직(제6조 제2의 1)을, 감리회는 견책, 근신, 정직, 면직, 출교(일

---

16) 합동헌법상 개념이 정의된 것은 아니지만, 권계는 "잘못을 지적하여 타이르고 훈계하는 것"을 지칭하고, 견책은 "잘못을 꾸짖고 앞으로 그런 일이 없도록 주의 시키는 것"으로 권계보다 엄한 징계의 일종이며, 수찬정지는 "성찬에 참예하지 못하게 하는 벌로 그리스도와의 교제단절을 의미하는 징벌"이다. 수찬정지는 타 종류의 벌에 병과할 수도 있고, 수찬정지가 되면 자동적으로 직분이 정지되고 시무정지가 된다. 제명이란 "치리회의 명부에서 그 이름을 삭제하는 것"이며, 출교란 "교회에서의 추방"을 의미한다. 회개하지 아니하는 자에게만 하는 그리스도의 몸에서 분리되는 최고의 벌이다.

반재판법 제5조 제1항)를 각 규정하고 있다. 감리회는 교역자와 교인을 구별하여 벌칙을 정하고 있으며(일반재판법 제5조), 성결교는 근신, 정직, 면직, 파직 칭호상실, 출교 외에 추징과 중벌(重罰)이 있고(징계법 제5조), 하나님의성회는 권계, 견책, 성례정지, 정직, 면직, 제명, 출교 외에 추징이 있다(제8조).

나. 권징사유

합동헌법은 권징사유에 관하여 교인, 직원, 치리회를 불문하고 교훈과 심술과 행위가 성경에 위반되는 것 또는 다른 사람으로 범죄하게 한 것이나 덕을 세움에 방해되게 하는 것을 범죄라고 정의함과 동시에(제3조) 성경 및 성경에 의하여 제정한 교회규칙과 관례, 권징조례 위반을 재판건으로 규정하고 있다(제4조).

통합헌법은 권징사유가 되는 죄과로 ① 성경상의 계명에 대한 중대한 위반행위, ② 총회헌법 또는 제 규정에 정해진 중대한 의무위반행위, ③ 예배를 방해한 행위, ④ 이단적 행위나 이에 적극적으로 동조한 행위, ⑤ 허위사실을 유포하여 교인 또는 직원의 명예를 훼손시킨 행위, ⑥ 직권을 남용하거나 직무를 유기한 행위, ⑦ 파렴치한 행위로 국가 재판에 의해 금고 이상의 형이 확정된 범죄행위(양심범의 경우는 제외됨), ⑧ 재판국의 판결에 순응하지 아니하는 행위, ⑨ 타인에게 범죄케한 행위, ⑩ 치리회 석상, 교회의 제직회 또는 공동의회의 석상에서 폭언, 협박, 폭행, 상해, 재물손괴 행위, ⑪ 사건 담당직원(재판국원, 기소위원)이 사건과 관련하여 금품을 수수한 행위, ⑫ 교회 내외와 각 치리회 및 총회 산하 단체와 기관 사무실 등에서 폭언, 협박, 폭행, 상해, 재물손괴, 감금, 위협과 업무방해 등의 행위, ⑬ 교회, 노회, 총회 및 총회 산하 단체와 기관과 관련된 문서를 위조, 변조, 개인정보와 문서를 불법 획득 및 유출하는 행위와 각종 증명서 위조 행위 또는 이를 행사하는 행위, ⑭ 교회, 노회, 총회 및 총회 산하 단체와 기관 운영에 있어서의 부정과 공금유용, 횡령, 배임 등의 재정 비리행위, ⑮ 노회, 총회의 감사위원과 총회 산하 단체 및 기관의 직원 및 이사가 직무태만 및 고의적 행위로 노회, 총회 각 상임부서, 산하 단체와 기관에 상당한 손실을 입게 한 행위를 규정하고 있다(제3조).

교리와 장정은 범과의 종류로 ① 교회의 성례를 비방하였을 때, ② 계교로써 교인, 교역자 또는 교회를 모함 및 악선전하였을 때, ③ 교회재판을 받기 전에 교인 간 법정소송을 제기하거나 교인의 처벌을 목적으로 국가기관에 진정, 민원 등을 제기하였을 때(다만 교리와 장정에 정하고 있는 교회재판에 관계되지 아니하는 사항은 예외로 한다), ④ 교회 기능과 질서를 문란하게 하거나 심사위원회 등에 무고를 하거나 교회 법정에서 위증하였을 때, ⑤ 허위사실을 유포하거나 교인끼리 불화를 조장하였을 때, ⑥ 익명이나 실명으로 유인물이나 안터넷에 개인이나 감리회의 명예를 훼손시키는 행위를 하였을 때, ⑦ 이단 종파에 찬동 협조하거나 집회에 참석한 혐의가 있을 때, ⑧ 마약법 위반, 도박 및 동성애를 찬성허가나 동조하는 행위를 하였을 때, ⑨ 절취, 사기, 공갈, 횡령, 공금유용 등의 행위를 하였을 때, ⑩ 남의 재산과 명예를 손상시켰을 때, ⑪ 타인을 상해하였을 때, ⑫ 문서와 증빙서류를 위조하였을 때, ⑬ 부적절한 결혼 또는 부적절한 성관계(동성간의 성관계와 결혼을 포함)를 하거나 간음하였을 때, ⑭ 그 밖에 일반 형법에 위반되는 행위로 인하여 처벌을 받았을 때, ⑮ 감독·감독회장 선거와 관련하여 교회재판을 받기 전에 사회법정에 소송을 제기하였을 때, ⑯ 감리회가 소집하는 지방회, 연회, 총회 소집이나 진행을 방해하거나 선거의 투표나 개표를 방해하는 행위, ⑰ 음주, 흡연이 행위를 하였을 때를 규정하고(일반재판법 제3조), 교역자에게 적용되는 범과로 위 각 행위 외에 ① 직권을 남용하거나 직무를 유기하였을 때, ② 규칙을 고의로 오용하였을 때, ③ 감독 또는 감독회장이 적법한 의결을 거쳐 내린 직무상 명령을 불복하였을 때, ④ 갚을 수 없는 채무를 졌을 때, ⑤ 정당에 가입하거나 직접 정치활동을 하였을 때, ⑥ 교회를 매매하여 사리사욕을 취하거나 교회담임 임면 시 금품을 수수하였을 때, ⑦ 이단사상을 설교 또는 저술하였을 때를 규정하고 있다(일반재판법 제4조).

다만 합동헌법과 통합헌법은 어느 죄과가 어느 형에 해당하는지에 대하여는 규정하지 않고 있으나, 교리와 장정은 범과에 따른 벌칙의 종류를 규정하고 있고, 교인과 교역자가 권징사유에 대한 형이 다르다(일반재판법 제5조).[17] 그리고

17) 2019년 개정되기 전의 교리와 장정은 부적절한 결혼 또는 부적절한 성관계를 하거나 간음하였을 때 교인에 대하여는 면직, 출교를 할 수 있었으나(일반재판법 제5조 제2항) 교역자에 대하여는 출교할 수 없어(일반재판법 제5조 제3항), 감리회가 부적절한 성관계를 이유로 교역자에 대하여 출교처분을 한 것은 무효라고 하여 그 출교판결의 효력을 정지하는 가처분을 인용한 판결례가 있다(서

합동헌법은 출교는 끝까지 회개하지 아니하는 자에게만 한다(제35조). 정직 후 1년 안에 회개의 결과가 없으면 재판없이 면직할 수 있다. 목사가 이단을 주장하거나 불법으로 교회를 분립할 때에 그 안건이 중대하면 면직한다(제42조)라고만 규정하고 있다. 특이한 것은 감리회는 위에서 본 바와 같이 교회재판을 받기 전에 교인 간 법정소송을 제기하거나, 교인의 처벌을 목적으로 국가기관에 진정, 민원 등을 제기하였을 때를 권징사유로 규정하고 있다(일반재판법 제3조 제3항)는 점이다.

6. 판결의 확정 및 불복절차

가. 판결의 확정

판결의 확정시기는 당회나 노회의 판결은 상소기간이 경과함으로써, 총회의 판결은 선고시가 원칙이다(통합헌법 제34조, 교리와 장정 일반재판법 제50조, 행정재판법 제35조). 그러나 합동총회의 경우는 재판기관이 치리회의 보조기관의 성격을 가지고 있어 치리회에 그 재판의 결과를 보고하여 총회가 채택함으로써 확정되고, 그 전까지는 당사자 쌍방만을 구속할 뿐이다(제138조, 제141조). 그리하여 이를 예심판결이라 한다. 확정된 판결의 효력에 관해서 통합총회는 상급 재판국의 재판에 있어서의 판단은 당해 사건에 관하여 하급심을 기속한다는 규정을 두고 있다(제9조).

울중앙지방법원 2016. 10. 18. 자 2016카합81257 효력정지가처분 결정, 서울중앙지방법원 2017. 1. 31. 자 2016카합81400 가처분이의 결정). 그러나 서울고등법원 2017. 7. 21. 자 2017라20213 가처분이의 결정은 총회재판위원회가 교역자와 일반 교인 사이의 처벌불균형 문제나 교리와 장정의 개정연혁, 채권자가 저지른 범과의 종교적 중대성 등을 모두 감안, 관련 조항을 합목적적으로 해석하여 교리와 장정 제5조 제2항을 적용한 것으로 출교판결에 하자가 있다고 단정하기 어려울 뿐만 아니라 거기에 문언에 반하는 점이 있다 하더라도 그 하자가 중대하여 이를 그대로 둘 경우 현저히 정의관념에 반하는 경우라고 볼 수 없다는 이유로 원 결정을 취소하고 채권자의 출교재판효력정지 신청을 기각하였다. 위 결정은 대법원 2017. 12. 8. 자 2017마5820로 심리불속행 기각되었다. 또한 그 본안 사건인 서울중앙지방법원 2017. 4. 27. 선고 2016가합27448 판결도 같은 취지로 출교판결이 유효하다고 보았고, 서울고등법원 2018. 1. 12. 선고 2017나2022801 판결 및 대법원 2018. 5. 30. 선고 2018다210300 판결도 같은 취지였다. 그런데 2019년 개정된 교리와 장정은 교역자에 대하여도 출교할 수 있도록 개정하여 위와 같은 불합리를 제거하였다.

나. 상 소

(1) 상소의 종류

합동총회에는 검사와 교정, 위탁판결, 소원, 상소가 있다(제9장). 검사와 교정은 상급치리회가 하급치리회에서 처리한 사건을 직권으로 검사 교정하는 제도이고(제72조~제77조), 위탁판결은 하회가 상회에 서면으로 본회가 결정하기 어려운 재판 사건에 대하여 지도를 구하는 것이다.[18] 소원은 행정사건에 대하여 상소하는 것이며(제84조~제93조), 상소는 일반 재판 사건에 대하여 상급치리회에 상소하는 것(제94조~101조)으로 구분하고 있다. 따라서 엄밀하게는 검사와 교정, 위탁판결, 소원은 일반재판 사건에 대한 상소는 아니다.

합동총회와 감리회, 하나님의성회는 노회나 연회, 지방회에 대한 상소와 총회에 대한 상소를 구별하는 용어를 사용하지 않고 있으나, 통합총회는 항소와 상고로 구별하고 있다.

(2) 상소권자

합동총회와 하나님의성회는 원고와 피고를 불문하고 상소를 제기하는 자를 상소인, 상소를 당한 자를 피상소인으로 한다는 규정만 두고 있고(합동총회 제94조, 하나님의성회 제56조), 성결교는 판결에 불만이 있는 자는 상소할 수 있다는 규정만 두고 있다(제23조). 통합총회는 기소위원장 또는 피고인을 상소권자로 규정하면서 피고인의 배우자, 직계친족, 형제자매 또는 변호인도 피고인을 위하여 상소할 수 있으며(제90조), 감리회는 고소인, 고발인과 피고소인, 피고발인, 심사위원장이 상소권자이다(일반재판법 제54조).

(3) 상소제기기간

합동총회는 상소인은 하회판결 후 10일 이내에 상소하도록 규정하고 있다(제96조). 통합총회는 상소기간을 판결문 송달일로부터 20일로 규정하고 있고(제94조, 제107조) 상소의 포기, 취하도 규정하고 있다(제92조).

---

18) 위탁판결에 대하여는 뒤 라의 (1)에서 다시 본다.

감리회는 판결 통고를 받은 날로부터 14일을 상소기간으로 정하고 있고(제56조), 성결교는 판결 통고 접수 후 10일을 상소기간으로 정하고 있으며(일반재판법 제23조), 하나님의성회는 판결통보를 받은 날로부터 14일 이내를 상소기간으로 하고 있다(제54조).

(4) 상소사유

합동총회는 ① 하회가 재판을 불법하게 하는 때, ② 하회가 상소하는 것을 불허하는 때, ③ 하회가 어떤 한 편에 대하여 가혹히 취조하는 때, ④ 불합당한 증거를 채용한 때, 합당하고 긴중한 증거(반드시 필요한 증인 또는 증거) 채용을 거절하는 때, ⑤ 충분한 증거 조사 전에 급속히 판결하는 때, ⑥ 소송 취급상에 편견이 드러나는 때, ⑦ 판결 중에 오착이나 불공평이 있는 때를 상소사유로 규정하고 있다(제95조).

통합총회는 ① 판결에 영향을 미친 헌법 또는 규정의 위반이 있는 때, ② 판결 재판국의 구성이 헌법 또는 규정에 위반한 때, ③ 헌법 또는 규정상 그 재판에 관여하지 못할 재판국원이 그 사건의 심판에 관여한 때, ④ 판결에 이유를 붙이지 아니하거나 이유에 모순이 있는 때, ⑤ 재심청구의 사유가 있는 때, ⑥ 사실의 오인이 있어 판결에 영향을 미친 때, ⑦ 책벌의 양정이 부당하다고 인정할 사유가 있을 때, ⑧ 사건의 심리에 관여하지 아니한 자가 그 사건의 판결에 관여한 때를 상소사유로 규정하고 있다(제99조, 제112조).

감리회는 ① 판결에 불법이 있다고 생각할 때, ② 신문이나 조사가 공정하지 아니하였다고 생각할 때, ③ 정당한 이유를 채택하지 아니한 경우와 부당한 이유를 채택하였을 때, ④ 충분한 증거 없이 판결하였다고 생각될 때, ⑤ 충분한 증거조사 없이 판결을 할 때를 상소사유로 들고 있다(일반재판법 제55조).

성결교는 상소사유에 대한 별도의 규정이 없고, 하나님의성회는 ① 판결에 법규 또는 교회 헌법에 위배된 사실이 있을 때, ② 치리회의 구성이 위법인 때, ③ 재판에 관여하지 못할 재판위원이 심리에 관여한 때, ④ 증거 조사의 방식이 본 조례의 규정을 위반한 때, ⑤ 사실에 대한 오인이 있을 때, ⑥ 증거에 의하지 않고 사실을 인정한 때, ⑦ 처벌이 너무 과중한 때, ⑧ 제출한 증거가 허위일 때를 상소사유로 들고 있다(제57조).

(5) 상소제기의 방식

합동총회는 상소인이 상소통지서와 상소장과 상소 이유 설명서를 본회 서기 또는 회장에게 제출하여야 하고(제96조), 통합총회는 상소장을 원심 재판국에 제출하고(제94조 제1항, 제107조), 원심 재판국은 상소장을 받은 날로부터 10일 이내에 소송기록과 증거물을 상소재판국에 송부하여야 하며(제95조, 제108조), 상소 재판국이 기록을 송부받은 때에는 즉시 상소인과 상대방 또는 변호인에게 소송기록 접수사실을 통지하여야 하고(제96조, 제109조), 상소인 또는 변호인은 전조의 통지를 받은 날로부터 20일 이내에 답변서를 제출여야 한다(제97조, 제110조).

감리회는 상소기간 내에 해당 1심 재판위원회 소속 행정책임자에게 상소장과 그 이유서를 제출하여야 하고(일반재판법 제56조), 성결교는 별도의 규정을 두고 있지 아니하며, 하나님의성회는 상소를 하려는 자는 판결을 한 치리회에 상소장과 상소 이유서를 제출하여야 하고, 상소장을 접수한 치리회는 상소 이유가 있다고 인정할 때에는 하회 재판 기록을 첨부하여 상회 치리회로 이송하여야 한다(제55조).

(6) 상소의 효력

합동총회는 형이 권계나 견책일 경우 상소를 제기하면 그 효력이 정지되나 그 밖의 시벌은 상소가 되어도 상회 판결이 나기까지 원 결정대로 효력이 발생한다(제100조). 그러나 다른 교단의 헌법에 의하면 판결이 확정되어야 효력이 발생한다.

(7) 상소심 재판절차

합동총회는 별도의 상소심 재판절차를 규정하고 있고(제99조), 통합총회, 감리회, 하나님의성회는 성질에 반하지 않는 한 제1심 재판절차를 준용하도록 규정하고 있으며, 성결교는 별도의 규정을 두고 있지 않다.

(8) 상소심 심판범위 및 판결의 종류

합동총회는 상소이유 설명서에 기록한 각 조에 대하여 심리하여 기각, 취소, 변경 또는 파기환송(갱심)한다(제99조 2(4)항).

통합총회는 상소이유에 포함된 사유에 관하여 심판하도록 하면서 일부 상소이유(①항 내지 ⑥항)의 경우 상소이유에 포함되지 않은 부분도 직권으로 판단할 수 있으며(제100조, 제113조), 상소의 제기가 부적법한 경우는 상소각하, 상소이유가 없는 경우에는 상소기각, 상소이유가 있는 경우에는 원심 판결을 파기하여 원심에 환송하거나 자판할 수 있으며, 관할위반의 경우는 관할 법원에 파기환송 또는 이송하여야 한다(제100조 내지 제102조, 제113조 내지 제118조).

감리회는 상소의 이유가 없으면 상소기각하고, 이유가 있으면 원심판결을 취소하고 자판하며, 원심판결에 절차상 문제가 인정되면 파기환송하며(일반재판법 제59조), 파기할 경우는 재판위원회 정수 3분의 2 이상의 출석과 재석위원 3분의 2 이상의 찬성이 있어야 한다(일반재판법 제59조).

하나님의성회는 상소기간 도과나 상소권 없는 자의 상소는 심리에 들어가지 않고 기각하고, 상소가 이유가 없으면 기각, 이유가 있으면 일부 또는 전부를 파기하고, 새로 판결하며, 파기환송된 사건은 환송전 판결을 한 재판위원회가 담당할 수 없으며, 파기환송된 날로부터 30일 이내에 재판을 개정하여야 한다(제59조)고 규정하고 있다.

다. 재 심

합동총회[19]와 성결교는 재심에 관한 별도의 규정을 두고 있지 아니하나 다른 교단에서는 재심절차에 관해서도 일부 규정을 두고 있다.

(1) 소송요건(재심청구권자, 관할, 청구기간)

통합총회는 기소위원장, 책벌선고를 받은 자 및 법정대리인, 책벌선고 받은 자가 사망한 경우 그 배우자, 직계친족 또는 형제자매가 재심의 사유를 안 날로부터 30일 이내에 원심 재판국에 청구하도록 규정하고 있고(제126조, 제127조), 감리회는 피고소인, 피고발인이 재심사유가 있음을 안 날로부터 3개월 이내에 원판결의 재판위원회에 청구하되 판결 확정 후 3년이 지난 때에는 하지 못한다고

19) 합동총회의 경우 제70조에 재심이라는 용어가 발견되나 통상 재심이란 판결 확정 후 다시 재판하는 경우임에 반하여 여기서의 재심은 상소 재판중에 새로운 증거가 발견된 경우 다시 재판하는 것이어서 엄밀한 의미의 재심이라고 하기 어렵다.

규정하고 있으며(일반재판법 제60조), 하나님의성회는 재심사유가 있음을 인지한 날로부터 3개월, 판결 확정후 2년 이내에 재심청구를 하여야 한다(제63조).

(2) 재심사유

통합총회는 재심사유로 ① 원심판결의 증거된 서류 또는 증거물이 위조 또는 변조된 것이 증명된 때, ② 원심판결의 증거된 증언, 감정 등이 허위인 것이 증명된 때, ③ 무고로 인하여 책벌의 선고를 받은 경우에 그 무고의 죄가 확정판결에 의하여 증명된 때, ④ 재판에 관여한 재판국원이 그 사건에 관하여 직권남용, 뇌물수수 등 부정행위를 한 것이 증명된 때, ⑤ 기소의 제기 또는 기소의 기초된 조사에 관여한 기소위원이 직권남용, 뇌물수수 등 부정행위를 한 것이 증명된 때, ⑥ 판결에 영향을 줄 수 있는 헌법위원회의 해석이 있을 때, ⑦ 판결에 영향을 미칠 중요한 사항에 관하여 판단을 누락한 때, ⑧ 재판국이 중대하고도 명백한 법규적용의 착오를 범한 때를 규정하고 있고(제123조), 감리회는 유죄의 확정판결에 대하여 재판에서 채택된 증거가 허위로 드러났거나 자신에게 유리한 증거가 나타난 때라고 간략히 규정하고 있으며(일반재판법 제60조), 하나님의성회도 이와 비슷하게 규정하고 있다(제62조).

(3) 재심절차

통합총회는 재심절차에 관하여 제3장의 일반소송절차를 준용하도록 규정하고 있고(통합헌법 제130조), 재심개시의 결정이 확정된 사건에 대하여 재판국은 그 심급에 따라 다시 심판하여야 한다(제129조).

감리회는 재심은 원칙적으로 2개월 이내에 판결한다(일반재판법 제64조). 하나님의성회는 재심청구가 이유 없을 때는 기각, 이유가 있을 때는 재심개시를 결정하고 재판위원회를 열어 6개월 내에 판결한다(제64조).

(4) 재심에 대한 불복절차

통합총회는 별도의 규정을 두고 있지 아니하나,[20] 감리회는 재심판결에 대해

20) 통합헌법은 2017. 12. 19. 개정전까지는 재심까지 마친 재판을 특별한 경우 다시 재심하게 하는 총회특별재심 규정을 두었으나 재판의 기판력 내지 확정력을 위협하는 제도로 정치적으로 남용되고

서도 14일 이내에 상소할 수 있다고 규정하고 있고(일반재판법 제63조), 하나님의 성회는 당회 재판위원회와 지방회 재판위원회, 지역총연합회 재판위원회의 재심 판결은 상소할 수 있다고 규정하고 있다(제66조).

라. 기타 절차

(1) 위탁재판(판결)

상회가 하회의 위탁을 받아 하는 재판(판결)이다. 당회장은 ① 재판의 전례가 없어 재판하기가 극히 어려운 경우, ② 치리회의 분쟁 등으로 인하여 재판국의 구성이 불가능한 경우, ③ 기타 치리회의 사정상 당회 재판국에서 재판하기가 심히 어려운 경우 노회장에게 노회 재판국에서 위탁재판하여 줄 것을 청원하여야 하는 바(통합헌법 제3편 권징 제120조, 합동헌법 Ⅵ. 권징조례 제9장 제78조~제83조), 이에 따라 하는 재판이다. 통합헌법은 당회가 노회에 위탁하는 경우만 규정하고 있으나, 합동헌법은 노회가 총회에 위탁하는 경우도 예정하고 있다. 또한 하나님의 성회도 ① 판결의 전례가 없는 사건, ② 판결이 극히 어려운 사건, ③ 형편상 처리하기 어려운 사건을 상회재판위원회에 위탁할 수 있다(제49조, 제50조).

(2) 상회의 직접처결권(합동헌법 Ⅵ. 권징조례 제4장 제19조)

목사에 관한 사건은 노회 직할에 속하고 일반 신도에 관한 사건은 당회 직할에 속하나 상회가 하회에 명령하여 처리하는 사건을 하회가 순종하지 아니하거나 부주의로 처결하지 아니하면 상회가 직접처결권이 있다. 이러한 직접처결권으로 인하여 일반신도에 관한 사건을 총회의 단심으로 처벌하는 경우도 있다. 총회에서 특별재판국을 설치하여 장로에 대하여 권징을 하고 동시에 당회에 그와 같은 내용으로 권징하도록 명령하였으나 당회가 이를 이행하지 않자 총회가 위 특별재판국의 판결을 채용하는 결의를 하므로 장로가 총회를 상대로 그 총회결의 무효확인을 구한 사안에서, 총회의 결의는 당회가 총회의 명령을 불순종하여 헌법 권징조례 제19조에 따른 직접처결권이 있다고 판단하고 권징조례 제134조 제

있다는 비판이 있었으나 2017. 12. 19. 자로 폐지되었다.

2항 전문에 정해진 권징재판에 해당한 것으로 보아 위 총회결의는 사법심사의 대상이 되지 않는다고 한 하급심 판결이 있다.[21)]

하나님의성회도 ① 하급치리회가 심리판결하여야 할 사건임에도 불구하고 정당한 이유 없이 오랜 기간이 지나도록 처리하지 않을 때, ② 하급치리회의 심리판결이 곤란하고 위탁판결 청원도 난처한 사건일 때는 위탁판결 청원 없이도 상급치리회가 하급치리회의 관할 소송사건을 직접 기소 및 공소를 결정하고, 심리판결하여 하급치리회에 통보할 수 있다(제51조).

(3) 즉결처단

합동헌법은 권징조례 제7자에서 즉결처단의 규례를 규정하고 있는바, 누구든지 치리회 석상에서 범죄하거나 다른 곳에서 범죄한 것을 자복할 때는 치리회가 먼저 그 사실을 청취한 후 즉시 처결할 수 있다(제48조). 다만 피고인은 2일 이상 연기를 신청할 수 있다. 즉결처단의 경우에도 범죄사실과 결정이유를 회의록에 상세히 기록하고, 이 재판에 대하여도 상소할 수 있다.

통합헌법도 재판회 석상에서 범한 폭언, 협박, 폭행, 상해, 재물손괴, 감금, 위협과 업무방해 등의 범죄에 대하여는 별도의 고소(고발) 및 기소없이 즉시 판결로 책벌할 수 있으며, 피고인의 경우에는 본죄와 병합하여 가중처벌할 수 있다(제6조 제3호).

(4) 이의와 항의서(합동헌법 VI. 권징조례 제10장)

이의라 함은 어느 치리회에서든지 의안을 결정할 때에 회원 중 1인 이상 되는 소수가 다수의 결정에 동의하지 아니함을 표시하는 것이고(제102조), 항의라 함은 회원 중 1인 이상 되는 소수가 그 회의 행사나 작정이나 판결에 대하여 과실되는 것을 증명하는 것(제103조)으로 회의록에 기록하고, 이에 대하여 답변할 수 있도록 하고 있다. 이는 소수의 의견을 존중하는 의미가 있다고 본다.

---

21) 서울중앙지방법원 2011. 4. 19. 선고 2010가합135729 총회결의무효확인 판결(항소취하로 확정); 이 사건의 가처분사건인 서울중앙지방법원 2011. 1. 31. 자 2010카합3297 총회결의효력정지가처분 결정(서울고등법원 2011. 7. 4. 자 2011라306 총회결의효력정지가처분 결정, 확정)도 동일한 취지이다.

마. 가처분 등

합동총회의 경우 어느 치리회든지 소송중에 있을 동안에 그 치리회의 의결에 의하여 언권과 투표권을 정지할 수 있다(제40조), 노회는 교회에 덕을 세우기 위하여 피소된 목사의 직무를 임시 정지할 수 있다(제46조).

7. 시벌과 해벌

가. 시 벌

시벌이란 권징재판에 의한 벌을 시행하는 것으로 형의 집행에 해당한다. 시벌 방법에 대하여 통합헌법은 시벌은 소속 치리회 석상에서 선포하고 공시하여야 한다. 시벌을 기피하고 타처로 간 자에 대하여는 지상에 공고하여 시벌한다. 소속치리회에서 15일 이내에 시벌하지 아니할 때는 차상급치리회에서 집행한다. 시벌의 기산일은 피고인이 최종 확정판결문을 송달받은 날로 하되, 피고인이 최종 선고를 재판회의 석상에서 받은 경우에는 받은 날로부터 기산한다고 규정하고 있고(제132조), 시벌받은 자가 회개의 증거가 없고 또 다른 범행을 자행할 때에는 재판하여 가중 시벌할 수 있다(제133조).

나. 해 벌

시벌중인 자가 회개의 정이 뚜렷하면 치리회의 결의로 치리회석상에서 자복케 한 후 해벌할 수 있고, 시벌 치리회와 소속 치리회가 다른 경우에는 최종 판결한 재판국이 속한 치리회의 승인을 받아 소속치리회장이 해벌할 수 있다(통합헌법 제134조 제1항, 제137조, 합동헌법 제35조 단서, 제44조). 또한 면직한 치리회가 직접 또는 다른 치리회에 위탁하여 위탁받은 치리회가 결의하여 임직할 수 있다(합동헌법 제44조). 목사가 면직되었다가 해벌될 경우 합동헌법의 경우는 바로 원래의 직위에 복직할 수 있는 듯이 보이나(제44조), 통합헌법의 경우는 다시 청빙이나 신임을 받아야 하는 것으로 규정하고 있다(제136조). 성결교는 해당 치리회가 해벌 또는 복권할 수 있고(제24조), 기하성은 책벌을 한 해당치리회가 해벌할 수 있고(제90조) 해벌의 시행은 책벌받은 자의 관할 치리회가 시행하되(제93조), 성도 및 교역자의 출교에 대한 사면 복권은 총회임원회의 결의와 상임운영위원회의 결정(제91조)이 있어야 하고, 교역자의 면직은 해벌후 2년이 경과되고 시무 청빙 또는 시무 신임을 받아야 시무할 수 있다(제92조).

Ⅲ. 행정재판

1. 행정재판 규정

성결교나 하나님의성회 등 대부분의 교단은 행정재판에 관한 규정을 별도로 두고 있지 아니하고 있으므로, 이하에서는 장로회와 감리회의 행정소송에 대하여만 살펴보기로 한다.

2. 행정재판 종류

합동총회는 교인이나 직원에 대한 범죄로 인한 소송을 재판건이라고 하고 기타는 행정건이라고 하여 행정재판(제5조)을 염두에 두고 있으면서도, 이에 대해서는 구체적인 규정을 두고 있지 아니한 채 소원에 관한 규정과 치리회 간의 재판규례에 관한 몇 개의 규정만 두고 있을 뿐이다.

통합총회는 권징재판이라는 항목 속에 행정쟁송의 종류를 ① 치리회장이 행한 헌법 또는 규정에 위반한 행정행위 대하여 제기하는 행정소송, ② 치리회 회의의 소집절차 또는 의결방법이 헌법 또는 규정에 위반한 때 또는 그 결의의 내용이 헌법 및 규정에 위반한 때에 제기하는 결의취소 등의 소송, ③ 치리회 상호간에 있어서의 권한의 존재 및 부존재 또는 그 행사에 관한 다툼이 있을 때에 제기하는 치리회간의 소송, ④ 총회총대 선거, 노회장 및 부노회장 기타 임원의 선거, 총회장 및 부총회장 기타 임원의 선거에 있어서 선거의 효력 또는 당선의 효력에 관하여 제기하는 선거무효소송 및 당선무효소송을 두고(제138조), 행정 소송을 다시 취소소송과 무효 등 확인소송으로 나누고 있다(제142조).

기장총회도 행정심판은 당회나 노회가 그 소관인 행정 사항의 결정이나 처리를 하지 않거나 그 결정이나 치리가 위법 할 때에 변경을 구하는 것으로 소속교인, 치리회원, 또는 치리회가 상회에 행정심판을 청구할 수 있다(권징조례 제62조)고 규정하고 있다.

감리회는 일반재판과 구별하여 행정재판을 규정하고, 그 종류로 ① 각 의회의 장이 그 소관 행정사항에 대하여 위법·부당한 행정처분을 한 경우 이의 취소 또는 변경을 구하는 취소재판, ② 각 의회의 의결이나 의회의 장이 행한 행정처분의 효력 유무 또는 존재여부에 대한 확인과 각 의회나 각 의회 상호간에 있어서의 권한의 존부 또는 그 행사에 관한 다툼이 있을 때에 이를 확인하는 무효 등 확인재판, ③ 각 의회의 장의 위법·부당한 거부 처분이나 부작위에 대하여 일정한 처분을 하도록 하는 의무이행재판이 있다(행정재판법 제2조). 또한 감리회는 교리와 장정 제8편에 감독·감독회장에 대한 선거법을 규정하면서 선거법위반에 대한 재판을 따로 규정하고 있다(감독·감독회장선거법 제36조, 제37조).

3. 소송요건

가. 원고 적격

합동총회는 하회 관할에 속하여 그 치리권에 복종하는 자 중 1인 혹 1인 이상이 행정사건에 대하여 서면으로 상회에 소원을 제기할 수 있고(제84조), 치리회간의 재판 규례와 관련하여 동등된 회를 상대로 소원할 일이 있는 회는 한층 높은 상회에 기소할 수 있다(제144조).

통합총회는 ① 행정소송의 종류로 취소소송과 무효 등 확인소송을 들고(제142조), 취소소송은 치리회장의 위법한 행정행위로 인하여 권리 또는 이익을 침해당한 자가 제기할 수 있고, 행정행위의 효과가 기간의 경과 등으로 인하여 소멸된 뒤에도 그 행정행위의 취소로 인하여 회복되는 헌법 또는 규정상 이익이 있는 자의 경우에도 같으며, 무효 등 확인소송은 행정행위의 효력 유무 또는 존재여부에 대한 확인을 구하는 소송으로 치리회장의 중대하고 명백한 위법한 행정행위로 인하여 권리 또는 이익을 침해당한 자가 제기할 수 있다(제144조). ② 치리회의 결의 취소의 소 및 결의 무효확인의 소는 치리회의 회원이 제기할 수 있으며

(제153조, 제154조), ③ 치리회간의 소송은 치리회 상호 간에 있어서 권한의 유무 또는 그 행사에 다툼이 있을 때에는 당해 치리회장은 차상급 치리회 재판국에 소를 제기할 수 있고(제155조), ④ 선거무효 및 당선무효소송은 선거인 또는 후보자가 총회재판국에 제기할 수 있다(제157조. 제158조).

감리회는 위법한 의결이나 행정처분, 거부처분 및 부작위로 인하여 권리 또는 이익이 침해된 경우 그 피해 당회원, 구역회 회원, 지방회 회원, 연회 회원, 총회 회원이 제소할 수 있고, 치리회 상호 간(당회와 구역회, 담임목사 구역회장 상호 간, 지방회, 연회나 지방회장, 감독 상호 간)에 있어 권한의 존부 또는 그 행사에 다툼이 있을 때에는 다툼이 있는 당회장, 구역회장, 지방회장, 연회장(감독)이 제소할 수 있다(행정재판법 제5조).

나. 피고 적격

합동총회는 소원을 당한 자는 피소원자가 되는데 피소원자는 보통 하회가 되고, 그 하회는 회원 중 1인 이상을 대표로 정하며 그 대표자는 변호인의 도움을 구할 수 있다(제90조).

통합총회는 행정소송은 그 행정행위를 행한 치리회장을 피고로 하고, 다만 행정행위가 있은 뒤에 그 행정행위에 관계되는 권한이 다른 치리회장에게 승계된 때에는 이를 승계한 치리회장을 피고로 하고, 피고를 잘못 지정한 때에는 원고의 신청 또는 직권에 의하여 피고를 경정할 수 있다(제145조 제1호). 또한 치리회의 결의취소, 무효확인 소송은 당해 치리회장, 치리회간의 소송은 상대방 치리회장, 선거 및 당선무효소송은 선거관리위원장을 각 피고로 한다.

감리회는 위법한 의결을 한 각 의회, 위법한 행정처분, 거부처분 및 부작위를 한 각 의회의 장을 피고로 하고, 각 의회나 각 의회의 장 상호 간에 있어서 권한의 존부 또는 그 행사에 관련된 다툼에 관한 소송에 있어서는 먼저 제소한 원고에 의하여 지정된 분쟁 상대방이 피고로 되며, 피고를 잘못 지정한 때에는 원고의 신청에 따라 피고의 경정을 할 수 있다(제6조, 제7조).

다. 대상적격

통합총회의 경우 행정소송의 대상은 치리회장이 행한 행정행위가 헌법 또는 규정에 위반한 경우이고(제141조, 제142조), 결의취소의 소는 소집절차, 결의방법, 그 결의의 내용이 헌법 또는 규정에 위반된다고 인정되는 경우이며(통합헌법 권징 제153조 제1항), 결의무효 확인의 소는 그 정도가 중대하고 명백한 경우이다(통합헌법 권징 제154조 제1항). 치리회간의 소송은 치리회 상호간에 있어서 권한의 유무 또는 그 행사에 관한 다툼이고(제154조 제1호), 선거무효소송은 노회에서의 총회총대 선거, 노회장 및 부노회장 기타 임원의 선거, 총회장 및 부총회장 기타 임원의 선거에 있어서 각 선거의 효력에 관하여 헌법 또는 규정에 중대하고 명백하게 위반된다고 인정할 때이고(제157조), 당선무효소송은 위 각 선거에 있어서 당선의 효력에 관하여 헌법 또는 규정에 중대하고 명백하게 위반된다고 인정할 때(제158조)이다.

감리회의 경우 취소소송의 대상은 각 의회의 장이 그 소관 행정사항에 대하여 한 위법 부당한 행정처분이고, 무효등 확인 소송은 각 의회의 의결이나 의회의 장이 행한 행정처분의 효력 유무 또는 존재여부에 대한 확인과 각 의회나 각 의회 상호간에 있어서의 권한의 존부 또는 그 행사에 관한 다툼이며, 의무이행재판은 각 의회의 장의 위법·부당한 거부 처분이나 부작위이다(행정재판법 제2조). 또한 선거 또는 당선 무효소송은 선거법위반여부이다.

여기서 장로회의 경우 치리회가 아닌 공동의회, 남전도회나 여전도회의 결의의 효력유무나, 감리회의 경우 의회가 아닌 입법의회나 총회특별위원회인 선거관리위원회 등의 결의의 효력유무에 대하여 행정재판의 대상이 될 수 있느냐가 문제될 수 있는바, 취소소송이나 의무이행 소송은 특별한 규정이 있어야 할 수 있는데 이에 대한 규정이 없으므로 할 수 없지만, 무효확인소송은 특별한 규정이 없어도 무효사유가 있으면 할 수 있을 것이나 개인의 구체적인 권리의무에 관한 분쟁이 아니어서 소의 이익이 없는 경우가 많을 것이다.

라. 제소기간

통합총회의 경우 행정소송 중 취소소송은 행정행위가 있음을 안 날로부터 60일을, 행정행위가 있는 날로부터 120일을 경과하면 제기하지 못하고(제147조 제2호), 무효 등 확인 소송은 행정행위가 있음을 안 날로부터 2년을, 행정행위가 있는 날로부터 5년을 경과하면 제기하지 못한다(제147조 제3호). 결의취소소송은 결의일로부터 60일 내에 치리회장을 피고로 하여 치리회를 경유하여 차상급치리회 재판국에 제기할 수 있고(제153조 제1호), 결의무효 등 확인소송은 결의가 있음을 안 날로부터 2년을, 결의가 있는 날로부터 5년을 경과하면 이를 제기하지 못한다(제154조 제2호 제147조 제3호).

감리회는 제소기간을 두고 있지는 아니하나 다음에서 보는 바와 같이 조정전치의 규정을 두고 있고(행정재판법 제13조), 이를 규정하면서 조정신청 기간을 제소대상 발생일로부터 3개월로 규정하여(행정재판법 제14조) 결과적으로 제소기간이 있다고 할 수 있다.

마. 조정전치

조정전치에 관하여는 감리회에서만 규정을 두고 있다. 감리회는 행정재판위원회에 소를 제기하고자 하는 자는 먼저 관할 행정조정위원회에 조정을 신청하여야 하고, 조정을 신청하지 아니하고 소를 제기한 때에는 행정재판위원회는 관할 행정조정위원회의 조정에 회부하여야 하며, 조정신청은 3개월 이내에 제기하여야 한다고 규정하고 있다(제13조, 제14조). 그런데 조정절차를 거치지 아니하고 행정재판을 한 경우 그 행정재판의 효력은 어떤가가 문제될 수 있다.

4. 행정소송의 절차

가. 소의 제기와 청구의 변경

합동총회의 경우 소원은 서면으로 상회에 제출하고(제84조), 통합총회는 소장에 원고와 피고의 인적사항, 행정소송의 대상이 되는 행정행위의 내용, 행정행위가 있은 것을 안 날, 청구취지 및 원인을 기재하여 피고 소속 치리회의 차상급 치리회의 재판국(선거무효소송 및 당선무효소송의 경우 총회 재판국)에 제기하여야 하며(제143조 제1호, 제148조, 제153조, 제154조, 제155조, 제157조, 제158조), 감리회는 소장에 원고와 피고의 인적사항, 소송의 대상이 되는 의결, 처분의 내용, 이를 안 날, 청구취지와 그 이유, 처분을 한 의회의 장의 고지유무 및 그 내용에 대하여 기재하여 관할 행정조정위원회에 제출하여야 한다(행정재판법 제16조, 제13조).

청구의 변경에 관해서는 통합총회만 규정하고 있다. 통합총회는 원고는 청구의 기초에 변경이 없는 한도에서 변론의 종결까지 서면으로 청구의 취지 또는 원인을 변경할 수 있다. 다만 소송절차를 지연케 함이 현저한 경우에는 그러하지 아니하다(제149조).

나. 재판절차

(1) 합동총회의 경우

합동총회는 이와 관련된 구체적 규정을 두고 있지는 않다. 다만 재판 사건 외 행정사건에 대하여 하급 치리회에서 결정할 때에 참석하였던 자 중 3분의 1이 연명하여 소원을 선언하면 그 사건을 상회가 결정할 때까지 하회 결정을 중지하고, 상회는 그 소원장이 그 규정대로 되고 소원할 만한 이유가 있는 줄로 인정할 때에는 피소한 하회의 전 결정과 그에 관계되는 기록을 낭독 후 쌍방의 공술을 청취한 후 그 사건을 판결한다(제86조, 제88조, 제89조).

(2) 통합총회의 경우

통합총회는 재판국원의 제척, 기피, 회피에 관한 규정과 일반소송절차 등의 규정(책벌재판 규정)은 행정소송에 이를 준용하도록 하면서 일반소송절차와 다른 점만 간략히 규정하고 있다.

소송의 결과에 따라 권리 또는 이익의 침해를 받을 제3자가 소송에 참가할 수 있도록 하는 제3자 참가 규정(제146조)과 재판국은 당사자가 주장하지 아니한 사실에 대해서도 판단할 수 있도록 하는 직권심리 규정(제151조) 및 치리회 간의 소송에 대해서 치리회는 3인의 소송위원을 선정하도록 하는 소송위원 선정 규정

(제156조), 선거무효소송 및 당선무효소송을 제기한 때에는 증거를 보전하기 위하여 증거보전신청을 할 수 있도록 하는 규정(제161조)과 소가 제기된 날로부터 60일 이내에 결정하되 필요한 경우 30일의 기간을 연장할 수 있도록 하는 규정(제160조)이 그것이다.

감리회의 행정재판 절차는 책벌재판 절차와 별도의 규정을 두고 있으므로 항을 바꾸어 살펴보도록 한다.

다. 감리회의 재판절차

(1) 소장 접수와 보완 명령

조정이 지연되어 소장이 제출되었거나 조정이 불성립되어 조정위원회로부터 소장 등 기록을 송부받은 행정재판위원회는 소장 등 요건이 불비하면 1회에 한하여 기간을 정하여 보완을 명하고 이에 불응할 때에는 소를 각하한다(행정재판법 제18조).

(2) 답변서의 제출과 기일 지정

행정재판위원회는 소장 등 소송기록을 송부받은 즉시 피고에게 이를 송부하여야 하고, 피고는 이를 수령한 날로부터 10일 이내에 답변서를 제출하여야 한다(행정재판법 제19조).

답변서 제출기간이 도과되면 재판위원장은 재판기일을 지정하여 재판일 7일 전까지 송달되도록 당사자 및 소송대리인들을 소환하고(행정재판법 제20조 제1항, 2항), 제1회 재판기일 소환을 받은 당사자가 서면으로 재판기일 연기를 요청하였을 때에는 제1회에 한하여 재판을 연기할 수 있다(행정재판법 제21조).

(3) 소의 취하

행정재판청구는 판결의 확정시까지 그 전부나 일부를 서면으로 취하할 수 있다. 변론을 한 후에는 상대방의 동의를 얻지 아니하면 그 효력이 없다. 취하의 서면이 송달된 날로부터 2주일 이내에 상대방이 이의를 제기하지 아니할 때에는 취하에 동의한 것으로 본다(행정재판법 제22조).

(4) 기일진행에 있어서 불출석의 효과

당사자 쌍방 또는 그 대리인마저 행정재판위원회의 허가 없이 재판기일에 출석하지 아니하거나 출석하더라도 변론하지 않겠다고 할 경우 재판위원장은 다시 기일을 정하여 당사자 쌍방을 소환하여야 하고, 당사자 쌍방이 재차 출석하지 아니하거나 변론하지 않는 경우 소의 취하가 있는 것으로 보며, 당사자 중 일방이 불출석하더라도 출석한 당사자가 변론을 하는 이상 궐석재판을 할 수 있다(행정재판법 제23조).

(5) 심 리

행정재판위원회는 당사자의 신청이 있는 때에는 결정으로써 의결을 한 의회, 행정처분을 한 의회의 장에게 관계기록의 제출을 명할 수 있고, 필요하다고 인정할 때에는 직권으로 증거조사를 할 수 있으며, 당사자가 주장하지 아니한 사실에 대해서도 판단할 수 있다(행정재판법 제24조).

1심 재판은 공개로 진행하되 재판위원회의 결의로 비공개로 할 수 있고, 상소심 심리는 구두변론 없이 서면심리로만 재판이 가능한 경우 비공개로 할 수 있다(행정재판법 제25조).

(6) 증 거

(가) 증거조사의 종류와 방법

재판위원회는 사건의 심리를 위하여 필요하다고 인정할 때에는 당사자의 신청 또는 직권에 의하여 ① 당사자 본인 또는 증인 신문, ② 당사자 또는 관계인이 소지하고 있는 문서 등 증거자료의 제출 요구 및 보관, ③ 감정 명령, ④ 물건, 사람, 장소 등의 검증을 각 할 수 있다(행정재판법 제26조).

(나) 증인신문

증인은 세례교인이어야 하고 선서에 대하여 책임을 질 능력이 있는 자이어야 한다. 증인은 증언에 앞서 선서를 하기 때문이다(행정재판법 제27조, 제28조). 증인에게는 여비가 지급되어야 하고 신청자가 예납한다(행정재판법 제30조).

증인신문은 재판정에서 구두 또는 서면으로 하고, 재판정에 나올 수 없는 경우 재판정 외에서도 가능하며 증인을 신청한 측이 먼저 신문을 하고 그 다음 반대당사자가 신문하며 재판위원회는 당사자 신문 후에 하되, 필요시 먼저 또는 신문 중간에도 할 수 있으며, 필요에 따라 재판정에서 당사자 및 증인 간 대질신문도 가능하다(행정재판법 제29조).

(7) 판 결

(가) 재판위원회 구성

재판위원회의 구성은 책벌재판의 경우와 유사하나 조금씩 차이가 있다. ① 연회 행정재판위원회는 연회원 10명(교역자 5명, 평신도 5명)과 감독이 지명하는 교역자 1명, 법전문인 1명으로 구성하되, 법전문인을 포함한 7명을 한 반으로 하고, ② 총회 재판위원회는 감독회의에서 배정한 기준에 의거 각 연회에서 추천한 10명(교역자 5명, 평신도 5명, 호남특별연회 1명)과 감독회장이 지명하는 교역자 2명, 법조인 2명으로 구성하되, 법조인 1명을 포함한 7명을 한 반으로 하며(행정재판법 제9조), 행정재판위원의 임기는 2년으로 한다(행정재판법제10조).

재판위원회의 제척, 기피, 회피의 경우도 책벌재판과 거의 동일하다. 다만 사유 중 재판위원이 당해 사건에 관여하였거나 관여하고 있는 경우를 추가하였다(행정재판법 제11조, 제12조). 다만 의회결의 참여는 당해 사건에 관여한 경우로 보지 않는다(행정재판법 제11조 제5항).

(나) 판결

행정재판위원회는 소송기록을 송부받은 때로부터 2개월 이내에 판결하되(제3기관에 의뢰한 기간이나 당사자의 사정에 따라 지연된 기간은 포함하지 않음) 특별한 사정이 있는 경우는 1차에 한하여 15일간 연장할 수 있다(행정재판법 제32조).

행정재판위원회는 재판위원 정수 3분의 2 이상의 출석과 출석위원 3분의 2 이상의 찬성으로 결정한다. 원고의 청구가 이유 있을 때에는 의결, 행정처분에 대해 취소 또는 변경을 명하고, 거부처분이나 부작위에 대하여 일정한 처분을 명하며, 의회나 의회의 장 사이의 권한의 존부 또는 그 행사에 관하여 확인의 판결을 하여야 한다. 재판비용은 패소자가 부담하되 원고, 피고 쌍방의 제반사정을 고려하여 비용을 분담시킬 수 있다(행정재판법 제32조).

(8) 직무집행정지

행정재판의 청구가 있은 후 이미 의결 또는 행정처분으로 인하여 생길, 회복하기 어려운 손해를 예방하기 위하여 긴급한 필요가 있다고 인정될 때에는 당사자의 신청이나 행정재판위원회의 직권으로 의결 또는 행정처분의 효력을 재판이 확정될 때까지 전부 또는 일부를 정지할 수 있다(행정재판법 제33조).

(9) 상 소

상소심의 재판절차는 그 성질에 반하지 않는 한 책벌재판 규정을 준용한다. 책벌재판과 다른 점은 상소이유이다. 행정재판 상소이유는 ① 법규위반의 판결이 있을 때, ② 행정재판위원회의 구성이 위법한 때, ③ 제척사유가 있는 재판위원이 재판에 관여한 때, ④ 증거조사 절차가 위법·부당할 때, ⑤ 충분한 증거없이 사실을 인정할 때이다(행정재판법 제41조). 상소심에서 파기환송된 일반재판은 파기환송된 날로부터 30일 이내에 판결하여야 하나(일반재판법 제59조 제4항) 행정재판은 2개월 이내에 판결해야 한다(행정재판법 제46조 제5항).

Ⅳ. 교회재판의 문제점

1. 규정의 미비

권징의 사유가 되는 죄과(범과)가 너무 추상적이거나 포괄적이고 그에 대한 책벌도 정해지지 않은 경우가 많으며, 책벌이 정하여진 경우도 그 범위가 너무 광범위하다. 또한 재판절차에 대한 규정도 미미한 경우가 많은 바, 특히 우리나라 최대의 교단인 합동교단의 헌법 규정은 너무 난삽하고 미비한 점이 많다. 일반재판과 행정재판의 구별 및 그 종류는 물론 절차가 거의 규정되어 있지 않다. 재판의 실체적, 절차적 정의를 실현하기 위해서는 이를 담보하는 법규가 완비되어 있어야 한다.

2. 전문성의 결여

국가재판을 담당하는 법관이나 이를 기소하는 검사는 엄격한 시험과 과정을 거쳐 전문성이 검증된 사람들이다. 그러나 교회재판과 기소에는 이러한 전문성이 없는 목사나 장로들이 담당하므로 재판이나 기소가 전혀 합법적이지 않은 경우가 많다. 물론 교회재판에 국가재판과 같이 전문가를 관여시킬 수 없고, 그것이 반드시 필요하다고 할 수 없는 경우도 있다. 그러나 교회재판에 법률전문가로서의 자격은 없다고 하더라도 교회법에 대한 실력과 경험이 필요한 것은 사실이다. 그리고 그러한 전문성이 없으면서도 그러한 전문가를 존중하려 하지도 않는다는 점에서 문제점이 많다.

3. 통일성과 일관성의 결여

사법부의 재판은 판례가 축적되어 있고, 이를 공개하고 있다. 그러나 교회재판은 재판결과에 대한 판결자체가 없거나(합동총회의 경우), 있는 경우에도 공개되지 않아 판결의 내용을 알 수 없고, 유사한 사안에 대한 결론이 재판국원이나 재판위원이 바뀔 때마다 달라지고, 심지어는 같은 재판위원이라도 경우에 따라 결론이 달라지는 등 통일성과 일관성이 없어 교회재판 불신의 원인이 되고 있다.

4. 정치성(공정성의 결여)

교회재판에 엄격한 죄형법정주의와 사법부의 판결과 같은 엄격한 기준을 적용할 수는 없다고 하더라도 헌법과 자치법규에 따라 합법적이고 합리적인 판결이 이루어져야 하는 것은 당연하다. 그럼에도 불구하고 교회재판은 때로는 정치적인 이해관계에 따라, 때로는 법리를 무시하고 수적인 우위에 따라 불공정한 재판을 한다. 이러한 정치성이야말로 교회재판이 불신받는 가장 큰 원인이 되고 있다.

제3절 교회분쟁의 일반 소송법적 해결

Ⅰ. 교회분쟁에 대한 사법심사의 범위

1. 문제의 제기

제2절에서 본 바와 같이 기독교의 각 교단은 교회분쟁에 관하여 내부적인 해결절차를 두고 자체적으로 해결하기를 바라고 있다. 그럼에도 불구하고 교회재판에 대하여 불만이 있는 교인이 많고, 때로는 교회재판을 믿을 수 없다는 이유로 막바로 일반법정에 가처분신청을 비롯한 소송을 제기하고 있다. 이 경우 사법부가 교회분쟁에 어느 범위까지 관여할 것인지가 문제되고 있다.

헌법 제20조는 "① 모든 국민은 종교의 자유를 가진다. ② 국교는 인정되지 아니하며, 종교와 정치는 분리된다."고 규정하고 있다. 위와 같은 종교의 자유 및 국교수립금지의 헌법규정은 제2절에서 본 성경적 가치관과 함께 교회의 자주성과 독립성을 강조하여 가능한 한 사법권과 일정한 거리를 두고 있다. 한편, 헌법 제27조 제1항은 "모든 국민은 헌법과 법률에 정한 법관에 의하여 법률에 의한 재판을 받을 권리를 가진다.", 제101조 제1항은 "사법권은 법관으로 구성된 법원에 속한다."고 각 규정하고, 법원조직법 제2조 제1항은 "법원은 헌법에 특별한 규정이 있는 경우를 제외한 일체의 법률상의 쟁송을 심판한다."고 규정함으로써 모든 국민의 일체의 법률상 쟁송에 대한 국가사법권의 독점(staatliches Rechtsprechungsmonopol)을 원칙으로 천명하고 있으며, 이는 일본의 경우도 대체로 동일하다(일본 헌법 제32조, 제76조 제1항, 재판소법 제3조 제1항 참조).

우리의 판례와 학설은 위와 같은 헌법규정 등으로 말미암아 종종 고도의 정치성을 갖는 국가행위에 관한 통치행위론이나 특별신분관계론, 자유재량론, 부분사회론 등을 들어 사법권의 한계를 설정하여 온 바가 있고,[22] 특히 판례상 교회 등 종교단체 내부에서 행하여진 이른바 권징재판 등에 관하여는 과거부터 법원의

22) 사법권의 한계에 관한 일반적인 설명은 김철수, 「헌법학신론」(제18전정신판), 박영사(2008), 1249면 이하 참조.

사법심사의 대상 밖에 있다는 취지로 판시한[23] 예가 많으며, 교회분열시의 재산귀속에 관하여 2006년 전원합의체 판결이 등장하기 전까지는 "분열 당시의 교인들의 총유"라는 취지로 일관하여 판시함으로써[24] 소송에 의한 해결을 유보한 채 교회스스로 분쟁을 해결하기를 기대하여 온 것으로 평가되었다.

우리의 판례는 권징재판에 대한 사법심사가 배제되는 근거 내지 이유에 대하여 자세한 설시 없이 대체로 민사소송법상 소송요건의 하나로 파악되는 소의 이익과 관련시켜, 그러한 분쟁은 특정한 개인의 권리의무에 관계되는 것, 즉 "법률상의 쟁송"사항에 해당하지 않는 것임을 근거로 하고 있는 것으로 보인다. 여기서 법률상 쟁송이란 당사자간 구체적인 권리관계의 존부에 관한 분쟁으로(사건성) 법률의 적용에 의하여 종국적으로 분쟁을 해결할 수 있는 것(법률성)이어야 한다.[25] 즉, 법률상 쟁송이 되기 위해서는 당사자간 구체적인 권리·의무에 관한 분쟁이고 동시에 법령의 적용에 의한 종국적인 분쟁해결이 가능한 것이어야 한다.[26]

그러나 일본의 판례와 일부 학설은 위와 같은 시각에 궁극적으로 입각하고 있으면서도 사법심사가 배제되는 논거를 이른바 "부분사회론"에서 찾고 있는바, 요컨대 종교단체 등은 일반시민사회와는 다른 특수한 부분사회를 형성하고 있기 때문에 그 내부의 법률관계에 관한 자치권 내지 자율권이 인정되어야 하므로 위와 같은 종교단체 등의 내부의 징계처분 등은 재판소법 제3조 제1항에서 말하는 "법률상의 쟁송"에 해당하지 않게 되어 결국 소의 이익이 없다는 입장이다.[27]

---

23) 대법원 1984. 7. 24. 선고 83다카2065 판결; 대법원 1985. 9. 10. 선고 84다카1262 판결; 대법원 1995. 3. 24. 선고 94다47193 판결; 서울고등법원 1998. 8. 18. 선고 97나49178 판결.

24) 대법원 1993. 1. 19. 선고 91다1226 전원합의체 판결; 대법원 1994. 10. 25. 선고 94다28437 판결; 대법원 1995. 2. 24. 선고 94다21733 판결; 대법원 1995. 9. 5. 선고 95다21303 판결; 대법원 1998. 2. 24. 선고 97다45327 판결 등 참조.

25) 박태신, "민사재판권의 한계에 관한 고찰 - 종교단체의 내부분쟁을 중심으로 -", 한국민사소송법학회(2002), 12-13면.

26) 김철수 교수는 사법본질상 사법권의 한계로서 법률상 쟁송성이 인정되려면, ① 구체적이고 현실적인 권리의무관계에 관한 분쟁이 있어야 재판이 이루어진다는 사건성(성숙성), ② 당사자는 구체적인 청구에 관하여 소송을 수행할 정당한 이익이 있어야 한다는 당사자적격과 소의 이익, ③ 법원은 진실하고도 현재 또는 급박한 문제를 심사하여야 하며, 추상적·가정적 또는 먼 장래의 문제를 심사해서는 안된다는 사건의 성숙성을 들고 있다{김철수, 앞의 책, 1251면; 같은 취지로 권영성, 「헌법학원론(신판)」, 법문사(2000), 741면 이하}.

27) 이영진, 논문 1, 234면.

그리고, 미국의 교회재산분쟁에 관한 판례들은 이른바 존중설(Deference Rule)과 중립설(neutral principles)의 발전과 대립과정을 통하여 다양한 판례법이론을 형성하여 왔는바, 미국의 헌법정신과 교회의 발전 및 분열과정이 우리나라와 유사한 점이 많다는 점에서 우리의 교회분쟁의 해결에 시사하는 바가 크다고 할 것이다.

역사적으로 교회권력과 국가권력은 대립과 갈등을 빚어 왔고 교회와 국가는 각자 자기완결적 조직체를 형성하여 교회법과 국가법을 형성하고 각자 교회재판과 국가재판을 하여 왔다. 그리하여 중세 가톨릭교회의 교회법은 단순히 종교적인 사항에 국한하지 않고 그와 연관이 있는 민사 및 형사문제까지도 다루었고, 심지어 일반 시민법에까지도 강력한 영향력을 미쳤으며, 비록 많은 부분에서 약화되긴 하였지만 현재까지도 가톨릭교회의 교회법이 시행되고 있다. 그러나 근세국가 성립 이후 등장한 개신교에서는 일체의 강제력에 의한 시민의 통치는 국가법의 관할로 넘기고, 성속의 법체계는 서로 그 임무와 대상 및 그 법적 성격을 달리하게 되며 세상법은 국가의 관할에 속한다고 하게 되었고, 국가권력의 강화에 따라 종래의 교회의 사법관할에 속하던 영역을 잠식하여 국가사법독점의 원칙이 확립되기에 이르렀다. 그러나 여전히 개신교회에서도 가톨릭교회보다는 훨씬 미비한 형태이긴 하지만 교회내부사항에 대하여 교회재판을 시행하고 자율적인 결정을 하여 오고 있다.

따라서, 교회분쟁에 대한 사법심사의 범위를 미국, 일본의 학설, 판례를 간단히 살펴본 후 우리나라의 판례를 검토하여 급증하고 있는 교회분쟁에 있어서의 합리적인 원리를 찾아보고자 한다.

2. 외국의 판례

가. 미 국

(1) 교회재산분쟁법(law of church property disputes)에 있어서 가장 오래된 법리는 19세기 초 영국에서 개발된 묵시신탁법리로서 영국의 보통법을 거쳐 미국에 계수된 것이다. 묵시신탁법리는 재산분쟁해결의 준거를 교회설립시의 교리 또는 지교회의 교단가입 당시의 당해 교단의 교리에서의 이탈여부에서 찾는 입장

이다. 그러나 이 법리는 1871년 Watson사건 판결의 존중원칙(deference rule)에 의하여 일단 연방적으로는 방기되었으나, 상당수의 주에서 계속 교회재산분쟁법의 지배적 법리로서 적용되어 오다가 1969년의 Presbysterian Church(Hull)사건의 판결에 의하여 비로소 연방헌법적으로 폐기되었다.

(2) 위와 같이 묵시신탁법리의 대안으로 1871년의 Watson사건 판결에 의하여 정체론 내지 존중원칙이 나타났다. 이 판결은 교회를 특정교리에 얽매인 정적 존재로 보는 묵시신탁법리를 탈피하여, 당시의 상황에 따라 자율적으로 변신해 갈 수 있는 동적 존재로 보았다. 그리고 교회를 회중정체교회와 교계정체교회로 구분하여 별개의 접근방법을 강구하는 이른바 정체론의 입장을 취하였다. 회중정체교회의 경우는 일반 사적 단체와 동일하게 취급하여 그 분쟁해결을 위한 자율적 결정을 존중하고, 교계정체교회의 경우는 각급의 치리회(judicatory) 특히 최고치리회 내지 최고재치권자의 결정을 계약원칙, 교리판결금지원칙, 그리고 엄격존중원칙 등 복합적 근거하에 존중한다. 어느 교회의 경우에도 그 자율적 결정이 존중된다는 의미에서 Watson사건 판결의 입장을 존중원칙이라고도 한다.

Watson원칙은 그 후 수정·후퇴·회복을 되풀이하게 되는바, 1872년의 Bouldin사건 판결은 자치결정이 개인의 행위가 아닌 교회의 행위로서의 정통성을 가지려면 '공정성'(fairness)이 확보되어야 한다고 하여 존중원칙하에서도 예외적 심사(marginal review)가 가능함을 비치고 있으며, 1929년의 Gonzalez사건의 판결에서는 예외적 심사기준으로 Bouldin사건 판결의 공정성 외에 사기(詐欺)·통모(通謀)·전단(專斷)을 추가하였다. Watson사건의 판결은 그 지위가 상당기간 동안 연방코먼 로우에 불과하여 주법원을 구속하지 못하였을 뿐만 아니라, 1938년의 Erie Railroad Co. v. Tompkins사건의 판결부터는 연방하급심법원도 구속하지 못하게 되었다. 그러다가 1952년의 Kedroff사건의 판결에 와서 비로소 Watson원칙은 헌법적 지위를 얻어 그 법리의 채택이 연방헌법상 모든 주에 강제될 수 있게 되었다. 그러나 Kedroff사건의 판결에도 그 표현상 묵시신탁법리를 폐기한다는 명문의 언급이 없어 묵시신탁법리는 전술한 대로 1969년의 Hull사건의 판결이 나오기까지 계속 몇몇 주에서 남아있었다.

(3) Kedroff사건의 판결에 의하여 연방헌법적 지위를 가진 유일한 교회재산분

쟁의 해결방법으로 인정되어 오던 Watson원칙은 17년만에 Hull사건의 판결에 의하여 그 독점적 지위를 잃고 이른바 중립법이론과 우위다툼을 시작하게 되었다. 1969년의 Hull사건의 판결은 묵시신탁법리를 헌법 수정 제1조에 위배된다는 이유를 들어 명백하게 폐기하였고, Watson사건 판결의 일내용인 교리판결금지원칙을 그 선례적 판시사항(holding)으로 하는 것이었으나, 부수의견(dictum)으로 중립법이론의 존재를 자세한 설명없이 긍정하였다. 이어서 1970년의 Sharpsburg사건의 판결은 중립법이론을 보다 구체화하게 되었는데, 교회재산분쟁의 해결을 위한 규준으로서 주(州)제정법의 규정·부동산권원증서상의 문언·교회법인정관상의 규정·교단헌법의 규정 등을 들고, 이들에 근거한 분쟁해결이 교리에 대한 심사를 포함하지 않는 한 합헌이라고 판시하였다. 1976년의 Serbian사건의 판결에 의하여 엄격존중원칙(strict deference rule)으로 잠시 복귀하게 되나, 3년 후인 1979년의 Jones사건의 판결은 다시 중립법이론을 회복하였을 뿐만 아니라 이를 완전히 정의하고 그 장단점까지 상세히 논하는 등 동 법리를 완성시킨 것으로 평가된다. 그러나 이 판결은 다수의견과 반대의견이 5대 4로 대립되는 가운데 이루어진 것이며, 더구나 그 반대의견이 존중원칙 가운데서도 가장 중립법이론적 성격과 거리가 먼 엄격존중원칙에 입각하고 있었다는 점에서 언제까지 그 흐름이 유지될지 의문인 상태에 있다. 그리하여 교회재산분쟁법상의 해결방법은 결코 그 모습이 확연히 정착된 것은 아니나,[28] Jones사건 판결 이후에는 점차 중립법이론이 우세를 점하는 것으로 평가된다.[29]

(4) 현재 미국법상 교회재산분쟁의 해결방안에 관한 판례는, Watson, Kedroff, Serbian사건 판결의 존중원칙과, Presbyterian Church, Sharpsburg, Jones사건 판결로 이어지는 중립법이론이다. 전자는 원칙적으로 교회와 국가의 분리를 철저히 하기 위하여 비록 사안이 재산분쟁이더라도 그 해결은 교회 내의 자치기관의 의사결정에 절대적으로 따르며, 이렇게 하는 것이 예외적으로 불합리한 것으로 인정되는 경우에만 그 기관의 행위를 심사할 수 있다는 사법소극주의 입장이다. 반면에 후자는 교회재산분쟁 중 종교적 측면은 사법심사가 불가능하지만 재산적

28) 김진현, 논문 1, 94면.
29) 이영진, 논문 1, 291면.

측면은 일반재산분쟁과 달리 취급할 필요가 없다는 사법적극주의 입장이다. 그리고 그 선택은 주의 재량에 맡겨져 있다. 그리하여 캘리포니아주, 메릴랜드주, 콜로라도주, 코네티컷주, 조지아주, 오하이오주, 버지니아주 등에서는 중립법이론을 채택하고 있으며, 캔사스주, 플로리다주, 미시간주, 뉴저지주, 뉴욕주, 펜실베이니아주, 사우스 캐롤라이나주, 텍사스주, 워싱턴주 등에서는 존중원칙을 채택하고 있다.

(5) 교회재산분쟁의 해결을 둘러싼 미국의 판례법리들에 나타난 특질은, 첫째, 미국헌법 수정 제1조의 국교수립금지조항(establishment clause)과 종교자유행사조항(free exercise clause)에 비추어 제기된 해결방안의 합헌성을 철저히 따진다는 것이고, 둘째, 정체론은 교회의 근본적 조직원리를 보다 중시하고, 중립법이론은 명문의 근거를 더 내세우지만, 결국은 교회 스스로가 세운 원칙을 존중하려는 태도이며, 끝으로, 계쟁재산을 거의 예외없이 어느 쪽으로든 한 쪽으로만 그 전부를 귀속시키지, 분할시킨다거나 공유 등 공동소유로 하는 예는 찾아 보기 어렵다는 점이다.[30] 오랫동안 교회재산을 공익신탁(charitable trust)의 일종으로 취급해 온 미국인의 법감정이 크게 작용한 때문이기도 하다.[31]

나. 일 본

(1) 서 설

일본에 있어서도 종교단체의 분쟁에 사법적 판단이 개입할 수 있는가의 여부 및 그 개입의 한계는 극히 미묘하며 곤란한 문제인데, 기독교 인구가 적고, 교회의 발달도 미미하여 본 연구에서 논하는 교회의 분쟁에 관한 판례는 거의 찾아 보기 힘들다. 그러나, 교회 외에 불교 등 종교단체의 분쟁에 관한 판례는 소화 50년대(1975년)에 들어서면서 증가의 경향을 보이고 있다. 그러므로 일본에 있어서는 교회를 포함하는 종교단체 모두에 대한 판례를 고찰하기로 한다.

이 문제와 관련하여 일본최고재판소는 다음에서 살펴 볼 은각사 사건, 종덕사

30) 김진현, 논문 1, 96면; 김태환 · 최병덕, "교회재산분쟁에 있어서 미국판례법상의 법리", 「사회과학연구」 제20집, 호서대학교사회과학연구소(2001), 29면.
31) Charles M. Whelan, S. J., "Who Owns the Churches?" in Government Intervention in Religious Affairs, ed. Dean M. Kelley(New York: Pilgrim Press), 1982, p. 58 참조.

사건, 본문사 사건, 창가학회 판만다라 사건, 연화사 사건, 교각사 사건 등의 판결을 계기로 종교단체 분쟁에 관한 법리를 형성하여 왔는데, 그 출발은 위에서 살펴 본 일본 재판소법 제3조의 "법률상의 쟁송"의 해석문제로부터 시작하고 있다고 할 수 있다. 그러나, 특히 재산분쟁에 종교문제가 밀접하게 관련되어 있거나 전제로 얽혀 있는 경우에 사법권의 개입을 어느 정도 인정할 것인지 여전히 문제되고 있다.[32]

(2) 종교상의 교의의 해석에 관한 분쟁

종교상의 분쟁과 관련된 일본 판례는, 신앙의 내용에 직접 관련되는 분쟁에 있어서는 사법심사는 미치지 않는다고 하는 입장을 취하고 있다. 종교상 교의의 해석에 관한 분쟁사건 중 유명한 것은 속칭 판(板)만다라 사건[33]이다. 이 사건은 창가학회의 회원이 창가학회를 상대로 하여 일련정종 총본산 대석사 경내에 교조 일련 성인의 閣浮提總與의 本尊(각부제총여의 본존, 속칭 판만다라)을 안치하는 정본당을 건립하는 기금 모집에 응하여 기부금을 출연하였으나 후일 착오 또는 사기를 이유로 이의 반환을 청구하여 문제된 것이다.

이 사건에서 일본 최고재판소는 "본건은 금전의 급부청구의 당부를 판정하는 전제로서 신앙대상의 가치 내지 종교상의 교의에 관한 쟁점이 존재하는 경우인데, 이 점에 대한 판단이 본건 소송의 귀추를 좌우하는 필요불가결의 것일 뿐만 아니라, 본건 분쟁의 핵심을 이룬다고 볼 수 있다는 것을 이유로 본건은 법률상의 쟁송에 해당하지 않는다."고 설시하면서 본건 소송을 각하하였다.

(3) 종교단체의 관리·운영에 관계되는 분쟁

판례의 두 번째 유형은 신앙의 내부에 직접 관련되는 것보다는 주로 종교단체의 관리·운영에 관계되는 분쟁으로서 대부분의 종교단체 관련사건이 이에 속한다. 이러한 종류의 분쟁은 다시 ① 교직자(목사, 주지 직, 사제 등)의 신분권리분쟁, ② 종교단체에 대한 교직자의 종교법인법상의 대표역원의 지위분쟁, ③ 피포

32) 이에 관한 자세한 내용은 이영진, 논문 2, 236면 이하 참조.
33) 最高裁 昭和 56(1981). 4. 7. 第三所法廷 判決(民集 35卷 3号, 443頁).

괄법인(말사)의 포괄법인으로부터의 이탈에 관한 분쟁의 3가지로 분류할 수 있다.

(가) 교직자의 신분권리분쟁

일본 최고재판소는 종래 "자율적인 법규범을 가지는 사회 내지는 단체에 있어서는 당해 규범의 실현을 내부규율의 문제로 하여 자치적 조치에 맡기고 반드시 재판에 회부하는 것이 적당하다고 할 수 없다."고 하였으나,[34] 자율적 규범을 갖는 사회와 단체 중 그것이 공익상의 단체인가 사법상의 단체인가에 따라 사법심사를 인정하는 근거에 차이를 두기도 한다.

한편, 수도회에 속한 가톨릭 사제가 좋지 못한 추문으로 제명되자 이의 무효를 주장하면서 사제직 보유의 확인을 청구한 사건에서 나고야(名古屋) 지방재판소와 고등재판소[35]는 수도회에서 사제가 갖는 사회적 지위와 생활 이익(사제관 내의 거주, 품급권, 교회록, 은급 등)과 관련된 점을 중시하여 사법심사를 인정하였다. 또한 다른 가톨릭 사제의 지위확인을 청구한 사건에서 오사카(大阪)고등재판소[36]는 "종교적 측면은 별개로 하고, 그 법적 측면의 규제에 있어서는 다른 사법상의 단체·법인과 취급을 달리 하여야 할 합리적 이유는 없다."고 하여, 종교단체의 내부절차와 기준의 적부에 관하여는 일정한 제한을 가하면서 사법심사를 인정하였다.

위 하급심판결들의 입장은, 일반단체와 종교단체를 구별하지 아니하고 양자의 근저에는 사법상의 계약이론이 자리잡고 있기 때문에 피처분자의 생활기반을 뒤엎을 정도로 중대한 때에는 시민법질서에 연관된 문제가 된다고 하여 한정적으로 사법심사의 가능성을 인정하였다는 점에서 일단 그 의의를 높이 평가할 수 있을 것이다.

그러나 본래 종교자는 종교를 믿기 때문에 종교자인 것이고, 수입을 얻어 생활을 하기 위하여 종교자가 되는 것이 아니라 할 것이고, 종교상의 지위가 기본적인 것이고 시민법적 이익은 종교상의 지위에 수반되거나 파생되는 것에 불과하기 때문에 종교상의 지위에 수반되는 이익을 위하여 본체인 종교상의 지위에

---

34) 最高裁 昭和 35(1960). 10. 19. 判決(民集 14卷 12号, 2633頁).
35) 名古屋地裁 昭和 51(1976). 4. 16. 判決(判例時報 841号, 81頁) 및 이에 대한 항소심인 名古屋高裁 昭和 55(1980). 12. 18. 判決(判例時報 1006号, 81頁).
36) 大阪高判 昭和 52(1977). 5. 26. 判決(判例時報 861号, 81頁).

관하여 실질적으로 판단하는 것은 본말이 전도된 것이라는 비판이 있다.[37]

위와 같이 사법적 심사를 인정한 입장의 하급심 판례는 일부의 것에 그치고, 이와 반대의 입장에 선 하급심 판례도 상당수 있으며, 특히 뒤에서 보는 종덕사 판결이 내려진 이후에는 점차 사법심사의 대상을 종교단체의 내부절차 및 기준의 적부에 한정하고 이러한 종교단체의 결정 그 자체를 존중하는 경향을 보인다.[38] 예컨대, 재산의 무단처분 등을 이유로 5년간 주직의 퇴직, 법요의 참가와 포교를 금지하는 징계처분에 대하여 생계에 위기를 초래하였다는 이유로 그 처분의 효력정지를 청구한 근송별원륜심(近松別院輪審) 사건[39]에서 교토(京都)지방재판소는 1950. 10. 19.의 지방의회의원 징계결의 취소사건에 관한 최고재판소의 취지를 따라 단체 내부분쟁에는 그 자치적 조치에 맡기는 것이 타당하므로 징계처분에 관하여도 사법심사의 개입이 허용되지 않는다고 해석할 것이나, 다만 그 징계처분이 그 징계에 의하여 피처분자의 생활의 기반을 뒤엎을 정도로 중대한 때에는 이는 시민법 질서에 연결되는 문제로서 사법재판권의 대상이 된다고 보았다. 그러나 위 재판소는 나아가 종교단체의 자율작용은 존중되어야 하지만, 징계처분의 경우 이에 부수된 절차가 현저히 정의에 반하는 경우, 동 처분이 전혀 사실상의 근거에 의하지 않는 경우인가 또는 내부규율에 비추어도 더욱 그 처분내용이 사회통념상 현저한 타당성을 결한 것이라고 인정되는 경우를 제외하고는 징계처분자의 처분에 위임할 수 있는데, 위 징계처분에는 위와 같은 위반점이 없어 유효하다고 할 것이므로 원고의 신청을 기각하였다.

위의 판례는 종교단체의 자율작용의 존중에 의하여 재량권을 인정하고, 그 행사의 한계를 재량권의 유월·남용 및 공서양속에서 찾고 있는 것으로 보이는바, 이러한 종교단체의 결정의 존중은 헌법과 종교법인법의 종교의 자유의 보장 및 정교분리원칙으로부터 파생하는 것으로서, 국가권력이 종교상의 사항 혹은 종교상의 인사에 쉽게 개입할 수 있다고 한다면 종교단체의 국가로부터의 독립성은 완전히 잃어버리게 되고 말 것이므로 신중한 판단을 요하는 것이다.[40]

---

37) 本間義信, “宗教團體の內部紛争と民事裁判權”, 「判例 民事訴訟法の理論(上)」(中野一郎先生古稀祝賀)(1965), 36頁.

38) 伊藤 眞, “宗教團體の內部紛爭と裁判所の審查權”, 「判例タイムズ」 710号(1989. 12. 15.), 6頁 참조.

39) 京都地決 昭和 52(1977). 5. 20. 判決(判例時報 869号, 90頁).

이상과 같이 교직자의 신분권리에 관한 일본의 판례는 원칙적으로 자율적 단체내부에의 개입에 소극주의의 입장을 취하고 있으나, 종교단체의 내부절차 및 기준에 법규위반이 있다거나 개인의 신분에 심각한 영향을 끼치는 경우에는 예외적으로 사법심사를 긍정하려는 입장을 취하고 있다고 할 것이다.

(나) 교직자의 종교법인법상의 대표역원의 지위에 관한 분쟁

일본의 종교단체에 있어서의 교직자의 지위는 원래 종교법인법 소정의 규정에 의하여 해결됨이 원칙인바, 최고재판소는 교직자의 대표역원[41]의 지위분쟁과 관련한 종교법인 '자조사(통칭 은각사) 책임역원등 사건'[42]에서, "종교법인법상의 사원의 주직은, 종래의 주직이 사원의 대표자로서 의식의 집행, 교의선포 등 종교적 기능면의 중추적 지위를 점함과 동시에 사원의 예배시설 기타 재산의 유지운영 등에 있어서 사원의 업무 내지는 사업운영에 관계된 업무를 총리하는 권한을 가지고 있는 것과 달리 오로지 의식의 집행, 교의선포 등 종교적인 활동 내지는 기능면에 있어서 주재자의 지위를 갖는 것에 지나지 않으므로 사원의 관리기관으로서의 조직법적인 지위를 갖지 않는다."라고 설시하면서 소의 이익을 부정하였다.

이어 종덕사의 주직이었던 D가 사무포기 등을 이유로 파면을 당하자, 종덕사가 본당, 창리 등의 건물의 명도를 구하고, 이에 대하여 D가 주직인 지위의 확인 및 대표역원인 지위의 확인을 구한 '종덕사 주직파면무효확인등 청구사건'[43]에서, 최고재판소는 위 자조사 사건의 판결 내용을 답습하여 "주직이라는 지위 그 자체는 종교상의 지위에 지나지 않기 때문에 그 존부 자체의 확인을 요구하는 것은 허락되지 않으며 … 그 외에 구체적인 권리 또는 법률관계를 둘러싼 분쟁이 있고, 그 당부를 판정하는 전제문제로서 특정인에 대한 주직이라는 지위의 존부를 판단할 필요가 있는 경우에는, 그 판단의 내용이 종교상의 교의의 해석에 이르는

40) 笹川紀勝, "宗教團體の內紛と私法審査", 「憲法訴訟と人權理論」(芦部信喜 先生 還曆紀念), 有斐閣(1985), 224頁 참조.
41) 종교법인법 제18조는 "종교법인에는 3인 이상의 책임역원을 두고, 그 중 1인을 대표역원으로 한다." 고 규정하고 있다.
42) 最高裁 昭和 44(1969). 7. 10. 判決(民集 23卷 8号, 1423頁; 判例時報 569号, 44頁).
43) 最高裁 昭和 55(1980). 1. 11. 判決(民集 34卷 1号, 1頁), 이른바 種德寺 判決.

것과 같은 경우는 별론으로 하고, 그렇지 않는 한 그 지위의 존부, 즉 선임 내지 파면의 적부에 대해서 재판소가 심판권을 갖는 것이라 해석하여야 하고, 이와 같이 해석하는 것과 주직이라는 지위의 존부 그 자체에 대해서 확인소송을 허락하지 않는 것 사이에는 어떠한 모순도 없는 것이다."라고 판시하면서, 소각하 판결을 한 원심을 지지하여 상고를 기각하였다.

그러나 위 판결의 약 3개월 후에 내려진 '본문사 대표역원지위확인 청구사건'[44]은, P가 본문사의 대표역원인 것의 확인을 구하고, 그 전제로서 P가 주직이었는가, 아니면 D가 주직이었는가가 다투어진 사건인데, 대표역원의 등기는 D로 되어 있었기 때문에 D가 본문사를 대표하여 소송을 하고 있었던바, 본문사에는 누가 주직의 지위를 승계하는가가 종칙상 확립되어 있지 아니하였기 때문에 단신도의 다수파로부터 추천되어 주직으로 되었다고 하는 P와 전 주직의 단독의사에 의하여 주직의 지위를 양도받았다고 하는 D와의 사이에서 다툼이 제기된 사안에서, 최고재판소는 "헌법은 종교활동의 자유를 보장하고 있으므로 법원은 주직의 적법성 등 단체의 내부관계에 관하여는 원칙적으로 그 단체의 자치권을 존중하여야 하는데, 본래 그 자치에 의하여 결정하여야 할 사항, 특히 종교상의 교의에 관한 사항은 법원이 개입할 수 있는 것은 아니지만, 종교활동상의 자유 내지 자치에 대한 개입에 미치지 않는 한, 주직선임절차의 규칙준수 여하 등에 관하여는 사법심사를 할 수 있다."는 입장을 취하여 사법적극주의의 입장으로 선회하였다.

그렇지만 그 후 종교법인 일련정종의 피포괄법인(말사)에 해당하는 연화사의 주직을 종교상의 교의, 신앙을 이유로 하여 그 승적을 박탈하는 처분을 하자 그 주직 및 대표역원등의 지위확인을 구한 사건에서 최고재판소[45]는 "당사자 간의 구체적인 권리의무 내지 법률관계에 관한 소송이라도, 종교단체 내부에서 행한 징계처분의 효력이 청구의 당부를 결정하는 전제가 되어 있고, 그 효력의 유무가 당사자 간의 분쟁의 본질적 쟁점을 이룸과 동시에, 그것이 종교상의 교의, 신앙의 내용에 깊게 관계되어 있기 때문에, 위 교의, 신앙의 내용에 간섭하지 않고는

44) 最高裁 昭和 55(1980). 4. 10. 判決(判例時報 873号, 85頁).
45) 最高裁 平成 元年(1989). 9. 8. 判決(判例時報 1329号, 11頁).

그 효력의 유무를 판단할 수 없을 뿐만 아니라 그 판단이 소송의 귀추를 좌우하는 필요불가결한 경우에는, 위 소송은 그 성질에 있어서 법령의 적용에 의한 종국적 해결에 적합하지 않은 것으로서, 재판소법 제3조에서 말하는 '법률상의 쟁송'에 해당하지 않는다고 해야 한다."라고 판시하여 사법적 개입에 소극적 입장을 표명하였다.

한편, D를 포괄종교법인으로 하는 종교법인 교각사의 대표역원으로서 위 사찰의 주직이었던 P가, 다른 사람과 함께 D의 종무소를 점거하였다는 이유로 D로부터 중징계 7년의 징계처분을 받고 이로 인하여 위 교각사의 주직·대표역원인 지위와 D법인의 종무역원인 지위를 상실하게 되자, 위 처분이 분쟁 당사자 사이에 성립된 합의에 반하여 행하여지는 등의 사실오인과 양형부당을 이유로 위 처분의 무효와 종무역원의 지위에 있음의 확인을 구한 교각사 사건에서, 최고재판소[46]는 제1심 및 제2심이 본안 판단을 한 것[47]과는 달리 위 1980년의 종덕사의 판결의 판시를 따라 "본건처분은 D의 종교단체 내부의 규율위반에 관한 것이고, D의 종교단체 내부에 있어서 P의 승려로서의 종교활동을 제한하고, 또는 종교단체 내부의 지위를 박탈하거나 강등한 것이라고 할 것인데, 그렇다면, 위 처분의 효력을 가지고 구체적인 권리 또는 법률관계에 관한 항쟁이라고는 할 수 없다."는 이유로 P의 소송을 각하하는 판결을 하였다.

이러한 법원 판결의 소극적인 흐름은 이후의 판결에서도 대체로 유지되어 왔는바, 종교법인 D1(일련정종)에 포함된 각 말사의 주직, 관장인 P 등이 D1 및 그 관장·대표역원 D2를 상대로 하여 D2가 D1의 관장·대표역원의 지위에 있지 않음의 확인을 구한 일련정종 사건에서, D1의 종제·종규에 의하면 관장·대표역원을 취득하기 위한 전제로서 '종주'취임이 필요하다고 되어 있기 때문에 D2가 전법주에 의하여 법주 선정을 위한 종교적 행위인 '혈맥상승'을 받았는지 여부가

46) 最高裁 平成 4(1992). 1. 23. 判決(民集 46卷 1号, 1頁; 判例時報 1412号 107頁).

47) 제1심(京都地裁 昭和 62. 2. 19. 判決)과 제2심(大阪高判 昭和 63. 9. 22. 判決)은 위 징계처분으로 인하여 자기가 소속된 사원 이외의 장소에서 승려로서의 활동이 금지되고, 주직을 포함한 일체의 역직에서 면직되는 등 경제적으로 중대한 영향을 받게 된다는 사실을 인정하고, 본건 처분에 의하여 P의 구체적인 권리 또는 법률관계에 변동을 생기게 하기 때문에 본건 처분에 관한 다툼은 구체적인 권리 또는 법률관계에 관한 다툼이고, 따라서 재판소로서는 본건 처분의 적부를 판단할 수 있다고 하였으나, 본안심리에서는 결국 P의 청구를 기각하였다.

쟁점으로 다투어졌는데, 최고재판소[48]는 "특정인이 종교단체의 종교활동상의 지위에 있는 것에 터잡아 종교법인인 당해 종교단체의 대표역원의 지위에 있는가가 다투어진 경우에 법원은 원칙적으로 위 자가 종교활동상의 지위에 있는가 여부를 심리 · 판단하여야 하는 것이지만, 당해 종교단체의 교의 내지 신앙의 내용에 들어가 심리 · 판단하는 것이 필요불가결한 경우에는, 특정인의 종교법인의 대표역원의 지위의 존부의 확인을 구하는 소는, 법원이 법령의 적용에 의하여 종국적인 해결을 시도할 수 없는 소송으로서 재판소법 제3조에서 말하는 '법률상의 쟁송'에 해당하지 아니한다."고 판시하여 P 등의 상고를 기각하였다.

한편, 종교법인법상의 대표역원이 아닌 일반 단도(신도)의 지위확인청구가 법률상 가능한지 여부도 문제되는바, 주직의 여자관계나 정치적 행동에 대하여 비방을 하였다는 이유로 종규에 의하여 제명처분을 당한 신도가 신도지위의 확인을 청구한 사건에서 최고재판소[49]는 "… 단도 등 신자의 지위가 구체적인 권리의무 내지 법률관계를 포함하는 법률상의 지위라고 할 수 있는가 아닌가는 당해 종교법인이 종교법인법 제12조 제1항에 근거하는 규칙 등에서 단도 등의 신자의 지위를 어떻게 규정하고 있는지 검토하여야 하는데, … (상고인이 속했던) D사의 경우, 단신도명부가 만들어져 있고 D사의 대표임원을 보좌하는 기관인 대표로 선임되기 위한 요건으로 단신도이어야 함을 규정하고 있으며, 예산편성, 부동산처분 등 D사의 유지 · 경영에 관계되는 제반의 사항에 대해 대표에 의한 의견 표명을 통해서 단도의 의견이 반영되는 체제가 되어 있고, 단도에 의한 D사의 유지 경영의 방해행위가 제명처분사유로 되어 있기 때문에 D사에서 단도의 지위는 구체적인 권리의무 내지 법률관계를 포함하는 법률상의 지위라고 할 수 있다."고 판시하여 일반 신도의 지위를 종교상의 지위에 그치지 아니하고 법률상의 지위로까지 격상시켰다.

한편 단신도의 지위에 관한 선례로는 최고재판소의 합천사 사건[50]을 들 수 있는데, 다수의 하급심 판결이 단신도의 지위를 법률상의 지위에 해당한다고 판시

48) 最高裁 平成 5(1993). 9. 7. 第三所法廷 判決(民集 47卷 7号, 4667頁), 같은 취지의 판결로 最高裁 平成 5(1993). 11. 25. 第一所法廷 判決 참조.
49) 最高裁 平成 7(1995). 7. 18. 判決(民集 49卷 7号, 2717頁; 判例時報 1542号, 64頁).
50) 最高裁 昭和 35(1960). 6. 2. 判決.

하고 있지만, 급료, 연금 등의 봉록을 받는 주직에게 법률상의 지위를 인정하지 않으면서 일반 단신도에게 법률상의 지위를 부여하는 것은 균형을 잃었다고 비판되고 있다.[51)]

(다) 피포괄법인의 포괄법인으로부터의 이탈에 관한 분쟁

종교법인법은 피포괄법인이 피포괄관계를 폐지하는 형식(종교법인법 제26조 제1항)으로 피포괄종교법인의 이탈의 자유를 인정하면서 그에 해당하는 사유에 관하여는 어떠한 규정도 마련하고 있지 아니하다. 그 결과 법이 정하는 요건(규칙변경의 공고, 관할청의 인증 등)을 충족하면 포괄관계의 해지는 그 이유의 여하를 묻지 아니하고 법률상 인정되는바, 그를 위하여 본래의 입법 취지를 무시하고 이탈이 상당히 행하여지고 있으며, 대개는 피포괄법인의 간단한 '규칙의 변경'(동법 제26조 제2항)이라는 형식으로 이탈의 인증이 행하여지고 있는 실정이다.[52)]

그러나 규칙변경에 대한 인증이라는 국가의 행정행위는 교단회원의 종교의 자유를 보장하고, 교의의 해석 또는 이해의 차이에 의한 회원 상호간의 대립(예컨대, 주재자의 세습, 주재자의 재산권 향유 등)에 의하여 분열된 종파의 어느 쪽에도 특권을 부여할 수 없다는 헌법상의 원리에 위반되지 않도록 행사되어야 할 것이므로, 그 교단 내에 있어서 오늘날 시민법 일반과 정합성이 있는 민주적 원리(적정한 절차를 거친 다수결 원리 등)에 따라 정하여진 자치규칙을 문언대로 해석하여 그 규칙에 따라 개정이 행하여졌는가 여부를 심사하여 인증을 행하는 것이 바람직할 것이라는 지적이 있다.[53)]

한편, 포괄종교법인으로부터 이탈을 둘러싼 분쟁이 적지 않음에도 불구하고 법원의 판단을 구하는 쟁송은 의외로 적은바, 그 이유는 포괄법인으로부터의 이탈이, 종교법인법 소정의 규칙의 변경으로 행정관서의 인증을 받을 때에 규칙변

---

51) 木村俊夫, "宗教法人の檀徒の地位をめぐる紛争と法律上の爭訟", ジュリスト臨時增刊, 平成7年, 「重要判例解說」(1996), 7頁.

52) 이영진, 논문 1, 272면.

53) 谷口知平, "公益法人と宗教法人", 「民法論」 第4卷: 不法行爲・宗教法の研究, 有斐閣(1991), 356면, 위 교수는 따라서 그 자치규칙 중에 해석상 종교적 판단을 요하는 것이 포함되어 있는 경우에는 일단 인증을 거부하고, 교단 내에서 자주적으로 세속적인 이해가 가능하도록 규칙을 개정하는 조치를 취하도록 촉구하여야 한다고 주장한다.

경의 절차 등에 존재하는 문제를 행정관서의 지도나 조언 등으로 해결되기 때문이라고 한다.[54)]

피포괄법인의 이탈의 자유와 관련하여서는 종교법인법의 입법 취지에 비추어 그 이탈 목적을 신앙의 자유에 국한하여야 한다는 견해가 있으나, 반대의 견해도 있다. 또한, 이탈에는 당해 종교법인 규칙상의 절차를 준수하여야 한다. '법화경사 인증무효확인청구 사건'[55)]이나 '화학원 주직무효확인청구 사건'[56)]의 판시도 같은 취지인바, 이러한 판결들은 법원이 종교단체 내부에 있어서 적정절차를 보장하고 이탈의 자유에 절차적 한계를 명시한 것으로서 주목할 만하다고 할 것이다.

(라) 판례의 검토

일본은 가장 다종교 국가로 방대한 수에 달하는 종교단체 내지 종교법인이 헌법상 모두 사적인 결사로서 취급되고 그 조직과 운영 혹은 재산을 둘러싼 분쟁이 여러 곳에서 끊임없이 발생하고 있다.[57)] 위에서 살펴본 최고재판소 판결의 대체적인 입장은 일본 재판소법상의 '법률상의 쟁송'의 관념을 빌어 종교의 자유에 대한 법원의 중립을 보지하고, 종교단체분쟁에 대한 사법권의 개입을 회피하려고 하는 경향이 강하다고 할 수 있으나, 그 심판권의 한계를 획정하는 구체적인 기준은 아직 명확하지 않은 것 같다.

위에서 본 최고재판소 판결의 흐름을 정리하면, 1) 종교단체의 주재자인 순수종교상의 지위(예컨대, 종파의 교주, 법주, 관장, 주직, 사제)에 관한 청구는 통상 '법률상 쟁송'에 해당하지 아니하여 부적법하나, 다만, 소송상의 청구가 종교단체의 주재자의 지위에 관한 것이라도 실질적으로 종교법인 · 조직체의 기관인 지위와 구체적인 권리의무 내지 법률관계(세속적 권리 · 지위 · 이익)에 관한 다툼이 포함되어 있는 때와 그 선임 · 해임절차의 적부가 다투어지고 있는 때에는 법률상의 쟁송으로 해석될 수 있으나, 그 다툼에 관한 판단의 내용이 종교상의 교의의 해석에 관련되지 않는 경우에 한한다.

54) 若原 茂, "判例にみる現代宗教の世界", ジュリスト增刊總合特輯, 有斐閣(1981), 187頁.
55) 千葉地裁 昭和 31(1956). 4. 10. 判決.
56) 東京地判 昭和 32(1957). 4. 16. 判決.
57) 中野貞一郎, 앞의 논문, 15면.

2) 종교단체의 기관인 지위(예컨대, 대표역원, 책임역원, 종무소장 등)에 관한 청구는 통상 법률상의 쟁송에 해당하나, 다만, 사원의 주직 및 종파의 관장 등 본래 종교단체의 주재자인 지위에 있는 자가 규칙상 당연히 사원의 대표역원 및 종파의 대표역원 등 종교단체의 기관인 지위에 취임하는 것으로 되어 있는 때(이른바, 당연 충당직 규정)에는, 종교단체의 주재자인 지위에 관한 쟁점이 종교상의 교의의 해석과 관련되지 않는 경우에는 법률상 쟁송에 해당하지만, 쟁점이 종교상의 교의의 해석에 관련되는 경우에는 법률상의 쟁송에 해당하지 아니하여 부적법하다고 해석할 수 있다.

3) 금전・물건의 급부청구에 관한 것이지만, 그 전제로서 혹은 그 전제조건으로 특정인의 종교단체의 주재자인 지위의 존부 및 종교상의 교의에 관련된 판단이 필요한 때에도 법률상 쟁송에 해당하지 않는다고 해석한다.

4) 위 1), 2), 3) 어느 소송에 해당되는지를 불문하고, 그 전제조건 혹은 전제문제로서 종교단체의 주재자인 지위의 존부 혹은 종교상의 행위(예컨대, 기부)의 적부의 판단이 필요한 경우에 그 실질적 쟁점이 종교상의 교의의 판단에 관련되지 않는 때에는, 재판소는 그 한도에서 쟁점에 관하여 심리 판단하여 청구인용 또는 청구기각의 본안판결을 하여야 하지만, 그 실질적 쟁점이 종교상의 교의의 판단에 관련될 뿐인 때에는 실질적인 심리판단은 불가능하기 때문에 소 각하의 소송판결을 하여야 한다.

5) 위 1), 2), 3), 4) 어느 소송에 해당되는지를 불문하고, 재판소는 종교상의 교의에 관련되는 실질적인 쟁점에 관하여는 심리판단할 수 없다.

위와 같은 원칙에도 불구하고 판시 내용의 많은 부분은 추상적인 설명에 그치고 구체성을 결여한 경우가 많은 바, 자율권이 어느 정도의 범위에서 어떠한 요건하에 용인되어야 할 것인가에 관하여 통일적이고도 명확한 논리가 정립되어야 할 것이다.

3. 우리나라의 판례

가. 서 설

(1) 교회와 담임목사 지위의 특성

앞에서도 본 바와 같이 교회는 신앙단체적 성격과 일반사회단체적 성격을 동시에 가지고 있고, 독립적인 사단이면서 동시에 노회 또는 연회와 총회의 하부기관이라는 이중성을 가지고 있으며, 법인이 아니면서도 법인과 같은 행세를 한다는 특징이 있다. 또한 지교회의 담임목사 역시 지교회의 대표이면서도 동시에 노회 또는 연회가 임면한다. 다시 말해서 담임목사는 지교회의 대표자로서의 지위가 있기는 하지만 노회나 연회의 소속원이며 그 자격도 일반법률이 아닌 교단에서 부여한다. 따라서 담임목사는 교단의 치리에 복종하여야 하는 자로서, 일반 비영리법인의 대표 또는 주식회사의 대표이사와는 전혀 성질이 다르다. 교회분쟁에 대한 사법권의 범위와 한계를 살펴봄에 있어서는 위와 같은 교회 및 담임목사의 지위의 특수성을 이해하면서 교회 및 교단의 종교의 자유와 사법권의 보편성을 적절히 조화하여야 한다.

(2) 분쟁의 유형과 사법심사의 범위

교회분쟁에 대하여 사법권 개입의 범위에 관하여 판례와 학설은 그 분쟁의 유형에 따라 차이를 두고 있다. 교회분쟁의 유형은 크게 1) 교리 또는 신앙의 해석에 관한 분쟁, 2) 교회의 조직·운영에 관한 분쟁, 3) 교회의 재산권에 관한 분쟁으로 나눌 수 있고, 교리의 해석에 관한 분쟁에 대하여는 구체적인 권리의무 또는 법률관계에 관한 사항이 아니라는 이유로 소의 이익이 없다고 보아 사법권이 관여하지 않고 있으며, 재산권에 관한 분쟁은 2006년 대법원 전원합의체 판결 이래 사법권이 관여하고 있음은 주지의 사실이다.

가장 문제가 되는 것은 교회의 조직 및 운영에 관한 분쟁인데 이것도 다시 ① 권징재판[58]에 관한 사항, ② 교회의 대표자, 장로, 성도 등 신분상의 지위에

---

58) 권징재판이란 종교단체가 그 교리를 확립하고 종교단체 및 신앙의 질서를 유지하기 위하여 교인으

관한 사항, ③ 교단변경에 관한 사항, ④ 기타 교회 조직 및 운영에 관한 사항으로 나눌 수 있다. 권징재판에 관한 사항은 종래에는 종교단체 내부의 자율성을 존중하여 대체적으로 소의 이익이 없다고 보아 사법권이 관여하지 않아 왔으나 최근에는 그 범위를 확대하고 있는 것으로 보이고, 교단변경에 관한 사항은 위 2006년 전원합의체 판결에서 보는 바와 같이 사법권의 관여를 인정하고 있다. 문제는 권징재판이 아닌 교회의 대표자, 장로, 집사, 권사 등 교회 내에서의 신분상의 지위 및 기타 교회의 조직과 운영에 관한 결의 내지 처분과 관련된 분쟁에 사법부가 어느 정도 관여하여야 하는가 이다.

(3) 교회분쟁의 일반소송화 금지규정의 효력

이미 본 바와 같이 기독교는 교회분쟁을 일반법정에 가지고 나가는 것을 비성경적, 비신앙적이라고 보고 있다. 그리하여 교단에 따라서는 교회문제를 교회 내부절차를 거치지 않고 일반법정에 제기하는 것을 금지하고 있는 경우도 있고, 이를 어기는 경우 권징사유로 규정하는 경우가 있는 바(예컨대, 교리와 장정 일반재판법 제3조 제3항은 교회재판을 받기 전에 교인 간 법정소송을 제기하거나, 교인의 처벌을 목적으로 국가기관에 진정, 민원 등을 제기하였을 때를 권징사유로 규정하고 있고, 기장 헌법 권징조례 제48조 3호는 교회의 재판결과에 대하여는 사회법정에 소를 제기할 수 없다고 규정하고 있다), 이러한 규정의 효력이 문제된다. 이와 관련하여 피신청인이나 그 집행부를 상대로 제소하였다는 사유만으로 해당 구성원에 대하여 아무런 제약 없이 신분상 불이익을 가할 수 있는 근거를 마련한 이 사건 총회결의는 구성원의 재판청구권을 침해하여 무효라고 볼 여지가 있다[59]거나 불신법정에 소송을 제기하는 경우 면직한다는 규정을 근거로 면직처분을 내리는 것은 헌법 제27조 제1항에 정한 국민의 재판을 권리를 박탈하는 내용으로 무효라는[60] 하급심 판결례가 있다. 또한 교회분쟁을 일반법정에 가지고 나가는 것을 금지하거나 권징사유로 하는 규정이 없더라도 이러한 행위는 성경에 반한다는 이유로 권징을 하는 경우도 있으나 법원은 이 역시 재판청구권을 침해하는 것으로서 정당한 권

로서의 비위가 있는 사람을 종교적인 방법으로 제재하는 종교단체 내부의 재판을 말한다.

59) 서울중앙지방법원 2009. 5. 6. 자 2009카합867 총회결의효력정지가처분 결정.

60) 서울서부지방법원 2014. 10. 31. 선고 2014가합33727 판결.

징사유가 되지 않는다고 판단했다.[61] 그러나 일반소송절차로 가는 것 자체를 권징사유로 하는 것은 재판청구권을 침해하는 것이라 할 수 있지만 조정전치나 교회법 절차를 거치지 않고 바로 일반소종절차로 가는 것을 권징사유로 삼는 것은 재판청구권을 완전히 배제하는 것은 아니므로 성경의 원리 및 종교자유의 원칙상 허용된다고 보아야 할 것이다.

이하에서는 각 분쟁의 유형별로 나누어서 교회분쟁에 대한 사법권 개입의 범위를 살펴보고자 한다.

나. 교리의 해석에 관한 분쟁

종교단체가 헌법상 종교의 자유와 정교분리의 원칙에 기초하여 그 교리를 확립하고 신앙의 질서를 유지하는 자율권은 최대한 보장되어야 하므로, 종교단체의 의사결정이 종교상의 교의 또는 신앙의 해석에 깊이 관련되어 있다면, 그 의사결정에 대한 사법적 관여는 억제되는 것이 바람직하다(대법원 2011. 10. 27. 선고 2009다32386 판결 등 참조). 그리하여 법원은 본당의 주임신부가 신자들의 후원금을 개인용도로 유용하였다는 이유로 교단으로부터 면직처분을 받자 교단을 상대로 해고무효확인과 미지급된 사례비의 지급을 청구하는 사안에서, 징계무효 및 그에 수반되는 금전지급청구에 관한 판단내용은 종교교리의 해석 등에 관한 내용일 수밖에 없으므로 이를 법원의 심판 대상으로 삼는 것은 적절하지 않다고 판단하였다.[62]

---

61) 서울남부지방법원 2011. 3. 8. 자 2010카합848 결정.

62) 대법원 2014. 8. 20. 선고 2014다34911 판결, 서울고등법원 2014. 5. 9. 선고 2013나34985 판결; 위 고등법원은 '이 사건 면직처분은 종교단체인 피고가 원고에 대하여 피고 소속 사제신분을 박탈하는 것을 내용으로 하는 것이어서, 종교단체 내부에서 종교적인 방법에 의한 제재에 해당한다고 생각된다. 따라서 이 사건 소는 원고가 이와 같은 피고 내부의 종교적 징계처분인 이 사건 면직처분의 효력을 다투는 것이라고 할 수 있다. 그리고 이 사건 청구취지 변경신청에 의한 금전지급청구는 종교적 징계처분인 이 사건 면직처분이 무효라는 판단을 필연적인 전제로 하는 청구이다. 따라서 위 금전지급청구는 종교상의 지위에 수반되거나 파생되는 것에 불과하므로 위 금전지급청구에 의하여 본체인 종교상의 지위에 관한 분쟁의 성질이 변한다고 볼 수는 없다. 또한, 이 사건에서 원고와 피고 간의 실질적인 다툼의 내용은, 이 사건 면직처분이 가톨릭 교회법 제1336조 제1항 제2호의 박탈(Privatio, 권력, 직무, 임무, 권리, 특전, 특별 권한 은전 명의 표장을 단순히 명예적인 것까지도 박탈하는 것)에 해당하는 것인지, 아니면 가톨릭 교회법 제1336조 제1항 제5호의 제명(Dimissio, 성직자 신분에서 제명하는 것)에 해당하는 것인지, 이 사건 면직처분이 가톨릭 교회법상 박탈이라면 가톨릭 교회법 제1720조 등에서 규정한 직권자에 의한 재결절차로 진행되어야 하는

이러한 관점에서 어느 종파가 이단인지 여부를 구하는 소송은 사법부가 관여할 수 없다.

(1) 이와 관련하여 서울서부지방법원은, 우리 헌법은 제20조 제2항에서 국가의 종교적 중립성을 요구하고 있는바, 특정 종교의 이단이나 사이비 여부로 인하여 발생하는 분쟁에 법원이 개입하여 어떠한 특정 종교나 교리가 옳고 이에 대한 비난이 위법하다고 선언할 수는 없다고 하였다.[63)]

(2) 또한 특정 종교단체가 다른 종교단체의 교리의 해석에 관하여 이른바 이단으로 평가되는 종교단체가 기독교 종교단체인지 여부의 확인을 청구한 사건에서, 대법원[64)]은 "세계기독교통일신령협회(이른바 통일교)가 기독교의 종교단체인지 여부에 관하여 사회적으로 논란이 있다 하더라도 위 협회가 종교단체인지 여부는 원고의 권리의무 등 법률관계와는 아무런 관련이 없는 사실문제로서 그 확인을 청구하는 것은 즉시 확정의 이익이 있다 할 수 없어 부적법하다."는 이유로 소 각하 판결을 한 원심을 지지하였다.

이 판결의 구조는 민사소송법상의 교리의 해석에 대한 사법부의 관여가 가능한지 여부에 대하여 판단한 것이 아니라 사실문제로서 확인의 이익이 없다는 관점에서 소의 이익을 부정하였다.

같은 맥락에서 대법원은 어느 사찰의 종단에의 사찰등록이 말소되었음의 확인을 구하는 소는 원고의 권리관계 확인에 아무런 도움이 되지 아니할 뿐 아니라 단순한 사실관계 확인에 불과하여 부적법하다고 하고,[65)] 특정 사찰이 원고 종파(대한불교 조계종)에 속한다는 확인을 구하는 것은 단순한 사실관계의 문제로서 구체적인 권리 내지 법률관계의 문제가 아니라는 이유로 확인의 소의 대상이 되

것인지, 이 사건 면직처분이 가톨릭 교회법상 제명이라면 가톨릭 교회법 제1425조, 제1720조, 제1721조 등에서 규정한 교회법원 내 합의부 재판부에 의한 재판절차로 진행되어야 하는 것인지에 관한 것들이다. 그런데 이에 관한 판단의 내용은 가톨릭 교회법의 위 조문 및 관련 조문들, 가톨릭 교회의 성직자 신분의 득실변경의 요건 등에 관한 종교교리의 해석문제라고 생각된다.

이와 같이 원고의 이 사건 무효확인청구 및 그에 수반되는 금전지급청구에 관한 판단내용은 종교교리의 해석 등에 관한 것일 수밖에 없으므로, 이 사건 면직처분의 효력유무 및 그 무효를 당연한 전제로 한 금전지급청구를 법원의 심판대상으로 삼는 것은 적절하지 않다고 보아야 한다.'고 판단하였다.

63) 서울서부지방법원 1996. 4. 19. 선고 95카합4745 판결.

64) 대법원 1980. 1. 29. 선고 79다1124 판결.

65) 대법원 1992. 12. 8. 선고 92다23872 판결.

지 않는다고 하였다.[66]

(3) 창가학회(일련정종)는 원래 1930년 일본인에 의해 동경에서 창시된 종교로서 한국사회에서 물의를 일으키게 되자 문교부의 종교심의회는 1964. 1. 7. 창가학회를 반국가적·반민족적 단체로서 민족정신을 흐린다는 결론을 도출하고 국무회의의 결의를 거쳐 내무부장관이 같은 해 1. 31. 창가학회의 포교를 위한 집회 및 통신연락, 간행물의 반입, 배부, 취득관람에 대하여 단속할 방침을 서신으로 홍보하자, 창가학회는 이를 일종의 행정처분으로 보고 그 취소를 구하는 행정소송을 제기하였다. 이에 대하여 대법원[67]은 위 서신은 행정처분에 해당되지 않는다는 절차적 이유로 원고의 청구를 각하함으로써 실제적인 본안문제에 대해서는 판단을 회피한 셈이 되었다.

그러나 원심인 서울고등법원[68]은 대법원의 견해와는 달리 위 서신을 행정처분으로 보는 전제하에 "동 처분으로 인하여 원고는 헌법에 규정된 종교의 자유, 통신의 자유, 언론·집회·결사의 자유 등의 기본권을 전적으로 무시당하고 있으며, 우리 헌법은 이상의 자유를 법률유보가 붙은 상대적 기본권으로 보고 있으나 신앙의 자유는 정신적 자유의 기본인 만큼 법률로서 제한할 수 없다고 할 것이고, 법률로 제한할 수 있다 하여도 질서유지 또는 공공의 복리를 위하여 필요한 경우에 한할 것이며, 또 그 제한도 자유권의 본질적인 내용을 침해할 수 없는 것이며, 더욱이 우리나라에는 종교의 자유를 제한하는 실정법도 없으므로 본건 처분은 어느 모로 보나 위법임을 면치 못할 것이고, … 창가학회가 국수주의적이거나 배타적 종교 내지 집단으로서 반국가적 반민족적이라 규정할 하등의 근거가 없으므로 본건 처분은 취소되어야 한다."고 판시하여 특정 종교의 교리가 질서유지 내지 공공복리에 반하는지 여부를 심사할 수 있음을 시사하였다.

그 후 종교적 양심에 따라 훈련소집통지에 불응한 행위가 향토예비군 설치법 제15조 제8항의 '정당한 사유'에 해당하는 것이라고 볼 수 없다고 판단하였고(대법원 2009. 10. 15. 선고 2009도7120 판결), 양심 및 종교의 자유를 이유로 현역입

66) 대법원 1984. 7. 10 선고 83다325 판결.
67) 대법원 1966. 10. 25. 선고 65누23 판결.
68) 서울고등법원 1965. 3. 3. 선고 64구95 판결.

영을 거부하는 자에 대하여 현역입영을 대체할 수 있는 특례를 두지 아니하고 형벌을 부과하는 병역법 제88조 제1항이 과잉금지의 원칙 등을 위반한 것이 아니라는 판례(대법원 2004. 7. 15. 선고 2004도2965 전원합의체 판결[69]) 등에 비추어 종교단체의 교리 및 신앙의 해석에 관하여 사법부가 관여하고 있는 것이 아닌가 하는 의문이 제기된다.

그러나 이러한 판례들은 행정사건이거나 형사사건으로 종교단체의 교리나 신앙으로 나타난 행위의 결과가 질서유지 내지 공공복리에 반하는 것인지, 형사적인 범죄에 해당하는 것인지를 판단하는 것으로 사법상의 분쟁을 해결함에 있어 교리나 신앙을 해석하여야 하는 경우는 아니므로 이 경우 사법권의 관여가 제한된다는 원칙은 여전히 유효하다 할 것이다.

(4) 결국 종교상의 교리나 신앙을 해석하는 것, 나아가 그러한 해석을 하여야만 구체적인 분쟁을 해결할 수 있는 경우에는 사법부가 관여할 수 없다고 할 것이다.

다. 종교단체의 조직·운영에 관계된 분쟁

종교단체의 조직·운영에 관계된 분쟁도 ① 권징재판에 관한 사항, ② 교회의 대표자, 장로, 성도 등 신분상의 지위에 관한 사항, ③ 교단변경에 관한 사항, ④ 기타 교회 조직 및 운영에 관한 사항으로 나누어 살펴본다.

(1) 권징재판에 관한 사항

(가) 사법심사의 대상여부

1) 판례의 입장

가) 원칙 – 사법심사의 대상이 아님

권징재판이 사법심사의 대상이 되는지 여부와 관련하여 대법원은 비교적 초기에는 “대한예수교장로회 총회의 재판국이 목사, 장로 등에 대하여 정직, 면직 등

69) 그러나 대법원 2018. 11. 1. 선고 2016도10912 전원합의체 판결의 다수의견은, 양심에 따른 병역거부, 이른바 양심적 병역거부는 일정한 요건하에 병역법 제88조 제1항에서 정한 ‘정당한 사유’에 해당한다고 하여 위 판례들을 변경하였다. 또한 헌법재판소는 헌재 2018. 6. 28. 2011헌바379 등 결정의 다수 의견은 양심적 병역거부자에 대한 대체복무제를 규정하지 아니한 병역종류조항은 과잉금지원칙에 위배하여 양심적 병역거부자의 양심의 자유를 침해한다고 판시하였다.

에 처하는 결의(재판)는 종교단체 내부의 규제에 지나지 아니하고 그것이 교인 개인의 특정한 권리·의무에 관계되는 법률관계를 규율하는 것이 아니므로 그 무효확인을 구하는 것은 법률상의 쟁송사항에 관한 것이라 할 수 없다."[70] "종교단체의 권징결의는 교인으로서 비위가 있는 자에게 종교적인 방법으로 징계·제재하는 종교단체 내부의 규제에 지나지 아니하므로, 이는 사법심사의 대상이 되지 아니하고, 그 효력과 집행은 교회 내부의 자율에 맡겨져야 할 것인바, 대한예수교장로회(합동측) 총회재판국의 목사직 정직등 결의에 불복하고 동 총회로부터의 이탈을 선언하여 독자적인 운영체제를 구축하여 교회의 권위와 질서에서 벗어난 목사에 대한 교사직 상실 및 타목사파송결의를 위 장로회 서울노회에서 하였다면 그 결의의 효력은 긍인되어야 한다."거나,[71] "소위 권징재판은 원고와 같은 종교단체가 그 교리를 확립하고 단체 및 신앙상의 질서를 유지하기 위하여 목사 등 교역자나 교인에게 그 헌법 소정의 범죄(종교상의 비위)가 있는 경우에 종교상의 방법에 따라 징계제재하는 종교단체 내부에서의 규제에 지나지 아니하고 그것이 교직자나 교인 개인의 특정한 권리의무에 관한 법률관계를 규율하는 것이 아님이 명백하므로 그 재판기관에서 한 권징재판 자체는 소위 법률상의 쟁송의 대상이 될 수 없다."[72] "종교단체의 징계결의는 종교단체의 교리를 확립하고 종교단체 및 신앙의 질서를 유지하기 위하여 교인으로서 비위가 있는 자를 종교적인 방법으로 제재하는 종교단체 내부의 규제로서 헌법이 보장하고 있는 종교자유의 영역[73]에 속할뿐더러, 교인 개인의 특정한 권리의무에 관계되는 법률

70) 대법원 1978. 12. 26. 선고 78다1118 판결.

71) 대법원 1981. 9. 22. 선고 81다276 판결; 대구지방법원 2007. 11. 14. 선고 2007가합2569 판결은 "종교단체의 권징재판은 일반 국민의 권리의무나 법률관계를 규율하는 것이 아니라 종교단체가 교리를 확립하고 단체 및 신앙상의 질서를 유지하기 위하여 종교단체의 구성원에 대해 종교상의 방법에 따라 징계·제재하는 종교단체 내부의 제재로서 헌법상 보장되는 종교의 자유의 영역에 속하므로, 법원은 원칙적으로 그 교리와 종교단체 내부규범의 해석을 전제로 한 징계의 효력의 유무나 그 당부를 판단할 수 없다. 어떤 종교단체의 권징재판이 그 단체 내부의 규범에 위배하여 이루어져 내부적 규범으로 정한 이의, 상소 등의 절차에 따라 무효라고 판단되었더라도, 다른 특별한 사정이 없는 한 그 내부규범의 위배가 부당한 행위라고 평가할 수 있을지언정 바로 국가 법질서를 위반한 것으로 위법하다고 할 수는 없다(교회 내부에서만 적용되는 교회법을 위반하였다고 하여 이를 국가의 사법질서를 위반한 것으로 볼 수는 없다)"고 판시하고 있다.

72) 대법원 1995. 3. 24. 선고 94다47193 판결; 대법원 2011. 10. 27. 선고 2009다32386 판결.

73) 독일의 판례는 독일 헌법 제140조에 의하여 효력이 유지되고 있는 바이마르 헌법 제137조 제3항의 종교단체의 업무에 대한 독자적 관리권과 관련하여 종교단체의 내부문제와 외부문제를 구별하고

관계를 규율하는 것이 아니므로 법원으로서는 그 효력의 유무를 판단할 수 없으며,"[74] "대한예수교장로회에 소속된 교회는 그 관리운영에 관한 종헌인 대한예수교장로회의 헌법에 따라야 하고 그 헌법에 따라 장로를 면직판결하였다면 그는 대표자격이 없다[75]"고 하여 왔고, 비교적 최근에도 교회분쟁으로 인한 상호간의 고소와 소송을 모두 철회하기로 합의한 후에 다시 담임목사를 명예훼손으로 고소하여 벌금형을 받게 한 장로에 대해 당회결의로 제명출교한 것은 종교단체의 권징으로서 사법심사이 대상이 아니라고 판결하였다.[76] 또한 교회이전에 반대하는 교인들이 제출한 담임목사 해약청권을 노회수습전권위원회가 수락하여 담임목사직에서 해임되자 노회를 상대로 해임무효확인의 소를 제기한 사안에서, 정직처분 및 면직처분의 당부는 모두 노회가 향유하는 종교의 자유 영역에 속하는 것으로 사법심사의 대상이 아니라거나[77] 교인들의 청원에 의해 노회에서 담임목사 해약결정을 하고 이에 반발한 담임목사가 법원에 소송을 제기하자 다시 노회에서 면직결정을 한 사안에서 해약결정과 면직판결은 종교상의 제재로서 사법심사의 대상이 아니라고[78] 판결하였다.

그리고 서울고등법원[79]은 "교회의 권징재판은 원칙적으로 사법심사의 대상이 되지 아니하고, 그 효력과 집행은 교회 내부의 자율에 맡겨져 있는 것이므로 그 권징재판으로 말미암은 목사, 장로의 자격에 관한 시비는 직접적으로 법원의 심판의 대상이 된다고 할 수 없다. 다만 그 효력의 유무와 관련하여 구체적인 권리 또는 법률관계를 둘러싼 분쟁이 존재하고 또한 그 청구의 당부를 판단하기에 앞서 그 징계의 당부를 판단할 필요가 있는 경우에는 그 판단의 내용이 종교교리의 해석에 미치지 아니하는 한 법원으로서는 위 징계의 당부를 판단하여야 한다. 채권자에 대한 면직 및 출교 판결은 권징재판에 해당하고, 위 권징재판은 확정되었는바 이러한 권징재판으로 말미암은 장로의 자격에 관한 시비는 직접적으로

내부 문제는 국가법이 관여할 수 없고, 외부문제에 대하여만 국가법이 관여할 수 있다는 것이다(이른바 영역이론): BVerfGE 18. 385, 386 ff.: 42, 312, 334 등.

74) 대법원 1992. 5. 22. 선고 91다41026 판결.
75) 대법원 1972. 11. 14. 선고 72다1330 판결.
76) 대법원 2015. 10. 15. 선고 2015다39876 판결.
77) 대법원 2016다225612 판결(서헌제, 앞의 책, 519면).
78) 대법원 2016다200781 판결(서헌제, 앞의 책, 525면).
79) 서울고등법원 2012. 3. 20. 자 2011라1143 지위보전가처분 결정.

법원의 심판대상이 된다고 할 수 없다. 나아가 채권자에 대한 면직 및 출교 판결과 그 효력 등에 관한 사항이 사법심사의 대상이 되는 예외적인 경우에 해당한다고 볼 수도 없다. 채권자에 대한 면직 및 출교 판결의 효력의 유무와 관련하여 구체적인 권리 또는 법률관계를 둘러싼 분쟁이 현재 존재한다고 인정할 자료가 없을뿐더러, 위 판결의 효력 유무가 구체적인 권리의무에 관한 청구의 전제문제로 다투어지는 사안이라고 보기도 어렵다. 한편, 이에 대하여 채권자는 위 판결로 인하여 총유물인 교회건물을 사용·수익하거나 예배에 참석할 수 없게 된다는 취지로 다투나, 이것은 위 판결에 따른 후행적인 효과일 뿐 그것이 위 판결의 효력 유무와 별도의 권리 또는 법률관계에 관한 분쟁이라고 볼 수 없다(대법원 2011. 10. 27. 선고 2009다32386 판결 참조)"고 판시하여 각하 결정을 하였다. 또한 대구고등법원도 장로에 대하여 당회결의로 제명출교한 사안에 대하여 그 결의로 인하여 교회구성원의 지위와 교회재산에 관한 모든 권리 및 사후 교회 묘지에 안장될 수 있는 권리를 박탈당하게 되었다고 하더라도 이러한 사항은 제명출교 결의에 따른 후행적인 효과일 뿐 그것이 징계의 효력유무와 별도의 권리 또는 법률관계에 관한 분쟁이라고 볼 수 없다고 보아 사법심사의 대상이 되지 아니한다고 판시하였다.[80]

노회의 권징재판이 무효임을 전제로 노회를 상대로 그 확인 및 손해배상청구를 한 사안에 대하여, 전자는 사법심사의 대상이 되지 않고, 후자는 불법행위를 구성하지 아니한다는 판례,[81] 총회에서 특별재판국을 설치하여 장로에 대하여 권징을 하고 동시에 당회에 그와 같은 내용으로 권징하도록 명령하였으나 당회가 이를 이행하지 않자 총회가 위 특별재판국의 판결을 채용하는 결의를 하므로 장로가 총회를 상대로 그 총회결의무효확인을 구한 사안에서, 총회의 결의는 당회가 총회의 명령을 불순종하여 헌법 권징조례 제19조에 따른 직접처결권이 있다고 판단하고 권징조례 제134조 제2항 전문에 정해진 권징재판에 해당한 것으로

---

80) 대구고등법원 2015. 6. 17. 선고 2014나4669 판결(아울러 이 판결은 제명출교결의에 하자가 매우 중대하여 이를 그대로 둘 경우 현저히 정의관념에 반하는 경우에 해당하는 무효사유에 해당한다고 인정할 수도 없다고 판시하였다).

81) 인천지방법원 2011. 6. 24. 선고 2010가합15673 노회결의무효확인 및 손해배상(기) 판결(서울고등법원 2011. 12. 16. 선고 2011나56189 판결; 대법원 2012. 3. 15. 선고 2012다150 판결).

보아 위 총회결의는 사법심사의 대상이 되지 않고, 나아가 학교법인 대한예수교장로회총회신학원의 정관 등에서 개방이사, 감사가 되기 위한 요건으로 장로직을 요구하고, 당회가 교회에 속한 토지 가옥에 관한 일도 장리하므로, 이 사건 결의의 효력유무는 이와 같은 구체적인 권리 또는 법률관계를 판단하는 전제가 된다는 원고의 주장에 대하여, 이러한 사유만으로는 이 사건 결의의 당부를 선결문제로 하는 구체적인 권리 또는 법률관계가 있다고 보기 어렵다는 판례,[82] 교인들의 청원에 의하여 노회가 담임목사 해약결정을 하고 이에 반발한 담임목사가 법원에 소송을 제기하자 다시 면직판결을 하므로 그 면직판결의 무효를 주장하는 사안에서, 면직판결로 인하여 향후 교단에서 목사로서의 활동 등을 할 수 없게 되는데, 이는 면직판결에 따른 후행적 · 직접적 효과로서 구체적인 권리 또는 법률관계와는 무관하다는 이유로 사법심사의 대상이 아니라고 한 판례[83] 등 다수의 판결[84]이 있다.

위와 같이 전통적으로 권징재판 자체는 실체법적으로 개인의 특정한 권리의무관계를 규율하는 것이 아니므로 법원조직법 제2조의 "법률상 쟁송"에 해당하지 않는 것으로 보는 전제에서 소의 이익이 없다고 하여 사법권의 개입을 부정하여 왔다.[85]

나) 개인의 권리의무 판단의 전제일 경우는 사법심사의 대상

그런데 판례는 권징재판 자체는 실체법적으로 개인의 특정한 권리의무관계를 규율하는 것이 아니므로 심판의 대상이 될 수 없다고 하면서도 개인의 국민으로서의 특정한 권리의무 또는 법률관계의 분쟁이 있고, 그 분쟁을 판단함에 있어서

---

82) 서울중앙지방법원 2011. 4. 19. 선고 2010가합135729 총회결의무효확인 판결(항소취하로 확정); 이 사건의 가처분사건인 서울중앙지방법원 2011. 1. 31. 자 2010카합3297 총회결의효력정지가처분 결정(서울고등법원 2011. 7. 4. 자 2011라306 총회결의효력정지가처분, 확정)도 동일한 취지이다.

83) 광주지방법원 목포지원 2015. 4. 16. 선고 2014가합12381 판결.

84) 서울지방법원 2001. 5. 22. 선고 2003가합18512 판결무효확인 등 판결.

85) 다만, 총회장에 대한 모욕적인 말을 하여 명예를 실추하였다는 이유로 총회결의로 목사를 제명하고, 이에 반발하여 법원에 소를 제기하자 불신법정에 소 제기를 이유로 총회결의로 다시 면직한 사안에서 권징조례에 따르지 아니한 제명결의와 면직결정은 종교적 방법으로 징계 · 제재한 것이 아니므로 사법심사의 대상이 된다고 하고, 또 권징판결로 본다고 하더라도 헌법 제27조 제1항의 재판을 받을 권리를 침해한 것으로 무효라고 한 판례가 있다(서울서부지방법원 2014. 10. 31. 선고 2014가합33727 판결).

권징재판의 유무효가 전제가 되는 경우에는 사법심사의 대상이 된다고 하여 왔다.

예컨대, ① “종단으로부터 치탈도첩 또는 승적의 제적이라는 징계를 받았으므로 사찰을 점유·관리할 권원을 상실하였다 하여 **그 명도를 청구한 경우에는, 구체적인 권리 또는 법률관계를 둘러싼 분쟁이 존재하고, 또한 그 청구의 당부를 판단하기에 앞서 위 징계의 당부를 판단할 필요가 있으므로**, 법원으로서는 그 판단의 내용이 종교 교리의 해석에 미치지 아니하는 한 위 징계의 당부를 판단하여야 할 것이고, 이 경우 그 종교단체 소정의 징계절차를 전혀 밟지 아니하였다거나 징계사유가 전혀 존재하지 아니한다는 등 이를 무효라고 할 특별한 사정이 없으면 그 징계는 여전히 효력을 지속한다.”[86] ② “교회의 권징재판은 종교단체가 교리를 확립하고 단체 및 신앙상의 질서를 유지하기 위하여 목사 등 교역자나 교인에게 종교상의 방법에 따라 징계제재하는 종교단체의 내부적인 제재에 지나지 아니하므로 원칙적으로 사법심사의 대상이 되지 아니하고, 그 효력과 집행은 교회 내부의 자율에 맡겨져 있는 것이므로 그 권징재판으로 말미암은 목사, 장로의 자격에 관한 시비는 직접적으로 법원의 심판의 대상이 된다고 할 수 없고, 다만 그 효력의 유무와 관련하여 **구체적인 권리 또는 법률관계를 둘러싼 분쟁이 존재하고 또한 그 청구의 당부를 판단하기에 앞서 그 징계의 당부를 판단할 필요가 있는 경우**에는 그 판단의 내용이 종교 교리의 해석에 미치지 아니하는 한 법원으로서는 위 징계의 당부를 판단하여야 한다.”[87] ③ “종교활동은 헌법상 종교의 자유와 정교분리의 원칙에 의하여 국가의 간섭으로부터 그 자유가 보장되어 있다. 따라서 국가기관인 법원으로서도 종교단체 내부관계에 관한 사항에 대하여는 그것이 일반 국민으로서의 권리의무나 법률관계를 규율하는 것이 아닌 이상 원칙적으로 실체적인 심리·판단을 하지 아니함으로써 당해 종교단체의 자율권을 최대한 보장하여야 한다. 한편 종교단체가 그 교리를 확립하고 종교단체 및 신앙의 질서를 유지하기 위하여 교인으로서의 비위가 있는 사람을 종교적인 방법으로 제재하는 것은 종교단체 내부의 규제로서 헌법이 보장하는 종교의 자유의 영역에 속하는 것임에 비추어, **교인의 구체적인 권리 또는 법률관계에 관한**

86) 대법원 1992. 5. 22. 선고 91다41026 판결.
87) 대법원 2007. 6. 29. 자 2007마224 결정.

분쟁이 있어서 그에 관한 청구의 당부를 판단하는 전제로 종교단체의 교인에 대한 징계의 당부를 판단하는 것은 별론으로 하더라도, 법원이 그 '징계의 효력' 자체를 사법심사의 대상으로 삼아 효력 유무를 판단할 수는 없다고 할 것이다."[88] ④ "종교단체의 징계결의는 종교단체 내부의 규제로서 헌법이 보장하고 있는 종교자유의 영역에 속하는 것이므로 교인 개인의 특정한 권리의무에 관계되는 법률관계를 규율하는 것이 아니라면 원칙적으로 법원으로서는 그 효력의 유무를 판단할 수 없다고 할 것이지만, 그 효력의 유무와 관련하여 **구체적인 권리 또는 법률관계를 둘러싼 분쟁이 존재하고, 또한 그 청구의 당부를 판단하기에 앞서 위 징계의 당부를 판단할 필요가 있는 경우**에는 그 판단의 내용이 종교 교리의 해석에 미치지 아니하는 한 법원으로서는 위 징계의 당부를 판단하여야 한다."고 하면서 "면직·출교처분이 위법하다고 보기 어려운 이상, 결국 원심이 이에 대하여 판단하지 아니하였더라도 판결의 결과에 영향을 미쳤다고는 할 수 없다."[89]라고 하여 법률관계의 분쟁, 즉 **공탁금출급청구권확인에 있어서 대표자의 대표권 유무가 쟁점**이 되고 그 판단의 전제로서 권징재판의 효력이 문제되는 경우는 사법심사를 하여야 한다고 하고 있다. 다만 "종교단체가 헌법상 종교의 자유와 정교분리의 원칙에 기초하여 그 교리를 확립하고 신앙의 질서를 유지하는 자율권은 최대한 보장되어야 하므로, 종교단체의 의사결정이 종교상의 교의 또는 신앙의 해석에 깊이 관련되어 있다면, 그러한 의사결정이 종교단체 내에서 개인이 누리는 지위에 영향을 미치더라도 그 의사결정에 대한 사법적 관여는 억제되는 것이 바람직하다."[90]는 입장을 취하고 있다.

---

88) 대법원 2011. 10. 27. 선고 2009다32386 판결(교회가 제적결의를 통하여 종교단체로서 교리를 확립하고 신앙상의 질서를 유지하는 한편 해교행위를 하는 교인들을 구성원에서 배제하는 방법으로 조직의 안정과 화합을 도모하려고 하였던 것임이 인정되므로 위 제적결의 및 효력 등에 관한 사항은 교회 내부의 자율에 맡겨야 하고, 담임목사의 이단성에 대한 다툼이 제적결의의 원인 내지 이유의 하나로 작용하였으므로 위 제적결의는 교회 및 교회가 속한 교단의 종교상의 교의 또는 신앙의 해석에 깊이 관련되어 있으며, 나아가 제적결의의 효력 유무가 구체적 권리의무에 관한 청구의 전제문제로 다투어지는 사안이라고 보기 어렵고, 제적결의의 교회법적 정당성을 재단할 적법한 권한을 가진 상급 치리회가 존재하여 교단 내에서 자율적 문제 해결이 가능하며, 제적결의를 위한 당회 소집 및 결의 절차 등에 정의관념에 비추어 묵과하기 어려울 만큼 중대한 하자가 있다고 할 수 없는 점을 더하여 보면, 위 제적결의 및 효력 등에 관한 사항은 사법심사의 대상이 아니라고 함), 대법원 2010. 5. 27. 선고 2009다67665, 67672 판결(광성교회 명도사건) 등.

89) 대법원 2010. 5. 27. 선고 2009다67658 공탁금출급청구권확인(광성교회 사건).

90) 대법원 2011. 10. 27. 선고 2009다32386 판결; 대법원 2006. 2. 10. 선고 2003다63104 판결 등.

위와 같이 우리의 판례는 권징재판 자체의 유무효는 사법심사의 대상이 되지 않지만, 개인의 구체적인 권리 또는 법률관계를 둘러싼 분쟁이 존재하고 그 청구의 당부를 판단하기 위하여 징계의 당부를 판단할 필요가 있을 경우에만 사법심사의 대상이 된다고 보고 있다.

다) 대표자지위확인청구권의 개인의 구체적인 권리 또는 법률관계 해당성

그런데 소송의 대상이 대표자의 지위확인이고 이를 판단하는 전제로서 권징재판의 효력 유무가 문제되는 경우에도 전제성을 인정할 수 있는가.

불교단체에 관한 판례이긴 하지만 판례는 "종교단체의 징계결의는 종교단체 내부의 규제로서 헌법이 보장하고 있는 종교자유의 영역에 속하는 것이므로 교인 개인의 특정한 권리의무에 관계되는 법률관계를 규율하는 것이 아니라면 원칙적으로 법원으로서는 그 효력의 유무를 판단할 수 없다고 할 것이지만, 그 효력의 유무와 관련하여 구체적인 권리 또는 법률관계를 둘러싼 분쟁이 존재하고 또한 그 청구의 당부를 판단하기에 앞서 위 징계의 당부를 판단할 필요가 있는 경우에는 그 판단의 내용이 종교 교리의 해석에 미치지 아니하는 한 법원으로서는 위 징계의 당부를 판단하여야 한다."고 하면서 "일반적으로 사설 사찰이 아닌 종단에 등록을 마친 사찰은 독자적인 권리능력과 당사자능력을 가진 법인격 없는 사단이나 재단이라 할 것이고 그러한 사찰의 주지는 **종교상의 지위와 아울러 비법인사단 또는 단체인 당해 사찰의 대표자로서의 지위를 겸유하면서 사찰 재산의 관리처분권 등을 갖게 되는 것**이어서, 그 주지 지위의 확인이나 주지해임무효확인 등을 구하는 것이 구체적인 권리 또는 법률관계와는 무관한 단순한 종교상의 자격에 관한 시비에 불과하다고 볼 수는 없다."고 하여 주지해임처분에 대하여 무효확인을 구할 법률상 확인의 이익을 인정하고 있고,[91] "△△△△△△회관의 창건주 지위를 누가 승계한 것인지에 관한 분쟁의 해결을 위하여 위 **각 사찰 등에 대한 창건주의 지위 확인을 구하거나 그 지위에 관한 피고 재단의 이사회 결의의 효력을 다투는 것 또는 피고 재단의 사고사찰 지정에 관한 이사회 결의의 효력을 다투는 것**은 단순한 종교상의 자격에 관한 시비에 불과한 것이 아니라 구체

91) 대법원 2005. 6. 24. 선고 2005다10388 주지해임무효확인 판결.

적인 권리 또는 법률관계에 관한 분쟁이라고 하지 않을 수 없고, 그것이 종교상의 교리의 해석에 관한 것이어서 허용되지 아니하는 것이라고 볼 수도 없다 할 것이므로, 이 사건 소는 구체적 권리의무 관계에 대한 법률상 쟁송에 해당한다고 할 것이다[92)]"라거나 "원고가 위 제적처분과 멸빈처분이 피고 종단의 종헌과 종법에 위반될 뿐 아니라 징계사유도 잘못된 것이어서 무효라고 주장하면서 피고 종단에 대해 승려 지위의 확인을 구함과 아울러 원고가 극락사의 창건주 및 대표임원으로서 주지를 추천하거나 주지로 임명받을 수 있는 권리가 있음의 확인을 구하는 이 사건 소는, **사설사암인 극락사의 창건주로서 극락사의 대표자로서의 지위를 겸유하면서 재산관리권을 가진 주지가 될 수 있는 권리나 주지 추천권이라는 구체적 권리에 관한 것이거나, 그 권리의 존부와 원고의 피고 종단 승려로서의 선거권과 피선거권 등 구체적 권리의무에 관한 분쟁의 해결을 위하여 승려 지위의 확인을 구하는 것**으로서, 단순한 종교상의 자격에 관한 시비에 불과한 것이 아니라 구체적인 권리 또는 법률관계에 관한 분쟁이라고 보아야 하고, 그것이 종교상의 교리의 해석에 관한 것이어서 허용되지 아니하는 것이라고 볼 것은 아니다. 따라서 이 사건 소는 구체적 권리의무 관계에 대한 법률상 쟁송에 해당하여 사법심사의 대상이 된다."[93)]라고 하여 전제성을 인정하고 있다. 또한 "교회의 헌법 등에 다른 정함이 있는 등의 특별한 사정이 없는 한, **교회의 대표자(담임목사)는 예배 및 종교활동을 주재하는 종교상의 지위와 아울러 비법인사단의 대표자 지위를 겸유하면서 교회 재산의 관리 처분과 관련한 대표권을 가지므로, 재산의 관리 처분과 관련한 교회 대표자 지위에 관한 분쟁은 구체적인 권리 또는 법률관계를 둘러싼 분쟁에 해당하여 그 대표자 지위의 부존재확인을 구하는 것**은 소의 이익이 있다."고 판시하여[94)] 담임목사의 지위가 종교상의 지위와 비법인사단의 대표자로서의 지위를 겸유한다는 전제에서 후자의 지위는 구체적인 권리 또는 법률관계에 해당한다고 하여 그 지위의 존부확인을 구하는 소의 이익을 인정하고 있다.

---

92) 대법원 2008. 11. 27. 선고 2008다17274 창건주지위확인 판결.

93) 대법원 2011. 5. 26. 선고 2010다89012 징계무효확인 판결.

94) 대법원 2007. 11. 16. 선고 2006다41297 대표자지위부존재확인 판결(이 사건은 청산중인 교회의 대표자에 관한 것으로 청산인지위부존재확인을 구하는 취지가 포함되어 있는 것으로 보아 소의 이익을 인정한 사건이다).

위와 같이 권징재판(징계결의)의 무효확인을 바로 구하지 않고, 지주지위확인이나 창건주지위확인 또는 대표자지위확인 청구를 하면서 권징재판(징계결의)의 무효를 주장하는 것은 판례가 권징재판자체는 특단의 사정이 없는 한 사법심사의 대상이 되지 않고, 그것이 다른 법률관계를 판단하는 전제가 될 때만 가능하다고 하므로 이를 회피하기 위한 것으로 보이나 이는 지나치게 형식적이라고 할 것이다. 그리하여 최근에는 다음과 같이 권징재판이 사법심사의 대상이 되는 요건으로 전제성을 요구하지 않거나 그 전제성을 넓게 해석하는 판례가 등장하고 있다.

라) 예외적인 판례의 등장

상당히 오래전의 판례이고 교회에 관한 판례는 아니지만 서울고등법원은 "종교단체의 특수성에 비추어 종교단체의 자율성은 최대한 보장되어야 할 것임은 물론이나 헌법 제26조 제1항에서 헌법과 법률이 정한 법관에 의하여 법률에 의한 재판을 받을 권리를 모든 국민의 기본권으로서 보장하고 있음에 비추어 종교단체의 그 구성원에 대한 징계처분이 그 구성원 개인의 사법상의 권리를 침해하는 결과를 초래하며 그 징계처분에 관한 법원의 판단내용이 종교상의 교리나 구성원의 내적 신앙에 관한 것이 아닐 때에는 종교단체의 자율성도 국가법질서의 테두리에 의하여 제한을 받지 않을 수 없다 할 것이어서 그러한 징계처분의 효력은 사법심사의 대상이 된다고 보아야 할 것"이라고 판시하였고,[95] 또 대법원은 종단 승려 甲이 중대한 해종행위를 하였음을 이유로 甲을 제명한 乙 종단의 징계결의 무효확인을 구하는 사안에서, 乙 종단이 甲 명의 부동산 등에 대하여 명의신탁 해지 등을 이유로 처분금지가처분 및 본안소송을 제기하면서 징계결의를 명의신탁 해지 등의 원인으로 주장하는 등 징계결의는 부동산 등의 명의신탁관계에 기한 甲의 권리 또는 법률관계에 영향이 있다고 보이므로, 甲이 징계결의의 무효확인을 구하는 것이 구체적인 권리 또는 법률관계와는 무관한 단순한 종교상의 자격에 관한 시비에 불과하다고 볼 수 없고, 징계처분의 당부 판단이 종교상 교리의 해석에까지 미친다고 볼 만한 사정도 없으므로, 징계결의의 무효확인

95) 서울고등법원 1991. 4. 4. 선고 90나1122 입후보등록무효등 판결.

을 구하는 소는 구체적 권리의무관계에 관한 법률적 쟁송에 해당함에도, 징계결의가 사법심사의 대상이 되지 않는다고 하여 소를 각하한 원심판결을 파기하였다.[96] 이 판결들은 징계처분 자체가 개인의 사법상 권리를 침해하는 결과를 초래하므로 징계결의의 무효확인을 구하는 소는 구체적 권리의무관계에 관한 법률적 쟁송에 해당하여 사법심사의 대상이 된다고 하고 있다.

교회사건에서도 서울고등법원은, 권징재판의 효력을 다투는 이 사건 소가 사법심사의 대상이 될 수 없어 소의 이익이 없다는 피고의 본안전 항변에 관하여, ① 원고가 순수한 종교활동에 관한 직무를 수행하는 이외에 대외적으로도 피고 감리회 산하 서울연회 소속 동대문교회를 대표하는 지위에 있었던 점, ② 원고는 동대문교회를 대표하여 기독교대한감리회유지재단을 상대로 민사소송을 수행하고 있고, 원고가 동대문교회 담임목사라는 지위를 계속 보유하는지 여부는 위 민사소송에 직접 영향을 미치게 되는 점, ③ 이 사건 총회판결에 하자가 존재하는지 여부와 그러한 하자가 중대한 것인지의 문제는 순수하게 종교 교리의 해석에만 연관되어 있다고 보기는 어려운 반면, 본안 판단에 나아가더라도 피고 감리회 내부의 교리를 확립하고 신앙의 질서를 유지하는 데에 장애가 된다거나 종교단체의 조직과 운영에 관한 자율성을 침해한다고 보기 어려운 점, ④ 이 사건 총회판결은 원칙적으로 피고 감리회 내부에서의 최종적인 의사결정이고, 이 사건 교리와 장정에 의할 때 재심은 '재판에서 채택된 증거가 허위로 드러났거나 유리한 증거가 나타난 때'에만 청구할 수 있을 뿐 아니라, 판결 확정 후 3년이 지난 때에는 청구하지 못하는 점 등을 고려할 때, 이 사건 총회 판결의 효력 여부 및 이에 기초한 원고의 동대문교회 담임목사 지위 보유 여부는 충분히 사범심사의 대상이라 할 것이므로, 피고 감리회의 본안전 항변은 이유 없다라고 판시하였고,[97] 이 판결은 대법원에서 그대로 확정되었다.[98] 이 판결은 피권징자인 교회의 담임목사가 대외적으로 교회의 대표자의 지위에 있고, 그러한 지위에서 피고를 상대로 별도의 민사소송을 제기하고 있는 것을 개인의 구체적인 권리의무 및 법률관

96) 대법원 2011. 5. 13. 선고 2010다84956 징계제명결의무효확인 판결.
97) 서울고등법원 2015. 6. 24. 선고 2014나33255 총회재판위원회판결무효확인 등 판결(동대문감리교회 사건).
98) 대법원 2016. 12. 29. 선고 2015다45659 판결.

계로 보고 그 전제로 이 사건 권징재판의 유무효를 판단할 수 있다는 것이다. 종래의 판결에 의하면 총회재판위원회의 판결의 무효확인은 사법심사의 대상이 아니고 별도의 민사소송에서 그 권리의무 또는 법률관계의 판단의 전제가 될 때 판단할 수 있다는 것이었으나 위 판결은 명시적이지는 않지만 다른 소송 내지 대표자의 지위 자체를 개인의 권리의무 또는 법률관계로 파악한 것으로 보인다.[99)]

특히 권징재판무효확인청구권을 피보전권리로 하여 권징재판효력정지 가처분 신청을 하는 사례가 많이 등장하고 이 경우 종래의 판례가 말하는 전제성은 크게 문제되지 않고 권징재판의 결과 개인의 구체적인 권리의무를 침해하고 있다면 사법심사의 대상이 될 수 있다고 보고 있다. 예컨대, 총회재판위원회가 교단신학원의 이사장인 장로(신청인)를 당회나 지방회를 거치지 않고 총회 임원회의 결의로 직접 총회 재판위원회에 회부하여 헌장 권징법에 따라 파직한 재판에 대하여 총회(피신청인)는 그러한 관행이 있었다고 주장하였으나, 서울중앙지방법원은 위 판결에는 피신청인의 헌장이 정하고 있는 소송절차를 위반한 중대한 하자가 있다는 점이 소명되므로 이 사건 신청은 피보전권리 및 보전의 필요성이 인정된다고 하여 피신신청인이 신청인에 대하여 한 판결의 효력의 정지를 구하는 가처분 신청을 인용하였고,[100)] 피신청인이 이의하였으나 역시 원결정을 인용하고 이의신청을 기각하였다.[101)]

2) 판례의 요약 및 문제점

위와 같이 대법원 판례의 입장은 사법권의 관여를 긍정적으로 보느냐 부정적으로 보느냐는 관점의 차이가 있고, 이를 적용함에 있어서 반드시 명확한 기준을 제시하고 있다고 할 수 없다. 하지만 권징재판에 대한 사법부의 관여 여부에 관한 판시를 요약하면 권징재판은 헌법상 종교의 자유와 정교분리의 원칙에 기초

99) 이와 관련하여 동대문감리교회가 교단유지재단을 상대로 서울시 성곽복원사업의 일환으로 교회가 공용수용되면서 공탁된 수용보상금과 관련하여 명의신탁해지를 원인으로 하는 공탁금확인청구소송을 제기한 사안에서, 총회재판위원회가 민사소송 제기를 담임목사의 '사리사욕을 위한 교회의 매매'로 보고 출교를 명한 판결을 선고한 것은 현저히 정의관념에 반하는 중대한 하자로서 무효라고 한 판결(서울고등법원 2015. 10. 13. 선고 2015누1139 판결, 대법원 2016. 2. 25. 선고 2015두3829 판결)이 있는바, 위 주 91), 92)의 판결과 이 각 판결은 총회재판위원회의 판결을 무효라고 판단한 점에서는 동일하나, 전자는 주문에서 후자는 이유에서 판단하였다는 점이 다를 뿐이다.

100) 서울중앙지방법원 2013. 2. 5. 자 2012카합3226 결정.

101) 서울중앙지방법원 2013. 7. 5. 자 2013카합354 결정.

하여 그 교리를 확립하고 신앙의 질서를 유지하는 종교단체의 내부의 규제라는 점에서 그 재판의 효력에 대하여 사법심사의 대상으로 삼을 수 없고 다만 ① 개인의 구체적인 권리 또는 법률관계에 관한 분쟁이 있어서(쟁송성) ② 그에 관한 청구의 당부를 판단하는 전제가 되는 경우(전제성)에만 그 당부를 판단할 수 있고, 이 경우에도 ③ 그 의사결정이 종교상의 교의 또는 신앙의 해석에 깊이 관련되어 있다면 사법심사를 자제하는 것이 바람직하다는 것이다. 이와 같이 교회의 권징결의를 사법심사의 대상에서 제외하여 교회의 내부적 자율권을 인정하는 판례의 태도는 종교단체의 자율권은 세속적 영역을 초월하여 영적인 절대가치를 추구하기 위한 도구로서 작용하는 것이기 때문에 다른 단체의 그것보다 더욱 존중할 필요가 있다는 점[102]에서 바람직하다고 하겠다.[103]

그럼에도 불구하고, 이러한 이론을 구체적으로 적용함에 있어서는 판례가 명확한 기준을 제시하고 있다고 할 수 없다.

전통적으로는 확정된 권징재판 자체의 효력은 다툴 수 없고, 다만 개인의 권리 또는 법률관계의 분쟁이 있고 이를 판단하는 전제가 되는 경우에만 사법심사의 대상이 된다고 보아 왔으나 근래에는 권징재판 자체의 효력도 다툴 수 있다는 취지의 판례가 있음은 위에서 본바와 같다. 즉, 대법원에서 확정된 위 서울고등법원 2014나33255 판결과 같이 피권징자의 지위가 교회의 대표자의 지위를 가지고 있고, 그 지위의 존부가 다른 민사소송에 영향이 있다는 이유로 권징재판의 효력을 직접 다투는 소송을 제기할 수 있다는 것이다. 이러한 판례의 등장으로 말미암아 권징재판 자체의 효력을 다툴 수 있다는 것인지 없다는 것인지 명확하지 않다. 그리고 개인의 구체적인 권리의무 또는 법률관계가 무엇을 의미하는 것인지도 불분명하게 되었다. 구체적인 권리의무에 단순히 담임목사 또는 장로라는 지위 자체, 또는 담임목사의 교회의 대표자라는 지위가 포함되는 것인지 아니면, 이러한 것은 추상적인 권리 또는 법률관계로 보아 포함되지 않는 것인지

102) 송호영, "소속사원에 대한 단체의 징계권에 관한 연구", 「재산법연구」 제26권 제2호, 한국재산법학회(2009. 10.), 제25면.

103) 종교의 자유를 최대한 보장하기 위한 것으로서 이러한 판지는 단지 권징문제에 국한하지 아니하고 종교단체 구성원의 법적 지위 전반에 대하여 확대 적용될 필요가 있다고 하는 견해로는 양건, "국가와 종교에 관한 법적 고찰", 「국가권력과 기독교」, 민음사(1982), 53면.

가 명확하지 않게 되었다. 또한 '개인'의 구체적인 권리 또는 법률관계의 당부를 판단하는 전제가 되는 경우의 '개인'이 소송당사자만을 의미하는 것인지, 소송당사자가 아니라도 권징을 받은 당사자이면 되는 것인지, 아니면 소송당사자나 피권징자가 아닌 제3자도 포함되는지 불분명하다.

위 이례적인 판례에 의하면 담임목사의 단체의 대표자로서의 지위 자체가 구체적인 권리 또는 법률관계로 보고 있고, 이렇게 되면 담임목사에 대한 징계는 항상 사법심사의 대상이 된다는 결론이 되어, 구태여 전제성은 불필요한 요건이 되고 만다. 또한 담임목사의 단체의 대표자로서의 지위 자체가 개인의 구체적인 권리의무 또는 법률관계로 보아 대표자 지위 존재확인청구를 하면서 권징재판의 효력을 다투는 것은 가능한데 그렇지 않고 권징재판의 효력 자체를 다투는 것은 불가능하다는 것도 지극히 형식논리에 지나지 않는다. 심지어는 피권징자가 교회의 대표자인 담임목사이면 그 지위 자체 및 그 지위 영향력 때문에 권징결의무효확인 청구 자체도 사법심사의 대상이 된다고 하여 전제성 자체를 문제 삼지 않고 있다. 이러한 일관성 없는 판례의 태도는 교회분쟁을 더 부추기는 한 원인이 된다고 할 수 있다.

3) 소결

이와 같이 판례의 의미가 반드시 명확하다고 할 수 없지만 이를 다음과 정리할 수 있다고 본다. 원칙적으로 권징재판은 종교단체 내부의 재판이라는 점에서 확정된 권징재판은 물론 확정되지 않은 재판도 원칙적으로 종교자유의 원칙상 사법심사의 대상이 되지 않는다. 예외적으로 (1) 권징재판이 소송 당사자 개인의 구체적인 권리의무 및 법률관계(쟁송성)에 관한 분쟁이 있고, 그에 관한 청구의 당부를 판단하는 전제가 되는 경우(전제성)에, 그 권징사유가 종교상 교리의 해석에 관련되어 있지 않으면 사법심사의 대상이 되며, (2) 이 경우에도 ① 교회가 스스로 정한 규칙에서 정한 중대한 징계절차를 명백히 위반하여 이루어진 경우(헌법에 정한 적법한 재판기관에서 내려진 것이 아니라거나 그 종교단체 소정의 징계절차를 전혀 밟지 아니한 경우; 절차적으로 중대 명백한 하자)와 ② 징계사유가 전혀 존재하지 아니하거나 징계처분의 내용 또는 결과가 개인의 권리를 부당히 침해거나 사회질서에 비추어 용인할 수 없는 경우(실체적으로 중대한 하자)에만 사법심사의 대상이 된다고 할 것이다.

그러나, 피권징자가 직접 권징재판의 효력을 다툴때는 위 (2)의 요건이 갖추어지는 한 위 (1)의 요건은 불필요한 것이 아닌가 사료되는바, 이 부분에 대한 대법원 전원합의체의 판례가 필요하다.

(나) 권징재판 무효의 기준

1) 권징재판의 효력에 관한 대법원 판례의 입장

대법원은 전통적으로 권징재판의 당부에 관하여는 원칙적으로 사법심사의 대상이 되지 않지만, 구체적인 권리 또는 법률관계에 관한 분쟁이 있어서 그에 관한 청구의 당부를 판단하는 전제가 되고, 그 권징 사유가 종교 교리의 해석에 관한 것이 아니어서 사법심사의 대상이 된다고 하더라도 그 당부를 판단함에 있어서는 종교의 자유를 보장하는 측면에서 일정한 제한을 두고 있는 바, 그 처분이 교회헌법에 정한 적법한 재판기관에서 내려진 것이 아니라거나 그 종교단체 소정의 징계절차를 전혀 밟지 아니하거나 징계사유가 '전혀' 존재하지 아니하는 등 이를 무효라고 볼 특별한 사정이 없는 한 교회 헌법규정에 따라 다툴 수 없는, 이른바 확정된 권징재판을 무효라고 단정할 수는 없다는 것이다.[104]

또한 권징재판에 대한 판시는 아니지만, 대법원은 우리 헌법이 종교의 자유를 보장하고 종교와 국가기능을 엄격히 분리하고 있는 점에 비추어 종교단체의 조직과 운영은 그 자율성이 최대한 보장되어야 할 것이므로, 교회 안에서 개인이 누리는 지위에 영향을 미칠 각종 결의나 처분이 당연 무효라고 판단하려면, 그저 일반적인 종교단체 아닌 일반단체의 결의나 처분을 무효로 돌릴 정도의 절차상 하자가 있는 것으로는 부족하고, 그러한 하자가 매우 중대하여 이를 그대로 둘 경우 현저히 정의관념에 반하는 경우라야 한다[105]고 하고 있는바, 권징재판도 당연히 교회 안에서 개인이 누리는 지위에 영향을 미칠 결의나 처분에 해당하므로 당연히 이러한 법리가 적용된다.

---

104) 대법원 2010. 5. 27. 선고 2009다67665, 67672 판결; 대법원 1992. 5. 22. 선고 91다41026 판결; 대법원 1984. 7. 24. 선고 83다카2065 판결.
105) 대법원 2006. 2. 10. 선고 2003다63104 판결.

그리하여 법원은 권징재판에 대하여 사법심사의 대상이 된다고 하는 경우에도 그 하자가 중대하여 이를 그대로 둘 경우 현저히 정의관념에 반하는 경우가 아니라고 하여 권징재판의 효력을 존중하는 경우가 많았다. 그런데 위 서울고등법원 2014나33255 판결은 사법기관이 종교단체의 자율적 결정을 가급적 존중할 필요성을 감안하더라도 동대문교회가 유지재단을 상대로 교회재산이 명의신탁된 재산임을 전제로 소유권이전등기 소송을 제기한 범과를 교리와 장정 일반재판법 제7항 소정의 "교회를 매매하여 사리사욕을 취한 경우"에 해당하는 것으로 의율하여 원고에게 출교 처분을 한 총회판결은 그 실체상의 하자가 매우 중대하여 이를 그대로 둘 경우 현저히 정의관념에 반하는 것으로 무효라고 봄이 타당하다고 판시하였다. 다만 불고불리의 원칙, 죄형법정주의원칙 또는 이중처벌금지의 원칙위반으로 인한 하자가 있다거나 그러한 하자가 총회판결을 무효로 돌릴 정도로 현저히 정의관념에 반할 정도로 중대한 것이라고 보기는 어렵다고 판단하였다.

2) 판례의 요약 및 소결

위와 같은 대법원 판례를 종합하면 종교단체 내부에서 확정된 권징재판을 무효로 하기 위해서는 ① 그 처분이 교회헌법에 정한 적법한 재판기관에서 내려진 것이 아니라거나 ② 그 종교단체 소정의 징계절차를 '전혀' 밟지 아니하거나 ③ 징계사유가 '전혀' 존재하지 아니하여야 하며, ④ 이러한 권징재판을 그대로 둘 경우 현저히 정의관념에 반하는 경우 등 이를 무효라고 볼 특별한 사정이 존재하여야 한다. 즉, 권징재판을 무효로 하기 위해서는 위 ①, ②, ③항의 사유 중 어느 하나에 해당하고, 동시에 위 ④항에 해당하여야 한다.

즉, 사법부가 권징재판의 유무효에 대하여 사법심사를 행함에 있어서는 종교의 자유를 침해하지 않기 위하여 종교단체의 자율성 내지 특수성을 신중하게 고려하여야 할 것이다.[106] 따라서 위에서 본 바와 같이 사법심사를 할 경우{개인의

106) 윤진수, "사법상의 단체와 헌법", 「비교사법」 제15권 4호(통권 43호), 한국비교사법학회(2008. 12.), 55면, 56면, 오시영 교수는 "교회 헌법의 준수여부 및 절차에 따른 권징재판절차 또는 행정쟁송절차가 제대로 이루어졌는지에 대하여는 개입하는 것이 마땅하다고 본다"{오시영, "민사소송절차와 교회 내부 징계절차 및 행정쟁송절차의 비교검토", 「민사소송」 12권 1호, 한국민사소송법학회(2008)}, 498면.

구체적인 권리 또는 법률관계에 관한 분쟁이 있어서(쟁송성) 그에 관한 청구의 당부를 판단하는 전제가 되는 경우(전제성)}에 해당하더라도 교회의 자유권보장이라는 측면과 이해관계 있는 당사자 간의 법률상 이익과의 균형조화의 범위에서 교회가 스스로 정한 규칙에서의 중대한 징계절차를 명백히 위반하여 이루어진 경우(절차적으로 중대 명백한 하자), 징계처분의 내용이나 결과가 개인의 권리를 부당히 침해하거나 사회질서에 비추어 용인할 수 없는 경우(실체적으로 중대한 하자)가 아닌 한 권징재판을 무효로 할 수 없다고 보아야 할 것이다.

(다) 교단의 지교회의 당회장에 대한 권징재판

1) 교단과 지교회가 대립되어 지교회가 기존 교단에서 탈퇴하려고 하면 지교회의 담임목사 또는 이를 주도한 교역자, 장로 등을 징계하는 경우가 많다. 이와 같이 지교회의 담임목사나 일부 교인이 적법한 절차 없이 교단을 탈퇴하려고 하는 경우 그들에 대하여 권징재판을 하고 이를 존중하는 것은 교단질서의 확립을 위하여 필요함은 물론이다. 그러나 목사의 개인적인 비리가 없는데 다만 목사가 교단의 정책이나 방침에 반대하여 교단을 탈퇴하려 하고, 지교회의 대부분의 교인들도 이에 동조하는 경우에도 교단을 탈퇴하려는 목사나 장로를 권징하는 것은 부당한 경우가 많을 것이다.

위와 같은 경우에는 면직처분의 내용이나 결과가 개인의 권리를 부당히 침해하거나 사회질서에 비추어 용인할 수 없는 경우(실체적으로 중대한 하자)에 해당한다고 보아 무효라고 봄이 상당하다. 일반적으로 모든 개교회는 종교의 자유의 원칙상 자신이 소속할 교단을 선택할 수 있고, 소속되어 있는 교단을 탈퇴・변경할 권리도 가지고 있으며, 설사 소속교단의 헌법에 교단의 탈퇴・변경을 금지하고 있거나 교단 탈퇴에 관한 규정이 없다고 하더라도 아무런 지장을 받지 않는다.[107] 지교회의 의사와 교단이 대립되는 경우 교회의 교단선택권 및 교인들의 담임목사 청빙권과의 관계에서 무조건 교단의 권징재판을 우선시할 수는 없을

107) 양인평 외 2, 「가이사의 법과 한국교회」, 도서출판 새물결플러스(2009), 39-40면; 황교안, 「종교활동과 분쟁의 법률지식」, 정림출판(1999), 136면; 이영진, 앞의 논문, 251면; 대법원 1967. 12. 18. 선고 67다2202 판결; 대법원 1991. 5. 28. 선고 90다8558 판결; 대법원 1993. 1. 19. 선고 91다1226 전원합의체 판결.

것이며, 적어도 그 면직의 효력은 교단변경을 원하는 교회에 대하여는 미치지 않는다고 해석하여야 한다. 따라서 그 목사에 의하여 소집된 교회의 교단변경결의는 적법하다고 봄이 상당하다. 특히, 2006년 전원합의체 판결이 나오기 전은 물론 그 후에도 법률전문가가 아닌 일반인이 위 판결의 존재를 알지 못하고 의결권있는 교인 2/3 이상의 동의 없이 또 권징을 받은 담임목사가 의장이 되어 교단을 변경한 경우가 많은데[108] 이를 모두 무효로 한다면 이로 인한 폐해가 큰은 물론이다. 이러한 경우 권징의 효력은 지교회의 교단선택권 및 담임목사 청빙권 등 종교의 자유의 원칙상 피징계자 및 지교회에게 미치지 아니하고, 그 효력의 유무는 사법심사의 대상이 될 뿐만 아니라 무효로 보아야 한다.

일본 종교법인법은, 종교법인이 포괄종교단체와의 포괄관계 폐지를 꾀하였다는 이유로 포괄종교단체는 위 포괄관계 통지 전 또는 통지 후 2년간은 해당 종교법인의 대표역원, 책임역원 등의 지위에 있는 자를 해임하고, 그들의 권한에 제한을 가하는 등 불이익 취급을 하여서는 안되며, 이를 위반해서 한 행위는 무효로 한다고 규정하고 있는바,[109] 이러한 규정의 취지에 비추어 보더라도 지교회의 담임목사가 지교회의 탈퇴를 꾀한다는 이유만으로 교단은 지교회의 담임목사에 대하여 징계를 할 수 없고, 설사 그러한 징계를 하더라도 이는 무효라고 봄이 상당하다고 할 것이다.

2) 이와 관련하여 담임목사의 징계의 효력을 직접 다루지는 않았지만 다음과 같은 판결은 시사하는 바가 크다. 대구지방법원[110]은 교단탈퇴를 위한 공동의회

---

108) 실제로 많은 경우 일반 교인들은 자신이 다니는 교회의 교단에 대하여는 별 관심이 없고, 또 교단변경에 판례가 요구하는 절차를 거치는 경우는 드물다.

109) 일본종교법인 제78조(피포괄관계의 폐지에 관한 불이익처분의 금지법) ① 종교단체는 그 포괄하는 종교법인과 해당 종교단체와의 피포괄관계의 폐지를 방지하는 것을 목적으로 하여 또는 이것을 꾀한 것을 이유로 하여 제26조 제3항(36조에 있어서 준용하는 경우를 포함한다)의 규정에 따른 통지 전에 또는 그 통지 후 2년간에 있어서는 해당 종교법인이 대표역원, 책임역원 그 밖의 역원 또는 규칙에 정한 그 밖의 기관의 지위에 있는 자를 해임하고, 이같은 자들의 권한에 제한을 가하고, 그 밖의 자들에 대해서 불이익의 취급을 해서는 안된다. ② 전항의 규정에 위반해서 한 행위는 무효로 한다.

제26조 제3항 종교법인은 피포괄관계의 설정 또는 폐지에 관한 규칙의 변경을 하고자 할 때는, 해당 관계를 설정하고자 하는 경우에는 제27조의 규정에 의한 인증신청 전에 해당관계를 설정하고자 하는 종교단체의 승인을 받고, 해당관계를 폐지하고자 하는 경우에는 전항의 규정에 따른 공고와 동시에 해당 관계를 폐지하고자 하는 종교단체에게 그 요지를 통지하지 않으면 안된다.

110) 대구지방법원 2007. 5. 22. 자 2006카합640 결정.

의 결의를 서면합의로 갈음할 수도 있다고 하고, 서울고등법원[111]은 비록 교단변경 당시 엄격한 요건을 갖추지 못하였더라도 그 후 다시 적법한 절차에 따라 광성교회의 교인총회가 소집될 경우 의결권을 가진 교인 2/3 이상이 교단변경결의에 찬성할 개연성이 높다는 이유로 직무집행정지 신청을 기각하는 결정을 함으로써 소집권자의 문제를 해결하였다. 또 서울남부지방법원[112]은, 지교회의 담임목사인 피신청인이 무단으로 교단을 이탈하였다는 이유로 교단으로부터 제명출교당하는 징계처분을 당하였으나 이에 대하여 이의를 제기하지 않고 그대로 교단을 이탈하여 담임목사로서의 직무를 집행하자, 교단으로부터 담임목사와 행정장로로 임명된 신청인들이 피신청인을 상대로 교단산하 유지재단 명의로 소유권이전등기가 경료된 교회건물에의 출입금지, 목회활동 및 당회권, 치리권, 성례권 등의 행사금지와 신청인들의 예배방해행위 금지를 신청한 사안에서, 전자에 대하여는 위 교회건물은 지교회가 신탁한 부동산이라는 전제에서 이는 권리능력 없는 사단의 총유물의 관리 보존행위로서 권리능력 없는 사단의 명의로 하거나 구성원 전원이 필수적 공동소송으로 하여야 한다고 판시하여 당사자적격을 부정하였고, 후자에 대하여는 "구로순복음교회의 교인들 중 2/3가 넘는 교인들이 현재까지 피신청인을 담임목사로 재차 확인하고 있을 뿐만 아니라 통합된 교단(변경한 교단)에 소속할 의사를 밝히고 있고, 재단법인 기독교대한하나님의성회에 대하여 명의신탁해지를 원인으로 한 소유권환원요청을 하는 등 기하성(통합) 교단(종전 교단)으로부터의 탈퇴 움직임을 보이고 있는 점, 교인들의 신앙의 자유와 교회 내부의 자율성은 특별한 사정이 없는 한 이를 존중해야 하는 점 등을 고려하여" 신청인들의 피보전권리를 부정함으로써, 엄격한 교단변경절차를 거치지 아니하였더라도 교단변경을 인정하고 징계의 효력을 배제시켜 교회의 자치권을 존중하였다.

또한 대법원[113]은 "위 교회를 독립된 비법인사단으로서의 당사자능력을 갖춘 단체로 인정하는 이상(원고와 같은 지교회를 당사자 능력이 있는 비법인사단으로 보는

---

111) 서울고등법원 2007. 8. 10. 자 2005라226 결정.

112) 서울남부지방법원 2009. 6. 29. 자 2009카합491 결정. 이 결정은 서울고등법원 2009. 11. 19. 자 2009라1388 결정으로 항고기각 되었으며, 대법원에 상고되었으나 2010. 4. 6. 자 2009마2069 결정으로 심리불속행기각되었다.

113) 대법원 1967. 12. 18. 선고 67다2202 판결.

것이 당원 판례의 견해이다) 설사 그 교회와 전기 소속노회와의 관계에 있어서는 교회의 당회장 취임에는 노회의 승인을 요하는 것이어서(위 노회에 그와 같은 규약이 있고 원고 교회가 종전에 그 규약에 따라 위 노회의 승인하에 당회장을 선임하여 왔던 사실을 원판결이 인정하였다) 교회에서 선임한 당회장도 그 승인이 없는 한 노회에 대하여는 당회장으로서의 권리의무를 주장할 수는 없을 것이었다 할지라도 비법인사단의 성질상 위 교회가 소속교인들의 총의에 따라 그를 대표할 당회장으로 선임한 소외 2에게는 위 노회 이외의 제3자에 대한 관계에 있어서는 그 교회를 대표할 자격이 있는 것이라고 하지 않을 수 없다."라고 판시하고, 나아가 "원고 교회가 독립성있는 비법인사단인 이상 그가 소속하는 전기 노회와의 내부적 관계에 있어서는 그 노회의 규약에 따라 교회의 운영 기타의 종교활동을 하여야 할 것이라 할지라도 그 노회 이외의 대외적 관계에 있어서는 소속교인들의 총의에 의하여 자율적으로 그의 대표자 기타의 임원을 선임하고 그들을 통한 종교적인 행사를 하며 교인들의 총유에 속하는 교회당을 처리할 수 있을 것은 물론 종교자유의 원칙에 따라 소속교인의 총의에 의하여 그가 소속할 노회도 선택할 수 있는 것이라고 할 것이다."라고 판시하여 노회의 승인이 없지만 교인들의 총의에 의하여 선임된 당회장 목사는 노회와의 관계에서는 대표권이 없지만 노회 이외의 제3자와의 관계에서는 대표권이 있음을 밝히고 있는 점에 비추어, 비록 기존 교단에서 면직되었더라도 교회 교인들의 의사가 담임목사로서 인정하는 한 교회의 대표권이 있다고 보아야 할 것이다.

(2) 교단과 교회의 대표자, 장로 등의 신분상지위(임면)에 관한 사항

(가) 서론

권징재판 외에도 오늘날 자주 문제가 되는 것은 담임목사의 위임 및 해임절차(여기서 해임절차는 권징재판에 의한 경우가 아닌 치리회나 공동의회의 결의에 의한 경우이다)의 적부 등과 관련한 담임목사의 대표권 및 교단의 총회장 등 임원선출의 적법성을 둘러싼 총회장 등 임원의 대표권에 대한 분쟁과 장로 등 신분상의 지위에 관한 분쟁이다. 이러한 분쟁의 해결절차에 있어서 총회 내에서 재판절차를 거쳐서 그 재판의 무효확인을 사법부에 청구하는 경우와 그러한 절차를 거치지 아니하고 바로 사법부에 그 선임절차 내지 해임절차의 위법을 전제로 그 무효확인을 청구하거나 지위의 부존재확인을 청구하는 경우가 있다. 전자의 경우 교단헌법 등에 내부에서 구제하는 재판절차가 정해진 경우에는 그러한 절차를 거치는 것이 통상이겠지만, 그러한 재판절차가 없거나 있더라도 교단 내부의 절차를 믿기 어렵거나 시간이 많이 걸린다는 이유 등으로 막바로 사법부에 구제절차를 신청하는 경우가 많다. 특히 시급한 구제가 필요하다는 이유로 보전처분을 구하는 경우가 많다.

전자의 경우에는 교단에게 자율권을 주어 교단 내부의 재판을 가급적 존중하여 사법부가 개입을 자제하는 것이 바람직하겠고, 후자의 경우에도 교단 내부에 구제절차가 있는 경우에는 그러한 절차를 거치도록 하고 없는 경우에는 사법부가 판단할 수 있도록 하되 이 경우에도 가급적 내부의 결의를 존중하는 방법으로 해결하는 것이 바람직할 것이다.

(나) 사법심사의 범위와 기준

1) 원칙

판례는 앞에서 본 바와 같이 권징재판은 원칙적으로 사법심사의 대상이 되지 않고 예외적으로 개인의 국민으로서의 구체적인 권리 또는 법률관계의 전제가 되는 경우만 허용이 되고, 권징재판이 아니더라도 종교활동은 헌법상 종교의 자유와 정교분리의 원칙에 의하여 국가의 간섭으로부터 그 자유가 보장되어 있으므로, 국가기관인 법원은 종교단체 내부관계에 관한 사항에 대하여는 그것이 일반 국민으로서의 권리의무나 법률관계를 규율하는 것이 아닌 이상 원칙적으로 그 실체적인 심리판단을 하지 아니함으로써 당해 종교단체의 자율권을 최대한 보장하여야 한다(대법원 2011. 10. 27. 선고 2009다32386 판결; 대법원 2014. 12. 11. 선고 2013다78990 판결 등 참조). 따라서 일반 국민으로서의 특정한 권리의무나 법률관계와 관련된 분쟁에 관한 것이 아닌 이상 종교단체의 내부관계에 관한 사항은 원칙적으로 법원에 의한 사법심사의 대상이 되지 않는다. 그러나, 종교단체 내에서 개인이 누리는 지위에 영향을 미치는 단체법상의 행위라고 하더라도 권징재판이 아닌 한 그 하자가 매우 중대하여 이를 그대로 둘 경우 현저히 정의관념에 반하는 경우에는 사법심사의 대상이 되어 무효라고 하고 있다.

이와 관련하여 대법원[114]은 "이 사건은 기본적으로 원고들이 피고 교회에서 누리는 지위, 즉 시무장로직을 둘러싼 분쟁인데, 시무장로가 교회의 항존직원이자 지교회의 치리회인 당회의 구성원인 이상, 그러한 지위를 그 교회의 신앙적 정체성과 무관한 것으로 보기 어려우므로, 그에 관한 분쟁 또한 종교의 교리나 신앙과 무관한 것이라고 볼 수는 없으나, 다른 한편, 교회 내부의 지위를 둘러싼 분쟁이 사법권의 한계 밖에 있다고 보거나 소의 이익을 결여하고 있다고 본다면 교회법상 지위의 존부나 그에 관하여 교회 내부에서 이루어진 각종 의결 및 처분의 효력 유무가 구체적 권리의무에 관한 청구의 전제문제로 다투어지는 사안에서조차도 소를 각하할 수밖에 없게 되는데, 이 경우 구체적 권리의무에 관한 분쟁이 해결되지 않은 채로 남게 되고, 그 결과 국민의 재판청구권이 침해될 위험이 큰 점, 현실적으로 종교단체 내에서의 지위를 둘러싼 분쟁의 경우 그와 관련하여 효력이 다투어지는 각종 처분이나 회의체의 소집 및 결의 절차 등에는 정의관념에 비추어 도저히 묵과하기 어려울 만큼 매우 중대한 하자가 있는 수가 적지 아니할 터인데, 그저 종교단체 내부의 지위를 둘러싼 분쟁이라는 이유만으로 본안에 관한 심리조차 거부하는 것이 반드시 타당하다고는 보기 어려운 점, 앞서 본 바와 같이 종교단체 내에서의 지위가 그 종교단체의 정체성과 깊은 관련을 맺고 있는 것은 사실이나 그 지위에 영향을 미치는 처분이나 결의의 이유 자체가 언제나 신앙이나 교리와 직접 연관되어 있는 것은 아닌 점(이 점이 바로 2001. 12. 30. 자 공동의회 결의를 통상의 권징재판과 구별하는 대목이니, 양자는 그 대상이 된 사람의 교회 내에서의 지위에 영향을 준다는 점에서는 차이가 없으나, 통상의 권징재판이 그러한 처분의 '원인' 내지 '이유'를 신앙 · 교리에서 찾고 있다면 공동의회에서 이루어진, 시무장로에 대한 신임투표는 반대로 그 '효과' 면에서 피고 교회의 신앙적 정체성에 영향을 미치는 것이다), 특히 교회 내부의 분쟁에 관한 사법적 관여의 자제는 종교단체의 자율적 운영의 보장이라는 헌법적 고려를 바탕에 깔고 있는데, 이 사건의 경우처럼 교회 내부의 반목이 극심한데다가 교단 분열로 인하여 소속 교단부터가 불분명한 경우, 처분이나 결의의 교회법적 정당성을 재단할 적법한

114) 대법원 2006. 2. 10. 선고 2003다63104 판결.

권한을 가진 노회 기타 상급 치리회를 확정할 수 없어 교회 내에서의 자율적 문제 해결이 사실상 불가능한 점 등에 비추어 보면, 교인으로서 비위가 있는 자에게 종교적인 방법으로 징계 · 제재하는 종교단체 내부의 규제(권징재판)가 아닌 한 종교단체 내에서 개인이 누리는 지위에 영향을 미치는 단체법상의 행위라 하여 반드시 사법심사의 대상에서 제외하거나 소의 이익을 부정할 것은 아니다. 따라서 이와 같은 취지에서 피고의 본안전 항변을 물리친 원심의 조치는 옳다."고 하면서도 "그러나 다른 한편, 우리 헌법이 종교의 자유를 보장하고 종교와 국가 기능을 엄격히 분리하고 있는 점에 비추어 종교단체의 조직과 운영은 그 자율성이 최대한 보장되어야 할 것이므로, 교회 안에서 개인이 누리는 지위에 영향을 미칠 각종 결의나 처분이 당연 무효라고 판단하려면, 그저 일반적인 종교단체 아닌 일반단체의 결의나 처분을 무효로 돌릴 정도의 절차상 하자가 있는 것으로는 부족하고, 그러한 하자가 매우 중대하여 이를 그대로 둘 경우 현저히 정의관념에 반하는 경우라야 할 것이다."라고 전제한 후 교회의 목사와 장로에 대한 신임투표를 위한 공동의회의 소집절차에 당회의 사전 결의를 거치지 아니한 하자가 있으나 그 하자가 정의관념에 비추어 도저히 수긍할 수 없을 정도의 중대한 하자가 아니라는 이유로 공동의회에서의 담임목사 및 시무장로에 대한 불신임결의가 당연 무효라고 볼 수 없다고 하고 있다. 또한 공동의회를 소집할 당시 이미 당회장으로서 임기가 지난 상태였으나 피고 교회의 경우 소속 교단의 분열로 임시 당회장을 파송할 노회를 특정조차 할 수 없었음은 물론 당회원들 간의 분열과 반목으로 대리 당회장을 선정하는 것도 사실상 불가능한 형편이었던 점 등에 비추어 보면 민법 제691조에 따라 당회장의 직무를 계속 수행하는 은퇴목사의 경우에도 후임 목사의 청빙은 그 직무의 범위에 속한다 하였다.

2) 담임목사 청빙 및 위임결의의 하자

개교회의 청빙결의와 노회의 승인(위임)결의가 있었으나 담임목사의 자격 등에 하자가 있다는 이유로 후에 노회위임결의의 무효확인 소송이나 청빙결의무효확인 소송을 제기하는 경우가 있는바, 이 경우 사법심사의 대상이 되는가, 그 위임 및 청빙결의가 무효가 되는 기준이 무엇인가가 문제이다.

이와 관련하여 서울중앙법원[115]은 노회의 위임결의가 무효라는 이유로 노회를 상대로 위임결의 무효확인을, 위임목사에 대하여는 직무집행금지를 구한 사건에서 "교회의 헌법 등에 다른 정함이 있는 등의 특별한 사정이 없는 한, 교회의 대표자는 예배 및 종교활동을 주재하는 종교상의 지위와 아울러 비법인사단의 대표자 지위를 겸유하면서 교회 재산의 관리처분과 관련한 대표권을 가진다고 할 것이므로 재산의 처분권과 관련한 교회 대표자 지위에 관한 분쟁은 구체적인 권리 또는 법률관계를 둘러싼 분쟁에 해당하여 그 대표자의 지위의 부존재를 구하는 것은 소의 이익이 있다고 할 것이다. 특히 교회의 대표자로 되어 있는 목사가 교회의 적법한 대표자임을 전제로 하여 여러 법률관계가 형성되어 있고, 또 새로이 법률관계가 형성될 가능성이 있다면 그 법률관계에 대하여 개별적으로 해결함에 앞서 분쟁의 근원이 되는 위 목사가 교회의 대표자 지위에 있는지 여부 자체의 확인을 구하는 편이 직접적이고도 획일적인 해결을 기대할 수 있으며, 비법인사단인 교회의 구성원인 교인은 그와 같은 소송에서 원고 적격이 있다고 할 것이다."라고 하여 사법심사의 대상으로 하였다. 다만 "우리 헌법이 종교의 자유를 보장하고 종교와 국가기능을 엄격히 분리하고 있는 점에 비추어 종교단체의 조직과 운영은 그 자율성이 최대한 보장되어야 할 것이므로, 교회 안에서 개인이 누리는 지위에 영향을 미칠 각종 결의나 처분이 당연 무효라고 판단하려면, 그저 일반적인 종교단체 아닌 일반단체의 결의나 처분을 무효로 돌릴 정도의 절차상 하자가 있는 것으로는 부족하고, 그러한 하자가 매우 중대하여 이를 그대로 둘 경우 현저히 정의관념에 반하는 경우라야 한다(대법원 2006. 2. 10. 선고 2003다63104 판결). 특히 종교단체의 성직자 임명은 예배 및 종교활동을 주재하고 신도들을 이끌어 갈 종교적 지도자의 자격을 갖춘 사람을 그 내부의 종교적 기준에 따라 선택하는 행위로서, 그 성질상 종교단체 내부의 자율권에 관한 사항에 해당하고 종교적 신념이나 정체성과도 밀접하게 관련되어 있으므로, 종교단체는 성직자 임명에 관하여 폭넓은 재량권을 가진다. 이러한 재량권에는 그 성직자의 임명자격에 관한 내부 기준을 설정하는 것은 물론이고 그 설정된 자격기준의 해석

115) 서울중앙지방법원 2016. 2. 4. 선고 2015가합15042 위임결의무효확인 등(사랑의 교회 사건).

및 충족 여부를 판단하는 권한이 포함되며, 이러한 종교단체의 자율권에 기초한 재량권의 행사는 국가 사법기관인 법원으로서도 존중하여야 한다. 따라서 법원이 종교단체의 대표자지위의 존부를 심사한다는 명목으로 성직자 임명행위의 옳고 그름을 처음부터 전면적으로 재심사한 후 그 임명자격 기준에 관한 해석 및 충족여부에 관한 판단이 법원의 일의적인 판단과 다르다는 사정만으로 그 임명행위의 효력을 부정하는 것은 타당하다고 볼 수 없고, 법원의 사법심사 결과 그 재량권의 행사가 현저히 합리성을 결여하거나 자의적이어서 그 재량권의 행사를 그대로 용인·방치할 경우 현저히 정의관념에 반하는 부당한 결과를 초래하는 등의 특별한 사정이 인정되는 경우에 한하여 그 성직자의 임명행위의 효력을 부정할 수 있다고 봄이 상당하다."고 판시하여 일응의 기준을 제시하면서, 위임목사가 교단헌법 제15장 제13조 후단의 '본 장로회 신학교에서 2년 이상 수업할 것'이라는 요건을 갖추지 못하여 노회의 위임목사결의는 위법하다는 주장에 대하여, 피고 노회가 해당 위임목사가 교단헙법 정치편 제15장 제13조 후단에 규정된 요건을 갖추었다고 판단하여 위임목사로 위임한 것은(약간의 이견이 있을 수 있지만) 상당한 합리성이 있고, 이를 가리켜 그 재량권의 행사가 현저히 합리성을 결여하거나 자의적이어서 그 재량권의 행사를 그대로 용인 방치할 경우 현저히 정의관념에 반하는 부당한 결과를 초래하는 경우에 해당한다고 볼 수 없다고 판단하여 원고의 주장을 배척하였다. 위 판결은 항소되었으나 항소심인 서울고등법원[116]도 원심판결의 이유를 원용함과 동시에 추가적으로 "교단헌법에 따라 목사안수를 받을 자격이 있는지 여부를 심사하는 것은 노회의 자율권에 해당하는 사항"이라고 판시하고, 나아가 총신대학교총장의 합격무효처분에도 불구하고 "교단의 신념이나 정체성에 따라 성경의 말씀을 전하면서 종교활동을 주재하고 신도를 이끌어가는 가장 중요한 역할을 수행하는 사람이 바로 목사이고, 그 목사의 임명여부, 그와 관련된 교단 헌법 해석은 종교단체인 교단 내부의 자율권에 관한 사항이자 대한민국 헌법 제20조 제1항에서 보장하는 종교의 자유의 핵심적인 영역에 해당한다."는 등의 이유로 원고의 항소를 기각하여 노회의 위임결의가 적법

116) 서울고등법원 2017. 5. 11. 선고 2016나2013077 판결.

함을 인정하였다.

그러나, 위 판결의 상고심인 대법원[117]은 "이 사건 ○○대학원을 졸업하거나 이 사건 교단에서 목사안수를 받지 아니한 피고 B이 이 사건 교단의 목사가 되기 위해서는, 이 사건 교단 소속 노회로부터 목사후보생 추천서를 받아 목사후보생으로서 이 사건 ○○대학원에 일반편입하여 졸업한 후 강도사 고시 합격, 1년 이상 교역 종사, 목사 고시 합격을 거쳐 목사 안수를 받는 방법 또는 이미 미국 F 교단 G노회에서 목사안수를 받은 목사로서 그 목사안수증을 제출하고 이 사건 ○○대학원의 편목과정에 편입하여 졸업한 후 강도사 고시에 합격하는 방법 중 한 가지를 선택할 수 있다. 이 사건 ○○대학원의 어느 과정을 졸업하느냐에 따라 졸업 후 목사가 되기 위해 거쳐야 하는 절차가 다르므로, 피고 B이 이 사건 교단의 목사 자격이 있는지 여부를 판단하기 위해서는 먼저 일반편입을 한 것인지 편목편입을 한 것인지를 분명하게 밝히고, 해당 편입과정을 전제로 그 입학허가, 과정 이수, 졸업 등 절차의 하자 여부와 후속 과정을 제대로 거쳤는지를 살펴야 한다."라고 판시한 후, 피고 B는 미국 F 교단의 목사 자격으로 편목과정에 편입한 것이 아니라 이 사건 교단의 목사후보생 자격으로 일반편입을 한 것으로 보는 것이 합리적이므로 비록 위 연구과정을 졸업한 후 강도사 고시에 합격하고 강도사 인허를 받았다고 하더라도 아직 이 사건 교단 소속 노회의 목사 고시에 합격하여 목사안수를 받지 아니하였으므로 위 교단 헌법 제15장 제1조에서 정한 목사 요건을 갖추었다고 볼 수 없다고 판시하여 원심을 파기하고, 사건을 서울고등법원에 환송하였다.[118] 그러나 위 대법원 판결은 피고 B가 F신학대학원에 편목편입하였다는 원심의 사실인정을 뒤집어 일반편입하였다고 사실인정을 함으로써 법률심인 대법원이 사실인정에 관여한 점, 당사자들이 원심까지 피고 B의 편목편입 사실에 대하여 적극적으로 다투지 않았다는 점에서 변론주의에 반한 판시라고 할 것이다. 특히 목사의 자격은 국가가 법률에 의하여 정하는 것이 아니라 교단이 자율적으로 정하고, 담임목사를 위임하는 권한이 있는 노회가 해당 목사

117) 대법원 2018. 4. 12. 선고 2017다232013 판결.

118) 그후 서울고등법원은 위 대법원판결의 취지에 따라 이 사건 결의를 무효로 보고 피고의 B의 위임목사로서의 직무집행을 금지하였다(서울고등법원 2018. 12. 5. 선고 2018나2019253 판결).

의 자격 등을 심사한 후 위임한 것이며, 이러한 성직자의 임명에 관하여 종교단체에 상당한 재량권이 있다고 할 것이다. 그런데 위 대법원 판결은 이러한 종교단체의 자율권을 침해하였다는 점에서도 타당하지 않다. 대법원은 피고 B가 편목과정에 편입한 것이 아니라 이 사건 교단의 목사후보생 자격으로 일반편입을 한 것으로 보는 것이 합리적이라고 하고 있으나, 일반편입 요건이 편목편입 요건보다 쉬운 것이 아니므로 이미 목사안수를 받은 피고 B가 다시 목사안수를 받아야 하는 일반편입을 할 필요성이 없다는 점에서 위 대법원의 판시는 합리적이지 않다고 할 것이다. 당시 피고 노회는 피고 B가 편목편입한 것이라고 보고 이 사건 교단의 목사자격을 취득한 것으로 판단하여 담임목사로 위임하는 이 사건 결의를 한 것인바, 편목편입하는 과정에서 목사안수증을 제출하지 아니하는 등 필요한 서류의 제출이 일부 누락되었다는 사실만으로 그 하자가 매우 중대하여 현저히 정의관념에 반하여 이 사건 결의를 무효로 할 정도라고는 할 수 없다고 할 것이다.

또한 인천지방법원 부천지원[119]은, 채무자가 목사안수 자격 연령 30세에 약 4개월이 부족하고, 강도사 인허 후 1년이 되지 아니하며, 청빙시 공동의회 출석교인의 2/3 이상의 동의는 얻었지만 교인과반수의 서명날인이 없고, 당해 교회에서 시무하던 강도사였으므로 담임목사로 위임할 수 없음에도 불구하고 자격 없는 서기가 참여한 상태에서 채무자에 대하여 목사안수, 청빙 및 위임목사직을 허락한 노회의 결의(이하 '이 사건 결의'라고 한다)가 무효라는 채권자의 주장에 대하여, 교회의 대표자는 예배 및 종교활동을 주재하는 종교상의 지위와 아울러 비법인사단의 대표자 지위를 겸유하면서 교회 재산의 관리처분권과 관련한 대표권을 갖는다 할 것이므로. 재산의 처분권과 관련한 교회 대표자의 지위에 관한 분쟁은 구체적인 권리 또는 법률관계를 둘러싼 분쟁에 해당하여 그 대표자의 지위의 부존재 확인을 구하는 것은 소의 이익이 있다고 하면서도, 채무자가 비록 목사 안수를 받을 당시 목사 자격 요건을 갖추지 못한 하자가 있기는 하나, ① ○○교회가 원로목사의 유고에 대비하여 위와 같은 사정을 알면서도 채무자에 대한 목

119) 인천지방법원 부천지원 2017. 3. 24. 자 2016카합308 직무집행정지가처분.

사 고시와 위임목사를 청원하였던 것으로 보이고, 청빙시 과반수 이상의 무흠 입교인의 날인이 누락되었다고 하더라도 청빙 결의 후 ○○교회에서 채무자에 대한 위임예배까지 마친 점에 비추어 이를 추인한 것으로 보이는 점, ② 교단 헌법에는 당해 교회에서 시무하던 강도사가 당해 교회의 위임목사로 청빙될 수 없다는 명문의 규정이 없는 점, ③ 중부노회는 당시 혜린교회의 특수한 상황을 고려하여 채무자에게 조기 목사 안수를 허락한 것으로 보이고, 교단 헌법에 목사의 유고시 대행 또는 후임 임명 절차 등에 대한 규정이 달리 없는 것으로 보아 위와 같은 상황에 대하여는 중부노회에 목사 임명 등에 관한 재량권이 부여된 것으로 보이며, 당시 결의에 참석한 서기의 자격에 하자가 있다는 점을 소명할 자료가 없다는 점 등을 종합해 볼 때, 채권자가 주장하는 하자가 매우 중대하여 이 사건 결의를 무효로 돌릴 만한 정도라고 보기 어렵다고 판단하였다.

그리고, 교단 총회재판국이 2년간 전도사사역을 하지 않았고, 미국시민권자라는 이유로 교단소속 지교회의 담임목사 청빙승인결의를 무효라고 판결하자 그 담임목사가 제기한 총회재판국판결무효확인 사건에서 서울고등법원[120]은 "이 총회판결은 교단헌법의 규정에 의하더라도 권징재판과 구별되는 행정소송의 일종이고, 그 목적도 헌법 또는 규정에 위반한 치리회의 결의의 효력을 다투기 위한 것으로서, 범죄를 미연에 방지하고 교회의 신성과 질서를 유지하며 범죄자의 회개를 촉구하여 올바른 신앙생활을 하게 함을 목적으로 하는 권징재판과는 다르므로, 권징재판이라 볼 수는 없다. 한편, 총회판결은 단순히 성직자로서의 원고의 신분과 보직에 관한 것이 아니라 교회 재산의 관리처분과 관련한 대표권을 가지고 있던 원고에 대하여 그 목사나 대표자로서의 지위를 부인하는 것이므로, 이는 **원고의 국민으로서의 권리의무나 법률관계에 직접적인 영향을 미치는 단체법상 행위에 해당한다.** 또한 총회 재판국의 판결은 교단 내의 최종적인 판단이므로 더 이상 자율적인 문제해결을 기대할 수도 없다 할 것이어서 교회의 대표자의 지위를 둘러싸고 여러 해 동안 있어 온 법적, 사회적 갈등과 분쟁의 해결을 위해서는

---

120) 서울고등법원 2015. 12. 18. 선고 2015나2019610 판결(강북제일교회사건), 원심인 서울중앙지방법원 2015. 4. 7. 선고 2014가합592269 판결도 같은 견해이고, 이 사건은 2016다200545로서 상고심에 계속되었다가 당사자간의 합의로 상고취하되어 그대로 확정되었다.

원고의 대표자에 관한 총회판결의 당부를 판단할 필요가 있다고 보여진다. 따라서 총회판결은 사법심사의 대상이 되고, 그로 인하여 교회의 대표자 및 목사로서의 지위가 부인된 직접당사자인 A로서는 여전히 총회판결의 효력을 다툴 법률상 이익도 있다."라고 하고, "제1차 청빙승인결의 무효판결에는 교단헌법이 현행 실정법을 차용하여 마련한 교회 내의 기본적인 소송절차, 치리권 행사 및 그 시정의 주체를 엄격히 제한한 장로교의 본질이나 각 치리회 간의 자율성을 보장한 조직규범에 위배되는 중대한 절차상의 하자가 있을 뿐만 아니라 실체적으로도 재량권을 현저히 일탈남용한 하자가 있다고 할 것이므로, 현저히 정의관념에 반하는 중대명백한 하자가 있는 판결로서 무효라고 할 것이다. 한편 제2차 청빙승인결의 무효판결은 교단헌법이 정하고 있는 절차적 요건을 형해화하고, 실체적으로도 원고 개인의 직업권 및 강북제일교회의 자율성 등을 침해하여 현저히 정의관념에 반한다고 할 것이다."[121]라고 판시하여 무효라고 하면서, 법원은 총회와 달리 2년간 전도사사역을 하지 않았고, 미국시민권자라는 담임목사 결격요건은 청빙을 무효로 할 정도로 중대한 하자는 아니라는 취지로 판결하였다.

반면, 위임목사가 청빙 당시 제출한 이력서, 자기소개서 등에 허위의 경력을 기재하였다는 이유로 교인들이 교회를 상대로 위임목사청빙결의 무효확인을 구하는 사건에서 서울고등법원은 "피고 교회의 목사는 예배 및 종교 활동을 주재하는 종교상의 지위와 함께 독립적인 실체를 갖는 비법인사단의 대표자 지위를 겸유하면서 교회재산의 관리처분과 관련한 대표권을 갖고 있는 점에 비추어 ○○○에 대한 이 사건 위임목사 청빙결의는 피고 교회의 신도인 원고들의 교회 내에서의 법적 지위에 상당한 영향을 미치는 것이므로, 원고들로서는 이 사건 위임목사 청빙결의의 무효의 확인을 구할 법률상 이익이 있다."고 하고, 이력서에 기재된 13년의 담임목사 경력 중 5년이 허위로 판단된다면 이러한 허위기재 부분은 청빙결과에 상당한 영향력을 끼쳤을 것으로 보이므로 허위기재를 바탕으로 한 위임목사 청빙결의는 그 내용에 중대한 하자가 있어 무효라고 봄이 상당하다는 판결도 있다.[122]

---

121) 이 판결이 대법원 2013다78990 판결과는 상호모순되는 측면이 있음은 다음 (라)에서 보기로 한다.
122) 서울고등법원 2015. 6. 4. 선고 2014나2029382 위임목사청빙결의무효확인 판결(효성교회사건), 원

어떻든 노회의 담임목사의 승인(위임)결의는 그 성질상 종교단체 내부의 자율권에 관한 사항에 해당하고 종교적 신념이나 정체성과도 밀접하게 관련되어 있으므로, 종교단체는 성직자 임명에 관하여 폭넓은 재량권을 가진다고 보아 함부로 무효로 할 수 없고, 그 재량권의 행사가 현저히 합리성을 결여하거나 자의적이어서 그 재량권의 행사를 그대로 용인·방치할 경우 현저히 정의관념에 반하는 부당한 결과를 초래하는 등의 특별한 사정이 인정되는 경우에 한하여 그 성직자의 임명행위의 효력을 부정할 수 있다고 본다.

3) 교단의 대표자 선출에 관한 하자

서울고등법원[123]은 대한예수교장로회(통합) 부총회장의 피선거권인 목사의 자격에 하자가 있고, 그 선거운동 및 선거관리에 불법이 있다는 이유로 부총회장의 직무집행정지를 구한 사건에서 위 대법원 2003다63104 판결을 원용하는 한편, 피신청인의 피선거권 존부에 관하여 "목사의 자격은 법률에 그 요건이 정해져 있는 것이 아니라 피신청인 교단의 내부 규정인 교단 헌법에 그 요건이 정해져 있는 바, 위 헌법에 목사의 자격 요건으로 고등학교 학력이 인정되어야 한다는 점이 명기되어 있지 않다. 뿐만 아니라 목사 자격은 이 사건 교단이 부여하는 것이므로 자격 유무에 관한 위 교단의 판단은 존중되어야 할 것인바, 이 사건 교단은 피신청인의 위와 같은 학력에도 불구하고 목사로서의 자격과 이 사건 선거에서의 피선거권을 모두 인정하였다. 따라서 피신청인이 고등학교 또는 이와 동등이상의 학력이 인정되는 학교를 졸업하지 아니하였다는 사정만으로 피신청인의 목사 자격이 당연 무효라거나 이 사건 선거가 당연 무효라고 보기는 어렵다."라고 하고, 계속하여 불법선거운동 및 불공정한 선거관리여부에 관하여 이 사건 교단 재판국에서 이 사건 선거가 무효라고 볼 수 없다는 취지의 판결이 선고된 점 및 기록과 심문에 나타난 제반 사정에 비추어 이 사건 선거를 무효로 돌릴 만큼의

심인 서울중앙지방법원 2014. 7. 24. 선고 2013가합539797 판결도 같은 취지이다. 그런데 그 후 대법원은 해당교회가 담임목사에 대하여 다시 청빙결의를 함으로써 당초의 청빙결의무효확인은 과거의 법률관계의 확인으로 소의 이익이 없다는 이유로 소를 각하한다는 파기자판을 선고하였다(대법원 2016. 10. 13. 선고 2015다222746 판결).

123) 서울고등법원 2009. 9. 18. 자 2009라1129 결정(1심인 서울중앙지방법원 2009. 5. 26. 자 2009카합632 결정도 같은 취지임. 이 결정은 대법원에 상고되었다가 신청인이 신청을 취하하여 그 판시는 그대로 확정되었다).

절차상 하자가 있고, 그 하자가 매우 중대하여 이를 그대로 둘 경우 현저히 정의관념에 반한다는 점을 인정할 수 없다는 이유로 신청인의 신청을 기각하였다.

위 결정은 교단 및 교회의 운영에 관한 사항인 교회 및 교단의 대표자의 신분에 관한 사항에 관하여는 교단내부의 결의와 재판국의 재판을 존중하여 비록 그 결의에 다소의 절차상 하자가 있다고 하더라도 그 하자가 매우 중대하여 이를 그대로 둘 경우 현저히 정의관념에 반한다고 볼 수 있을 정도가 아닌 한 유효하고, 목사의 자격은 교단에서 자율적으로 정하는 것이라는 점을 명확히 제시하고 있다고 할 것이다.

한편, 교단의 대표자 선출에 관한 하자가 사법심사의 대상이 된다는 전제에서 그 선출이 중대한 절차상의 하자가 있다고 판단한 사례가 있다. 법원은 2010. 7. 13. 실시된 기독교대한감리회 감독회장 재선거가 ① 투표권자 확정에 있어서 새로이 선거권을 획득한 사람들의 선거권 행사의 기회를 박탈하거나 선거권을 상실한 사람들이 선거권을 행사하도록 하는 하자(투표권자 확정에 있어서의 하자)가 있고, ② 권한이 없는 자가 투표시각 종료 전에 투표를 중지하고 무효를 선언한 후 비밀투표의 원칙에 반하는 우편투표라는 방식으로 재선거를 실시한 하자가 있으며, 이러한 선거절차상 관련 규정 위반으로 선거권자들의 자유로운 판단에 의한 투표를 방해하여 선거의 기본이념인 선거의 자유와 공정을 현저히 침해하고 그로 인하여 선거의 결과에 중대한 영향을 미쳤다고 보아 무효라고 판단하였다.[124)]

4) 담임목사의 연임과 노회의 승인결의

담임목사의 연임승인은 당초 정해진 임기 만료 전에 해야 하고 임기 만료 후에는 새로 담임목사 청원을 하여야 하는데, 그렇게 하지 않고 임기 3년이 만료되었으나 노회에서 연임청원 및 승인를 받지 않은 채 6개월 경과 후에 개최된 노회 총회에서 청빙결의가 아닌 연임청원 승인결의의 형식으로 이루어졌다고 하더라도 이러한 사정만으로 이 추인결의의 하자가 매우 중대하여 이를 그대로 둘 경우 현저히 정의 관념에 반하게 된다고 할 수 없어 위 연임승인결의는 유효하

---

124) 대법원 2012. 2. 9. 선고 2011다104413 판결(원심 서울고등법원 2011. 11. 3. 선고 2011나19388 판결, 1심 서울중앙지방법원 2011. 1. 26. 선고 2010가합75698 판결); 필자는 위 감독회장이 직무정지된 상태에서 직무대행자로 선임되어 감리회의 통상의 업무를 수행한 바 있다).

고 따라서 노회원의 지위가 있다는 하급심 판례가 있다.[125]

(다) 소의 이익

신분상의 지위에 영향을 받는 직접적인 당사자가 아닌 자가 어떤 결의 또는 선거에 대한 무효확인을 구할 경우 소의 이익이 문제될 수 있다. 이와 관련하여 "이 사건 청구는 피고 교회의 정회원인 원고가 피고의 2007. 1. 14. 자 사무총회에서 소외인 등을 장로로 선출한 결의의 무효 확인을 구하는 것임을 알 수 있다. 그런데 피고 교회의 정회원에 불과한 원고는 위 결의에 의하여 장로의 지위가 부여되는 직접적인 당사자가 아니므로, 소외인 등에게 장로의 지위가 부여됨으로써 소외인 등이 피고 교회에서 누리는 개인적 지위가 영향을 받는다는 것은 원고가 위 결의의 무효 확인을 구할 법률상 이익의 근거가 될 수 없고, 그 밖에 위 결의와 관련하여 원고의 구체적인 권리 또는 법률관계를 둘러싼 분쟁이 존재하지도 아니한다."라고 판시하고 있다.[126] 그러나, 교회의 대표자인 담임목사의 신분상의 지위에 관하여는 앞에서 본 청빙 및 위임결의무효의 소에서 본 바와 같이 교회의 교인이면 소의 이익을 인정하고 있는바, 그 차이가 나는 근거가 명백하다고 볼 수 없다.

(라) 교단의 자율권과 지교회의 자율권의 충돌

그런데 교회의 지도자에 관한 신분상의 다툼에 관하여 교단의 자율권과 지교회의 자율권이 충돌하는 경우에는 사법부에 그 판단을 의뢰할 수밖에 없게 되는데 이 경우 누구의 의사를 존중하여야 하는가가 문제된다.

이에 관하여 대법원 2014. 12. 11. 선고 2013다78990 판결은 "교단은 존립 목적을 위하여 필요한 경우 교단 헌법을 제정 · 개정 · 해석하고, 행정쟁송 등 교단 내의 각종 분쟁을 처리하며, 목사 등 교역자의 자격 요건을 정하며, 소속 지교회를 지휘 · 감독하는 등의 기능을 수행한다. 종교단체의 자율권 보장의 필요성은 지교회뿐만 아니라 지교회의 상급단체인 교단에도 동일하게 적용되므로, 양

125) 인천지방법원 부천지원 2015. 10. 14. 선고 2015가합1023 판결.
126) 대법원 2015. 4. 23. 선고 2013다20311 판결.

종교단체의 종교적 자율권은 모두 보장되어야 한다. 그런데 경우에 따라서는 지교회와 교단 사이에 종교적 자율권이 상호 충돌할 수 있는데, 이 경우 교단의 존립 목적에 비추어 지교회의 자율권은 일정한 제한을 받을 수밖에 없다. 즉, 교단이 각 지교회의 자율권을 제한 없이 인정하면 해당 교단의 고유한 특성과 교단 내에서의 종교적 질서 유지라는 교단의 존립 목적을 달성하는 것이 곤란하게 된다. 나아가, 지교회가 특정 교단 소속을 유지하는 것은 해당 교단의 지휘·감독을 수용하겠다는 지교회 교인의 집합적 의사의 표현으로 볼 수 있으므로, 소속 교단에 의하여 지교회의 종교적 자율권이 제한되는 경우 지교회로서는 교단 내부의 관련 절차에 따라 문제를 해결하여야 하고, 관련 내부 절차가 없거나 그 절차에 의하여도 문제가 해결되지 않는 경우 지교회로서는 그 제한을 수인할 수밖에 없다. 따라서 지교회의 일반국민으로서의 권리의무나 법률관계와 관련된 분쟁에 관한 것이 아닌 이상, 교단의 종교적 자율권 보장을 위하여 교단의 내부관계에 관한 사항은 원칙적으로 법원에 의한 사법심사의 대상이 되지 않는다."고 하고, "甲교단 소속의 乙교회가 丙을 위임목사로 청빙하는 것을 승인해 달라는 요청을 하여 甲교단의 하급 치리회인 노회에서 청빙승인결의를 하였는데, 甲교단의 최고치리회인 총회에서 위임목사 청빙승인결의 무효확인 및 丙에 대한 목사안수결의 무효확인 총회판결을 하자 乙교회가 총회판결의 무효확인과 丙의 대표자 지위 확인을 구하는 소를 제기한 사안에서, 乙교회는 목사나 위임목사로서의 지위가 부인된 직접적인 당사자가 아니므로 목사나 위임목사로서의 지위가 부인됨으로써 丙의 권리의무나 법률관계가 영향을 받는다는 점은 乙교회가 총회판결의 무효확인을 구할 법률상 이익의 근거가 될 수 없고, 총회판결에 의하여 침해된 乙교회의 이익은 설교와 예배 인도 등을 담당할 위임목사를 자율적으로 청빙할 수 있는 이익인데 그것 자체는 乙교회의 종교적 자율권과 관계된 사항일 뿐, 일반국민으로서의 권리의무나 법률관계와 관련이 있는 사항이라고 보기 어려우므로, 총회판결로 인하여 위임목사 청빙과 관련한 乙교회의 종교적 자율권이 제한받게 되었다고 하더라도 甲교단의 종교적 자율권 보장을 위하여 위 총회판결은 사법심사의 대상이 되지 않는다."고 하였는바, 위 총회판결은 위임목사나 담임목사의 권리의무관계에 영향을 미칠 뿐 위임목사가 소속된 교회에 일반 국민으로서의 권리의무나 법률관계와 관련이 있는 사항이라고 볼 수 없다고 하여 소의 이익을 부인하고 있다. 그러나 그 후 같은 사실관계에 대하여 총회에서 청빙무효판결을 받은 목사가 총회재판국의 청빙무효확인판결의 무효확인을 구하자, 서울고등법원[127]은 "이 총회판결은 교단헌법의 규정에 의하더라도 권징재판과 구별되는 행정소송의 일종으로서 담임목사의 대표자 지위에 관한 총회판결의 당부를 판단할 필요가 있다. 또한 청빙승인결의 무효판결에는 교단헌법이 현행 실정법을 차용하여 마련한 교회 내의 기본적인 소송절차, 치리권 행사 및 그 시정의 주체를 엄격히 제한한 장로교의 본질이나 각 치리회 간의 자율성을 보장한 조직규범에 위배되는 중대한 절차상의 하자가 있을 뿐만 아니라 실체적으로도 재량권을 현저히 일탈남용한 하자가 있다고 할 것이므로, 현저히 정의관념에 반하는 중대명백한 하자가 있는 판결로서 무효이다고 판시하였다. 결국 같은 총회재판국 판결의 무효확인을 구하는 재판에 대하여 당사자에 따라서 교회가 원고가 된 전 판결은 소의 이익이 없다는 것이고, 위임목사가 원고가 된 후 판결은 중대명백한 하자가 있어 무효라는 것으로 결과적으로 상호모순되는 측면이 있다. 앞의 대법원의 판결은 지교회의 담임목사 청빙권은 종교적 자율권과 관계된 사항일 뿐, 일반 국민으로서의 권리의무나 법률관계와 관련이 있는 사항이 아니라는 것이나, 종래 법원은 교단과 소속 지교회는 별개의 단체로 보고 교단의 지교회에 대한 지휘감독은 지교회의 자율성을 침해하지 않는 범위 내에서만 그 효력이 있다는 입장을 견지해 왔고, 지교회의 담임목사 청빙권과 교단의 선택권은 지교회의 기본적 권리이며, 지교회가 사회단체로서 존립하는 데 중요한 권리이므로 이러한 권리가 지교회의 국민으로서의 권리나 법률관계와 관련이 없는 것인지 의문이다. 대법원이 총회재판국의 판결이 위임목사나 담임목사의 권리의무관계에 영향을 미칠 뿐 위임목사가 소속된 교회에 일반 국민으로서의 권리의무나 법률관계와 관련이 있는 사항이라고 볼 수 없다고 하여 소의 이익을 부정하기 보다는, 위 고등법원판결과 같이 총회재판국의 판결이 장로교의 본질이나 각 치리회 간의 자율성을 보

127) 서울고등법원 2015. 12. 18. 선고 2015나2019610 판결(강북제일교회사건), 원심인 서울중앙지방법원 2015. 4. 7. 선고 2014가합592269 판결도 같은 견해이고, 이 사건은 2016다200545로서 상고심에 계속되었다가 당사자간의 합의로 상고가 2019. 10. 4. 상고취하로 확정되었다.

장한 조직규범에 위배되는 중대한 절차상의 하자와 실체적으로도 재량권을 현저히 일탈남용한 하자가 있는지, 있다면 이러한 하자가 현저히 정의관념에 반하는 중대명백한 하자인지 등을 판단하였더라면 위 고등법원이 대법원과 배치되는 판결을 하지 않았으리라고 본다. 위 고등법원 판결의 상고사건인 2016다200545의 결론이 어떻게 될지 귀추가 주목되었으나 위에서 본바와 같이 당사자간의 합의로 상고가 취하되어 대법원의 최종판단을 받지 못해 위 모순된 판결의 통일을 보지 못해 아쉽다.

(마) 권징재판과의 차이

전통적으로 법원은 교회 내 교인의 신분상 지위와 관련된 분쟁에 대한 사법권 개입의 범위에 관하여 "권징재판"과 "교회 내 교인의 지위에 관한 결의"에 대하여 약간 다른 기준을 적용하여 왔음을 알 수 있다. 즉, 전자에 대하여는 원칙적으로 사법심사의 대상이 되지 않지만, 구체적인 권리 또는 법률관계에 관한 분쟁이 있어서 그에 관한 청구의 당부를 판단하는 전제가 되고, 그 권징 사유가 종교교리의 해석에 관한 것이 아니어야 하며, 그 처분이 교회헌법에 정한 적법한 재판기관에서 내려진 것이 아니라거나 그 종교단체 소정의 징계절차를 전혀 밟지 아니하거나 징계사유가 '전혀' 존재하지 아니하는 등 이를 무효라고 볼 특별한 사정이 있는 경우에만 사법심사를 하여 무효로 할 수 있다는 것이고,[128] 후자에 대하여는 단지 종교단체 내에서 개인이 누리는 지위에 영향을 미치는 단체법상의 행위도 사법심사의 대상에서 제외하거나 소의 이익을 부정할 것은 아니라고 하면서, 우리 헌법이 종교의 자유를 보장하고 종교와 국가기능을 엄격히 분리하고 있는 점에 비추어 종교단체의 조직과 운영은 그 자율성이 최대한 보장되어야 할 것이므로, 교회 안에서 개인이 누리는 지위에 영향을 미칠 각종 결의나 처분이 당연 무효라고 판단하려면, 그저 일반적인 종교단체 아닌 일반단체의 결의나 처분을 무효로 돌릴 정도의 절차상 하자가 있는 것으로는 부족하고, 그러한 하자가 매우 중대하여 이를 그대로 둘 경우 현저히 정의관념에 반하는 경우라야 한다[129]

---

128) 대법원 2010. 5. 27. 선고 2009다67665, 67672 판결; 대법원 1992. 5. 22. 선고 91다41026 판결; 대법원 1984. 7. 24. 선고 83다카2065 판결.

129) 대법원 2006. 2. 10. 선고 2003다63104 판결.

고 하고 있다.

권징재판은 교회 내부의 절차이기는 하지만 재판절차를 거친다는 점에서 그렇지 않은 후자의 경우보다 사법부의 관여를 엄격히 제한하여 온 것으로 풀이된다.

그러나 실무 운영에 있어서는 큰 차이가 있는 것 같지 않다. 특히 최근의 판례는 더욱 그렇다. 이에 대하여 보다 분명한 대법원의 판례가 확립되어야 할 것이다. 생각건대, 권징재판도 신분상의 지위에 관한 처분 내지 결의이므로 그러한 처분이나 결의가 단순히 종교상의 지위에 영향을 미치는 것을 넘어 국민으로서의 특정한 권리의무 내지 법률관계와 관련이 되어 있다면 사법심사의 대상이 되고, 다만 그러한 처분이나 결의에 하자가 있고, 그러한 하자가 매우 중대하고 명백하여 이를 그대로 두면 정의관념에 현저히 반하는 경우에만 무효라고 하고 그 외의 경우는 종교의 자유의 원칙상 유효하다고 보는 것이 타당할 것이다.

(3) 교단변경에 관한 사항

(가) 모든 지교회는 종교의 자유의 원칙상 자신이 소속할 노회 및 교단을 선택할 수 있고, 노회 및 교단을 변경하거나 탈퇴할 권리를 가진다. 이는 교회가 법인 아닌 사단이라고 하는 독립된 주체로 인정되는 당연한 결과이다. 지교회의 교단탈퇴 또는 교단변경권은 비록 소속 교단에서 이를 금지하고 있다고 하더라도 아무런 지장을 받지 않는다. 교회에 분쟁이 생기고 교회가 분열되면 이에 따라 종전 교단에 잔류하는 파와 교단을 변경하는 파가 나뉘는 것이 통상이다. 이러한 현상은 법적으로 교회의 분열을 긍정하느냐 부정하느냐와 상관없이 사실상 일어나는 현상이다. 따라서 법적으로 교회분열을 긍정하느냐 부정하느냐의 문제와 교단 변경을 허용할 것인가 여부는 별개의 문제로서 종교의 자유의 원칙상 교인들의 교단변경을 허용하지 않을 수 없다. 교단헌법에 교단의 탈퇴를 금지하는 규정이 있다고 하더라도 마찬가지이다. 다만, 교회분열부정설에 따르면 교인들의 총의에 의하여 일정한 요건을 거쳐야 적법한 교단변경이 되고, 그렇게 교단변경을 한 교회가 종전 교회와 동일성이 있는 교회가 될 것이며, 교회분열긍정설에 따르면 변경된 교단에 가입한 교회와 종전 교회가 동일성이 있을 것을 요구하는 것이 아니므로 종전 교회 교인들의 상당수가 집단적으로 교회를 이탈하여

그들의 의사에 따라 다른 교단으로의 변경이 가능하고 그 변경에 반드시 엄격한 요건을 갖출 필요가 없게 된다. 이와 같이 교단의 변경을 허용하지 않을 수 없는 한 지교회의 교단변경의 적법여부에 대하여 교단이 이를 판단하는 것은 적절하지 않아 사법부가 관여하지 않을 수 없다.

(나) 교단에서의 탈퇴 내지 소속 교단의 변경은 민법 제42조 제1항의 사단법인 정관변경에 준하여 의결권을 가진 교인 2/3 이상의 찬성에 의한 결의를 필요로 한다는 견해가 타당하고, 대법원 2006. 4. 20. 선고 2004다37775 전원합의체 판결도 같은 취지라는 점과 교단변경의 적법여부가 사법심사의 대상이 되지만 그 심사에 교회의 특성과 관례 등을 고려하여 합리적으로 판단하여야 한다는 점에 대하여는 이미 제5장 제4절에서 살펴본 바 있다. 결론적으로 교단변경이나 탈퇴의 적법 여부는 교회의 운영관리에 관한 사항이지만 교단의 자율권이 그 교단 내에서만 미친다는 점에서 그 성질상 사법권이 미치는 범위 내에 있다고 할 것이다.

(다) 교단의 분리, 합병에 관한 사항도 개교회 및 교인의 교단선택의 자유와 관련이 있기 때문에 그 절차적 하자를 다투는 것은 사법심사의 대상이 되고, 소의 이익이 있다.[130]

(4) 기타 교회 조직 및 운영에 관한 사항

교회의 조직 및 관리 운영에 관한 사항 중 권징재판에 관한 사항, 교단과 교회의 대표자, 장로 등의 신분상지위(임면)에 관한 사항, 교단변경에 관한 사항을 제외한 나머지 사항에 대한 지교회의 공동의회, 노회, 총회의 각 결의, 기타 각 기관의 결의에 관한 사항은 대부분 일반 국민으로서의 구체적인 권리의무관계가 아닌 단체 내부의 운영에 대한 결의이므로 교단의 자율에 맡기고 사법권의 관여를 자제함이 타당할 것이다. 종교활동은 헌법상 종교의 자유와 정교분리의 원칙에 의하여 국가의 간섭으로부터 그 자유가 보장되어 있으므로, 국가기관인 법원은 종교단체 내부관계에 관한 사항에 대하여는 그것이 일반 국민으로서의 권리의무나 법률관계를 규율하는 것이 아닌 이상 원칙적으로 그 실체적인 심리판단

130) 서울고등법원 2018. 6. 15. 선고 2017나2038899(대신, 백석교단 통합결의 사건).

을 하지 아니함으로써 당해 종교단체의 자율권을 최대한 보장하여야 한다(대법원 2011. 10. 27. 선고 2009다32386 판결; 대법원 2014. 12. 11. 선고 2013다78990 판결 등 참조). 따라서 일반 국민으로서의 특정한 권리의무나 법률관계와 관련된 분쟁에 관한 것이 아닌 이상 종교단체의 내부관계에 관한 사항은 원칙적으로 법원에 의한 사법심사의 대상이 되지 않는다.

이와 관련하여 총회 재판국원을 교체하면서 채권자들을 다른 부서로 재배정한 사항에 대하여 종교단체 내부의 조직 및 부서 배치와 관련된 사항은 종교단체의 자율성 보장 측면에서 원칙적으로 사법심사의 대상으로 삼는 것을 자제함이 상당하고, 그 결의로 인해 채권자들이 재판국원의 지위를 상실한다고 하더라도 그것이 채권자들 개인의 특정한 권리의무에 관한 법률관계와 관련이 있다고 보기 어렵다는 등의 이유로 이 사건 결의의 효력 유무는 사법심사의 대상이 되지 않는다고 부적법 각하한 사례[131]가 있는바, 위와 같은 원칙을 천명한 바람직한 판시라고 할 것이다.

라. 재산권에 관한 분쟁

(1) 재산법적인 분쟁은 일반 국민으로서의 특정한 권리의무관계의 분쟁이므로 소송법상의 일반요건을 갖추는 한 소의 이익이 있고, 본안에 관한 실질적인 심사를 할 수 있다고 할 것이다. 교회의 재산권에 관한 분쟁 중 중요한 것은 교회의 분열과 관련한 재산권의 분쟁과 교단에 명의신탁된 부동산에 대한 교단과 지교회의 분쟁인바, 이에 관하여는 제4장과 제5장에서 살펴본 바 있으므로 이곳에서는 자세한 설명을 생략한다.

(2) 교회의 분열과 관련한 재산권의 분쟁에 관하여 우리 대법원은 종래 교회분열을 인정하고 교회재산은 분열 당시 교인의 총유라고 판시하여 사실상 사법권의 관여를 방기하여 왔으나 2006. 4. 20. 선고 2004다37775 전원합의체 판결은 교단변경에 관하여 적법한 교인총회의 결의가 없는 한 이탈교인들에게는 권리가 없고, 종전 교회는 잔존 교인들을 구성원으로 하여 실체의 동일성을 유지하면서 존속하며 종전 교회의 재산은 그 교회에 소속된 잔존 교인들의 총유로 귀

131) 서울중앙지방법원 2015. 1. 29. 자 2014카합80931 직무집행정지가처분.

속됨이 원칙이라고 판시하여 사법권이 관여하고 있다.

(3) 또한 교단헌법이 지교회의 재산에 대하여 일정한 통제권을 행사할 수 있도록 규정하고 있지만, 교단헌법의 규정이 어떻든 그것과는 상관없이 재산관계에 있어서는 지교회의 자주성과 독자성을 전제로 지교회의 재산은 지교회의 소유로 하고, 그 관리방법도 지교회의 자유이다. 또한 지교회에서 취득한 재산은 비록 교단명의로 되어 있다고 하더라도 원칙적으로 지교회의 소유라고 보고 위 등기는 명의신탁으로 보아 사법권이 관여하고 있다.

(4) 그 밖에 대법원은 교인과 교회 사이의 토지연보에 대하여 "기독교의 신도가 그가 적을 두고 있는 교회에 대하여 특정된 재산을 '연보'하였다거나 그 신앙의 대상이 되는 신인 '하나님'께 바쳤다고 한다면 특히 그 재산권의 사용권한을 교회에 제공하는 것이라는 명확한 표시가 없는 이상 그 재산자체를 증여한 것이라고 보는 것이 상당하다 할 것이다."라고 판시하여[132] 연보의 종교적 성질을 사상하고 민법상 증여계약으로 보아 그 법리대로 처리하고 있고,[133] 담임목사직을 자진은퇴할 것을 조건으로 부동산의 증여를 약속한 후의 조건성취여부를 둘러싼 분쟁을 다룬 사건에서 "원고가 피고 교회의 담임목사직을 자진은퇴하겠다는 의사를 표명한 데 대하여 피고 교회에서 은퇴 위로금으로 이건 부동산을 증여하기로 한 것이라면 이 증여는 원고의 자진사임을 조건으로 한 증여라고 보아야 할 것이므로 원고가 위 증여계약을 원인으로 피고에게 소유권이전등기를 구하려면 적어도 그 후 자진사임함으로써 그 조건이 성취되었음을 입증할 책임이 있다."라고 판시하여[134] 목사직의 은퇴를 민법상 조건성취로 보아 조건의 법리에 따라 사건을 처리하고 있다. 한편 서울지방법원 항소부는 헌금을 약정한 신도가 이를 임의로 이행한 경우는 변제로서 유효하나 헌금채무는 자연채무로서 교회는 약정의 강제이행을 청구할 수 없다고 판시하여,[135] 헌금을 민법상 증여로 보면서도 헌금채무를 소권 없는 자연채무로 구성하였는데,[136] 이는 헌금의 종교적 특성을 감안

132) 대법원 1975. 7. 30. 선고 74다1844 판결.

133) 장경학 교수는 계약은 지켜져야 하고 특히 신과의 약속은 신의성실의 원칙상 더 지켜야 한다는 입장에서 위 판례를 적극 지지하고 있다(장경학, "신도와 교회사이의 토지연보", 「법률신문」 1124호(75. 9. 15), 법률신문사, 8면).

134) 대법원 1984. 9. 25. 선고 84다카967 판결.

135) 서울지방법원 1993. 12. 9. 선고 93나8923 판결.

한 판결로서 수긍이 간다.

(5) 위와 같이 재산권에 관한 사항은 교회분쟁이라도 모두 사법심사의 대상이 된다.

바. 소 결

(1) 이상에서 교회분쟁에 대한 사법권의 범위와 한계를 분쟁의 유형에 따라 나누어 살펴보았다. 미국의 판례·학설이 교회분쟁에 대한 사법권의 개입문제를 헌법적 문제로 보는데 반하여 우리 판례의 입장은 헌법적 문제를 언급하면서도 결과적으로는 일본과 같이 소송법적 장애의 문제로 보고 그 분쟁이 법률상의 쟁송인지의 여부 즉, 권리보호의 자격(소의 이익)의 문제로 보고 있다. 따라서 권리의무의 법률관계 문제로 보여지는 재산법적 분쟁 및 종교적 분쟁 중 개인의 권리의무관계와 관계되는 사항에는 사법권이 개입하여 일반사법원리에 따라 처리하나, 종교적 분쟁 중 교의에 관한 사항 및 개인의 권리의무에 관계가 없는 사항은 사법권이 개입을 자제하고 교회 내부의 결정을 존중하고 있다. 전자는 미국의 중립법이론에, 후자는 미국의 존중설에 입각하고 있다고 할 수 있다.[137] 그러나, 모든 교회분쟁에 관하여 명확한 기준이나 이론이 정립되어 있다고 말할 수는 없고, 점점 사법권의 개입이 강화되고 있는 추세로 보인다.

(2) 위에서 본 이론과 판례를 종합하여 교회분쟁에 관한 사법심사의 범위를 정리하면 (가) 교회분쟁이 일반국민으로서의 구체적인 권리의무 또는 법률관계에 관한 분쟁인 재산권에 관한 사항과 교단변경 및 탈퇴에 관한 사항은 사법권의 심사 범위에 포함되고, (나) 순수한 교의나 신앙의 해석에 관한 분쟁은 종교자유의 원칙상 사법권의 심사 범위 밖에 있다. (다) 또한 종교단체 내부의 신앙과 질

---

136) 조규창 교수는 헌금채무를 소권 없는 자연채무로 구성한 것은 적정·타당하다고 하면서 그 성질을 일반 증여와 효과면에서 차이가 있는 종교적 증여라고 보고 있다{조규창, "교회헌금채무의 법적성질", 「논리와 직관」(조규창교수논문집), 법문사(1998. 11.), 540면}.

137) 김진현 교수는, 권징문제에 관하여 사법소극주의 입장에 선 우리 판례의 입장을 국민의 재판청구권, 재산적 평등권의 침해의 소지가 있다고 하면서 법원이 종교문제에 말려들지 않으면서도 분쟁 양당사자 모두가 만족할 수 있는 이론으로 계약설을 들고 있다. 즉, 계약설에 의하면 교회의 헌법, 회칙, 기타의 자치규정을 분쟁 당사자간의 계약조항(합의)으로 보고, 교회치리기관을 중재인으로 보게 되므로, 법원은 중재판정의 취소사유가 있는지 정도로만 개입하게 된다고 한다. 김진현, 논문 2, 265, 266면.

서를 유지하기 위한 권징재판은 원칙적으로 사법심사의 대상이 되지 아니하고, 다만 일반국민으로서의 개인의 구체적인 권리의무에 관한 분쟁(쟁송성)을 해결하는 전제가 되고(전제성), 그것이 종교상의 교의 또는 신앙의 해석에 깊이 관련되어 있지 않은 경우에만 사법심사의 대상이 된다. 그리고 이렇게 사법심사의 범위에 포함되더라도 권징재판을 무효로 하기 위해서는 ① 그 재판이 교회헌법에 정한 적법한 재판기관에서 내려진 것이 아니라거나 ② 그 종교단체 소정의 징계절차를 '전혀' 밟지 아니하거나 ③ 징계사유가 '전혀' 존재하지 아니하여야 하며, ④ 이러한 권징재판을 그대로 둘 경우 현저히 정의관념에 반하는 경우 등에 한한다. (라) 그리고 교단과 교회의 대표자, 장로 등의 신분상지위(임면)에 관한 사항은 종교단체 내에서 개인이 누리는 지위에 영향을 미치는 단체법상의 행위라고 하더라도 그것이 국민의 특정한 권리의무 내지 법률관계에 영향을 미치는 것이라면 사법심사의 대상이 되지만 종교의 자유의 원칙상 단체 내부의 결의나 처분을 존중하여 그 하자가 매우 중대하여 이를 그대로 둘 경우 현저히 정의관념에 반하는 경우에만 무효라고 할 것이다. 이경우도 가능하면 교단 내에서 자율적으로 해결하는 것이 바람직하나 처분이나 결의의 교회법적 정당성을 재단할 적법한 권한을 가진 노회 기타 상급 치리회를 확정할 수 없는 등으로 교회 내에서의 자율적 문제 해결이 사실상 불가능한 경우에는 법원이 관여할 수밖에 없을 것이다.

(3) 교회의 입장에서 보아 사법권의 개입이 많아지는 것이 바람직하지는 않으나 교회 스스로 자정과 자율적인 기능을 가짐으로써 사법부가 개입할 여지를 주지 않도록 하여야 할 것이다. 그럼에도 불구하고 교회가 스스로 분쟁을 해결하지 못할 때 사법부가 개입하여 국가의 일원인 국민의 권리의무를 보호하여 주는 것이 국가의 당연한 책무일 뿐만 아니라 성경의 원리에도 반드시 어긋난다고 할 수 없을 것이다.[138] 참고로 기독교인들 간의 분쟁을 일반법정에 가지 않고 기독

138) 성경은 국가를 하나님이 세우신 제도로 보아 그 권위를 인정하고, 기독교인들에게 그 권위에 순종하라고 가르친다(로마서 13장 1-7절 참조). 또한 칼뱅은 법은 결코 복음과 배치되는 것이 아니라고 하면서 법의 세 가지 용법을 제시하였는데, 그 중 제1용법에서 법이 없으면 이 세상은 무정부상태가 될 것이므로 신의 창조질서를 유지하기 위해서 법은 기독교인 혹은 비기독교인을 불문하고 누구에게나 필요한 것이라고 하여 이른바 세속의 법에 대하여도 적지 않은 가치를 부여하였으며, 제3용법에서 기독교인이라 할지라도 법은 자기완성을 위해 도움이 되는 길잡이일 뿐만 아니라 나아가 정의와 사랑을 실현하는 방편으로 봄으로써 법에 대하여 적극적이고 긍정적인 태도를 취하였다{장

교인들 스스로 해결하고자 하는 노력의 일환으로 2008. 4. 1. 한국기독교화해중재원(The Korea Christian Conciliation and Arbitration Institute, 약칭 KCCI)이라는 기구가 설립되었다.[139] 한편, 사법부도 가급적 교회분쟁에 관여하지 않고 스스로 해결하도록 유도하여야 할 것이다. 또한 법관들이 교회의 특성과 관습을 잘 이해하지 못하고, 전문성도 결여되어 교회분쟁에 대하여 사법부가 일관된 판단을 하지 못한 점도 교회분쟁을 가중시키는 한 원인이 된다고 여겨지므로 사법부의 전문화가 요구된다고 할 것이다.

Ⅱ. 교회분쟁과 관련한 소송 – 보전소송을 중심으로

1. 논의의 전개

교회분쟁에 관한 소송절차도 일반 소송절차와 다르지 않다. 교회소송에서 문제되는 유형은 해당부분에서 살펴본 바 있다. 다만 교회소송의 유형이 다소 특이하고, 이러한 유형에 대한 보전소송을 살펴보면 그 피보전권리 및 본안소송의 형태를 알 수 있기 때문에 본서에서는 교회분쟁의 소송법적 해결절차에 관하여 각 해당부분에서 논의하는 것 외에는 보전소송에 대하여만 살펴보기로 한다.

그리고 보전소송 중에서도 금전의 지급청구와 관련하여 논의될 수 있는 가압류에 대하여는 논의의 범위에서 제외하고, 민사집행법 제300조 제1항의 다툼의 대상에 관한 가처분도 예외적으로 꼭 필요한 경우만 보기로 하며, 같은 조 제2항의 임시의 지위를 정하는 가처분을 중심으로 살펴보기로 한다.

칼뱅 저, 김동흡·신복윤·이종성·한철하 공역, 「기독교강요(下)」, 생명의 말씀사(1989), 592면; 최종고, 「법과 종교와 인간」, 삼영사(1992), 124-128면; G. Radbruch 저, 최종고 역, 「법철학」, 삼영사(1981), 135면 이하}.

139) 기독교화해중재원은 정관의 모두에 "한국기독교 교회 및 교인들의 각종 갈등과 분쟁을, 기독교 전문인들(목회자, 상담학자 및 분쟁의 내용과 관련된 전문직 종사자 등)이 법정소송에 의하지 아니하고, 성경적 원리와 실정법의 올바른 적용을 통하여, 상담, 교섭, 협상, 조정, 화해, 중재 등에 의한 평화적, 합리적 방법에 의하여 원만히 해결함으로써, 기독교인들 간의 소송을 최소한으로 줄이고, 궁극적으로 기독교인들에게 주어진 화해사역의 사명을 담당하기 위하여 한국기독교화해중재원을 설립한다."고 그 설립취지를 밝히고 있다. 필자는 위 기관의 이사이자 중재인이다.

2. 분쟁의 유형

교회분쟁의 유형은 크게 1) 교리 또는 신앙의 해석에 관한 분쟁, 2) 교회의 조직·운영에 관한 분쟁, 3) 교회의 재산에 관한 분쟁으로 나눌 수 있다. 교리 또는 신앙의 해석의 문제는 그 해석 자체에 관한 가처분을 상정하기는 어렵고, 판례는 원칙적으로 사법심사의 대상에 해당하지 아니한다는 입장이다.

교회의 재산에 관한 분쟁은 교인재산이 지분권이 없고 사용수익권만 있는 총유재산이므로 교인들 사이에 이와 관련한 출입 및 예배방해금지 가처분 또는 분리예배방해금지가처분이 있고, 교회의 조직·운영에 관한 분쟁에 관하여는 교회의 대표자, 장로, 교인 등 신분상의 지위보전의 가처분(직무집행금지가처분), 각종 권징재판 및 교회, 노회 및 총회의 각종 결의에 대한 효력정지가처분, 교회재정에 대한 분쟁과 관련하여 회계장부열람가처분이 있고, 교회분쟁에서 흔히 나타나는 명예훼손과 관련하여 출판물 판매·배포등금지가처분 등이 있다. 또한 교회의 각종 의결에 대한 절차적 통제 수단으로서 당회, 공동의회 개최금지가처분 등이 문제될 수 있다.

3. 교회분쟁 관련 가처분의 특징

교회분쟁에 관련한 가처분은 대체로 민사집행법 제300조 제2항의 임시의 지위를 정하기 위한 가처분으로서 만족적 가처분에 해당한다. 임시의 지위를 정하는 가처분은 당사자 사이에 현재 다툼이 있는 권리 또는 법률관계가 존재하고 그에 대한 판결이 있기까지 현상의 진행을 그대로 방치한다면 권리자가 현저한 손해를 입거나 급박한 위험에 처하는 등 소송의 목적을 달성하기 어려운 경우에 그로 인한 위험을 방지하기 위해 잠정적으로 권리 또는 법률관계에 관하여 임시의 지위를 정하는 보전처분이다. 그러나, 단순히 현상을 동결함에 그치지 않고 권리 또는 법률관계에 관하여 임시의 조치를 행하는 것이므로 그 집행에 의하여 새로운 법률관계가 형성되는 것이고, 이는 확정판결의 집행을 용이하게 하고 그때까지의 손해를 방지하고자 하는 임시적인 조치이기는 하나 본안판결과 같은 효과를 나타낸다는 점에서 만족적 가처분이다. 이렇듯 가처분결과가 당사자에게 주는 영향이 클 뿐만 아니라 나중에 가처분이 변경되더라도 채무자가 받은 손해를 배상받는 것이 곤란한 경우가 많다. 그리하여 심문기일이나 변론기일을 열어 피보전권리와 보전의 필요성 유무에 관하여 충분한 주장과 소명의 기회를 주는 것이 원칙이다.

교회가 총유물에 관한 소송을 제기하는 경우 정관 기타 규약에 특별한 규정이 없는 한 교인총회의 결의가 필요하고 이러한 결의가 없는 한 제소요건을 갖추지 못하게 된다. 그리고 사법심사의 대상이 되는지 여부가 본안전 항변으로 쟁점이 될 수 있다.

4. 임시의 지위를 정하기 위한 가처분의 요건

가. 피보전권리

(1) 권리관계가 현존할 것

임시의 지위를 정하기 위한 가처분도 가처분에 의하여 보전될 권리관계의 존재를 그 요건으로 하고, 그 권리관계가 존재하지 않으면 가처분은 성립할 수 없다. 가처분신청의 경우 피보전권리 내지 본안소송이 무엇인지를 확인하여야 한다. 그러나 권리관계의 종류에는 제한이 없어 그 내용이 재산적 권리뿐만 아니라 신분적 권리도 포함된다.

피보전권리와 관련하여 문제가 되는 것은 담임목사가 횡령 등 위법행위를 저질렀을 경우 이를 이유로 직무정지가처분을 신청할 수 있는가 하는 점이다. 일반적으로 교단헌법이나 정관에 담임목사의 해임청구권을 인정하는 경우가 드물기 때문이다. 이와 관련하여 대법원은, 기존 법률관계의 변경·형성을 목적으로 하는 형성의 소는 법률에 명문의 규정이 있는 경우에 한하여 제기할 수 있는바, 조합의 이사장 및 이사가 조합업무에 관하여 위법행위 및 정관위배행위 등을 하였다는 이유로 그 해임을 청구하는 소송은 형성의 소에 해당하는데, 이를 제기할 수 있는 법적 근거가 없으므로, 조합의 이사장 및 이사 직무집행정지 가처분은 허용될 수 없다[140]고 판시하고 있는 바, 이러한 판례의 취지 및 법리에 비추어

140) 대법원 2001. 1. 16. 선고 2000다45020 판결; 대법원 1993. 9. 14. 선고 92다35462 판결; 대법원

볼 때 담임목사가 위법행위를 저질렀다는 사정만으로 막바로 직무집행정지가처분의 피보전권리가 있다고 할 수 없다.

(2) 권리관계에 다툼이 있을 것

임시의 지위를 정하기 위한 가처분은 다툼이 있는 권리관계에 관하여 현재의 위험을 방지할 것을 목적으로 하여 권리확정이 이루어지기 전에 임시로 채권자에게 권리자의 지위를 주려는 것이므로, 그 개념요소로서 다툼이 있는 권리관계의 존재를 그 요건으로 한다. 다툼이라 함은 권리관계에 관하여 당사자의 주장이 대립되기 때문에 소송에 의한 권리보호가 요구되는 것을 말한다. 권리관계가 부인되는 것, 의무를 인정하더라도 이행하지 아니하는 것 등이 이에 속한다.

나. 보전의 필요성

(1) 의 의

민사집행법 제300조 제2항은 가처분의 필요성에 관하여 "현저한 손해를 피하거나 급박한 위험을 막기 위하여, 또는 그 밖의 필요한 이유가 있을 경우에 하여야 한다."라고 규정하여, 가압류나 다툼의 대상에 관한 가처분과 달리 이 가처분은 현재의 위험방지가 주목적임을 밝히고 있다. 즉, 임시의 지위를 정하기 위한 가처분은 다툼 있는 권리관계 또는 법률관계가 존재하고, 그에 대한 확정 판결이 있기까지 현상의 진행을 그대로 방치한다면 권리자에게 현저한 손해 또는 급박한 위험이 발생될 수 있어 장래 확정 판결을 얻더라도 그 실효성을 잃게 될 염려가 있는 경우에 권리자에게 임시의 지위를 주어 그와 같은 손해나 위험을 피할 수 있도록 하는 보전처분으로서, 본안소송에 의하여 권리관계가 확정될 때까지 가처분권리자가 현재의 현저한 손해를 피하거나 급박한 위험을 막기 위하여 또는 그 밖의 필요한 이유가 있을 때에 한하여 허용되는 잠정적인 처분이다. 이러한 가처분을 필요로 하는지의 여부는 당해 가처분신청의 인용 여부에 따른 이해득실관계, 본안소송에 있어서의 장래의 승패의 예상, 기타의 제반 사정을 고려

1997. 10. 27. 자 97마2269 결정.

하여 법원의 재량에 따라 합목적적으로 결정하여야 한다. 더구나 본안판결을 통하여 얻고자 하는 내용과 실질적으로는 동일한 내용의 권리관계를 형성하는 이른바 만족적 가처분의 경우에는 본안판결 전에 채권자의 권리가 종국적으로 만족을 얻는 것과 동일한 결과에 이르게 되는 반면, 채무자로서는 본안소송을 통하여 다투어 볼 기회를 가져보기도 전에 그러한 결과에 이르게 된다는 점을 고려해 볼 때 그 피보전권리 및 보전의 필요성에 관하여 통상의 보전처분보다 높은 정도의 소명이 요구된다.[141]

이러한 이유로 이러한 가처분 심리에서는 원칙적으로 변론기일 또는 채무자가 참석할 수 있는 심문기일을 열고 있는바(민사집행법 제304조), 그 필요성의 인정에 신중을 기하여야 한다.

(2) 현저한 손해

현저한 손해는 본안판결의 확정까지 기다리게 하는 것이 가혹하다고 생각되는 정도의 불이익 또는 고통을 말하고, 이는 직접 및 간접의 재산적 손해뿐만 아니라 명예, 신용 그 밖의 정신적인 손해와 공익적인 손해를 포함한다.

(3) 급박한 위험

급박한 위험은 현재의 권리관계를 곤란하게 하거나 무익하게 할 정도의 강박·폭행을 말하며, 이는 현저한 손해와 병렬적인 개념이 아니라 현저한 손해를 생기게 하는 전형적인 예라고 봄이 상당하다. 특히 가처분채무자에 대하여 본안판결에서 명하는 것과 같은 내용의 의무를 부담시키는 만족적 가처분에서는 보다 고도의 보전의 필요성이 존재하지 않으면 안된다.

다. 피보전권리와 보전의 필요성의 관계

판례는 모든 보전처분에서 피보전권리와 보전의 필요성의 존재에 관한 소명이 있어야 하고, 이 두 요건은 서로 별개의 독립된 요건이기 때문에 그 심리에서도

141) 대법원 2003. 11. 28. 선고 2003다30265 판결, 서울서부지방법원 2008. 8. 20. 선고 2008카합1040 판결.

상호 관계없이 독립적으로 심리되어야 한다[142]고 판시하고 있다. 두 요건의 심리의 순서는 법정되어 있지 아니하나 먼저 피보전권리의 존부를 심리하여 일응 그 존재가 소명되면 그 다음에 보전의 필요성에 관하여 심리하는 것이 논리적이고 실무상으로도 통상 그와 같은 순서에 따르고 있고, 판례도 같다. 다만, 사안에 따라서는 피보전권리의 심리에는 어려움이 있지만 보전의 필요성이 없음이 명백한 경우가 있는데, 그와 같은 경우에는 피보전권리에 관한 판단을 생략한 채 보전의 필요성이 없음을 이유로 신청을 기각하기도 한다.[143]

5. 교회분쟁에 관한 구체적인 가처분 유형에 대한 고찰

가. 교회재산의 사용·수익권에 관한 가처분

교인은 종교적인 활동을 위해 교회재산을 사용할 수 있는 권한을 가지므로 예배당에 들어가 예배에 참석하거나 예배당에서 기도할 수 있는 등 교회 활동의 목적 범위 내에서 사용·수익할 수 있다.

(1) 출입금지가처분 등

교인의 사용·수익권은 교인의 지위에 있음을 전제로 하는 것이므로, 만약 제명·출교처분 등이 확정됨에 따라 해당 교인의 지위를 상실하였다면 교회가 그 교인을 상대로 출입금지를 구하는 가처분이 인용될 수 있을 것이나, 그러한 절차를 거치지 않은 상태에서 교회가 출입금지가처분을 구하는 경우 교인들은 교회재산에 대하여 사용·수익권을 가진다거나 보전의 필요성이 소명되지 않았다는 이유로 기각당하게 된다.

서울중앙지방법원[144]은 채무자들이 교회에 출입하는 목적은 예배를 드리기 위

142) 대법원 2005. 8. 19. 자 2003마482 결정.

143) 서울고등법원 2014. 11. 7. 자 2014라780 장로등지위보전가처분 결정: "설령 채권자들이 주장하는 이 사건 신청의 피보전권리(당회결의 무효확인 청구권)가 인정된다고 하더라도, (관련 법리 설시) 현재 교회가 안정을 되찾아가고 있는 반면, 채권자들은 여전히 위 인터넷카페를 운영하는 등으로 채무자 교회에 대한 반대여론을 조성하고 있는 것으로 보이는 점, 이와 같은 때에 본안판결에 앞서 당회결의나 노회 및 총회재판 결과에 반하는 채권자들의 이 사건 신청을 받아들일 경우 채무자 교회는 다시 혼란에 빠지거나 새로운 분쟁에 휘말리게 될 가능성을 배제할 수 없는 점 등을 모두 종합해 보면, 채권자들이 제출한 자료만으로는 이 사건 신청의 **보전의 필요성이 충분히 소명되었다고도 보기 어렵다.**"고 판시하여 기각 결정을 하였다.

한 것일 뿐 채권자 교회의 예배나 교회의 업무를 방해하기 위한 것으로 보이지 않는 점, 제명·출교하였으나 교인이 상소하여 그 효력을 다투고 있는 점 등에 비추어 보전의 필요성이 만족적 가처분에 있어서 요구되는 정도로 충분히 소명되었다고 보기 어렵다는 이유로 교회의 가처분신청을 기각하였다.

(2) 분리예배금지가처분

담임목사와 반대파 교인들이 담임목사의 예배인도를 거부하면서 별도의 장소에서 다른 목사를 청빙하여 예배를 드리는 경우, 교회가 그 예배행위가 교단 헌법과 정관 기타 규약에 반한다는 이유로 분리예배금지를 구할 수 있을 것인지 문제될 수 있다. 교회의 구성원은 정관 등 규약에 정해진 바에 따라 총유물을 사용·수익할 수 있고, 이에 관한 규정이 없다면 다수결의 원칙에 따라 사용수익할 수 있을 것이므로 이러한 원칙에 반하여 소수의 교인이 통상적인 범위를 넘어 집단적으로 예배를 본다면 그 예배의 금지를 청구할 수 있을 것이다.

이와 관련하여, 교회가 교단이 파송한 임시당회장을 지지하는 세력과 종전 담임목사를 지지하는 세력으로 분열되었는데, 교단의 임시당회장 파송이 위법하다는 취지의 본안 판결이 선고되자 임시당회장 지지세력을 상대로 분리예배금지가처분 신청을 한 사안에서, 법원은 "현재 이 사건 교회에서는 임시목사 김효섭을 중심으로 하는 교인들과 서울서노회(구체적으로는 서서울노회)에서 임시당회장으로 파송한 채무자 김창영을 중심으로 한 교인들이 각각 이 사건 교회 건물의 일부를 점유하면서 예배 등 종교활동을 따로 진행하고 있는데, 교회는 법인이 아닌 사단으로 교회의 교인들은 교회 재산을 교인들 모두의 총유 형태로 소유하면서 사용·수익할 권리를 가지므로 어느 일방의 교인들에게 다른 교인들의 교회 재산 사용을 전면적으로 금지시킬 권리가 없고, 나아가 다른 측 교인들의 평화적 종교활동을 전면적으로 금지시킬 근거가 없는 점, … 채권자가 제출한 자료만으로 현 시점에서 즉시 신청취지와 같은 가처분을 명하지 아니하면 채권자에게 회복하기 어려운 손해가 발생한다거나 본안소송에 의할 경우 소송의 목적을 달성하기 어려운 특별한 사정이 존재한다고 보기 어려우므로, 그 신청은 일단 그 보전의 필

144) 서울중앙지방법원 2013. 7. 5. 자 2013카합1042 교회출입금지가처분 결정(충현교회사건).

요성이 인정되지 않는다."고 판시한 바 있다.[145] 그러나 분리예배의 상대방이 권징재판에 의하여 출교 면직된 교인이라거나 교회의 적법한 대표자가 어느 한 사람으로 확정되었음에도 불구하고 다른 사람이 주관하여 교회 내에서 예배를 보는 경우 적법한 대표자측이 반대파를 상대로 제기하는 경우라면 인용되어야 할 것이다.

(3) 채권자의 행위에 대한 수인의무를 명하는 가처분

(가) 의의 및 유형

채권자가 권원에 기하여 어떠한 행위를 하고 있는 것을 채무자가 방해하고 있거나 방해할 우려가 있을 때 그 방해배제청구권 또는 방해예방청구권의 보전을 위하여 행하는 가처분이다. 이러한 가처분 역시 채무자에게 부작위의무를 과할 뿐이므로 채무자에게 가처분을 고지함으로써 족하고 별도의 집행행위는 필요 없다. 그러나 채무자가 가처분의무를 이행하지 아니하는 경우 간접강제의 방법으로 이행을 강제할 수 있다. 채권자의 행위에 대한 수인의무를 명하는 가처분도 부작위를 명하는 가처분의 일종이라 할 수 있지만 단순히 채무자에게 일정한 행위의 금지만을 명하는 것이 아니라 채권자에 대하여 일정한 적극적인 행위를 하는 것을 인정한다는 점에서 단순히 부작위의무를 명하는 가처분과 다르다. 교인들이 교회를 상대로 제기하는 출입방해금지가처분, 교회가 반대파 교인들을 상대로 제기하는 사용방해금지가처분 등을 상정할 수 있다.

(나) 교인이 제기하는 출입방해금지가처분 등

교회가 반대파 교인들의 출입을 막는 경우, 교인은 교회 재산에 대한 사용·수익권에 기한 방해배제청구권 또는 방해예방청구권을 피보전권리로 하여 출입방해금지가처분을 제기할 수 있다. 이와 관련하여, 판례는 설령 교인에 대한 제명·출교처분이 있다고 하더라도 해당 교인이 그 처분에 불복하여 다투고 있어 확정되지 않는 이상, 교인으로서 가장 기본적인 활동인 주일 예배에 참석하기 위하여 교회를 출입할 수 있다고 봄이 상당하다는 입장에서 가처분을 발령하였다

145) 서울서부지방법원 2014. 5. 2. 자 2014카합50005 분리예배금지 등 가처분 결정.

가[146] 그 후 교단 내에서 제명출교에 대한 상소가 기각되어 확정되자, 교회가 가처분이의를 제기하였고 그 이의신청이 받아들여진 사례가 있다.[147]

또한, 담임목사를 반대하며 그 퇴진을 요구하는 반대교인들이 담임목사의 예배인도를 거부하면서 별도의 장소에서 다른 목사의 인도하에 예배를 드리는 과정에서 교회 측과 물리적 충돌이 발생하자 교회를 상대로 출입방해금지가처분을 제기한 사건에서, 법원은 "교단 내의 징계가 확정된 경우, 제명출교 처분 및 노회와 총회판결의 절차적, 실체적 하자가 매우 중대하여 현저히 정의관념에 반하는 정도로서 당연무효에 해당한다고 단정하기 어렵고, 달리 이를 소명할 자료가 없다."거나 "교인이 가지는 교회 자산에 대한 사용·수익권에 교회의 담임목회자가 인도하는 예배를 거부하고 그 관여를 배제하면서 독자적으로 예배를 드리기 위하여 교회 건물 및 설비를 이용할 수 있는 권리까지 당연히 포함된다고 할 수 없다. 그리고 이 사건과 같이 일부 교인들이 특정 목회자의 치리를 반대하는 의사를 가지고 있다 하더라도 소속 교인들의 중지를 모아 교단 및 교회 내부의 규정 및 절차에 따라 해당 목회자를 징계 또는 교체하는 방법을 모색함이 마땅하고, 이러한 절차나 요건을 갖추지 못한 채 일부 교인이 임의로 담임 목회자를 배제한 후 개별적으로 목회자를 청빙하거나 같은 교회 건물에서 그 교회 본래의 예배에 배치되는 별도의 예배를 드리는 등의 종교활동을 한다면, 이는 기존 교인들의 예배 행위 및 교회 자산에 대한 사용·수익행위에 대한 중대한 지장을 줄 염려가 있으므로 정당한 종교활동이나 교회 재산에 대한 사용수익권 행사의 일환으로 허용될 수 없다."고 판시하여 피보전권리에 대한 소명이 부족하다는 이유로 기각결정 한 사례가 있다.[148]

(다) 교회가 제기하는 사용방해금지가처분 등

반대파 교인이 교회 관리업무에 필요한 특정 장소를 점거하며 교회의 관리운영을 방해하는 경우에는 교회는 그 교인들을 상대로 교회의 관리운영권 행사에

146) 서울중앙지방법원 2014. 6. 23. 자 2014카합330 출입방해금지가처분(충현교회사건) 결정.
147) 서울중앙지방법원 2015. 1. 19. 자 2014카합1531 가처분이의 결정.
148) 서울중앙지방법원 2012. 6. 20. 자 2011카합937 출입방해금지가처분(기독교대한감리회 경신교회사건) 결정.

대한 방해배제를 구하는 가처분을 고려할 수 있다. 이 경우 피보전권리는 교회가 소유권에 기하여 관리권을 행사하고 있는 것을 채무자들이 방해하고 있거나 방해할 우려가 있으므로 교회의 정당한 관리행위를 방해하지 말고 수인할 것을 구하는 것으로서, 총유물의 관리권에 기한 방해배제청구권 또는 방해예방청구권이라고 할 수 있다.

이와 관련하여, 교회와 근로계약이 종료되었음에도 해당 근로자가 교회시설 중 관리업무에 필요한 부분을 출입하면서 교회의 업무를 방해하자 교회가 그 출입의 금지와 업무방해금지 가처분을 제기한 사안에서, "채무자는 채권자와의 위 근로계약 종료에 따라 소망수양관 중 관리업무에 필요한 부분 즉 1층 라운지 및 화장실, 2층 식당 및 예배실을 제외한 나머지 부분에 대해 출입할 아무런 권원이 없음에도, 소망수양관 중 위 나머지 부분에 출입하면서 소망수양관을 적법하게 관리할 권한이 있는 채권자의 업무를 방해하고 있으므로, 채권자는 채무자에 대하여 별지 제2목록 기재와 같이 소망수양관에 대한 관리업무의 방해 금지를 구할 권리가 있다고 할 것이며, 따라서 이 사건 신청은 피보전권리가 인정된다."고 판시한 사례가 있다.[149]

(라) 예배방해금지가처분

형법 제158조에 규정된 예배방해죄는 공중의 종교생활의 평온과 종교감정을 그 보호법익으로 하는 것이므로, 예배 중이거나 예배와 시간적으로 밀접불가분의 관계에 있는 준비단계에서 이를 방해하는 경우에만 성립한다.[150] 이러한 법리에 따라서 대법원은 교회의 교인이었던 사람이 교인들의 총유인 교회 현판, 나무십자가 등을 떼어 내고 예배당 건물에 들어가 출입문 자물쇠를 교체하여 7개월 동안 교인들의 출입을 막은 사안에서, 장기간 예배당 건물의 출입을 통제한 위 행위는 교인들의 예배 내지 그와 밀접불가분의 관계에 있는 준비단계를 계속하여 방해한 것으로 볼 수 없어 예배방해죄가 성립하지 않는다고 하였다.[151] 따라서 이러한 경우 교인들의 출입을 막은 자들을 상대로 출입방해금지가처분 신청은

149) 수원지방법원 성남지원 2013. 6. 24. 자 2013카합145 결정.
150) 대법원 2008. 2. 1. 선고 2007도5296 판결; 대법원 1982. 2. 23. 선고 81도2691 판결.
151) 대법원 2008. 2. 1. 선고 2007도5296 판결.

별론으로 하더라도 예배방해금지가처분 신청을 하더라도 인용되지 않을 것이다.

또한 예배방해죄는 공중의 종교생활의 평온과 종교감정을 보호법익으로 하는 것으로서 예배에 참석한 신도들의 종교생활의 평온과 종교감정도 그 보호법익에 포함되는 것이다.[152] 이러한 법리에 따라서 설사 예배를 인도하는 목사가 교단에서 면직처분을 받았거나 당회에서 설교를 금지당하였다고 하더라도 그들의 예배를 방해하는 행위는 예배방해죄에 해당한다.[153] 따라서 면직당한 목사의 인도에 따라서 예배에 참석한 교인들이 예배방해금지가처분을 신청하는 경우는 인용될 수 있다는 결과에 이른다.

예배방해금지가처분은 교회가 반대파 교인들을 상대로 구할 수도 있으나 반대파 교인들이 교회측을 상대로 구할 수도 있을 것이다. 반대파 교인들이 폭력을 행사하고, 기물을 파손하기 위한 목적으로 교회에 출입한다거나, 용역을 동원하여 소란을 일으키는 등의 불법행위를 하는 경우, 교회로서는 해당 교인들을 상대로 예배방해금지가처분을 구할 수 있을 것이다.[154] 그러나 소속 교단으로부터 목사면직의 판결을 받은 목사가 일부 신도들과 함께 소속 교단을 탈퇴한 후 아무런 통보나 예고도 없이, 부활절 예배를 준비 중이던 종전 교회 예배당으로 들어와 찬송가를 부르고 종전 교회의 교인들로부터 예배당을 비워달라는 요구를 받았으나 이를 계속 거부한 사안에서, 위 목사와 신도들의 행위는 종전 교회의 교인들의 예배를 방해하는 것으로서 형법 제158조 예배방해죄에서 보호하는 '예배'에 해당한다고 보기는 어렵다고 할 것이므로,[155] 그들이 제기하는 예배방해금지가처분은 인정될 수 없을 것이다.

예배방해금지가처분은 교회당의 사용수익권이나 관리권에 근거하기도 하지만 예배할 권리 그 자체에 기하여 신청할 수도 있으므로 교회분쟁에 있어서 다수파가 아닌 소수파의 예배권도 인정되는 경우가 있다는 점에서 다른 가처분보다 넓게 인정된다.

---

152) 대법원 2004. 5. 14. 선고 2003도5798 판결.
153) 대법원 2004. 5. 14. 선고 2003도5798 판결; 대법원 1971. 9. 28. 선고 71도1465 판결.
154) 수원지방법원 성남지원 2011. 12. 29. 자 2011카합606 예배방해금지가처분(분당중앙교회사건) 결정.
155) 대법원 2008. 2. 28. 선고 2006도4773 판결(예배방해).

나. 당회, 공동의회, 총회 등 종교단체 의사결정에 관한 가처분

(1) 개최 · 결의금지가처분, 안건상정금지가처분

공동의회의 소집이 교단의 헌법 또는 교회의 정관에 위반하였다든가 교단의 헌법 또는 교회의 정관에 위반하는 사항을 결의사항으로 하는 당회 또는 공동의회가 소집되고 있을 때에는 본안 소송으로써 사후에 구제받기에 앞서 아예 당회, 공동의회의 개최 또는 특정사항의 결의 금지를 가처분으로 구할 필요가 있다. 당회결의가 정관에 정해진 의결정족수가 부족하다는 이유로 그 결의에 기한 장로 등 선출안건을 공동의회에 상정하여서는 아니된다는 안건상정가처분이 인용된 사례가 있다.[156] 그런데 그 가처분에 위반하여 개최된 회의에서의 결의의 효력에 관하여는 결의부존재사유가 된다는 견해와 가처분에 위반하여 개최되었다는 사정만으로 결의가 부존재한다고 볼 수는 없고, 결의의 실질적 하자의 정도에 따라 결의취소, 결의무효 또는 부존재가 된다고 하는 견해가 대립되고 있다.[157]

(2) 직무집행정지가처분과 직무대행자선임가처분

공동의회에서의 담임목사 청빙결의, 노회에서의 담임목사 위임결의, 노회장, 총회장의 각 선출결의의 위법을 원인으로 하여[158] 담임목사, 노회장, 총회장의 직무집행정지가처분과 직무대행자선임 가처분을 신청할 수 있고, 이에 따라 가처분을 인용하고, 직무대행자를 선임할 수 있다. 직무대행자는 가처분 인용결정과 동시에 하거나 분리하여 할 수 있으나 직무집행 정지결정을 하여 대표자의 직무를 행할 자가 없다거나 합의체 임원의 경우 의사정족수에 미달하는 경우에는 반드시 직무대행자를 선임하여야 한다. 정관에 직무대행에 관한 규정이 있다는 것이 법원이 직무대행자를 선임하지 않는 타당한 이유가 될 수도 없다.[159]

---

156) 서울중앙지방법원 2015. 1. 9. 자 2014카합1898 교인총회안건상정등금지가처분(사랑의교회사건) 결정. 서울지방법원 2016. 2. 26. 자 2016카합80200 교인총회안건상정등금지가처분(사랑의교회사건) 결정.

157) 법원행정처, 「법원실무제요 민사실무집행 [Ⅳ]」(이하 '민사실무집행 [Ⅳ]'라고 한다), 2014. 8, 439면.

158) 경우에 따라서는 임기만료를 원인으로 하여 직무집행정지가처분신청을 할 수 있고, 이 경우 피보전권리는 담임목사지위 부존재확인청구권이 될 것이다.

159) 법원실무제요 민사집행[Ⅳ] 2014, 8. 20, 발행, 제420면 밑에서 8째줄 이하 참조.

법인의 임원에 대한 가처분의 경우에는 주사무소나 분사무소가 있는 곳의 등기소에 이러한 가처분을 등기하여야 하고, 위 가처분을 변경, 취소하는 경우에도 동일하지만(민법 제52조의 2, 민사집행법 제306조), 교회, 노회, 총회는 비법인사단으로 법인등기부가 없으므로 이러한 사실을 등기할 수 없다. 직무대행자는 법인의 통상사무에 속하는 업무 외에는 할 수 없으나, 가처분명령에 정한 경우와 법원의 허가를 받은 경우에는 그렇지 않다(민법 제60조의 2). 가처분의 본안소송인 대표자를 선출한 본안 결의의 무효 또는 부존재확인을 구하는 소송에서 피고를 대표할 자는 정지당한 대표자가 아니라 대표자 직무대행자이다.[160] 본안소송에서 패소한 경우 항소하는 것은 직무대행자의 상무이고, 항소를 포기하거나[161] 취하하는 행위,[162] 청구를 인낙하는 행위[163]는 상무가 아니다. 거의 없는 예이지만 권리능력없는 사단에서 가처분채권자 자신이 직무대행자로 선임된 경우는 민사소송법 제64조, 제62조의 규정에 의하여 특별대리인을 선임하여야 한다.[164]

그리고 직무대행자의 지위는 가처분결정에서 그 기한을 정하고 있는데 통상 본안판결 확정시까지이다. 본안판결은 누가 승소하든 결과는 상관없다. 그런데 총회장을 선출한 총회결의의 무효확인 청구의 소가 각각 다른 회원에 의하여 제기되었는데 그 각 판결이 다른 시기에 확정된 경우 본안판결이 어느 판결이냐에 따라 직무대행자의 재임기간이 달라질 수 있다. 본안판결은 직무집행정지신청 및 그 대행자선임 신청을 한 당사자가 제기한 소송의 판결이 될 것이다. 또한 교회의 담임목사는 행정적인 지위 외에 각종 예배와 심방, 기도회 등을 인도하는 등 영적인 지위가 있다는 점에서 그 직무정지에 신중을 기하여야 할 뿐만 아니라 직무대행자를 함부로 선임하는 것은 목자와 양의 관계를 임의로 설정한다는 점에서 극히 조심해야 한다고 본다. 직무집행의 정지 및 직무대행자의 선임을 행정적인 부분에 한하고 영적인 부분은 제외시키는 것도 한 방법이 될 수 있을 것이나 이 또한 현실적으로 쉽지 않을 것이다. 그리고 어쩔수 없이 직무집행을 정지

---

160) 대법원 1995. 12. 12. 선고 95다31346 판결 등.
161) 대법원 2006. 1. 26. 선고 2003다36225 판결.
162) 대법원 2006. 10. 27. 선고 2004다63408 판결.
163) 대법원 1975. 5. 27. 선고 75다120 판결.
164) 대법원 1992. 3. 10. 선고 91다25208 판결; 대법원 2001. 7. 27. 선고 2000다56037 판결.

하고 대행자를 선임해야 한다면 그 대행자로는 같은 노회 또는 연회의 추천을 받아 적절한 목사를 대행자로 선임하는 것이 가장 합리적일 것이다.

직무집행정지가처분의 주문은 채무자가 담임목사인 경우 「채권자의 ○○교회에 대한 담임목사지위부존재확인 청구사건의 본안판결 확정시까지 채무자는 ○○교회의 담임목사로서의 직무를 집행하여서는 아니된다.」하는 것이 보통이다. 그러나 담임목사의 직무가 무엇이냐가 주문에 나타나지 않음으로 인하여 그 범위가 명확하지 않아 간접강제신청시 채무자가 가처분결정에 반하는 행위를 한 것인지 여부가 명확하지 않아 무엇이 담임목사의 직무인지를 확정해야 하는 불편이 있을 수 있다. 그리하여 가처분신청시 신청취지에 「1. 채무자는 ○○청구소송의 본안판결 확정시까지 다음과 같은 행위를 포함하여 ○○교회의 담임목사로서의 직무를 집행하여서는 아니된다. 가. 교회의 예배를 인도하거나, 설교(화상설교 포함)하는 행위. 나. 위 교회의 제직회, 공동의회 등 회의를 소집, 주재, 의결하는 행위. 다. 위 교회의 예배 사회자, 설교자를 지명하고, 직원을 임명하는 행위, 라. 교회의 직원에게 행정에 관한 업무지시를 하는 행위, 마. 위 교회 소유의 헌금을 수납하고, 재정지출에 관하여 결재하는 행위, 바. 위 교회 소유의 부동산과 현금 이외의 동산을 관리, 처분하는 행위. 2. 집행관은 제1항의 명령의 취지를 적당한 방법으로 공시하여야 한다. 3. 채무자가 제1항의 의무를 위반할 경우 채무자는 채권자들에게 위반행위 1회당 300만원씩을 지급한다」라고 하여 직무의 범위를 명확히 하고, 처음부터 간접강제까지 신청할 수도 있다. 그러나, 실무상 간접강제는 위반할 개연성이 많다는 점이 소명되지 않았다는 이유로 간접강제가 기각되는 경우도 있다.

(3) 효력정지가처분

당회, 공동의회, 총회의 결의가 위법하게 진행된 경우 그 효력의 무효확인청구권을 피보전권리로 하여 효력정지가처분을 할 수 있다. 그리고 그 결의가 단체의 대표자 또는 임원의 선출인 경우 위 결의 무효확인청구의 피고는 교회나 교단 등 단체이지만, 그 결의에 의하여 선출된 자의 직무집행정지의가처분의 채무자는 채권자가 주장하는 법률상의 지위와 정면으로 저촉되는 지위에 있는, 즉 무효인 결의에 의하여 선출된 개인이다.[165] 그런데 교단 산하 학원의 정관에 그 이사장의 선출은 교단 총회의 인준을 받아야 효력이 있다는 규정이 있는데 교단총회의 인준절차에 하자가 있다면 법인의 이사장의 선출도 하자가 있으나 법인의 이사등 이해관계인은 이에 대하여 다투지 않고, 다만 총회의 실행위원등 회원들만 총회 인준의 하자를 다투고자 할 때 총회의 회원들이 직접 학원의 이사장을 상대로 직무지집행정지를 구할 수 있는 신청의 이익이 있다고 볼 수 없다고 볼 여지가 있으므로 이러한 경우에는 총회를 상대로 인준결의의 효력정지 가처분을 구하는 것은 허용된다고 봄이 상당하다. 본안판결인 단체를 상대로 한 결의무효확인청구는 확인의 이익이 있다고 하면서 단체를 상대로 한 결의의 효력정지가처분은 이익이 없다고 하는 것은 의문이다. 그러나 이에 대하여 직무집행정지를 구하지 않고 효력정지만을 구하는 것은 직접적인 권리구제의 방법이 아니라는 등의 이유로 허용되지 아니한다는 하급심의 판결[166]이 있다.

확인청구는 반드시 당사자간의 법률관계에 한하지 아니하고, 당사자의 일방과 제3자 사이 또는 제3자 상호간의 법률관계도 그 대상이 될 수 있지만, 그 법률관계의 확인이 확인의 이익이 있기 위하여는 그 법률관계에 따라 제소자의 권리 또는 법적 지위에 현존하는 위험, 불안이 야기되어야 하고, 그 위험, 불안을 제거

165) 대법원 1997. 7. 25. 선고 96다15916 판결. 통합 정당을 상대로 합당 결의가 무효임을 주장하면서 그에 기하여 총재로 선출된 자가 정당의 대표로서의 직무를 집행하지 못하도록 해달라는 신청은, 그 법적 성격이 민사소송법 제714조 제2항 소정의 임시의 지위를 정하기 위한 가처분 신청이어서, 이 경우 피신청인이 될 수 있는 자는 신청인들이 주장하는 법률상의 지위와 정면으로 저촉되는 지위에 있는 총재 개인에 한정되므로, 신청인들이 신설된 통합 정당을 피신청인으로 한 위 직무집행정지 가처분 신청은 당사자적격을 갖지 아니하는 자에 대한 것으로서 부적법하다.

166) 서울중앙지방법원 2019. 5. 17. 자 2019카합20499 결정(① 단체의 대표자 선임에 하자가 있다는 이유로 신청하는 임시의 지위를 정하는 가처분은 일반적으로 대표자 개인을 상대로 하는 직무집행정지가처분으로 구하는 것이 직접적인 권리구제의 방법인 점, ② 이 사건과 같이 단체를 상대로 한 대표자 선임결의의 효력정지가처분을 허용한다면, 이는 사실상 단체를 상대로 한 직무집행정지가처분을 인정하는 것과 동일한 결과가 되어 부당한 점, ③ 이사장에 대한 직무집행정지가처분을 인용할 경우에는 법원에서 직무대행자를 선임할 수 있는 반면, 인준 결의의 효력정지가처분에 관하여는 직무대행자의 선임에 관한 아무런 규정을 두고 있지 않으므로, 결의의 효력이 정지되더라도 이후 누가 어떠한 방법으로 하자를 치유할 것인지에 관한 적법한 해결책을 상정하기 어렵고 오히려 채무자 법인 내부의 혼란이 가중될 개연성이 적지 아니한 점, ④ 이사장 직무집행정지가처분과 달리 인준 결의의 효력정지가처분의 경우에는 법인등기부에 이를 공시할 방법이 없는 점 등을 종합하여 보면, 채무자들을 상대로 이 사건 결의의 효력정지가처분을 구하는 것은 허용되지 아니한다고 봄이 타당하다.), 서울고등법원 2010. 6. 21. 자 2009라2534 결정, 서울중앙지방법원 2015. 6. 12. 자 2015카합80341 결정 등.

하기 위하여 그 법률관계를 확인의 대상으로 한 확인 판결에 의하여 즉시로 확정할 필요가 있고 또한 그것이 가장 유효적절한 수단이 되어야 한다.[167] 이러한 법리에 따라 만 75세가 경과한 남성장로가 총회를 상대로 한 여성 목사장로 안수를 허용하는 결의와 목사와 장로의 정년을 만 70세에서 만 75세로 연장하는 결의의 무효확인을 구한 사건에서 위 결의는 원고의 권리 또는 법적 지위와 무관한 내용이고 그로 인하여 원고의 권리 또는 법적지위에 현존하는 위험, 불안이 야기된다고 보기 어렵다는 이유로 기각한 판례가 있다.[168]

(4) 가처분에 위반하여 개최된 당회, 공동의회 결의의 효력

만약 채권자가 신청한 가처분은 인용되었지만 본안에서 패소 확정된 경우 가처분에 위반된 채무자의 행위의 효력이 문제될 수 있다. 임시의 지위를 정하기 위한 가처분의 형성력 및 대세효를 중시하여 위반행위의 효력을 부인하지 아니하면 가처분제도의 실효성이 감소되고 채무자로 하여금 법원의 명령을 무시하고 모험적인 선택을 하도록 할 우려가 있다는 이유로 그 위반행위를 무효로 보는 견해와, 가처분 결정에 본안판결보다 더 강력한 효력을 부여할 수 없다는 보전처분의 성질을 중시하여 가처분채무자가 비록 법원의 명령을 무시하였더라도 채권자가 본안에서 패소한 이상 처음부터 그러한 권리가 없었던 것이므로 위반행위의 효력을 전면적으로 인정하여야 한다는 견해가 있다.[169]

판례는 의결권행사금지가처분과 동일한 효력이 있는 강제조정 결정에 위반하는 의결권행사로 주주총회 결의에 가결정족수 미달의 하자 여부가 문제된 사안에서, 가처분의 본안소송에서 그 가처분이 실질적으로 무효임이 밝혀진 이상 위 강제조정 결정에 위반하는 의결권 행사는 결국 가처분의 피보전권리를 침해한 것이 아니어서 유효하다고 하여[170] 후자의 견해를 취하고 있다.

---

167) 대법원 1995. 10. 12. 선고 95다26131 판결.
168) 서울고등법원 2019. 3. 13. 선고 2018나2022181 판결. 대법원 2019. 6. 27. 선고 2019다223921 판결.
169) 민사실무집행 [Ⅳ], 440면.
170) 대법원 2010. 1. 28. 선고 2009다3920 판결.

다. 교단탈퇴 내지 변경과 관련된 가처분

교단변경과 관련한 구체적인 소송유형에 관하여는 제5장 제4절 Ⅲ.에서 본 바와 같다. 따라서 그러한 소송을 본안소송(피보전권리)으로 하여 다음과 같은 가처분을 예상할 수 있다.

(1) 적법한 교단변경결의를 하지 못한 경우

교단변경이 적법하지 아니하면 원칙적으로 탈퇴 교인들 및 그들이 설립한 신설교회는 종전 교회 재산에 대하여 어떠한 권리도 없다. 이러한 전제에서 잔류교회가 탈퇴교회를 상대로 하여 다음과 같은 가처분을 할 수 있다.

(가) 처분금지가처분 및 점유이전금지가처분

교회재산을 탈퇴한 지교회 명의로 등기하고 그 교인들이 교회를 점유하고 있는 경우 잔류교회는 그 말소등기청구권과 명도청구권이 있고 이를 보전하기 위해 탈퇴교회를 상대로 처분금지 및 점유이전금지가처분을 할 수 있을 것이다.

(나) 예배·출입·직무집행 금지 또는 각 행위의 방해 금지 가처분

탈퇴 교인들 및 그들이 설립한 신설교회가 종전 교회건물에 출입하거나 예배를 하는 경우 및 그들이 임의로 선출한(또는 그들이 임의로 가입한 교단이 파송한) 목사가 예배를 인도하는 등의 직무를 집행하는 것은 모두 정당한 권원이 없다고 할 것이다. 따라서 잔류 교회는 그들의 예배·출입·직무집행의 금지가처분을 신청할 수 있을 것이다. 특히 지교회와 교단이 대립되어 지교회가 교단에서 탈퇴한 경우, 노회가 지교회의 담임목사 또는 이를 주도한 교역자, 장로 등을 징계하는 경우가 많다. 이 경우 교단이 담임목사를 징계하면서 임시당회장을 파송하고, 임시당회장이나 잔류교회의 교인들이 담임목사를 상대로 직무집행정지가처분 신청을 제기할 수 있을 것이다.

(다) 잔류 교회 소속 교인들 명의로 각 신청을 하는 경우

잔류 교회 소속 교인 개인 명의로 재산권에 관한 각 신청을 하는 경우에는 주의를 요한다. 판례는 총유재산에 관한 소송은 법인 아닌 사단이 그 명의로 사원총회의 결의를 거쳐 하거나 또는 그 구성원 전원이 당사자가 되어 필수적 공동소송의 형태로 할 수 있을 뿐 그 사단의 구성원은 설령 그가 사단의 대표자라거나 사원총회의 결의를 거쳤다 하더라도 그 소송의 당사자가 될 수 없고, 이러한 법리는 총유재산의 보존행위로서 가처분신청을 하는 경우에도 마찬가지라고 판시하여[171] 총유재산에 관한 소의 신청인 적격을 제한하였다. 따라서 채무자에 대하여 출입금지가처분이나 처분금지가처분 내지 점유이전금지가처분을 하는 경우는 위 전원합의체 판결의 취지에 따라 종전 교회 명의로 신청하여야 하고 교회의 구성원 개인은 신청인적격이 없고, 전원이 필수적 공동소송의 형태로만 가능하다고 보아야 할 것이다.[172] 이에 반하여 방해금지 가처분은 제3자의 사용・수익으로 인하여 그 총유재산의 사용수익권자가 자신의 사용수익권을 방해당하였으므로 그 방해행위의 금지를 구하는 것으로서 종전 교회는 물론, 그 교인들 개인도 청구(신청)할 수 있다고 할 것이다.

(라) 탈퇴한 교인들이 잔류측 교인들을 상대로 한 가처분

교단탈퇴결의자측 교인들이 종전 교회를 점유하면서, 종전 교회측 교인들을 상대로 교회건물 출입・예배에 대한 방해금지 및 상대방들의 예배・출입・직무집행의 금지가처분신청은 그 결의가 교단변경결의의 절차적・실체적 요건을 갖추지 못하였기 때문에 탈퇴결의자측 교인들은 종전 교회 교인으로서의 지위와 더불어 교회 재산의 사용수익권을 상실하여 교회 건물에 출입하거나 예배할 권원이 없으므로[173] 이러한 가처분 역시 인정될 수 없다.

---

171) 대법원 2005. 9. 15. 선고 2004다44971 전원합의체 판결 등.

172) 대법원 2006. 6. 9. 자 2003마1566 결정은 종전 교회 교인이 교회를 탈퇴한 측에 대하여 교회 출입 및 설교행위의 금지를 구한 사안에서, 대법원 2005. 9. 15. 선고 2004다44971 전원합의체 판결을 원용하여, 교회재산에 대한 출입・사용의 금지만을 구하는 가처분신청에 있어서는 신청인(종전 교회 교인) 개인은 신청인 적격이 없고, 사용・수익을 방해하는 피신청인의 행위의 금지를 구하는 경우에는 신청인 적격이 있다는 취지로 판시하였다.

173) 서울고등법원 2007. 11. 2. 선고 2006나62999 판결.

(2) 적법한 교단변경결의를 한 경우

(가) 교회가 종전 교단을 상대로 한 처분금지가처분신청

종전 교회가 종전 교단(유지재단)에 부동산을 명의신탁한 경우 교회는 명의신탁을 원인으로 한 소유권이전등기청구권을 보전하기 위하여 교단(유지재단)을 상대로 처분금지가처분을 신청할 수 있다.

(나) 사용·수익에 관한 가처분

교단변경을 거부한 잔류교인들이 교단을 변경한 교인들의 예배를 방해하거나 출입을 방해한 경우 탈퇴교인들은 잔류교인들에 대하여 예배 및 출입방해금지가처분을 신청할 수 있고, 잔류교인들이 임의로 예배를 보거나 출입을 하는 경우 탈퇴교인들로 구성된 교회는 잔류교인들을 상대로 예배 및 출입금지가처분을 신청할 수 있다.

그리하여 담임목사가 교단과 갈등을 빚자 교단탈퇴를 결의하였고, 교단이 임시당회장을 파송함에 따라 교단탈퇴 지지세력과 교단 지지세력으로 분열되어 2년 가까이 별도로 예배를 드리는 상황에서 판결이 확정되기 전까지 교단 지지세력인 채권자들도 신포교회의 교인의 지위를 가지므로, 채무자들에 대하여 이 사건 각 부동산의 출입 및 예배방해금지를 구할 피보전권리가 있고, 채무자들이 2013. 9. 29. 자 제직회에서 채권자들 중 일부를 포함하여 교인 13명에 대하여 제명하는 결의를 한 점 등 기록 및 심문과정에서 나타난 제반 사정에 비추어 볼 때 보전의 필요성도 인정된다고 하여 가처분결정을 인용하였으나 그 후 본안소송에서 2/3 이상이 결의에 찬성하였음을 인정하는 취지의 판결이 선고되자, 교단지지세력이 담임목사와 그 지지세력인 교인들을 상대로 한 출입 및 예배방해금지가처분신청을 기각하였다.[174]

라. 대표자, 장로, 교인등 신분상 지위에 관한 가처분

개교회의 담임목사, 장로, 교인들에 대한 징계처분 기타 신분상 지위에 관한

---

174) 수원지방법원 평택지원 2015. 10. 8. 자 2015카합1013 출입방해 및 예배방해금지가처분 결정.

결의로 그 지위가 박탈될 우려가 있는 경우 가처분을 할 수 있다.

(1) 지위보전등가처분

채권자들은 담임목사를 반대하다가 채무자 교회의 당회결의에서 각 제명 및 출교처분의 징계를 받자 그 징계가 교회헌법인 권징조례 절차를 거치지 않았거나 정당한 징계사유가 아닌 사유를 들은 것인데 그 하자가 매우 중대하여 당연무효이므로 장로 등의 지위가 있다는 가처분신청을 하였으나, 법원은 채무자 교회의 채권자들에 대한 제명 및 출교처분은 채권자들의 주장에 의하더라도 권징재판에 해당하는바, 채무자 교회는 그러한 권징재판을 통하여 종교단체로서 교리를 확립하고 신앙상의 질서를 유지하는 한편 채무자 교회에 대하여 해교행위를 하는 교인들을 구성원에서 배제하는 방법으로 조직의 안정과 화합을 도모하려고 하였던 것임이 인정되므로, 채권자들에 대한 제명 및 출교처분의 효력 자체에 관한 사항은 채무자 교회 내부의 자율에 맡겨야 할 것으로서 사법심사의 대상이 되지 아니한다고 할 것이다."라는 이유로 각하 결정을 한 사례가 있다.[175] 위와 같이 장로 등의 지위보전가처분은 피보전권리가 권징재판의 무효확인인 경우 사법심사의 대상이 되지 아니한다거나[176] 보전의 필요성이 없다[177]는 이유로 기각되는 경우가 많다.

(2) 권징재판 등 결의에 대한 효력정지가처분

신분상 지위에 대한 가처분 중에서 권징재판무효확인청구권을 피보전권리로 하여 그 효력정지가처분이 제기되고 있다. 권징재판에 대한 사법심사의 범위에서도 보았듯이 권징재판은 원칙적으로 사법심사의 대상이 되지 않고, 특히 권징재

175) 서울중앙지방법원 2014. 6. 24. 자 2014카합624 장로등지위보전가처분(충현교회사건) 결정.
176) 서울고등법원 2012. 3. 20. 자 2011라1143 지위보전가처분 결정.
177) 서울고등법원 2014. 11. 7. 자 2014라780 장로등지위보전가처분 결정: 설령 채권자들이 주장하는 이 사건 신청의 피보전권리(당회결의 무효확인 청구권)가 인정된다고 하더라도, (관련 법리 설시), 현재 교회가 안정을 되찾아가고 있는 반면, 채권자들은 여전히 위 인터넷카페를 운영하는 등으로 채무자 교회에 대한 반대여론을 조성하고 있는 것으로 보이는 점, 이와 같은 때에 본안 판결에 앞서 당회결의나 노회 및 총회재판 결과에 반하는 채권자들의 이 사건 신청을 받아들일 경우 채무자 교회는 다시 혼란에 빠지거나 새로운 분쟁에 휘말리게 될 가능성을 배제할 수 없는 점 등을 모두 종합해 보면, 채권자들이 제출한 자료만으로는 이 사건 신청의 보전의 필요성이 충분히 소명되었다고도 보기 어렵다고 판시하여 기각 결정하였다.

판이 교단 내부에서 확정된 경우는 더욱 그러하기 때문에[178] 가처분으로 그 효력의 정지를 구하는 경우가 많다. 그러나 가처분이라고 하더라도 항변으로 피보전권리가 사법심사의 대상이 되지 않는다는 주장을 하게 된다. 구체적으로 권징재판의 효력정지가처분의 인용 사례로는 단순한 종교상의 자격에 관한 사항에 불과하여 종교상의 교의 또는 신앙의 해석에 깊이 관련되어 있다기보다는 채무자 광주동지방회 소속 베드로교회 대표자의 지위에 관한 다툼으로서 채권자의 구체적인 권리 또는 법률관계에 대한 것이므로 사법심사의 대상이 된다고 할 것이고, 징계법 등에서 정하고 있는 징계절차를 준수하지 않은 사실이 소명된다는 이유로 총회재판위원회의 파직, 출교처분에 대한 효력정지신청을 인용한 사례[179]와 교회 당회 재판국이 장로 겸 당회원에 대하여 장로 면직 및 출교 판결 등을 선고하였고, 해당 장로가 이에 대하여 노회에 항소한 경우 권징판결이 확정되지 아니한 이상 신청인들은 여전히 피신청인의 당회원으로서의 지위를 가진다고 보아야 한다고 보아 가처분신청을 인용한 사례[180]가 있고, 기각사례로는 교회 내부의 분쟁해결을 위한 절차의 적법성 문제는 종교의 자유를 보장하는 측면에서 당해 교단의 판단을 최대한 존중함이 상당하고, 채무자는 대한예수교장로회의 최고 치리회로서 교단 내의 분쟁에 관한 최종 판단권을 갖는다는 점까지 고려하여 보면, 채권자가 현재까지 제출한 자료들만으로는 이 사건 면직·출교 처분의 하자가 매우 중대하여 현저히 정의관념에 반하는 정도로서 당연 무효에 해당한다고 단정하기 어렵다는 사례[181]와 피보전권리 소명이 부족하고, 총회에 상소하여 그 절차가 진행 중인 점 등에 비추어 보면, 가처분으로써 즉시 이 사건 판결의 효력을 정지하여야 할 정도로 급박한 보전의 필요성이 있다고 보기 어렵다는 이유로 기각한 사례[182]가 있다.

---

178) 대법원 1984. 7. 24. 선고 83다카2065 판결.
179) 서울중앙지방법원 2015. 3. 25. 자 2014카합1458 불법재판(재심)중지가처분 결정.
180) 서울중앙지방법원 2011. 10. 11. 자 2011카합1981 효력정지가처분 결정.
181) 서울중앙지방법원 2014. 8. 25. 자 2014카합861 효력정지가처분 결정.
182) 서울중앙지방법원 2015. 2. 26. 자 2014카합20328 판결효력정지가처분 결정.

(3) 감독회장 당선무효판결 효력정지가처분

감리회 감독회장 선거에서 당선된 후보자에게 선거부정을 이유로 당선무효를 선고한 총회특별재판위원회의 판결은, 甲목사에게 선거법위반의 혐의가 있다는 사정만으로 총특채가 행정재판을 열어 당선무효판결을 선고하는 것은 적법하다고 볼 수 없고, 감독회장선거법 제29조, 제30조가 규정하는 바와 같이 선거권자 등의 총회특별심사위원회에 대한 선거법위반 혐의 고발과 그에 따른 기소를 거쳐 총특채가 선거법위반에 관한 재판을 하는 등 선거법위반의 유무를 우선 가려보는 것이 순서인데 이러한 순서를 거치지 않고 甲목사에게 반증의 기회도 주지 않은 것은 당사자의 방어권을 보장하지 않은 중대한 하자가 있고, 교리와 장정 행정재판법 제3조에 의하여 준용함이 상당한 공직선거법은 당선무효소송의 당사자는 후보자를 추천한 정당, 후보자만으로 원고적격을 엄격하게 제한하고 있으므로 이 사건 소송에서 선거권자에 불과한 자는 원고적격이 없다는 이유로 위 총특채의 판결은 무효라는 이유로 채권자의 효력정지가처분신청을 인용하였다.[183]

이 결정은 종교단체 내부의 판결에 대하여 사법부가 상당히 깊히 관여하여 종교단체의 자율권을 침해한 듯이 보이나, 사실은 위 판결을 한 총회특별재판위원회는 같은 특별위원회의 하나인 감독회장선거관리위원회가 적법하게 선포한 결정을 뒤집은 것이어서 종교단체 내부의 기관과 기관의 대립의 측면이 있어 종교단체 내부의 자율권을 침해하는 것이라고 보기 어렵고, 또한 감리회가 감독회장 선거의 불법으로 인하여 6년 가까이 혼란[184]을 겪어 와서 가능하면 감리회의 안정을 바라는 측면의 판결이었다는 점에서 타당한 결론이라고 할 것이다. 이러한 연장선상에서 甲목사의 반대측에서 甲목사가 피선거권이 없고, 부정선거운동을

---

183) 서울고등법원 2014. 4. 21. 자 2013라1745 결정(전용재감독회장사건; 원결정에서는 총회특별재판위원회의 판결을 존중하여 전용재 감독이 제기한 효력정지가처분을 기각하였다).

184) 기독교대한감리회의 수장인 감독회장 선거를 둘러싸고 벌어진 법적분쟁으로 인한 것이다. 그 발단은 2008. 8. 29. 시행된 제28대 감독회장 선거의 후보자로 김국도, 고수철 등이 있었으나 김국도 목사의 명예훼손죄로 인한 벌금 100만원의 형 때문에 입후보자격에 문제가 되었고, 2013. 7. 13. 실시된 재선거에서는 강흥복 목사가 당선되었으나 절차상 하자를 이유로 선거무효소송이 제기되어 필자가 직무대행자로 선임되는 등(대법원 2012. 2. 9. 선고 2011다104413 판결의 확정으로 직무대행의 임무가 종료하였고, 그 후 임시감독체제로 되었다) 혼란이 지속되었으며 2013. 7. 9. 제30회 총회에서 전용재 감독이 선임되었으나 그 직무가 정지되기에 이르렀던 것이다.

하였다는 등의 이유로 제기한 감독회장직무집행정지를 신청한 사안에서 이를 인정할 자료가 부족하다는 이유로 가처분신청을 기각하였다.[185]

마. 회계장부열람등사가처분

(1) 필요성

교회의 수입은 대부분 교인들의 헌금으로 충당된다. 그런데 물질에 대하여 가장 깨끗해야 할 교회가 재정투명성이 사회의 어느 단체보다 낮은 경우가 너무 많다. 교회 재정의 횡령, 배임 등이 교회분쟁의 원인이 되는 경우가 많고 이러한 과정에서 교인들에 의하여 회계장부열람등사가처분 신청이 나타나고 있다.

종교인에 대한 과세가 시작되면 그 과세내용의 정확성을 확인하기 위하여 과세관청에서 종교단체의 수입 및 지출에 대하여 어떠한 형태로든 교회재정의 수지에 대하여 관리를 하게 될 여지가 크다. 이 경우 재정수지의 정당성을 판단하는 기준으로서의 역할을 하게 되는 것이 교회정관이고 그 정관 및 하위 규정에는 교회의 재정과 회계에 관한 규정들이 반드시 담겨져야 함에도, 현재 교회의 실태를 보면 그렇지 못한 교회가 대부분이고, 아직 그 필요성을 느끼지 못하는 교회도 있다.

교회정관에 재정 및 회계에 관한 내용을 담는 경우, 재정수입 및 재정지출 절차의 정당성과 내용의 투명성을 확보함과 동시에 그 내용을 교회 내의 교인은 물론 교회 밖의 사람들에게까지 공개하도록 한다면, 지금까지 교인들이 교회에 대하여 혹은 교인들 간에 가졌던 불신을 해소[186]할 수 있을 뿐만 아니라 교회 밖의 사람들로 하여금 교회재정 정보의 미공개로 인하여 생겼던 오해도 상당부분 해소될 수 있을 것이다. 그리하여 제4장 제5절에서 살펴본 바와 같이 교인들에게 회계장부열람청구권이 인정되고 그러한 가처분 역시 인정될 필요가 있다. 다만 이러한 가처분이 개인적인 유익을 위하여 악의적으로 남용될 우려가 있고, 그로 인하여 교회가 불필요한 혼란에 빠질 가능성이 있으므로 일정한 제한이 필요할

185) 서울중앙지방법원 2014. 10. 20. 자 2014카합693 결정.

186) 교회 내에서의 분쟁의 진행상황을 보면 처음에는 교인들 간 사소하게 생기는 불신이 점점 커져서 재정에 관한 분쟁으로 발전하고 종국에는 일반 사회법원으로의 소송 또는 교회의 분열로 이어지는 상황임을 감안하면, 교회재정의 투명성이 담보되는 교회의 정관은 더욱 중요한 의미를 가진다.

것이다.

(2) 주문례

회계장부열람등사가처분은 비교적 근래에 문제된 것이므로 그 주문례를 소개한다.

(가) 1유형

1. 채무자는 이 사건 결정을 고지받은 날의 2일 후부터 공휴일을 제외한 30일 동안 채권자들 또는 그 대리인들에게 채무자 교회(서울 ○○구 ○○로 ○○○)의 사무국(제1교육관 1층)에서 매일 9:00부터 18:00까지 '별지 목록 기재 장부, 서류 및 컴퓨터 파일(다만, 개인별 헌금내역이 기재된 부분은 제외)에 대하여 열람·등사(사진 촬영 및 컴퓨터디스켓으로의 복사 포함)하도록 허용하여야 한다.

2. 채무자가 제1항 기재 기간 동안 위 의무를 이행하지 않을 경우, 채권자에게 1일 100만원의 비율로 계산한 돈을 지급하라.

(나) 2유형

1. 채무자는 별지 목록 기재 장부, 서류 및 컴퓨터 파일 중 개인별 헌금내역이 기재된 부분을 제외한 나머지 부분(컴퓨터 파일의 경우 그 파일이 저장되어 있는 컴퓨터 하드디스크 포함)에 대하여 점유를 풀고, 채권자들이 위임하는 집행관에게 그 보관을 명한다. 다만 그 보관기관은 이 결정 송달일로부터 30일간으로 한다.

2. 집행관은 위 보관기간 중 별지 목록 기재 장부, 서류 및 컴퓨터 파일 중 개인별 헌금내역이 기재된 부분을 제외한 나머지 부분을 채권자들의 신청에 따라 채권자들 또는 그 대리인(변호사, 공인회계사, 기타의 보조자를 동반하는 것을 포함)에게 위 보관장소에서 오전 9시부터 오후 6시까지 열람 및 등사하게 하여야 한다.

3. 집행관은 현상을 변경하지 아니할 것을 조건으로 하여 채무자에게 별지 목록 기재 장부, 서류 및 컴퓨터 파일의 사용을 허가할 수 있다.

4. 채무자는 별지 목록 기재 장부, 서류 및 컴퓨터 파일의 점유를 타인에게 이전하거나 점유명의를 변경하여서는 아니 된다.

바. 출판·배포금지등가처분

(1) 교회분쟁과 명예훼손

교회에 분쟁이 있게 되면 자신이 옳고 상대는 틀렸다는 주장을 하게 되고, 이러한 과정에서 상호 비방이 가중되어 결국 명예훼손, 모욕의 문제[187]가 단골메뉴로 등장한다. 특히 담임목사를 반대하는 측에서는 카페 등을 개설하여 과장과 추측에 의한 사실을 주장하고 의견을 개진하며, 담임목사측은 이를 반박하는 과정에서 상호 불신과 심한 상처를 낳게 된다.

이와 같은 명예훼손 및 모욕의 문제는 교회 내부에서 뿐만 아니라 교회 외부의 이단 세력들과의 관계에서도 필연적으로 등장한다. 종교의 자유에는 자신이 믿는 종교를 선전할 권리, 다른 종교를 비판할 자유가 포함된다. 종교비판의 자유는 자신이 믿는 교리의 순수성을 지키는 동시에 다른 신자들이 이단·사이비에 빠지지 않도록 경계하기 위해 보장되는 자유이다. 이러한 종교적 비판은 대부분 신문이나 방송, 서적 등을 통해서 이루어지는데 이러한 종교적 비판이 자칫 타인의 명예를 훼손하는 경우가 있다. 그런데 헌법 제21조 제4항은 "언론·출판은 타인의 명예나 권리 또는 공중도덕이나 사회윤리를 침해하여서는 아니된다. 언론·출판이 타인의 명예나 권리를 침해한 때에는 피해자는 이에 대한 피해의 배상을 청구할 수 있다."고 규정하고, 민법 제764조는 "타인의 명예를 훼손한 자에 대하여는 법원은 피해자의 청구에 의하여 손해배상에 갈음하거나 손해배상과 함께 명예회복에 적당한 처분을 명할 수 있다."[188]고 규정하고 있다. 하지만 출판물은 빠른 속도로 전파되고 그 결과는 치명적이기 때문에 손해가 발생한 후에 손해배상이나 적당한 처분을 구하는 사후적인 수단만으로는 만족할 만한 구제수단이 될 수 없다. 그리하여 이를 방지하기 위하여 명예훼손 또는 모욕 출판물의

187) 명예훼손죄는 사람의 사회적 평가를 저하시키는데 충분한 구체적 사실을 적시하는 것을 요하는데 반하여, 모욕죄는 구체적 사실을 적시하지 아니하고 단지 모멸적인 언사를 사용하여 타인의 사회적 평가를 경멸하는 자기의 추상적 판단을 표시하는 것으로 족하다는 점에서 차이가 있다.

188) 헌법재판소 1991. 4. 1. 89헌마160 전원합의부 결정: "민법 제764조(1958. 2. 22. 법률 제471호)의 '명예회복에 적당한 처분'에 사죄광고를 포함시키는 것은 헌법 제19조(양심의 자유)에 위반되는 동시에 헌법상 보장되는 인격권의 침해에 이르게 된다."고 결정했다.

출판 및 배포금지가처분을 신청한다. 그러므로 이하에서는 가처분의 피보전권리인 명예훼손의 성립여부에 관하여 살펴보기로 한다.

(2) 명예훼손의 성립요건

명예훼손이 성립하기 위한 요건은 민사상 불법행위이든 형사상 명예훼손죄이든 ① 공연히 '구체적 사실의 적시'가 있어야 하며, 공연성이 없거나 단순히 '의견'을 개진한 것만으로는 위법성이 없다. 여기서 사실의 적시는 허위 사실이 아니라도 명예훼손이 되지만 허위 사실인 경우는 위법성이 더 크고(형법 제307조), 사자의 명예훼손은 허위사실인 경우만 성립한다(형법 제308조). ② 사실의 적시로 인해 상대방의 명예가 훼손, 즉 사회적 평가가 저하되어야 한다. ③ 비록 명예훼손행위가 있더라도 공공성과 진실성이 있으면 위법성이 조각된다(형법 제310조). ④ 출판물에 의한 명예훼손은 비방할 목적이 있어야 하고 가중처벌된다(형법 제309조). 명예훼손의 성립요건을 검토함에 있어서는 첫째, 구체적 사실의 적시인지 단순한 의견의 개진인지의 여부, 둘째, 종교비판의 자유의 범위 문제, 셋째, 정교분리와 종교의 자유의 문제, 넷째, 공익성과 진실성의 문제, 다섯째, 허위성에 대한 인식여부가 쟁점이므로 이를 차례로 살펴보기로 한다.

(3) 구체적 사실의 적시

명예훼손죄가 성립하기 위해서는 사실의 적시가 있어야 하고 적시된 사실은 이로써 특정인의 사회적 가치 내지 평가가 침해될 가능성이 있을 정도로 구체성을 띠어야 한다. 신문 등 언론매체의 어떠한 표현행위가 명예훼손과 관련하여 문제가 되는 경우 그 표현이 사실을 적시하는 것인가 아니면 단순히 의견 또는 논평을 표명하는 것인가, 의견 또는 논평을 표명하는 것이라면 그와 동시에 묵시적으로라도 그 전제가 되는 사실을 적시하고 있는 것인가 그렇지 아니한가의 구별은, 당해 기사의 객관적인 내용과 아울러 일반의 독자가 보통의 주의로 기사를 접하는 방법을 전제로 기사에 사용된 어휘의 통상적인 의미, 기사의 전체적인 흐름, 문구의 연결 방법 등을 기준으로 판단하여야 하고, 여기에다가 당해 기사가 게재된 보다 넓은 문맥이나 배경이 되는 사회적 흐름 등도 함께 고려하여야 한다.[189] 또한 '사실의 적시'란 가치판단이나 평가를 내용으로 하는 의견표현에 대치되는 개념으로서 시간과 공간적으로 구체적인 과거 또는 현재의 사실관계에 관한 보고 내지 진술을 의미하는 것이며 그 표현내용이 증거에 의한 입증이 가능한 것을 말하고, 판단할 진술이 사실인가 또는 의견인가를 구별함에 있어서는, 언어의 통상적 의미와 용법, 입증가능성, 문제된 말이 사용된 문맥, 그 표현이 행하여진 사회적 정황 등 전체적 정황을 고려하여 판단하여야 할 것이며,[190] 적시된 사실은 이로써 특정인의 사회적 가치 내지 평가가 침해될 가능성이 있을 정도로 구체성을 띠어야 하는 것이고, 비록 사실을 적시하였더라도 그 사실이 특정인의 사회적 가치 내지 평가를 침해할 수 있는 내용이 아니라면 형법 제307조 소정의 명예훼손죄는 성립하지 않으며,[191] 헌법상 종교의 자유가 보장되는 점에 비추어 다른 종교 또는 종교집단을 비판할 자유 역시 최대한 보장되어야 한다고 한다.[192] 뿐만 아니라 형법 제307조 제2항을 적용하기 위하여 적시된 사실이 허위의 사실인지 여부를 판단하는 경우, 적시된 사실의 내용 전체의 취지를 살펴볼 때 중요한 부분이 객관적 사실과 합치되면 세부에 있어서 진실과 약간 차이가 나거나 다소 과장된 표현이 있다 하더라도 이를 허위의 사실이라고 볼 수 없다.[193]

이러한 법리에 따라 위 주192)의 2006도5924 판결은 이 사건 유인물의 내용 중에서 "공소외인(대한예수교침례회)은 구원파 계열의 이단이다.", "공소외인은 체계적으로 신학을 공부한 적이 없다."라는 기재부분은 그 의견의 기초가 되는 사실을 함께 기술하면서 의견을 표명한 것으로서 피고인들의 주관적인 종교적·교리적 분석에 기초한 순수한 의견 또는 논평에 해당하는 것이고, "공소외인이 기성교회를 공격하고 폄하하며 자기들을 드러내기만을 고집하려고 시도하였다." 또는 "공소외인의 시도를 막아 우리 고장 대전이 이단들이 발호하는 도시라는 불명예를 씻어내고 우리 고장 대전과 우리 가정 및 자녀를 지켜내자"라는 등의 기재부분이나 '성경 위에 활동하는 마귀나 벌레 등을 젓가락으로 집어내는 형상'을 희

189) 대법원 2000. 2. 25. 선고 98도2188 판결; 대법원 2003. 6. 24. 선고 2003도1868 판결.
190) 대법원 1997. 4. 25. 선고 96도2910 판결; 대법원 2008. 10. 9. 선고 2007도1220 판결.
191) 대법원 2003. 6. 24. 선고 2003도1868 판결; 대법원 2007. 6. 15. 선고 2004도4573 판결 등 참조.
192) 대법원 2007. 10. 26. 선고 2006도5924 판결(구원파에 대한 이단 비판 사건).
193) 대법원 2008. 10. 9. 선고 2007도1220 판결.

화한 그림부분 역시 전체적인 맥락에서 피고인들의 의견을 표명하고 있는 것일 뿐 이를 사실의 적시에 해당한다고 보기 어려우며, "구원파는 성경세미나라는 모임을 통하여 대전시민에게 다가간다."라는 기재부분 등은 공소외인의 사회적 가치 내지 평가를 침해할 수 있는 명예훼손적 표현에 해당하지 않으므로, 피고인들이 이 사건 유인물을 배포한 행위를 명예훼손죄로 의율할 수 없다고 할 것이라고 판시한 바 있고, 위 주193)의 2007도1220 판결은 목사가 예배중 특정인을 가리켜 "이단 중에 이단이다."라고 설교한 부분이 명예훼손죄에서 말하는 '사실의 적시'에 해당하지 않는다고 하였다.

또 서울서부지방법원은 구체적인 교리에 대한 나름대로의 분석에 근거하여 특정 종교인을 사이비로 기술한 출판물을 출판한 사안에서, 그와 같은 분석 및 그 분석의 결과가 사실과 다르다거나 사실을 왜곡하였는가 여부를 과학적으로 입증하기는 불가능하고 오히려 이러한 종교·교리적 분석은 하나의 '의견'에 불과하여 명예훼손이 성립하기 위한 '사실의 적시'라고 보기 어려우므로, 그 출판물에서 그 종교인을 단정적·반복적으로 그리스도교의 사이비라고 표현하고 있다거나 이와 유사한 내용으로 표현한 것만으로는 그 종교인의 인격권·명예권이 침해되었다고 볼 수 없고, 또한 우리 헌법은 제20조 제2항에서 국가의 종교적 중립성을 요구하고 있는바, 특정 종교의 이단이나 사이비 여부로 인하여 발생하는 분쟁에 법원이 개입하여 어떠한 특정 종교나 교리가 옳고 이에 대한 비난이 위법하다고 선언할 수는 없다고 하였다.[194]

또한 수원지방법원은 하나님의교회 피해자 모임 회원들이 하나님의교회 앞에서 그 폐회와 교주에 대한 공개질의서를 게재한 화물탑차를 세워두어 허위사실에 의한 명예훼손죄로 기소된 사안에서, 타 종교에 대한 비판에 다소 과장·왜곡하거나 부적절한 표현이 있더라도 중요한 부분에 있어 객관적 사실과 합치하는 경우에 이를 '허위의 사실'이라고 볼 수 없다고 하였다.[195] 한편 서울북부지방법

---

194) 서울서부지방법원 1996. 4. 19. 선고 95카합4745 출판등금지가처분 판결(여의도순복음교회 당회장 목사 사건으로 해당 출판물에서 해당 목사가 사이비라는 부분은 사실의 적시가 아니라고 본 반면 역대정권과 유착관계에 있었다는 부분은 사실의 적시로 인하여 명예권을 침해한 것으로 보아 출판금지가처분신청을 인용하였다. 또한 전자는 우리 헌법은 제20조 제2항에서 국가의 종교적 중립성을 요구하고 있는바, 특정 종교의 이단이나 사이비 여부로 인하여 발생하는 분쟁에 법원이 개입하여 어떠한 특정 종교나 교리가 옳고 이에 대한 비난이 위법하다고 선언할 수는 없다고 하였다).

원은 하나님의교회 안상홍을 교주로 찬양하는 어린이들의 동영상을 보여주면서 이들을 사이비교도로 표현한 행위에 대해 명예훼손죄의 성립을 부정하였으나 모욕죄의 성립을 인정하였다.[196] 명예훼손죄와 모욕죄는 보호하려는 법익이 다 같이 사람의 가치에 대한 사회적 평가 내지 명예이지만, 명예훼손죄는 구체적 사실의 적시를 하여 사회적 평가를 저하시킴에 비해, 모욕죄는 구체적 사실이 아닌 단순한 추상적 판단이나 감정의 표현으로서 사회적 평가를 저하시키는 점에서 차이가 있다.

'사이비종교', '이단'이라는 표현이 사실의 적시로 볼 것인가 아니면 단순한 경멸의 표시인가 문제되는데 사이비종교로 지칭한 부분은 구체적으로 그 사회적 해악을 적시하지 아니한 이상 단순한 경멸의 감정을 표현한 것에 불과하고, 이단으로 지칭한 부분은 이단의 통상적인 의미가 교회, 즉 특정 교단의 권위에 의하여 배척된 교리나 체제임을 뜻하는 것으로 그 자체가 그릇된 것이라는 뜻이라거나 사회적 평가를 저하시킬만한 것이라고 볼 수 없을 뿐만 아니라, 정통과 이단의 구별기준 자체도 논란의 대상이 될 수도 있으므로 고도의 평가적 판단에 해당하여 사실의 적시로 볼 수 없다.

(4) 종교적 비판의 자유

종교의 자유에는 자기가 신봉하는 종교를 선전하고 새로운 신자를 규합하기 위한 선교의 자유가 포함되고 선교의 자유에는 다른 종교를 비판하거나 다른 종교의 신자에 대하여 개종을 권고하는 자유도 포함되는 바, 종교적 선전, 타 종교에 대한 비판 등은 동시에 표현의 자유의 보호대상이 되는 것이나, 그 경우 종교의 자유에 관한 헌법 제20조 제1항은 표현의 자유에 관한 헌법 제21조 제1항에 대하여 특별 규정의 성격을 갖는다 할 것이므로 종교적 목적을 위한 언론·출판의 경우에는 그 밖의 일반적인 언론·출판에 비하여 보다 고도의 보장을 받게 된다. 다른 종교나 종교집단을 비판할 권리는 최대한 보장받아야 할 것인데, 그로 인하여 타인의 명예 등 인격권을 침해하는 경우에 종교의 자유 보장과 개인

195) 대법원 2016. 5. 26. 선고 2015도18970 판결, 수원지방법원 2015. 11. 12. 선고 2015노542 판결 (안상홍 하나님의교회에 대한 비판 사건).
196) 서울북부지방법원 2008. 9. 25. 선고 2008노635 판결.

의 명예보호라는 두 법익을 어떻게 조정할 것인지는, 그 비판행위로 얻어지는 이익, 가치와 공표가 이루어진 범위의 광협, 그 표현 방법 등 그 비판행위 자체에 관한 제반 사정을 감안함과 동시에 그 비판에 의하여 훼손되거나 훼손될 수 있는 타인의 명예 침해의 정도를 비교·고려하여 결정하여야 한다.[197] 그리하여 판례는 노회의 회장, 서기 또는 그 노회 소속 교회의 목사, 장로인 자들이 다른 교단 소속의 기도원 운영자를 비판한 행위 및 그에 맞선 기도원 운영자의 광고행위가, 각 관계자들의 지위, 비판행위로 얻어지는 이익, 공표가 이루어진 상대방 범위의 광협, 그 표현 방법, 비판 내용 및 명예침해의 정도 등에 비추어, 다소 과장되거나 부적절한 표현을 사용한 바 있다 하더라도 그 행위는 근본적으로 종교적 비판의 표현행위에 해당되어 위법성이 없다고 하거나[198] 어느 교단이 그 산하 단체로 하여금 다른 교단 소속 목사의 주장의 이단성 여부에 관해 연구하게 한 후 그 결과를 책자에 게재하여 배포한 경우, 비록 그 공표 내용 중에 그 목사의 교리와 주장을 비판하고 그 명예를 침해하는 내용이 포함되어 있다고 할지라도, 이는 신앙의 본질적 내용으로서 최대한 보장받아야 할 종교적 비판의 표현 행위로서 그 안에 다소 과장되거나 부적절한 표현이 있다 하더라도 중요한 부분에 있어서 진실에 합치할 뿐만 아니라 자기 교단의 교리 보호와 그 산하 지도자들 및 신자들의 신앙 보호를 위하여 주로 그들을 상대로 주의를 촉구하는 취지에서 공표한 것이므로 위법성이 없다고 보고 있으며,[199] 특정 교회와 소속 목사의 교리에 이단성이 있다는 내용의 광고게재와 보고서를 작성·배포한 총신대 교수 19명의 행위가 종교적 비판의 행위로서 위법성이 없다고 하고 있으며.[200] 예장통합교단이 발간하여 신자들에게 배포한 「사이비이단연구보고집」에서 신천지교회의 교리와 주장을 비판하면서 일부 원문에 없는 용어를 사용하거나 논리적인 분

197) 대법원 2007. 4. 26. 선고 2006다87903 판결; 대법원 2010. 9. 9. 선고 2008다84236 판결.
198) 대법원 1996. 9. 6. 선고 96다19246, 19253 손해배상(기) 판결.
199) 대법원 1997. 8. 29. 선고 97다19755 손해배상(기) 판결.
200) 대법원 2010. 9. 9. 선고 2008다84236 판결(평강제일교회 사건으로 교수들이 이단성 검증의 목적에서 작성한 보고서의 작성 배포행위는 종교의 자유뿐만 아니라 학문의 자유 및 교수의 자유에 의해 보호되어야 하므로 명예훼손이 되지 않은 것은 당연하지만 이러한 내용을 광고한 신문광고 역시 보고서 작성과 달리 볼 이유가 없다는 이유에서 위법성이 명예훼손이 되지 않는다고 판단하였다. 다만 원심인 서울고등법원 2008. 9. 25. 선고 2007나57949 판결은 신문광고는 명예훼손이 된다고 판단하였다).

석과정이 생략된 채 단정적인 표현을 사용하였을지라도, 이는 대체적으로 진실한 것일 뿐 아니라 통합교단의 교리와 신자들의 신앙보호를 위하여 주로 그들을 상대로 주의를 촉구하는 취지에서 공포한 것이어서 위법성이 없다고 하고 있다.[201] 또한 구 헌법(1980. 12. 27. 개정) 제20조, 제9조 후단의 규정 등에 의하면 표현의 자유는 민주정치에 있어 최대한의 보장을 받아야 하지만 그에 못지 않게 개인의 명예나 사생활의 자유와 비밀 등 사적 법익도 보호되어야 할 것이므로, 인격권으로서의 개인의 명예의 보호와 표현의 자유의 보장이라는 두 법익이 충돌하였을 때 그 조정을 어떻게 할 것인지는 구체적인 경우에 사회적인 여러 가지 이익을 비교하여 표현의 자유로 얻어지는 이익, 가치와 인격권의 보호에 의하여 달성되는 가치를 형량하여 그 규제의 폭과 방법을 정하여야 한다[202]고 하고 있다.

(5) 종교의 자유와 정교분리

헌법 제20조는 모든 국민은 종교의 자유를 가진다. 국교는 인정되지 아니하며, 종교와 정치는 분리된다. 이는 미국 수정 헌법 제1조가 '국교수립의 금지(establishment claus) 및 종교의 자유의 보장(free exercise)'을 규정한 것과 궤를 같이 한다. 정치와 종교가 분리되지 아니하면 국가에 의한 종교의 차별이 있을 수 있고, 종교의 자유는 제대로 보장될 수 없다. 우리나라와 같은 다종교국가에서 정교분리의 원칙의 중요한 관심사는 공직자들의 종교적 중립의무, 국가의 특정종교의 지원, 종교적 성일의 국가공휴일지정, 종교재산과 종교인소득에 대한 과세 여부, 종교의 정치참여, 종교 내부 문제에 대한 사법권의 범위 등이다. 또한 개인이나 사적 단체에 의한 종교적 차별도 금지된다. 여기서는 공직자들의 종교적 중립의무와 기독교계 학교의 종교의 자유에 관하여만 살펴본다.

(가) 공직자들의 종교적 중립의무

헌법 제11조는 "모든 국민은 법 앞에 평등하다. 누구든지 성별 · 종교 또는 사회적 신분에 의하여 정치적 · 경제적 · 사회적 · 문화적 생활의 모든 영역에 있어

---

201) 대법원 2004. 6. 28. 선고 2004다23769 판결, 서울중앙지방법원 2004. 4. 8. 선고 2003나3381 판결.
202) 대법원 1988. 10. 11. 선고 85다카29 판결.

서 차별을 받지 아니한다."고 규정하고 있고, 국가공무원법 제59조의 2와 지방공무원법 제51조의 2(종교중립의무)는 "공무원은 종교에 따른 차별 없이 직무를 수행하여야 한다. 공무원은 소속 상관이 제1항에 위배되는 직무상 명령을 한 경우에는 이에 따르지 아니할 수 있다."라고 각 규정하고 있다. 공직자에게도 일반인과 마찬가지로 종교의 자유가 보장되므로 공직자들도 특정 종교를 신봉할 수 있고, 종교행사에 참여할 수 있다. 그러나 공직자는 공인으로서 지켜야 할 종교적 중립의무가 있기 때문에 공직자는 개인으로서의 누리는 종교의 자유가 제한될 수밖에 없다.

이와 관련하여 헌법재판소는, 선출직 공무원인 서울시 교육감이 근무시간 중 교회행사에 참여하여 기독교 의식에 따라 기도한 행위는 도덕적, 정치적 비판이 가능함은 별론으로 하고 학부모들의 권리나 법적 지위에 어떠한 영향을 미칠 수 없는 것임은 물론 헌법 소원의 대상이 되는 행정청이 우월적 지위에서 일방적으로 강제하는 권력적 사실행위에 해당하지 아니하므로, 기본권 침해의 가능성이나 위험성이 없어 헌법 소원의 대상이 되는 공권력의 행사에 해당한다고 볼 수 없다고 하였다.[203]

또한 대법원은, 군대 내에서 군종장교는 국가공무원인 참모장교로서의 신분뿐 아니라 성직자로서의 신분을 함께 가지고 소속 종단으로부터 부여된 권한에 따라 설교·강론 또는 설법을 행하거나 종교의식 및 성례를 할 수 있는 종교의 자유를 가지는 것이므로, 군종장교가 최소한 성직자의 신분에서 주재하는 종교활동을 수행함에 있어 소속종단의 종교를 선전하거나 다른 종교를 비판하였다고 할지라도 그것만으로 종교적 중립을 준수할 의무를 위반한 직무상의 위법이 있다고 할 수 없다고 하고, 종교의 자유에 관한 헌법 제20조 제1항은 표현의 자유에 관한 헌법 제21조 제1항에 대하여 특별규정의 성격을 갖는다 할 것이므로 종교적 목적을 위한 언론·출판의 경우에는 그 밖의 일반적인 언론·출판에 비하여 고도의 보장을 받게 되고, 특히 그 언론·출판의 목적이 다른 종교나 종교집단에 대한 신앙교리 논쟁으로서 같은 종파에 속하는 신자들에게 비판하고자 하는 내

203) 헌법재판소 2008. 11. 18. 2008헌마661 결정.

용을 알리고 아울러 다른 종파에 속하는 사람들에게도 자신의 신앙교리 내용과 반대종파에 대한 비판의 내용을 알리기 위한 것이라면 그와 같은 비판할 권리는 최대한 보장받아야 할 것인바, 그로 인하여 타인의 명예 등 인격권을 침해하는 경우에 종교의 자유 보장과 개인의 명예 보호라는 두 법익을 어떻게 조정할 것인지는 그 비판행위로 얻어지는 이익, 가치와 공표가 이루어진 범위의 광협, 그 표현방법 등 그 비판행위 자체에 관한 제반 사정을 감안함과 동시에 그 비판에 의하여 훼손되거나 훼손될 수 있는 타인의 명예 침해의 정도를 비교 고려하여 결정하여야 한다고 하면서 공군참모총장이 전 공군을 지휘·감독할 지위에서 수하의 장병들을 상대로 단결심의 함양과 조직의 유지·관리를 위하여 계몽적인 차원에서 군종장교로 하여금 교계에 널리 알려진 특정 종교에 대한 비판적 정보를 담은 책자를 발행·배포하게 한 행위가 특별한 사정이 없는 한 정교분리의 원칙에 위반하는 위법한 직무집행에 해당하지 않는다고 하였다.[204]

(나) 기독교계 일반대학의 종교의 자유

대법원은 사립학교의 종교교육의 자유에 관하여, "사립학교는 국·공립학교와는 달리 종교의 자유의 내용으로서 종교교육 내지는 종교선전을 할 수 있고, 학교는 인적·물적 시설을 포함한 교육시설로써 학생들에게 교육을 실시하는 것을 본질로 하며, ㅇㅇ대학은 헌법상 자치권이 부여되어 있으므로 ㅇㅇ대학은 교육시설의 질서를 유지하고 재학관계를 명확히 하기 위하여 법률상 금지된 것이 아니면 학사관리, 입학 및 졸업에 관한 사항이나 학교시설의 이용에 관한 사항 등을 학칙 등으로 제정할 수 있으며, 또한 구 교육법시행령 제55조는 학칙을 학교의 설립인가신청에 필요한 서류의 하나로 규정하고, 제56조 제1항은 학칙에서 기재하여야 할 사항으로 '교과와 수업일수에 관한 사항', '고사(또는 시험)와 과정수료에 관한 사항', '입학·편입학·퇴학·전학·휴학·수료·졸업과 상벌에 관한 사항' 등을 규정하고 있으므로, ㅇㅇ대학은 종교교육 내지 종교선전을 위하여 학생들의 신앙을 가지지 않을 자유를 침해하지 않는 범위 내에서 학생들로 하여금 일정한 내용의 종교교육을 받을 것을 졸업요건으로 하는 학칙을 제정할 수 있다

204) 대법원 2007. 4. 26. 선고 2006다87903 판결.

고 전제하고, 기독교 재단이 설립한 ○○대학이 ○○대학예배의 6학기 참석을 졸업요건으로 정한 경우, 위 ○○대학예배는 목사에 의한 예배뿐만 아니라 강연이나 드라마 등 다양한 형식을 취하고 있고 학생들에 대하여도 예배시간의 참석만을 졸업의 요건으로 할 뿐 그 태도나 성과 등을 평가하지는 않는 사실 등에 비추어 볼 때, 위 대학교의 예배는 복음 전도나 종교인 양성에 직접적인 목표가 있는 것이 아니고 신앙을 가지지 않을 자유를 침해하지 않는 범위 내에서 학생들에게 종교교육을 함으로써 진리·사랑에 기초한 보편적 교양인을 양성하는 데 목표를 두고 있다고 할 것이므로, 대학예배에의 6학기 참석을 졸업요건으로 정한 위 대학교의 학칙은 헌법상 종교의 자유에 반하는 위헌무효의 학칙이 아니라"고 판시하였다.[205] 같은 견해에서 헌법재판소는 "졸업요건으로 채플학점을 요구하는 대학에 대하여 교육부가 시정명령을 하지 않았다고 하더라도 이는 재량권을 남용하였다거나 달리 그러한 시정 또는 변경명령을 행해야 할 법적 의무가 존재한다고 볼만한 사정이 없다."고 결정하였다.[206]

이러한 대법원판례 및 헌법재판소 결정은 교육의 공공성과 사립대학의 자율성(건학이념 및 교육방침), 학생의 종교의 자유와 대학의 종교의 자유의 조화를 고려한 판결이라는 점에서 타당하다 할 것이다. 다만, 대학교의 예배는 복음 전도나 종교인 양성에 직접적인 목표가 있는 것이 아니고 신앙을 가지지 않을 자유를 침해하지 않는 범위 내에서 학생들에게 종교교육을 함으로써 진리·사랑에 기초한 보편적 교양인을 양성하는 데 목표를 두고 있다고 할 것이라는 판시는 사립학교의 설립이념을 간과한 아쉬움이 있다 하겠다.

(다) 기독교계 고등학교의 종교의 자유

고등학교 평준화정책에 따른 학교 강제배정으로 종립학교가 가지는 종교교육의 자유 및 운영의 자유와 학생들이 가지는 소극적 종교행위의 자유 및 소극적 신앙고백의 자유가 충돌하는 경우의 해결방법에 관하여 대법원[207]은 "○○고등학교 평준화정책에 따라 학생 자신의 신앙과 무관하게 입학하게 된 학생들을 상

---

205) 대법원 1998. 11. 10. 선고 96다37268 판결(숭실대학교사건).
206) 헌법재판소 2007. 3. 13. 2007헌마214 결정.
207) 대법원 2010. 4. 22. 선고 2008다38288 판결(대광고등학교사건).

대로 종교적 중립성이 유지된 보편적인 교양으로서의 종교교육의 범위를 넘어서서 학교의 설립이념이 된 특정의 종교교리를 전파하는 종파교육 형태의 종교교육을 실시하는 경우에는 그 종교교육의 구체적인 내용과 정도, 종교교육이 일시적인 것인지 아니면 계속적인 것인지 여부, 학생들에게 그러한 종교교육에 관하여 사전에 충분한 설명을 하고 동의를 구하였는지 여부, 종교교육에 대한 학생들의 태도나 학생들이 불이익이 있을 것을 염려하지 아니하고 자유롭게 대체과목을 선택하거나 종교교육에 참여를 거부할 수 있었는지 여부 등의 구체적인 사정을 종합적으로 고려하여 사회공동체의 건전한 상식과 법감정에 비추어 볼 때 용인될 수 있는 한계를 초과한 종교교육이라고 보이는 경우에는 위법성을 인정할 수 있다. ○○고등학교 평준화정책에 따라 강제배정된 학생들을 상대로 특정 종교의 교리를 전파하는 종파적인 종교행사와 종교과목 수업을 실시하면서 참가거부가 사실상 불가능한 분위기를 조성하고 대체과목을 개설하지 않는 등 신앙을 갖지 않거나 학교와 다른 신앙을 가진 학생의 기본권을 고려하지 않은 것은, 우리 사회의 건전한 상식과 법감정에 비추어 용인될 수 있는 한계를 벗어나 학생의 종교에 관한 인격적 법익을 침해하는 위법한 행위이고, 그로 인하여 인격적 법익을 침해받는 학생이 있을 것임이 충분히 예견가능하고 그 침해가 회피가능하므로 과실 역시 인정된다"고 판시하여 피고 학원에 대하여 불법행위 책임을 인정하였다. 이에 대하여는 "甲에 대한 퇴학처분은 교사에게 불손하게 반항하였다는 징계사유와 아울러 징계양정의 자료로 삼을 수 있는 비위사실들을 감안하면, 그 징계처분의 이유로 된 사실만으로 징계대상이 된 학생이 개전의 가망이 없다고 단정하기에는 부족하여 퇴학처분이라는 징계양정이 과하다고 볼 수는 있을지라도, 그 징계에서 인정된 사실이 퇴학처분을 할 정도의 사유에 해당하지 아니함이 객관적으로 명백하였거나 징계권자 또는 징계위원들이 조금만 주의를 기울였더라면 이를 쉽게 알 수 있었던 경우에 해당한다고 보기는 어려워, 학교법인에게 징계의 양정을 잘못한 것을 이유로 불법행위책임을 물을 수 있는 과실이 있다고 볼 수 없다"고 하는 반대의견이 있었다.[208]

208) 대법관 양승태, 안대희, 차한성, 양창수, 신영철.

생각건대, 고교평준화정책은 학생과 학부모의 학교선택권을 제한한다는 점에서 위헌이라 할 것이고[209] 위헌으로 보지 않는다고 하더라도 단순히 종교교육을 거부한데 그치지 않고 전학거부 및 1인 시위와 교사에 대한 불손한 태도 등을 고려하여 한 징계처분에 대하여 불법행위책임을 인정하고 손해배상책임을 지우는 것은 소수의견과 같이 타당한 결론이라고 보기 어렵다.

(라) 종교교육의 자유와 교육법상의 규제

오늘날 무등록, 무인가 신학원이 많이 나타나고 있고, 이에 대한 규제가 종교의 교육의 자유를 침해하는 것이 아닌가 하는 논란이 있다. 이에 대하여 대법원[210]은, 헌법상의 종교의 자유에는 특정 종교단체가 그 종교의 성직자와 교리자를 자체적으로 교육시킬 수 있는 종교교육의 자유도 포함되지만, 그 종교교육이 종교단체 내부의 순수한 성직자 또는 교리자 교육과정으로 행하여지는 것이 아니라 구 교육법(1997. 1. 13. 법률 제5272호로 개정되기 전의 것)상의 학교나 학원의 설립·운영에관한법률상의 학원의 형태를 취하는 경우에는 국민의 교육을 받을 권리를 적극적으로 보호하기 위하여 교육기관의 설립에 일정한 설비·편제 기타 설립기준 등을 갖출 것을 요구하고 있는 구 교육법과 학원의설립·운영에관한법률의 규제를 받게 되고, 이러한 구 교육법과 학원의설립·운영에관한법률상의 규제를 들어 헌법상의 종교의 자유를 침해하거나 평등의 원칙 등에 위배된 것이라고 할 수가 없다고 판시하면서, 대한예수교 장로회 총회 신학연구원'이라는 명칭의 교육기관이 구 교육법 소정의 학교에 해당하므로 같은 법상 무인가를 이유로 그 폐쇄를 명한 처분이 적법하다고 하였다.

(6) 공익성

공연히 사실을 적시하여 사람의 명예를 훼손한 행위가 처벌되지 않기 위해서는 적시된 사실이 객관적으로 볼 때 공공의 이익에 관한 것으로서 행위자도 공공의 이익을 위하여 그 사실을 적시한 것이어야 될 뿐만 아니라, 그 적시된 사실

---

209) 서헌제, 앞의 책, 164,165면.
210) 대법원 2001. 2. 23. 선고 99두6002 판결[무인가교육기관폐쇄명령처분무효확인].

이 진실한 것이거나 적어도 행위자가 그 사실을 진실한 것으로 믿었고, 또 그렇게 믿을 만한 상당한 이유가 있어야 하는 것인바, 여기에서 '진실한 사실'이란 그 내용 전체의 취지를 살펴볼 때 중요한 부분이 객관적 사실과 합치되는 사실이라는 의미로서 세부에 있어 진실과 약간 차이가 나거나 다소 과장된 표현이 있더라도 무방한 것이며, 나아가 '공공의 이익'에는 널리 국가·사회 기타 일반 다수인의 이익에 관한 것뿐만 아니라 특정한 사회집단이나 그 구성원 전체의 관심과 이익에 관한 것도 포함되는 것으로서, 적시된 사실이 공공의 이익에 관한 것인지 여부는 당해 적시 사실의 내용과 성질, 당해 사실의 공표가 이루어진 상대방의 범위, 그 표현의 방법 등 그 표현 자체에 관한 제반 사정을 감안함과 동시에 그 표현에 의하여 훼손되거나 훼손될 수 있는 명예의 침해 정도 등을 비교·고려하여 결정하여야 하고, 행위자의 주요한 동기 내지 목적이 공공의 이익을 위한 것이라면 부수적으로 다른 사익적 목적이나 동기가 내포되어 있더라도 형법 제310조의 적용을 배제할 수 없다.[211] 이와 같이 '공공의 이익'에는 널리 국가·사회 기타 일반 다수인의 이익에 관한 것뿐만 아니라 특정한 사회집단이나 그 구성원 전체의 관심과 이익에 관한 것도 포함되는 것으로 어떤 교파가 이단인지 여부는 일반국민들의 관심사가 아니고 기독교 내에서만 문제가 되지만 그것이 기독교인들에게 중요한 문제라면 공공의 이익을 위한 것이라고 볼 수 있다. 그러나 적시된 사실이 공공의 이익에 관한 것인지 여부는 당해 적시 사실의 내용과 성질, 당해 사실의 공표가 이루어진 상대방의 범위, 그 표현의 방법 등 그 표현 자체에 관한 제반 사정을 감안함과 동시에 그 표현에 의하여 훼손되거나 훼손될 수 있는 명예의 침해 정도 등을 비교·고려하여 결정하여야 하는데, 하나님의교회 안상홍을 이단사이비로 비난하는 전단지를 불특정다수인 인천 남동구 일대의 아파트에 배포한 행위는 그 내용이 논리적 근거에 의하여 서술되어 있다기 보다는 주로 단정적인 단어와 문체로 표현되어 있어 이와 같은 표현행위를 통하여 기독교 신자를 새로 규합하거나 기존의 기독교신자들의 믿음을 강화할 수 있으리라고 기대되는 이익보다 그 교회의 명예 침해정도가 상당히 더 크다고 판단된다는

211) 대법원 2007. 2. 8. 선고 2006도4486 판결; 대법원 2003. 11. 13. 선고 2003도3606 판결; 대법원 2000. 2. 25. 선고 98도2188 판결.

이유로 명예훼손죄의 성립을 인정한 판례도 있다.[212] 또한 판례는 일정한 입장에 있는 인물에 관한 행위가 공적 비판의 대상이 된다고 하더라도 신문에 비하여 신속성의 요청이 덜한 잡지에 인신공격의 표현으로 비난하는 내용의 기사를 게재함에 있어서는 기사내용의 진실여부에 대하여 미리 충분한 조사활동을 거쳐야 할 것인바, 잡지발행인이 수기를 잡지에 게재함에 있어 그 내용의 진실성에 대하여는 전혀 검토하지 아니한 채 원문의 뜻이 왜곡되지 않는 범위 내에서 문장의 일부만을 수정하여 피해자가 변호사로서의 본분을 망각한 악덕변호사인 것처럼 비방하는 내용의 글을 그대로 잡지에 게재하였다면 잡지발행인으로서는 위 수기의 내용이 진실한 것으로 믿는데 상당한 이유가 있었다고 할 수 없고, 잡지에 이 수기를 게재하여 반포하였다면 위 피해자의 사회적 평가가 저하되었다 할 것이므로 위 잡지발행인은 위 피해자에 대한 명예훼손의 책임을 면할 수 없다[213]고 한다.

그리고, 형법 제309조 소정의 '사람을 비방할 목적'이란 가해의 의사 내지 목적을 요하는 것으로서 공공의 이익을 위한 것과는 행위자의 주관적 의도의 방향에 있어 서로 상반되는 관계에 있다고 할 것이므로, 적시한 사실이 공공의 이익에 관한 것인 때에는 특별한 사정이 없는 한 비방의 목적은 부인된다.[214]

(7) 허위의 인식정도

형법 제307조 제2항의 허위사실 적시에 의한 명예훼손죄에서 적시된 사실이 허위인지 여부를 판단함에 있어서는 적시된 사실의 내용 전체의 취지를 살펴볼 때 세부적인 내용에서 진실과 약간 차이가 나거나 다소 과장된 표현이 있는 정도에 불과하다면 이를 허위라고 볼 수 없으나, 중요한 부분이 객관적 사실과 합치하지 않는다면 이를 허위라고 보아야 한다. 나아가 행위자가 그 사항이 허위라는 것을 인식하였는지 여부는 성질상 외부에서 이를 알거나 증명하기 어려우므로, 공표된 사실의 내용과 구체성, 소명자료의 존재 및 내용, 피고인이 밝히는 사실의 출처 및 인지 경위 등을 토대로 피고인의 학력, 경력, 사회적 지위, 공표 경

212) 대법원 2007. 2. 8. 선고 2006도4486 판결.
213) 대법원 1988. 10. 11. 선고 85다카29 판결.
214) 대법원 2000. 2. 25. 선고 98도2188 판결.

위, 시점 및 그로 말미암아 예상되는 파급효과 등의 여러 객관적 사정을 종합하여 판단할 수밖에 없으며, 범죄의 고의는 확정적 고의뿐만 아니라 결과 발생에 대한 인식이 있고 그를 용인하는 의사인 이른바 미필적 고의도 포함하므로 허위사실 적시에 의한 명예훼손죄 역시 미필적 고의에 의하여도 성립한다.[215] 형법 제309조 제2항 소정의 출판물에 의한 명예훼손죄는 타인을 비방할 목적으로 신문, 잡지 또는 라디오 기타 출판물에 의하여 허위의 사실을 적시하여 타인의 명예를 훼손할 경우에 성립되는 범죄로서, 피고인이 범의를 부인하고 있는 경우에는 사물의 성질상 고의와 상당한 관련성이 있는 간접 사실을 증명하는 방법에 의하여 입증할 수밖에 없고, 무엇이 상당한 관련성이 있는 간접사실에 해당할 것인가는 정상적인 경험칙에 바탕을 두고 치밀한 관찰력이나 분석력에 의하여 사실의 연결상태를 합리적으로 판단하는 방법에 의하여야 한다. 형법 제309조 제1항, 제2항 소정의 '사람을 비방할 목적'이란 가해의 의사 내지 목적을 요하는 것으로서 사람을 비방할 목적이 있는지 여부는 당해 적시 사실의 내용과 성질, 당해 사실의 공표가 이루어진 상대방의 범위, 그 표현의 방법 등 그 표현 자체에 관한 제반 사정을 감안함과 동시에 그 표현에 의하여 훼손되거나 훼손될 수 있는 명예의 침해 정도 등을 비교 · 고려하여 결정하여야 한다.[216]

(8) 명예훼손과 피해구제

민법 제764조는 "타인의 명예를 훼손한 자에 대하여는 법원은 피해자의 청구에 의하여 손해배상에 갈음하거나 손해배상과 함께 명예회복에 적당한 처분을 명할 수 있다."고 규정하고 있다. 헌법재판소는 "명예회복에 적당한 처분"에 사죄광고를 포함시키는 것은 양심의 자유 및 인격권 침해의 소지가 있어 헌법에 위반된다고 판시하였다.[217]

한편 명예훼손으로 말미암아 피해를 당한 피해자에 대하여는 언론중재 및 피해구제 등에 관한 법률에 의하여 일정한 요건하에 정정보도청구권(제14조, 제15조) 및 반론보도청구권이 보장되어 있다. 이에 관한 판례로는 CBS방송의 '신천지

215) 대법원 2014. 3. 13. 선고 2013도12430 판결.
216) 대법원 2002. 12. 10. 선고 2001도7095 판결.
217) 헌법재판소 1991. 4. 1. 89헌마160 전원합의부 결정.

OUT'보도는 신천지에 대한 종교적인 비판을 목적으로 행해진 것인데 종교적 비판은 헌법상 언론출판의 자유보다 넓은 범위에서 보장되어야 하는 점을 고려하면 CBS방송국의 보도내용이 신천지의 인격권을 침해한다고 보기는 어렵고, 그 보도의 진실성이 인정된다고 하여 신천지측이 정정보도 및 반론보도청구, 손해배상청구를 모두 기각한 사례,[218] CBS방송의 '신천지에 빠진 사람들'이라는 프로그램은 피해자들의 사회적 평가를 저해하는 사실을 보도한 것인데, 보도내용의 진실여부, 보도에 대하여 CBS의 고의 과실이 있는지 여부, 보도행위의 위법한지 여부와 무관하게 피해자들은 반론청구를 할 수 있다고 한 사례,[219] 시한부종말론을 설교하면 이를 믿는 신도는 불안감이 생길 수 있으며, 그러한 불안감과 가정불화, 이혼, 재산헌납 등과 사이에 인과관계를 전적으로 부정하기 어렵다는 이유로, 그러한 보도에 대하여 정정보도청구와 손해배상청구는 기각하였지만 반론보도청구는 인용한 사례[220]가 있다.[221]

사. 교회합병절차속행중지등 가처분

제5장 제1절 Ⅰ. 4.에서 본 바와 같이 우리 민법이 사단법인의 합병을 인정하지 않고 있으므로 교회의 합병 역시 인정될 수 없고, 다만 기존의 각 교회를 해산하고 새로운 통합교회를 결성하는 결의와 함께 각 교회의 재산을 신설되는 통합교회에 귀속하기로 하는 결의는 가능하지만, 그 결의는 사단법인의 해산결의에 관한 민법 제78조를 유추적용하여 각 교회 구성원의 3/4 이상의 동의가 필요한데 그러한 결의가 없었다는 이유로 교회합병절차속행중지등 가처분신청이 인용된 사례가 있다.[222]

아. 기타 결의에 대한 효력정지가처분

앞에서 본 바와 같이 피신청인이나 그 집행부를 상대로 제소하였다는 사유만

---

218) 대법원 2016. 7. 24. 선고 2015다24492 판결.
219) 대법원 2017. 11. 23. 선고 2017다259476 판결.
220) 대법원 2016. 6. 23. 선고 2016다213862 판결.
221) 서헌제, 앞의 책, 146면.
222) 서울중앙지방법원 2014. 11. 28. 자 2014카합1711 교회합병절차속행중지등가처분 결정.

으로 해당 구성원에 대하여 아무런 제약 없이 신분상 불이익을 가할 수 있는 근거를 마련한 이 사건 총회결의는 구성원의 재판청구권을 침해하여 무효로 볼 여지가 충분하다는 이유로 총회결의의 효력정지가처분을 인용한 사례[223]와 총회 재판국원을 교체하면서 채권자들을 다른 부서로 재배정한 사항에 대하여 종교단체 내부의 조직 및 부서 배치와 관련된 사항은 종교단체의 자율성 보장 측면에서 원칙적으로 사법심사의 대상으로 삼는 것을 자제함이 상당하고, 그 결의로 인해 채권자들이 재판국원의 지위를 상실한다고 하더라도 그것이 채권자들 개인의 특정한 권리의무에 관한 법률관계와 관련이 있다고 보기 어렵다는 등의 이유로 이 사건 결의의 효력 유무는 사법심사의 대상이 되지 않는다고 부적법 각하한 사례[224]가 있음은 Ⅰ. 3.의 다. (4)에서 본바와 같다.

223) 서울중앙지방법원 2009. 5. 6. 자 2009카합867 총회결의효력정지가처분 결정.
224) 서울중앙지방법원 2015. 1. 29. 자 2014카합80931 직무집행정지가처분 결정.

제 7 장

설립 · 청산중의 교회의 법률문제

제 7 장

설립·청산중의 교회의 법률문제

제1절 서　　설

자연인이 잉태로부터 시작하여 포태기간을 거쳐 출생하고 삶을 살다가 병들어 사망하듯이 법인도 설립을 결심하는 과정에서부터 그 준비과정, 설립과정, 그리고 설립으로부터 소멸에 이르기까지 여러 단계를 거치게 된다. 특히 법인은 자연인이 사망으로 막바로 소멸하는 것과 달리 해산 이외에 청산이라는 단계를 거쳐 소멸하게 된다. 교회는 소멸을 전제로 하지 않은 단체이지만 역사적으로 보면 수많은 교회가 생성되고, 성장·발전하다가 소멸되어 왔다. 그러므로 교회도 사단법인과 같이 교회설립을 목적으로 몇 사람이 의사의 합치를 보는 단계에서부터 교회설립의 진행단계, 그리고 교회가 설립되어 조직된 단계, 교회가 해산되고 재산관계를 정리하는 청산단계 등 여러 단계를 거치게 되고, 각 과정에서도 법률문제가 발생된다. 이하에서는 교회가 비법인사단으로 조직화되기 이전의 단계인 설립중의 교회와 교회가 해산되어 청산을 진행하는 단계인 청산중의 교회에 대한 법률문제를 살펴보기로 한다.

제 2 절 설립중의 교회

I. 의 의

1. 사단법인이 설립되는 과정은 제1단계에서는 설립자(발기인) 상호 간에 법인설립을 목적으로 하는 법률관계가 성립하고, 제2단계에서 그 이행으로서의 정관의 작성, 구성원의 결정 기타 법인설립을 위한 여러 요건을 충족하는 행위를 하고, 제3단계로서 주무관청의 허가, 법인설립등기 등으로 법인이 설립한다. 제1단계에 있는 것을 설립자(발기인)조합, 제2단계에 있는 것을 설립중의 법인이라고 한다. 설립중의 법인(Vorverein)의 법적 성격은 법인 아닌 사단으로 보는 한편, 설립중의 법인의 전단계인 설립자 조합 또는 발기인 조합(Vorgrundungsgesellschaft)은 민법상 조합의 성질을 갖는 것으로 보는 것이 통설이다.[1] 설립중의 법인은 설립중의 회사에 관하여 많이 논의되고 있으나 설립중의 회사에 관한 논의는 설립중의 법인에도 준용될 수 있을 것이다.

설립중의 회사(Vorgesellschaft)라 함은 일반적으로 정관작성에 의하여 시작하여 설립등기에 의하여 끝나는 설립과정에 있는 인적 결사를 말한다.[2] 설립중 회사라는 개념은 주식회사 등 회사의 설립과정에서 발기인이 회사의 설립을 위하여 필요한 행위로 인하여 취득하게 된 권리의무가 회사의 설립과 동시에 그 설립된 회사에 귀속되는 관계를 설명하기 위한 강학상의 개념으로서,[3] 설립중의 회

1) 곽윤직, 민법총칙, 134면; 김용한, 민법총칙론, 166면; 김증한, 민법총칙, 184면; 장경학, 민법총칙, 309면; 이영준, 한국민법론, 862면; 홍일표, 민법주해 [I], 614면; 이에 대하여 독일의 학설 · 판례를 좇아 설립중의 회사는 조합도 아니고, 권리능력 없는 사단도 아니며, 법인도 물론 아닌 특수한 성질의 단체, 독자적인 조직형태라고 보는 소수설이 있다{정동윤, 「회사법」(제7판), 법문사(2001), 140면}.

2) 유진희, "설립중의 회사", 「한림법학」 제3권, 한림대학교 법학연구소(1994), 117면.

3) 설립중의 회사라는 개념이 없다면 설립절차 중에 발기인이 회사를 위해서 취득한 재산이 발기인의 재산으로 귀속되었다가 설립등기를 필한 후 발기인이 회사에 이전하는 절차를 밟아야 할 것이나, 이러한 절차가 비경제적이기도 하려니와 회사에 출자한 재산이 발기인 개인의 채무에 관한 책임재산을 구성하여 그의 채권자의 강제집행에 복종하게 되는 문제가 생긴다(이철송, 「회사법강의」(제13판), 박영사(2006), 179면). 즉, 설립 후 회사의 자본조달 및 자본유지의 원칙에 의하여 회사가 성립하는 시점, 즉 설립등기를 하는 시점에 회사자본이 가능한 한 감소되지 않고 있을 것이 요구된다는 점에서 필요한 개념이다(유진희, 앞의 논문, 116면).

사는 정관이 작성되고 발기인이 적어도 1주 이상의 주식을 인수하였을 때 비로소 성립되는 것이다.[4] 이와 같이 판례는 설립중의 회사가 성립하기 위해서는 발기인이 정관을 작성하고 1주 이상의 주식을 인수하는 등 어느 정도 회사로서의 독립된 실체를 갖추어야 하고, 이 점에서 설립중의 회사의 법적 성격은 법인 아닌 사단으로 본다.

2. 그런데 설립중의 법인은 법인 설립을 목적으로 하는 그 전 단계의 조직체라는 점에서 설립단계부터 법인설립을 목적으로 하지 않은 또는 처음에는 설립등기를 할 목적을 갖고 있었지만 나중에 설립등기가 불가능하다는 것이 명백해진 경우에 인정되는 조직체와는 구별된다. 후자를 부진정한 설립중의 법인이라고 하는데, 발기인조합과 마찬가지로 민법상의 조합에 관한 원칙이 적용된다.[5] 교회는 처음부터 법인설립을 목적으로 하지 않고 설립을 위한 준비를 하는 경우가 많으므로 설립중인 교회는 부진정한 설립중의 법인이 되는 경우가 많을 것이고, 이러한 점에서 교회에는 설립중의 교회와 다른 성격의 발기인 조합을 상정하기는 어렵다 할 것이다. 즉, 설립중의 교회나 발기인 조합의 교회나 모두 민법상조합에 관한 원칙이 적용된다 할 것이다.

Ⅱ. 설립중 교회의 법률행위의 효과

1. 설립중의 법인이 한 법률행위의 효과

설립중의 법인은 후에 등기함으로써 법인격을 취득하는 법인과 동일체는 아니다. 그러나 설립중의 법인과 설립 후의 법인은 실질적으로 동일한 것이므로[6] 설립중에 취득하고 부담한 권리의무는 달리 효력요건이나 대항요건을 요하지 않고 법률상 당연히 설립 후의 법인에 귀속된다고 해석함이 상당하다. 따라서 설립중의 법인이 취득한 재산은 별도의 절차를 요하지 않고 당연히 설립 후의 사단법

4) 대법원 1990. 12. 26. 선고 90누2536 판결; 대법원 1994. 1. 28. 선고 93다50215 판결; 대법원 2008. 2. 28. 선고 2007다37394 판결 등 참조.

5) BGHZ 22, 240, 243; Hueck, Gesellschaftsrecht, 19. Aufl., 1991, S. 344f.; Raiser, Recht der Kapitalgesellschaft, 2. Aufl., 1992, S. 283.

6) 동일성설이 통설이다(이철송, 회사법강의, 179면).

인의 재산으로 된다고 할 것이다.[7] 그러나 설립중의 법인은 권리능력이 없는 사단이므로 설립중의 법인의 목적의 범위 내에서만 행위할 수 있다 할 것이다.[8] 판례도 설립중의 법인의 행위에 대하여 설립된 후의 법인이 책임을 지는 것은 그 법인의 설립 자체를 위한 행위에 한하는 것으로 보고 있다.[9]

그리고, 발기인조합이 법인설립이라는 사업의 달성을 위하여 그에 필요한 여러 준비행위, 예컨대, 정관의 원안 작성, 필요한 서류의 작성, 사무소의 임차 등을 하게 되는데, 이는 설립중의 행위와 구별되고, 위 준비행위에 대하여는 조합 자체가 책임을 진다고 해석한다.[10] 판례도 아직 사단으로서의 실체를 갖추지 못하여 아직 설립중의 회사가 성립되기 이전에 발기인이 취득한 권리의무는 설립중의 회사에 귀속될 수는 없고, 구체적인 사정에 따라 발기인 개인 또는 발기인 조합에 귀속되는 것으로서, 이들에게 귀속된 권리의무를 그 후에 성립된 설립중의 회사나 설립 후의 회사에게 귀속시키기 위해서는 양수나 계약자 지위인수 등의 특별한 이전행위가 있어야 한다[11]고 한다.

2. 설립중의 교회가 한 법률행위의 효과

가. 교회가 법인격을 취득하지 않더라도 기독교교리를 신봉하는 다수인이 공동의 종교활동을 목적으로 집합체를 형성하고 규약 기타 규범을 제정하여 의사결정기관과 대표자 등 집행기관을 구성하고 예배를 드리는 등 신앙단체로서 활동하는 경우에는 법인 아닌 사단으로서 성립·존속하게 되는바, 교회가 이와 같이 그 실체를 갖추어 법인 아닌 사단으로서 성립한 경우에 교회의 대표자가 교회를 위하여 취득한 권리의무는 교회에 귀속된다고 할 것이다. 그러나 교회가 아직 실체를 갖추지 못하여 법인 아닌 사단으로서 성립되기 이전에 설립의 주체인 개인이 취득한 권리의무는 그것이 앞으로 성립될 교회를 위한 것이라 하더라도

7) 김상용, 민법총칙, 248면; 백태승, 민법총칙, 225면; 지원림, 민법강의, 110면.
8) 홍일표, 민법주해 [I] 615면; 이영준, 한국민법론, 862면.
9) 대법원 1965. 4. 13. 선고 64다1940 판결.
10) 곽윤직, 민법총칙, 134면; 장경학, 민법총칙, 309면.
11) 대법원 1994. 1. 28. 선고 93다50215 판결; 대법원 1998. 5. 12. 선고 97다56020 판결; 대법원 2008. 2. 28. 선고 2007다37394 판결 등 참조.

법인설립을 목적으로 하는 설립중의 법인의 경우[12]와는 달리 바로 법인 아닌 사단인 교회에 귀속될 수는 없다고 할 것이다. 앞서 본바와 같이 설립중의 법인이 법인설립을 목적으로 하는 비법인사단인 데 반하여, 처음부터 비법인사단의 설립을 목적으로 하는 준비행위 단계인 경우는 비법인사단으로서의 실체를 갖추지 못하였기 때문에 설립중의 회사의 법리를 유추적용할 수는 없고, 위 I.의 2.항에서 본 바와 같이 부진정 설립중의 법인으로 보고 민법상 조합에 관한 규정을 준용하여야 할 것이다.

나. 대법원은 교회가 아직 그 실체를 갖추지 못하여 법인 아닌 사단으로서 성립되기 전에는 장차 교회의 담임목사가 될 자가 장차 설립될 교회의 예배당으로 사용하기 위하여 건물을 분양받았다고 하더라도 그 분양계약은 교회를 대표하여 체결한 것이라거나 그 계약상의 지위가 별도의 이전행위 없이 바로 원고 교회에 귀속된다고는 할 수 없다고 판시하여,[13] 설립중의 교회에 대하여 설립중의 법인의 법리를 유추적용하지 않고 민법상의 조합에 관한 규정을 준용하였다.

위 판례사안을 구체적으로 보면, 원고 교회는 원고 교회의 담임목사인 소외인이 원고 교회의 설립을 준비중에 원고 교회의 예배당으로 사용하기 위하여 이 사건 건물을 분양받고 그 분양대금을 모두 납부하여 그 소유자가 되어 이 사건 건물을 사용중이고, 피고는 소외인이 이 사건 건물을 분양받을 당시 금전을 대여하고 이를 담보하기 위하여 소유권이전등기를 경료받은 양도담보권자인데, 원고 교회는 이 사건 건물에 관한 피고 명의의 소유권이전등기가 명의신탁등기이므로 무효라는 이유로 본소로서 그 말소를 구하고, 피고는 반소로서 소유자라는 이유로 원고에게 이 사건 건물의 명도를 구함과 동시에 임대료 상당의 부당이득의 반환을 구하였다.

이에 대하여 원심인 서울고등법원[14]은, 교회는 비법인사단으로서 특별한 사정이 없는 한 사단법인에 관한 규정이나 설립중의 회사에 관한 법리가 유추적용되고, 설립중의 교회의 대표자가 설립중의 교회 명의로 법률행위를 하면, 설립중의

12) 앞서 본 대법원 1965. 4. 13. 선고 64다1940 판결.
13) 대법원 2008. 2. 28. 선고 2007다37394 판결.
14) 서울고등법원 2007. 5. 16. 선고 2006나10658 판결.

교회 명의로 취득한 권리의무는 설립중의 교회에 총유의 형식으로 귀속하였다가 성립 후의 교회에 별도의 이전행위 없이 귀속하게 된다고 전제한 후, 소외인은 원고 교회를 대표하여 이 사건 분양계약을 체결한 것이고, 그 당시 원고 교회가 설립중의 교회였음은 명백하다 할 것이어서 소외인이 설립중의 교회를 대표하여 이 사건 분양계약을 체결한 계약상의 지위는 별도의 이전행위 없이 원고 교회에 귀속하며, 피고는 명의신탁자인 원고 교회로부터 그 등기 명의만을 신탁받은 명의수탁자에 불과하다 할 것이고, 이러한 명의신탁약정과 그에 기한 등기는 부동산실권리자 명의등기에 관한 법률에 의하여 무효로 되고 그 결과 명의신탁된 부동산은 매도인 소유로 복귀하므로, 명의신탁자는 매도인에 대한 소유권이전등기청구권을 보전하기 위하여 매도인을 대위하여 명의수탁자에게 무효인 그 명의등기의 말소를 구할 수 있다 할 것이어서, 피고는 원고 교회에게 이 사건 건물에 관한 피고 명의의 소유권이전등기의 말소등기절차를 이행할 의무가 있다고 판단하였고, 한편, 피고의 반소청구에 대하여는, 이 사건 건물에 관하여 피고의 대여금에 대한 채권담보 목적으로 피고 명의로 소유권이전등기가 경료되었으므로, 피고가 원고 교회와의 사이에서 이 사건 건물의 소유자임을 내세울 수 없다는 이유로, 피고의 위 청구를 배척하였다.

그런데 대법원은 피고의 반소청구에 대하여는 대여금 채권의 담보를 위하여 부동산에 소유권이전등기를 경료한 양도담보권자는 가등기담보 등에 관한 법률 제3조 및 제4조에 정한 청산절차를 밟아야만 목적부동산의 소유권을 취득하고, 일반적으로 부동산을 채권담보의 목적으로 양도한 경우 특별한 사정이 없는 한 목적부동산에 대한 사용수익권은 채무자인 양도담보설정자에게 있는 것이므로, 양도담보권자는 사용수익할 수 있는 정당한 권한이 있는 채무자나 채무자로부터 그 사용수익할 수 있는 권한을 승계한 자에 대하여는 사용·수익을 하지 못한 것을 이유로 임료 상당의 손해배상이나 부당이득반환청구를 할 수 없다[15]는 전제에서 피고의 반소청구를 기각한 원심판결을 유지하면서도, 원고의 본소청구에 대하여는 소외인이 이 사건 건물에 관한 분양계약을 체결할 당시에는 교회가 아직

15) 대법원 1988. 11. 22. 선고 87다카2555 판결; 대법원 2001. 12. 11. 선고 2001다40213 판결 등 참조.

그 실체를 갖추지 못하여 법인 아닌 사단으로서 성립되기 전이므로, 소외인이 이 사건 건물에 관하여 체결한 분양계약이 교회를 대표하여 체결한 것이라거나 그 계약상의 지위가 별도의 이전행위 없이 바로 원고 교회에 귀속된다고는 할 수 없다고 하여 원심을 파기하였다.

원심은 설립중의 교회를 설립중의 법인과 같이 보았고, 대법원은 교회 자체가 비법인사단이므로 설립중의 교회는 비법인사단이 아니라는 전제에서 설립중의 법인과 같이 보지 아니하였는바, 대법원 판결은 가.항에서 본 바와 같은 법리에 기초한 것으로서 타당한 결론이라 할 것이다. 그런데 대법원의 판시만으로는 소외인이 이 사건 건물에 대한 분양계약을 체결할 당시 원고 교회를 대표 또는 대리하여 체결한 것인지 아니면 자신의 이름으로 체결한 것인지가 명백하지 않은 바, 만약 원고 교회를 대표 또는 대리한 것이 아니라면 그 법률효과가 원고에게 미치지 않은 것은 당연한 것이라고 볼 여지가 많고, 원고 교회를 대표 또는 대리한 것임에도 불구하고 당시에는 교회가 설립되기 전이어서 사단으로서의 실체를 가진 것이 아니므로 그 법률효과가 원고 교회에게 귀속된 것이 아니라는 취지라면 설립중의 교회에 대한 성격을 더욱 명백히 한 것으로서 매우 의미있는 판결이 될 것이다.

제3절 청산중의 교회

Ⅰ. 의 의

1. 법인은 민법 제77조에서 일정한 사유, 즉 존립기간의 만료, 법인의 목적의 달성 또는 달성의 불능 기타 정관에 정한 해산사유의 발생, 파산 또는 설립허가의 취소, 사단법인의 사원이 없게 되거나[16] 총회의 결의로도 해산한다. 이러한

16) 대구고등법원은, D교회는 1980년 설립되었는데 1986년부터 전도목사로 일하다가 2015년 정년을 채우고 은퇴하여 목사 1인만이 있게 되자 P노회는 교회에 교인이 없어 더이상 존립할 수 없다고 폐교회하고 D교회 부동산을 P노회에 증여하는 방식으로 소유권을 이전하기로 결정하고 소유권이전

법인의 해산이란 회사의 법인격의 소멸을 가져오는 원인이 되는 법률사실을 말한다. 법인의 해산은 자연인의 사망과 같으나 법인이 해산한 경우는 자연인이 사망한 경우의 상속과 같은 포괄적인 승계가 인정되지 않으므로 회사가 해산한 경우에 스스로 기존의 법률관계를 처리하여야 한다. 이러한 처리과정을 청산절차라고 하고 해산 후 청산의 목적을 위하여 존속하는 법인을 청산법인 또는 청산중의 법인이라고 한다. 청산법인은 해산 전의 법인과 동일성이 있지만, 그 권리능력은 민법 제81조에서 규정하는 바와 같이 청산의 범위 내에 한정된다는 점이 다르다.[17]

판례도 비법인사단에 해산사유가 발생하였다고 하더라도(심지어 구성원이 없게 되었다고 하더라도[18]) 곧바로 당사자능력이 소멸하는 것이 아니라 청산사무가 완료될 때까지 청산의 목적범위 내에서 권리 · 의무의 주체가 되고,[19] 이 경우 청산 중의 비법인사단은 해산 전의 비법인사단과 동일한 사단이다. 심지어 청산종결등기가 경료된 경우에도 청산사무가 종료되었다 할 수 없는 경우에는 청산법인으로 존속한다.[20] 다만 교회의 경우는 청산종결등기를 할 수 없으므로 청산종결시점이 언제인지가 법인보다 더 명확하지 않다.

2. 교회도 비법인사단으로서 사단법인에 관한 민법규정 중 법인격을 전제로 하는 것을 제외한 규정들을 유추적용하여야 할 것이므로 민법 제77조 소정의 사유가 있으면 해산하여 청산절차에 들어가서 청산의 목적범위 내에서 권리 · 의무의 주체가 된다.[21] 이 경우에 청산의 목적범위에서란 그 범위를 해산 전의 법인의 능력에 관한 민법 제34조에서 규정하는 목적범위 내의 해석에 준하여 넓게

등기를 구하는 P노회의 D교회에 대한 이전등기소송에서 "교인이 한 명이라도 있으면 예배와 전도 등 교회의 설립목적을 일정부분 달성할 수 있고 향후 교인이 증가할 가능성도 있으므로 특별한 사정이 없는 한 해산하지 않고 존속한다"고 판시하여 원고의 청구를 기각하였는바(2018나24999, 법률신문 2019. 10. 28. 자 제8면), 교인이 1인라도 남아 있으면 사원이 없다고 할 수 없고, 교회의 목적달성도 불가능하다고 볼 수 없다는 취지의 판시이다.

17) 청산법인의 성질에 관한 동일설로서 오늘날의 통설이다(곽윤직, 민법총칙, 158면, 이영준, 한국민법론, 887면).
18) 대법원 1992. 10. 9. 선고 92다23087 판결.
19) 대법원 2003. 11. 14. 선고 2001다32687 판결; 대법원 2007. 11. 16. 선고 2006다41297 판결 등 참조.
20) 대법원 1980. 4. 8. 선고 79다2036 판결.
21) 대법원 2003. 11. 14. 선고 2001다32687 판결.

해석하여야 한다. 그리하여 판례는 회사의 권리능력에 관하여 “회사의 설립 근거가 된 법률과 회사의 정관상의 목적에 의하여 제한되나 그 목적범위 내의 행위라 함은 정관에 명시된 목적 자체에 국한되는 것이 아니라 그 목적을 수행하는데 있어 직접, 간접으로 필요한 행위는 모두 포함되고, 목적수행에 필요한지의 여부는 행위자의 주관적, 구체적 의사가 아닌 행위 자체의 객관적 성질에 따라 판단하여야 할 것이다.”고 하고,[22] 나아가 “민법 제80조, 제81조, 제87조와 같은 청산절차에 관한 규정은 모두 제3자의 이해관계에 중대한 영향을 미치기 때문에 소위 강행규정이라고 해석되므로[23] 만일 그 청산법인이나 그 청산인이 청산법인의 목적범위 외의 행위를 한 때는 무효가 된다.”고 하고[24] 있는 바, 교회의 청산인의 경우도 이에 준하여 해석할 수 있을 것이다.

Ⅱ. 청산인의 선임과 직무

1. 청산인의 선임

가. 법인이 해산한 때에는 파산의 경우를 제외하고는 정관 또는 총회의 결의로 청산인을 선임하고, 정관에 규정이 없거나 총회의 결의가 없으면 이사가 청산인이 된다(민법 제82조). 그러나 법인의 해산 당시에 이사가 존재하지 않고 또 정관이나 총회의 결의에 의하여 청산인을 정하지 아니한 때나 청산인이 있더라도 결원으로 인하여 손해가 생길 염려가 있는 때에는 법원이 직권 또는 이해관계인이나 검사의 청구에 의하여 청산인을 선임할 수 있다(민법 제83조). 법인이 파산에 의하여 해산한 때에는 파산선고와 동시에 파산관재인이 선임되고(채무자 회생 및 파산에 관한 법률 제312조 제1항, 제355조) 파산관재인이 파산에 의한 청산 사무를 집행하게 되므로 청산법인은 파산재단에 관한 사무의 집행을 위하여 청산인을 필요로 하지 않는다.

---

22) 대법원 1988. 1. 19. 선고 86다카1384 판결; 대법원 1991. 11. 22. 선고 91다8821 판결; 대법원 2005. 5. 27. 선고 2005다480 판결 등 참조.
23) 대법원 2000. 12. 8. 선고 98두5279 판결.
24) 대법원 1980. 4. 8. 선고 79다2036 판결.

나. 교회의 경우 판례는 교회의 헌법 등에 다른 정함이 있는 등의 특별한 사정이 없는 한, 교회의 대표자(담임목사)는 예배 및 종교활동을 주재하는 종교상의 지위와 아울러 비법인사단의 대표자 지위를 겸유하면서 교회 재산의 관리처분과 관련하여 청산인으로서 대표권을 갖는다고 하고 있다.[25] 또 판례는 "해산 당시 그 비법인사단의 총회에서 향후 업무를 수행할 자를 선정하였다면 민법 제82조를 유추하여 그 선임된 자가 청산인으로서 청산중의 비법인사단을 대표하여 청산업무를 수행하게 된다."고 하면서 "원고 교회는 1997. 1. 18.에 이르러 남은 교인 5인이 모두 원고 교회에서의 예배를 중단하고 다른 교회로 나가기로 결의함으로써 예배 등 독자적인 종교활동이 완전히 없어지게 됨에 따라 교인이 존재하지 않게 되어 해산절차에 들어가게 되었으며, 구해수의 교회 내에서의 지위와 활동, 위 1997. 1. 18. 자 결의 내용과 그 이후의 경과 등에 비추어 볼 때, 위 1997. 1. 18. 자 결의 당시 교인들은 구해수를 향후 원고 교회의 청산업무를 수행할 자로 선정함으로써 그를 청산인으로 선임하였다고 할 것이다."고 판시하였는 바,[26] 위 구해수의 경우는 명시적으로 교인총회에서 청산인으로 선임되었다는 증거는 없지만 혼자 남아서 잔여재산을 관리한 점 등 여러 사정에 비추어 청산인으로 선임된 것으로 추정한 사안으로 보인다. 따라서 이 판결은 실제로 교회사건에서 청산인선임이 다투어 졌을 때에 사실인정에 참고할 만한 판례라고 할 것이다.

2. 청산인의 직무권한

가. 청산인의 직무권한은 ① 현존사무의 종결, ② 채권의 추심 및 채무의 변제, ③ 잔여재산의 인도, ④ 기타 위에서 정한 직무 외에 그 직무 수행을 위하여 필요한 모든 행위를 할 수 있다(민법 제87조). 그런데 제87조 제1항에 규정한 위 ①, ②, ③항은 청산사무를 예시한 것에 불과하다.[27] 또한 청산인은 그 청산사무의 집행을 위하여 필요한 경우에는 청산법인의 대표권을 갖는다.

---

25) 대법원 2007. 11. 16. 선고 2006다41297 판결.
26) 대법원 2003. 11. 14. 선고 2001다32687 판결.
27) 최기원, 민법주해 [I], 762면.

나. 교회의 청산인에 관하여 판례에서 문제가 된 사안은 모두 청산인의 대표권에 관한 사안이었다.

위 주25) 2006다41297 판결의 사안은, 피고 교회의 담임목사가 파직출교의 징계처분을 받아 더 이상 피고 교회의 대표자가 아니라고 주장하면서 청산인의 대표자지위의 부존재확인을 구하는 사건으로서, 원심은 피고 교회가 해산하여 당사자능력이 없다는 전제에서 이 사건 소는 부적법하다고 판단하여 각하하였는데, 대법원은 비법인사단에 해산사유가 발생하였다고 하더라도 곧바로 당사자능력이 소멸하는 것이 아니라 청산사무가 완료될 때까지 청산의 목적범위 내에서 권리·의무의 주체가 되고 이 경우 청산중의 비법인사단은 해산 전의 비법인사단과 동일한 사단이고 다만 그 목적이 청산 범위 내로 축소된 데 지나지 않고, 한편 교회의 헌법 등에 다른 정함이 있는 등의 특별한 사정이 없는 한, 교회의 대표자(담임목사)는 예배 및 종교활동을 주재하는 종교상의 지위와 아울러 비법인사단의 대표자 지위를 겸유하면서 교회 재산의 관리처분과 관련한 대표권을 갖는다고 할 것이므로, 재산의 관리처분과 관련한 교회 대표자 지위에 관한 분쟁은 구체적인 권리 또는 법률관계를 둘러싼 분쟁에 해당하여 그 대표자 지위의 부존재 확인을 구하는 것은 소의 이익이 있다고 하였다. 물론 이 판결은 청산인의 교회대표권에 대한 판시뿐만 아니라 교회가 해산으로써 바로 소멸하는 것이 아니라 청산의 목적범위 내에서 권리·의무의 주체가 된다는 점,[28] 청산중의 교회는 종전 교회와 동일한 비법인사단이라고 판시한 점에서 의의가 있다고 할 것이다.

또 위 주26) 2001다32687 판결의 사안은, 비법인사단인 교회의 교인이 존재하지 않게 된 경우 그 교회는 해산하여 청산절차에 들어가서 청산의 목적범위 내에서 권리·의무의 주체가 되며, 이 경우 해산 당시 그 비법인사단의 총회에서 향후 업무를 수행할 자를 선정하였다면 민법 제82조를 유추하여 그 선임된 자가 청산인으로서 청산중의 비법인사단을 대표하여 청산업무를 수행하게 되고, 교회가 청산인 혼자 남아 있다고 하더라도 그 교회는 청산중의 비법인사단으로서 위 보상금의 처리라는 청산목적 범위 내에서 존속하므로 청산사무의 처리를 위하여

28) 이 점에서 교회가 분열되면 해산에 준하여 바로 분열된 교회에 재산이 분할된다는 교회분열긍정설 및 공유설이 타당하지 않음은 이미 본 바와 같다.

이 사건 소로서 위 보상금의 수령권을 주장할 수 있다고 판시하여, 청산인에게 교회를 대표하여 소송을 수행할 권한이 있음을 인정함은 물론, 교회가 해산되더라도 청산의 목적범위 내에서 권리·의무의 주체가 됨을 인정하였다.

다. 청산인의 직무중 잔여재산의 인도에 있어서 잔여재산은 채무의 변제를 완료한 다음에 남은 적극재산을 말한다. 잔여재산의 귀속권리자에 관하여는 민법 제80조에서 규정하고 있는데,[29] 잔여재산의 인도를 단순히 점유의 이전으로 볼 것인지 아니면 권리의 양도로 볼 것인지에 대하여는 잔여재산귀속권의 성질을 어떻게 볼 것인가에 따라서 다르게 된다. 잔여재산의 청구권은 해산과 동시에 법인의 재산이 민법 제80조에 따라 정하여진 귀속권리자에게 귀속되는 것이 아니라 청산절차가 종료된 후 잔여재산이 있을 경우 잔여재산의 양도를 법인에 대하여 청구할 수 있는 채권적 청구권으로 보아야 할 것이다. 따라서 민법 제80조에 따른 잔여재산청구권을 채권적 청구권으로 보는 이상 잔여재산의 인도는 양도즉, 동산은 인도, 부동산은 등기, 지시채권은 배서와 증서의 교부, 무기명채권은 증서의 교부를 하여야 한다고 할 것이다.

여기서 교회의 분열과 관련하여 문제가 되는 것은 교회분열을 종전 교회의 해산으로 보고 교회의 분열을 부정하면 교인들의 잔여재산청구권을 침해한다는 견해가 있음은 교회분열부정설에 대한 반론에서 본 바와 같다. 그러나 그곳에서 살펴본 바와 같이 교회의 분열은 민법 소정의 교회의 해산 또는 해산사유로 볼 수 없을 뿐만 아니라, 설사 해산 또는 해산사유로 볼 수 있다고 하더라도 분열된 교회의 교인들에게 민법 제80조의 규정에 의하지 않고 또 청산절차를 거침도 없이 잔여재산청구권을 인정할 수 없는 것이므로 이러한 반론은 타당하다고 할 수 없다.

---

29) 민법 제80조는 잔여재산의 귀속에 관하여, 해산한 법인의 재산은 정관으로 지정한 자에게 귀속하되, 정관으로 귀속권리자를 지정하지 아니하거나 이를 지정하는 방법을 정하지 아니한 때에는 이사 또는 청산인은 주무관청의 허가를 얻어 그 법인의 목적에 유사한 목적을 위하여 그 재산을 처분할 수 있으며, 사단법인에 있어서는 총회의 결의가 있어야 한다고 규정하고 있다.

부록

모범정관*

1. 장로교회
2. 감리교회
3. 독립교회

* 모범정관이라고 표현하였지만 외람된 표현이고, 정관의 예시 정도로 이해하면 좋을 것이다.

1. 장로교회

대한예수교장로회 ○○교회 정관

년 월 일 제정
년 월 일 개정

제1장 총 칙

제1조 (명칭) 본 교회는 대한예수교장로회 ○○교회(이하 '본 교회'라 한다)라 한다.

제2조 (소속 및 소재지) ① 본 교회는 대한예수교장로회 총회(○○) ○○노회에 소속한다.
② 본 교회의 소재지는 ________________________에 둔다.

제3조 (목적) 본 교회는 예수 그리스도를 머리로 한 그의 몸 된 교회로서 정확무오한 신구약 성경과 대한예수교장로회 총회(○○, 이하 '총회'라 한다)의 신앙 교리, 신조, 행정 원리에 따라 예배와 선교, 교육과 봉사, 그리고 성도의 교제를 목적으로 한다.

제4조 (사업) 본 교회는 목적 달성을 위하여 다음의 사업을 시행한다.
1. 전도, 교육, 구제, 선교를 위한 사업
2. 사회 봉사에 관한 사업
3. 기타 교회의 목적을 위한 사업

제2장 교 인

제5조 (교인의 정의) 본 교회 교인은 성부, 성자, 성령 삼위일체이신 하나님을 믿는 그리스도인으로서 소정의 절차를 거쳐 교인명부에 등록한 자이다.

제6조 (교인의 구분) 본 교회 교인은 원입교인, 유아세례교인, 세례교인(입교인)으로 구분한다.
1. 원입교인: 예수를 믿기로 작정하고 공동예배에 참석하는 자
2. 유아세례교인: 세례교인(입교인)의 자녀(만2세 이하[1])로서 유아세례를 받은 자.

3. 세례교인(입교인): 유아세례교인으로서 입교한(만14세 이상[2]) 자 또는 원입교인(만 14세 이상)으로서 세례를 받은 자

제7조 (교인지위의 취득) 본 교회의 교인지위는 6개월 이상 본 교회에 출석하고 소정의 교육을 이수한 자로서 교인명부에 등록함으로써 취득한다.

제8조 (교인지위의 정지와 상실) ① 본 교회 교인은 다음의 경우에 교인지위가 정지된다.

1. 정당한 사유 없이 6개월 이상 본 교회를 떠나 교인의 의무를 이행하지 아니한 경우
2. 제명 · 출교 이외의 책벌을 받아 근신중인 경우

② 본 교회 교인은 다음의 경우에 교인지위를 상실한다.

1. 교회 탈퇴 의사를 신고한 경우
2. 제명 · 출교의 책벌을 받은 경우
3. 교인지위가 정지된 이후 정당한 사유 없이 1년 이상 본 교회 예배에 계속 참석하지 아니한 경우

③ 교인지위의 정지와 상실 사유가 소멸한 때에는 당회결의로 교인지위를 회복할 수 있다.

④ 당회는 교인지위의 정지 · 상실 · 회복이 발생한 때에는 교인명부에 지체 없이 이를 기재하여야 한다.

제9조 (교인의 권리) 본 교회의 교인은 다음의 권리가 있다.

1. 세례교인(입교인)의 성찬 참례권
2. [만 18세 이상][3] 세례교인(입교인)의 공동의회 회원권
3. 정관에 따른 선거권과 피선거권
4. 정관에 따른 교회재산의 사용 · 수익권
5. 정관과 총회헌법에 따른 재판받을 권리
6. 정관과 총회헌법에 따른 문서로 청원할 권리

제10조 (교인의 의무) 본 교회 교인은 다음의 의무가 있다.

1. 성경의 가르침에 따라 그리스도인으로서 합당한 생활 의무
2. 교회의 정기예배 출석 의무
3. 헌금 · 전도 · 봉사 · 구제 의무
4. 교회치리에 복종할 의무
5. 헌법과 정관의 준수의무

---

1) 통합헙법은 만2세 미만으로 되어 있다.
2) 통합헌법은 15세 이상으로 되어 있다.
3) 통합헌법은 18세 이상으로 하고 있으나, 합동헌법은 제한이 없다. 따라서 합동총회는 만 14세 이상이면 공동의회 회원권이 있다.

제 3 장 교회의 직원

제1절 통 칙

제11조 (직원의 정의) 교회의 직원이란 예수그리스도께서 교회에 맡긴 청지기 직분을 수행하는 교역자와 임직자를 말한다.

제12조 (직원의 구분) ① 교회의 직원은 시무정년까지 직분을 담당하는 항존(恒存)직과 일정 기간 동안 직분을 담당하는 임시직으로 구분한다.

② 항존직은 장로・집사・[권사][4]이다. 장로 중 설교와 치리를 겸하는 자를 목사라 하고, 치리만 하는 자를 장로라 한다.

③ 항존직의 시무정년은 만 70세[5]로 한다.

④ 임시직은 전도사, 서리집사이다.

제2절 교 역 자

제13조 (목사) ① 목사는 하나님의 말씀으로 교훈하며, 성례를 거행하고, 교인을 축복하며, 담임목사는 장로와 협력하여 치리권을 행사한다.

② 목사는 본교회가 소속한 노회의 회원으로서 노회의 허락을 받아 본 교회에서 시무하되, 노회에 소속한다.

③ 목사의 명칭은 위임목사・담임목사・부목사・원로목사・은퇴목사・임시목사 등으로 구분한다.

제14조 (목사의 자격) ① 목사는 신앙이 진실하고 행위가 복음에 적합하며, 가정을 잘 다스리고 타인을 존경을 받는 자로서(디모데전서 3:1~7절) 다음의 자격을 구비한 자이다.

1. 무흠한 세례교인(입교인)으로 7년을 경과한 자[6]
2. 30세 이상 된 자로서 총회에서 인정한 신학대학원을 졸업한 후 2년 이상 전임교역 경험을 가진 자
3. 총회[의 강도사 인허와 노회][7]의 목사고시에 합격한 자

[② 타 교파에서 교역하거나 대한민국 이외의 다른 지방에서 교역한 목사의 경우에는

---

4) 합동총회는 권사는 안수하지 않고 따라서 항존직으로 하고 있지 않으나 실제로는 항존직에 준하고 있다.

5) 합동총회는 만70세가 끝나는 날까지로 하고, 통합총회는 만70세가 되는 해의 연말까지 한다.

6) 통합헌법 제2편 정치 제26조 제1호 제1항에 의한 것인바, 다른 교단은 달리 정할 수 있다.

7) 합동총회는 총회이 강도사고시와 노회의 목사고사에 합격하여야 하나 통합총회는 총회의 목사고시만 있다.

총회에서 인정한 편목과정을 이수한 후 강도사 인허를 받아야 한다.][8)]

제15조 (위임목사)[9)] ① 위임목사는 본 교회의 청빙으로 노회의 위임을 받아 정년까지 시무하는 목사이다.

② 위임목사는 다음의 지위와 권한이 있다.

1. 본 교회의 대표
2. 설교 · 성례 · 축복 · 말씀양육권
3. 장로와 협력을 통한 인사 · 재정 등 직무와 사역의 총괄 감독권
4. 당회 · 제직회 · 공동의회 의장

제16조 (위임목사의 청빙) ① 위임목사는 본 정관 제17조가 정하는 목사의 자격을 구비한 자로서 만 40세 이상[10)]이어야 한다.

② 위임목사를 청빙하고자 하는 경우에는 당회가 '청빙위원회'가 되어 후보자를 공동의회에 추천한다. 청빙위원회 구성과 절차는 시행세칙으로 정한다.

③ 공동의회는 당회결의를 거쳐 추천한 후보자에 대하여 공동의회에서 회원 1/5이상의 출석[11)]과 출석회원 2/3이상의 찬성으로 청빙을 결의한다.

④ 청빙결의가 있는 때에는 재적교인[12)][공동의회에 출석한 교인][13)] 과반수가 서명날인한 청빙서를 본 교회가 소속된 노회에 청빙청원을 한다.

제17조 (목사의 사임과 면직) ① 목사의 사임은 정관에 규정된 이외에는 총회헌법의 규정과 절차에 따른다.

② 목사의 사임에는 자의사임과 권고사임이 있다.[14)]

1. 자의사임: 목사가 부득이한 사유로 인하여 시무사임을 원할 때 본 교회가 속한 노회에 사임서를 제출하고 당회의 결의와 노회 허락을 받아 사임하게 할 수 있다.
2. 권고사임: 목사가 교회에서 불미스러운 행위를 한 사실이 확인될 때에는 당회 및 공동의회 특별결의로써 시무사임의 권고를 노회에 건의할 수 있다.

③ 목사는 본 교회가 소속한 노회와 총회 재판국의 권징재판에 의해 시무해임 · 면직 · 제명 · 출교의 책벌을 받은 때에는 본교회의 목사직에서 면직된다.

제18조 (원로목사와 은퇴목사) ① 본 교회에서 20년 이상 시무한 목사는 은퇴 후 그 명예를

---

8) 합동총회의 교회를 기준으로 둔 규정이다.

9) 엄격히는 헌법상 담임목사 또는 시무목사는 임기 3년 내지 1년이고, 위임목사는 정년까지 시무하므로 이를 구분하여 규정하는 것이 바람직하나, 위임목사와 동일한 의미로 담임목사라고 칭하는 경우도 있다.

10) 합동헌법은 30세 이상일 것을 요건으로 하고 있는바, 교회의 사정에 따라 조정할 수 있다.

11) 합동헌법과 통합헌법 모두 공동의회이 개회정족수를 규정하고 있지 않으나 공동의회결의의 절차적 정당성을 위해 규정한 것으로 교회의 사정에 맞게 조정하 수 있을 것이다.

12) 합동헌법 Ⅸ 정치 제15장 제3조 단서.

13) 통합헌법 제2편 정치 제28조 제2호.

14) 합동헌법은 자의사면, 권고사면이라는 용어를 사용하다.

보존하기 위해 원로목사로 추대할 수 있다.

② 원로목사 추대는 당회와 공동의회 결의로 하고, 노회의 허락을 받아야 한다.

③ 원로목사와 은퇴목사의 예우는 시행세칙으로 정한다.

제19조 (부목사) ① 부목사는 총회 소속 목사로 한다.[15)]

② 부목사는 담임목사를 보좌하여 설교 · 교육 · 심방 · 성례식 등의 활동을 한다.

③ 부목사의 임기는 1년으로 하되, 부목사의 청빙과 연임은 당회[와 제직회의][16)] 결의와 노회의 승인을 얻어야 한다.

제20조 (전도사) ① 전도사는 총회헌법상의 전도사 자격이 있는 예비목회자로서 담임목사의 추천과 당회 결의로 청빙하며 담임목사의 시무를 보좌한다.

② 전도사는 직임 별로 다음과 같이 시무하게 할 수 있다.

1. 전임 전도사: 위 제1항의 자격을 취득하고 담임목사의 목회를 도와 목회 전반을 전임하는 유급전도사를 말한다.
2. 교육 전도사: 목회 전임 전에 담임목사의 지도하에 목회를 배우며, 교회기관에서 수련하는 전도사를 말한다.

제 3 절 임직자(장로 · 집사 · 권사 · 서리집사)

제21조 (장로의 선출과 직무) ① 장로 후보는 상당한 식견과 통솔의 능력이 있는 자로 무흠 세례교인(입교인)으로 7년을 경과하고 40세 이상 자 중에서 선임한다.[17)]

② 장로는 당회의 결의로 노회의 허락을 받아 공동의회에서 회원 1/5이상의 출석과 출석회원 3분의 2이상의 찬성으로 선출한다. 장로 후보 선출에 대한 기타 내용은 시행세칙으로 정한다.

③ 장로로 피택된 자는 4개월 이상 당회의 지도아래 교육을 받은 후 노회의 장로고시에 합격하여야 한다.[18)]

④ 장로는 목사와 협력하여 교회의 행정과 권징을 관장하고, 교회의 신령적 관계를 살피며, 당회원이 된다.

제22조 (집사 · 권사의 선출과 직무) ① 집사 · 권사 후보는 단정하고 일구이언을 하지 아니하며 깨끗한 양심에 믿음의 비밀을 가진 자로서(딤전 3: 8-10) 35세 이상 된 자 중에서 선임한다.

② 집사 · 권사는 당회의 결의로 공동의회에서 출석회원 과반수[2/3이상의] 찬성[19)]으로

---

15) 교회의 사정에 따라 일정한 범위의 다른 교단의 목사를 청빙할 수도 있다.

16) 통합헌법 제2편 정치 제28조 제4호.

17) 통합헌법 제2편 정치 제40조, 다만 합동헌법 Ⅳ 정치 제5장 제3조는 5년을 경과하고 35세 이상인 자로 규정하고 있다.

18) 통합헌법 제2편 정치 제42조 제1호, 합동헌법 Ⅳ 정치 제9장 제5조 제4호는 6개월 이상.

선출한다. 집사·권사 후보 추천과 선출에 대한 상세한 내용은 시행세칙으로 정한다.
③ 집사·권사는 목사와 장로와 협력하여 교회에 봉사하고 헌금을 수납하며 구제에 관한 일을 담당한다.

第23조 (서리집사) 서리집사는 25세 이상 된 진실한 무흠 세례교인(입교인)으로서 1년을 경과하고 교회에 등록한 후 1년 이상 교인의 의무를 성실하게 이행한 자 중에서 당회의 결의를 거쳐 당회장이 임명한다.[20)]

제4장 회　의

제1절 통　칙

第24조 (회의기관의 종류와 지위) ① 본 교회의 기관으로서 당회·공동의회·제직회를 둔다.
1. 당회: 교회운영을 지도 감독하는 기관이며 신령상 모든 사무를 처리하고 교인의 신앙행위를 총찰하는 사법권과 행정권을 갖는 치리회이다.
2. 공동의회: 최고의결기관이다.
3. 제직회: 당회의 지도 감독을 받아 교회의 재정을 수납하고, 정관이 위임한 업무를 집행하는 기관이다.

② 본 교회의 시무장로가 사임 등의 사유로 1인도 없으면 본 교회는 총회헌법에 따라 당회가 없는 미조직 교회가 되며 권징을 제외한 당회 직무는 목사와 제직으로 구성되는 운영위원회가 행한다. 운영위원회의 조직과 운영은 별도 규정으로 정한다.

제2절 당　회

第25조 (당회의 구성과 운영) ① 당회는 노회에서 위임받은 담임목사와 시무장로로 구성하고 담임목사가 당회장이 된다. 다만 담임목사의 사임 등으로 당회장이 공석이 된 경우에는 본 교회 소속노회에 임시당회장의 파송을 요청해야 하며, 일시적인 유고의 경우에는 선임연장자 순으로 시무장로가 당회 임시의장으로서 회의를 주재한다.
② 당회는 정기당회와 임시당회가 있다. 정기당회는 1년 1회 이상 소집한다. 임시당회는 당회장이 필요하다고 인정할 때, 시무장로 과반수의 요구가 있을 때, 상회(노회, 총회)가 회집을 명할 때에 당회장이 소집한다. 정당한 소집요구에도 불구하고 당회장이 당회를 소집하지 아니하는 경우에는 제1항 단서 규정에 따라 장로중 선임연장순으로

---

19) 통합헌법 제2편 정치 제54조는 과반수, 합동헌법 Ⅳ 정치 제13장 제1조, 제3장 제3조 제3호 2)의 제2항은 2/3이상이다.
20) 통합헌법 제2편 정치 제59조, 서리집사는 70세까지만 임명할 수 있다(합동헌법 제3장 제3조, 통합헌법 정치 제23조).

소집한다.

③ 당회장은 당회 1주간 전에 회의의 목적과 시간, 장소를 통보해야 한다.

④ 당회는 정관에 다른 규정이 없으면 당회원의 과반수 출석으로 개회하며, 출석 당회원의 과반수 찬성으로 의결한다.

⑤ 당회서기는 회의결과를 당회의사록에 기록하고 당회장과 당회서기의 서명 또는 날인을 받아 보관한다. 당회 의사록의 열람청원은 당회의 허락을 받아야 한다.

⑥ 당회장은 당회의 중요한 결의사항을 교인들에게 보고하여야 한다.

제26조 (당회의 직무) 당회는 다음의 직무를 행한다.

1. 교인의 신앙 행위 총찰: 교회 예배 주관, 학습・입교・세례(유아세례포함)의 문답과 시행, 성찬예식의 주관, 교인지위의 취득확인 및 교인지위의 정지・상실・회복결정, 교적부(교인명부)의 관리
2. 교회직원 인사: 담임목사 청빙위원회 구성 및 후보자 선정, 부목사 및 전도사의 청빙, 장로・집사・권사의 후보자의 피택, 교육 및 임직 주관, 사무직원의 임면
3. 교회행정 총괄・감독: 공동의회 소집결의, 예산결산안의 제출, 각종 헌금의 실시와 재정 감독, 소속기관과 단체 및 부설기관 감독 지도, 교회 일반재산의 취득과 처분, 각 종 규정 및 시행세칙의 제정과 개정, 노회의 총대장로 파송과 상황보고 및 청원, 교회명의의 소송제기 및 응소
4. 권징: 교회의 권징재판에 관한 규칙과 총회헌법 권징조례에 따른 교인의 권징

제 3 절 공동의회(교인총회)

제27조 (공동의회의 구성과 직무) ① 공동의회는 [만 18세 이상][21] 세례교인(입교인)을 회원으로 구성하며 다음의 사항을 심의・의결한다.

1. 당회의 제시사항, 제직회의 청원사항, 상회(노회,총회)의 요구사항, 회원 3분의 1 이상이 요구사항
2. 예산과 결산의 승인, 감사보고의 승인
3. 담임목사 청빙・권고사임, 장로・집사・권사 선거, 감사선임
4. 교회 주요재산의 취득・증여・매매・교환・변경・처분・담보제공
5. 교단 및 노회의 탈퇴・가입, 노회 소속의 변경, 행정보류, 교회의 폐지・분리・합병
6. 정관의 제정 및 개정

② 제1항의 규정에도 불구하고 공동의회는 교회의 제반 중요한 사항에 대해 심의・의결할 수 있다. 다만 공동의회 결의로 당회에 위임하여 시행할 수 있다.

---

21) 통합헌법 제2편 정치 제90조 제1호.

제28조 (공동의회의 소집) ① 정기공동의회는 매년 1월에 당회장이 소집한다.

② 임시공동의회는 다음의 경우에 당회장이 소집한다.

1. 당회가 필요하다고 인정한 때
2. 제직회의 청원이 있은 때
3. 회원 3분의 1이상의 소집청원이 있은 때
4. 상회(노회, 총회)의 지시가 있은 때

③ 제2항에서 정한 정당한 소집요구에도 불구하고 당회장이 공동의회를 소집하지 않는 경우에는 본 정관 제25조 1항 단서 규정을 준용한다.

④ 당회장은 공동의회 1주간 전에 그 회의의 목적과 시간, 장소를 주보와 예배광고를 통해 공고한다.

⑤ 당회장은 공동의회 1주간 전에 공동의회에서 의결권을 행사할 수 있는 회원명부를 작성하여야 한다.

제29조 (공동의회 결의) ① 공동의회 의장은 담임목사가 되며, 서기는 당회 서기가 겸한다.

② 공동의회결의는 정관에 다른 규정이 없으면 회집된 회원의 과반수로 한다.

③ 본 정관 제27조 1항 3호 내지 6호의 결의("특별결의"라 한다)는 정관에 다른 규정이 없으면 회원 5분의 1 출석과 출석 회원의 3분의 2로 한다.

④ 교인은 서면으로 의결권을 공동의회 의장 또는 다른 회원에게 위임할 수 있으며, 서면위임은 의사 및 의결정족수에 포함한다.

제30조 (공동의회 의사록) ① 공동의회 회의내용에 관하여는 의사록을 작성하여야 한다.

② 의사록에는 회의의 경과, 요령 및 결과를 기재하고 의장 및 서기가 기명날인(서명)한다.

③ 의장은 의사록을 교회 내에 비치하여야 한다.

④ 의사록 열람은 당회의 허락을 받아야 한다.

제4절 제 직 회

제31조 (제직회의 구성과 운영) ① 제직회는 담임목사, 시무장로, 집사, 권사, 서리집사로 구성하고 담임목사가 제직회 회장이 된다.

② 제직회는 회장이 제직회 소집의 필요를 인정할 때, 제직회원 3분의 1의 요청이 있을 때 제직회장이 소집한다. 정당한 소집요구에도 불구하고 제직회장이 제직회를 소집하지 않는 경우에는 본 정관 제25조 제1항 단서 규정을 준용한다.

③ 제직회 소집은 일주일 전에 공고하며, 회집된 제직의 과반수로 결의한다.

④ 제직회 서기는 회의 요지를 의사록에 기록하고 제직회장의 확인서명을 받아 교회내에 보관한다.

제32조 (제직회의 직무) 제직회는 다음의 직무를 행한다.

1. 공동의회에서 결정한 예산 집행
2. 구제와 봉사에 관한 업무
3. 당회에서 위임한 사항
4. 제직 3분의 1 이상이 요청한 사항

제5절 부 서

제33조 (목회실) ① 담임목사의 목회를 지원하기 위해 목회(행정)실을 둔다.
② 목회실은 담임목사의 설교준비, 심방, 상담, 내방객 접대, 일정관리, 종교활동비 관리 등을 주관한다.

제34조 (사무국) ① 교회의 행정사무를 수행하기 위해 사무국을 둔다.
② 사무국은 담임목사의 지시를 받아 교회의 재정, 인사, 건물관리 등의 사무를 집행한다.
③ 사무국에 근무하는 사무직원은 교인들 중에서 선발한다.

제5장 재 정

제1절 교회의 재산

제35조 (교회재산의 정의와 구분) ① 교회재산이라 함은 교인들의 헌금과 기부, 기타 교회의 수입으로 이루어진 동산, 부동산 및 금전채권 등 일체의 재산을 의미한다.
② 교인은 제38조에 따라 교회재산에 대한 사용·수익권을 가지되, 지분권은 없다.

제36조 (교회재산의 처분과 취득) ① 교회의 주요재산(부동산, 5억 원 이상 채권·채무 또는 이에 준하는 재산)의 취득 및 처분은 공동의회의 특별결의에 따른다.
② 교회의 주요재산이 아닌 일반재산의 취득 및 처분은 당회의 결의에 의한다.
③ 당회는 일반재산의 취득과 처분 결과를 차기 공동의회에 보고하여야 한다.

제37조 (교회재산의 관리와 보존) ① 교회재산의 관리·보존행위는 당회의 결의에 의한다.
② 교회재산을 위한 소송(소의 제기 및 응소, 보전처분 등)은 당회의 결의에 의한다.

제38조 (교회재산의 사용과 수익) ① 예배·선교·교육·친교·봉사 등 본 교회 고유목적 이외의 교회시설 사용은 본 교회의 허락을 받아야 한다.
② 당회가 주관하는 예배시간과 예배장소를 벗어난 별도의 예배 및 집회 행위와 그 행위를 위한 교회시설의 사용·수익은 허용되지 아니한다.

제39조 (교회헌금의 예치) 교회재산 중 금융기관 예금 기타 채권은 교회명의의 계좌에 예치하고 관리하여야 하고, 개인 명의의 차명계좌에 예치하지 못한다.

제40조 (교회 부동산의 등기) ① 교회재산 중 부동산은 본 교회 명의로 등기하여야 한고, 대표자는 담임목사로 한다.
② 교회재산 중 부동산은 개인 명의로 등기하지 못한다.

제41조 (교회 부동산의 유지재단 편입) ① 교회재산 중 부동산은 공동의회의 결의가 있는 때에는 본교회가 소속된 노회[또는 총회] 유지재단에 편입 보존한다.
② 유지재단에 편입된 교회재산은 공동의회의 결의가 있는 때에는 반환청구 할 수 있다.

제42조 (교회 해산과 잔여재산 귀속) ① 교회해산과 잔여재산 귀속은 당회 재적 4분의 3이상의 찬성에 의한 발의와 공동의회 특별결의로 의결한다. 교회를 해산하고 다른 교회와 합병하는 경우에도 같다.
② 제1항의 결의에서 달리 정하지 않는 한, 교회해산시 잔여재산은 본 교회 소속 노회[총회]의 유지재단에 귀속함을 원칙으로 한다.

제 2 절 교회의 재정[22)]

제42조 (수입) ① 교회의 재정수입은 교인들의 자발적인 헌금, 헌물 및 기타 수익으로 한다.
② 헌금은 십일조헌금과 감사헌금, 주일헌금 등 일반헌금과 목적헌금, 절기헌금 등으로 구분하며, 철저하게 하나님께 구별하여 드리는 신앙의 표현이어야 한다.
③ 교회가 교회의 자원을 활용하여 유상으로 공급하고 대가를 수령하는 경우 실비변상 수준을 초과하는 수익을 추구하지 않는다.

제43조 (예산) ① 교회는 제한된 자원을 효율적으로 활용하기 위하여 매년 목회계획에 따른 예산을 공동의회의 승인을 얻어야 한다.
② 예산은 교역자의 사례비 예산과 종교활동비 예산, 기타 예산을 구분하여 작성하며 지출은 미리 설정된 예산의 범위 내에서만 예산을 근거로 집행한다.
③ 부득이한 사정으로 예산의 달성이 어려운 경우 공동의회의 승인을 얻어 이를 수정 또는 경정할 수 있다.

제44조 (결산) 교회는 결산 감사종료 후 다음의 결산서 및 참고자료를 작성하여야 한다.
1. 예산서
2. (예산대비) 수입/지출 결산서
3. 재산현황표(=대차대조표)

---

22) 교회의 재정과 다음 절의 회계·세무는 정관에는 간단히 규정하고 자세한 내용은 별도의 시행세칙에서 규정하는 것이 바람직할 것이다.

4. 부속명세서(또는 재산 및 부채목록)
5. 운영성과표(=활동보고서)
6. 감사보고서

제45조 (감사) ① 공동의회는 재정에 관여하지 않은 자를 감사로 선임한다.
② 선임된 감사는 매년 업무 및 결산감사를 실시하여 문제점을 발견한 경우 개선을 요구하고, 그 개선 결과를 공동의회에 보고한다.
③ 감사는 감사과정 및 결과물을 문서로 정리하여 조서로 보관한다.

제46조 (재정장부열람) ① 교회의 재정운용에 부정이 있다고 믿을만한 상당한 사유가 있을 때에는 재적교인 1/10 이상의 교인들은 이를 소명하는 자료를 제출하여 교회의 재정장부의 열람·복사를 신청할 수 있다.
② 교회는 전항의 청구가 부당함을 증명한 때에는 교회재정장부 열람·복사를 거절할 수 있다.

제3절 교회의 회계·세무

제47조 (회계연도) 본 교회의 회계연도는 1월 1일부터 12월 말일까지로 한다.

제48조 (회계처리 방식) 교회의 회계처리는 단식부기의 방식으로 관리하는 것을 원칙으로 한다.

제49조 (회계서류의 보존연한 및 폐기) ① 각종 회계(재정)서류의 보존연한은 5년을 원칙으로 한다.
② 보존연한이 경과한 회계서류는 당회의 결의로 폐기할 수 있다.

제50조 (구분기장·회계) 교회는 교역자에게 지급하는 사례비(생활비 등) 등과 그 밖의 교회활동과 관련하여 지출하는 비용을 구분하여 기장하고 회계처리를 한다.

제51조 (헌금의 관리) ① 교회는 관할세무서로부터 고유번호증을 부여받아 교회 명의통장을 개설하여 모든 헌금을 일괄 입금 관리하여야 한다.
② 교회명의의 통장은 목회자 사례비 통장, 종교활동비 통장, 기타 교회운영비 통장 등으로 구분하여 개설하여야 한다.
③ 교회명의 통장과 목회자 개인 통장은 혼용하여 사용할 수 없다.

제52조 (사례비, 보수) ① 교역자와 사무직원들에게 지급되는 사례 및 보수의 총액은 공동의회의 최종승인을 받아 확정한다.
② 교회는 교역자와 사무직원들에게 책정된 보수 이외에 별도의 규정에 의하여 자녀교육비, 격려금, 복리후생과 관련된 비용 등을 지급할 수 있다.

제53조 (종교활동비의 성격 및 사용목적) ① 종교활동비는 교회발전과 목회유익에 관련이

있는 교역자의 대내외 사역을 위해 교역자 재량으로 사용하는 비용을 말한다.
② 종교활동비는 본 교회의 목적과 비전에 따른 목회사역 수행에 부합되게 사용하여야 하고, 구체적인 사용용도는 별도의 규정(또는 시행세칙)으로 정할 수 있다.

第54조 (종교활동비의 확보) ① 종교활동비는 당회 결의를 거쳐 공동의회에서 최종 확정하는 예산으로 한다.
② 종교활동비가 공동의회에서 확정된 예산을 초과할 경우 당회의 결의에 따라 총예비비에서 충당하여 사용할 수 있다.

第55조 (종교활동비의 수령 및 관리) 종교활동비는 교회 명의의 '종교활동비통장'으로 입금하여 관리한다. 다만 종교활동비를 정액으로 정하여 교역자에게 지급할 때는 그러하지 아니한다.

第56조 (종교활동비의 지출증빙) ① 종교활동비는 그 사용내역을 증빙하여야 한다. 단, 증빙이 곤란한 특수한 지출은 지출처를 확인하거나 지출결의서를 기록·관리한다.
② 그러나 종교활동비를 정액으로 정하여 교역자에게 지급할 때는 그러하지 아니한다.

第57조 (퇴직금) 본 교회는 매 결산시 1년 이상 계속하여 시무하거나 근무한 교역자와 사무직원에 대하여 퇴직금액을 산정하여 퇴직연금에 불입하거나 또는 퇴직금을 지급하되 그 구체적인 내용은 시행세칙으로 정한다.

第58조 (소득신고와 납부) ① 교역자는 종교인과세와 관련하여 종교인소득(기타소득)으로 신고함을 원칙으로 한다. 다만 부교역자가 근로소득신고를 선택한 경우에는 예외로 한다.
② 교역자는 원천징수 신고납부에 있어서 월별신고납부와 반기별신고납부 중 반기별신고납부를 원칙으로 한다.
③ 교역자는 소득세액의 확정에 있어서 연말정산과 소득세확정신고방법 중 종합소득확정신고를 원칙으로 한다.

제6장 권 징

第59조 (의의와 목적) ① 권징은 예수 그리스도께서 교회에 주신 권한을 행사하며 그 법도를 시행하는 것으로 총회 헌법과 본 교회 정관 및 그 위임사항을 위반하여 범죄한 교인을 권고하고 징계하는 것이다.
② 권징은 하나님의 영광과 권위를 위하여 범죄를 미연에 방지하고 교회의 신성과 질서를 유지하고 범죄자의 회개를 촉구하며 올바른 신앙생활을 하게 함을 목적으로 한다.

第60조 (권징의 사유·절차·책벌 등) 권징의 사유가 되는 죄과, 범죄여부의 판단(재판), 책벌의 내용 등과 관련된 원칙은 헌법 규정을 준용하며, 구체적인 절차와 내용은 별도의 규정으로 정한다.

제61조 (교회분쟁의 해결절차) 교인의 권징에 관한 분쟁을 비롯한 교회분쟁은 총회 헌법의 재판절차를 거친후 기독교화해중재원의 조정 또는 중재절차를 거치지 않고는 법원에 제소할 수 없다.

제7장 부 칙

제1조 (정관, 규정, 시행세칙 등) ① 정관은 본 교회의 조직과 운영에 관한 근본규칙이다.

② 정관을 보완하기 위하여 규정을 둘 수 있고, 정관과 규정의 구체적 시행을 위하여 시행세칙을 둘 수 있다.

③ 정관과 규정은 공동의회에서 제・개정하고, 시행세칙은 당회 결의로 정한다.

④ 정관은 규정에 우선하며, 규정은 시행세칙에 우선한다.

제2조 (총회헌법과의 관계) ① 본 교회의 정관은 총회의 정체성에 반하지 아니하는 한 총회헌법에 우선한다.

② 정관과 규정, 시행세칙에 미비된 사항은 총회 헌법과 관례에 의한다.

제3조 (정관의 개정) 정관의 개정은 당회 결의에 의한 발의와 공동의회 특별결의로 의결한다.

제4조 (정관의 공시등) ① 정관은 교인들에게 공시하여야 한다.

② 정관의 간서인은 담임목사와 공동의회 서기가 한다.

제5조 (시행일) 정관은 공동의회 결의일로부터 시행한다.

제6조 (경과규정) 본 정관 시행 이전에 시행하던 하위규정은 본 정관에 의한 하위규정이 완비되기 전까지 본 정관에 배치되지 않는 범위 내에서 효력이 유지되며, 정관 및 하위규정에 대한 최종 해석의 권한은 당회에 있다.

2. 감리교회

기독교대한감리회 ○○교회 정관

제1장 총 칙

제1조 (명칭) 본 교회는 기독교 대한감리회 ○○교회(이하 '본 교회'라 한다)라 칭한다.

제2조 (소속) ① 본 교회는 기독교 대한감리회 ○○연회에 소속한다.
② 본 교회의 소재지는 ______________________에 둔다.

제3조 (목적) 본 교회는 예수 그리스도의 몸된 교회로서, 감리회의 신앙과 전통을 보존하고 교회의 질서를 유지하며 교회가 부흥하고 성장함을 목적으로 한다.

제4조 (사업) 본 교회는 목적달성을 위하여 아래와 같은 사업을 행한다.
1. 전도・교육・구호를 위한 사업
2. 사회교회 및 봉사에 관한 사업
3. 어린이 유아원 ・유치원 사업
4. 기타 필요한 부대사업

제5조 (시행세칙) 본 정관에 규정하지 아니한 내용은 시행세칙으로 정한다.

제2장 회 원

제1절 교 인

제6조 (교인의 정의) 교인은 예수 그리스도를 구주로 믿고, 감리회 회원이 되기를 결심하여 본 교회에 등록하여 신앙생활을 하는 자를 의미한다.

제7조 (교인의 구분) 본 교회 교인은 다음과 같이 구분된다.
1. 원입인: 주를 믿기로 결심하여 본 교회에 출석하는 자
2. 세례아동: 부모의 신앙고백으로 유아세례를 받은 12세 이하의 아동

3. 세례인: 세례아동으로 13세 이상 된 자 또는 원입인으로 1년 이상 교회에 충실히 출석하여 세례를 받은 자
4. 입교인: 18세 이상 세례인 중 담임자가 예문대로 입교시킨 자. 다만 타 교회로부터 이명된 자는 등록함으로써 입교한 것으로 본다.

제8조 (교인자격의 취득과 상실) ① 본 교회의 교인자격은 교인명부에 등록됨으로써 취득한다.

② 정관에서 정하는 바에 따라 당회에서 교인 제명 결의를 하거나 권징 재판에 의하여 출교 판결을 하는 경우 상급기관의 재판과 관계없이 그때부터 교인의 지위가 상실된다.

③ 교인 제명 또는 출교된 자가 다시 본 교회의 교인이 되고자 하는 경우에는 당회 결의를 거쳐야 한다.

제9조 (교인의 권리) 본 교회 교인은 다음과 같은 권리가 있다.

1. 입교인의 당회 의결권
2. 입교인의 선거권 및 피선거권
3. 세례교인(세례인과 입교인)의 성찬 참여권
4. 정관에 따른 교회재산의 사용·수익권
5. 정관 및 시행세칙에 의하여 재판받을 권리

제10조 (교인의 의무) 본 교회 교인은 다음과 같은 의무가 있다.

1. 본 교회가 주관하는 예배 및 집회 참석의무
2. 십일조 헌금 등 헌금의무
3. 교회 사업에의 참여의무
4. 봉사, 구제, 전도의무
5. 교회의 치리에 복종할 의무
6. 정관과 교리와 장정의 준수의무

제2절 평신도 임원

제11조 (평신도 임원의 정의 및 구분) 평신도 임원은 본 교회에서 선교, 교육, 봉사, 교제의 사역을 효과적으로 수행하기 위하여 선택된 이로, 집사, 권사, 장로로 구분한다.

제12조 (집사의 선출과 직무) ① 집사는 봉사와 섬김을 위하여 입교인이 된 후 2년 이상 경과되고 70세 미만인 자로, 당회에서 선출한다.

② 집사는 당회원이 되고, 교회의 각 부서에 소속되어 직무에 봉사한다.

③ 집사 후보 추천과 선출 등에 대한 상세한 내용은 시행세칙으로 정한다.

제13조 (권사의 선출과 직무) ① 권사는 신앙생활 지도와 권면을 위하여 집사로 5년 이상 연임하고 35세 이상 되고 70세 미만인 자로, 다른 교인에게 모범이 되는 교인들 중 당

회에서 선출한다.

② 권사는 임원회, 당회, 구역회의 회원이 되고, 교회의 각 부서에 소속되어 직무에 봉사한다.

③ 권사 후보 추천과 선출 등에 대한 상세한 내용은 시행세칙으로 정한다.

제14조 (장로의 선출) ① 장로는 교인의 생활을 지도하고 교회의 질서유지와 교역자의 목회를 협력하도록 하기 위하여 40세 이상 65세 미만 된 자로서 권사로 5년 이상 연임하고 가족이 교회에 나오는 이 중에서 선출한다.

② 장로의 자격과 장로안수를 받을 자격 및 선출절차에 대한 상세한 내용은 교리와장정 규정에 따른다.

제15조 (장로의 직무) ① 장로는 임원회, 기획위원회, 당회, 구역회, 지방회의 회원이 되며 평신도 연회 대표와 총회 대표로 선출될 수 있다.

② 장로는 담임자의 부재나 유고 시에 직무를 대행할 부담임자가 없으면 담임자 또는 감리사가 위임한 범위 내에서 담임자의 직무를 대행할 수 있다.

③ 장로는 담임자를 도와 예배, 성례, 기타 행사를 보좌하며 각 부의 부장이 되어 직무를 성실히 수행한다.

제16조 (장로의 임기와 은퇴) ① 장로는 만 65세 이상이 되면 자원 은퇴할 수 있고, 매년 2월말을 기준으로 만 70세가 된 장로는 은퇴한다.

② 장로로 은퇴한 이는 원로장로라고 호칭하며 임원회, 구역회, 지방회의 특별회원으로 예우한다.

제3절 사역자 및 교역자

제17조 (심방전도사의 자격과 임면) ① 심방전도사의 자격은 교리와장정 규정에 따른다.

② 심방전도사는 담임자의 제청으로 기획위원회의 협의를 거쳐 담임자가 임면한다.

제18조 (심방전도사의 임기와 직무) ① 심방전도사의 임기는 3년으로 하되, 담임자의 요청에 의하여 기획위원회 결의로 임기를 연장할 수 있다.

② 심방전도사는 당회, 임원회, 구역회의 회원이 된다.

③ 심방전도사는 담임자가 명하는 바에 따라 심방과 전도를 한다.

④ 심방전도사는 담임자와 당회 및 구역회에 자기의 직무수행 결과를 보고한다.

제19조 (교육사의 자격과 임면) ① 교육사의 자격은 교리와장정 규정에 따른다.

② 교육사는 담임자의 제청으로 기획위원회의 협의를 거쳐 담임자가 임면한다.

제20조 (교육사의 임기와 직무) ① 교육사의 임기는 3년으로 하되, 담임자의 요청에 의하여 기획위원회 결의로 임기를 연장할 수 있다.

② 교육사는 당회, 임원회, 구역회의 회원이 된다.

③ 교육사는 담임자가 명하는 바에 따라 기독교교육 분야를 담당한다.

④ 심방전도사는 담임자와 당회 및 구역회에 자기의 직무수행 결과를 보고한다.

제21조 (기관파송 전도사, 수련목회자, 서리담임자) 기관파송 전도사, 수련목회자, 서리담임자의 자격과 파송, 직무는 교리와장정의 규정에 따른다.

제4절 담 임 자

제22조 (담임자) ① 담임자는 자격이 있는 자 중에서 구역인사위원회의 의결을 거쳐 감독이나 감리사가 파송한자로 한다.

② 담임자의 자격은 정회원, 준회원, 협동회원, 서림담임자로 구분하되 교리와장정 규정에 적합한 자이어야 한다.

③ 담임자의 청빙, 파송과 사임, 면직 등에 관하여는 시행세칙으로 정한다.[23)]

제23조 (담임자의 직무) ① 담임자는 본 교회의 영적 지도자로, 모든 예배를 주관하고 세례식, 입교식, 성찬식, 혼례식, 장례식 등 모든 예식을 집례하며, 속회의 지도부흥, 복음전파, 선교사업, 기독교 교육사업, 사회사업, 문화사업 등을 지도・육성한다.

② 담임자는 본 교회의 대표자이자 행정책임자로, 교회 행정 전반에 관한 책임을 진다.

③ 담임자는 회의의 주재자로, 당회, 임원회, 기획위원회를 소집하고 그 의장이 된다.

제24조 (담임자의 임기와 은퇴) ① 담임자는 만 65세 이상이 되면 자원 은퇴할 수 있고, 매년 3월말을 기준으로 만70세가 되면 은퇴한다.

② 본 교회에서 20년 이상 담임자로 시무한 목사는 은퇴 후 원로목사로 추대된다. 원로목사에 대한 예우는 시행세칙으로 정한다.

제25조 (부담임자) ① 부담임자는 담임자의 추천으로 구역인사위원회의 의결을 거쳐 감독이 파송한 자로 한다.

② 부담임자는 목사안수를 받은 자로서 교리와장정 규정에 적합한 자 이어야 한다.

③ 제1항에 의한 부담임자 청빙을 위한 구역인사위원회는 감리사의 위임을 받아 담임자가 소집할 수 있다.

제26조 (부담임자의 직무) ① 부담임자는 담임자를 보좌하며 담임자가 위임하는 사역의 범위 내에서 직무를 수행한다.

② 담임자 유고시에는 담임자가 지명하거나 담임자가 지명할 수 없는 경우 기획위원회에서 지명하는 부담임자가 담임자 또는 감리사가 위임한 범위 내에서 담임자의 직무를

---

23) 감리회의 목사제도는 교리와 장정에 상세히 규정되어 있어 이를 개교회의 정관에 일일이 규정하는 것은 적합하지 않으므로 교리와 장정을 준용하고 더 필요한 사항은 시행세칙으로 정하는 것이 바람직한 것으로 보인다.

대행한다.

제5절 사 무 국

제27조 (사무국과 직원) ① 본 교회의 행정사무를 수행하기 위하여 사무국을 두고, 필요한 직원을 채용한다.
② 사무국의 조직, 운영에 관한 상세한 내용은 시행세칙으로 정한다.

제3장 의 회

제1절 당 회

제28조 (당회) 본 교회에 등록된 모든 입교인으로 구성되는 의회를 당회라 한다.

제29조 (당회의 구성원) ① 당회는 본 교회에 교인으로 등록된 입교인과 연회와 지방회에서 파송한 교역자로 구성한다.
② 의장은 담임자가 되며 서기는 당회에서 선출한다.
③ 담임자 유고시에는 감리사가 의장이 되고, 감리사 유고시에는 부담임자, 서리담임자, 장로 중 선임연장자 순으로 당회 의장이 된다. 다만 부담임자, 서리담임자, 장로 중 선임연장자는 감리사의 허락이 있을 시 당회 의장의 직무를 대행할 수 있다.

제30조 (당회의 구분) 당회는 정기당회와 임시당회로 구분된다.

제31조 (당회의 소집) ① 정기당회는 매년 11월 또는 12월 중에 담임자가 소집한다.
② 임시당회는 담임자가 필요한 때와 당회원 1/3 이상의 소집 요구가 있을 때 담임자가 소집한다.
③ 당회는 담임자가 회의의 목적과 시간, 장소를 2주 전에 주보에 공고하여 소집한다.
④ 담임자가 정당한 사유없이 당회를 소집하지 않을 경우 부담임자가 소집할 수 있고, 부담임자가 없거나 당회를 소집하지 않을 경우 서리담임자, 장로 중 선임연장자 순으로 소집할 수 있다. 다만 담임자의 유고시에는 감리사가 당회를 소집한다.

제32조 (선거권과 피선거권) 18세 이상 된 입교인은 당회에서 선거권과 정관이 정하는 바에 따라 피선거권이 있다.

제33조 (피선거권의 제한) 당회 회원의 피선거권 제한은 다음 각 항과 같다.
1. 입교인이 된 지 2년 미만인 자
2. 다른 교파에서 이명하여 입교인이 된 지 1년 미만인 자(장로는 예외로 한다)
3. 6개월 이상 교회 집회에 출석하지 않거나 교회 의무금을 봉헌하지 않은 자

제34조 (당회의 직무) 당회의 직무는 다음 각 항과 같다.

1. 당회 회원의 명부 조사 · 정리. 단, 입교인의 정리는 정기당회에서만 할 수 있다.
2. 교역자를 포함한 모든 임원으로부터의 보고 접수.
3. 집사, 권사 선출과 증서 수여
4. 감사, 교회학교장 등의 선출
5. 각 부서 의장의 인준
6. 속회의 조직과 속장 선출
7. 기획위원회에서 천거한 장로후보자를 재석 2/3 이상의 찬성얻어 지방회에 천거.
8. 정관 제33조 제3항을 이행하지 않은 자의 제명. 다만, 장로의 경우에는 당회의 결의를 받아 지방회에 요청.
9. 위 제8항 규정에 의하여 제명된 당회원에 대한 입교인 5명 이상의 청원에 의한 복권 의결
10. 담임자의 목회에 협력하기 위한 기획위원회의 천거에 의한 특별위원회 설치
11. 본 교회의 예산 및 결산 승인
12. 정관의 제정 및 개정
13. 소속교단 탈퇴 및 변경, 교회의 합병 및 분립, 이전, 법인설립
14. 기타 교회의 중요한 안건

제35조 (의사 및 의결정족수) ① 특별한 규정이 없는 한 당회는 출석회원으로 개회하여 출석회원 과반수의 찬성으로 의결한다.

② 소속교단 탈퇴 및 변경, 교회 합병 및 분립, 이전, 정관 개정, 법인설립은 당회원 1/3 이상의 출석과 출석 당회원 2/3 이상의 찬성으로 의결한다.

제36조 (당회의 운영) 당회의 상세한 운영 지침은 시행세칙으로 정한다.

제2절 임 원 회

제37조 (임원회) 당회의 실행부가 되는 임원회를 둔다.

제38조 (임원회의 조직) ① 임원회는 목사, 장로, 권사, 집사대표(지방회 집사대표), 각 부서의 장으로 구성하고, 담임자가 의장이 되며, 서기는 임원회에서 선출한다.

② 임원회는 담임자가 필요하다고 인정하는 때 또는 임원 1/3 이상의 요구로 담임자가 소집한다.

제39조 (임원회의 직무) 임원회의 직무는 다음 각 항과 같다.

1. 당회에서 위임된 사항 처리
2. 분기별 교회의 행정과 재정에 대한 보고 접수
3. 당회가 닫힌 후 발생한 중요사항 심의

4. 그 밖에 긴급히 처리해야 할 중요사항 심의

제40조 (임원회의 의결) 임원회는 임원회원 과반수 출석으로 개회하고 출석 회원의 과반수 찬성으로 의결한다.

제3절 기획위원회

제41조 (기획위원회) 본 교회를 원활하게 운영하기 위하여 기획위원회를 둔다.

제42조 (기획위원회의 조직) ① 기획위원회는 담임자와 연회에서 파송한 연회 회원과 시무장로로 조직된다. 다만, 기획위원회 위원 수가 7인 미만인 경우에는 임원 중 권사, 집사의 순으로 7인에 달할 때까지 당회에서 위원을 충원한다.
② 기획위원회는 담임자가 의장이 되며 서기는 기획위원회에서 선출한다.

제43조 (기획위원회의 구분과 소집) 기획위원회는 정기회의와 임시회의로 구분되며, 정기회의는 월 1회 마지막 주에, 임시회의는 재적 1/3 이상의 요청으로 담임자가 소집한다.

제44조 (기획위원회의 직무) 기획위원회의 직무는 다음과 같다.
1. 임원회에서 위임된 사항 결의
2. 담임자의 목회협력에 관한 사항 협의
3. 신천장로 천거
4. 권사, 집사, 기타 임원의 당회 천거
5. 상근 직원의 임면에 관한 결의
6. 예산의 편성 및 결산 심의
7. 시행세칙의 제정 및 개정
8. 기타 본 교회의 중요한 사항

제45조 (의사 및 의결정족수) 기획위원회는 담임자와 기획위원회 회원 과반수 출석으로 개회하고, 출석 회원 과반수 찬성으로 의결한다.

제4절 구 역 회

제46조 (구역회) 구역 내에 구역회를 둔다.

제47조 (구역회의 조직) ① 구역회는 목사, 전도사, 교육사, 심방전도사, 장로, 권사, 속장, 각 부서의 장, 남선교회 회장대표, 여선교회 회장대표, 청장년선교회 회장대표, 청년회 회장대표, 교회학교 교장, 당회 서기, 감사로 조직되며 감리사가 의장이 된다.
② 감리사의 위임이 있으면 담임자가 의장이 될 수 있다. 다만 제50조 제6항 부동산 매매에 관한 구역회는 위임할 수 없다.
③ 감리사 유고시 또는 제49조 제4항의 경우에는 감독이 의장이 된다.

④ 구역회에 서기 1명을 두며 당회 서기가 겸임한다.

第48조 (구역회의 구분) 구역회는 정기 구역회와 임시 구역회로 구분된다.

第49조 (구역회의 소집) ① 정기 구역회는 매년 12월 또는 1월 중에 감리사가 소집한다.
② 임시 구역회는 담임자 또는 구역회원 1/3 이상의 요청이 있을 때 감리사가 소집한다.
③ 구역회 개최 일시와 장소는 감리사가 담임자와 협의하여 정하되 14일 전까지 지면으로 공고한다.
④ 구역회를 서면으로 요청하여도 감리사가 정당한 사유 없이 14일 이내에 소집하지 않을 경우 담임자의 요청에 따라 소속연회 감독이 소집하고 일시와 장소는 담임자와 협의하여 정하되 7일 전까지 지면으로 공고하여야 한다.

第50조 (직무) 구역회의 직무는 다음 각 항과 같다.

1. 담임자와 모든 임원의 보고접수
2. 구역 안의 신령상 정황 조사
3. 전년도 수입지출 결산 보고 및 신년도 예산 확정, 각종 부담금과 그 밖의 헌금의 수지의 사문.
4. 구역회 회원 중에서 5명 이상의 지방회 대표 선출
5. 교인 및 사역자와 임원에 대한 고소, 고발사건을 심사, 재판하기 위해 담임자의 추천에 의해 심사위원 3명과 재판위원 5명을 선출하여 감리사가 임명. 다만, 구역회가 닫힌 후에는 담임자가 기획위원회와 협의하여 감리사에게 추천
6. 개체교회의 예배당, 주택 등 교회에 속한 부동산의 취득과 처분 및 임대차, 유지재단 편입에 대한 사무의 조사, 처리. 매매의 경우에는 구역회에서 재적회원 과반수의 출석과 출석회원 2/3 이상의 찬성으로 의결
7. 교회에 기증된 동산과 부동산의 처리
8. 교역자의 이・취임식, 주택, 생활비, 은퇴와 은급, 안식년에 대한 안건 협의
9. 교회 및 주택 건축에 관한 사항의 협의, 처리

第51조 (의결) 구역회는 특별한 규정이 없는 한 구역회원 과반수 출석으로 개회하고 출석회원 과반수로 의결한다.

제 5 절　구역인사위원회

第52조 (구역인사위원회의 설치) 교역자의 인사에 관한 문제를 협의・처리하기 위하여 교회 내에 구역인사위원회를 둔다.

第53조 (구역인사위원회의 조직) ①구역인사위원회는 당해연도 지방회 회원으로 조직한다. 이 경우 지방회 회원이라 함은 지방회에 등록한 자를 기준으로 하되 소속목사 및 수련목회자와 각 부서의 장은 제외하고, 인사위원회가 조직되지 못할 경우에는 전년도 인사

위원회에서 처리한다. 다만 부담임목사는 담임목사의 인사처리를 위한 구역 인사위원회에서는 제외한다.
② 구역인사위원회 의장은 감리사가 되며 의장은 투표권이 없다. 다만 다음의 경우에는 감독이 의장이 된다.
1. 심사하는 안건이 감리사 자신에 관한 문제일 경우
2. 감리사의 유고로 감리사가 의장의 직무를 수행할 수 없는 경우
③ 구역인사위원회에 서기 1명을 두며 구역인사위원회에서 선출한다.

제54조 (구역인사위원회의 소집) ① 구역인사위원회 재적위원 과반수가 기명날인하여 위원회 소집요구서를 감리사에게 제출한 경우 감리사는 구역인사위원회를 소집해야 한다.
② 제1항의 규정에 의한 구역인사위원회 소집요구서에는 인사이동을 요구하는 대상 교역자의 성명, 생년월일, 인사이동을 요구하는 사유를 기재하여야 한다.
③ 구역인사위원회의 소집요구를 받은 감리사는 2주일 이내에 구역인사위원회를 소집하여야 한다. 이 경우 소집일시와 장소를 기재한 소집통지서가 구역인사위원 전원에게 1주일 이전에 도착하도록 서면으로 통지하여야 한다. 다만, 감리사가 정당한 사유없이 소집하지 않을 경우 감독이 소집 만료일로부터 2주일 내에 소집한다.
④ 부담임자와 수련목회자의 인사 처리 및 기관 파송 교역자의 소속에 관한 구역인사위원회는 감리사의 위임을 받아 담임목사가 소집, 처리할 수 있다.
⑤ 인사이동에 대한 해당 교역자의 합의가 없는 경우 교역자의 도덕적 과실이나 목회에 실패한 뚜렷한 증거가 없는 한 교역자의 이동은 억제되어야 한다.

제55조 (인사처리절차) ① 담임자의 인사처리는 구역인사위원 과반수 출석과 출석위원 2/3 이상의 가표로 의결한다.
② 인사처리가 6개월 이내에 이루어지지 않을 경우 감독에게 파송요청을 한다.
③ 부담임자와 수련목회자, 기관파송 교역자의 인사처리는 구역인사위원 과반수 출석과 출석위원 과반수로 의결한다.
④ 교역자는 자신의 인사이동에 관한 안건을 심의하는 구역인사위원회에 참석할 수 없다.

제4장 조 직

제56조 (부서의 종류) ① 본 교회는 각 분야별 사업의 원활한 집행을 위하여 다음과 같은 부서를 두고 그 직무를 분담케 한다.
1. 선교부
2. 교육부
3. 사회봉사부

4. 예배부
5. 문화부
6. 재무부
7. 관리부

② 당회는 장로, 권사, 집사를 선출하여 각 부를 조직한다.

③ 각 부에서는 부장 1명과 서기 1명을 선출하고, 필요한 경우 분과위원회를 조직하여 분과위원과 분과위원장을 선출한다. 단, 재무부의 경우 부장 1명, 서기 1명, 회계 1명 내지 2명을 선출한다.

④ 각 부의 구체적인 조직과 운영에 관한 사항은 시행세칙으로 정한다.

第57조 (속회의 조직과 직무) ① 교인들의 신앙훈련과 친교 및 교회의 봉사활동을 위하여 속회를 조직한다.

② 속회는 교인들의 거주지 및 관심사에 따라 5−9세대로 조직한다.

③ 속장은 당회에서 선출하고, 연임을 의결한다.

第58조 (감사) ① 본 교회의 회계 및 행정업무 전반에 관한 감사업무를 담당하기 위하여 감사 2명을 당회에서 선출한다.

② 감사는 교회 평신도 임원 중에서 재무부 부원이 아닌 사람이어야 한다.

③ 감사의 임기는 2년으로 하되, 1회에 한하여 연임할 수 있다.

④ 감사는 1년에 1회 이상 교회의 회계와 문서처리 전반에 관하여 감사한 후 그 결과를 당회와 구역회에 보고한다.

第59조 (자치기관) 본 교회 안에 청년회, 여선교회, 남선교회 등의 자치기관을 조직하여 담임자의 지도하에 선교, 봉사, 친교 등의 활동을 하도록 하며, 구체적인 조직과 운영에 관하여는 시행세칙으로 정한다.

제 5 장 재산 및 재정

第60조 (교회재산의 정의) ① 교회재산은 교인들의 헌금과 기부, 기타 교회의 수입으로 이루어진 동산, 부동산, 채권 등 일체의 재산을 의미한다.

② 교회재산은 교인들의 총유로 한다. 교인들은 교회재산에 대한 사용·수익권을 가지되 지분권은 없다. 다만 교회재산을 고유목적 이외의 목적으로 사용하는 경우 담임자의 승낙을 받아야 한다.

第61조 (교회재산의 처분 및 관리) ① 부동산의 취득, 매도, 담보제공 등 처분행위는 당회의 결의와 구역회의 승인을 얻어야 한다. 다만 시행세칙에서 정하는 일정규모 이하의 부동산에 대해서는 당회의 의결에 따라 처분행위를 할 수 있다.

② 부동산의 관리와 그 외의 교회재산의 처분 및 관리행위는 기획위원회의 결의에 의하여 처리한다. 이 경우 기획위원회는 재산의 처분 및 관리행위에 대하여 당회에 보고하여야 한다.

③ 본 교회의 부동산은 기독교대한감리회유지재단에 편입 보존하다.

제62조 (교회탈퇴와 교회재산) 본 교회를 탈퇴하는 자는 교회재산에 대한 권리를 상실한다.

제63조 (교회해산과 잔여재산의 귀속) 본 교회의 해산과 잔여재산의 귀속은 구역회 재적 4분의 3이상의 찬성에 의한 발의와 당회에서 교인 과반수의 출석과 출석회원 3분의 2이상의 찬성에 의하여 의결한다. 교회를 해산하고 다른 교회와 합병하는 경우에도 같다.

제64조 (수입 및 지출의 관리) ① 본 교회의 헌금수입, 기부금 수입 등은 본 교회 명의 계좌에 입금하여 관리한다. 다만 목적 헌금은 별도의 계좌를 개설하여 관리한다.

② 본 교회 명의 통장은 그 지출 목적에 따라 각각 구분하여 개설하고, 예산의 집행에 따라 입금하여 사용한다.

③ 교회 명의 통장과 목회자나 재정관리자의 개인 통장은 혼용하여 사용할 수 없다.

제65조 (예산) ① 기획위원회는 매년 예산을 심의 및 편성하여 당회의 승인을 받아야 한다.

② 예산은 교역자의 사례비 예산과 종교활동비 예산, 기타 예산을 구분하여 작성한다.

③ 예산의 집행은 승인된 예산의 범위 내에서 재무부장이 시행한다.

④ 부서별 예산의 전용이나 부서내 항목별 예산의 전용은 원칙적으로 금지된다. 다만 기획위원회의 의결 또는 승인을 거쳐 전용할 수 있다. 전용된 예산은 당회에 보고하고 승인을 받아야 한다.

제66조 (추가경정예산) ① 예산 총액 10% 미만의 초과지출은 기획위원회의 승인을 얻어 집행할 수 있다.

② 예산 총액 10%를 초과하여 지출을 할 경우에는 재무부에서 추가경정예산안을 편성한 후 기획위원회의 의결을 거쳐 당회의 승인을 얻어야 집행할 수 있다.

③ 예산이 초과 지출된 경우에는 구역회에 보고하고 승인을 얻어야 한다.

제67조 (종교활동비의 관리) ① 종교활동비의 지급방법과 관리는 시행세칙으로 정한다.

② 종교활동비의 사용은 통장내역, 카드 매출전표 등 객관적인 증빙이 있어야 한다. 다만 종교활동비 중 증빙이 곤란한 지출은 교회에서 재무부에서 지출처를 확인하거나 지출결의서를 기록·관리한다.

③ 종교활동비를 목회자에게 정액으로 지급하는 경우에는 그 사용에 대한 증빙을 첨부할 필요는 없다.

제68조 (결산 및 공시) ① 재무부는 구역회에 보고한 결산서, 감사보고서를 교인들이 언제든지 열람할 수 있도록 공시한다.

② 교회 재정 자료의 공개 및 열람 등에 대한 세부적인 내용은 시행세칙으로 정한다.

第69조 (회계연도) 본 교회의 회계연도는 매년 ○월 1일부터 ○월 말일까지로 한다.

第70조 (사례비, 보수) ① 목사 및 교역자에게 지급되는 보수는 청빙할 때 제시된 조건을 따른다.

② 직원에게 보수를 지급하기 위해서는 구역회에서 승인을 받아야 한다.

③ 목사 및 교역자, 사무직원에 대한 급여 및 복리후생의 상세한 내용은 시행세칙으로 정한다.

제 6 장 교회재판

第71조 (일반재판) 교인 및 교회임원에 대한 일반 재판 제1심은 구역회 재판위원회에서 하되, 이에 관한 규정은 교리와장정의 규정을 준용한다.

第72조 (행정재판) 당회 구역회의 의결 및 그 장의 처분 및 부작위로 피해를 당한 회원은 행정재판을 구할 수 있고, 그 절차는 교리와 장정의 규정을 준용한다.

第73조 (교회분쟁의 해결절차) 위 각 재판에 대하여 불복이 있는 교인은 교리와와 장정에 의한 재판절차를 거친후 기독교화해중재원의 조정 또는 중재절차를 거치지 않고는 법원에 제소할 수 없다.

부 칙

제 1 조 (교리와장정과의 관계) ① 본 정관 및 시행세칙에 규정이 없는 사항은 교리와장정 및 일반관례에 따른다.

② 본 정관과 교리와장정이 다를 경우 본 정관이 우선한다.

제 2 조 (정관개정) ① 정관의 개정은 기획위원회 또는 당회원 1/3 이상의 요구로 발의할 수 있다.

② 정관을 개정하기 위해서는 기획위원회 심의를 거쳐 출석 당회원 2/3 이상의 찬성으로 의결이 있어야 한다.

제 3 조 (시행세칙의 제정 및 변경) ① 본 정관의 내용을 보충하기 위한 시행세칙은 기획위원회에서 제정 및 개정한다.

② 시행세칙은 제정 및 개정하여 공포한 때로부터 효력이 발생한다.

제 4 조 (정관의 시행일) 본 정관은 당회에서 통과된 날로부터 시행한다.

3. 독립교회

정　　관

2021년　　월　　일 제정
년　　월　　일 개정

제 1 장 총　　칙

제 1 조 (명칭) 본 교회는 "○○교회"(이하 본 교회)라 칭한다.

제 2 조 (소속) 본 교회는 한국독립교회선교단체연합회에 소속한다.

제 3 조 (위치) 본 교회는 서울 ____________________에 위치한다.

제 4 조 (목적)[24] 본 교회는 하나님을 영화롭게 하며 영원토록 그를 즐거워하기 위하여 하나님께 예배드리고, 성도간에 서로 교제하며, 그의 아들 예수 그리스도의 인격과 삶을 본받아 하나님의 교회와 세상을 섬기고, 땅끝까지 복음을 전하는 것을 그 목적으로 한다.

제 5 조 (연혁) 본 교회는 ○○○○년에 제3조의 위치에서 설립하여 현재까지 전도와 선교, 구제, 봉사 등 하나님의 뜻에 합당한 선한 사업을 하여 왔다.

제 6 조 (신조) 신・구약 성경 66권은 하나님의 말씀으로 신앙과 본분에 대하여 정확무오한 유일의 법칙이며, 웨스트민스터 신도게요와 성경 대・소요리문답을 성경에 근거한 것으로 인정한다.

제 7 조 (사업)

1. 전도, 교육, 구제, 선교, 교제를 위한 사업
2. 사회복지사업
3. 기타 교회의 목적을 위한 사업

---

24) 독립교회는 헌법이 없으므로 특히 목적, 연혁, 신조 등을 기재하여 교회의 정통성, 역사성을 나타내고, 이단이 아님을 강조할 필요가 있다.

제2장 교 인

제8조 (교인의 정의) 교인이란 예수그리스도를 자신의 "주와 구주"로 영접하고, 소정의 절차에 따라 입회하여, 교회의 공동예배에 참석하는 자이다.

제9조 (교인의 구분과 지위의 취득) ① 원입교인은 예수를 믿기로 작정하고 교회에 교인으로 등록한 후 공예배에 참석하는 교인이다.

② 학습교인은 원입교인으로 교회에 출석한지 6개월이 경과되고 만 14세 이상이 된 교인으로서 신앙에 대한 학습문답과 서약을 한 교인이다.

③ 세례교인은 만 14세 이상의 학습교인으로 학습 받은 후 6개월 이상 근실히 교회에 출석하고 세례문답을 한 후 세례를 받은 교인이다.

④ 입교인은 유아세례를 받은 자가 만14세 이상이 되고 입교문답을 거친 후 입교식을 행한 교인이다.

⑤ 이명 또는 전입교인은 다른 교회에서 세례를 받은 자로서 소정의 교육과 절차를 거쳐 당회의 결의를 거친 교인이다.

⑥ 위 각 교인은 교인명부에 등록하여야 교인의 지위를 취득한다.

⑦ 당회는 연초 교인총회 전에 교인명부를 작성하여 교회사무실에 비치하여야 한다.

제10조 (교인의 지위의 정지와 상실) ① 본 교회의 교인은 다음의 경우에 당회결의로 교인의 지위가 정지된다.

1. 정당한 사유 없이 6개월 이상 본 교회 예배에 계속하여 참석하지 아니한 때
2. 정당한 사유 없이 교인의 의무를 상당기간 계속하여 이행하지 아니한 때
3. 제명 · 출교 이외의 책벌을 받아 근신중인 때

② 본 교회의 교인은 다음의 경우에 당회결의로 교인의 지위가 상실된다.

1. 교인이 탈퇴의사를 표시한 때
2. 제명 · 출교의 책벌을 받은 때
3. 교계에서 이단으로 규정한 단체에 가입하거나 활동을 한 사실이 확인된 때
4. 교인 지위가 정지된 이후 정당한 사유 없이 1년 이상 본 교회 예배에 계속 참석하지 아니한 때

③ 교인의 지위의 정지와 상실 사유가 소멸한 때에는 해당 교인의 요청 또는 직권으로 당회결의에 의하여 교인의 지위를 회복할 수 있다.

제11조 (교인의 권리) ① 교인은 공예배에 참여할 권리가 있다.

② 교인은 정관 또는 당회의 결의에 따라 교회재산의 사용 · 수익권, 재판을 받을 권리, 청원할 권리가 있다.

③ 제8조의 세례교인, 입교인, 이명 · 전입교인은 성찬 참례권, 교인총회 회원권 및 정관에 따른 선거권과 피선거권이 있다.

제12조 (교인의 의무) ① 교인은 교회가 정한 예배 및 기도회와 집회에 참여할 의무가 있다.
② 교인은 전도, 봉사, 구제의 의무가 있다.
③ 교인은 온전한 십일조와 기타 헌금의 의무가 있다.
④ 교인은 정관 등 교회의 규약을 준수하고 치리에 복종할 의무가 있다.

제 3 장 교회의 직원

제1절 통 칙

제13조 (직원의 정의) 교회의 직원이란 예수 그리스도께서 교회에 맡긴 (청지기)직분을 수행하는 사역자를 의미하며, 교회의 행정직원과 구분된다.

제14조 (직원의 구분) ① 교회의 직원은 교역자와 임직자로 구분하되 시무정년까지 직분을 담당하는 항존(恒存)직과 일정 기간 동안 직분을 담당하는 임시직이 있다.
② 항존직은 담임목사, 장로, 집사, 권사이다.
③ 항존직의 시무정년은 만 70세로 한다.
④ 임시직은 부목사, 전도사, 서리집사이다.

제2절 교 역 자

제15조 (목사) ① 목사는 담임목사, 부목사, 원로목사, 은퇴목사, 협동목사가 있다.
② 담임(위임)목사는 본 교회를 대표하며, 공동의회, 당회, 제직회의 회장이 되며, 하나님의 말씀으로 성도를 교훈하고, 성례를 행하며, 교인을 축복한다.

제16조 (목사의 자격) ① 본 교회의 목사는 디모데전서 3:1~7절에서 정한 바와 같이 신앙이 진실하고 행위가 복음에 적합하며, 가정을 잘 다스리고 타인의 존경을 받는 자로서 국가의 인가를 받은 신학대학원[25]을 졸업한 후 목사안수를 받은 자이어야 한다.
② 본 교회의 담임목사는 위 목사안수를 받고 3년 이상 교역 경험을 가진 자이어야 한다.

제17조 (담임목사의 청빙과 임직) ① 담임목사를 청빙하고자 하는 경우에는 당회원 3분의 2

---

25) 독립교회는 산하 신학교가 없는 경우가 대부분이므로 담임목사의 자격중 목사안수를 받은 교단 및 목사자격 취득에 필요한 신학대학원을 특정할 필요는 없고, 인가받은 신학대학원 정도로 특정하면 족할 것이다. 그러나 교회의 목적, 신조 내지 교리, 정체성이 같은 신학대학원을 열거할 수도 있을 것이다.

이상의 출석과 출석 당회원 3분의 2이상의 결의로 당회가 추천한다.
② 당회가 추천한 후보자에 대하여 교인총회 회원 3분의 1이상 출석과 출석 회원 3분의 2이상의 찬성으로 청빙을 결의한다.
③ 청빙결의가 있은 때에는 세례교인 과반수의 서명을 받은 후에 담임목사로 임직한다.
④ 본 교회에서 사임(사직) 또는 은퇴하는 담임목사의 배우자 및 직계비속과 그 직계비속의 배우자와 교회 시무장로의 배우자 및 직계비속과 그 직계비속의 배우자는 담임목사로 청빙할 수 없다.
⑤ 담임목사의 청빙을 위해 청빙위원회의 구성 등 구체적인 절차를 시행세칙으로 정할 수 있다.

第18조 (담임목사의 사임 및 해임) ① 목사가 부득이한 사유로 인하여 시무사임을 원할 때는 당회에 사임서를 제출하고 당회의 결의를 거쳐 사임할 수 있다.
② 목사가 교회에서 불미스러운 행위를 한 사실이 확인될 때에는 당회 및 교인총회의 결의에 의하여 교회는 시무사임을 권고할 수 있다.
③ 목사가 일반 형사범죄(행정범 및 과실범은 죄에)를 저지르고 집행유예 이상의 형을 받거나 도덕적으로 치명적인 범과가 있는 경우, 교리가 이단에 해당하는 경우에는 당회원 3분의 2 이상의 찬성과 세례교인 3분의 1이상의 출석과 출석 세례교인 3분의 2 이상의 찬성을 얻은 교인 총회의 결의로 해임할 수 있다.

第19조 (원로목사와 은퇴목사) ① 본 교회에서 20년 이상 시무한 목사는 은퇴 후 그 명예를 보존하기 위해 원로목사로 추대할 수 있다.
② 원로목사 추대는 당회의 결의와 교인총회의 결의에 의한다. 원로목사와 은퇴목사는 은퇴 후 본 교회의 치리, 교훈, 행정 등에 일체의 영향력을 행사해서는 안된다.
③ 원로목사와 은퇴목사의 예우는 시행세칙으로 정한다.

第20조 (부목사와 전도사 등) ① 담임목사는 당회의 결의를 거쳐 부목사와 전도사 등 교역자를 둘 수 있다.
② 부목사와 전도사는 담임목사를 보좌하여 설교, 교육, 심방, 성례식 등의 활동을 한다.
③ 부목사와 전도사의 임기는 1년으로 하되, 당회의 결의로 연임할 수 있다.

제3절 임 직 자

第21조 (장로의 선출과 직무) ① 장로는 디모데전서 3:1~7절에 합한 자로, 10년이상 무흠 세례교인으로서 40세 이상 된 자 중에서 선임한다.
② 장로는 당회의 추천을 받아 교인총회에서 선출한다.
③ 장로는 피택된 이후 6개월 이상 당회의 지도아래 교육을 받고, 담임목사의 안수를 받아야 한다.

④ 장로는 목사와 협력하여 교회의 신령적 관계를 살피며, 당회원이 된다.
⑤ 장로후보의 추천과 선출에 관한 구체적인 절차는 시행세칙으로 정할 수 있다.

第22조 (집사 · 권사의 선출과 직무) ① 집사 · 권사 후보는 디모데전서 3:8~10절에 합한 자로, 5년이상 무흠세례교인으로서 집사는 35세 이상의 남자, 권사는 40세 이상의 여자 중에서 선임한다.
② 집사 · 권사는 당회의 추천을 받아 교인총회에서 선출한다. 다만 집사는 안수를 받아야 한다.
③ 집사 · 권사는 목사와 장로와 협력하여 교회에 봉사하고 헌금을 수납하며 구제에 관한 일을 담당하며, 제직회원이 된다.

第23조 (서리집사) 무흠세례교인으로서 본 교회에 2년 이상 출석한 교인 중에서 25세 이상인 자를 당회의 결의에 의하여 1년 단위로 매년 초에 서리집사로 임명한다.

제4장 기 관

제1절 총 칙

第24조 (기관의 지위) ① 교인총회는 의결권있는 교인들의 최고의결기관이다.
② 당회는 교회운영을 지도 감독하는 기관이며 신령상 모든 사무를 처리하고 교인의 신앙행위를 총찰하는 사법권과 행정권을 갖는 치리회이다.
③ 제직회는 당회의 지도 감독을 받아 교회의 재정을 수납하고, 정관이 위임한 업무를 집행하는 기관이다.
④ 운영위원회는 당회 또는 제직회를 구성하기 전 당회 또는 제직회의 권한을 행사하는 기관이다. 다만 당회 또는 제직회가 구성된 후에도 교회의 효율적인 운영을 위하여 유지할 수 있다.

第25조 (회의법) 본 교회 각 기관의 회의는 본 정관과 만국통상회의법 및 교회의 통상적 회의 관례에 따라 행한다.

제2절 교인총회

第26조 (회원) 교인총회 회원은 세례교인, 입교인, 이명 또는 전입교인이 된다.

第27조 (회장 및 서기) ① 교인총회 회장은 담임목사가 되며, 서기는 당회의 서기가 겸임한다.
② 교인총회의 회장은 본 교회를 대표한다. 회장은 1명을 원칙으로 한다.

第28조 (소집 및 공고) 교인총회는 회장이 소집하되 1주일 전에 목적사항과 일시, 장소를 주보 또는 예배 후 광고를 통하여 공고한다.

제29조 (회의의 종류) ① 정기회는 매년 1월에 개최한다.
② 임시회는 다음의 경우에 당회장이 소집한다.
1. 회장이 필요하다고 인정할 때
2. 당회의 결의가 있는 때
3. 의결권 있는 교인 3분의 1 이상의 청원이 있을 때
③ 위 2, 3, 4호의 경우에 당회장이 교인총회를 소집하지 않을 때는 당회원 중 선임연장자 순으로 소집한다.

제30조 (의사 및 의결 정족수) ① 교인총회는 교인 3분의 1 이상의 출석으로 개회한다.
② 교인총회의 결의는 교인총회에 출석한 교인 과반수로 결의한다.
③ 담임목사의 선임, 해임 및 정관의 개정은 교인 3분의 1이상이 출석한 교인총회에서 출석 교인 2/3이상의 찬성으로 결의한다.
④ 교인은 교인에게 서면에 의하여 결의를 위임할 수 있다.

제31조 (교인총회의 결의사항) ① 담임목사, 장로, 권사, 안수집사의 선출
② 운영위원의 선출
③ 예산 및 결산, 감사보고의 승인
④ 정관의 제정 및 개정
⑤ 부동산의 취득, 증여, 매매, 교환, 변경, 처분 및 담보 제공 등 처분에 관한 사항,
⑥ 5억원 이상의 채무의 부담
⑦ 기타 중요사항

제32조 (교인총회의 의사록) ① 교인총회 의사에 관하여는 의사록을 작성하여야 한다.
② 의사록에는 의장 및 서기가 기명날인(서명)하여 보관한다.
③ 의사록 열람은 당회의 허락을 받아야 한다.

제3절 당 회

제33조 (당회의 구성과 운영) ① 당회는 담임목사와 시무장로로 구성하고 담임목사가 당회장이 된다. 다만 담임목사의 유고시에는 선임연장자 순으로 시무장로가 당회장의 직무를 수행한다.
② 정기당회는 매년 1월과 7월에 회집한다. 임시당회는 당회장이 필요하다고 인정할 때, 장로 과반수의 요구가 있을 때, 의결권 있는 교인 3분의 1이상의 청원이 있을 때에 당회장이 소집한다. 정당한 소집요구에도 불구하고 당회장이 당회를 소집하지 않는 경우에는 제1항 단서를 준용한다.
③ 당회장은 당회 1주일 전에 회의의 목적사항과 시간, 장소를 당회원들에게 통지한

다. 다만 긴급한 경우와 당회원들이 이의하지 않은 경우에는 통지기간의 제한을 받지 않는다.

④ 당회는 정관에 다른 규정이 없으면 당회원 과반수 출석으로 개회하며 출석 당회원 과반수 찬성으로 의결한다.

⑤ 서기는 당회의 결의로 선출되며, 채택된 당회의 결의를 당회의사록에 기록하고 당회장 및 서기의 서명 또는 날인을 받아 보관한다. 당회 의사록의 열람청원은 당회의 허락을 받아야 한다.

⑥ 당회는 당회의 중요한 결의사항을 교인들에게 알려야 한다.

第34조 (당회의 직무) 당회는 다음의 직무를 행한다.

① 교인의 신앙 행위 총찰: 제반 예배 주관, 학습·입교·세례(유아세례포함)의 문답과 시행, 성찬예식의 주관, 교인의 입회와 퇴회, 정지와 상실 및 회복, 교인명부의 관리

② 교회직원의 인사: 담임목사의 청빙 추천과 부목사 및 전도사의 청빙, 장로·집사·권사 후보의 추천과 교육 및 임직, 행정직원의 임면

③ 교회행정의 총괄·감독: 교인총회, 제직회의 소집, 예산결산안의 제출, 각종 헌금의 실시와 재정 감독, 소속기관과 단체 및 부설기관의 지도, 감독

④ 재산의 관리 및 처분: 재산의 취득과 증여, 매매, 교환, 담보 제공 등 일체의 재산관리 및 처분에 관한 사항, 채무의 부담, 교회명의의 소제기 및 응소

⑤ 교회의 입법사항: 정관 개정안 제출, 시행세칙의 제정 및 개정

⑥ 권징: 교회의 권징재판에 관한 규칙 제정과 교인들의 권징

제4절 제 직 회

第35조 (제직회의 구성과 운영) ① 제직회는 시무목사, 시무장로, 집사, 권사로 구성하고 담임목사가 제직회 회장이 된다. 다만 당회 결의로 전도사, 서리집사에게 회원자격을 부여할 수 있다.

② 제직회는 회장이 제직회 소집의 필요를 인정할 때, 당회의 결의가 있을 때, 제직 3분의 1 이상의 요청이 있을 때 제직회장이 소집한다. 정당한 소집요구에도 불구하고 당회장이 제직회를 소집하지 않는 경우에는 제33조 제1항 단서를 준용한다.

③ 제직회 소집은 일주일 전에 주보 및 예배광고에 의하여 공고하며, 출석한 제직의 과반수로 결의한다. 제직회원은 다른 회원에게 서면에 의하여 결의를 위임할 수 있다.

④ 제직회 서기는 제직회에서 선출하며, 채택된 회의결의를 의사록에 기록하고 당회장과 서기가 서명 또는 날인하여 보관한다.

第36조 (제직회의 직무) 제직회는 다음의 직무를 행한다.

① 교인총회에서 결의한 예산의 집행 및 결산의 보고

② 구제와 봉사에 관한 업무
③ 당회와 교인총회에서 위임하는 업무

제5절 운영위원회

제37조 (회원) 운영위원은 교인총회에서 20세 이상의 의결권있는 교인중에서 선출된 7인 이하로 한다. 다만, 담임목사와 시무장로는 그 수자가 7인 이하일 때는 당연히 운영위원이 된다.

제38조 (회장) 담임목사는 운영위원회의 회장이 된다.

제39조 (직무) ① 당회가 조직되기 전의 당회의 모든 업무
② 제직회가 조직되기 전의 제직회의 모든 업무
③ 당회 또는 제직회가 조직된 후에는 당회 또는 제직회가 위임하는 중요한 업무

제40조 (소집) 정기운영위원회는 매년 1월과 7월에 개최한다. 임시운영위원회는 당회장이 필요하다고 인정할 때, 운영위원 과반수의 요청이 있을 때, 의결권 있는 교인 3분의 1 이상의 요청이 있을 때 운영위원장이 소집한다. 정당한 소집요구에도 불구하고 운영위원장이 운영위회회를 소집하지 않는 경우에는 운영위원 중 선임연장자 순으로 소집한다.

제41조 (의사 및 의결 정족수) 의사 및 의결 정족수는 당회의 의사 및 의결정족수를 준용한다.

제6절 선교회, 학교와 사무국

제42조 (선교회와 학교) 본 교회의 목적을 효과적으로 수행하기 위하여 당회의 결의에 의하여 남녀선교회, 청년회, 교회 학교 등 필요한 기관을 둘 수 있다.

제43조 (사무국과 직원) 본 교회의 행정사무를 수행하기 위하여 사무국을 두고, 필요한 직원을 채용한다.

제5장 재산 및 재정

제1절 교회의 재산

제44조 (교회재산의 정의) ① 교회재산이라 함은 교회가 소유하는 현금, 동산, 부동산 및 채권 등 일체의 재산을 의미한다.
② 교인은 교회재산에 대한 지분권이 없다.

제45조 (교회재산의 처분과 취득) ① 교회 부동산의 취득 및 처분과 5억 원 이상의 채무를 부담하는 계약은 교인총회의 결의를 거쳐야 한다.
② 기타 교회 재산의 취득 및 처분은 당회의 결의에 의한다.

제46조 (교회재산의 관리와 보존) ① 교회재산의 관리 · 보존행위는 당회의 결의에 의한다.
② 교회재산의 관리 · 보존행위를 위한 소송 및 응소는 당회의 결의에 의한다.

제47조 (교회재산의 사용과 수익) ① 교인은 교회가 정하는 바에 따라 교회재산에 대한 사용수익권을 가진다.
② 교회가 주관하는 예배시간과 예배장소를 벗어난 별도의 예배 및 집회 행위와 그 행위를 위한 교회시설의 사용 · 수익은 허용되지 아니한다.

제48조 (교회헌금의 예치) 교회의 예금 기타 채권은 교회명의의 계좌에 예치하고 관리해야 한다.

제49조 (교회 부동산의 등기) 교회의 부동산은 본 교회 명의로 등기하여야 한다.

제50조 (교단탈퇴와 교회재산) 본 교회를 탈퇴하는 자는 교회재산에 대한 권리를 상실한다.

제51조 (교회의 해산) 본 교회의 해산과 잔여재산의 귀속은 당회 재적 4분의 3이상의 찬성에 의한 발의와 교인총회에서 교인 과반수의 출석과 3분의 2이상의 찬성에 의하여 의결한다. 교회를 해산하고 다른 교회와 합병하는 경우에도 같다.

제 2 절 교회의 재정[26)]

제52조 (수입) ① 교회의 재정수입은 교인들의 자발적인 헌금, 헌물 및 기타 수익으로 한다.
② 교회는 외부로부터 기부 또는 헌금을 받을 수 있다.

제53조 (예산) ① 교회는 매년 목회계획에 따른 예산을 편성하여 교인총회의 승인을 얻어야 한다.
② 예산은 목회자의 사례비 예산과 종교활동비 예산, 기타 예산을 구분하여 작성하는 것을 원칙으로 한다.

제54조 (결산) 교회는 결산 감사종료 후 다음의 서류를 작성하여 교인총회에 보고하여 승인을 받아야 한다.
1. 예산서
2. (예산대비) 수입/지출 결산서
3. 재산현황표(=대차대조표)

---

26) 교회의 재정과 다음 절의 회계 · 세무는 정관에는 간단히 규정하고 자세한 내용은 별도의 시행세칙에서 규정하는 것이 바람직할 것이다.

4. 부속명세서(또는 재산 및 부채 목록)
5. 운영성과표(=활동보고서)
6. 감사보고서

第55조 (감사) ① 교인총회는 재정에 관여하지 않는 자를 감사로 선임한다.
② 선임된 감사는 매년 업무 및 결산감사를 실시하여 문제점을 발견한 경우 개선을 요구하고, 그 개선 결과를 교인총회에 보고한다.
③ 감사는 감사보고서를 작성하여 교인총회에 보고하여야 한다.

第56조 (재정장부열람) ① 재적교인 10분의 1 이상의 교인들은 교회의 재정운용에 부정이 있다고 믿을만한 상당한 사유를 소명하는 자료를 제출하여 교회의 재정장부의 열람・복사를 신청할 수 있다.
② 교회는 전항의 청구가 부당함을 증명한 때에는 교회재정장부 열람・복사를 거절 할 수 있다.

第57조 (재정담당자) 재정 담당자는 당회원 중에서 당회의 결의로 임명하고, 재정담당자는 재정의 결과를 1년에 1회 이상 당회와 제직회 및 교인총회에 보고한다.

제 3 절 교회의 회계・세무

第58조 (회계연도) 본 교회의 회계연도는 매면 1월 1일부터 12월 31일까지로 한다.

第59조 (회계처리 방식) 교회의 회계처리는 단식부기의 방식으로 관리하는 것을 원칙으로 한다.

第60조 (회계서류의 보존연한 및 폐기) ① 각종 회계(재정)서류의 보존연한은 5년을 원칙으로 한다.
② 보존연한이 경과한 회계서류는 당회의 결의로 폐기할 수 있다.

第61조 (구분기장・회계) 본 교회는 목회자에게 지급하는 사례비(생활비 등)와 그 밖의 교회활동과 관련하여 지출하는 비용을 구분하여 기장하고 회계처리함을 원칙으로 한다. 다만 목회자가 사용하는 종교활동비를 일정액으로 정하여 목회자에게 사례비와 함께 지급할 수 있다.

第62조 (헌금의 관리) ① 교회는 관할세무서로부터 고유번호증을 부여받아 교회 명의통장을 개설하여 모든 헌금을 일괄 입금 관리하여야 한다.
② 교회명의의 통장은 목회자 사례비 통장, 종교활동비 통장, 기타 교회운영비 통장 등으로 구분하여 개설함을 원칙으로 한다. 다만 목회자의 종교활동비는 별도의 통장을 개설하지 않고 사례비 통장에 항목을 정하여 일정액을 지급할 수 있다.

第63조 (사례비) ① 사례비(보수)는 급여와 그 밖의 제 수당을 합산한 금액으로 한다.

② 교역자와 사무직원들에게 지급되는 사례비(보수)의 총액은 교인총회의 최종승인을 받아 확정한다.

③ 교회는 교역자와 사무직원들에게 위 사례비(보수) 이외에 자녀교육비, 복리후생과 관련한 비용 등을 별도로 지급할 수 있다.

제64조 (종교활동비의 성격) 종교활동비는 교회발전과 목회유익에 관련이 있는 교역자의 대내외 사역을 위해 교역자의 재량으로 사용하는 비용을 말한다.

제65조 (종교활동비의 사용목적과 용도) ① 종교활동비는 본 교회의 목적과 비전에 따른 목회사역 수행에 부합되게 사용한다.

② 종교활동비는 원칙적으로 다음 용도로 사용한다.

1. 교역자의 목회연구 및 설교에 필요한 도서·자료의 구입과 기타 필요한 제비용의 지출
2. 경제적 도움이 필요한 선교사, 교역자, 원로목사, 교인에 대한 목회차원에서의 지원
3. 교회를 방문한 교역자,교인 기타 내방객 및 교회목적을 달성하기 위하여 만나는 자에 대한 식대, 선물 등 접대
4. 목회와 관련된 교역자의 애경사 지출
5. 교역자의 목회활동 영역에 부합하는 제반 사역을 위한 지출

제66조 (종교활동비의 확보) ① 종교활동비는 당회 결의를 거쳐 교인총회에서 최종 확정하는 예산으로 한다.

② 종교활동비가 교인총회에서 확정된 예산을 초과할 경우 당회의 결의에 따라 예비비에서 충당하여 사용할 수 있다.

제67조 (종교활동비의 지출증빙) ① 종교활동비는 지출을 증빙할 수 있는 자료를 첨부하여야 한다. 다만 증빙이 곤란한 특수한 지출은 지출처를 확인하거나 지출결의서를 작성하는 것으로 갈음한다.

② 종교활동비를 목회자에게 정액으로 지급한 경우에는 교회는 사용한 목회자로부터 증빙자료를 받을 필요는 없다.

제68조 (퇴직금) ① 본 교회는 매 결산시 1년 이상 계속하여 시무하거나 근무한 교역자와 사무직원에 대하여 퇴직금액을 산정하여 퇴직연금에 불입하거나 또는 퇴직금을 지급한다.

② 퇴직급에 관한 자세한 사항은 당회가 정한 별도의 퇴직금지급기준에 따른다.

제69조 (소득신고와 납부) ① 교역자는 종교인과세와 관련하여 종교인소득(기타소득)으로 신고함을 원칙으로 한다. 다만 교역자가 근로소득신고를 선택한 경우에는 예외로 한다.

② 교역자는 종교인과세와 관련하여 (반기별)원천징수를 원칙으로 한다. 다만 교역자가 종합소득신고를 선택한 경우에는 예외로 한다.

제6장 권 징

제70조 (의의와 목적) ① 권징은 예수 그리스도께서 교회에 주신 권한을 행사하며 그 법도를 시행하는 것으로 본 교회 정관 및 그 위임사항을 위반하여 범죄한 교인을 권고하고 징계하는 것이다.

② 권징은 하나님의 영광과 권위를 위하여 범죄를 미연에 방지하고 교회의 신성과 질서를 유지하고 범죄자의 회개를 촉구하며 올바른 신앙생활을 하게 함을 목적으로 한다.

③ 담임목사는 권징할 수 없고, 제17조에 의한 교인총회의 결의에 의해서만 사임권고 또는 해임할 수 있다.

제71조 (권징의 사유 · 절차 · 책벌 등) ① 당회는 다음 각 호에 해당하는 자에 대하여 그 정도에 따라 견책, 정직, 면직, 수찬정지, 제명, 출교할 수 있다.

1. 교인으로서의 제11조 각 항의 의무를 현저히 이행하지 아니하는 자
2. 교회가 주관하는 예배시간과 예배장소를 벗어난 별도의 예배 및 집회행위와 그 행위를 위하여 교회의 부동산과 동산을 사용. 수익하는 행위를 한 자
3. 성경과 본 정관에 어긋나는 행위를 하여 하나님의 영광을 심히 훼손한 자
4. 미신(迷信) 행위나 이단에 빠진 자
5. 과도한 음주, 흡연, 폭행 등의 행위를 한 자

② 당회의 치리는 당회원 과반수의 결의로 할 수 있다. 다만, 해당 당회원은 재판에 참여할 수 없다.

③ 권징에 관한 구체적인 절차와 내용은 시행세칙으로 정한다.

제72조 (교회분쟁의 해결절차) 교인의 권징에 관한 분쟁을 비롯한 교회분쟁은 총회 헌법의 재판절차를 거친후 기독교화해중재원의 조정 또는 중재절차를 거치지 않고는 법원에 제소할 수 없다.

부 칙

제1조 (정관의 개정) ① 정관의 개정은 당회의 결의에 의한 발의와 교인 3분의 1이상이 출석한 교인총회에서 출석교인 3분의 2 이상의 찬성으로 의결한다.

제2조 (정관의 공시등) ① 정관은 교회홈페이지 개재 등의 방법으로 교인들에게 공시하여야 한다.

② 정관의 간서인은 담임목사와 교인총회 서기가 한다.

제3조 (당회 및 제직회 구성의 보류) 시무장로 7인이 될 때까지는 당회를, 제직회원 20인

이 될 때까지는 제직회를 각 구성하지 않고, 운영위원회가 위 직무를 맡는다. 위 직무를 집행함에 있어 개회 및 의결정족수는 당회의 해당 규정에 따른다.

제4조 (정관 시행일) 본 정관은 운영위원회 및 교인총회의 결의를 거쳐 회장이 교회에 공고한 날로부터 시행한다.

판례색인

[대법원]

[하급심]

[헌법재판소]

사항색인

ㄱ

ㅂ

ㅅ

ㅎ

기타

[저자 소개]

광주 제일고등학교
한양대학교 법과대학, 대학원, 법학박사
사법연수원 제11기

전, 서울고등법원 판사
사법연수원교수
한양대학교 법학전문대학원 겸임교수
사법시험 및 군법무관시험 출제위원
기독대한감리회 감독회장 직무대행
법무법인(유) 로고스 대표변호사
기독신문 논설위원
사단법인 기독교세진회 이사장

현, 법무법인(유) 로고스 상임고문변호사, 교회법센터장
서울중앙지방법원 조정위원
대한상사중재원 중재인, 국제중재인
기독교화해중재원 중재인
사단법인 서울홀리클럽 이사장
대한예수교장로회(합동) 온마음교회 장로

›› 주요 논문

"부동산실명법상 명의신탁에 관한 고찰", 석사학위논문, 한양대학교대학원
"교회의 분쟁에 관한 민사법적 연구", 박사학위논문, 한양대학교대학원
"업무명령권의 근거와 한계: 배전, 전출명령을 중심으로", 재판자료 39집, 법원행정처
"토지수용에 있어서 손실보상액 산정의 시기 및 방법", 재판자료 68집, 법원행정처
외 다수

[개정증보판]
교회분쟁관계법 – 교회분쟁의 예방과 해결 –

2017년 9월 30일 초판 발행
2021년 8월 30일 개정증보판 발행

저 자 백 현 기
발행인 배 효 선
발행처 도서출판 法 文 社
주 소 10881 경기도 파주시 회동길 37-29
등 록 1957년 12월 12일 / 제2-76호 (윤)
전 화 (031)955-6500~6 FAX (031)955-6525
E-mail (영업) bms@bobmunsa.co.kr
(편집) edit66@bobmunsa.co.kr
홈페이지 http://www.bobmunsa.co.kr
조 판 법 문 사 전 산 실

검인 BUM MOON SA

정가 36,000원 ISBN 978-89-18-91234-9